大成
DENTONS
集「」

法律尽职调查指引

张洪　李观保
/
主编

LEGAL DUE DILIGENCE
GUIDANCE

法律出版社
LAW PRESS · CHINA
北京

图书在版编目(CIP)数据

法律尽职调查指引 / 张洪, 李观保主编. -- 北京 : 法律出版社, 2023(2023.12 重印)
ISBN 978 - 7 - 5197 - 7195 - 9

Ⅰ. ①法… Ⅱ. ①张… ②李… Ⅲ. ①律师业务 - 中国 Ⅳ. ①D926.5

中国版本图书馆 CIP 数据核字(2022)第 191149 号

法律尽职调查指引
FALÜ JINZHI DIAOCHA ZHIYIN

张　洪　李观保 主编

责任编辑 李沂蔚
装帧设计 鲍龙卉

出版发行 法律出版社
编辑统筹 法律应用出版分社
责任校对 王晓萍
责任印制 刘晓伟
经　　销 新华书店

开本 710 毫米 × 1000 毫米　1/16
印张 40.25　　字数 658 千
版本 2023 年 2 月第 1 版
印次 2023 年 12 月第 2 次印刷
印刷 固安华明印业有限公司

地址:北京市丰台区莲花池西里 7 号(100073)
网址:www.lawpress.com.cn
投稿邮箱:info@lawpress.com.cn
举报盗版邮箱:jbwq@lawpress.com.cn

销售电话:010 - 83938349
客服电话:010 - 83938350
咨询电话:010 - 63939796

书号:ISBN 978 - 7 - 5197 - 7195 - 9
定价:168.00 元

凡购买本社图书,如有印装错误,我社负责退换。电话:010 - 83938349

专业为王　深耕不辍

手里拿着厚厚的书稿，不禁让我回想起2012年到2022年跨越10年间，大成尽职调查法律服务产品从1.0版本跃升为2.0版本的历程；让我感动于前后50余位律师同人的辛苦付出和智慧凝结；更感慨10年间大成专业化组织体系从初期构建、不断探索到走上正轨，形成了独具大成特色的综合性律师事务所的专业化道路。

2010年，经过近1年的激烈讨论，大成以建设虚拟团队、做实业务部门为思路推出了业务部门建设方案，重新组建了12个业务部门，并对业务部门提出了明确的任务、目标和规划。自此，大成开始探索适合自身特色和发展需要的专业化组织架构，踏上了坚实的专业化发展之路。2012年，总部投资并购部推出了《尽职调查产品模板》，由李观保律师牵头，刘婧、杨帆、徐文萍、丁岩等律师作为组长，20人的编写组完成了这项重任，当时这篇文稿有17章、9个附图、5个附件，总计800余页，是一项非常浩大的工程。

当时钱红骥律师担任投资并购部的主任，我是公司业务部的主任，由于业务交叉比较多，我们两个部门有比较多的互动和交流，我也经常参加投资并购部的各项活动。我非常清楚地记得在当年的部门年会上，尽职调查法律服务产品获得了投资并购部的法律服务产品年度优秀奖。当时，这项工作成果给我留下了非常深刻的印象，也让我感受到了大成专业化的初步成效。如果没有业务部门的建设，不会催生出这样大部头的产品，也不会聚拢这么多志同道合的同事一起潜心完成这项任务；是专业化的引导，让律师认识到专业分工的价值，从宣传自己什么业务都能做到探寻自己的专业方向，让更多的律师愿意在自己选择的专业领域内深耕，甚至是花时间去总结、提炼自己的专业领域经验，不是为自己，而是为更多从事这个专业的律师提供指引和便利。这正应了大成文化倡导的“各美其美，美美与共”。

2018年，大成在多年专业化改革经验的基础上，又再次推进专业化的深度改革，将律师业务分为19个专业组、15个行业组，同时在全国范围内实施“一主三辅”的专业分工，每位律师的执业领域只能选择一个主要专业领域和不超过三个辅助专业领域，其他业务不能承办，要交给相应专业领域的律师办理，并在资本市场、刑事等特定专业领域实行更严格的专业限制和准入制度。这次专业化改革之后，大成专业化的中心转到了各办公室的专业组和中国区的专业委员会。由于专业划分更为精细，律师的专业选择更为稳定，为大成的专业化持续的良性发展提供了更坚实的基础。

2020年春节前夕，在公司委员会的支持下，总部公司与并购专业组组织总部及太原、无锡、珠海分所四地共计约40名律师在2010年尽职调查产品1.0版本的基础上开始了2.0版本的修订工作，2021年又根据《民法典》进行了补正。自此初步完成了本次产品的升级工作，这也是这本书稿的基础。

2.0版本升级不仅仅是内容上的增补、修订，而是在大成专业化发展登上新台阶基础上在参与人员、工作方式、成果呈现等方面的全面提升。2010年是大成全球化网络建设的上升期，各地分所接连落子，但分所与总部的纽带和链接还不是那么紧密，内部协同机制也没有完全建立起来，当时的专业委员会作为各专业的虚拟团队发挥作用的空间还比较有限；而2020年，在以一体化为目标的大成“三五”规划工作的推进下，专业化组织机构的运行机制更为健全，专业委员会、总部都能切实起到引领作用，所以在2.0版本的升级工作中，分所律师能够全程参与。太原、无锡、珠海三地是公司专业委员会选定的能力建设中心，就是期待在法律服务产品、服务标准出台后能够借助能力建设中心将这些成果在各地分所开花结果，也希望借助于服务产品的深化工作，协助分所培养青年律师。在本次升级工作中，也充分地考虑了工作的协同性，借助于OneDrive，保证多地律师工作的同步推进，保证工作成果的有序管理，提高工作效率，提升工作效能。大成合同机器人作为大成自主开发的智能知识管理平台，也为尽职调查法律服务产品在大成内部的推广和运用提供了最为便捷的工具和手段，使这一服务产品可以作为大成的服务标准和指引指导各地的律师工作，使大成客户不论在哪里都能够得到相同标准和质量的法律服务，实现对服务质量的总体管控。

在大成专业化分工设置上，公司与并购业务是客户的基础法律需求，在实践中也与其他专业有着非常紧密的联系，因此我们一直希望能把公司与并购业务作为基础业务来建设，实现与其他专业的有效对接。就法律尽职调查产品而言，我们希望它是各类法律尽职调查服务的地基，为其他专业敞开接口，可以链接知识产权、人力资源、资本市场、基金投资等各类专业尽职调查内容，也可以链接房地产、矿产能源、互联网平台、智能汽车等各类行业内容，通过整合可以形成更为完整的可以实现客户不同尽职调查需求的在不同专业场景灵活运用的服务工具。

在我着手重启产品升级工作时，我与李观保律师进行了一次电话交流，一方面是征询李律师的意见，另一方面也想听听李律师的建议。李律师爽快地答应并非常认可这项工作安排的价值，作为1.0版本的牵头人，也同时表达了当年工作之后的遗憾和期待。当年付出那么多的努力拿出这项工作成果，绝不是为了个人或团队的使用，就是想让它支撑大成的整体服务，能够为全体大成人所用，能够发挥它最大的功效，由于当时不具备条件，这个愿望一直没有实现。所以，等我们可以用新的工具，新的思路和新的方法升级产品，让它发挥更大价值时，李律师欣然再次投入工作。

在大成专业化建设的道路上正是一批批这样无私奉献的同仁不断努力、不懈追求、不言放弃，才有了今天的硕果。现在，法律尽职调查产品的部分内容已经在大成合同机器人上线，后续还会继续丰富；尽职调查系统培训已经完成了直播和录制，视频资料已经上线大成青年律师基础培训课程库；我们正在筹备推尽职调查线下训练营课程，将形成一系列围绕法律尽职调查的高级应用，让律师的智慧结晶可以体系化传承。

专业是律师事务所的根基，是律师发展的王道；法律尽职调查服务产品是大成律师深耕专业的阶段性成果，是大成整合专业力量、提升服务标准的不懈追求。

在3年疫情终于拨云见日之时，大成尽职调查法律服务产品的部分成果内容终于呈现在这份书稿中。

这是一份责任，我们愿意与同行、客户、社会分享我们的一点点成绩，更期待得到更多的指正和关注。

这是一份感谢，感谢10年间在各个方面以不同方式投入这项工作的大成同仁，涓涓细流汇聚成海，集小成为大成，点滴贡献都熠熠闪光。

这是一种见证，记载我们10年间对于法律服务的思考和我们走过的道路，未来当我们回望之时，它是一段阶梯，我们踏而前行，迈向更高之巅，迎向光之来处。

是以为序。

大成公司专业委员会副主任
大成总所公司与并购专业组负责人 张洪
2022年1月29日于北京

目　录

第一编 | 法律尽职调查概述

第二编 | 尽职调查操作指引

第一编

法律尽职调查概述

委托方通过尽职调查可以了解交易对方或出于其他商业目的了解其商业伙伴涉及的关键信息及问题,发现既存或潜在的重大问题及风险,并作为其做出商业决断的基础和依据。相对于多角度的尽职调查而言,如业务尽职调查(通常由委托方业务部门、投行等开展)、财务尽职调查(通常由会计师、委托方财务人员或第三方财务顾问等开展)以及其他专业方面的尽职调查(如环境保护、网络安全、数据安全、劳动人事等),法律尽职调查系由法律专业人士(通常由律师事务所开展)进行的从法律方面审视和评估相关标的的尽职调查工作。而律师事务所开展的法律尽职调查工作,从目的性角度来看,不仅是发现事实、揭示风险,为委托方决策提供依据,而且对于交易所涉及的商业条款的谈判和博弈也具有重大意义。需留意,法律尽职调查报告的落脚点始终在法律角度,对于任何具体安排或协议在商业上的可行性、盈利能力或结果,或者公司的经营状况或财务状况数据、优劣势,并不进行任何形式的确认或发表任何意见,此点需在报告前言中予以明确声明。

尽职调查对应的英文为"Due Diligence",根据《元照英美法词典》的解释,Due Diligence 是指为在合理的时间内完成某一事项所做的刻苦努力;一个理智而又谨慎的人为否定过失或共同过失而在此情况下所作的努力;并概括了三种含义:(1)应有的注意,适当的注意;(2)目标的持续性与坚定性;(3)合法而适当的努力。

结合以上解释,笔者认为,从律师的角度对法律尽职调查的理解为:在合理的时间内为实现委托方的商业目的，以应有的、适当的注意及勤勉所做的刻苦努力。

法律尽职调查并不是对尽职调查过程中收集的事实或信息罗列或总结，而是经过识别、分析以及整合后呈现的重大事实、风险判断以及建议解决方案。律师通常会在法律尽职调查报告的前言部分做出如下声明：

本报告反映的是法律尽职调查过程中所发现的问题和我们认为对贵司在重大方面比较重要的事项，但并不是一份对所审阅的所有文件和信息的描述总结报告。

法律尽职调查比较常见的适用场景为并购、投融资、贷款以及证券有关业务。但事实上法律尽职调查亦根据商业目的及场景的多元化，在不同的领域、不同的项目中均发挥着作用，例如委托方基于自身内部治理或规范的需求，聘请律师从项目合规的角度对其及相关关联方开展法律尽职调查工作。此时，尽调对象并非站在律师的对立面，而是委托方与目标公司的身份重合了，律师开展工作的方式、尽职调查的角度以及深度均可能与并购、投融资项目有所不同。

法律尽职调查所述项目的场景决定其目的的差异，律师一方面需遵循法律法规及职业道德规范，另一方面需与委托方充分沟通，并适时制定及调整工作内容、方向及范围。

一、法律尽职调查的相关规定及标准

法律尽职调查的有关规则主要集中在有关证券业务的规定，以及全国、各地律师协会颁布的业务操作指引等方面。与法律尽职调查有关的主要规定或文件包括：

(1)《律师从事证券法律业务规范(试行)》(中华全国律师协会颁布，2003年4月22日起实施)；

(2)《中华全国律师协会律师承办国有企业改制与相关公司治理业务操作指引》(中华全国律师协会于2009年8月颁布并施行)；

(3)《律师事务所从事证券法律业务管理办法》(中国证券监督管理委员会、司法部于2007年3月9日联合颁布，2007年5月1日起实施，中国证券监督管理委员会、司法部令第41号)；

(4)《律师事务所证券法律业务执业规则(试行)》[中国证券监督管理委员会于2010年10月20日颁布，2011年1月1日起施行，中国证券监督管理委员会、司法部公告〔2010〕33 号,(以下简称《执业规则》),其第二章查验规则,对于律师在证券业务中的尽职调查方法(在该规则中称为查验)作出了相对详细的规定];

(5)《中华全国律师协会律师办理企业法律风险管理业务操作指引》(中华全国律师协会于 2013 年 6 月颁布并实施);

(6)《中华全国律师协会律师办理有限责任公司收购业务操作指引》(中华全国律师协会于 2013 年 8 月颁布并实行);

(7)《律师办理高新技术业务领域法律尽职调查业务操作指引》(中华全国律师协会于 2015 年 10 月颁布并实施);

(8)《律师承办公司关联交易业务操作指引》(中华全国律师协会 2015 年 10 月颁布并实施);

(9)《政府和社会资本合作(PPP)项目资产证券化业务尽职调查工作细则》(中国证券投资基金业协会于 2019 年 6 月 24 日颁布并实施)。

在实践中,各个律师事务所对于法律尽职调查的要求,清单、尽职调查报告的形式和范围的要求不尽相同。从法律尽职调查主要方法的角度,律师一般通过书面审查[例如某些项目将建立专门的在线资料室(Data Room)或通过其他互联网途径提供文件]、访谈、现场尽调、网络查询等方法开展。

综上所述,笔者认为法律尽职调查的两项最基本要求为:识别重大事实和合理审慎。

律师在尽职调查过程中收集、查询到的信息或“事实”,首先不一定是真正的事实,其次不一定是重大的事实。“重大”一词在非诉律师业务中经常出现,是一个既明确又模糊的标准。笔者认为,首先,对于事实性的内容,律师应带着质疑的精神进行多渠道、反复地核实、识别,以达到最大努力下接近事实真相的程度;其次,对于何为重大的事实,需结合项目背景、项目规模、商业实质等多方面因素,从整体上用具有合理分析的标准或理由进行判断。

如前所述,对法律尽职调查的理解为在合理的时间内为实现委托方的商业目的,以应有的、适当的注意及勤勉所做的刻苦努力。合理审慎为另外一项基本要求,即律师作为谨慎的人勤勉、刻苦努力地处理事务并合理地做出判断或建议。基于这一要求,律师不应仅仅依赖目标公司所披露、提供的信息,还要合理地使用所能够使用的手段,在有限的时间内尽可能地还原事实、发现问题及提示风险。

二、法律尽职调查的流程

律师在正式开展法律尽职调查之前，应提前做好准备工作：

（1）与委托方充分沟通，了解项目背景及商业目的，据此明确法律尽职调查的范围和程度（例如是重大方面的尽职调查还是全面尽职调查）；

（2）通过网络检索目标公司的基本信息、基本历史沿革、业务情况以及相关新闻报道；

（3）对目标公司所处的行业所涉及的业务资质、法律法规，可比照公司的招股书进行检索、调研以及总结等。

进一步有针对性地准备《法律尽职调查清单》，当然有时会受限于项目时间表，律师在接到项目启动的通知之时，即需在短时间向目标公司发出《法律尽职调查清单》，来不及开展前述所有准备工作，但并不影响律师应结合所了解的基本背景信息在常用的《法律尽职调查清单》模板上进行调整，例如对于业务、基准日、是否为 VIE 架构等做出有针对性地调整。也不影响律师可以同时开展上述准备工作，并在后续尽职调查工作开展的过程中予以调整或补充。

法律尽职调查工作正式开展后，核心的环节即收集、整理、识别尽职调查资料和信息，并在此基础上进行多轮的访谈、沟通、补充工作，直至合理地接近、掌握重大事实。律师在此过程中亦需保持与委托方的沟通，对其所关心的重点问题予以落实、反馈。

律师独立地查询工作在尽职调查过程中必不可少，例如对于拥有房产或土地使用权的企业的核查，走访相关登记机关是不可缺少的程序；对于知识产权的核查，律师一方面依据企业提供相关的证书和申请文件进行核查，另一方面需在相关的公开信息网站进行查询和核对。简言之，如果律师没有核查可以查询并交叉核对的公开信息，那么尽职调查就不符合合理审慎的要求，在项目后续不幸出现问题时，律师无法获得有效的免责。

在整理以及审阅尽职调查资料的同时，律师可以陆续开展起草法律尽职调查报告的工作。各律师事务所或团队基本都有各自常用的模板，但谨记模板仅仅是模板，若过度依赖模板容易使律师的工作出错或者受到局限。

（1）律师应在尽职调查报告中尽可能地还原、展示重大事实，如果律师经过合理审慎地工作，仍然存在应当体现但尚无法知悉或确认的信息，其应在尽职调查报告中披露该等具体情形。若报告尚未定稿，可以说明待进一步采取的工作以及需明确的信息或资料；若报告即将定稿（如前所述，法律尽职调查工作是在合理时间内做出的最大刻苦努力），律师应充分揭示尚未明确的重大事实，以及其可能带来的影响或风险。

（2）律师起草尽职调查报告应涵盖必要假设前提，行文应层层递进，段落清晰，行文简洁，突出重点，避免不必要的重复。

（3）律师在引用法律法规时应当注明法律法规名称、文号、段落号、颁布机构及生效和失效时间，注意该法律法规是否适用该类情况，引用是否全面以及该法律法规的效力及溯及力等问题。

（4）律师在尽职调查报告中引用相关文件或信息时应说明来源：由目标公司提供的书面文件，公司代表的口头陈述，通过独立查询、核实。

律师向委托方提交尽职调查报告应通过确定的客户联络人或负责人发送，原则上尽职调查报告的内容不应当被披露给目标公司或者其他第三方，以免给交易谈判造成不利的影响，除非获得了委托方的指示而进行地披露。

在实务中，法律尽职调查不一定会严格按照上述程序展开。随着项目的进展，拟议交易的目标或者交易模式可能调整、项目中新发现的法律事实导致新领域法规的适用，都可能导致上述过程或有反复，直至项目最终交割。

三、法律尽职调查与交易文件的衔接

以法律尽职调查应用场景较为典型的并购、投融资交易为例，法律尽职调查实质上是为商业交易服务的，而其与交易文件的衔接不仅是尽职调查结果的落脚点，也是协助委托方把控以及降低风险的重要手段。

法律尽职调查与交易文件有效衔接的基本原则是“有的放矢，避免遗漏”。通过开展尽职调查，律师将向委托方呈现的法律尽职调查报告中最受委托方重视的内容列为重大法律问题清单，在重大法律问题清单中，并不需要面面俱到，更多的是概括重大发现、风险分析以及解决方案，能够让读者一目了然地知道问题的背景、分析建议、处理思路以及对风险等级的预判。但处理思路以及风险等级的判断不是一成不变的，随着项目的推进，根据律师和委托方的沟通，结合委托方从商业角度的考虑，律师对风险等级判断的标准可能会调整。

其中，委托方最关注的是对所发现的问题，能否解决和/或有效预防风险，以及律师建议的方案是什么。而律师建议的解决方案应当基于足够扎实的法律调研（Legal Research）、实操经验所提出，且对于目标公司而言合理、具有可操作性。

律师当然可以要求目标公司和相关方修正历史瑕疵从而减少风险，但是如前所述，律师要判断该等修正是否合理且具有可操作性，以及时间上是否可控。对于时间上可控且重大的瑕疵，可以考虑在交易文件中将其作为交割先决条件；但是对于时间上不可控和/或并不重大的瑕疵，可以考虑在交易文件中将其作为交割后义务处理。此外，对于尽职调查中发现的无法修正或补救的瑕疵，律师要考虑如何采取保底措施，尽可能地让委托方降低或免受损失，通常会将其落在赔偿条款。

总体来说，律师需要把法律尽职调查过程发现的问题落在实处（除非已与委托方充分讨论，且委托方明确放弃要求进一步处理）：(1)要求目标公司提前处理完毕；(2)交易文件中约定明确处理方式以及处理时间；(3)交易文件的赔偿条款明确承担责任的主体，保护委托方在遭遇相关风险时免受损失。

无论是全面的法律尽职调查还是从重大性角度开展的尽职调查，报告中突出重大法律问题清单的部分非常重要，尽管模板不尽相同，但大多会有一些关键性的元素，例如，问题概括、事实概括、分析、风险等级判断以及建议（可落地的解决方案是什么）。重大法律问题清单不仅仅是律师向委托方呈现的劳动成果之一，也是起草或修改交易文件的依据。交易文件的部分条款是与尽职调查的结果（尤其是重大法律问题清单所列示的事项）相对应的。在起草交易文件时，律师应根据重大法律问题清单（当然前提是律师与委托方已经就重大法律问题清单已经进行了讨论和交流，对于哪些事项写入交易文件，是作为交割先决条件还是交割后义务等已经达成共识）的内容相应起草交易文件的相关条款。后续起草交易文件完毕后，应当与重大法律问题清单再次进行交叉核对（Cross Reference）。

上述内容为对法律尽职调查概括地介绍，关于法律尽职调查中所涉及的具体问题及处理，请详见本书以下部分内容。考虑到股份有限公司涉及诸多特殊性，且本书并未有针对性地适用于证券相关业务，而在开展投融资、收购等非诉业务时更多见的目标公司为有限责任公司，因此更为侧重于基础性、标准化、广泛性的尽职调查指引，本书内容目前主要围绕有限责任公司类型展开。

相关规定

本编相关规定见表1-1。

表 1-1　相关规定

主要法律问题	文件名	具体条款规定
/	《律师从事证券法律业务规范(试行)》(发文机关:中华全国律师协会;发布日期和生效日期:2003 年 4 月 22 日)	第 10 条　律师从事证券法律业务,应当坚持其独立性,在受托范围内依法履行其职责,不受其他单位或个人的影响和干预。
		第 11 条　律师从事证券法律业务,应当始终坚持诚实守信原则,并应遵守以下要求: 1. 不得建议或协助委托人从事违法活动或实施虚构事实的行为,但对于委托人要求解决的法律问题,可以协助委托人进行法律分析并提出合法的解决方案; 2. 对于委托人要求提供违反法律法规以及律师职业道德和执业纪律规范的服务,应当拒绝并向委托人说明情况; 3. 不得协助或诱导委托人弄虚作假,伪造、变造文件资料,更不得为了委托人的利益或自身利益,自己弄虚作假,伪造或变造证明文件; 4. 不得向证券监管机构、证券交易所或其他机构提供律师经合理谨慎判断怀疑是伪造或虚假的文件资料; 5. 不得协助任何机构和人员实施与证券业务有关的违法行为。
		第 23 条　律师事务所接受委托,应当与委托人签订书面委托协议;委托协议应当由律师事务所和委托人双方的法定代表人或授权代表签署,并加盖律师事务所和委托人的公章。
		第 24 条　委托协议的内容由律师事务所和委托人约定,一般包括以下条款:协议双方的名称、住所、联系方式、委托事项的工作范围和工作方式、双方的权利义务、协议期限、律师费用、违约责任、合同的变更和解除、争议的解决。
		第 30 条　律师应当客观、全面、及时地进行尽职调查,坚持尽职调查的独立性和完整性,做到调查内容真实、准确。
	《中华全国律师协会律师承办国有企业改制与相关公司治理业务操作指引》(发文机关:中华全国律师协会;发布日期和生效日期:2009 年 8 月)	第 3.2 条　律师从事国有企业改制和相关公司治理业务,依据法律、法规、规章和规范性政策文件,在委托人的授权范围内,独立进行工作。
		第 5.1 条　独立性原则。律师开展尽职调查,应当独立于委托人意志,独立于审计、评估等其他中介机构。
		第 5.4 条　避免利益冲突原则。律师应履行利益冲突审查义务,在提供服务过程中或服务结束后不应利用获悉的相关信息获取任何利益,也不应在提供服务过程中,代理与产权持有单位或改制企业有直接或间接利益冲突关系的单位或个人的任何诉讼或非诉讼事务。

续表

主要法律问题	文件名	具体条款规定
	《律师事务所从事证券法律业务管理办法》(发文机关:中国证券监督管理委员会、司法部;发布日期:2007年3月9日;生效日期:2007年5月1日)	第3条　律师事务所及其指派的律师从事证券法律业务,应当遵守法律、行政法规及相关规定,遵循诚实、守信、独立、勤勉、尽责的原则,恪守律师职业道德和执业纪律,严格履行法定职责,保证其所出具文件的真实性、准确性、完整性。
		第12条　律师事务所及其指派的律师从事证券法律业务,应当按照依法制定的业务规则,勤勉尽责,审慎履行核查和验证义务。 律师进行核查和验证,可以采用面谈、书面审查、实地调查、查询和函证、计算、复核等方法。
	《中华全国律师协会律师办理有限责任公司收购业务操作指引》(发文机关:中华全国律师协会;发布和生效日期:2009年8月)	全文
	《中华全国律师协会律师承办国有企业改制与相关公司治理业务操作指引》(发文机关:中华全国律师协会;发布和生效日期:2007年1月25日)	全文
	《执业规则》(发文机关:中国证券监督管理委员会、司法部;发布日期:2010年10月20日;生效日期:2011年1月1日;文号:中国证券监督管理委员会、司法部公告〔2010〕33号)	全文
	《律师办理高新技术业务领域法律尽职调查业务操作指引》(发文机关:中华全国律师协会;发布和生效日期:2015年10月)	全文

续表

主要法律问题	文件名	具体条款规定
	《政府和社会资本合作(PPP)项目资产证券化业务尽职调查工作细则》(发文机关:中国证券投资基金业协会;发布和生效日期:2019年6月24日)	全文
	《律师承办公司关联交易业务操作指引》(发文机关:中华全国律师协会;发布和生效日期:2015年10月)	全文
	《中华全国律师协会律师办理企业法律风险管理业务操作指引》(发文机关:中华全国律师协会;发布和生效日期:2013年6月)	全文
	《律师从事证券法律业务规范(试行)》(发文机关:中华全国律师协会;发布日期和生效日期:2003年4月22日)	第32条　律师从事证券法律业务,在收集文件资料时应当遵循以下要求: 1. 要求委托人披露与受托证券法律业务有关的重要事实并提供相关法律文件,包括原件、传真件、复印件、副本和节录本等; 2. 应当收集文件资料的原件,如果收集原件确有困难,可以复制或收集副本、节录本。对复制件、副本和节录本等应当由委托人或文件提供人在文件上签字、加盖公章或以其他方式加以确认,以证明与原件或正本相一致; 3. 对于重要而又缺少相关资料支持的事实,应当取得委托人对该事实的书面确认,律师还应当在法律意见书中作出相应说明; 4. 对于需要进行公证、见证的法律文件,应当及时通知委托人办理。

第二编

尽职调查操作指引

专题一　基本情况及历史沿革

本专题重点针对营业执照、名称、经营范围、经营场所、法定代表人、经营期限以及变更等相关事宜进行分析，关于股权的历史沿革内容详见专题二的内容。

一、审阅文件清单

本专题审阅文件见表2-1-1。

表2-1-1　审阅文件清单

序号	审阅文件清单
设立时的基本情况(法定代表人、经营范围、住所、名称)	
1	设立时的营业执照正副本
2	设立时的公司章程
3	设立时的工商档案(通常为效率考虑，审阅公司提供或调取的自设立至尽调基准日整套工商档案，若下述变更中涉及的部分文件与工商档案重合，可不重复提供)
4	设立时公司的组织机构代码证(若涉及)
变更	
法定代表人变更	
1	历任法定代表人名单
2	股东(大)会决议

续表

序号	审阅文件清单
3	董事会决议
4	任命文件
5	变更后的营业执照
经营范围变更	
1	股东(大)会决议
2	董事会决议
3	相关资质行政许可/备案
4	新章程或章程修正案
5	变更后的营业执照
住所变更	
1	股东(大)会决议
2	董事会决议
3	租赁合同/产权证明
4	新章程或章程修正案
5	变更后的营业执照
名称变更	
1	股东(大)会决议
2	董事会决议
3	名称预核准文件
4	新章程或章程修正案
5	变更后的营业执照

二、访谈清单

通常在与公司创始人或高层访谈时就涉及公司成立、发展沿革、重大里程碑事件,以及与公司董事会办公室或综合部门、法律部门负责人员访谈时会涉及如下问题:

(1)请介绍公司成立的时间以及背景;

(2)请介绍公司发展过程中的重大变更事件;

(3)请介绍公司的主要股权变化(增资、股权转让等);

(4)请介绍公司主要的融资历史(若有);

(5)请介绍公司现有股东的主要背景(是外部投资者还是实际控制人控制的主体、员工持股平台等);

(6)请介绍公司发展规划;

(7)请介绍公司召开股东(大)会、董事会的具体情形、方式等;

(8)请介绍公司是否曾面临工商管理部门的处罚;

(9)请介绍公司的管理架构以及各部门的业务划分。

三、主要法律问题

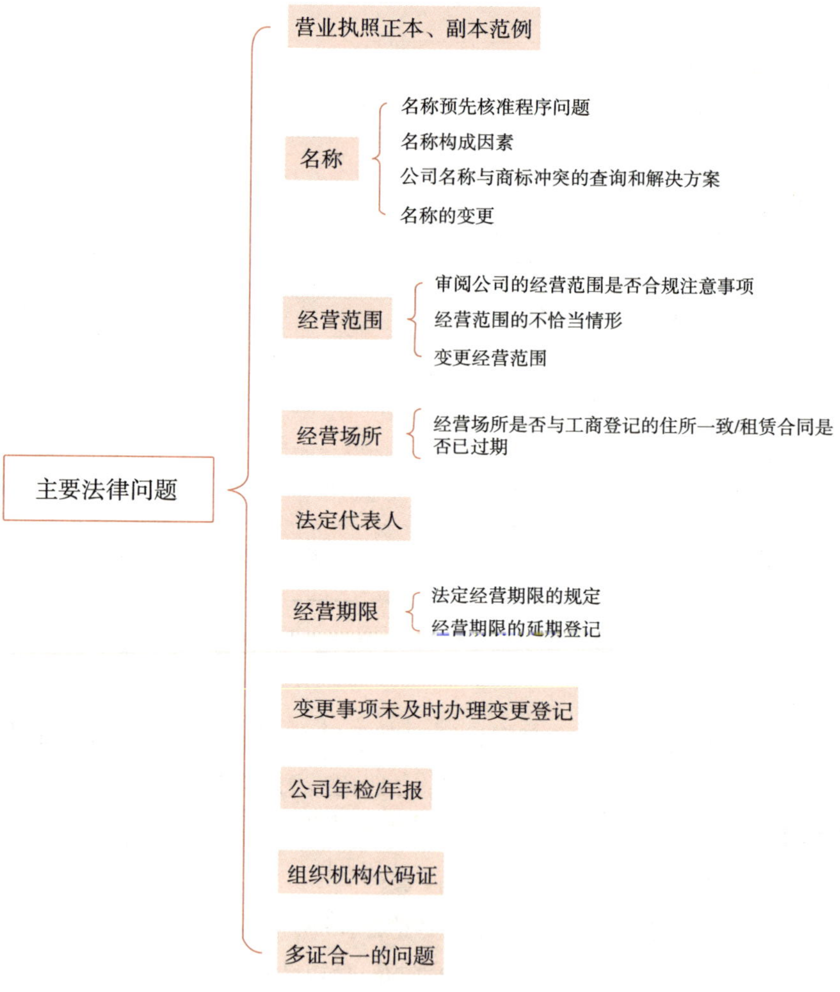

图 2－1－1　本专题思维导图

（一）营业执照

营业执照是企业或组织合法存续的证明。通过审阅公司的营业执照可以了解其基本信息。营业执照分正本和副本，二者具有相同的法律效力。2021 年 12 月 24 日发布的《公司法（修订草案）》新增了关于电子营业执照的规定："公司登记机关可以按照规定发给电子营业执照，电子营业执照与纸质营业执照具有同等法律效力。"* 该规定首次明确了电子营业执照的法律地位。

需要注意，根据 2015 年发展和改革委员会等部门发布的《法人和其他组织统一社会信用代码制度建设总体方案》，自 2015 年 10 月 1 日起，各地颁发的营业执照上将载明统一社会信用代码以及二维码信息，通过扫描二维码、可登录"国家企业信用信息公示系统"，了解更多登记、备案、许可、监管信息。

另外，营业执照下方通常载明登记机关和营业执照的颁发日期。并载明提示：每年 1 月 1 日至 6 月 30 日通过企业信用信息公示系统报送上一年度年度报告并公示。

营业执照系律师判断公司是否合法存续的重要文件，同时律师可以通过审阅公司营业执照了解公司的基本信息，如公司全称、住所、法定代表人、注册资本、实收资本、公司类型、经营范围、成立日期和营业期限等情况。

下文将具体解析营业执照所体现的公司基本信息的内容。

（二）名称

1. 名称预先核准程序问题

名称预先核准行政许可事项目前已经取消（根据国发〔2019〕6 号文件《国务院关于取消和下放一批行政许可事项的决定》，以及国市监注〔2019〕70 号文件《市场监管总局关于做好取消企业名称预先核准行政许可事项衔接工作的通知》，名称预先核准行政许可事项已经取消，全国各地陆续推行企业名称自主申报），全国各地陆续推行企业名称自主申报。律师开展法律尽职调查、核查企业工商档案信息时应当注意根据公司的成立时间分辨适用的法律法规依据。

以北京为例，2019 年 4 月 23 日北京市市场监督管理局发布了《关于取消企

---

* 《公司法（修订草案）》由第十三届全国人大常委会第三十二次会议于 2021 年 12 月 24 日发布。——笔者注

业名称预先核准行政许可事项的公告》，“即日起取消企业名称预先核准行政许可事项，不再发放《企业名称预先核准通知书》（含《企业名称变更核准通知书》、企业名称自主预查通知书）。申请人可以在办理登记时直接向企业登记机关提交拟登记的企业名称，也可以通过网上名称自主预查服务系统查询并保留企业名称。农民专业合作社和个体工商户参照执行”。

2. 名称构成因素

通常情况下，构成企业名称的四项基本要素为：行政区划名称＋字号＋行业或经营特点＋组织形式，法律法规另有规定的除外。例如，北京安泰新世纪信息技术有限公司，“北京”为行政区划；“安泰新世纪”为字号；“信息技术”为行业；“有限公司”为组织形式。

律师在尽职调查时，应当注意以下不当情形：比如企业名称中用行政区划作为字号（县以上行政区划的地名具有其他含义的除外），企业名称中使用了不适当的汉字等。

（1）行政区划：本企业所在地县级以上行政区划的名称或地名。需要注意特别规定，比如《企业名称登记管理规定》（2020 年修订）①第 12 条规定：企业名称冠以“中国”“中华”“中央”“全国”“国家”等字词，应当按照有关规定从严审核，并报国务院批准。国务院市场监督管理部门负责制定具体管理办法。企业名称中间含有“中国”“中华”“全国”“国家”等字词的，该字词应当是行业限定语。使用外国投资者字号的外商独资或者控股的外商投资企业，企业名称中可以含有“（中国）”字样。

（2）字号：应当由 2 个以上汉字组成，县级以上地方行政区划名称、行业或者经营特点不得作为字号，另有含义的除外。字号仅是所代表的商事主体名称中的核心部分，并非该商事主体的名称，如北京“全聚德”，天津“狗不理”等。

另外，企业名称可以使用自然人投资人的姓名作字号。但应当注意，根据 2002 年 1 月 14 日原国家工商行政管理总局的《关于企业名称使用有关问题的答复》（工商企字〔2002〕第 3 号）的相关规定，不得发生让公众产生误解或联想的情形，不得使用非该企业自然人投资人的姓氏。

（3）行业或经营特点：企业名称中的行业或者经营特点应当根据企业的主

---

① 《企业名称登记管理规定》（2020 年修订）经 2020 年 12 月 14 日国务院第 118 次常务会议修订通过，2020 年 12 月 28 日公布，自 2021 年 3 月 1 日起施行。

营业务和国民经济行业分类标准标明。国民经济行业分类标准中没有规定的，可以参照行业习惯或者专业文献等表述。一般情况下，应当与企业经营范围一致。企业经济活动性质分别属于国民经济行业①不同大类的，应当选择主要经济活动性质所属国民经济行业类别用语表述企业名称中的行业，如房地产、金融、保险业等。

(4)组织形式：根据其组织结构或者责任形式，依法在企业名称中标明的组织形式，包括股份有限公司、有限责任公司②、外商投资企业、非公司制企业法人[包括全民所有制企业法人、集体所有制企业法人、集体所有制(股份合作)企业法人、联营企业法人]、个人独资企业、合伙企业。

另外，股份有限公司的组织形式，必须在公司名称中标明股份有限公司或者股份公司字样；有限责任公司的组织形式，必须在公司名称中标明有限责任公司或者有限公司字样。

需要注意，自2020年1月1日起施行的《外商投资法》第42条规定，《中外合资经营企业法》《外资企业法》《中外合作经营企业法》同时废止；该法施行前依照《中外合资经营企业法》《外资企业法》《中外合作经营企业法》设立的外商投资企业，在该法施行后5年内可以继续保留原企业组织形式等；另根据其第31条规定，外商投资企业的组织形式、组织机构及其活动准则，适用《公司法》《合伙企业法》等法律的规定。

3. 公司名称与商标冲突的查询和解决方案

实践中，公司名称可能会与他人拥有的商标权甚至驰名商标③发生冲突，商标持有人可能按照《反不正当竞争法》(2019年修正)的相关规定，向监管部门提起举报、要求查处。若公司构成实施混淆行为的，由监督检查部门责令停止违法行为，没收违法商品并处相应金额的罚款，情节严重的，吊销营业执照。商标持有人甚至可以公司企业名称侵犯注册商标专用权或者构成不正当竞争为由向人民法院提起诉讼。如在“大润发”商标侵权、不正当竞争纠纷案中，原被告[原告为自1998年7月在上海开设第一家大型超市、拥有“大润发”(商标注

① 参见《国民经济行业分类》(GB/T 4754—2017)。

② 特殊的有限责任公司还有：一人有限公司、国有独资有限责任公司。

③ 驰名商标，是指经过长期使用，在市场上享有较高声誉并为公众熟知的商标，是由商品或者服务的良好信誉凝集成的商品或服务的知名度。中国驰名商标依法受到优于普通注册商标的特别保护。实践中，存在有些企业有意或者无意将他人的驰名商标作为自己的企业名称使用。

册号:5091186)商标的商标权人、被告为成立于2014年10月14日的大润发投资公司]均从事超市经营,而被告在明知原告所注册的“大润发”商标已在行业内具有较高知名度的前提下,仍在经营中使用相同或类似商标并将其注册为企业名称,侵害了原告商标权并构成不正当竞争,上海知识产权法院判决被告承担停止侵害、消除影响并赔偿损失的民事责任。① 可以说,公司名称与他人拥有的商标权之间的冲突客观上造成相关公众对市场主体或商品和服务的来源产生混淆或误认,既损害了在先权利人商业标识的“品牌价值”,容易与其产生权利纠纷;也损害了消费者的利益,扰乱了市场秩序。

因此公司在公司的名称选择之前,可以查询字号是否与注册商标相同或近似,商标信息可以在中国商标网②查询,确认该字号与他人拥有的注册商标不存在冲突后再进行使用。

相应地,律师在审查公司字号是否与已注册商标相同或近似时,亦可以前往中国商标网查询,并根据先后时间判断公司的字号是否存在因与其他人注册的商标冲突而产生的法律风险。若律师发现公司的字号与某商标或驰名商标有冲突,并且是他人的商标或驰名商标使用在先,应当向公司提示法律风险,并提出法律建议。

4. 名称的变更

若公司发生名称变更事项,则应符合以下程序,律师在尽职调查过程中应当注意对相关文件的审查:

首先,公司应当召开股东(大)会或董事会(根据公司章程的权限约定),作出同意公司名称变更的决议;

其次,登录企业名称自主申报系统并进行自主申报;

最后,尽快办理工商变更登记手续及其他必要的手续:(1)修改公司章程;(2)营业执照变更;(3)变更银行开户许可证、银行账户名称等公司证照。

(三)经营范围

经营范围是指国家允许企业生产和经营的商品类别、品种及服务项目,反

---

① 参见上海知识产权法院(2015)沪知民初字第731号民事判决书、上海市高级人民法院(2016)沪民终409号。

② 中国商标网,http://sbcx.saic.gov.cn/trade/,是原国家工商行政管理总局商标局主办的唯一在线查询商标注册信息的网站。

映企业业务活动的内容和生产经营方向,是企业业务活动范围的法律界限。企业的经营范围由企业登记机关根据投资人或者企业的申请依法登记。企业的经营范围应当与章程或者合伙协议的规定相一致。

经营范围分为许可经营项目和一般经营项目。许可经营项目是指企业在申请登记前依据法律、行政法规、国务院决定应当报经有关部门批准的项目。一般经营项目是指不需批准,企业可以自主申请的项目。前置许可事项一般适用2017年8月30日工商总局《关于调整工商登记前置审批事项目录的通知》;以北京市为例,北京市企业登记的前置许可项目列于《北京市企业登记前置许可项目目录》①,各地政策大同小异,若有特殊规定则具体参见当地专门的政策规定。

企业从事工商登记前置审批事项目录中事项的,应当在依法报经相关审批部门审批后,凭许可文件、证件向工商部门申请登记注册,工商部门依法核发营业执照。企业从事工商登记前置审批事项目录外事项的,应直接向工商部门申请登记注册,工商部门依法核发营业执照。

后置许可事项主要是指根据主管部门规定,由工商主管部门"先照后证"的相关事项。通常情况下,后置许可事项在取得相关后置许可事项审批后,由公司申请相应变更经营范围。

律师应当审阅公司营业执照所载的经营范围,了解是否有许可经营项目。如果有许可经营项目,应当关注该公司是否取得了该等许可审批。如果公司的经营范围中有特殊行业、特殊类别的,也应该相应关注该等范围是否获得了特别部门的批准。

另外,律师也可以通过访谈高管、审阅公司业务资料、业务人员访谈等其他方式了解公司实际从事的经营范围,与营业执照所载的内容是否一致。

1. 审阅公司的经营范围是否合规

律师在尽职调查中,可以通过审阅公司的营业执照、公司章程及公司经营资质等材料,进而发现和/或判断公司的经营范围是否合规。应特别留意尽职调查中可能遇到以下情形:

---

① 参见 http://scjgj.beijing.gov.cn/bsfw/bmfw/djzc/201909/t20190920_406285.html 以及 http://scjgj.beijing.gov.cn/bsfw/bmfw/djzc/tsdj/201808/t20180813_109669.html,并且应注意尽职调查时上述文件要求是否已发生更新。

（1）经营范围可以选择多个行业，不受公司名称行业范围的限制。

比如，广告公司的经营范围中也可以有贸易的内容，贸易公司的经营范围中也可以有咨询、服务等内容。

（2）各个省市对于公司名称及经营范围的语言表述要求有所不同。

以北京市市场监督管理局为例，经营范围根据《国民经济行业分类》《北京市新增产业的禁止和限制目录》（2018 年版）以及《投资办照通用指南及风险提示》办理即可。律师应当注意尽职调查对象的经营范围是否符合当地工商登记机关的要求。

（3）需要前置审批的经营范围，需要事先办理好前置审批许可后，方可将该经营范围写进营业执照，比如生产食品，必须先办理食品生产许可证。

（4）有些特殊行业的经营范围对于公司注册资本有特殊的要求。如根据《商业银行法》（2015 年修正）的规定，设立全国性商业银行的注册资本最低限额为 10 亿元；设立城市商业银行的注册资本最低限额为 1 亿元；设立农村商业银行的注册资本最低限额为 5000 万元。*

2. 经营范围的不恰当情形

（1）超越经营范围经营

按照《民法典》第 505 条规定，当事人超越经营范围订立的合同的效力，应当依照本法第一编第六章第三节和本编的有关规定确定，不得仅以超越经营范围确认合同无效。实践中，当事人即便超越经营范围经营，只要不违背禁止经营规定，亦可判定双方的法律行为有效。如在内蒙古永亨建设工程有限责任公司、山东墙冠建材科技有限公司（以下简称墙冠公司）等买卖合同纠纷中①，墙冠公司超越经营范围安装保温材料的行为属于经营性的商业行为，不属于国家限制经营、特许经营以及法律、行政法规禁止经营的范围。因此，法院认定双方签订的合同为有效合同。可见，超越经营范围经营并不必然导致合同无效，而应结合具体案例进行分析。

---

* 中国人民银行于 2020 年 10 月 16 日发布了《商业银行法》（修改建议稿）。该修改建议稿对以上注册资本提出了新的修改建议，如设立全国性商业银行的注册资本最低限额为 100 亿元；设立城市商业银行的注册资本最低限额为 10 亿元；设立农村商业银行的注册资本最低限额为 1 亿元。律师尽职调查时应当关注法律法规的规定是否更新。——笔者注

① 参见内蒙古自治区和林格尔县人民法院民事判决书，（2019）内 0123 民初 446 号。

(2)未取得许可资质或许可资质已到期而经营业务

若公司未取得许可资质或许可资质已到期却仍在经营该项业务，则面临无资质经营而被有关主管部门处罚的风险。公司应当及时补办许可资质。

律师在审查发现公司从事需获得前置许可的相关业务时，应向其指出该风险，并建议公司尽快停止从事该等业务且尽快向有关部门申请取得前置许可/资质文件。

3. 变更经营范围①

若公司的历史沿革中体现有变更经营范围的事实，律师应审阅相应变更经营范围的股东(大)会决议或董事会决议、经修订的公司章程以及办理经营范围工商变更登记的档案。

公司的经营范围若涉及法律、行政法规或者国务院决定规定须经批准的项目的，公司必须在获得该项前置许可后，持该前置许可/资质文件至当地市场监督管理局申请变更经营范围，在获得该许可/资质文件之前，不得变更经营范围，且不得擅自从事相关经营活动，情节严重的将被吊销营业执照。

(四)经营场所

经营场所是否与工商登记的住所一致/租赁合同是否已过期。

律师审阅公司的营业执照便可了解公司注册地址。同时律师应当了解公司目前的实际经营场所(通过实地调查和/或审阅租赁合同的方式)。

实践中，律师在调查公司实际经营场所与工商登记的住所是否一致时，需要重点关注：

一是了解不一致的原因。例如，因为公司在市区写字楼设有办公室，负责销售和对外联系业务，而将厂房设立在郊区或场地成本较低的地点；或因公司实际办公地设在其他区域或城市，在注册地并无人员，系使用虚拟地址；或因为公司搬迁，经营场所发生了改变，而公司未办理变更登记便直接在新经营场所从事经营活动；等等。

二是关注公司住所地是否符合法律要求。根据法律规定，并非所有场所均可以注册为住所。如违章建筑不能登记为公司住所。

---

① 以北京市为例，参见一次性告知单，且可登录北京市市场监督管理局网站 http://scjgj.beijing.gov.cn，点击“办事服务—便民服务—登记注册—告知单”模块了解详细情况。

三是关注企业经营场所是否发生变更并完成变更登记。如果公司因一些原因变更了经营场所，但未及时进行变更登记，根据《市场主体登记管理条例》第 26 条规定，市场主体变更住所或者主要经营场所跨登记机关辖区的，应当在迁入新的住所或者主要经营场所前，向迁入地登记机关申请变更登记。迁出地登记机关无正当理由不得拒绝移交市场主体档案等相关材料；第 46 条规定，市场主体未依照本条例办理变更登记的，由登记机关责令改正；拒不改正的，处 1 万元以上 10 万元以下的罚款；情节严重的，吊销营业执照。① 因此，根据具体的情形，律师应建议公司应及时办理注册地址工商变更登记。

（五）法定代表人

律师可以通过审阅营业执照了解公司法定代表人，并审阅公司章程以及委任文件，核实公司法定代表人的委任是否符合规定。

与担任公司董事、监事、高级管理人员的禁止性规定相比，担任公司法定代表人的禁止性规定范围更广，根据《市场主体登记管理条例》第 12 条规定，有下列情形之一的，不得担任公司、非公司企业法人法定代表人：(1)无民事行为能力或者限制民事行为能力；(2)因贪污、贿赂、侵占财产、挪用财产或者破坏社会主义市场经济秩序被判处刑罚，执行期满未逾 5 年，或者因犯罪被剥夺政治权利，执行期满未逾 5 年；(3)担任破产清算的公司、非公司企业法人的法定代表人、董事或者厂长、经理，对破产负有个人责任的，自破产清算完结之日起未逾 3 年；(4)担任因违法被吊销营业执照、责令关闭的公司、非公司企业法人的法定代表人，并负有个人责任的，自被吊销营业执照之日起未逾 3 年；(5)个人所负数额较大的债务到期未清偿；(6)法律、行政法规规定的其他情形。

根据《市场主体登记管理条例》第 25 条的规定，公司、非公司企业法人的法定代表人在任职期间发生上述第 12 条所列情形之一的，应当向登记机关申请变更登记。第 44 条规定，提交虚假材料或者采取其他欺诈手段隐瞒重要事实取得市场主体登记的，由登记机关责令改正，没收违法所得，并处 5 万元以上 20 万元以下的罚款；情节严重的，处 20 万元以上 100 万元以下的罚款，吊销营业

① 《市场主体登记管理条例》已经 2021 年 4 月 14 日国务院第 131 次常务会议通过并已公布，自 2022 年 3 月 1 日起施行；《公司登记管理条例》《企业法人登记管理条例》《合伙企业登记管理办法》《农民专业合作社登记管理条例》《企业法人法定代表人登记管理规定》同时废止。

执照。第46条规定，市场主体未依照本条例办理变更登记的，由登记机关责令改正；拒不改正的，处1万元以上10万元以下的罚款；情节严重的，吊销营业执照。

律师在开展法律尽职调查时，如遇公司法定代表人变更的情形，审阅公司的文件和工商变更登记材料时应当注意：法定代表人变更涉及公司章程修改的，应提交关于修改公司章程的决议、决定以及修改后的公司章程或者公司章程修正案（需公司法定代表人签署）；法律、行政法规和国务院决定规定变更法定代表人必须报经批准的，应提交有关的批准文件或者许可证书复印件。如尽职调查过程中遇到特殊类型的公司，如证券公司、期货公司等，应当关注该行业相关法律法规对法定代表人身份、任职资格的特别要求。

（六）经营期限

律师可以通过审阅营业执照了解公司的经营期限，并结合公司章程，查看公司的经营期限。如两者有不一致之处，则应结合相关文件资料、合理判断公司的经营期限，并以经工商管理部门核准的公司章程中规定的期限为准。

1. 法定经营期限的规定

《公司法》未规定公司的经营期限应当符合什么要求，公司经营期限可以由公司章程规定，属于企业自拟的行为。通常公司在公司的章程中规定具体营业期限。

律师应当根据尽职调查对象的具体情况不同，判断公司的经营期限是否符合公司章程的规定。

2. 经营期限的延期登记

公司经营期限届满前，公司如继续经营，则应当依据相关法律规定办理延期登记。公司须作出同意经营期限延期的股东（大）会决议或董事会决议，并且修订公司章程。如果需要有关批准的，应当获得相应批准文件或许可证书，并尽快办理工商变更登记手续及其他必要的官方手续。

此外，自2020年1月1日起《外商投资法》生效后，外商投资企业的组织形式、组织机构及其活动准则适用《公司法》《合伙企业法》等法律的规定。原来的一些特殊规定已经废止，比如《中外合资经营企业法》“约定合营期限的合营企业，合营各方同意延长合营期限的，应在距合营期满六个月前向审查批准机关提出申请等”。但需要关注该类企业在2020年1月1日以前遇到经营期限届满的情形时，处理措施是否存在瑕疵。

（七）变更事项未及时办理变更登记

在审阅变更事项是否办理变更登记时，主要看公司最新的营业执照与公司披露的各事项的最新信息是否一致。

实践中经常出现的问题是公司已作出股东（大）会决议/董事会决议和/或章程修正案，或已完成其他变更程序（如已变更新的董事、获得了原登记经营范围之外的其他经营资质等），但未在变更之日起 30 日之内向当地市场监督管理局申请变更登记。此种情形并不影响上述变更的效力，但是根据《市场主体登记管理条例》第 46 条的规定，市场主体未依照本条例办理变更登记的，由登记机关责令改正；拒不改正的，处 1 万元以上 10 万元以下的罚款；情节严重的，吊销营业执照。律师应向公司提示该法律风险，并建议公司尽快办理变更登记。

另外，公司变更事项发生时间对内以实际发生为准，对外以办理工商登记为准，未办理登记不得对抗第三人。

（八）公司年检/年报

2014 年 2 月 14 日，国家工商行政管理总局发布《关于停止企业年度检验工作的通知》，自 2014 年 3 月 1 日起正式停止企业年度检验工作。

根据自 2014 年 10 月 1 日起施行的《企业信息公示暂行条例》及《企业经营异常名录管理暂行办法》，企业应当于每年 1 月 1 日至 6 月 30 日，通过企业信用信息公示系统向工商行政管理部门报送上一年度年度报告，并向社会公示。当年设立登记的企业，自下一年起报送并公示年度报告。工商行政管理部门将有经营异常情形的企业列入经营异常名录，通过企业信用信息公示系统公示，提醒其履行公示义务。

原《企业年度检验办法》已于 2014 年 10 月 1 日废止，但在核查企业于 2014 年 10 月 1 日之前的工商档案时需要注意，企业[①]此前每年应当进行工商年检，

---

① 根据原《企业年度检验办法》第 2 条的规定，需要年检的企业包括：领取营业执照的有限责任公司、股份有限公司、非公司企业法人、合伙企业、个人独资企业及其分支机构、来华从事经营活动的外国（地区）企业，以及其他经营单位。

每年3月1日至6月30日,企业应当向企业登记机关提交年检材料并进行年检。

律师在审查相关材料时,对于2014年10月1日以前的营业执照,可以从营业执照副本查看公司的年检情况,经年检的企业,在营业执照副本上应当有工商登记机关加盖的年检戳记。同时,可以从工商档案中的"年检报告"材料中审查该年检年度公司的详细信息。对于审查2014年10月1日以后的企业情况时,应当登录企业信用信息公示系统查看企业的年度报告信息公示情况。

(九)组织机构代码证

根据《法人和其他组织统一社会信用代码制度建设总体方案》(国发〔2015〕33号)及《关于加快推进"三证合一"登记制度改革的意见》(国办发〔2015〕50号),2016年10月18日国家质量监督检验检疫总局《关于修改和废止部分规章的决定》(国家质量监督检验检疫总局令第184号)废止了《组织机构代码管理办法》(2008年11月11日质检总局令第110号)和国家质量监督检验检疫总局《关于修订〈组织机构代码管理办法〉的决定》(2014年8月25日质检总局令第158号)。因此,《组织机构代码管理办法》自2016年10月18日废止,自2016年10月19日起,企业无须再办理组织机构代码证。

但在《组织机构代码管理办法》废止之前,组织机构代码证的功能如同公民个人的身份证,具有唯一性,是对我国境内依法注册、依法登记的机关、企事业单位、社会团体和民办非企业单位颁发一个在全国范围内有效的代码标识。

律师在审查公司2016年10月19日以前的工商档案时,应当注意核查公司是否曾办理组织机构代码证、组织机构代码证是否过期、是否按时按期进行年检等信息,是否曾经存在瑕疵。

组织机构代码证分为正本和副本,记载的信息主要有:代码、公司名称、类型、地址、法定代表人、地址、有效期限、颁发单位、登记号、颁发日期等信息。组织机构代码证副本如图2-1-2所示,供参考:

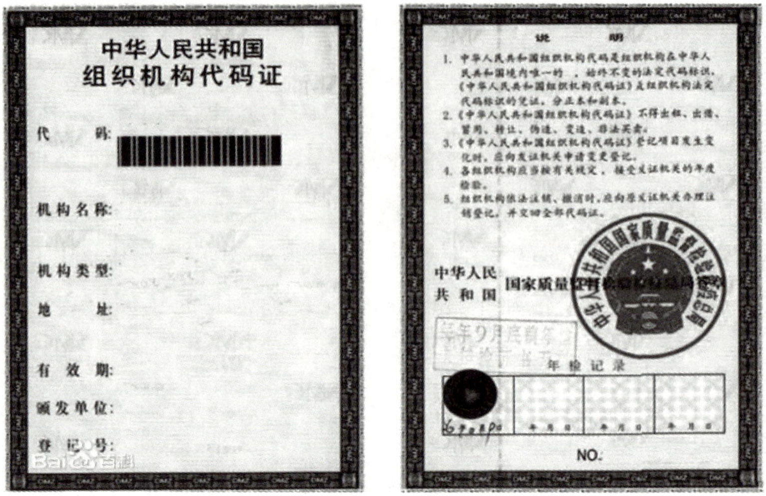

图 2－1－2　组织机构代码证副本

(十)多证合一

2012 年 11 月 14 日,深圳市出台《深圳经济特区商事登记若干规定》(已被修改),在全国率先提出:“推行营业执照、组织机构代码证和税务登记证三证合一的登记制度,具体办法由市政府另行制定。”

2014 年 6 月 4 日,国务院《关于促进市场公平竞争维护市场正常秩序的若干意见》(国发〔2014〕20 号文)在“(四)改革市场准入制度”中提出“简化手续,缩短时限,鼓励探索实行工商营业执照、组织机构代码证和税务登记证‘三证合一’登记制度”,各地纷纷响应。2016 年 6 月 30 日,国务院办公厅《关于加快推进“五证合一、一照一码”登记制度改革的通知》(国办发〔2016〕53 号)提出在原本“三证合一”的基础上再整合社会保险登记证和统计登记证,自 2016 年 10 月 1 日起正式实施“五证合一、一照一码”。2017 年 5 月 5 日国务院办公厅发布的《关于加快推进“多证合一”改革的指导意见》(国办发〔2017〕41 号)明确提出,坚持“多证合一”与推进“一照一码”营业执照应用相结合,但未就“多证合一”的具体覆盖范围作出进一步统一要求,而是提出坚持统筹推进与因地制宜相结合,各省级人民政府要结合实际,鼓励基层探索实践,巩固改革成果,不断扩大“多证合一”的覆盖范围。

2018 年 3 月 1 日,工商总局等十三部门《关于推进全国统一“多证合一”改革的意见》提出在“五证合一”的基础上，将 19 项涉企证照事项进一步整合到营业执照上，首批实行“二十四证合一”，对全国统一“多证合一”改革涉企证照事项目录（“证照目录”）实行动态更新管理，对目录以外符合整合要求的证照事项，分期分批纳入“多证合一”范畴，做到成熟一批、整合一批，并规定 2018 年 6 月底各省全面执行全国统一的“多证合一”的证照目录。例如，截至目前，天津企业注册自 2019 年年底实行“三十证合一”。律师尽职调查时需要因地、因企注意当地市场监督管理局/工商部门是否有特殊规定。

相关规定

本专题相关规定见表 2－1－2。

表 2－1－2　相关规定

主要法律问题	文件名	具体条款规定
营业执照正本、副本范例	《民法典》（发文机关：全国人民代表大会；发布日期：2020 年 5 月 28 日；生效日期：2021 年 1 月 1 日）	第 78 条　依法设立的营利法人，由登记机关发给营利法人营业执照。营业执照签发日期为营利法人的成立日期。
	《公司法》（发文机关：全国人民代表大会常务委员会；发布和生效日期：2018 年 10 月 26 日）	第 7 条　依法设立的公司，由公司登记机关发给公司营业执照。公司营业执照签发日期为公司成立日期。 公司营业执照应当载明公司的名称、住所、注册资本、经营范围、法定代表人姓名等事项。 公司营业执照记载的事项发生变更的，公司应当依法办理变更登记，由公司登记机关换发营业执照。
		第 14 条　公司可以设立分公司。设立分公司，应当向公司登记机关申请登记，领取营业执照。分公司不具有法人资格，其民事责任由公司承担。 公司可以设立子公司，子公司具有法人资格，依法独立承担民事责任。
		第 59 条　一人有限责任公司应当在公司登记中注明自然人独资或者法人独资，并在公司营业执照中载明。

续表

主要法律问题	文件名	具体条款规定
名称	《民法典》（发文机关：全国人民代表大会；发布日期：2020 年 5 月 28 日；生效日期：2021 年 1 月 1 日）	第 58 条　法人应当依法成立。 法人应当有自己的名称、组织机构、住所、财产或者经费。法人成立的具体条件和程序，依照法律、行政法规的规定。 设立法人，法律、行政法规规定须经有关机关批准的，依照其规定。
	《公司法》（发文机关：全国人民代表大会常务委员会；发布和生效日期：2018 年 10 月 26 日）	第 7 条　依法设立的公司，由公司登记机关发给公司营业执照。公司营业执照签发日期为公司成立日期。 公司营业执照应当载明公司的名称、住所、注册资本、经营范围、法定代表人姓名等事项。 公司营业执照记载的事项发生变更的，公司应当依法办理变更登记，由公司登记机关换发营业执照。
		第 8 条　依照本法设立的有限责任公司，必须在公司名称中标明有限责任公司或者有限公司字样。 依照本法设立的股份有限公司，必须在公司名称中标明股份有限公司或者股份公司字样。
	《商标法》（2019 年修订）（发文机关：全国人民代表大会常务委员会；发布日期：2019 年 4 月 23 日；生效日期：2019 年 11 月 1 日）	第 58 条　将他人注册商标、未注册的驰名商标作为企业名称中的字号使用，误导公众，构成不正当竞争行为的，依照《中华人民共和国反不正当竞争法》处理。
	《反不正当竞争法》（发文机关：全国人民代表大会常务委员会；发布和生效日期：2019 年 4 月 23 日）	第 6 条　经营者不得实施下列混淆行为，引人误认为是他人商品或者与他人存在特定联系： （一）擅自使用与他人有一定影响的商品名称、包装、装潢等相同或者近似的标识； （二）擅自使用他人有一定影响的企业名称（包括简称、字号等）、社会组织名称（包括简称等）、姓名（包括笔名、艺名、译名等）； （三）擅自使用他人有一定影响的域名主体部分、网站名称、网页等； （四）其他足以引人误认为是他人商品或者与他人存在特定联系的混淆行为。
		第 18 条　经营者违反本法第六条规定实施混淆行为的，由监督检查部门责令停止违法行为，没收违法商品。违法经营额五万元以上的，可以并处违法经营额五倍以下的罚款；没有违法经营额或者违法经营额不足五万元的，可以并处二十五万元以下的罚款。情节严重的，吊销营业执照。

续表

主要法律问题	文件名	具体条款规定
		经营者登记的企业名称违反本法第六条规定的，应当及时办理名称变更登记；名称变更前，由原企业登记机关以统一社会信用代码代替其名称。
	最高人民法院《关于审理注册商标、企业名称与在先权利冲突的民事纠纷案件若干问题的规定》(2020年修正)(发文机关：最高人民法院；发布日期：2020年12月29日；生效日期：2021年1月1日)	第2条　原告以他人企业名称与其在先的企业名称相同或者近似，足以使相关公众对其商品的来源产生混淆，违反反不正当竞争法第六条第(二)项的规定为由提起诉讼，符合民事诉讼法第一百一十九条规定的，人民法院应当受理。
		第4条　被诉企业名称侵犯注册商标专用权或者构成不正当竞争的，人民法院可以根据原告的诉讼请求和案件具体情况，确定被告承担停止使用、规范使用等民事责任。
	最高人民法院《关于审理涉及驰名商标保护的民事纠纷案件应用法律若干问题的解释》(2020年修正)(发文机关：最高人民法院；发布日期：2020年12月29日；生效日期：2021年1月1日)	第10条　原告请求禁止被告在不相类似商品上使用与原告驰名的注册商标相同或者近似的商标或者企业名称的，人民法院应当根据案件具体情况，综合考虑以下因素后作出裁判： (一)该驰名商标的显著程度； (二)该驰名商标在使用被诉商标或者企业名称的商品的相关公众中的知晓程度； (三)使用驰名商标的商品与使用被诉商标或者企业名称的商品之间的关联程度； (四)其他相关因素。
	国务院《关于取消和下放一批行政许可事项的决定》(文号：国发〔2019〕6号；发文机关：国务院；发布和生效日期：2019年2月27日)	取消审批后，改为企业(包括个体工商户、农民专业合作社，下同)自主申报名称，市场监管部门在企业注册登记时核准名称。各级市场监管部门要通过以下措施优化服务、加强事中事后监管：1. 向社会公开企业名称库，引导企业自行拟定符合规则要求的名称。2. 建立企业名称自主申报制度，明确企业名称禁限用规则，完善企业名称争议处理机制，加强对企业名称使用的监督管理。3. 简化优化工商登记程序，实行"一次性告知"，提高企业登记办理效率，保障企业自主选择名称。
	《企业名称登记管理规定》(发文机关：国务院；发布日期：2020年12月28日；生效日期：2021年3月1日)	第6条　企业名称由行政区划名称、字号、行业或者经营特点、组织形式组成。跨省、自治区、直辖市经营的企业，其名称可以不含行政区划名称；跨行业综合经营的企业，其名称可以不含行业或者经营特点。
		第7条　企业名称中的行政区划名称应当是企业所在地的县级以上地方行政区划名称。市辖区名称在企业名称

续表

主要法律问题	文件名	具体条款规定
		中使用时应当同时冠以其所属的设区的市的行政区划名称。开发区、垦区等区域名称在企业名称中使用时应当与行政区划名称连用,不得单独使用。
		第 8 条　企业名称中的字号应当由两个以上汉字组成。 县级以上地方行政区划名称、行业或者经营特点不得作为字号,另有含义的除外。
		第 9 条　企业名称中的行业或者经营特点应当根据企业的主营业务和国民经济行业分类标准标明。国民经济行业分类标准中没有规定的,可以参照行业习惯或者专业文献等表述。
		第 10 条　企业应当根据其组织结构或者责任形式,依法在企业名称中标明组织形式。
		第 11 条　企业名称不得有下列情形: (一)损害国家尊严或者利益; (二)损害社会公共利益或者妨碍社会公共秩序; (三)使用或者变相使用政党、党政军机关、群团组织名称及其简称、特定称谓和部队番号; (四)使用外国国家(地区)、国际组织名称及其通用简称、特定称谓; (五)含有淫秽、色情、赌博、迷信、恐怖、暴力的内容; (六)含有民族、种族、宗教、性别歧视的内容; (七)违背公序良俗或者可能有其他不良影响; (八)可能使公众受骗或者产生误解; (九)法律、行政法规以及国家规定禁止的其他情形。
		第 12 条　企业名称冠以"中国"、"中华"、"中央"、"全国"、"国家"等字词,应当按照有关规定从严审核,并报国务院批准。国务院市场监督管理部门负责制定具体管理办法。 企业名称中间含有"中国"、"中华"、"全国"、"国家"等字词的,该字词应当是行业限定语。 使用外国投资者字号的外商独资或者控股的外商投资企业,企业名称中可以含有"(中国)"字样。
		第 13 条　企业分支机构名称应当冠以其所从属企业的名称,并缀以"分公司"、"分厂"、"分店"等字词。境外企业分支机构还应当在名称中标明该企业的国籍及责任形式。
		第 14 条　企业集团名称应当与控股企业名称的行政区划名称、字号、行业或者经营特点一致。控股企业可以在其名称的组织形式之前使用"集团"或者"(集团)"字样。

续表

主要法律问题	文件名	具体条款规定
		第 15 条　有投资关系或者经过授权的企业,其名称中可以含有另一个企业的名称或者其他法人、非法人组织的名称。
		第 16 条　企业名称由申请人自主申报。 申请人可以通过企业名称申报系统或者在企业登记机关服务窗口提交有关信息和材料,对拟定的企业名称进行查询、比对和筛选,选取符合本规定要求的企业名称。 申请人提交的信息和材料应当真实、准确、完整,并承诺因其企业名称与他人企业名称近似侵犯他人合法权益的,依法承担法律责任。
		第 17 条　在同一企业登记机关,申请人拟定的企业名称中的字号不得与下列同行业或者不使用行业、经营特点表述的企业名称中的字号相同: (一)已经登记或者在保留期内的企业名称,有投资关系的除外; (二)已经注销或者变更登记未满 1 年的原企业名称,有投资关系或者受让企业名称的除外; (三)被撤销设立登记或者被撤销变更登记未满 1 年的原企业名称,有投资关系的除外。
		第 18 条　企业登记机关对通过企业名称申报系统提交完成的企业名称予以保留,保留期为 2 个月。设立企业依法应当报经批准或者企业经营范围中有在登记前须经批准的项目的,保留期为 1 年。 申请人应当在保留期届满前办理企业登记。
经营范围	《民法典》(发文机关:全国人民代表大会;发布日期:2020 年 5 月 28 日;生效日期:2021 年 1 月 1 日)	第 505 条　当事人超越经营范围订立的合同的效力,应当依照本法第一编第六章第三节和本编的有关规定确定,不得仅以超越经营范围确认合同无效。
	《公司法》(发文机关:全国人民代表大会常务委员会;发布和生效日期:2018 年 10 月 26 日)	第 7 条　依法设立的公司,由公司登记机关发给公司营业执照。公司营业执照签发日期为公司成立日期。 公司营业执照应当载明公司的名称、住所、注册资本、经营范围、法定代表人姓名等事项。 公司营业执照记载的事项发生变更的,公司应当依法办理变更登记,由公司登记机关换发营业执照。
		第 12 条　公司的经营范围由公司章程规定,并依法登记。公司可以修改公司章程,改变经营范围,但是应当办理变更登记。 公司的经营范围中属于法律、行政法规规定须经批准的项目,应当依法经过批准。

续表

主要法律问题	文件名	具体条款规定
		第 25 条　有限责任公司章程应当载明下列事项： （一）公司名称和住所； （二）公司经营范围； （三）公司注册资本； （四）股东的姓名或者名称； （五）股东的出资方式、出资额和出资时间； （六）公司的机构及其产生办法、职权、议事规则； （七）公司法定代表人； （八）股东会会议认为需要规定的其他事项。 股东应当在公司章程上签名、盖章。
		第 37 条　股东会行使下列职权： （一）决定公司的经营方针和投资计划； （二）选举和更换非由职工代表担任的董事、监事，决定有关董事、监事的报酬事项； （三）审议批准董事会的报告； （四）审议批准监事会或者监事的报告； （五）审议批准公司的年度财务预算方案、决算方案； （六）审议批准公司的利润分配方案和弥补亏损方案； （七）对公司增加或者减少注册资本作出决议； （八）对发行公司债券作出决议； （九）对公司合并、分立、解散、清算或者变更公司形式作出决议； （十）修改公司章程； （十一）公司章程规定的其他职权。 对前款所列事项股东以书面形式一致表示同意的，可以不召开股东会会议，直接作出决定，并由全体股东在决定文件上签名、盖章。
		第 43 条　股东会的议事方式和表决程序，除本法有规定的外，由公司章程规定。 股东会会议作出修改公司章程、增加或者减少注册资本的决议，以及公司合并、分立、解散或者变更公司形式的决议，必须经代表三分之二以上表决权的股东通过。
		第 81 条　股份有限公司章程应当载明下列事项： （一）公司名称和住所； （二）公司经营范围； （三）公司设立方式； （四）公司股份总数、每股金额和注册资本； （五）发起人的姓名或者名称、认购的股份数、出资方式和出资时间； （六）董事会的组成、职权和议事规则；

续表

主要法律问题	文件名	具体条款规定
		（七）公司法定代表人； （八）监事会的组成、职权和议事规则； （九）公司利润分配办法； （十）公司的解散事由与清算办法； （十一）公司的通知和公告办法； （十二）股东大会会议认为需要规定的其他事项。
经营场所	《民法典》（发文机关：全国人民代表大会；发布日期：2020年5月28日；生效日期：2021年1月1日）	第58条　法人应当依法成立。 法人应当有自己的名称、组织机构、住所、财产或者经费。法人成立的具体条件和程序，依照法律、行政法规的规定。 设立法人，法律、行政法规规定须经有关机关批准的，依照其规定。
		第63条　法人以其主要办事机构所在地为住所。依法需要办理法人登记的，应当将主要办事机构所在地登记为住所。
	《公司法》（发文机关：全国人民代表大会常务委员会；发布和生效日期：2018年10月26日）	第7条　依法设立的公司，由公司登记机关发给公司营业执照。公司营业执照签发日期为公司成立日期。 公司营业执照应当载明公司的名称、住所、注册资本、经营范围、法定代表人姓名等事项。 公司营业执照记载的事项发生变更的，公司应当依法办理变更登记，由公司登记机关换发营业执照。
		第10条　公司以其主要办事机构所在地为住所。
法定代表人	《民法典》（发文机关：全国人民代表大会；发布日期：2020年5月28日；生效日期：2021年1月1日）	第61条　依照法律或者法人章程的规定，代表法人从事民事活动的负责人，为法人的法定代表人。 法定代表人以法人名义从事的民事活动，其法律后果由法人承受。 法人章程或者法人权力机构对法定代表人代表权的限制，不得对抗善意相对人。
		第62条　法定代表人因执行职务造成他人损害的，由法人承担民事责任。 法人承担民事责任后，依照法律或者法人章程的规定，可以向有过错的法定代表人追偿。
		第81条　营利法人应当设执行机构。 执行机构行使召集权力机构会议，决定法人的经营计划和投资方案，决定法人内部管理机构的设置，以及法人章程规定的其他职权。 执行机构为董事会或者执行董事的，董事长、执行董事或者经理按照法人章程的规定担任法定代表人；未设董事会或者执行董事的，法人章程规定的主要负责人为其执行机构和法定代表人。

续表

主要法律问题	文件名	具体条款规定
		第504条　法人的法定代表人或者非法人组织的负责人超越权限订立的合同，除相对人知道或者应当知道其超越权限外，该代表行为有效，订立的合同对法人或者非法人组织发生效力。
	《公司法》(发文机关:全国人民代表大会常务委员会;发布和生效日期:2018年10月26日)	第7条　依法设立的公司，由公司登记机关发给公司营业执照。公司营业执照签发日期为公司成立日期。 公司营业执照应当载明公司的名称、住所、注册资本、经营范围、法定代表人姓名等事项。 公司营业执照记载的事项发生变更的，公司应当依法办理变更登记，由公司登记机关换发营业执照。
		第13条　公司法定代表人依照公司章程的规定，由董事长、执行董事或者经理担任，并依法登记。公司法定代表人变更，应当办理变更登记。
		第25条　有限责任公司章程应当载明下列事项： (一)公司名称和住所； (二)公司经营范围； (三)公司注册资本； (四)股东的姓名或者名称； (五)股东的出资方式、出资额和出资时间； (六)公司的机构及其产生办法、职权、议事规则； (七)公司法定代表人； (八)股东会会议认为需要规定的其他事项。 股东应当在公司章程上签名、盖章。
		第81条　股份有限公司章程应当载明下列事项： (一)公司名称和住所； (二)公司经营范围； (三)公司设立方式； (四)公司股份总数、每股金额和注册资本； (五)发起人的姓名或者名称、认购的股份数、出资方式和出资时间； (六)董事会的组成、职权和议事规则； (七)公司法定代表人； (八)监事会的组成、职权和议事规则； (九)公司利润分配办法； (十)公司的解散事由与清算办法； (十一)公司的通知和公告办法； (十二)股东大会会议认为需要规定的其他事项。

续表

主要法律问题	文件名	具体条款规定
	《公司法》(发文机关:全国人民代表大会常务委员会;发布和生效日期:2018 年 10 月 26 日)	第 74 条　有下列情形之一的,对股东会该项决议投反对票的股东可以请求公司按照合理的价格收购其股权: (一)公司连续五年不向股东分配利润,而公司该五年连续盈利,并且符合本法规定的分配利润条件的; (二)公司合并、分立、转让主要财产的; (三)公司章程规定的营业期限届满或者章程规定的其他解散事由出现,股东会会议通过决议修改章程使公司存续的。 自股东会会议决议通过之日起六十日内,股东与公司不能达成股权收购协议的,股东可以自股东会会议决议通过之日起九十日内向人民法院提起诉讼。
		第 180 条　公司因下列原因解散: (一)公司章程规定的营业期限届满或者公司章程规定的其他解散事由出现; (二)股东会或者股东大会决议解散; (三)因公司合并或者分立需要解散; (四)依法被吊销营业执照、责令关闭或者被撤销; (五)人民法院依照本法第一百八十二条的规定予以解散。
变更事项未及时办理变更登记	《民法典》(发文机关:全国人民代表大会;发布日期:2020 年 5 月 28 日;生效日期:2021 年 1 月 1 日)	第 64 条　法人存续期间登记事项发生变化的,应当依法向登记机关申请变更登记。
		第 65 条　法人的实际情况与登记的事项不一致的,不得对抗善意相对人。
	《公司法》(发文机关:全国人民代表大会常务委员会;发布和生效日期:2018 年 10 月 26 日)	第 32 条　有限责任公司应当置备股东名册,记载下列事项: (一)股东的姓名或者名称及住所; (二)股东的出资额; (三)出资证明书编号。 记载于股东名册的股东,可以依股东名册主张行使股东权利。 公司应当将股东的姓名或者名称向公司登记机关登记;登记事项发生变更的,应当办理变更登记。未经登记或者变更登记的,不得对抗第三人。
		第 211 条　公司成立后无正当理由超过六个月未开业的,或者开业后自行停业连续六个月以上的,可以由公司登记机关吊销营业执照。 公司登记事项发生变更时,未依照本法规定办理有关变更登记的,由公司登记机关责令限期登记;逾期不登记的,处以一万元以上十万元以下的罚款。

续表

主要法律问题	文件名	具体条款规定
	《企业名称登记管理规定》（发文机关：国务院；发布日期：2020年12月28日；生效日期：2021年3月1日）	第23条　使用企业名称应当遵守法律法规，诚实守信，不得损害他人合法权益。 人民法院或者企业登记机关依法认定企业名称应当停止使用的，企业应当自收到人民法院生效的法律文书或者企业登记机关的处理决定之日起30日内办理企业名称变更登记。名称变更前，由企业登记机关以统一社会信用代码代替其名称。企业逾期未办理变更登记的，企业登记机关将其列入经营异常名录；完成变更登记后，企业登记机关将其移出经营异常名录。
公司年检/年报	《企业信息公示暂行条例》（发文机关：国务院；发布日期：2014年8月7日；生效日期：2014年10月1日）	第8条　企业应当于每年1月1日至6月30日，通过企业信用信息公示系统向工商行政管理部门报送上一年度年度报告，并向社会公示。 当年设立登记的企业，自下一年起报送并公示年度报告。
		第9条　企业年度报告内容包括： （一）企业通信地址、邮政编码、联系电话、电子邮箱等信息； （二）企业开业、歇业、清算等存续状态信息； （三）企业投资设立企业、购买股权信息； （四）企业为有限责任公司或者股份有限公司的，其股东或者发起人认缴和实缴的出资额、出资时间、出资方式等信息； （五）有限责任公司股东股权转让等股权变更信息； （六）企业网站以及从事网络经营的网店的名称、网址等信息； （七）企业从业人数、资产总额、负债总额、对外提供保证担保、所有者权益合计、营业总收入、主营业务收入、利润总额、净利润、纳税总额信息。 前款第一项至第六项规定的信息应当向社会公示，第七项规定的信息由企业选择是否向社会公示。 经企业同意，公民、法人或者其他组织可以查询企业选择不公示的信息。
		第12条　政府部门发现其公示的信息不准确的，应当及时更正。公民、法人或者其他组织有证据证明政府部门公示的信息不准确的，有权要求该政府部门予以更正。 企业发现其公示的信息不准确的，应当及时更正；但是，企业年度报告公示信息的更正应当在每年6月30日之前完成。更正前后的信息应当同时公示。

续表

主要法律问题	文件名	具体条款规定
		第17条 有下列情形之一的，由县级以上工商行政管理部门列入经营异常名录，通过企业信用信息公示系统向社会公示，提醒其履行公示义务；情节严重的，由有关主管部门依照有关法律、行政法规规定给予行政处罚；造成他人损失的，依法承担赔偿责任；构成犯罪的，依法追究刑事责任： （一）企业未按照本条例规定的期限公示年度报告或者未按照工商行政管理部门责令的期限公示有关企业信息的； （二）企业公示信息隐瞒真实情况、弄虚作假的。 被列入经营异常名录的企业依照本条例规定履行公示义务的，由县级以上工商行政管理部门移出经营异常名录；满3年未依照本条例规定履行公示义务的，由国务院工商行政管理部门或者省、自治区、直辖市人民政府工商行政管理部门列入严重违法企业名单，并通过企业信用信息公示系统向社会公示。被列入严重违法企业名单的企业的法定代表人、负责人，3年内不得担任其他企业的法定代表人、负责人。 企业自被列入严重违法企业名单之日起满5年未再发生第一款规定情形的，由国务院工商行政管理部门或者省、自治区、直辖市人民政府工商行政管理部门移出严重违法企业名单。
	《企业经营异常名录管理暂行办法》[发文机关：国家工商行政管理总局（已撤销）；发布日期：2014年8月19日；生效日期：2014年10月1日]	第4条 县级以上工商行政管理部门应当将有下列情形之一的企业列入经营异常名录： （一）未按照《企业信息公示暂行条例》第八条规定的期限公示年度报告的； （二）未在工商行政管理部门依照《企业信息公示暂行条例》第十条规定责令的期限内公示有关企业信息的； （三）公示企业信息隐瞒真实情况、弄虚作假的； （四）通过登记的住所或者经营场所无法联系的。
		第6条 企业未依照《企业信息公示暂行条例》第八条规定通过企业信用信息公示系统报送上一年度年度报告并向社会公示的，工商行政管理部门应当在当年年度报告公示结束之日起10个工作日内作出将其列入经营异常名录的决定，并予以公示。
		第11条 依照本办法第六条规定被列入经营异常名录的企业，可以在补报未报年份的年度报告并公示后，申请移出经营异常名录，工商行政管理部门应当自收到申请之日起5个工作日内作出移出决定。

续表

主要法律问题	文件名	具体条款规定
组织机构代码证	《法人和其他组织统一社会信用代码制度建设总体方案》(文号:国发〔2015〕33号;发文机关:国务院;发布和生效日期:2015年6月11日)	平稳过渡,有序推进。 本方案实施后,各有关部门应尽快完成现有机构代码向统一代码过渡。短期内难以完成的部门可设立过渡期,在2017年底前完成。有特殊困难的个别领域,最迟不得晚于2020年底。在过渡期内,统一代码与现有各类机构代码并存,各登记管理部门尽快建立统一代码与旧注册登记码的映射关系,保证信息在全国统一信用信息共享交换平台等实现互联共享,同时对本方案实施前已设立的法人和其他组织换发统一代码,逐步完成存量代码和登记证(照)转换。未转换的旧登记证(照)在过渡期内可继续使用。过渡期结束后,组织机构代码证和登记管理部门的旧登记证(照)停止使用,全部改为使用登记管理部门发放、以统一代码为编码的新登记证(照)。
	国务院办公厅《关于加快推进"三证合一"登记制度改革的意见》(文号:国办发〔2015〕50号;发文机关:国务院办公厅;发布和生效日期:2015年6月23日)	"三证合一"登记制度是指将企业登记时依次申请,分别由工商行政管理部门核发工商营业执照、质量技术监督部门核发组织机构代码证、税务部门核发税务登记证,改为一次申请、由工商行政管理部门核发一个营业执照的登记制度。 实现改革成果共享应用。实行"三证合一"登记制度改革后,企业的组织机构代码证和税务登记证不再发放。企业原需要使用组织机构代码证、税务登记证办理相关事务的,一律改为使用"三证合一"后的营业执照办理。实行更多证照合一的,只要与本意见的原则和要求相一致,都可以先行先试。各地区、各部门、各单位都要予以认可和应用。 加强协同推进。"三证合一"登记制度改革涉及工商行政管理、质量技术监督、税务及其他相关职能部门,各地区、各部门要建立协同推进工作机制,加强信息化保障,形成工作合力。有序做好已登记企业(包括已试点"三证合一"登记制度改革的企业)原发证照换发工作,与统一社会信用代码的过渡期相衔接,变更换证不能收费。过渡期内,原发证照(包括各地探索试点的"一照三号"营业执照、"一照一号"营业执照)继续有效,过渡期结束后一律使用加载统一社会信用代码的营业执照,原发证照不再有效。强化法制保障,认真梳理"三证合一"登记制度改革涉及营业执照、组织机构代码证、税务登记证的法律、法规、规章及规范性文件,及时进行修订和完善,努力使"三证合一"涉及的各个环节衔接顺畅,保证"三证合一"登记制度改革顺利实施。

续表

主要法律问题	文件名	具体条款规定
多证合一的问题	《关于促进市场公平竞争维护市场正常秩序的若干意见》（文号：国发〔2014〕20 号；发文机关：国务院；发布和生效日期：2014 年 6 月 4 日）	（四）改革市场准入制度。制定市场准入负面清单，国务院以清单方式明确列出禁止和限制投资经营的行业、领域、业务等，清单以外的，各类市场主体皆可依法平等进入；地方政府需进行个别调整的，由省级政府报经国务院批准。（发展改革委、商务部牵头负责）改革工商登记制度，推进工商注册制度便利化，大力减少前置审批，由先证后照改为先照后证。（工商总局、中央编办牵头负责）简化手续，缩短时限，鼓励探索实行工商营业执照、组织机构代码证和税务登记证“三证合一”登记制度。（县级以上地方各级人民政府负责）完善节能节地节水、环境、技术、安全等市场准入标准。探索对外商投资实行准入前国民待遇加负面清单的管理模式。（发展改革委、商务部牵头负责）
	国务院办公厅《关于加快推进“五证合一、一照一码”登记制度改革的通知》（文号：国办发〔2016〕53 号；发文机关：国务院办公厅；发布和生效日期：2016 年 6 月 30 日）	在全面实施工商营业执照、组织机构代码证、税务登记证“三证合一”登记制度改革的基础上，再整合社会保险登记证和统计登记证，实现“五证合一、一照一码”，是继续深化商事制度改革、优化营商环境、推动大众创业万众创新的重要举措。 贯彻落实国务院关于深化简政放权、放管结合、优化服务改革的部署要求，统筹协调推进，精心组织实施，从 2016 年 10 月 1 日起正式实施“五证合一、一照一码”，在更大范围、更深层次实现信息共享和业务协同，巩固和扩大“三证合一”登记制度改革成果，进一步为企业开办和成长提供便利化服务，降低创业准入的制度性成本，优化营商环境，激发企业活力，推进大众创业、万众创新，促进就业增加和经济社会持续健康发展。
	国务院办公厅《关于加快推进“多证合一”改革的指导意见》（文号：国办发〔2017〕41 号；发文机关：国务院办公厅；发布和生效日期：2017 年 5 月 5 日）	坚持“多证合一”和行政审批制度改革相结合，按照市场化改革方向，充分发挥市场在资源配置中的决定性作用。各地区要按照能整合的尽量整合、能简化的尽量简化、该减掉的坚决减掉的原则，全面梳理、分类处理涉企证照事项，将信息采集、记载公示、管理备查类的一般经营项目涉企证照事项，以及企业登记信息能够满足政府部门管理需要的涉企证照事项，进一步整合到营业执照上，被整合证照不再发放，实行“多证合一、一照一码”，使企业在办理营业执照后即能达到预定可生产经营状态，大幅度缩短企业从筹备开办到进入市场的时间。对于市场机制能够有效调节、企业能够自主管理的事项以及可以通过加强事中事后监管达到原设定涉企证照事项目的的，要逐步取消或改为备案管理。对于关系公共安全、经济安全、生态安全、生产安全、意识形态安全的涉企证照事项继续予以保留，要实行准入清单管理。对于没有法律法规依据、非按法定程序设定的涉企证照事项一律取消。

续表

主要法律问题	文件名	具体条款规定
		各地区要在“五证合一”登记制度改革工作机制及技术方案的基础上，继续全面实行“一套材料、一表登记、一窗受理”的工作模式，申请人办理企业注册登记时只需填写“一张表格”，向“一个窗口”提交“一套材料”。登记部门直接核发加载统一社会信用代码的营业执照，相关信息在国家企业信用信息公示系统公示，并及时归集至全国信用信息共享平台。企业不再另行办理“多证合一”涉及的被整合证照事项，相关部门通过信息共享满足管理需要。已按照“五证合一”登记模式领取加载统一社会信用代码营业执照的企业，不需要重新申请办理“多证合一”登记，由登记机关将相关登记信息通过全国信用信息共享平台共享给被整合证照涉及的相关部门。企业原证照有效期满、申请变更登记或者申请换发营业执照的，由登记机关换发加载统一社会信用代码的营业执照。

专题二 股权

一、审阅文件清单

本专题审阅文件清单见表2－2－1。

表2－2－1 审阅文件清单

序号	审阅文件清单
股东资格	
1	历任股东背景的情况说明（说明个人股东是否为公务员，是否担任或曾担任党政机关、国家机关、国有企业领导干部或职工，是否为证券公司从业人员，是否为一人公司股东、机构股东，是否为外商投资企业、商业银行、保险企业、信托企业及融资性租赁公司等金融企业人员等）
2	历次新旧版本的股东名册
3	历任股东（自然人）居民身份证、护照及其他合法证件
4	历任股东（法人/非法人组织）营业执照
出资	
1	记载公司注册资本、实收资本变化的企业法人营业执照正、副本

续表

序号	审阅文件清单
2	股东协议或发起人协议
3	出资凭证
4	验资报告(如有)
5	出资证明书
6	股东以非货币财产出资的,对非货币资产的评估报告
7	以非货币资产出资的,该等出资过户到公司名下的证明文件
8	关于出资的审批文件(批复、批准证书等),包括行业主管部门、国有资产管理部门、发展改革委员会、商务主管部门、外汇主管部门、税务主管部门、海关部门等的审批文件及报送的申请文件
9	股东关于出资资金来源的说明
10	工商档案
11	其他有关文件
增资	
1	增资协议、出资协议
2	股东协议
3	股东(大)会决议
4	董事会决议
5	增资(出资)凭证
6	验资报告(如有)
7	出资证明书
8	股东以非货币财产增资的,对非货币资产的评估报告
9	以非货币资产增资的,该等出资过户到公司名下的证明文件
10	关于增资的审批文件(批复、批准证书等),包括行业主管部门、国有资产管理部门、发展改革委员会、商务主管部门、外汇主管部门、税务主管部门、海关部门等的审批文件及报送的申请文件
11	股东关于增资资金来源的说明
12	股东名册
13	变更后的营业执照
14	工商档案

续表

序号	审阅文件清单
减资	
1	减资协议
2	减资前最近一期的资产负债表及财产清单
3	批准减资的股东会决议
4	批准减资的董事会决议
5	发送给债权人的减资通知
6	登载减资事项的报纸公告
7	债权人回复、已提供担保或清偿债务的证明
8	变更后的营业执照
9	减资股东原始投资款支付凭证
10	减资款项支付凭证
11	减资自然人股东缴纳个人所得税凭证
12	关于减资的审批文件(批复、批准证书等),包括但不限于行业主管部门、国有资产管理部门、发展改革委员会、商务主管部门、外汇主管部门、税务主管部门、海关部门等的审批文件及报送的申请文件
13	减资后的工商档案(包括但不限于新章程)
14	减资后的营业执照
15	减资后的股东名册
16	以非货币资产减资的,该等出资过户到减资股东名下的证明文件
股权清晰性及稳定性	
1	股权质押合同及相应的债务合同
2	股权质押登记文件
3	委托代持协议、信托持股协议
4	一致行动协议
5	限制性股份协议
6	期权授予协议、购买权协议

续表

序号	审阅文件清单
7	回购协议、对赌协议
8	一致行动人协议、投票权委托协议及其他类似效果的文件
9	员工股权激励/持股计划
10	其他可影响股权清晰性及/或稳定性的文件或安排
股权转让	
1	股权转让协议、股东协议
2	批准股权转让的股东(大)会决议、董事会决议
3	告知其他股东可行使优先购买权的通知
4	其他股东放弃优先购买权的回复
5	股权转让款支付凭证
6	股权转让完成后的股东名册
7	股权转让完成后的工商档案(包括但不限于新章程)
8	股权转让完成后的新营业执照
9	出售股权的自然人股东申报及缴纳个人所得税的凭证
10	关于股权转让的审批文件(批复、批准证书等),包括但不限于行业主管部门、国有资产管理部门、发展改革委员会、商务主管部门、外汇主管部门等的审批文件及报送的申请及批复文件

二、访谈清单

(一)股东资格

1. 请介绍公司股东的姓名/名称。

2. 请说明公司机构股东的性质:

(1)是否有机关法人、社会团体法人、事业单位法人等国家政府性质的非营利性的非企业法人;

(2)是否有慈善组织、社会团体法人、村民委员会等组织;

(3)是否有工会、员工持股会等组织;

(4)是否有一人有限责任公司;

(5)是否有外商投资企业,以及穿透后是否有外资(若目标企业从事外商投资限制类或禁止类业务)。

3. 请说明公司个人股东的性质:

(1)是否为党政机关领导干部和员工、公务员、现役军人;

(2)是否为处级以上领导干部配偶、子女,国有企业领导干部,国企领导人配偶、子女,如有,是否对其成为公司股东的适格性做了进一步核实;

(3)是否为国有企业职工、证券公司从业人员、银行工作人员,如有,是否对其成为公司股东的适格性做进一步核实;

(4)是否为大学校长、大学党政领导;

(5)是否为未成年人,如是,是否核实其股东权利的代为行使人;

(6)是否有集资入股的情况,集资入股股东是否有签署集资入股协议。

4. 是否有内部职工股,内部职工股的发行比例是否符合相关规定。

5. 股东背景是否还有其他需要特别说明的情况。

(二)出资

1. 请说明公司股东的出资方式:

(1)如存在非货币出资的方式,请说明是否已完成资产评估并出具资产评估报告,是否已完成相关资产过户。

①如为实物出资,是否已取得实物资产的权属证书、资产评估报告、资产交接文件、过户登记文件(如已过户)。

②如为无形资产出资,是否已取得无形资产出资的权属证书(如著作权登记证书、专利证书、专利登记簿、商标注册证、土地使用权证、与无形资产有关的转让合同等)、资产评估报告、出资验证清单、过户登记文件(如已过户)等材料。

③如为股权出资,是否已核查该等出资股权的权属情况;是否有股权质押,股权冻结,法律、行政法规或者国务院决定规定或股权所在公司章程约定不得转让的情况;是否为上市公司股权或国有企业股权。

④如为债权出资,是否已核实该等债权是否可以用货币估价并可以依法转让,是否已出具评估报告。

(2)是否存在以劳务、信用、自然人姓名、商誉、特许经营权或者设定担保的财产出资的情况。

2. 所有股东是否已按照法律或章程规定的金额和期限实缴出资到位。

3. 是否存在资本公积、盈余公积、未分配利润和净资产转增资本的情况，是否得到股东会决议的通过。

4. 是否存在任何出资瑕疵（如划拨土地出资、职务作品出资、无处分权资产出资、存在权利负担的资产出资等），出资不实（如逾期出资）、抽逃出资的情况。

（三）增资

1. 请说明公司的历次增资是否依章程和法律规定向股东发出召开股东会的通知；

2. 是否就公司增资事宜进行表决，并取得了 2/3 以上股东的同意；

3. 其他股东是否同意放弃行使优先认缴增资权，并签署相关证明文件；

4. 是否核查增资进入的股东是否为适格股东；

5. 如为股份公司，不同增资股东的增资价格是否为同股同价，是否有折价发行的情况；

6. 如以法定资本公积转增资本，留存的法定盈余公积是否仍然在转增前注册资本的 25% 以上（含 25%）。

（四）减资

1. 请介绍本次减资发生的原因。

2. 在减资公告发出后，是否有债权人提出提前偿还债务或要求提供担保，公司是否有应股东要求提前清偿或提供担保。

3. 本次减资事项是否全部完成，是否有遗留待解决的事项或问题。

4. 根据减资材料提出的其他针对性细节问题。

（五）股权清晰性及稳定性

1. 股权清晰性及稳定性的安排发生的原因和背景。

2. 以上安排触发后，会对公司股权产生什么影响。

3. 其他与上述安排相关的问题。

（六）股权转让

1. 请介绍本次股权转让发生的原因。

2. 本次股权转让是否需取得有关主管部门的批准或备案方可进行。
3. 是否就本次股权转让通知了其他股东。
4. 是否就本次股权转让取得了半数以上股东的同意(若对外转让)。
5. 其他股东是否同意放弃行使优先购买权,并签署相关证明文件。
6. 其他与上述安排相关的问题。

三、主要法律问题

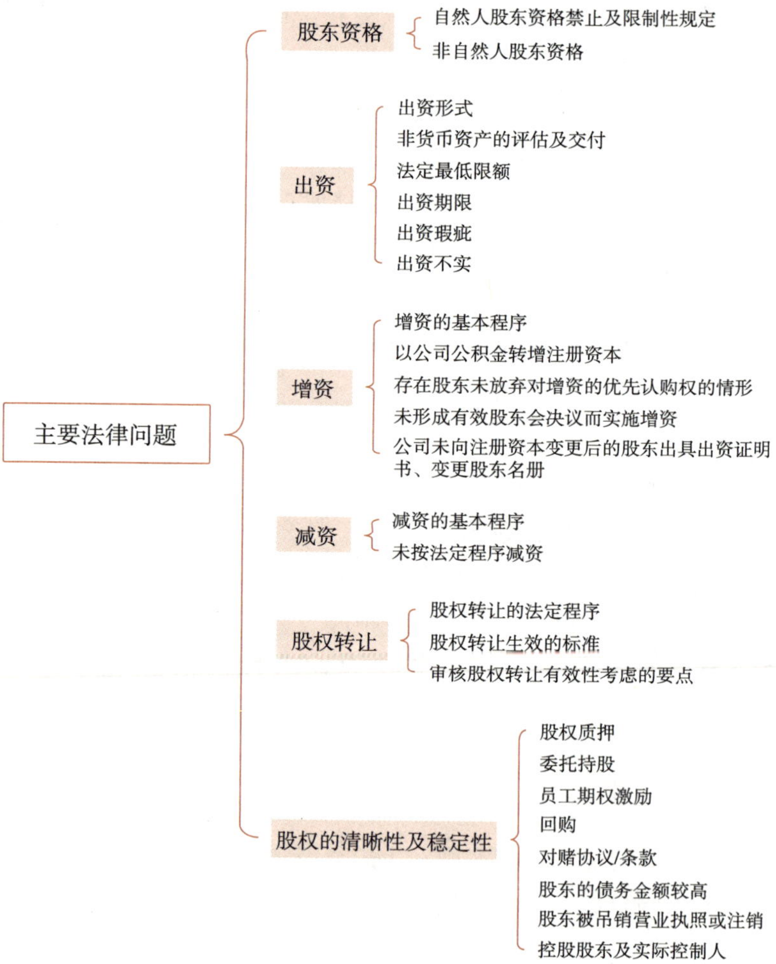

图 2-2-1 本专题思维导图

(一)股东资格

股东资格问题是法律尽职调查过程中重要的一个环节。尽职调查过程中,目标公司的股东可能是法人主体,也可能是非法人组织或者自然人。股东资格主要关注尽职调查的目标公司股东是否为适格股东,是否有禁止或限制担任公司股东的情形。

对于股东资格的问题,《公司法》并未给出明确的判断依据,律师需要根据不同的法律、行政法规及规范性文件的相关禁止性或限制性规定进行判断。

笔者将律师在法律尽职调查过程中需特别注意的常见股东资格禁止性或限制性情形汇总如下:

1. 自然人股东资格禁止及限制性规定:

(1)党政机关的领导干部和职工

根据中共中央、国务院《关于严禁党政机关和党政干部经商、办企业的决定》,关于党政机关的领导干部和职工股东资格的限制性规定如下:乡(含乡)以上党政机关在职干部(包括退居二线的干部),一律不得以独资或合股、兼职取酬、搭干股分红等方式经商、办企业。

根据中共中央办公厅、国务院办公厅《关于县以上党和国家机关退(离)休干部经商办企业问题的若干规定》,关于党政机关的领导干部和职工股东资格的限制性规定如下:禁止县级以上党和国家机关退(离)休干部,兴办商业性企业。

(2)公务员

根据《公务员法》,关于公务员股东资格的限制性规定如下:公务员不得从事或者参与营利性活动。

根据证券监督管理委员会(以下简称证监会)发布的《监管规则适用指引——关于申请首发上市企业股东信息披露》,发行人在提交申报材料时应当出具专项承诺,说明发行人股东是否存在法律法规规定禁止持股的主体直接或间接持有发行人股份,并将该承诺对外披露的情形。

举例而言,上市公司永清控股(300187)在上市申请中收到证监会的质询意见,要求"核查发行人全体股东及其配偶、直系亲属情况,是否存在违反法律、法规以及中纪委相关规范性文件禁止经商办企业、持有公司股权的情形",永清控股提交的《补充法律意见书三》中对此问题进行了回复,明确发行人自然人股东均不是国家公务员。上市公司优讯科技(A04755)在回复证监会的质询意见中关于股东关系问题的回复时提及:胡某雪 2019 年考取公务员,根据《公务员法》以及拟任职的单位的相关规定,胡某雪不再适合对外投资企业并兼任职务。经胡某雪与发行当时的其他股东协商,胡某雪将其持有的发行人股权全部转让给其母亲廖某玲并辞任发行人董事职务。

(3)省(部)、地(厅)级领导干部配偶、子女

根据中共中央纪委《关于省、地两级党委、政府主要领导干部配偶、子女个人经商办企业的具体规定(试行)》,关于省(部)、地(厅)级领导干部配偶、子女股东资格的限制性规定如下:省(部)、地(厅)级领导干部配偶、子女,不准在领导干部管辖的业务范围内投资兴办可能与公共利益发生冲突的企业。

(4)国有企业领导人

根据《国有企业领导人员廉洁从业若干规定》,关于国有企业领导人股东资格的限制性规定如下:国有企业领导人员不得从事同类经营和其他营利性经营活动,违反规定投资入股。

(5)现役军人

根据《中国人民解放军内务条令(试行)》,关于现役军人股东资格的限制性规定如下:现役军人不得经商。

(6)证券公司从业人员

根据《证券发行上市保荐业务管理办法》,关于证券公司从业人员股东资格的限制性规定如下:保荐代表人及其配偶不得以任何名义或者方式持有发行人的股份。

2. 非自然人股东资格

(1)一人有限责任公司

根据《公司法》的相关规定,一人有限责任公司可以成为公司股东,但一个自然人只能投资设立一个一人有限责任公司,该一人有限责任公司不能投资设立新的一人有限责任公司。

(2)商业银行

根据《商业银行法》的相关规定,商业银行在中华人民共和国境内不得从事信托投资和证券经营业务,不得向非自用不动产投资或者向非银行金融机构和企业投资,但国家另有规定的除外。

(3)信托公司

根据《信托公司管理办法》的相关规定,信托公司不得以固有财产进行实业

投资,但中国银行业监督管理委员会另有规定的除外。

(4)保险公司

根据《保险资金运用管理办法》的相关规定,保险资金原则上可以用于投资股权。但是,保险集团(控股)公司、保险公司对其他企业实现控股的股权投资,应当满足有关偿付能力监管规定。保险集团(控股)公司的保险子公司不符合中国保监会偿付能力监管要求的,该保险集团(控股)公司不得向非保险类金融企业投资。实现控股的股权投资应当限于下列企业:①保险类企业,包括保险公司、保险资产管理机构以及保险专业代理机构、保险经纪机构、保险公估机构;②非保险类金融企业;③与保险业务相关的企业。

(5)融资性担保公司

根据《融资性担保公司管理暂行办法》的相关规定,融资性担保公司可以成为其他公司的股东,但以自有资金进行的投资不得存在利益冲突并且总额不得高于净资产 20%,否则将面临处罚。

(6)外商投资企业

根据《外商投资法》的相关规定,国家对外商投资实行准入前国民待遇加负面清单管理制度,即在负面清单规定的特定领域对外商投资实施的准入特别管理措施,对负面清单之外的外商投资,给予国民待遇。

(7)工会

根据证监会《关于职工持股会及工会能否作为上市公司股东的复函》中的回复,根据国务院《社会团体登记管理条例》和民政部办公厅 2000 年 7 月 7 日印发的《关于暂停对企业内部职工持股会进行社团法人登记的函》(民办函〔2000〕110 号)的精神,职工持股会不能成为公司股东的规定;进一步地,根据中华全国总工会的意见和《工会法》的有关规定,工会暂不能作为拟上市公司的股东或发起人。

(8)事业单位

根据《中央行政事业单位国有资产管理暂行办法》的规定,各部门行政单位和参照《公务员法》管理的单位,不得将国有资产用于对外投资。其他事业单位应当严格控制对外投资,不得利用国家财政拨款、上级补助资金和维持事业正常发展的资产对外投资。

(9)高校

根据教育部发布的《关于积极发展、规范管理高校科技产业的指导意见》,高校除对高校资产公司进行投资外，不得再以事业单位法人的身份对外进行投资。

（二）出资

出资是指公司股东在公司设立或增资时，根据法律法规和公司章程的规定，按照约定向公司交付财产或履行其他给付义务以取得股权的行为。

在法律尽职调查过程中，律师需要关注股东的出资形式是否合法、出资时间是否符合约定或法律规定、相关决议是否完善等方面。

律师在尽职调查过程中核查出资问题时，应当至少留意审查下列文件以及工商档案材料：

（1）对于货币性资产出资，重点关注其是否按照法律规定或章程规定的期限实缴出资，一般需要查看股东实缴出资的银行支付凭证。

（2）对于非货币性资产出资，重点关注其是否经过评估；对于非货币性资产产权的转移，需要重点关注其是否办理所有权转移登记和/或实际交付（根据具体资产的情况）。

（3）资本公积、盈余公积、未分配利润和净资产可用于转增注册资本，转增注册资本时工商部门可能会关注是否有股东会、股东大会或董事会决议，如果股东中有自然人，使用盈余公积、未分配利润转增注册资本工商部门可能还会关注个人所得税的申报及缴纳证明。

1. 出资形式

（1）可以用于出资的资产形式

①货币

股东可以货币形式出资，并根据法律法规及公司章程的规定将各自所认缴的出资额在公司章程规定的出资期限内足额存入公司在银行开设的账户。

律师应当查看出资时股东实缴出资的银行支付凭证，来判断该货币出资的金额及期限是否符合法律规定和章程规定。

②实物

股东可以实物出资。这里的实物一般指有形资产，包括机器设备、原料、零部件、货物、建筑物和厂房等，能够用于出资的实物通常有以下几点特征：第一，该实物可以用货币估价；第二，该实物可以依法转让。

律师应当查看出资时实物资产的权属证书、资产评估报告、资产交接文件、过户登记文件等材料，来判断该实物出资是否符合法律规定和章程规定。

③无形资产

符合规定的无形资产也可以用来出资，通常包括知识产权、非专利技术、土地使用权等。

律师应当查看无形资产出资时的权属证书、资产评估报告、出资验证清单、过户登记文件等材料。其中权属证书包括但不限于：著作权登记证书、专利证书、专利登记簿、商标注册证、土地使用权证、与无形资产有关的转让合同等。

④股权

在中国境内设立的公司股权可以出资，用作出资的股权应当权属清楚、完整、依法可以转让。

另外，律师应当注意下列股权不得用于出资：一是已被设立质权；二是股权所在公司章程约定不得转让；三是法律、行政法规或者国务院决定规定，股权所在公司股东转让股权应当报经批准而未经批准；四是法律、行政法规或者国务院决定规定不得转让的其他情形。

⑤债权

以对在中国境内设立的公司的债权作为出资，包括两大类情形：债权人将对债务人公司享有的债权转化为债权人对债务人公司的出资，即"债股权转让"；投资人将对第三人享有的债权作为出资缴付至所投资企业。

能够用于出资的债权应当符合以下基本条件：第一，可以用货币估价并可以依法转让。第二，应符合以下条件之一：一是债权人已经履行债权所对应的合同义务，且不违反法律、行政法规、国务院决定或者公司章程的禁止性规定；二是经人民法院生效裁判或者仲裁机构裁决确认；三是公司破产重整或者和解期间，列入经人民法院批准的重整计划或者裁定认可的和解协议。

另外，若拟转为公司股权的债权有两个以上债权人的，债权人对债权应当已经作出分割。债权转为公司股权的，公司应当相应增加注册资本。

（2）不得用于出资的财产

律师应当注意目标公司的股东或发起人不得以劳务、信用、自然人姓名、商誉、特许经营权或者设定担保的财产等作价出资。

2. 非货币资产的评估及交付

股东以非货币资产出资的，应当进行评估作价、核实资产，不得高估或低估作价。若是涉及国有资产的，应当由国有资产管理部门对评估作价结果进行核准或备案。

不同类型非货币资产的交付程序各有不同，律师在尽职调查过程中应根据用以出资的非货币资产类型进行相应核查：

(1)实物

股东若以实物出资，应按照公司章程的约定办理实物出资的转移手续。在尽职调查过程中，律师应当注意对实物出资的价值、时间等信息进行核实。

(2)无形资产

股东若以无形资产出资，无形资产办理过户时，应当区分不同的无形资产办理不同手续。知识产权需办理产权转让登记手续；非专利技术需签署技术转让合同；土地使用权需办理变更土地登记手续。交付方式和交付地点在合同、协议、章程中有规定的，应与合同、协议、章程规定相符。

(3)股权

股东若以持有的有限责任公司股权实际缴纳出资，应当向公司工商登记机关申请办理将该股权的持有人变更为被投资公司的变更登记；股东若以持有的股份有限公司股份实际缴纳出资，出资股份在证券登记结算机构登记的，应当按照规定经证券交易所和证券登记结算机构办理股份转让和过户登记手续。法律、行政法规或者国务院决定规定公司股东转让股权必须报经批准的，还应当依法经过批准。

通常外商投资企业股权出资是指外国投资者以其持有的中国境内企业的股权作为出资，设立及变更外商投资企业的行为。外商投资企业股权出资的结果，可能导致被用于股权出资公司、被投资公司身份性质的转换。比如，当一家内资企业接受外国投资者用其持有的境内子公司的股权出资，该内资企业实际上转换为一家外商投资企业，而"被用于股权出资公司"将可能由原外商投资企业转换为外商投资企业境内再投资企业。

(4)债权

股东若以债权出资，从律师的角度，也应当(要求)提供并审查评估报告，但目前操作实践中，工商部门不一定要求提供该评估报告。律师在审查时应留意，若公司存在债权出资的历史，应相应要求其提供当时的评估报告，若历史上未进行相关评估，则需注意审查是否存在其他协议或相关文件明确该等债权的价值与出资是否匹配。

3. 法定最低限额

目前施行的《公司法》已取消此前有限责任公司最低注册资本 3 万元，一人有限责任公司最低注册资本10万元，股份有限公司最低注册资本500万元的限制和要求，但法律、行政法规以及国务院决定对特定行业注册资本最低限额另有规定的情形仍然存在，律师应该根据尽调对象所在的企业类型、所在行业进行具体判断审查，例如《商业银行法》规定，全国性商业银行的注册资本最低限额为10亿元，设立城市商业银行的注册资本最低限额为1亿元，设立农村商业银行的注册资本最低限额为5000万元。

4. 出资期限

除法律、行政法规以及国务院决定另有规定外（例如根据《商业银行法》的相关规定，注册资本应当是实缴资本），股东应当根据公司章程的规定，按期足额缴纳各自所认缴的出资额。

5. 出资瑕疵

出资是股东最基本的义务。这里有必要厘清出资瑕疵和出资不实这两个经常使用的概念。

出资瑕疵，从字面意义理解，是指出资时存在的各种不符合法律及公司章程要求的行为。出资不实是指股东没有如实出资的行为，具体表现为出资人根本未出资（虚假出资）、未足额出资及抽逃出资三种情形，前二种情形可归结为出资不足，后一种情形可以归结为抽逃出资，本质均是未支付相应对价而取得股权，应承担相应的法律责任。实践中这两个概念经常混用，但二者的主要区别在于：出资瑕疵的概念大于出资不实。有一部分出资瑕疵行为可以通过修正出资程序弥补，出资人或公司并不一定要承担民事责任；而出资不实行为人应承担相应法律责任。下一部分将单独讲解出资不实行为。

出资瑕疵的主要表现形式如下：

（1）股东的出资情况与章程记载不一致

公司章程应记载公司股东的出资方式、出资额和出资时间，根据《公司法》相关规定，按照章程约定交付出资是股东的法定义务，因股东未能履行该法定义务，除股东应对其他股东承担违约责任外，目标公司和该股东将面临被公司登记机关责令改正及被处以虚假出资金额5%以上15%以下的罚款的风险。

如尽职调查过程中，发现股东未按照目标公司章程约定进行出资或未能完全出资，律师可以建议目标公司尽快督促股东缴纳出资，或者以其他方式补足出资，并明确相关的法律责任及后果。

(2)以非法律规定的资产出资

如果出资人以非法律规定的资产出资,可能会被视为无效出资,被认定为“未履行出资义务”。

关于股东以《公司法》等有关规定未明确列举的财产和权利作为出资是否予以认可的问题,不能简单以“股东出资的财产不属于法律法规列举的种类”而直接予以否定。在实务操作中,以《公司法》列举范围以外的资产出资的现象亦十分普遍,其中一些已为登记机关所认可,如债转股。

律师在处理该等事项时,应当重点把握:用于出资的资产是否可以用货币估价并可以依法转让;出资形式是否符合国家工商行政管理部门制定的相关规定等。

股东以不合格资产出资的主要补救措施是将其变更为合法的出资方式,律师可根据尽职调查发现的实际情况提出相应建议。

(3)用于出资的资产存在他项权利负担

若用于出资的资产存在他项权负担,即用于出资的资产已经在先设置了抵押、质押,出资人应在指定的合理期间内采取补正措施;逾期未补正的,若产生纠纷,人民法院应当认定其未依法全面履行出资义务,公司或者其他股东有权要求其向公司依法全面履行出资义务。公司的发起人对此承担连带责任;未尽忠实和勤勉义务而使出资未缴足的董事、高级管理人员应承担相应责任;且公司债权人有权请求未履行或者未全面履行出资义务的股东在未出资本息范围内对公司债务不能清偿的部分承担补充赔偿责任。

如在尽职调查中发现该等出资瑕疵的,律师可以建议目标公司要求出资人采取行动解除其所出资资产上的产权负担完成出资,或者以其他方式补足出资,并明确相关的法律责任及后果。

(4)用于出资的非货币资产的实际价值显著低于出资额

用于出资的非货币资产的实际价值显著低于出资额的情形是属于比较严重的出资瑕疵行为,律师在尽职调查过程中发现该情形的,应当如实披露风险。并且根据《公司法》的规定,出现上述情形的,应当由交付该出资的股东补足其差额;公司设立时的其他股东承担连带责任。

(5)第三方的资产和/或债务出资

根据最高人民法院《关于审理与企业改制相关的民事纠纷案件若干问题的规定》(2020 年修正)第 6 条的规定,企业以其部分财产和相应债务与他人组建新公司,对所转移的债务债权人认可的,由新组建的公司承担民事责任;对所转移的债务未通知债权人或者虽通知债权人,而债权人不予认可的,由原企业承担民事责任。原企业无力偿还债务,债权人就此向新设公司主张债权的,新设公司在所接收的财产范围内与原企业承担连带民事责任。根据该规定第7条的规定:企业以其优质财产与他人组建新公司,而将债务留在原企业,债权人以新设公司和原企业作为共同被告提起诉讼主张债权的,新设公司应当在所接收的财产范围内与原企业共同承担连带责任。

因此,在尽职调查中律师需留意目标公司的资产或债务出资中是否可能存在上述潜在纠纷,进行风险提示并提出相应建议,如要求该等出资人提供已取得的对所转移的债务的债权人认可的书面文件。

(6)以职务作品的知识产权出资

以知识产权出资也是常见的出资方式之一,但还需要注意用于出资的知识产权是否为出资人在其他单位的职务作品。职务作品不属于出资人的个人财产,因此该出资可能会被认定为无效。

若律师在尽职调查过程中发现该等情况,应当提示出资风险,并且提示知识产权潜在争议风险,例如建议要求该等出资人从其原单位取得书面确认文件确认该作品不属于职务作品;或该出资人与原单位达成协议,获得该作品的所有权。

(7)无评估报告

在股东以非货币资产出资或增资的情况下,需要评估非货币资产的价值。股东是否足额出资需要根据非货币资产评估的价值进行判断。如就非货币资产的价值产生争议,司法实践中,法院首先需要评估确定该财产的实际价值,在实际价值确定后才能相应地判断股东是否依法履行了出资义务,通常在评估确定的价额显著低于公司章程所定价额的,法院才认定出资人未依法全面履行出资义务。需要注意的是,除当事人另有约定外,因市场变化或者其他客观因素导致出资财产贬值,并不会必然导致股东被认定为未完全履行出资义务。

在尽职调查过程中,对于非货币资产出资的情况,律师应当适当核查是否已就该等出资进行了评估,来判断用于出资的该非货币资产的价值。

(8)以非货币资产出资但未进行权属转移

根据有关法律法规的规定,以非货币资产出资的,应当依法办理其权属转移手续。如股东未按股东协议或公司章程将非货币资产(通常为所有权转移需要进行变更登记的资产，尤其是房屋、土地使用权、工业产权、商标等）转让至公司名下。如相关资产已实际交与公司占有及使用，且股东未就公司使用相关资产或按照相关安排取得费用等，则应当由该等股东将相关资产所有权/使用权有效转移给公司；当该等非货币资产的所有权/使用权有效转移给公司存在重大障碍时，则股东需以货币或其他非货币资产补足出资。

6. 出资不实

鉴于出资不实在公司出资事项中的重要地位，本部分单独分析出资不实的三种情况。

股东出资不实主要表现为：虚假出资、虚报注册资本、抽逃出资，与此相关的《公司法》（2018 年修正）的规定如下：

关于股东虚假出资的规定：公司的发起人、股东虚假出资，未交付或者未按期交付作为出资的货币或者非货币资产的，由公司登记机关责令改正，处以虚假出资金额 5% 以上 15% 以下的罚款。

关于股东虚报注册资本的规定：违反《公司法》规定，虚报注册资本、提交虚假材料或者采取其他欺诈手段隐瞒重要事实取得公司登记的，由公司登记机关责令改正，对虚报注册资本的公司，处以虚报注册资本金额 5% 以上 15% 以下的罚款；对提交虚假材料或者采取其他欺诈手段隐瞒重要事实的公司，处以 5 万元以上 50 万元以下的罚款；情节严重的，撤销公司登记或者吊销营业执照。

关于股东抽逃出资的规定：公司的发起人、股东在公司成立后，抽逃其出资的，由公司登记机关责令改正，处以所抽逃出资金额 5% 以上 15% 以下的罚款。

基于上述，笔者概括分析常见出资不实情形如下：

（1）逾期出资（可能构成虚假出资）

根据《公司法》的规定：股东应当按期足额缴纳公司章程中规定的各自所认缴的出资额。股东以货币出资的，应当将货币出资足额存入有限责任公司在银行开设的账户；以非货币资产出资的，应当依法办理其财产权的转移手续。股东不按照前款规定缴纳出资的，除应当向公司足额缴纳外，还应当向已按期足额缴纳出资的股东承担违约责任。并且目标公司和该股东还将面临被公司登记机关责令改正及被处以虚假出资金额 5% 以上 15% 以下的罚款的风险。

（2）借贷出资（可能构成虚假出资/抽逃出资）

律师在尽职调查中若发现出资人是以借贷方式出资，应当注意审查：如果出资人以自己名义借款，并且在公司成立后并没有再转出公司注册资本金的，则其借贷出资行为一般是不违反法律规定的；而如果出资人以自己名义借款，并且在公司成立后存在抽逃公司注册资本金行为或可能被认为抽逃公司注册资本金的行为，则其借贷出资行为存在被认定为虚假出资/抽逃出资的风险。

具体而言：

①股东借公司的钱用于出资（可能构成虚假出资）

通常情况下可以认定为是合法的借贷行为，但应当注意股东借公司的钱用于出资是否构成虚假出资。

②出资后股东向公司借款（可能构成抽逃出资）

对于股东出资在前、公司向股东提供借款在后的行为，存在抽逃出资的嫌疑，但若同时存在借款协议（含市场公允的利息）、公司股东会和/或董事会对借款事宜做出决议等，一般可以理解为合法的借款关系，公司对合法借出的资金依法享有相应的债权，借款的股东依法承担相应的债务。但需要注意股东是不是以借款为名行抽逃出资之实。

另外，如果股东在借款活动中违反了有关金融管理规定，可能存在受到有关部门处罚的风险。

（3）抽逃注册资本

抽逃注册资本是指股东在公司成立后将所缴出资暗中抽逃，但表面上仍然以原出资额出资并具有股东身份。

最高人民法院《关于适用〈中华人民共和国公司法〉若干问题的规定（三）》（2020年修正）（以下简称《公司法司法解释（三）》）首次明确了抽逃出资行为的具体方式：①制作虚假财务会计报表虚增利润进行分配；②通过虚构债权债务关系将其出资转出；③利用关联交易将出资转出；④其他未经法定程序将出资抽回的行为。违反上述规定未交付货币、实物或者未转移财产权，虚假出资，或者在公司成立后又抽逃其出资，数额巨大、后果严重或者有其他严重情节的，处5年以下有期徒刑或者拘役，并处或者单处虚假出资金额或者抽逃出资金额2%以上10%以下罚金。

律师在核查注册资本出资问题时，需特别留意，应以实质重于形式的原则进行辨别。

7.出资不实法律后果

股东出资不实应承担的法律责任包括民事法律责任、刑事法律责任和行政法律责任。

应承担的民事法律责任包括：(1)出资不实股东应当向公司足额缴纳出资；(2)出资不实股东对已按期足额缴纳出资股东的违约责任；(3)出资不实股东应当在不实出资的数额及其利息范围内对公司债务承担补充赔偿责任；(4)公司设立时其他股东应当与出资不实股东承担连带责任；(5)其他过错股东、董事、高级管理人员或者实际控制人对此承担连带责任；(6)限制该股东利润分配请求权、新股优先认购权、剩余财产分配请求权等股东权利，甚至解除其有限责任公司股东资格。

应承担的行政法律责任包括：责令改正、罚款、撤销公司登记、吊销营业执照等。

应承担的刑事法律责任包括：符合法定要件的，依法追究虚报注册资本罪、虚假出资罪或抽逃出资罪。刑罚措施分别有罚金、有期徒刑、拘役等。

8. 实缴出资义务加速到期的问题

若公司已处于破产清算阶段，但部分股东尚未实缴出资，其实缴出资义务将加速到期。根据《企业破产法》第 35 条的规定，人民法院受理破产申请后，债务人的出资人尚未完全履行出资义务的，管理人应当要求该出资人缴纳所认缴的出资，而不受出资期限的限制；且根据最高人民法院《关于适用〈中华人民共和国公司法〉若干问题的规定（二）》（2020 年修正）（以下简称《公司法司法解释（二）》）第 22 条的规定，公司解散时，股东尚未缴纳的出资均应作为清算财产。

若公司并未处于破产清算阶段，其实缴出资义务亦将可能加速到期。根据最高人民法院《关于印发〈全国法院民商事审判工作会议纪要〉的通知》（以下简称《九民纪要》），公司作为被执行人的案件，人民法院穷尽执行措施无财产可供执行，已具备破产原因，但不申请破产的；或在公司债务产生后，公司股东（大）会决议或以其他方式延长股东出资期限的，债权人以公司不能清偿到期债务为由，请求未届出资期限的股东在未出资范围内对公司不能清偿的债务承担补充赔偿责任的，人民法院予以支持。

9. 转让未实缴出资部分股权的问题

根据《公司法司法解释（二）》第 22 条的规定，公司解散时……公司财产不足以清偿债务时，债权人可以主张未缴出资股东，以及公司设立时的其他股东或者发起人在未缴出资范围内对公司债务承担连带清偿责任。

另外，根据《公司法司法解释（三）》第 18 条的规定，有限责任公司的股东未履行或者未全面履行出资义务即转让股权,受让人对此知道或者应当知道,公司可以请求该股东履行出资义务、受让人对此承担连带责任;公司债权人也可以向该股东提起诉讼,同时请求前述受让人对此承担连带责任。受让人根据前述规定承担责任后,可以向该未履行或者未全面履行出资义务的股东追偿,但是,当事人另有约定的除外。

在进行尽职调查时,律师应当仔细核查转让方是否已经完成了实缴出资义务(如是否有足额的缴付凭证、验资报告、财务记账对于实缴注册资本的认可、非货币出资的评估作价依据等),以及未完成实缴出资义务(或存在瑕疵)的具体原因,并结合实际情况以及项目背景提供处理思路和建议。

(三)增资

律师对目标公司增资内容的尽职调查,除应留意以上关于出资部分相应的增加注册资本的内容外,还应特别留意本部分关于增资的下述特殊规定:

1. 增资的基本程序①

律师应留意审阅目标公司的增资程序是否合法,并审阅对应程序的实体文件。

需审阅的公司增资程序及文件包括但不限于:

(1)公司依法律规定和章程规定向股东发出股东会通知,就公司增资事宜进行表决;其他股东对放弃或要求行使优先认购权进行确认。涉及的相关文件为:通知、股东会决议、放弃优先认购权的声明。

(2)股东依照公司章程规定作出股东会决议[至少2/3以上表决权股东同意(有限责任公司)或至少出席会议的股东所持表决权2/3以上通过(股份有限公司)]和章程修正案/新章程。涉及的相关文件为:股东会决议、章程。

(3)缴付增资(参照出资程序)。涉及的相关文件为:缴纳出资的文件,如付款/收款凭证、实物资产过户、交接文件等。

(4)办理工商变更登记。涉及的相关文件为:营业执照、工商档案。

2. 以公司公积金转增注册资本

根据《公司法》的规定,若以法定公积金转增注册资本,则留存的该项公积金不得少于转增前公司注册资本的25%。

---

① 此为公司增资的一般程序,若为上市公司或其他特殊公司需另行参考。

律师应留意审查公司是否存在公积金转增注册资本的情况，以及该等转增是否符合上述规定。

3. 存在股东未放弃对增资的优先认购权的情形

按照《公司法》的规定，目标公司的原股东在公司增加注册资本时有权优先按章程约定的比例认缴出资。如其他股东要求行使这一权利的，而目标公司忽视其要求而直接接纳新股东的，则本次增资后的目标公司股权结构可能存在潜在纠纷。

如尽职调查过程中发现公司增资过程中无其他股东放弃优先认购权的确认文件，律师可以建议目标公司补充其他股东放弃行使优先认购权的明确的意思表示（最好以书面或者邮件形式），以消除股权结构的不确定性。

4. 未形成有效股东会决议而实施增资

根据《公司法》的规定，有限公司股东会会议作出增加注册资本的决议必须经代表2/3以上表决权的股东通过；股份公司作出增加注册资本的决议，必须经出席会议的股东所持表决权的2/3以上通过；股东会或股东大会的决议内容违反法律、行政法规的无效；股东会或者股东大会的召集程序、表决方式违反法律、行政法规或者公司章程，或者决议内容违反公司章程的，股东可以自决议作出之日起60日内，请求人民法院撤销。

举例而言，在北京兴琦房地产开发有限公司增资纠纷案[①]中，因作出增加公司注册资本、吸纳新股东认缴新增出资的决议上的签字并非部分原股东本人所签，且未经该原股东同意，表决结果亦未达到法定的通过比例，法院认定该决议不成立。在决议不成立的情况下，章程的变更未经表决通过，且相应的工商变更登记应予撤销。

尽职调查过程中律师需留意公司增资过程中是否就增资事宜形成有效决议，若存在瑕疵，应明确相应的法律后果以及处理建议。

5. 公司未向注册资本变更后的股东出具出资证明书、变更股东名册

公司未向增资后的股东签发出资证明书和/或在增资完成后未变更股东名册，上述系公司的法定义务，若未履行则可能导致公司与股东之间存在潜在纠纷。

---

① 北京兴琦房地产开发有限公司等与李某秋公司增资纠纷二审民事判决书，(2021)京02民终12464号。

此情形为创业初期或规模较小的有限责任公司常见的情形，如尽职调查过程中发现公司增资过程中确实存在该情形，律师可以建议公司尽快签发出资证明书和/或置备股东名册，依法对现有股东的持股情况进行记载。

（四）减资

对目标公司减资方面的尽职调查，应特别留意关于减资的下述特殊内容：

1. 减资的基本程序

律师应留意审阅目标公司的减资程序是否合法，并审阅对应程序的实体文件是否合法。

需审阅的公司减资程序及文件包括但不限于：

（1）编制资产负债表及财产清单。涉及的相关文件为：资产负债表及财产清单。

（2）作出股东会决议、章程修正案/新章程。涉及的相关文件为：股东会决议、章程修正案/新章程。

（3）作出股东会决议之日起 10 日内通知债权人，并于 30 日内在报纸上公告。涉及的相关文件为：债权人通知、报纸公告。

（4）债权人自接到通知书之日起 30 日内，未接到通知书的自公告之日起 45 日内，有权要求公司清偿债务或者提供相应的担保。若在上述期限内无债权人提出主张，则公司可以直接实施减资。涉及的相关文件为：已清偿债务或提供担保的证明。

（5）办理工商变更登记。涉及的相关文件为：营业执照、工商档案。

2. 未按法定程序减资

（1）减资未经过股东会合法同意

根据《公司法》第 43 条的规定，有限公司股东会会议作出减少注册资本的决议必须经代表 2/3 以上表决权的股东通过；根据《公司法》第 103 条的规定，股份公司作出减少注册资本的决议，必须经出席会议的股东所持表决权的 2/3 以上通过。

根据《公司法》第 22 条的规定，公司股东会或股东大会的决议内容违反法律、行政法规的无效；股东会或者股东大会的会议召集程序、表决方式违反法律、行政法规或者公司章程，或者决议内容违反公司章程的，股东可以自决议作出之日起 60 日内，请求人民法院撤销。

尽职调查过程中律师需留意公司减资过程中是否就减资事宜形成有效决议，若存在瑕疵，应明确相应的法律后果以及处理建议。

（2）未合法履行通知债权人程序等

若公司未依据《公司法》第177条的规定，通知债权人或应债权人要求清偿债务或者提供相应的担保而进行减资，则可能存在两种后果：

①若减资尚未完成，债权人可以要求公司停止减资；在向公司要求未果的情形下，债权人可以向法院起诉，要求停止减资或清偿债务或者提供相应的担保；

②若减资已完成，但在减资后公司不能偿付减资前债务时，法院会比照股东违法抽逃出资处理，即由公司股东就该债务在减资数额范围内对债权人承担补充赔偿责任。

在上海德力西集团有限公司（以下简称德力西公司）诉江苏博恩世通高科有限公司（以下简称江苏博恩）、冯某、上海博恩世通光电股份有限公司（以下简称上海博恩）买卖合同纠纷案[①]中，上海博恩和冯某作为江苏博恩的股东在减资过程中，未对已知债权人德力西公司依法履行通知义务，德力西公司作为债权人可以要求债务人江苏博恩支付拖欠货款，同时，要求江苏博恩的股东上海博恩和冯某在减资数额范围内对该债务承担补充赔偿责任。上海市第二中级人民法院作出判决认为：公司减资时对已知或应知的债权人应履行直接通知义务，不能在未先行通知的情况下直接以登报公告形式替代通知义务。尽管《公司法》规定公司减资时的通知义务人是公司，但对于通知义务的履行，股东亦应当尽到合理注意义务。公司减资时未依法履行通知义务，公司股东不能证明其对怠于通知的行为无过错的，应依法承担相应责任。尽管我国法律未作出具体规定，但当公司不履行减资法定程序，且减资后不能偿付减资前债务时，比照股东违法抽逃出资处理，即由公司股东就该债务在减资数额范围内对债权人承担补充赔偿责任。

在尽职调查过程中如发现该等情形，律师应提示该等风险，并根据实际情况提出相应建议。

---

① 上海德力西集团有限公司诉江苏博恩世通高科有限公司、冯某、上海博恩世通光电股份有限公司买卖合同纠纷案，载《最高人民法院公报》2017年第11期。

（五）股权转让

律师应留意审阅目标公司的股权转让程序是否合法，首先应了解股权转让的程序，并审阅对应程序的实体文件是否合法。需审阅的公司股权转让程序及文件包括但不限于：

1. 股权转让的法定程序

在审阅股权转让方式使得股权变动时，律师应明确股权转让的法定程序是什么，进而以之为基础审阅公司提供的对应文件是否完备，来确定其股权转让程序是否合法。

（1）有限责任公司股权转让程序

①根据《公司法》的规定：a. 股东之间可以任意转让股权。b. 向股东之外的第三方转让股权，需经其他股东过半数同意。转让股东应提前 30 日向其他发出书面通知，列明拟转让的股权比例和价格，若 30 日内其他股东未答复，则视为同意该转让；若半数以上股东不同意该转让的，则该股东应当按照通知价格购买①，若不购买则视为同意转让；上述转让通知与同意可以一般通过股东会决议作出。c. 公司章程可以做出特殊的程序规定，不按照上述 a. 或 b. 规定进行。

②转让方与受让方签署股权转让协议。

③受让方根据股权转让协议约定支付股权转让对价。

④公司收回/销毁原股东出资证明书，向新股东签发出资证明书。

⑤公司相应修改公司章程有关股东及其出资额的记载。

⑥公司修改股东名册中有关股东及其出资额的记载。

⑦公司申请办理工商变更登记。

（2）股份有限公司股份转让程序

根据《公司法》的规定：

①记名股票：无须获得其他股东的同意，自股东名册变更时发生转让效力。

②不记名股票：由股东将该股票交付给受让人后即发生转让的效力。

（3）强制执行程序转让股权

根据《公司法》的规定，法院依照法律规定的强制执行程序转让股东的股权时，法院应当通知公司及全体股东，若通知之日起满 20 日其他股东不行使优先

① 该购买的时间限制一般在通知中载明或合理时间。

购买权,则视为放弃。法院可以执行强制程序转让股权。

(4)股东间对股权转让的另行约定

实践中股东间有时会通过股东协议或在章程中特别约定的方式对控股股东或实际控制人转让股权做出限制。但该类型的约定因属于股东内部约定,不得对抗善意第三人。

2. 股权转让生效的标准

在正常的股权转让程序中,股权转让合同生效与股权转让生效概念不同,股权转让合同一般双方签署之后生效(除须经相关部门审批后生效或附生效条件的股权转让合同外)。关于股权转让行为何时生效的问题实践中有不同观点,且主要针对有限责任公司。

根据《九民纪要》的规定,当事人之间转让有限责任公司股权,受让人以其姓名或者名称已记载于股东名册为由主张其已经取得股权的,人民法院依法予以支持,但法律、行政法规规定应当办理批准手续生效的股权转让除外。未向公司登记机关办理股权变更登记的,不得对抗善意相对人。实践中,需要根据股权转让协议及其履行情况综合判断有限责任公司的股权转让是否已生效。若股权转让合同生效,股权转让对价已支付,股东会决议已通过并履行了优先购买权程序,且股权转让协议无相反约定,此时也可判定股权转让行为已生效。

在成某与山东海鹚大众网络科技有限公司(以下简称山东海鹚)股东资格确认纠纷一案①中,山东大众健康管理服务有限公司(以下简称大众健康)拟将其持有的山东海鹚 1% 的股权转让给成某,并与成某签订《股权转让协议》,后成某提起诉讼主张山东海鹚及其法定代表人、第三人广州海鹚网络科技有限公司(以下简称广州海鹚)不配合办理工商变更登记手续,截至提起诉讼时,成某尚未向大众健康支付股权转让款。山东省济南市中级人民法院就该案作出二审判决:成某未提供证据证实在未支付股权转让款的情形下已实际取得股权,签订协议与履行协议是两个法律概念。具体到本案,取得山东海鹚股权是履行股权转让协议的结果,单纯签订股权转让协议的行为不能产生成某取得股权的法律后果。关于股权转让协议签订后,受让人何时取得股权的问题,一般情形下,当事人之间转让有限责任公司股权,受让人以其姓名或者名称已记载于股

① 成某与山东海鹚大众网络科技有限公司股东资格确认纠纷二审判决书,(2020)鲁 01 民终 11783 号。

东名册为由主张其已经取得股权的,应依法予以支持,但法律、行政法规规定应当办理批准手续生效的股权转让除外。成某与大众健康签订股权转让协议后,既未在合同约定的1个月之内支付股权转让款,也未提交证据证实其姓名已经记载于山东海鹦的股东名册,因此判决驳回成某的诉讼请求。

此外,对于股份有限公司来说,根据《公司法》的规定,非上市股份有限公司的股份可以转让,不受限于股东大会及其他股东的优先购买权;上市公司的股份转让应当在依法设立的证券交易场所进行。在实践中还要注意,《公司法》对于股份有限公司股份转让的限制,包括对发起人及董事、监事、高级管理人员持有公司股份转让的限制。违反该等限制将导致股份转让无效。

如尽职调查过程中发现目标公司存在历史上股权转让尚有部分事项未履行完毕的情况,律师应提示风险,并建议公司尽快履行股权转让程序。

3. 审核股权转让有效性考虑的要点

(1)股东协议、章程规定的优先购买权、共同出售权等限制

如果股东协议、公司章程规定了优先购买权、共同出售权,但公司、转让方股东未依照公司章程或法律规定通知其他股东,或未理会其他股东要求行使优先购买权、共同出售权的要求,则已完成的股权转让会面临以下法律风险:

因上述股权转让并没有通知其他股东,其他股东可能以此为由主张股权转让存在程序瑕疵,并就被转让的股权主张优先受让权,向人民法院提起诉讼,要求人民法院判决该项股权转让无效。

(2)股权上是否设置了质权

律师可以从公司工商档案以及网络公示信息查询中了解公司股权是否设置质押。

根据《民法典》的规定,以股权出质的,质权自办理出质登记时设立。股权出质后,不得转让,但是出质人与质权人协商同意的除外。出质人转让股权所得的价款,应当向质权人提前清偿债务或者提存。

(3)股权转让价款未支付/股权转让价款定价不合理

转让方与受让方可能基于亲戚关系、代持关系或其他关系未支付股权转让价款,但可能存在以下风险:

①双方签署股权转让协议,约定了对价但并未实际支付,则转让方可能随时要求受让方履行支付义务或者要求解除或撤销股权转让协议并收回受让方持有的股权。现有股东的持股情况存在潜在争议,即使股权转让已办理工商变

更登记，已变更股东名册、公司章程等，上述股权转让协议有可能因受让方未支付股权转让款而被撤销，已变更的股权应返还原股东。

②双方签署的股权转让协议未约定对价，根据《民法典》的规定，买卖合同应当约定价款或报酬。《民法典》还规定，当事人就价款没有约定或约定不明的，可以协议补充；不能达成补充协议的，按照合同有关条款或交易习惯确定；仍不能确定的，按照订立合同时履行地的市场价格履行；依法应当执行政府定价或者政府指导价的，依照规定履行。

若股权转让协议中未约定对价，律师可以建议协议双方就此达成补充约定以明确价款事项，以免导致标的股权的权属存在潜在争议。此时，律师可以通过访谈或让双方签署书面确认的方式了解及确定事实情况。

(4)股权转让协议约定的股权转让生效条件

股权转让协议规定了股权转让生效或完成的前提条件，若该等条件未成就，则受让方能否取得目标公司股权尚不确定，公司的股权结构仍不稳定。

若尽职调查过程中发现该等情况，律师应提示风险，并建议公司尽快明确股权转让的成就条件，以避免公司股权结构不稳定的风险。

(5)一人有限公司规定对转让的限制

若原两名股东以上的有限责任公司，因股权转让而使得公司股东人数减少为一名，且该股东同时对外投资其他一人有限公司，相应股权转让协议以及股权转让行为仍有效。其原因在于：《公司法》仅规定一个自然人只能投资设立一个一人有限公司，而并无任何法律明确规定不得因股权转让行为使一人有限公司同时持有其他一人有限公司股权，因此原则上可以认为该等股权转让协议及行为是有效的。但是，实践中，工商登记部门在登记时若发现此等股权转让的结果导致一人名下有两家一人公司，很可能不予登记，进而导致前述股权转让在实践中无法进行。律师应对该等情形进行核查并提出风险提示。

(六)股权的清晰性及稳定性

律师在尽职调查过程中审阅目标公司的股权状况的环节，除前述股东资格、出资、增资、减资及股权转让涉及的可能会影响股权清晰性及稳定性的事项外，还需特别留意下述可能影响公司股权清晰性及稳定性的问题：

1. 股权质押

律师可以通过查阅公司的企业信用信息登记情况，了解公司股东(质押人、债务人)的股权是否已质押给债权人或其他第三方(质押权人)。若股权已被质押,律师应相应审阅出质人与质权人签署的质押合同以及相关主协议,并了解主协议债务的履行情况。

若发生债务人不履行到期债务或者发生当事人约定的实现质权的情形,质权人可以与出质人协议以质押股权折价,也可以就拍卖、变卖质押股权所得的价款优先受偿,而前述对质押股权的处置将直接影响公司股权结构的稳定性。

在此,特别提示注意,根据《民法典》的规定,设立质权,当事人应当采用书面形式订立质押合同,以股权出质的,质权自办理出质登记时设立。如出现质押合同已成立但尚未办理质押登记的情形,因此时质权尚未设立,根据最高人民法院《关于适用〈中华人民共和国民法典〉有关担保制度的解释》的规定,"当事人未在法定的登记机构依法进行登记,主张该担保具有物权效力的,人民法院不予支持",因此质权人无法主张质权,但因质押合同生效,质权人仍可追究出质人的违约责任。

律师在尽职调查过程中,需对目标公司股权质押情况进行核查,若发现目标公司的股权存在质押情形,应提示目标公司股权存在的权属争议风险。

2. 委托持股

《公司法》或其他法律规定并未明确排斥委托持股的效力。根据《公司法司法解释(三)》第 24 条的规定,如无法律规定的合同无效情形,应当认定股权代持合同有效。但实际出资人如果请求公司将其名称记载于公司章程,则需要其他股东半数以上同意;其他半数以上股东不同意的,实际出资人无法获得股东身份,但实际出资人可以主张该等投资权益的归属。

《公司法司法解释(三)》中股权代持规定针对的是有限责任公司,有限责任公司具有人资两合的特征,而股份有限公司则是纯粹的资合公司。笔者理解,认定股份有限公司股份代持有效性的标准应比有限责任公司的更为宽松。因此,无论是有限责任公司还是股份有限公司,只要双方有关于股权代持的约定,实际出资人实际出资,不存在合同无效的情形,即应认定股权代持行为有效。

律师在尽职调查过程中,若发现目标公司的股权存在委托代持情形,应提示目标公司股权存在的权属争议风险。

3. 员工期权激励

期权是指被授予期权者在一定期限内按照事先确定的价格购买公司一定

数量股权/股票的权利，是国外一种比较成熟的与股权相关的权利类型。

员工期权激励的运用主要指公司或创始股东以激励公司高级管理人员或关键员工（以下合称员工）为目的，授予员工在一定条件满足时可以无偿或按较市场价格优惠的价格来直接或间接取得公司股权/股份的权利。公司给予其员工的既不是现金报酬，也不是股票本身，而是一种权利。员工需满足公司设定的一些条件（比如在公司连续工作满段时或工作业绩达到公司要求）后方有权决定是否行使这一权利。在员工决定行使该权利后，其可以无偿或以某种优惠条件或价格购买公司股权/股份，进而直接或间接地与公司股东共同享有公司发展可能带来的收益。

律师可以通过审阅员工期权激励计划、员工期权协议（或存在相关预期授予股权、股票权利条款的协议）、股东名册、股东（大）会/董事会决议等文件了解员工期权的情况。若行权条件成立，则期权的行使将导致股权结构发生变化，律师应当指出因员工期权计划将产生的潜在结果；若相关计划、授予文件以及决议文件并不全面或存在瑕疵，律师应当指出潜在风险以及完善建议。

此外，律师应当了解期权在我国法律体系下针对不同类型的公司的实现途径、方式及后果，作为审阅及判断期权相关文件的基础。无论公司的员工期权激励计划如何设计，最核心的问题就是员工通过某种方式取得一定数额的股权或相关权益，从而导致公司的股权结构发生变化。

（1）有限责任公司

我国《公司法》并没有规定有限责任公司可以持有自己的股权用于激励员工，因此有限责任公司无法预留一部分股权用于员工激励。有限责任公司的员工期权激励可以通过创始股东和员工之间按照一定程序和条件进行一次或多次转让交易、代持或虚拟股权等方式来实现。例如，公司股东与员工签署附条件生效的股权转让协议，约定在条件成就时，在员工发出行使期权的指令后，股东应当将其持有的公司股权按既定的优惠价格转让给员工；或者以公司设置员工持股平台（另行设立一家有限合伙企业作为公司的股东）为激励平台，向员工转让或其他方式让其取得合伙企业的合伙份额。

当然，员工期权激励需要公司的配合，同时特别需要其他股东的配合。因为有限责任公司的股权对外转让需要经过股东同意且受限于股东的优先购买权，因此需要其他股东配合才能实现期权计划的安排。如在股东协议中约定，由部分股东拿出一定比例股权用于员工期权计划，待员工行权时将该部分股权转让给员工持有。在前述情况下，其他股东应同意股权转让并放弃优先购买权①。

(2)非上市股份有限公司

股份有限公司的股份是可以自由转让的，操作起来会相对简便，只需要股东约定拿出股份供员工行使期权使用。《公司法》创设了股份有限公司有条件的库藏股制度②，公司可以收购本公司的股份用于奖励员工，但不得超过已发行股份总额的10%，并应当在3年内将该股份转让给员工。

(3)上市公司

根据《上市公司股权激励管理办法》③的规定，上市公司可以通过以下方式进行员工激励：①向激励对象发行股份；②回购本公司股份；③法律、行政法规允许的其他方式。但是，所涉及的标的股票不得超过股本总额的10%，且任何一名激励对象获授的股票总额不得超过股本总额的1%。股票期权有效期从首次授予权益之日起不得超过10年。

4. 回购

律师审阅股东协议或股东与公司签署的协议中，可能遇到"回购条款"，即满足一定条件下，公司或部分股东应当以某价格回购享有回购权股东持有的一定比例的股权/股份。律师认为应当分情况对待该类协议。

从回购主体上看，若回购条款约定部分股东履行回购义务，目前从理论上及司法实践上意见一致，即股东承担回购义务的条款合法有效且具有执行力；若回购条款约定回购义务主体为公司，我们则需要根据《公司法》规定及司法实践来判断哪些回购是可以操作的及其可能给公司造成的影响。

---

① 《公司法》第71条规定：股东向股东以外的人转让股权，应当经其他股东过半数同意。经股东同意转让的股权，在同等条件下，其他股东有优先购买权。公司章程对股权转让另有规定，从其规定。

② 《公司法》142条规定：公司不得收购本公司股份。但是，有下列情形之一的除外：……(三)将股份用于员工持股计划或者股权激励……属于第(三)项情形的，公司合计持有的本公司股份数不得超过本公司已发行股份总额的百分之十，并应当在三年内转让或者注销。

③ 《上市公司股权激励管理办法》第12条规定：拟实行股权激励计划的上市公司，可以下列方式作为标的股票来源：(一)向激励对象发行股份；(二)回购本公司股份；(三)法律、行政法规允许的其他方式。第14条规定：上市公司全部有效期内的股权激励计划所涉及的标的股票总数累计不得超过公司股本总额的10%。非经股东大会特别决议批准，任何一名激励对象通过全部在有效期内的股权激励计划获授的本公司股票累计不得超过公司股本总额的1%。

(1)有限责任公司

根据《公司法》第74条[①]的规定,在三种情形发生时,对决议投反对票的股东可以请求有限责任公司回购其股权,三种情形分别是:公司连续五年不向股东分配利润,而公司该五年连续盈利,并且符合本法规定的分配利润条件的;公司合并、分立、转让主要财产;章程规定的营业期限届满或章程规定的其他解散事由出现,股东会会议通过决议修改章程并使公司存续。

而除此之外,《公司法》对股东要求有限责任公司回购公司股权的并没有其他明确的限制性规定。

(2)股份有限公司

根据《公司法》第142条的规定,股份有限公司不得收购本公司股份,除非属于以下情形:减资(收购之日起10日内注销);与持有本公司股份的其他公司合并(6个月内转让或注销);将股份用于员工持股计划或者股权激励(3年内转让或注销);股东因对股东大会作出的公司合并、分立决议持异议,要求公司收购其股份(6个月内转让或注销);将股份用于转换上市公司发行的可转换为股票的公司债券(3年内转让或注销);上市公司为维护公司价值及股东权益所必需(3年内转让或注销)。

除以上情形外,《公司法》禁止股份有限公司回购股东持有的本公司股份,回购条款约定股份有限公司回购部分股东股份的内容因违反《公司法》而无效。

但是,即使回购条款不违反《公司法》的规定,投资方的回购要求在司法实践中也不一定能得到法院的支持。例如,《九民纪要》明确,投资方请求目标公司回购股权的,人民法院应当依据《公司法》第35条关于"股东不得抽逃出资"或者第142条关于股份回购的强制性规定进行审查。经审查,目标公司未完成减资程序的,人民法院应当驳回其诉讼请求。实践中,回购条款的效力(视具体情形,原则上倾向认为有效)及履行性仍然存在争议,律师需视具体情况给出分析意见,不能僵化地判定有效或无效、可履行或不可履行。

---

① 《公司法》第74条规定:有下列情形之一的,对股东会该项决议投反对票的股东可以请求公司按照合理的价格收购其股权:(一)公司连续五年不向股东分配利润,而公司该五年连续盈利,并且符合本法规定的分配利润条件的;(二)公司合并、分立、转让主要财产的;(三)公司章程规定的营业期限届满或者章程规定的其他解散事由出现,股东会会议通过决议修改章程使公司存续的。自股东会会议决议通过之日起六十日内,股东与公司不能达成股权收购协议的,股东可以自股东会会议决议通过之日起九十日内向人民法院提起诉讼。

换言之，若按照《九民纪要》的提法，投资方要求公司（实践中主要是有限责任公司）履行回购义务，前提是公司完成了减资程序。实践中投资方大多无力促使公司完成减资程序才会提起诉讼的，所以《九民纪要》的这一释明无疑给投资方要求公司回购提出了大难题，在实际操作中的做法和建议仍有待进一步观察。

律师在尽调过程中，需将涉及的回购条款摘录并做出分析以及建议。

5. 对赌协议/条款

对赌协议或对赌条款常见于风险投资/私募投资交易协议中，在一些有国企背景的投资方/买方主导交易时可能会涉及。一般而言，对赌协议（也称估值调整协议）被认为是投资方与目标公司或股东在达成投融资协议时，基于企业未来发展不确定情况的一种对投资方的保护性约定。如果约定的条件出现，投资方可以行使一种估值调整权利，或要求调整持股比例，或要求目标公司或股东承担金钱补偿义务。对赌条款可能导致现有一方或几方股东的股权比例因某种条件的成就（如公司经营业绩很好或很差）而发生变化，也可能导致目标公司或股东承担金钱给付义务。从订立对赌协议的主体来看，有投资方与目标公司的股东或者实际控制人“对赌”，投资方与目标公司“对赌”，投资方与目标公司的股东、目标公司“对赌”等形式。《九民纪要》认为，投资方与目标公司的对赌协议效力，如无其他无效事由，也对当事方有效且具有约束力。但是，根据《九民纪要》进一步释明，人民法院在审理“对赌”案件时还要注意对对赌协议的履行是否符合《公司法》关于“股东不得抽逃出资”的强制性规定及第166条关于利润分配的强制性规定进行审查。若投资方要求目标公司承担金钱补偿义务，但目标公司没有利润或者虽有利润但不足以补偿投资方的，人民法院应当驳回或者部分支持其诉讼请求。今后目标公司有利润时，投资方还可以依据该事实另行提起诉讼。换言之，如果投资方要求目标公司通过金钱补偿方式来实现其对赌利益，即使对赌协议有效，也有可能限入无法履行的尴尬境地。

在江苏华工创业投资有限公司（以下简称华工公司）与扬州锻压机床股份有限公司（以下简称扬锻公司）、潘某虎等请求公司收购股份纠纷①一案中，华工公司作为投资人于2011年7月6日与扬锻公司及其原股东签订《增资扩股

① 江苏华工创业投资有限公司与扬州锻压机床股份有限公司、潘某虎等请求公司收购股份纠纷再审民事判决书，（2019）苏民再62号。

协议》,向扬锻公司投资 2200 万元。同日,原股东、扬锻公司与华工公司签订《补充协议》约定:若扬锻公司在 2014 年 12 月 31 日前未能在境内资本市场上市或扬锻公司主营业务、实际控制人、董事会成员发生重大变化,华工公司有权要求扬锻公司回购其所持有的全部乙方的股份,扬锻公司应以现金形式收购(对赌协议)。鉴于扬锻公司未按照上述约定时间完成上市,华工公司起诉要求扬锻公司按照对赌协议约定回购其股份,江苏省高级人民法院作出再审判决认为:前述对赌协议有效;且案涉对赌协议约定的股份回购条款具备事实上的履行可能:

(1)公司的全部财产中包括股东以股份形式的投资,以及其他由公司合法控制的能带来经济利益的资源(如借款)等。公司对外承担债务的责任财产为其全部财产,即上述资产均应作为对外承担债务的范围。华工公司在对赌协议中是扬锻公司的债权人,在对赌协议约定的股权回购情形出现时,其有权要求扬锻公司及原股东承担相应的合同责任。

(2)《公司法》未禁止公司回购股东对资本公积享有的份额。案涉对赌协议无论是针对列入注册资本的注资部分还是列入资本公积金的注资部分的回购约定,均具备法律上的履行可能。

(3)华工公司注资后,扬锻公司资产得以增长,而且在事实上持续对股东分红,其债务承担能相较于投资方注资之前得到明显提高。扬锻公司在持续正常经营,参考华工公司在扬锻公司所占股权比例及扬锻公司历年的分红情况,案涉对赌协议约定的股份回购款项的支付不会导致扬锻公司资产的减损,亦不会损害扬锻公司对其他债务人的清偿能力,即不会因该义务的履行构成对其他债权人债权实现的障碍,因此,案涉对赌协议约定的股份回购条款具备事实上的履行可能。

实践中,对赌协议/条款的效力(视具体情形)及履行性仍然存在争议,律师需视具体情况给出分析意见,不能僵化地判定有效或无效、可履行或不可履行。

律师在尽职调查过程中,需将涉及的对赌条款摘录并做出分析以及建议。

6. 股东的债务金额较高

若经审阅目标公司法人股东的财务报表(但一般目标公司法人股东的财务报表并非常规尽职调查清单范围内,在基于其他信息或背景下,可能需要关注此问题,视具体情形而定)或经检索外部公开信息,发现其已资不抵债或负有某笔重大债务即将到期或已到期,律师应进一步要求获得关于上述债务的相关文件，来判断该股东持有的目标公司股权有无下述被冻结或强制执行的风险：

（1）冻结

若法院决定冻结投资权益或股权并通知公司不得办理被冻结投资权益或股权的转移手续的，公司不得向被执行人支付股息或红利。被冻结的投资权益或股权，被执行人不得自行转让。[①]

（2）强制执行

若目标公司系有限责任公司，则人民法院在强制执行该股东持有的股权时，会通知公司及全体股东，其他股东在同等条件下有优先购买权[②]，律师应建议其他股东根据具体情况及时响应，以免通过公开拍卖的程序进入公司的新股东不符合其他股东的预期，对公司的运营发展构成重大不利影响。

若目标公司系股份有限公司，法院可以直接扣押股份，并强制被执行人转让给债权人，也可以直接采取拍卖、变卖的方式进行处分，或直接将股票抵偿给债权人，用于清偿被执行人的债务。[③]

7. 股东被吊销营业执照或注销

企业股东被吊销营业执照不等于丧失法人资格，必须经清算程序并注销登记后，其企业法人资格才宣告消灭。因此企业股东在营业执照被吊销至注销之前的期间内，其仍然合法持有被投资公司的股权。

若企业股东被注销之前其股权已经清算组合法处置或股东有合法继受其权利和义务的主体，则较为简单；否则股东注销后，其对外投资持有的股权将由其注销前登记在册的股东（已注销的公司股东的股东）按照持股比例进行剩余财产分配。

8. 控股股东及实际控制人

（1）控股股东

根据《公司法》第216条的规定，控股股东是指其出资额占有限责任公司资本总额50%以上或者其持有的股份占股份有限公司股本总额50%以上的股东；出资额或者持有股份的比例虽然不足50%，但依其出资额或者持有的股份

---

① 最高人民法院《关于人民法院执行工作若干问题的规定（试行）》第38条。

② 《公司法》第72条。

③ 最高人民法院《关于人民法院执行工作若干问题的规定（试行）》第37条。

所享有的表决权已足以对股东会、股东大会的决议产生重大影响的股东。

（2）实际控制人

根据《公司法》第216条的规定，实际控制人是指虽不是公司的股东，但通过投资关系、协议或者其他安排，能够实际支配公司行为的人。

因此，我们通常理解控股股东与实际控制人的区别在于控股股东为公司股东，而实际控制人非公司股东。

根据《〈首次公开发行股票并上市管理办法〉第十二条"实际控制人没有发生变更"的理解和适用——证券期货法律适用意见第1号》（证监法律字〔2007〕15号，以下简称《证券期货法律适用意见第1号》）的规定，公司控制权是能够对股东大会的决议产生重大影响或者能够实际支配公司行为的权力，其渊源是对公司的直接或者间接的股权投资关系。基于此，实践中实际控制人的范围不仅包括上述《公司法》项下非公司股东的范围，而且扩大至包括直接或间接持有公司股权的股东。对于上市公司而言，实际控制人的判断标准可依据根据《上市公司收购管理办法》（2020年修正）下述关于"上市公司控制权"的规定进行判断：①投资者为上市公司持股50%以上的控股股东；②投资者可以实际支配上市公司股份表决权超过30%；③投资者通过实际支配上市公司股份表决权能够决定公司董事会半数以上成员选任；④投资者依其可实际支配的上市公司股份表决权足以对公司股东大会的决议产生重大影响；⑤中国证监会认定的其他情形。另外，参照《公开发行证券的公司信息披露内容与格式准则第1号——招股说明书》（2015年修订）的规定，实际控制人应披露到最终的国有控股主体或自然人为止。实践中，境内的众多上市公司中，既存在无实际控制人的情形，亦存在多个主体为共同实际控制人的情形。判断控股股东及实际控制人的身份，对于在投融资、收购交易中至关重要，特别是在相关责任的承担机制、交易对手的锁定判断等方面。

在尽职调查过程中，律师应综合各方面因素判断实际控制人的情况，如涉及影响公司股权结构清晰性及稳定性的因素，需做出相应的分析以及建议。

相关规定

本专题相关规定见表 2－2－2。

表 2－2－2　相关规定

主要法律问题	文件名	具体条款规定
股东资格	中共中央、国务院《关于严禁党政机关和党政干部经商、办企业的决定》(发布日期:1984 年 12 月 3 日;实施日期:1984 年 12 月 3 日;发文机关:中共中央、国务院;文号:中发〔1984〕27 号)	乡(含乡)以上党政机关在职干部(包括退居二线的干部),一律不得以独资或合股、兼职取酬、搭干股分红等方式经商、办企业;也不允许利用职权为其家属、亲友所办的企业谋取利益。
	《公务员法》(发布日期:2005 年 4 月 27 日;实施日期:2006 年 1 月 1 日;发文机关:全国人大常委会;文号:主席令第 35 号;经过 2017 年 9 月 1 日修正,最新于 2018 年 12 月 29 日修正,2019 年 6 月 1 日实施)	第 59 条　公务员应当遵纪守法,不得违反有关规定从事或者参与营利性活动,在企业或者其他营利性组织中兼任职务。
	《关于党政机关工作人员个人证券投资行为若干规定》(发布日期:2001 年 4 月 3 日;实施日期:2001 年 4 月 3 日;发文机关:中共中央办公厅、国务院办公厅;文号:中办发〔2001〕10 号)	第 3 条　党政机关工作人员个人可以买卖股票和证券投资基金。
	《关于省、地两级党委、政府主要领导配偶、子女个人经商办企业的具体规定(试行)》(发布日期:2001 年 2 月 8 日;实施日期:2001 年 2 月 8 日;发文机关:中共中央纪律检查委员会;文号:中纪发〔2001〕2 号)	为了贯彻落实中央纪委第四次全会提出的“省(部)、地(厅)级领导干部的配偶、子女,不准在该领导干部管辖的业务范围内个人从事可能与公共利益发生冲突的经商办企业活动”的要求,对省(自治区、直辖市)、地(市)两级党委、政府主要领导干部配偶、子女在该领导干部任职地区个人从事经商办企业活动作出如下规定: 一、不准从事房地产开发、经营及相关代理、评估、咨询等有偿中介活动。 二、不准从事广告代理、发布等经营活动。 三、不准开办律师事务所;受聘担任律师的,不准在领导干部管辖地区代理诉讼。 四、不准从事营业性歌厅、舞厅、夜总会等娱乐业,洗浴按摩等行业的经营活动。

续表

主要法律问题	文件名	具体条款规定
		五、不准从事其他可能与公共利益发生冲突的经商办企业活动。
	中共中央办公厅、国务院办公厅《关于县以上党和国家机关退（离）休干部经商办企业问题的若干规定》（发布日期：1988年10月3日；实施日期：1988年10月3日；发文机关：中共中央办公厅、国务院办公厅；文号：中办发〔1988〕11号）	在严禁党和国家机关及机关在职干部经商办企业的同时，对县以上机关的退休干部经商办企业问题作如下规定：一、党和国家机关的退休干部，不得兴办商业性企业，不得到这类企业任职，不得在商品买卖中居间取酬，不得以任何形式参与倒卖生产资料和紧俏商品，不得向有关单位索要国家的物资，不得进行金融活动。
	《国有企业领导人员廉洁从业若干规定》（发布日期：2009年7月1日；实施日期：2009年7月1日；发文机关：中共中央办公厅、国务院办公厅；文号：中办发〔2009〕26号）	第5条　国有企业领导人员应当忠实履行职责。不得有利用职权谋取私利以及损害本企业利益的下列行为：（一）个人……在与本企业有业务关系的企业投资入股……（六）未经批准兼任本企业所出资企业或者其他企业、事业单位、社会团体、中介机构的领导职务，或者经批准兼职的，擅自领取薪酬及其他收入……
	《证券发行上市保荐业务管理办法》（发布日期：2008年10月17日；实施日期：2008年12月1日；发文机关：中国证券监督管理委员会；文号：中国证券监督管理委员会令第170号；经过2009年5月13日和2017年12月7日两次修订，最新于2020年6月12日修订并实施）	第6条　保荐代表人及其配偶不得以任何名义或者方式持有发行人的股份。
	《融资性担保公司管理暂行办法》［发布日期：2010年3月8日；实施日期：2010年3月8日；发文机关：中国银行业监督管理委员会（已撤销）、国家发展和改革委员会、工业和信息化部、财政部、商务部、中国人民银行、国家工商行政管理总局（已撤销）；文号：中国银行业监督管理委员会、国家发展和改革委员会、工业和信息化部、财政部、商务部、中国人民银行、国家工商行政管理总局令2010年第3号］	第29条　融资性担保公司以自有资金进行投资，限于国债、金融债券及大型企业债务融资工具等信用等级较高的固定收益类金融产品，以及不存在利益冲突且总额不高于净资产20%的其他投资。
		第49条　融资性担保公司违反法律、法规及本办法规定，有关法律、法规有处罚规定的，依照其规定给予处罚；有关法律、法规未作处罚规定的，由监管部门责令改正，可以给予警告、罚款；构成犯罪的，依法追究刑事责任。

续表

主要法律问题	文件名	具体条款规定
	《证券法》(发布日期:1998年12月29日;实施日期:1999年7月1日;发文机关:全国人大常委会;文号:主席令第37号;经过2004年8月28日、2005年10月27日、2013年6月29日、2014年8月31日四次修订,最新于2019年12月28日修订,2020年3月1日实施)	第9条 公开发行证券,必须符合法律、行政法规规定的条件,并依法报经国务院证券监督管理机构或者国务院授权的部门注册;未经依法注册,任何单位和个人不得公开发行证券。证券发行注册制的具体范围、实施步骤,由国务院规定。 有下列情形之一的,为公开发行: (一)向不特定对象发行证券; (二)向特定对象发行证券累计超过二百人,但依法实施员工持股计划的员工人数不计算在内; (三)法律、行政法规规定的其他发行行为。 非公开发行证券,不得采用广告、公开劝诱和变相公开方式。
		第40条 证券交易所、证券公司和证券登记结算机构的从业人员,证券监督管理机构的工作人员以及法律、行政法规规定禁止参与股票交易的其他人员,在任期或者法定限期内,不得直接或者以化名、借他人名义持有、买卖股票或者其他具有股权性质的证券,也不得收受他人赠送的股票或者其他具有股权性质的证券。 任何人在成为前款所列人员时,其原已持有的股票或者其他具有股权性质的证券,必须依法转让。
		第180条 违反本法第九条的规定,擅自公开或者变相公开发行证券的,责令停止发行,退还所募资金并加算银行同期存款利息,处以非法所募资金金额百分之五以上百分之五十以下的罚款;对擅自公开或者变相公开发行证券设立的公司,由依法履行监督管理职责的机构或者部门会同县级以上地方人民政府予以取缔。对直接负责的主管人员和其他直接责任人员给予警告,并处以五十万元以上五百万元以下的罚款。

续表

主要法律问题	文件名	具体条款规定
	《刑法》(发布日期:1979年7月6日;生效日期:1980年1月1日;发文机关:全国人民代表大会;文号:全国人大常委会令第5号;经过1997年3月14日、1998年12月29日、1999年12月25日、2001年8月31日、2001年12月29日、2002年12月28日、2005年2月28日、2006年6月29日、2009年2月28日、2009年8月27日、2011年2月25日、2015年8月29、2017年11月4日数次修正,最新于2020年12月26日修正,并于2021年3月1日实施)	第179条　未经国家有关主管部门批准,擅自发行股票或者公司、企业债券,数额巨大、后果严重或者有其他严重情节的,处五年以下有期徒刑或者拘役,并处或者单处非法募集资金金额百分之一以上百分之五以下罚金。 单位犯前款罪的,对单位判处罚金,并对其直接负责的主管人员和其他直接责任人员,处五年以下有期徒刑或者拘役。
	《定向募集股份有限公司内部职工持股管理规定》[发布日期:1993年7月3日;实施日期:1993年7月3日;发文机关:国家经济体制改革委员会(已变更)]	第28条　定向募集公司内部职工认购的股份总额,不得超过公司股份总额的百分之二点五。
	《慈善组织保值增值投资活动管理暂行办法》(发布日期:2018年10月30日;实施日期:2019年1月1日;发文机关:民政部;文号:民政部令第62号)	第4条　本办法所称投资活动,主要包括下列情形: (一)直接购买银行、信托、证券、基金、期货、保险资产管理机构、金融资产投资公司等金融机构发行的资产管理产品; (二)通过发起设立、并购、参股等方式直接进行股权投资; (三)将财产委托给受金融监督管理部门监管的机构进行投资。
	《工会法》(发布日期:1992年4月3日;实施日期:1992年4月3日;发文机关:全国人民代表大会;文号:主席令第70号;经过2001年10月27日、2009年8月27日修订,最新于2021年12月24日发布,并于2022年1月1日实施)	第43条　工会经费的来源:……(三)工会所属的企业、事业单位上缴的收入……

续表

主要法律问题	文件名	具体条款规定
	最高人民法院《关于在民事审判工作中适用〈中华人民共和国工会法〉若干问题的解释》(发布日期:2003年6月25日;实施日期:2003年7月9日;发文机关:最高人民法院;文号:法释〔2020〕17号,最新于2020年12月29日修订并于2021年1月1日实施)	第1条　人民法院审理涉及工会组织的有关案件时,应当认定依照工会法建立的工会组织的社团法人资格。具有法人资格的工会组织依法独立享有民事权利,承担民事义务。建立工会的企业、事业单位、机关与所建工会以及工会投资兴办的企业,根据法律和司法解释的规定,应当分别承担各自的民事责任。
	国家工商行政管理总局《关于未成年人能否成为公司股东问题的答复》[发布日期:2007年6月25日;实施日期:2007年6月25日;发文机关:国家工商行政管理总局(已撤销);文号:工商企字〔2007〕131号]	广东省工商行政管理局: 你局《关于未成年人是否具备公司股东资格问题的请示》(粤工商企字〔2006〕247号)收悉。经请示全国人大常委会法制工作委员会同意,现答复如下: 《公司法》对未成年人能否成为公司股东没有作出限制性规定。因此,未成年人可以成为公司股东,其股东权利可以由法定代理人代为行使。
	《中国人民解放军内务条令(试行)》(发布日期:2018年4月4日;实施日期:2018年5月1日;发文机关:中央军事委员会;文号:军发〔2018〕58号)	第105条　军人不得经商,不得从事本职以外的其他职业和网络营销、传销、有偿中介活动,不得参与以营利为目的的文艺演出、商业广告、企业形象代言和教学活动,不得利用工作时间和办公设备从事证券期货交易、购买彩票,不得擅自提供军人肖像用于制作商品。
	《商业银行法》(发布日期:1995年5月10日;实施日期:1995年7月1日;发文机关:全国人民代表大会常务委员会;文号:主席令第34号;经过2003年12月27日修订,最新于2015年8月29日修订,2015年10月1日实施)	第43条　商业银行在中华人民共和国境内不得从事信托投资和证券经营业务,不得向非自用不动产投资或者向非银行金融机构和企业投资,但国家另有规定的除外。
	《关于外商投资企业境内投资的暂行规定》[发布日期:2000年7月25日;实施日期:2000年9月1日;发文机关:对外贸易经济合作部(已变更),国家工商行政管理局(已变更);文号:商务部令2015年第2号;最新于2015年10月28日修订并实施]	第3条　外商投资企业境内投资,应遵守国家法律、法规。 外商投资企业境内投资比照执行《指导外商投资方向暂行规定》和《外商投资产业指导目录》的规定。外商投资企业不得在禁止外商投资的领域投资。
		第5条　外商投资企业应符合下列条件,方可投资: 1. 开始盈利; 2. 依法经营,无违法经营记录。

续表

主要法律问题	文件名	具体条款规定
	中国证券监督管理委员会法律部《关于职工持股会及工会持股有关问题的法律意见》(发布日期:2002年11月5日;实施日期:2002年11月5日;发文机关:中国证券监督管理委员会;文号:法协字〔2002〕第115号)	一、我会停止审批职工持股会及工会作为发起人或股东的公司的发行申请主要有两点考虑: 其一,防止发行人借职工持股会及工会的名义变相发行内部职工股,甚至演变成公开发行前的私募行为。 其二,在民政部门不再接受职工持股会的社团法人登记之后,职工持股会不再具备法人资格,不再具备成为上市公司股东及发起人的主体资格,而工会成为上市公司的股东与其设立和活动的宗旨不符。
	中国证监会《关于职工持股会及工会能否作为上市公司股东的复函》(发布日期:2000年12月11日;实施日期:2000年12月11日;发文机关:中国证券监督管理委员会;文号:法律部〔2000〕24号)	根据国务院《社会团体登记管理条例》和民政部办公厅2000年7月7日印发的《关于暂停对企业内部职工持股会进行社团法人登记的函》(民办函〔2000〕110号)的精神,职工持股会属于单位内部团体,不再由民政部门登记管理。对此前已登记的职工持股会在社团清理整顿中暂不换发社团法人证书。因此,职工持股会将不再具有法人资格。在此种情况改变之前,职工持股会不能成为公司的股东。 另外,根据中华全国总工会的意见和《中华人民共和国工会法》的有关规定,工会作为上市公司的股东,其身份与工会的设立和活动宗旨不一致,可能会对工会正常活动产生不利影响。因此,我会也暂不受理工会作为股东或发起人的公司公开发行股票的申请。
	国务院机关事务管理局《关于印发〈中央行政事业单位国有资产管理暂行办法〉的通知》[发布日期:2009年7月2日;实施日期:2009年7月2日;发文机关:国务院机关事务管理局(已变更);文号:国管资〔2009〕167号]	第29条　各部门行政单位和参照公务员法管理的单位,不得将国有资产用于对外投资。其他事业单位应当严格控制对外投资,不得利用国家财政拨款、上级补助资金和维持事业正常发展的资产对外投资。
	教育部《关于积极发展、规范管理高校科技产业的指导意见》(发布日期:2005年10月22日;实施日期:2005年10月22日;发文机关:教育部;文号:教技发〔2005〕2号)	高校要依法组建国有独资性质的资产经营有限公司或从现有校办企业中选择一个产权清晰、管理规范的独资企业(以下统称高校资产公司),将学校所有经营性资产划转到高校资产公司,由其代表学校持有对企业投资所形成的股权。高校以投入到高校资产公司的财产承担有限责任。各高校要在2006年底前组建高校资产公司并完成资产划转。

续表

主要法律问题	文件名	具体条款规定
		高校除对高校资产公司进行投资外，不得再以事业单位法人的身份对外进行投资。高校以出资人身份向高校资产公司派出董事会和监事会成员，董事会和监事会依据《公司法》的规定行使相应职权。
	《公司法》（发布日期：1993 年 12 月 29 日；生效日期：1994 年 7 月 1 日；发文机关：全国人大常委会；文号：主席令第 16 号；经过 1999 年 12 月 25 日、2004 年 8 月 28 日、2005 年 10 月 27 日、2013 年 12 月 28 日四次修订，最新于 2018 年 10 月 26 日修订并实施）	第 58 条　一个自然人只能投资设立一个一人有限责任公司。该一人有限责任公司不能投资设立新的一人有限责任公司。
	《信托公司管理办法》［发布日期：2007 年 1 月 23 日；实施日期：2007 年 3 月 1 日；发文机关：中国银行业监督管理委员会（已撤销）；文号：中国银行业监督管理委员会令 2007 年第 2 号］	第 20 条　信托公司固有业务项下可以开展存放同业、拆放同业、贷款、租赁、投资等业务。投资业务限定为金融类公司股权投资、金融产品投资和自用固定资产投资。 信托公司不得以固有财产进行实业投资，但中国银行业监督管理委员会另有规定的除外。
	《保险资金运用管理办法》［发布日期：2018 年 1 月 24 日；实施日期：2018 年 4 月 1 日；发文机关：中国保险监督管理委员会（已撤销）；文号：保监会令〔2018〕1 号］	第 6 条　保险资金运用限于下列形式： （一）银行存款； （二）买卖债券、股票、证券投资基金份额等有价证券； （三）投资不动产； （四）投资股权； （五）国务院规定的其他资金运用形式。 保险资金从事境外投资的，应当符合中国保监会、中国人民银行和国家外汇管理局的相关规定。
		第 9 条　保险资金投资的股票，主要包括公开发行并上市交易的股票和上市公司向特定对象非公开发行的股票。 保险资金开展股票投资，分为一般股票投资、重大股票投资和上市公司收购等，中国保监会根据不同情形实施差别监管。 保险资金投资全国中小企业股份转让系统挂牌的公司股票，以及以外币认购及交易的股票，由中国保监会另行规定。

续表

主要法律问题	文件名	具体条款规定
		第 14 条　保险集团(控股)公司、保险公司对其他企业实现控股的股权投资,应当满足有关偿付能力监管规定。保险集团(控股)公司的保险子公司不符合中国保监会偿付能力监管要求的,该保险集团(控股)公司不得向非保险类金融企业投资。 实现控股的股权投资应当限于下列企业: (一)保险类企业,包括保险公司、保险资产管理机构以及保险专业代理机构、保险经纪机构、保险公估机构; (二)非保险类金融企业; (三)与保险业务相关的企业。
出资	《公司法》(发布日期:1993 年 12 月 29 日;生效日期:1994 年 7 月 1 日;发文机关:全国人民代表大会常务委员会;文号:主席令第 16 号;经过 1999 年 12 月 25 日、2004 年 8 月 28 日、2005 年 10 月 27 日、2013 年 12 月 28 日四次修订,最新于 2018 年 10 月 26 日修订并实施)	第 26 条　有限责任公司的注册资本为在公司登记机关登记的全体股东认缴的出资额。 法律、行政法规以及国务院决定对有限责任公司注册资本实缴、注册资本最低限额另有规定的,从其规定。
		第 27 条　股东可以用货币出资,也可以用实物、知识产权、土地使用权等可以用货币估价并可以依法转让的非货币财产作价出资;但是,法律、行政法规规定不得作为出资的财产除外。 对作为出资的非货币财产应当评估作价,核实财产,不得高估或者低估作价。法律、行政法规对评估作价有规定的,从其规定。
		第 28 条　股东应当按期足额缴纳公司章程中规定的各自所认缴的出资额。股东以货币出资的,应当将货币出资足额存入有限责任公司在银行开设的账户;以非货币财产出资的,应当依法办理其财产权的转移手续。 股东不按照前款规定缴纳出资的,除应当向公司足额缴纳外,还应当向已按期足额缴纳出资的股东承担违约责任。
		第 29 条　股东认足公司章程规定的出资后,由全体股东指定的代表或者共同委托的代理人向公司登记机关报送公司登记申请书、公司章程等文件,申请设立登记。

续表

主要法律问题	文件名	具体条款规定
		第 30 条　有限责任公司成立后，发现作为设立公司出资的非货币财产的实际价额显著低于公司章程所定价额的，应当由交付该出资的股东补足其差额；公司设立时的其他股东承担连带责任。
		第 31 条　有限责任公司成立后，应当向股东签发出资证明书。 出资证明书应当载明下列事项： （一）公司名称； （二）公司成立日期； （三）公司注册资本； （四）股东的姓名或者名称、缴纳的出资额和出资日期； （五）出资证明书的编号和核发日期。 出资证明书由公司盖章。
		第 32 条　有限责任公司应当置备股东名册，记载下列事项： （一）股东的姓名或者名称及住所； （二）股东的出资额； （三）出资证明书编号。 记载于股东名册的股东，可以依股东名册主张行使股东权利。 公司应当将股东的姓名或者名称向公司登记机关登记；登记事项发生变更的，应当办理变更登记。未经登记或者变更登记的，不得对抗第三人。
		第 35 条　公司成立后，股东不得抽逃出资。
		第 83 条　以发起设立方式设立股份有限公司的，发起人应当书面认足公司章程规定其认购的股份，并按照公司章程规定缴纳出资。以非货币财产出资的，应当依法办理其财产权的转移手续。 发起人不依照前款规定缴纳出资的，应当按照发起人协议承担违约责任。 发起人认足公司章程规定的出资后，应当选举董事会和监事会，由董事会向公司登记机关报送公司章程以及法律、行政法规规定的其他文件，申请设立登记。

续表

主要法律问题	文件名	具体条款规定
		第91条　发起人、认股人缴纳股款或者交付抵作股款的出资后,除未按期募足股份、发起人未按期召开创立大会或者创立大会决议不设立公司的情形外,不得抽回其股本。
		第198条　违反本法规定,虚报注册资本、提交虚假材料或者采取其他欺诈手段隐瞒重要事实取得公司登记的,由公司登记机关责令改正,对虚报注册资本的公司,处以虚报注册资本金额百分之五以上百分之十五以下的罚款;对提交虚假材料或者采取其他欺诈手段隐瞒重要事实的公司,处以五万元以上五十万元以下的罚款;情节严重的,撤销公司登记或者吊销营业执照。
		第199条　公司的发起人、股东虚假出资,未交付或者未按期交付作为出资的货币或者非货币财产的,由公司登记机关责令改正,处以虚假出资金额百分之五以上百分之十五以下的罚款。
		第200条　公司的发起人、股东在公司成立后,抽逃其出资的,由公司登记机关责令改正,处以所抽逃出资金额百分之五以上百分之十五以下的罚款。
		第201条　公司违反本法规定,在法定的会计账簿以外另立会计账簿的,由县级以上人民政府财政部门责令改正,处以五万元以上五十万元以下的罚款。
		第202条　公司在依法向有关主管部门提供的财务会计报告等材料上作虚假记载或者隐瞒重要事实的,由有关主管部门对直接负责的主管人员和其他直接责任人员处以三万元以上三十万元以下的罚款。
	国务院《关于印发注册资本登记制度改革方案的通知》(发布日期:2014年2月7日;实施日期:2014年2月7日;发文机关:国务院;文号:国发〔2014〕7号)	(一)实行注册资本认缴登记制。公司股东认缴的出资总额或者发起人认购的股本总额(即公司注册资本)应当在工商行政管理机关登记。公司股东(发起人)应当对其认缴出资额、出资方式、出资期限等自主约定,并记载于公司章程。有限责任公司的股东以其认缴的出资额为限对公司承担责任,股份有限公司

续表

主要法律问题	文件名	具体条款规定
		的股东以其认购的股份为限对公司承担责任。公司应当将股东认缴出资额或者发起人认购股份、出资方式、出资期限、缴纳情况通过市场主体信用信息公示系统向社会公示。公司股东(发起人)对缴纳出资情况的真实性、合法性负责。 放宽注册资本登记条件。除法律、行政法规以及国务院决定对特定行业注册资本最低限额另有规定的外,取消有限责任公司最低注册资本3万元、一人有限责任公司最低注册资本10万元、股份有限公司最低注册资本500万元的限制。不再限制公司设立时全体股东(发起人)的首次出资比例,不再限制公司全体股东(发起人)的货币出资金额占注册资本的比例,不再规定公司股东(发起人)缴足出资的期限。 公司实收资本不再作为工商登记事项。公司登记时,无需提交验资报告。 现行法律、行政法规以及国务院决定明确规定实行注册资本实缴登记制的银行业金融机构、证券公司、期货公司、基金管理公司、保险公司、保险专业代理机构和保险经纪人、直销企业、对外劳务合作企业、融资性担保公司、募集设立的股份有限公司,以及劳务派遣企业、典当行、保险资产管理公司、小额贷款公司实行注册资本认缴登记制问题,另行研究决定。在法律、行政法规以及国务院决定未修改前,暂按现行规定执行。 已经实行申报(认缴)出资登记的个人独资企业、合伙企业、农民专业合作社仍按现行规定执行。
	《公司法司法解释(三)》(发布日期:2020年12月29日;实施日期:2021年1月1日;发文机关:最高人民法院)	第6条　股份有限公司的认股人未按期缴纳所认股份的股款,经公司发起人催缴后在合理期间内仍未缴纳,公司发起人对该股份另行募集的,人民法院应当认定该募集行为有效。认股人延期缴纳股款给公司造成损失,公司请求该认股人承担赔偿责任的,人民法院应予支持。
		第7条　出资人以不享有处分权的财产出资,当事人之间对于出资行为效力产生争议的,人民法院可以参照民法典第三百一十一条的规定予以认定。

续表

主要法律问题	文件名	具体条款规定
		以贪污、受贿、侵占、挪用等违法犯罪所得的货币出资后取得股权的,对违法犯罪行为予以追究、处罚时,应当采取拍卖或者变卖的方式处置其股权。
		第8条　出资人以划拨土地使用权出资,或者以设定权利负担的土地使用权出资,公司、其他股东或者公司债权人主张认定出资人未履行出资义务的,人民法院应当责令当事人在指定的合理期间内办理土地变更手续或者解除权利负担;逾期未办理或者未解除的,人民法院应当认定出资人未依法全面履行出资义务。
		第9条　出资人以非货币财产出资,未依法评估作价,公司、其他股东或者公司债权人请求认定出资人未履行出资义务的,人民法院应当委托具有合法资格的评估机构对该财产评估作价。评估确定的价额显著低于公司章程所定价额的,人民法院应当认定出资人未依法全面履行出资义务。
		第10条　出资人以房屋、土地使用权或者需要办理权属登记的知识产权等财产出资,已经交付公司使用但未办理权属变更手续,公司、其他股东或者公司债权人主张认定出资人未履行出资义务的,人民法院应当责令当事人在指定的合理期间内办理权属变更手续;在前述期间内办理了权属变更手续的,人民法院应当认定其已经履行了出资义务;出资人主张自其实际交付财产给公司使用时享有相应股东权利的,人民法院应予支持。 出资人以前款规定的财产出资,已经办理权属变更手续但未交付给公司使用,公司或者其他股东主张其向公司交付、并在实际交付之前不享有相应股东权利的,人民法院应予支持。
		第11条　出资人以其他公司股权出资,符合下列条件的,人民法院应当认定出资人已履行出资义务: (一)出资的股权由出资人合法持有并依法可以转让; (二)出资的股权无权利瑕疵或者权利负担;

续表

主要法律问题	文件名	具体条款规定
		（三）出资人已履行关于股权转让的法定手续； （四）出资的股权已依法进行了价值评估。 股权出资不符合前款第（一）、（二）、（三）项的规定，公司、其他股东或者公司债权人请求认定出资人未履行出资义务的，人民法院应当责令该出资人在指定的合理期间内采取补正措施，以符合上述条件；逾期未补正的，人民法院应当认定其未依法全面履行出资义务。 股权出资不符合本条第一款第（四）项的规定，公司、其他股东或者公司债权人请求认定出资人未履行出资义务的，人民法院应当按照本规定第九条的规定处理。
		第12条　公司成立后，公司、股东或者公司债权人以相关股东的行为符合下列情形之一且损害公司权益为由，请求认定该股东抽逃出资的，人民法院应予支持： （一）制作虚假财务会计报表虚增利润进行分配； （二）通过虚构债权债务关系将其出资转出； （三）利用关联交易将出资转出； （四）其他未经法定程序将出资抽回的行为。
		第13条　股东未履行或者未全面履行出资义务，公司或者其他股东请求其向公司依法全面履行出资义务的，人民法院应予支持。 公司债权人请求未履行或者未全面履行出资义务的股东在未出资本息范围内对公司债务不能清偿的部分承担补充赔偿责任的，人民法院应予支持；未履行或者未全面履行出资义务的股东已经承担上述责任，其他债权人提出相同请求的，人民法院不予支持。 股东在公司设立时未履行或者未全面履行出资义务，依照本条第一款或者第二款提起诉讼的原告，请求公司的发起人与被告股东承担连带责任的，人民法院应予支持；公司的发起人承担责任后，可以向被告股东追偿。

续表

主要法律问题	文件名	具体条款规定
		股东在公司增资时未履行或者未全面履行出资义务，依照本条第一款或者第二款提起诉讼的原告，请求未尽公司法第一百四十七条第一款规定的义务而使出资未缴足的董事、高级管理人员承担相应责任的，人民法院应予支持；董事、高级管理人员承担责任后，可以向被告股东追偿。
		第14条　股东抽逃出资，公司或者其他股东请求其向公司返还出资本息、协助抽逃出资的其他股东、董事、高级管理人员或者实际控制人对此承担连带责任的，人民法院应予支持。 公司债权人请求抽逃出资的股东在抽逃出资本息范围内对公司债务不能清偿的部分承担补充赔偿责任、协助抽逃出资的其他股东、董事、高级管理人员或者实际控制人对此承担连带责任的，人民法院应予支持；抽逃出资的股东已经承担上述责任，其他债权人提出相同请求的，人民法院不予支持。
		第15条　出资人以符合法定条件的非货币财产出资后，因市场变化或者其他客观因素导致出资财产贬值，公司、其他股东或者公司债权人请求该出资人承担补足出资责任的，人民法院不予支持。但是，当事人另有约定的除外。
		第16条　股东未履行或者未全面履行出资义务或者抽逃出资，公司根据公司章程或者股东会决议对其利润分配请求权、新股优先认购权、剩余财产分配请求权等股东权利作出相应的合理限制，该股东请求认定该限制无效的，人民法院不予支持。
		第17条　有限责任公司的股东未履行出资义务或者抽逃全部出资，经公司催告缴纳或者返还，其在合理期间内仍未缴纳或者返还出资，公司以股东会决议解除该股东的股东资格，该股东请求确认该解除行为无效的，人民法院不予支持。 在前款规定的情形下，人民法院在判决时应当释明，公司应当及时办理法定减资程序或者由其他股东或者第三人缴纳相应的出资。在办理法定减资程序或者其他股东或者第三人缴纳相应的出资之前，公司债权人依照本规

续表

主要法律问题	文件名	具体条款规定
		定第十三条或者第十四条请求相关当事人承担相应责任的，人民法院应予支持。
		第18条　有限责任公司的股东未履行或者未全面履行出资义务即转让股权，受让人对此知道或者应当知道，公司请求该股东履行出资义务、受让人对此承担连带责任的，人民法院应予支持；公司债权人依照本规定第十三条第二款向该股东提起诉讼，同时请求前述受让人对此承担连带责任的，人民法院应予支持。 受让人根据前款规定承担责任后，向该未履行或者未全面履行出资义务的股东追偿的，人民法院应予支持。但是，当事人另有约定的除外。
		第19条　公司股东未履行或者未全面履行出资义务或者抽逃出资，公司或者其他股东请求其向公司全面履行出资义务或者返还出资，被告股东以诉讼时效为由进行抗辩的，人民法院不予支持。 公司债权人的债权未过诉讼时效期间，其依照本规定第十三条第二款、第十四条第二款的规定请求未履行或者未全面履行出资义务或者抽逃出资的股东承担赔偿责任，被告股东以出资义务或者返还出资义务超过诉讼时效期间为由进行抗辩的，人民法院不予支持。
		第20条　当事人之间对是否已履行出资义务发生争议，原告提供对股东履行出资义务产生合理怀疑证据的，被告股东应当就其已履行出资义务承担举证责任。
	财政部《关于明确注册会计师验资报告作用的通知》（发布日期：1999年7月12日；实施日期：1999年7月12日；发文机关：财政部；文号：财协字〔1999〕第102号）	根据《中华人民共和国注册会计师法》的规定，注册会计师依法验证企业资本，出具验资报告。财政部印发的中国注册会计师独立审计准则《独立审计实务公告第1号——验资》中规定，本公告所称验资，是指注册会计师依法接受委托，按照本公告的要求，对在中华人民共和国境内新设立的依法应当进行验资的被审验单位的实收资本（股本）及其相关的资产、负债的真实性、合法性进行的审验。注册会计师执行验资业务出具的验资报告在规定用途内（如在国家工商行政管理部门办理工商登记时）具有法定证明效力，能合理地保证报告使用人确定投资者出资的到位情况。

续表

主要法律问题	文件名	具体条款规定
		注册会计师应当对出具的验资报告的真实性、合法性负责。验资报告的真实性是指验资报告应如实反映注册会计师的验资范围、验资依据、已实施的主要验资程序和应发表的验资意见;验资报告的合法性是指验资报告的编制和出具必须符合《中华人民共和国注册会计师法》及《独立审计实务公告第 1 号——验资》的规定。由于验资的固有局限性及注册会计师的职权限制,若存在投资者恶意作弊或与有关机构通同作弊,提供注册会计师不能识别的虚假证明材料等情况,即使注册会计师以应有的职业谨慎态度执行验资业务,也可能得出不适当的验资结论,导致所发表的验资意见与实际情况不相符。因此,即使注册会计师按规定谨慎执业并出具中国注册会计师独立审计准则要求的真实、合法的验资报告,其所载明的验资意见也只能合理地保证而不能绝对地保证报告使用人确定投资者出资的到位情况。 注册会计师出具的验资报告,是说明截至验资报告日这一时点注册会计师验证的被审验单位实收资本(股本)及相关资产、负债的数额,具有很强的时效性。验资以后,由于被审验单位经营管理活动的持续进行及经营者、投资者的各种经营管理行为(包括抽逃出资)都将直接或间接影响被审验单位的财务状况,从而影响其偿债能力、持续经营能力等,因此,注册会计师出具的验资报告不应被视为是对被审验单位日后偿债能力作出的保证,也不应被视为是对被审验单位持续经营能力及其经营效率、效果作出的保证。

续表

主要法律问题	文件名	具体条款规定
	《刑法》（发布日期：1979年7月6日；生效日期：1980年1月1日；发文机关：全国人民代表大会；文号：主席令第66号；经过1997年3月14日、1998年12月29日、1999年12月25日、2001年8月31日、2001年12月29日、2002年12月28日、2005年2月28日、2006年6月29日、2009年2月28日、2009年8月27日、2011年2月25日、2015年8月29、2017年11月4日数次修正，最新于2020年12月26日修正，并于2021年3月1日实施）	第158条　申请公司登记使用虚假证明文件或者采取其他欺诈手段虚报注册资本，欺骗公司登记主管部门，取得公司登记，虚报注册资本数额巨大、后果严重或者有其他严重情节的，处三年以下有期徒刑或者拘役，并处或者单处虚报注册资本金额百分之一以上百分之五以下罚金。 单位犯前款罪的，对单位判处罚金，并对其直接负责的主管人员和其他直接责任人员，处三年以下有期徒刑或者拘役。
		第159条　公司发起人、股东违反公司法的规定未交付货币、实物或者未转移财产权，虚假出资，或者在公司成立后又抽逃其出资，数额巨大、后果严重或者有其他严重情节的，处五年以下有期徒刑或者拘役，并处或者单处虚假出资金额或者抽逃出资金额百分之二以上百分之十以下罚金。 单位犯前款罪的，对单位判处罚金，并对其直接负责的主管人员和其他直接责任人员，处五年以下有期徒刑或者拘役。
	最高人民法院《关于审理与企业改制相关的民事纠纷案件若干问题的规定》（发布日期：2003年1月3日；实施日期：2003年2月1日；发文机关：最高人民法院；文号：法释〔2020〕18号，最新于2020年12月29日修订并于2021年1月1日实施）	第6条　企业以其部分财产和相应债务与他人组建新公司，对所转移的债务债权人认可的，由新组建的公司承担民事责任；对所转移的债务未通知债权人或者虽通知债权人，而债权人不予认可的，由原企业承担民事责任。原企业无力偿还债务，债权人就此向新设公司主张债权的，新设公司在所接收的财产范围内与原企业承担连带民事责任。
		第7条　企业以其优质财产与他人组建新公司，而将债务留在原企业，债权人以新设公司和原企业作为共同被告提起诉讼主张债权的，新设公司应当在所接收的财产范围内与原企业共同承担连带责任。

续表

主要法律问题	文件名	具体条款规定
	《企业国有资产评估管理暂行办法》(发布日期:2005 年 8 月 25 日;实施日期:2005 年 9 月 1 日;发文机关:国务院国有资产监督管理委员会;文号:国务院国有资产监督管理委员会令第 12 号)	第 3 条　各级国有资产监督管理机构负责其所出资企业的国有资产评估监管工作。 国务院国有资产监督管理机构负责对全国企业国有资产评估监管工作进行指导和监督。
		第 4 条　企业国有资产评估项目实行核准制和备案制。 经各级人民政府批准经济行为的事项涉及的资产评估项目,分别由其国有资产监督管理机构负责核准。 经国务院国有资产监督管理机构批准经济行为的事项涉及的资产评估项目,由国务院国有资产监督管理机构负责备案;经国务院国有资产监督管理机构所出资企业(以下简称中央企业)及其各级子企业批准经济行为的事项涉及的资产评估项目,由中央企业负责备案。 地方国有资产监督管理机构及其所出资企业的资产评估项目备案管理工作的职责分工,由地方国有资产监督管理机构根据各地实际情况自行规定。
		第 6 条　企业有下列行为之一的,应当对相关资产进行评估: (一)整体或者部分改建为有限责任公司或者股份有限公司; (二)以非货币资产对外投资; (三)合并、分立、破产、解散; (四)非上市公司国有股东股权比例变动; (五)产权转让; (六)资产转让、置换; (七)整体资产或者部分资产租赁给非国有单位; (八)以非货币资产偿还债务; (九)资产涉讼; (十)收购非国有单位的资产; (十一)接受非国有单位以非货币资产出资; (十二)接受非国有单位以非货币资产抵债; (十三)法律、行政法规规定的其他需要进行资产评估的事项。

续表

主要法律问题	文件名	具体条款规定
	最高人民检察院、公安部《关于严格依法办理虚报注册资本和虚假出资抽逃出资刑事案件的通知》（发布日期:2014 年 5 月 20 日;实施日期:2014 年 5 月 20 日;发文机关:最高人民检察院、公安部;文号:公经〔2014〕247 号）	二、严格把握罪与非罪的界限。根据新修改的公司法和全国人大常委会立法解释,自 2014 年 3 月 1 日起,除依法实行注册资本实缴登记制的公司（参见《国务院关于印发注册资本登记制度改革方案的通知》（国发〔2014〕7 号））以外,对申请公司登记的单位和个人不得以虚报注册资本罪追究刑事责任;对公司股东、发起人不得以虚假出资、抽逃出资罪追究刑事责任。对依法实行注册资本实缴登记制的公司涉嫌虚报注册资本和虚假出资、抽逃出资犯罪的,各级公安机关、检察机关依照刑法和《立案追诉标准(二)》的相关规定追究刑事责任时,应当认真研究行为性质和危害后果,确保执法办案的法律效果和社会效果。
增资和减资	《公司法》（发布日期:1993 年 12 月 29 日;生效日期:1994 年 7 月 1 日;发文机关:全国人民代表大会常务委员会;文号:主席令第 16 号;经过 1999 年 12 月 25 日、2004 年 8 月 28 日、2005 年 10 月 27 日、2013 年 12 月 28 日四次修订,最新于 2018 年 10 月 26 日修订并实施）	第 22 条　公司股东会或者股东大会、董事会的决议内容违反法律、行政法规的无效。 股东会或者股东大会、董事会的会议召集程序、表决方式违反法律、行政法规或者公司章程,或者决议内容违反公司章程的,股东可以自决议作出之日起六十日内,请求人民法院撤销。 股东依照前款规定提起诉讼的,人民法院可以应公司的请求,要求股东提供相应担保。 公司根据股东会或者股东大会、董事会决议已办理变更登记的,人民法院宣告该决议无效或者撤销该决议后,公司应当向公司登记机关申请撤销变更登记。
		第 26 条　有限责任公司的注册资本为在公司登记机关登记的全体股东认缴的出资额。 法律、行政法规以及国务院决定对有限责任公司注册资本实缴、注册资本最低限额另有规定的,从其规定。
		第 31 条　有限责任公司成立后,应当向股东签发出资证明书。 出资证明书应当载明下列事项: （一）公司名称; （二）公司成立日期; （三）公司注册资本; （四）股东的姓名或者名称、缴纳的出资额和出资日期;

续表

主要法律问题	文件名	具体条款规定
		（五）出资证明书的编号和核发日期。 出资证明书由公司盖章。
		第34条　股东按照实缴的出资比例分取红利；公司新增资本时，股东有权优先按照实缴的出资比例认缴出资。但是，全体股东约定不按照出资比例分取红利或者不按照出资比例优先认缴出资的除外。
		第43条　股东会的议事方式和表决程序，除本法有规定的外，由公司章程规定。 股东会会议作出修改公司章程、增加或者减少注册资本的决议，以及公司合并、分立、解散或者变更公司形式的决议，必须经代表三分之二以上表决权的股东通过。
		第59条　一人有限责任公司应当在公司登记中注明自然人独资或者法人独资，并在公司营业执照中载明。
		第66条　国有独资公司不设股东会，由国有资产监督管理机构行使股东会职权。国有资产监督管理机构可以授权公司董事会行使股东会的部分职权，决定公司的重大事项，但公司的合并、分立、解散、增加或者减少注册资本和发行公司债券，必须由国有资产监督管理机构决定；其中，重要的国有独资公司合并、分立、解散、申请破产的，应当由国有资产监督管理机构审核后，报本级人民政府批准。 前款所称重要的国有独资公司，按照国务院的规定确定。
		第80条　股份有限公司采取发起设立方式设立的，注册资本为在公司登记机关登记的全体发起人认购的股本总额。在发起人认购的股份缴足前，不得向他人募集股份。 股份有限公司采取募集方式设立的，注册资本为在公司登记机关登记的实收股本总额。 法律、行政法规以及国务院决定对股份有限公司注册资本实缴、注册资本最低限额另有规定的，从其规定。

续表

主要法律问题	文件名	具体条款规定
		第103条　股东出席股东大会会议,所持每一股份有一表决权。但是,公司持有的本公司股份没有表决权。 股东大会作出决议,必须经出席会议的股东所持表决权过半数通过。但是,股东大会作出修改公司章程、增加或者减少注册资本的决议,以及公司合并、分立、解散或者变更公司形式的决议,必须经出席会议的股东所持表决权的三分之二以上通过。
		第126条　股份的发行,实行公平、公正的原则,同种类的每一股份应当具有同等权利。 同次发行的同种类股票,每股的发行条件和价格应当相同;任何单位或者个人所认购的股份,每股应当支付相同价额。
		第168条　公司的公积金用于弥补公司的亏损、扩大公司生产经营或者转为增加公司资本。但是,资本公积金不得用于弥补公司的亏损。 法定公积金转为资本时,所留存的该项公积金不得少于转增前公司注册资本的百分之二十五。
		第177条　公司需要减少注册资本时,必须编制资产负债表及财产清单。 公司应当自作出减少注册资本决议之日起十日内通知债权人,并于三十日内在报纸上公告。债权人自接到通知书之日起三十日内,未接到通知书的自公告之日起四十五日内,有权要求公司清偿债务或者提供相应的担保。
		第178条　有限责任公司增加注册资本时,股东认缴新增资本的出资,依照本法设立有限责任公司缴纳出资的有关规定执行。 股份有限公司为增加注册资本发行新股时,股东认购新股,依照本法设立股份有限公司缴纳股款的有关规定执行。
		第180条　公司因下列原因解散: (一)公司章程规定的营业期限届满或者公司章程规定的其他解散事由出现; (二)股东会或者股东大会决议解散; (三)因公司合并或者分立需要解散; (四)依法被吊销营业执照、责令关闭或者被撤销; (五)人民法院依照本法第一百八十二条的规定予以解散。

续表

主要法律问题	文件名	具体条款规定
		第 181 条　公司有本法第一百八十条第(一)项情形的,可以通过修改公司章程而存续。 　　依照前款规定修改公司章程,有限责任公司须经持有三分之二以上表决权的股东通过,股份有限公司须经出席股东大会会议的股东所持表决权的三分之二以上通过。
		第 182 条　公司经营管理发生严重困难,继续存续会使股东利益受到重大损失,通过其他途径不能解决的,持有公司全部股东表决权百分之十以上的股东,可以请求人民法院解散公司。
		第 183 条　公司因本法第一百八十条第(一)项、第(二)项、第(四)项、第(五)项规定而解散的,应当在解散事由出现之日起十五日内成立清算组,开始清算。有限责任公司的清算组由股东组成,股份有限公司的清算组由董事或者股东大会确定的人员组成。逾期不成立清算组进行清算的,债权人可以申请人民法院指定有关人员组成清算组进行清算。人民法院应当受理该申请,并及时组织清算组进行清算。
		第 184 条　清算组在清算期间行使下列职权: 　　(一)清理公司财产,分别编制资产负债表和财产清单; 　　(二)通知、公告债权人; 　　(三)处理与清算有关的公司未了结的业务; 　　(四)清缴所欠税款以及清算过程中产生的税款; 　　(五)清理债权、债务; 　　(六)处理公司清偿债务后的剩余财产; 　　(七)代表公司参与民事诉讼活动。
		第 185 条　清算组应当自成立之日起十日内通知债权人,并于六十日内在报纸上公告。债权人应当自接到通知书之日起三十日内,未接到通知书的自公告之日起四十五日内,向清算组申报其债权。 　　债权人申报债权,应当说明债权的有关事项,并提供证明材料。清算组应当对债权进行登记。 　　在申报债权期间,清算组不得对债权人进行清偿。

续表

主要法律问题	文件名	具体条款规定
		第186条　清算组在清理公司财产、编制资产负债表和财产清单后，应当制定清算方案，并报股东会、股东大会或者人民法院确认。 公司财产在分别支付清算费用、职工的工资、社会保险费用和法定补偿金，缴纳所欠税款，清偿公司债务后的剩余财产，有限责任公司按照股东的出资比例分配，股份有限公司按照股东持有的股份比例分配。 清算期间，公司存续，但不得开展与清算无关的经营活动。公司财产在未依照前款规定清偿前，不得分配给股东。
		第187条　清算组在清理公司财产、编制资产负债表和财产清单后，发现公司财产不足清偿债务的，应当依法向人民法院申请宣告破产。 公司经人民法院裁定宣告破产后，清算组应当将清算事务移交给人民法院。
		第188条　公司清算结束后，清算组应当制作清算报告，报股东会、股东大会或者人民法院确认，并报送公司登记机关，申请注销公司登记，公告公司终止。
		第204条　公司在合并、分立、减少注册资本或者进行清算时，不依照本法规定通知或者公告债权人的，由公司登记机关责令改正，对公司处以一万元以上十万元以下的罚款。 公司在进行清算时，隐匿财产，对资产负债表或者财产清单作虚假记载或者在未清偿债务前分配公司财产的，由公司登记机关责令改正，对公司处以隐匿财产或者未清偿债务前分配公司财产金额百分之五以上百分之十以下的罚款；对直接负责的主管人员和其他直接责任人员处以一万元以上十万元以下的罚款。
	《企业国有资产法》（发布日期：2008年10月28日；实施日期：2009年5月1日；发文机关：全国人民代表大会常务委员会；文号：主席令第5号）	第30条　国家出资企业合并、分立、改制、上市，增加或者减少注册资本，发行债券，进行重大投资，为他人提供大额担保，转让重大财产，进行大额捐赠，分配利润，以及解散、申请破产等重大事项，应当遵守法律、行政法规以及企业章程的规定，不得损害出资人和债权人的权益。

续表

主要法律问题	文件名	具体条款规定
		第31条　国有独资企业、国有独资公司合并、分立，增加或者减少注册资本，发行债券，分配利润，以及解散、申请破产，由履行出资人职责的机构决定。
		第32条　国有独资企业、国有独资公司有本法第三十条所列事项的，除依照本法第三十一条和有关法律、行政法规以及企业章程的规定，由履行出资人职责的机构决定的以外，国有独资企业由企业负责人集体讨论决定，国有独资公司由董事会决定。
		第33条　国有资本控股公司、国有资本参股公司有本法第三十条所列事项的，依照法律、行政法规以及公司章程的规定，由公司股东会、股东大会或者董事会决定。由股东会、股东大会决定的，履行出资人职责的机构委派的股东代表应当依照本法第十三条的规定行使权利。
股权转让	《公司法》（发布日期：1993年12月29日；生效日期：1994年7月1日；发文机关：全国人民代表大会常务委员会；文号：主席令第16号；经过1999年12月25日、2004年8月28日、2005年10月27日、2013年12月28日四次修订，最新于2018年10月26日修订并实施）	第23条　设立有限责任公司，应当具备下列条件： （一）股东符合法定人数； （二）有符合公司章程规定的全体股东认缴的出资额； （三）股东共同制定公司章程； （四）有公司名称，建立符合有限责任公司要求的组织机构； （五）有公司住所。
		第24条　有限责任公司由五十个以下股东出资设立。
		第32条　公司应当将股东的姓名或者名称向公司登记机关登记；登记事项发生变更的，应当办理变更登记。未经登记或者变更登记的，不得对抗第三人。
		第57条　一人有限责任公司的设立和组织机构，适用本节规定；本节没有规定的，适用本章第一节、第二节的规定。 本法所称一人有限责任公司，是指只有一个自然人股东或者一个法人股东的有限责任公司。
		第58条　一个自然人只能投资设立一个一人有限责任公司。该一人有限责任公司不能投资设立新的一人有限责任公司。

续表

主要法律问题	文件名	具体条款规定
		第71条　股东向股东以外的人转让股权,应当经其他股东过半数同意。股东应就其股权转让事项书面通知其他股东征求同意,其他股东自接到书面通知之日起满三十日未答复的,视为同意转让。其他股东半数以上不同意转让的,不同意的股东应当购买该转让的股权;不购买的,视为同意转让。 经股东同意转让的股权,在同等条件下,其他股东有优先购买权。两个以上股东主张行使优先购买权的,协商确定各自的购买比例;协商不成的,按照转让时各自的出资比例行使优先购买权。 公司章程对股权转让另有规定的,从其规定。
		第72条　人民法院依照法律规定的强制执行程序转让股东的股权时,应当通知公司及全体股东,其他股东在同等条件下有优先购买权。其他股东自人民法院通知之日起满二十日不行使优先购买权的,视为放弃优先购买权。
		第73条　依照本法第七十一条、第七十二条转让股权后,公司应当注销原股东的出资证明书,向新股东签发出资证明书,并相应修改公司章程和股东名册中有关股东及其出资额的记载。对公司章程的该项修改不需再由股东会表决。
		第74条　有下列情形之一的,对股东会该项决议投反对票的股东可以请求公司按照合理的价格收购其股权: (一)公司连续五年不向股东分配利润,而公司该五年连续盈利,并且符合本法规定的分配利润条件的; (二)公司合并、分立、转让主要财产的; (三)公司章程规定的营业期限届满或者章程规定的其他解散事由出现,股东会会议通过决议修改章程使公司存续的。 自股东会会议决议通过之日起六十日内,股东与公司不能达成股权收购协议的,股东可以自股东会会议决议通过之日起九十日内向人民法院提起诉讼。
		第137条　股东持有的股份可以依法转让。

续表

主要法律问题	文件名	具体条款规定
		第138条　股东转让其股份，应当在依法设立的证券交易场所进行或者按照国务院规定的其他方式进行。
		第139条　记名股票，由股东以背书方式或者法律、行政法规规定的其他方式转让；转让后由公司将受让人的姓名或者名称及住所记载于股东名册。 股东大会召开前二十日内或者公司决定分配股利的基准日前五日内，不得进行前款规定的股东名册的变更登记。但是，法律对上市公司股东名册变更登记另有规定的，从其规定。
		第140条　无记名股票的转让，由股东将该股票交付给受让人后即发生转让的效力。
		第141条　发起人持有的本公司股份，自公司成立之日起一年内不得转让。公司公开发行股份前已发行的股份，自公司股票在证券交易所上市交易之日起一年内不得转让。 公司董事、监事、高级管理人员应当向公司申报所持有的本公司的股份及其变动情况，在任职期间每年转让的股份不得超过其所持有本公司股份总数的百分之二十五；所持本公司股份自公司股票上市交易之日起一年内不得转让。上述人员离职后半年内，不得转让其所持有的本公司股份。公司章程可以对公司董事、监事、高级管理人员转让其所持有的本公司股份作出其他限制性规定。
	《九民纪要》（发布日期：2019年11月8日；实施日期：2019年11月8日；发文机关：最高人民法院；文号：法〔2019〕254号）	第8条　当事人之间转让有限责任公司股权，受让人以其姓名或者名称已记载于股东名册为由主张其已经取得股权的，人民法院依法予以支持，但法律、行政法规规定应当办理批准手续生效的股权转让除外。未向公司登记机关办理股权变更登记的，不得对抗善意相对人。
	《民法典》（发布日期：2020年5月28日；生效日期：2021年1月1日；发文机关：全国人民代表大会；文号：主席令第45号）	第443条　以基金份额、股权出质的，质权自办理出质登记时设立。 基金份额、股权出质后，不得转让，但是出质人与质权人协商同意的除外。出质人转让基金份额、股权所得的价款，应当向质权人提前清偿债务或者提存。

续表

主要法律问题	文件名	具体条款规定
		第 510 条　合同生效后，当事人就质量、价款或者报酬、履行地点等内容没有约定或者约定不明确的，可以协议补充；不能达成补充协议的，按照合同相关条款或者交易习惯确定。
		第 511 条　当事人就有关合同内容约定不明确，依据前条规定仍不能确定的，适用下列规定： （一）质量要求不明确的，按照强制性国家标准履行；没有强制性国家标准的，按照推荐性国家标准履行；没有推荐性国家标准的，按照行业标准履行；没有国家标准、行业标准的，按照通常标准或者符合合同目的的特定标准履行。 （二）价款或者报酬不明确的，按照订立合同时履行地的市场价格履行；依法应当执行政府定价或者政府指导价的，依照规定履行。 （三）履行地点不明确，给付货币的，在接受货币一方所在地履行；交付不动产的，在不动产所在地履行；其他标的，在履行义务一方所在地履行。 （四）履行期限不明确的，债务人可以随时履行，债权人也可以随时请求履行，但是应当给对方必要的准备时间。 （五）履行方式不明确的，按照有利于实现合同目的的方式履行。 （六）履行费用的负担不明确的，由履行义务一方负担；因债权人原因增加的履行费用，由债权人负担。
股权的清晰性及稳定性	《证券法》（发布日期：1998 年 12 月 29 日；实施日期：1999 年 1 月 1 日；发文机关：全国人民代表大会常务委员会；文号：主席令第 37 号；经历 2004 年 8 月 28 日、2005 年 10 月 27 日、2013 年 6 月 29 日和 2014 年 8 月 31 日数次修正，最新于 2019 年 12 月 28 日修订并于 2020 年 3 月 1 日实施）	第 63 条　通过证券交易所的证券交易，投资者持有或者通过协议、其他安排与他人共同持有一个上市公司已发行的有表决权股份达到百分之五时，应当在该事实发生之日起三日内，向国务院证券监督管理机构、证券交易所作出书面报告，通知该上市公司，并予公告，在上述期限内不得再行买卖该上市公司的股票，但国务院证券监督管理机构规定的情形除外。 投资者持有或者通过协议、其他安排与他人共同持有一个上市公司已发行的有表决权股份达到百分之五后，其所持该上市公司已发行的有表决权股份比例每增加或者减少百分之五，应当依照前款规定进行报告和公告，在该事实发生之日起至公告后三日内，不得再行买卖该上市公司的股票，但国务院证券监督管理机构规定的情形除外。

续表

主要法律问题	文件名	具体条款规定
		投资者持有或者通过协议、其他安排与他人共同持有一个上市公司已发行的有表决权股份达到百分之五后，其所持该上市公司已发行的有表决权股份比例每增加或者减少百分之一，应当在该事实发生的次日通知该上市公司，并予公告。 违反第一款、第二款规定买入上市公司有表决权的股份的，在买入后的三十六个月内，对该超过规定比例部分的股份不得行使表决权。
		第 64 条　依照前条规定所作的公告，应当包括下列内容： （一）持股人的名称、住所； （二）持有的股票的名称、数额； （三）持股达到法定比例或者持股增减变化达到法定比例的日期、增持股份的资金来源； （四）在上市公司中拥有有表决权的股份变动的时间及方式。
	《公司法》（发布日期：1993 年 12 月 29 日；生效日期：1994 年 7 月 1 日；发文机关：全国人民代表大会常务委员会；文号：主席令第 16 号；经过 1999 年 12 月 25 日、2004 年 8 月 28 日、2005 年 10 月 27 日、2013 年 12 月 28 日四次修订，最新于 2018 年 10 月 26 日修订并实施）	第 22 条　公司根据股东会或者股东大会、董事会决议已办理变更登记的，人民法院宣告该决议无效或者撤销该决议后，公司应当向公司登记机关申请撤销变更登记。
		第 32 条　记载于股东名册的股东可以依股东名册行使股东权利。
		第 74 条　有下列情形之一的，对股东会该项决议投反对票的股东可以请求公司按照合理的价格收购其股权： （一）公司连续五年不向股东分配利润，而公司该五年连续盈利，并且符合本法规定的分配利润条件的； （二）公司合并、分立、转让主要财产的； （三）公司章程规定的营业期限届满或者章程规定的其他解散事由出现，股东会会议通过决议修改章程使公司存续的。 自股东会会议决议通过之日起六十日内，股东与公司不能达成股权收购协议的，股东可以自股东会会议决议通过之日起九十日内向人民法院提起诉讼。
		第 142 条　公司不得收购本公司股份。但是，有下列情形之一的除外：

续表

主要法律问题	文件名	具体条款规定
		(一)减少公司注册资本; (二)与持有本公司股份的其他公司合并; (三)将股份用于员工持股计划或者股权激励; (四)股东因对股东大会作出的公司合并、分立决议持异议,要求公司收购其股份的; (五)将股份用于转换上市公司发行的可转换为股票的公司债券; (六)上市公司为维护公司价值及股东权益所必需。 公司因前款第(一)项、第(二)项规定的情形收购本公司股份的,应当经股东大会决议;公司因前款第(三)项、第(五)项、第(六)项规定的情形收购本公司股份的,可以依照公司章程的规定或者股东大会的授权,经三分之二以上董事出席的董事会会议决议。 公司依照本条第一款规定收购本公司股份后,属于第(一)项情形的,应当自收购之日起十日内注销;属于第(二)项、第(四)项情形的,应当在六个月内转让或者注销;属于第(三)项、第(五)项、第(六)项情形的,公司合计持有的本公司股份数不得超过本公司已发行股份总额的百分之十,并应当在三年内转让或者注销。 上市公司收购本公司股份的,应当依照《中华人民共和国证券法》的规定履行信息披露义务。上市公司因本条第一款第(三)项、第(五)项、第(六)项规定的情形收购本公司股份的,应当通过公开的集中交易方式进行。 公司不得接受本公司的股票作为质押权的标的。
	《公司法司法解释(三)》(发布日期:2020 年 12 月 29 日;实施日期:2021 年 1 月 1 日;发文机关:最高人民法院)	第 24 条　有限责任公司的实际出资人与名义出资人订立合同,约定由实际出资人出资并享有投资权益,以名义出资人为名义股东,实际出资人与名义股东对该合同效力发生争议的,如无法律规定的无效情形,人民法院应当认定该合同有效。 前款规定的实际出资人与名义股东因投资权益的归属发生争议,实际出资人以其实际履行了出资义务为由向名义股东主张权利的,

续表

主要法律问题	文件名	具体条款规定
		人民法院应予支持。名义股东以公司股东名册记载、公司登记机关登记为由否认实际出资人权利的，人民法院不予支持。 实际出资人未经公司其他股东半数以上同意，请求公司变更股东、签发出资证明书、记载于股东名册、记载于公司章程并办理公司登记机关登记的，人民法院不予支持。
	《工商行政管理机关股权出质登记办法》［发布日期：2016 年 4 月 29 日；实施日期：2016 年 4 月 29 日；发文机关：国家工商行政管理总局（已撤销）；最新已被国家市场监督管理总局《关于修改和废止部分规章的决定》（发布日期：2020 年 12 月 31 日；实施日期：2021 年 1 月 1 日；发文机关：国家市场监督管理总局）修订］	第 5 条　申请出质登记的股权应当是依法可以转让和出质的股权。对于已经被依法冻结的股权，在解除冻结之前，不得申请办理股权出质登记。
	最高人民法院《关于人民法院执行工作若干问题的规定（试行）》（2020 年修正）（发布日期：1998 年 7 月 8 日；实施日期：1998 年 7 月 8 日；发文机关：最高人民法院；文号：法释〔2020〕21 号，经历 2008 年 12 月 16 日修订，最新于 2020 年 12 月 29 日修订并于 2021 年 1 月 1 日实施）	36. 对被执行人从有关企业中应得的已到期的股息或红利等收益，人民法院有权裁定禁止被执行人提取和有关企业向被执行人支付，并要求有关企业直接向申请执行人支付。 对被执行人预期从有关企业中应得的股息或红利等收益，人民法院可以采取冻结措施，禁止到期后被执行人提取和有关企业向被执行人支付。到期后人民法院可从有关企业中提取，并出具提取收据。
		37. 对被执行人在其他股份有限公司中持有的股份凭证（股票），人民法院可以扣押，并强制被执行人按照公司法的有关规定转让，也可以直接采取拍卖、变卖的方式进行处分，或直接将股票抵偿给债权人，用于清偿被执行人的债务。
		38. 对被执行人在有限责任公司、其他法人企业中的投资权益或股权，人民法院可以采取冻结措施。 冻结投资权益或股权的，应当通知有关企业不得办理被冻结投资权益或股权的转移手续，不得向被执行人支付股息或红利。被冻结的投资权益或股权，被执行人不得自行转让。
		39. 被执行人在其独资开办的法人企业中拥有的投资权益被冻结后，人民法院可以直接裁定予以

续表

主要法律问题	文件名	具体条款规定
		转让，以转让所得清偿其对申请执行人的债务。 对被执行人在有限责任公司中被冻结的投资权益或股权，人民法院可以依据《中华人民共和国公司法》第七十一条、第七十二条、第七十三条的规定，征得全体股东过半数同意后，予以拍卖、变卖或以其他方式转让。不同意转让的股东，应当购买该转让的投资权益或股权，不购买的，视为同意转让，不影响执行。 人民法院也可允许并监督被执行人自行转让其投资权益或股权，将转让所得收益用于清偿对申请执行人的债务。
		40. 有关企业收到人民法院发出的协助冻结通知后，擅自向被执行人支付股息或红利，或擅自为被执行人办理已冻结股权的转移手续，造成已转移的财产无法追回的，应当在所支付的股息或红利或转移的股权价值范围内向申请执行人承担责任。
	最高人民法院《关于人民法院执行工作若干问题的规定（试行）》（2008年修订）（发布日期：1998年7月8日；实施日期：1998年7月8日；发文机关：最高人民法院；文号：法释〔1998〕15号，经历2008年12月16日修订，最新于2020年12月29日修订并于2021年1月1日实施）	第55条　对被执行人在中外合资、合作经营企业中的投资权益或股权，在征得合资或合作他方的同意和对外经济贸易主管机关的批准后，可以对冻结的投资权益或股权予以转让。 如果被执行人除在中外合资、合作企业中的股权以外别无其他财产可供执行，其他股东又不同意转让的，可以直接强制转让被执行人的股权，但应当保护合资他方的优先购买权。
	《民法典》（发布日期：2020年5月28日；生效日期：2021年1月1日；发文机关：全国人民代表大会；文号：主席令第45号）	第427条　设立质权，当事人应当采用书面形式订立质押合同。 质押合同一般包括下列条款： （一）被担保债权的种类和数额； （二）债务人履行债务的期限； （三）质押财产的名称、数量等情况； （四）担保的范围； （五）质押财产交付的时间、方式。
		第443条　以基金份额、股权出质的，质权自办理出质登记时设立。
	最高人民法院《关于适用〈中华人民共和国民法典〉有关担保制度的解释》（发布日期：2020年12月31号；实施日期：2021年1月1日；发文机关：最高人民法院；文号：法释〔2020〕28号）	第63条　债权人与担保人订立担保合同，约定以法律、行政法规尚未规定可以担保的财产权利设立担保，当事人主张合同无效的，人民法院不予支持。当事人未在法定的登记机构依法进行登记，主张该担保具有物权效力的，人民法院不予支持。

专题三　业务

一、审阅文件清单

本专题审阅文件清单见表2－3－1。

表2－3－1　审阅文件清单

序号	审阅文件清单
公司的业务概述	
1	公司对目前从事的主要业务的具体说明及业务内容介绍
2	是否正在或曾经进行任何超越经营范围或者违法的业务
3	公司为从事其经营范围内的各项业务而获得的由政府授予的所有经营许可证和/或批文（包括但不限于资格、登记、备案、许可、同意或其他形式的批准）的清单及所对应的文件（包括证书和年检记录情况），以及该等资质是否存在被吊销、撤销或不被延长情形的书面说明
4	与公司重大经营相关文件，如特许经营协议、联合运营协议、许可运营协议、合作经营、合资经营、承包经营、租赁经营、销售代理等公司合作、经营合同等，及上述合同对应的清单
5	与公司目前所从事的业务、所进行的项目、项目审批的权限和具体运作等方面相关的特殊政策、行业规定文件
6	与进出口经营权有关批文、进出口业务的有关文件，包括但不限于进出口业务合同、代理商名称及与其签订的合同（如有）
7	请说明公司未来业务模式是否会发生变化，如会，请提供相关说明文件
8	公司主要的上游客户、下游供应商介绍
9	公司近三年分别及综合排名前十的客户（收入）列表、排名前十名的供应商（支出）列表，以及相应的合同签署版、支付/收款凭证、发票
10	请说明公司对前十大的供应商及客户的依赖程度说明以及可替代性文件说明
业务资质	
1	企业营业执照
2	公司章程或其他组织性文件
3	企业经营许可的批准文件
4	行政机关的行政处罚决定书
5	重大合同
6	被委托公司的营业执照及相关经营许可证
其他违规、不合规	
1	网络公开信息查询
2	工商部门、相关出具的行政处罚决定书及无违法事项确认函、问询文件
3	营业执照、业务资质、有关业务的情况说明、审计报告等文件

二、访谈清单

（一）业务概述

1. 请概述公司所从事的业务、研发的主要产品/提供的主要服务、产品性能、产品架构及公司业务所处的行业。

2. 请介绍公司的盈利模式及收入构成，请说明公司的客户及供应商情况。

3. 请介绍公司在业务领域的竞争对手及其概况（包括其名称、业务背景、行业地位）；请说明公司认为自己在行业所处的地位，以及在过去设计产品/提供服务的策略、所需过程和所面对的困难。

4. 请介绍公司的研发团队情况，如研发条件、研发团队资质、研发团队员工数量、已完成的产品、开发周期、开发投入等。

5. 请概述公司的合作伙伴情况，包括其名称、所处行业及行业地位，与合作伙伴的合作年限；请说明上述合作伙伴是否为公司的关联人士（包括公司董事、主要股东和其各自联系人）。

6. 请简述公司与合作伙伴签订的一般条款，如协议年限、合作分成安排、付款方式、付款期限等；请说明是否有与任何合作伙伴签订长期战略合作协议。

7. 公司是否经历过任何严重用户投诉、产品质量问题或争议，投诉内容包括哪些方面？对于该等问题公司以及合作伙伴如何区分责任？如何进行补救？

（二）业务资质

1. 请问公司从事的业务是否有任何资质要求？是否需要取得任何政府颁发的许可或证照？如有要求，公司是否均已取得相应的资质？

2. 请说明公司所从事业务是否有受任何政府法律条例及政策限制。

3. 请概述公司主要业务是否有外包或委托其他主体开展的情况，如有，请说明该等承包方或被委托方的情况，包括以下几个方面：

（1）承包方或被委托方的名称、所处行业及行业地位；

（2）承包方或被委托方是否具备相应经营/业务资质；

（3）与承包方或被委托方的合作年限；

（4）是否与任何承包方或被委托方签订长期战略合作协议；

（5）承包方或被委托方是否为公司的关联人士（包括公司董事、主要股东和其各自关联人)；

(6)公司与承包方或被委托方签订的一般条款介绍，如协议年限、合作分成安排、付款方式、付款期限等。

(三)其他违规、不合规

1. 企业现在或历史上是否存在其他违规、非法经营情形。
2. 企业的非法经营情况是否受到过相应的处罚。
3. 企业生产经营过程是否存在与第三方的纠纷事项。
4. 企业是否有发布广告的情形，广告发布的内容是否合法合规。
5. 根据企业非法经营的具体情况进行针对性访谈。

三、主要法律问题

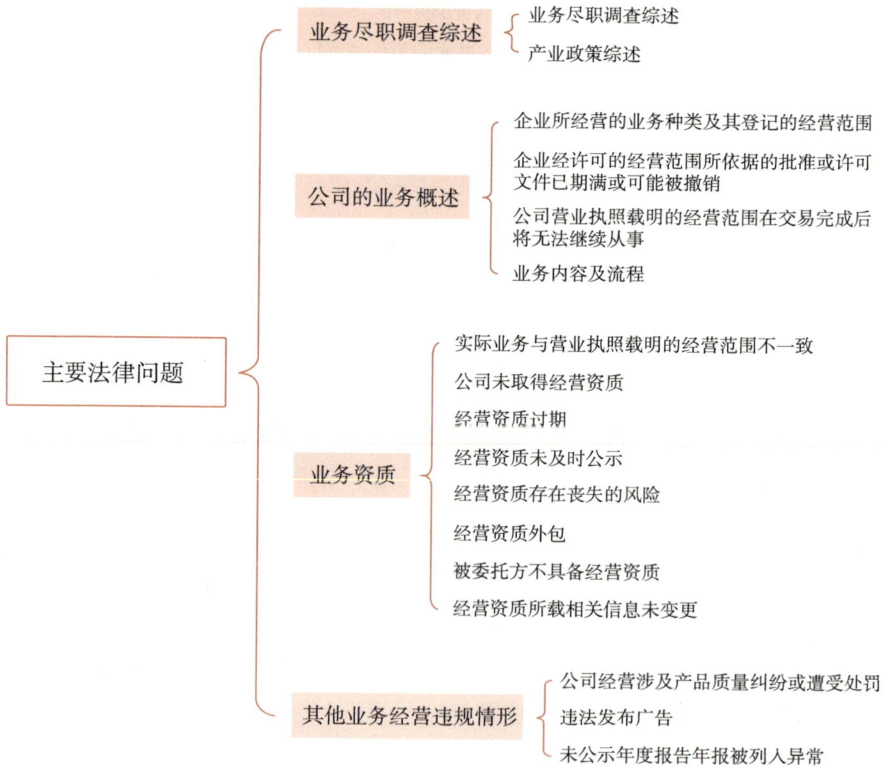

图2-3-1　本专题思维导图

(一)业务尽职调查综述

业务是法律尽职调查中非常重要的一环,和财务尽职调查或其他类型的尽职调查不同,法律尽职调查的主要目标在于通过了解目标公司的业务模式来分析、判断目标公司是否存在业务合规性问题和/或潜在违规风险。

对于处于不同行业的目标公司,因其业务属性和行业特征的不同,律师在进行业务方面的尽职调查时需特别留意结合公司本身业务及所处行业的特点及相关的特殊政策、法律规定进行业务合规尽调,并具体问题具体分析。比如目标公司主营业务为游戏运营,则需结合游戏行业的政策、规定及业务资质要求等综合判断是否合规,包括但不限于游戏行业特有的游戏版号、游戏备案、实名认证等合规性要求;而如目标公司主营业务为电影制作和发行,则需相应结合电影行业的政策、规定及电影制作、电影发行的特殊业务资质要求等予以分析。

因目标公司可能涉及的业务类型及行业繁多,加之行业政策、规定等也处于不断变化和更新之中,在此无法穷尽列举和分析。但整体而言,目标公司的业务尽调有其普遍需厘清的基本问题,主要包括业务概述、业务资质及合规性这三个方面,本章旨在对该等共性业务尽调问题提供基本的指引和思路。

(二)产业政策综述

产业政策的指导作用体现在其对相关地方、部门的政策指引作用上,因此,律师需要充分了解并密切关注国家产业政策的发展。

根据《产业结构调整指导目录》(2019 年版),将当前产业分为鼓励类、限制类和淘汰类三类,具体列明了各类产业中所包含的产业名称,对我国产业结构的发展和各地区各部门产业优惠政策的制定具有重要的指引作用。工业和信息化部此前修订的《产业发展与转移指导目录》(2018 年版),进一步明确我国东北、东部、中部和西部产业结构调整和转移的目标。因此,律师主要可以结合行业和地域两个层面来关注产业政策,并在业务尽职调查过程中结合目标公司所处产业相关产业政策综合判断。

关于外商投资领域,对于产业政策有专门的规定,具体而言,分为允许类、鼓励类、限制类以及禁止类业务。具体可参见外商投资企业特殊规定部分的内容。

从产业政策综述角度，所涉及的法律法规基本包括：

（1）《外商投资准入特别管理措施（负面清单）》（2021年版）（生效日期：2022年1月1日；文号：国家发展和改革委员会、商务部令第47号）；

（2）《鼓励外商投资产业目录》（2020年版）（生效日期：2021年1月27日；文号：国家发展和改革委员会、商务部令第38号）；

（3）国务院办公厅《关于聚焦企业关切进一步推动优化营商环境政策落实的通知》（生效时间：2018年10月29日；文号：国办发〔2018〕104号）；

（4）《外商投资法》（生效日期：2020年1月1日；文号：主席令第26号）；

（5）《外商投资法实施条例》（生效日期：2020年1月1日；文号：国务院令第723号）；

（6）《产业发展与转移指导目录》（2018年版）（生效日期：2018年12月20日；文号：工业和信息化部公告2018年第66号）；

（7）《产业结构调整指导目录》（2019年版）（生效日期：2020年1月1日；文号：国家发展和改革委员会令第29号）。

根据国务院《关于发布实施〈促进产业结构调整暂行规定〉的决定》（国发〔2005〕40号）第12条的规定，《产业结构调整指导目录》是引导投资方向，政府管理投资项目，制定实施财税、信贷、土地、进出口等政策的重要依据；第13条规定，《产业结构调整指导目录》由鼓励、限制和淘汰三类组成。不属于以上三类，且符合国家有关法律、法规和政策规定的为允许类，不列入《产业结构调整指导目录》。

（三）公司的业务概述

1. 企业所经营的业务种类及其登记的经营范围

2018年2月11日生效的原工商总局《关于调整工商登记前置审批事项目录的通知》进一步调整和明确了《工商登记前置审批事项目录》及《企业变更登记、注销登记前置审批指导目录》。

此外，部分省市出台了相应的类似于经营范围核定规范的指导性文件，来作为确认企业经营范围的依据。

综合上述，在业务尽调过程中，对于经营范围涉及许可经营项目的公司，律师在尽调过程中需特别留意核查公司是否取得了相应的前置和/或后置许可或批准文件。

2. 企业经许可的经营范围所依据的批准或许可文件已期满或可能被撤销

在尽调过程中,若目标公司经营范围涉及许可经营项目,律师应关注对应经许可已取得的相关批准或许可文件、证照的有效性,包括其现实是否在有效期内,是否根据该许可所依据的相关规定按时办理了变更、年检等手续,企业的现实情况与该文件取得时的情况是否相一致及若不一致的,该等不一致情况是否会影响许可文件的效力等。

3. 公司营业执照载明的经营范围在交易完成后将无法继续从事

某些目标公司的营业执照载明的经营范围可能会出现与拟议交易目的相冲突的情形,如某企业的"企业法人营业执照"的经营范围中包括《外商投资准入特别管理措施(负面清单)》中禁止或限制类的业务内容,假设投资者为外国投资者,在交易后该企业将接受外商投资并变更为一家外商投资企业。在此种情况下,若交易完成,则该企业的经营范围中则无法保留前述外商投资禁止或限制类(若外国投资者在交易后的持股比例超过法定的外资持股比例上限)的业务内容。

因此,在外资并购项目中,律师应特别注意目标公司及其子公司的经营范围是否涉及外商投资限制类和禁止类项目,以及该等经营范围是否需取得特殊行业主管部门的前置/后置审批,并结合整体交易安排综合判断是否可能影响目标公司的业务及其经营范围,及相应是否需调整交易安排。笔者理解,这个问题如果出现很可能将直接影响整个交易的结构和交易目的能否实现,律师应当做好法律调研的工作,对于公司的经营范围内容以及业务资质可能对交易目的和预期产生的影响提前判断。

4. 业务内容及流程

(1)产品及服务介绍

不同类型的企业,对于其产品及服务的了解角度及程度有所不同,本部分重点列出一般性的指引性内容,在具体场景下,律师根据需要选择适用。

①提供所有现有产品的:产品介绍、产品图片、畅销产品系列的说明,各类别(或重大类别产品,视情况而定)占总销售额的比例、盈利情况、销售渠道以及说明对销售和营运利润的贡献等。

②说明产品销售是否有季节性、区域性等。

③针对各产品类别介绍其分销地区/市场、市场份额、与主要竞争产品的差异。

④介绍新产品/正在开发的产品，例如：新产品的状况及推出时机；一般的时间/生命周期；产品拓展和未来研发重点方向；是否有计划涉足更多的相关领域、进一步拓宽产品线。

⑤提供与不同类型客户签订的重大合约的主要条款，以及合约副本。

⑥列出重大业务合作伙伴及战略合作伙伴，及各重大合作伙伴的预计业务量和关键的合同条款，请提供有关的合作协议。

⑦提供集团产品的品牌管理的说明，例如：

a. 集团自有品牌的名称和发展历史、近期规划的自有品牌名称与具体规划；

b. 集团许可品牌的名称和发展历史、许可品牌的合作方情况、主要的合作条款、许可权的终结期，以及终结之后是否有优先续约权、地区限制等，近期规划的许可品牌名称与具体规划；

c. 自有品牌与许可品牌的比例关系（销售额与销售量等）；

d. 对自有品牌未来的战略规划等；

e. 产品/品牌的分类和定位，将来的产品组合策略；

f. 品牌认知程度（权威调查机构认可的国内排名情况及品牌/产品过去所获得的重要奖项）。

（2）销售模式

各公司业务模式不尽相同，笔者在此列出常见的销售模式供参考。

①批发模式

例如通过全国主要大型批发市场或其他平台的批发商销售货品。

②代理商模式

例如将全国划分为若干区域，每个区域设立代理商，企业授权代理商全权负责该区域内的产品销售，由代理商发展和管理下属终端商。

③特许加盟模式

以特许经营权为核心，由公司总部直接发展终端加盟商，或由特许区域商发展终端加盟商，按照统一的模式进行销售。根据《商业特许经营管理条例》（2007 年 5 月 1 日生效）第 8 条的规定，特许人应当自首次订立特许经营合同之日起 15 日内，依照本条例的规定向商务主管部门备案；根据《商业特许经营管理条例》第 25 条的规定，特许人未依照本条例第 8 条的规定向商务主管部门备案的，由商务主管部门责令限期备案，处 1 万元以上 5 万元以下的罚款；逾期仍不备案的，处 5 万元以上 10 万元以下的罚款，并予以公告。

④直营模式

企业自己选择合适的店铺经营并管理门店等。

⑤B2C 网络销售模式

企业于互联网平台向个人用户开展网上销售等。

(3)资金流模式

了解公司业务流程中的资金流模式，对于律师理解公司的业务实质、流程以及判断风险非常有帮助，同时，律师需结合合同规定、发票等辅助一起理解公司的资金流模式及相关的问题点。

从公司对外付款和收款的角度来看，存在不同类型的付款方式、账期方式，结合合同条款的规定，律师可以判断可能存在的风险，并提供完善建议。

(四)业务资质

1. 实际业务与营业执照载明的经营范围不一致

在审查公司实际经营的业务是否超越公司登记的经营范围的过程中，首先应当确定公司的经营范围。

根据《公司法》(2018 年修正)第 12 条，公司的经营范围由公司章程规定，并依法登记，公司可以修改公司章程，改变经营范围，但是应当办理变更登记，公司的经营范围中属于法律、行政法规规定须经批准的项目，应当依法经过批准。因此，如果公司章程的经营范围超过营业执照记载的经营范围，且该超出的经营范围不违反法律、行政法规的禁止性规定或不属于须经批准的项目，则应当要求公司申请变更登记，保持公司章程规定与营业执照载明的经营范围一致，从而降低企业的法律风险；如果公司章程中超出的经营范围属于须经审批的项目，则可以建议公司通过法定程序申请批准，如果无法获得有效批准，则建议公司通过股东会会议修改经营范围并修订公司章程后进行变更登记。

公司实际经营业务与其经营范围的审查具体操作通常为：首先，应当根据企业营业执照上载明的经营范围，审查该企业是否存在相应的经营资质，即审查公司是否具备相应的经营许可证；其次，与公司确认是否有超出经营范围经营业务的行为；最后，审查公司的重大合同，来确认公司的重大合同中的合作内容是否均能归类到公司的经营范围当中。如果存在超越经营范围经营的情况，应当考虑超越经营范围经营的行为的法律效力。

按照现行法律规定，公司超出经营范围而订立的合同并不仅因超越经营范围订立合同而当然无效，需结合具体案例分析。

根据《民法典》第 505 条的规定，当事人超越经营范围订立的合同的效力，应当依照本法第一编第六章第三节（民事法律行为的效力）和本编（第三编合同）的有关规定确定，不得仅以超越经营范围确认合同无效。根据《民法典》第 153 条的规定，违反法律、行政法规的强制性规定的民事法律行为无效。根据 2009 年 7 月 7 日生效的《关于当前形势下审理民商事合同纠纷案件若干问题的指导意见》（法发〔2009〕40 号），违反效力性强制规定的，人民法院应当认定合同无效；违反管理性强制规定的，人民法院应当根据具体情形认定其效力。根据 2019 年 11 月 8 日生效的《九民纪要》（法〔2019〕254 号），关于经营范围等行政管理性质的强制性规定，一般应当认定为"管理性强制性规定"①。因此，公司超越经营范围进行经营订立的合同要根据具体情形认定其效力，而根据具体情形认定合同效力可能是合同有效、无效、可撤销或未成立、未生效等情形。

2. 公司未取得经营资质

公司在未取得经营资质之前擅自违法、违规经营，如果违反了法律或法规的相关规定，则可能承担相应的法律责任。

若企业未取得业务资质而从事经营活动的，则可能由登记主管机关按照法律的规定予以查处，视情况给予警告、罚款、没收非法所得、停业整顿、扣缴、吊销企业法人营业执照的处罚，而且根据具体的行业规定，公司还可能面临相关主管部门的处罚。如果情节严重构成犯罪的，则可能承担刑事责任［如《刑法》（2020 年修正）第 225 条（非法经营罪）］。

如果公司的经营行为缺乏相应的经营资质，律师应当要求公司尽快依据法定程序获取相应的经营资质。在企业未取得该经营资质之前，应当要求企业停止相应的经营行为，或视情况而定，建议其他合规的替代性解决方案（比如在法律允许的情况下与具有相应业务资质的企业合作由其负责特定部分业务的具体经营行为等），以免公司承担更为严重的法律后果。

---

① 根据《九民纪要》（法〔2019〕254 号）第 30 条第 2 款，下列强制性规定，应当认定为"效力性强制性规定"：强制性规定涉及金融安全、市场秩序、国家宏观政策等公序良俗的；交易标的禁止买卖的，如禁止人体器官、毒品、枪支等买卖；违反特许经营规定的，如场外配资合同；交易方式严重违法的，如违反招投标等竞争性缔约方式订立的合同；交易场所违法的，如在批准的交易场所之外进行期货交易。关于经营范围、交易时间、交易数量等行政管理性质的强制性规定，一般应当认定为"管理性强制性规定"。

3. 经营资质过期

根据《行政许可法》(2019 年修订)的规定,公司应当在行政许可有效期届满 30 日前向做出行政许可决定的行政机关提出延期申请,但是,法律、法规、规章另有规定的,依照其规定[参见《行政许可法》(2019 年修订)第 50 条]。但如果在有效期届满前未延续的,行政机关应当依法办理行政许可的注销手续(参见《行政许可法》第 70 条)。

因此,如果发现企业的经营资质过期,则律师应当要求企业尽快申请延期,在延期申请批准之前,应当要求企业暂时停止相关的经营活动。

4. 经营资质未及时公示

企业的经营许可事项若出现取得、变更或续期的情形,应于 20 个工作日内通过企业信用信息公示系统向社会公示,否则登记管理部门发现后有权责令其改正(参见《企业信息公示暂行条例》第 10 条)。

5. 经营资质存在丧失的风险

一般情况下,公司的经营资质存在丧失的风险主要可能有以下几种原因:

(1)企业经营资质到期,尚未申请续期。

(2)企业主体条件不再符合取得原有经营资质的要求。

如内资企业转为外资企业后,其经营范围受到《外商投资准入特别管理措施(负面清单)》(2021 年版)的限制,如果企业原有的经营资质是外商投资准入特别管理措施(负面清单)中限制或禁止经营的项目,则因变更为含有外资的企业,企业将可能因此不再享有经营原项目的资质。

又如国有或集体企业转制为私营企业后,改制后的企业便不再享有经营一些国有或集体企业专营行业的资质。例如,互联网新闻信息采编业务《互联网新闻信息服务管理规定》(2017 年)第 8 条规定,互联网新闻信息服务提供者的采编业务和经营业务应当分开,非公有资本不得介入互联网新闻信息采编业务。再如,《建筑业企业资质管理规定》(2016 年修正)第 21 条规定,企业发生合并、分立、重组以及改制等事项,需承继原建筑业企业资质的,应当申请重新核定建筑业企业资质等级。

(3)企业因自身原因,不再具备获取该经营资质的条件。

企业可能会在取得经营资质之后因经营不善等原因导致无法达到原有的经营资质要求,如果在改正期内仍无法达到求,则有可能存在丧失经营资质的风险。

(4)因法律、法规等的修改或废止,或者准予行政许可所依据的客观情况发生重大变化，为了公共利益的需要，行政机关撤销行政许可。例如，根据已废止的《户外广告登记管理规定》取得的发布户外广告应当依照该规定向工商行政管理机关领取的户外广告登记证，因该规定的废止而失效。

(5)行政机关工作人员滥用职权、玩忽职守，超越法定职权，违反法定程序或者对不具备申请资格或者不符合法定条件的申请人准予行政许可，后经发现，公司将被撤销相应的资质许可。

6. 经营资质外包

通常情况下，经营资质外包是不符合相关法律规定的。

(1)经营资质外包的主要形式

一是企业直接通过合同约定将经营资质出租或转借给其他方；

二是实务中有大量企业存在以合作之名，行资质出租、转借之实的情况。

(2)因经营资质外包，企业可能承担的责任

通过直接合同约定出租经营资质的，该合同可能因违反相应法律规定而被认定为无效。

企业违反法律规定擅自出租、转借经营资质的，可能会受到行政机关的罚款等处罚，情节严重的，可能被吊销营业执照；如果目标企业存在出租、转借营业执照的行为，则可能受到行政机关的处罚［例如《行政许可法》(2019 年修订)第 80 条、《建筑法》(2019 年修订)第 66 条］。

擅自出借、出租行政许可或以其他非法形式转让行政许可，构成犯罪的，应当追究刑事责任［参见《行政许可法》(2019 年修订)第 80 条］。

为了避免上述的法律责任，建议企业应当立即停止上述相关行为。

7. 被委托方不具备经营资质

从民事法律关系角度来看，企业违反法律或行政法规的效力强制性规定委托不具备经营资质的企业从事相应的经营活动，则可能导致委托合同无效。另外，被委托方不具备相应的经营资质进行生产或经营活动，委托企业难以控制可能存在的质量风险以及潜在的责任风险。如果被委托方因不具备相应的经营资质导致出现质量问题，或者被委托企业因不具备经营资质导致其生产的产品和/或提供的服务被相关行政主管部门作为违法所得没收，则委托方应当向其客户承担违约责任。

从行政法角度来看，如果企业违反法律规定，擅自将经营业务委托给不具备经营资质的企业经营，则该委托企业可能被处以相应处罚。

若在尽调过程中发现上述情况，律师应建议企业尽快停止相应委托行为，

对于可能产生的民事责任,委托企业应当尽量采取其他方式获取符合合同要求的产品和/或服务,防止违约责任的产生;对于可能产生的行政责任,委托企业应当立即改正,防止受到更为严重的行政处罚。如果被委托的企业是具备相应的经营能力但尚未申请或者已经申请但尚未取得经营资质的情况,则委托企业应当督促被委托企业尽快申请和获取相应的经营资质。

8. 经营资质所载相关信息未变更

尽调过程中还可能会遇到这种情况:公司名称、股东或其他必要信息发生了变更,但未办理经营资质的变更手续[例如《电信业务经营许可管理办法》(2017 年)第 28 条、第 29 条]。

由此而产生的法律后果可能是:被有关行政部门责令限期办理相关手续;如目标公司逾期仍未办理的,可能被责令停止停业整顿,缴纳罚款;有被认定为有违法所得的,可能被并处没收违法所得(例如《电信业务经营许可管理办法》第 46 条、第 48 条)。不同的经营资质所面临的法律后果可能略有不同,律师做出判断时应以具体的经营资质对应的相关法律法规的规定为准。

为避免上述的法律责任,律师应建议公司尽快办理有关业务资质所载信息的变更手续。

(五)其他业务经营违规情形(举例)

1. 公司经营涉及产品质量纠纷或遭受处罚

若公司提供的产品存在质量问题,一方面可能面临被处以行政处罚的法律风险,另一方面可能存在与消费者或第三方之间的民事纠纷。

一般来说,公司的经营如涉及产品质量纠纷或遭受处罚,应立即纠正违法行为,积极依法解决纠纷,且应及时履行行政处罚要求的整改以及缴纳罚款[参见《产品质量法》(2018 年修正)第 41 条]。

2. 违法发布广告

公司作为广告主、广告经营者、广告发布者从事广告活动,应当遵守《广告法》(2021 年修正)等法律、行政法规,遵循公平、诚实信用的原则。

根据《广告法》(2021 年修正)第 4 条第 1 款的规定,广告不得含有虚假或者引人误解的内容,不得欺骗、误导消费者。公司若违反该法定义务,面临的风险包括:被市场监督管理机关责令停止发布、责令广告主在相应范围内消除影响,处以广告费用 3 倍以上 5 倍以下的罚款等处罚;情节严重的可能会被吊销营业执照。公司如存在违法发布广告的情形,应及时纠正违法行为。

3. 未公示年度报告年报被列入异常

根据《企业经营异常名录管理暂行办法》的规定,若企业未按《企业信息公示暂行条例》的相关规定进行信息公示,经主管部门责令改正仍未公示的,会被列入异常经营名录,被列入异常经营名录届满 3 年仍未履行公示义务的,可能会被列入严重违法企业名单,并通过企业信用信息公示系统向社会公示。

因此,建议公司即使未开展业务,也应按时办理各项信息申报及公示手续。

相关规定

本专题相关规定见表 2－3－2。

表 2－3－2 相关规定

主要法律问题	文件名	具体条款规定
业务尽职调查综述	《外商投资准入特别管理措施(负面清单)》(2021 年版)(发布日期:2021 年 12 月 27 日;生效日期:2022 年 1 月 1 日;发文机关:国家发展和改革委员会、商务部;文号:国家发展和改革委员会、商务部令第 47 号)	全文
	《鼓励外商投资产业目录》(2020 年版)(发布日期:2020 年 12 月 27 日;生效日期:2021 年 1 月 27 日;发文机关:国家发展和改革委员会、商务部;文号:国家发展和改革委员会、商务部令第 38 号)	全文
	国务院办公厅《关于聚焦企业关切进一步推动优化营商环境政策落实的通知》(发布日期:2018 年 10 月 29 日;生效日期:2018 年 10 月 29 日;发文机关:国务院办公厅;文号:国办发〔2018〕104 号)	全文

续表

主要法律问题	文件名	具体条款规定
	《外商投资法》(发布日期:2019 年 3 月 15 日;生效日期:2020 年 1 月 1 日;发文机关:全国人民代表大会;文号:主席令第 26 号)	全文
	《外商投资法实施条例》(发布日期:2019 年 12 月 26 日;生效日期:2020 年 1 月 1 日;发文机关:国务院;文号:国务院令第 723 号)	全文
	《产业发展与转移指导目录》(2018 年版)(发布日期:2018 年 12 月 20 日;生效日期:2018 年 12 月 20 日;发文机关:工业和信息化部;文号:工业和信息化部公告 2018 年第 66 号)	全文
	《产业结构调整指导目录》(2019 年版)(发布日期:2019 年 10 月 30 日;生效日期:2020 年 1 月 1 日;发文机关:国家发展和改革委员会;文号:国家发展和改革委员会令第 29 号)	全文
	国务院《关于发布实施〈促进产业结构调整暂行规定〉的决定》(发布日期:2005 年 12 月 2 日;生效日期:2005 年 12 月 2 日;发文机关:国务院;文号:国发〔2005〕40 号)	第 12 条　《产业结构调整指导目录》是引导投资方向,政府管理投资项目,制定和实施财税、信贷、土地、进出口等政策的重要依据。 《产业结构调整指导目录》由发展改革委会同国务院有关部门依据国家有关法律法规制订,经国务院批准后公布。根据实际情况,需要对《产业结构调整指导目录》进行部分调整时,由发展改革委会同国务院有关部门适时修订并公布。 《产业结构调整指导目录》原则上适用于我国境内的各类企业。其中外商投资按照《外商投资产业指导目录》执行。《产业结构调整指导目录》是修订《外商投资产业指导目录》的主要依据之一。《产业结构调整指导目录》淘汰类适用于外商投资企业。《产业

续表

主要法律问题	文件名	具体条款规定
		结构调整指导目录》和《外商投资产业指导目录》执行中的政策衔接问题由发展改革委会同商务部研究协商。
		第 13 条　《产业结构调整指导目录》由鼓励、限制和淘汰三类目录组成。不属于鼓励类、限制类和淘汰类,且符合国家有关法律、法规和政策规定的,为允许类。允许类不列入《产业结构调整指导目录》。
公司的业务概述	国务院《关于"先照后证"改革后加强事中事后监管的意见》(发布日期:2015 年 10 月 13 日;生效日期:2015 年 10 月 13 日;发文机关:国务院;文号:国发〔2015〕62 号)	(三)实行行政审批事项目录管理。 工商总局负责公布工商登记前置审批事项目录。法律、行政法规、国务院决定新增前置审批事项、取消行政审批事项、将前置审批事项改为后置审批事项的,实施审批的国务院相关部门应当及时通知工商总局对目录进行更新,并向社会公布,方便企业、群众办事和监督。除法律、行政法规和国务院决定外,一律不得设定工商登记前置审批事项,也不得通过备案等方式实施变相前置审批。 经营者从事工商登记前置审批事项目录中事项的,应当依法报经相关审批部门审批后,凭许可文件、证件向工商部门申请登记注册,工商部门依法核发营业执照。经营者从事工商登记前置审批事项目录外事项的,直接向工商部门申请登记注册,工商部门依法核发营业执照。 省级人民政府应当于 2015 年底前依法制定工商登记后置审批事项目录,并向社会公布。
	国家工商行政管理总局《关于调整工商登记前置审批事项目录的通知》[发布日期:2018 年 2 月 11 日;生效日期:2018 年 2 月 11 日;发文机关:国家工商行政管理总局(已撤销);文号:工商企注字〔2018〕24 号]	2017 年 11 月 4 日,第十二届全国人民代表大会常务委员会第三十次会议通过了《全国人民代表大会常务委员会关于修改〈中华人民共和国会计法〉等十一部法律的决定》,对《中华人民共和国民用航空法》相关行政审批条款进行修改,将通用航空企业经营许可由工商登记前置审批改为后置审批。据此,我局对《工商总局关于严格落实先照后证改革严格执行工商登记前置审批事项的通知》(工商企注字〔2015〕65 号)附件《工商登记前置审批事项目录》和《企业变更登记、注销登记前置审批指导目录》再次进行了调整,现予公布。请遵照执行。
	《商业特许经营管理条例》(发布日期:2007 年 2 月 6 日;生效日期:2007 年 5 月 1 日;发文机关:国务院;文号:国务院令第 485 号)	第 8 条　特许人应当自首次订立特许经营合同之日起 15 日内,依照本条例的规定向商务主管部门备案。
		第 25 条　特许人未依照本条例第八条的规定向商务主管部门备案的,由商务主管部门责令限期备案,处 1 万元以上 5 万元以下的罚款;逾期仍不备案的,处 5 万元以上 10 万元以下的罚款,并予以公告。

续表

主要法律问题	文件名	具体条款规定
业务资质	《公司法》(发布日期:2018年10月26日;生效日期:2018年10月26日;发文机关:全国人民代表大会常务委员会)	第12条　公司的经营范围由公司章程规定,并依法登记。公司可以修改公司章程,改变经营范围,但是应当办理变更登记。 公司的经营范围中属于法律、行政法规规定须经批准的项目,应当依法经过批准。
	《民法典》(发布日期:2020年5月28日;生效日期:2021年1月1日;发文机关:全国人民代表大会;文号:主席令第45号)	第153条　违反法律、行政法规的强制性规定的民事法律行为无效。但是,该强制性规定不导致该民事法律行为无效的除外。 违背公序良俗的民事法律行为无效。
		第505条　当事人超越经营范围订立的合同的效力,应当依照本法第一编第六章第三节和本编的有关规定确定,不得仅以超越经营范围确认合同无效。
	《关于当前形势下审理民商事合同纠纷案件若干问题的指导意见》(发布日期:2009年7月7日;生效日期:2009年7月7日;发文机关:最高人民法院;文号:法发〔2009〕40号)	15. 违反效力性强制规定的,人民法院应当认定合同无效;违反管理性强制规定的,人民法院应当根据具体情形认定其效力。
	《九民纪要》(发布日期:2019年11月8日;生效日期:2019年11月8日;发文机关:最高人民法院;文号:法〔2019〕254号)	第30条第2款　下列强制性规定,应当认定为“效力性强制性规定”:强制性规定涉及金融安全、市场秩序、国家宏观政策等公序良俗的;交易标的禁止买卖的,如禁止人体器官、毒品、枪支等买卖;违反特许经营规定的,如场外配资合同;交易方式严重违法的,如违反招投标等竞争性缔约方式订立的合同;交易场所违法的,如在批准的交易场所之外进行期货交易。关于经营范围、交易时间、交易数量等行政管理性质的强制性规定,一般应当认定为“管理性强制性规定”。
	《刑法》(2020年修正)(发布日期:2020年12月26日;生效日期:2021年3月1日;发文机关:全国人民代表大会)	第225条　【非法经营罪】违反国家规定,有下列非法经营行为之一,扰乱市场秩序,情节严重的,处五年以下有期徒刑或者拘役,并处或者单处违法所得一倍以上五倍以下罚金;情节特别严重的,处五年以上有期徒刑,并处违法所得一倍以上五倍以下罚金或者没收财产: (一)未经许可经营法律、行政法规规定的专营、专卖物品或者其他限制买卖的物品的; (二)买卖进出口许可证、进出口原产地证明以及其他法律、行政法规规定的经营许可证或者批准文件的; (三)未经国家有关主管部门批准非法经营证券、

续表

主要法律问题	文件名	具体条款规定
		期货、保险业务的,或者非法从事资金支付结算业务的; (四)其他严重扰乱市场秩序的非法经营行为。
	《行政许可法》(2019年修订)(发布日期:2019年4月23日;生效日期:2019年4月23日;发文机关:全国人民代表大会常务委员会)	第50条　被许可人需要延续依法取得的行政许可的有效期的,应当在该行政许可有效期届满三十日前向作出行政许可决定的行政机关提出申请。但是,法律、法规、规章另有规定的,依照其规定。 行政机关应当根据被许可人的申请,在该行政许可有效期届满前作出是否准予延续的决定;逾期未作决定的,视为准予延续。
		第70条　有下列情形之一的,行政机关应当依法办理有关行政许可的注销手续: (一)行政许可有效期届满未延续的; (二)赋予公民特定资格的行政许可,该公民死亡或者丧失行为能力的; (三)法人或者其他组织依法终止的; (四)行政许可依法被撤销、撤回,或者行政许可证件依法被吊销的; (五)因不可抗力导致行政许可事项无法实施的; (六)法律、法规规定的应当注销行政许可的其他情形。
		第80条　被许可人有下列行为之一的,行政机关应当依法给予行政处罚;构成犯罪的,依法追究刑事责任: (一)涂改、倒卖、出租、出借行政许可证件,或者以其他形式非法转让行政许可的; (二)超越行政许可范围进行活动的; (三)向负责监督检查的行政机关隐瞒有关情况、提供虚假材料或者拒绝提供反映其活动情况的真实材料的; (四)法律、法规、规章规定的其他违法行为。
	《企业信息公示暂行条例》(发布日期:2014年8月7日;生效日期:2014年10月1日;发文机关:国务院;文号:国务院令第654号)	第10条　企业应当自下列信息形成之日起20个工作日内通过企业信用信息公示系统向社会公示: (一)有限责任公司股东或者股份有限公司发起人认缴和实缴的出资额、出资时间、出资方式等信息; (二)有限责任公司股东股权转让等股权变更信息; (三)行政许可取得、变更、延续信息; (四)知识产权出质登记信息; (五)受到行政处罚的信息; (六)其他依法应当公示的信息。

续表

主要法律问题	文件名	具体条款规定
		工商行政管理部门发现企业未依照前款规定履行公示义务的，应当责令其限期履行。
	《互联网新闻信息服务管理规定》(发布日期:2017年5月2日;生效日期:2017年6月1日;发文机关:国家互联网信息办公室;文号:国家互联网信息办公室令第1号)	第8条　互联网新闻信息服务提供者的采编业务和经营业务应当分开，非公有资本不得介入互联网新闻信息采编业务。
	《建筑业企业资质管理规定》(2016年修正)(发布日期:2016年9月13日;生效日期:2016年10月20日;发文机关:住房和城乡建设部)	第21条　企业发生合并、分立、重组以及改制等事项，需承继原建筑业企业资质的，应当申请重新核定建筑业企业资质等级。
	《建筑法》(2019年修订)(发布日期:2019年4月23日;生效日期:2019年4月23日;发文机关:全国人民代表大会常务委员会)	第66条　建筑施工企业转让、出借资质证书或者以其他方式允许他人以本企业的名义承揽工程的，责令改正，没收违法所得，并处罚款，可以责令停业整顿，降低资质等级；情节严重的，吊销资质证书。对因该项承揽工程不符合规定的质量标准造成的损失，建筑施工企业与使用本企业名义的单位或者个人承担连带赔偿责任。
	《电信业务经营许可管理办法》(发布日期:2017年7月3日;生效日期:2017年9月1日;发文机关:工业和信息化部;文号:工业和信息化部令第42号)	第28条　电信业务经营者或者其授权经营电信业务的公司，遇有因合并或者分立、股东变化等导致经营主体需要变更的情形，或者业务范围需要变化的，应当自公司作出决定之日起30日内向原发证机关提出申请。 电信业务经营者变更经营主体、股东的，应当符合本办法第五条、第六条、第九条第三款的有关规定。
		第29条　在经营许可证的有效期内，变更公司名称、法定代表人、注册资本的，应当在完成公司的工商变更登记手续之日起30日内向原发证机关申请办理电信业务经营许可证变更手续。
		第46条　违反本办法第十六条第一款、第二十八条第一款规定，擅自经营电信业务或者超范围经营电信业务的，依照《中华人民共和国电信条例》第六十九条规定予以处罚，其中情节严重、给予责令停业整顿处罚的，直接列入电信业务经营失信名单。

续表

主要法律问题	文件名	具体条款规定
		第48条　违反本办法第四条第二款、第二十条、第二十二条、第二十三条、第二十四条、第二十九条、第三十一条或者第三十五条第三款规定的,由电信管理机构责令改正,给予警告,可以并处5000元以上3万元以下的罚款。 《中华人民共和国网络安全法》《中华人民共和国电信条例》对前款规定的情形规定法律责任的,电信管理机构从其规定处理。
其他业务经营违规情形	《产品质量法》(发布日期:1993年2月22日;实施日期:1993年9月1日;发文机关:全国人民代表大会常务委员会;文号:中华人民共和国主席令第22号;经过2000年7月8日、2009年8月27日两次修订,最新于2018年12月29日修订并实施)	第26条　生产者应当对其生产的产品质量负责。产品质量应当符合下列要求: (一)不存在危及人身、财产安全的不合理的危险,有保障人体健康和人身、财产安全的国家标准、行业标准的,应当符合该标准; (二)具备产品应当具备的使用性能,但是,对产品存在使用性能的瑕疵作出说明的除外; (三)符合在产品或者其包装上注明采用的产品标准,符合以产品说明、实物样品等方式表明的质量状况。
		第27条　产品或者其包装上的标识必须真实,并符合下列要求: (一)有产品质量检验合格证明; (二)有中文标明的产品名称、生产厂厂名和厂址; (三)根据产品的特点和使用要求,需要标明产品规格、等级、所含主要成份的名称和含量的,用中文相应予以标明;需要事先让消费者知晓的,应当在外包装上标明,或者预先向消费者提供有关资料; (四)限期使用的产品,应当在显著位置清晰地标明生产日期和安全使用期或者失效日期; (五)使用不当,容易造成产品本身损坏或者可能危及人身、财产安全的产品,应当有警示标志或者中文警示说明。 裸装的食品和其他根据产品的特点难以附加标识的裸装产品,可以不附加产品标识。
		第33条　销售者应当建立并执行进货检查验收制度,验明产品合格证明和其他标识。
		第34条　销售者应当采取措施,保持销售产品的质量。
		第35条　销售者不得销售国家明令淘汰并停止销售的产品和失效、变质的产品。

续表

主要法律问题	文件名	具体条款规定
		第36条　销售者销售的产品的标识应当符合本法第二十七条的规定。
		第41条　因产品存在缺陷造成人身、缺陷产品以外的其他财产（以下简称他人财产）损害的，生产者应当承担赔偿责任。 生产者能够证明有下列情形之一的，不承担赔偿责任： （一）未将产品投入流通的； （二）产品投入流通时，引起损害的缺陷尚不存在的； （三）将产品投入流通时的科学技术水平尚不能发现缺陷的存在的。
	《广告法》（2021年修正）（发布日期：2021年4月29日；实施日期：2021年4月29日；发文机关：全国人民代表大会常务委员会）	第2条　在中华人民共和国境内，商品经营者或者服务提供者通过一定媒介和形式直接或者间接地介绍自己所推销的商品或者服务的商业广告活动，适用本法。 本法所称广告主，是指为推销商品或者服务，自行或者委托他人设计、制作、发布广告的自然人、法人或者其他组织。 本法所称广告经营者，是指接受委托提供广告设计、制作、代理服务的自然人、法人或者其他组织。 本法所称广告发布者，是指为广告主或者广告主委托的广告经营者发布广告的自然人、法人或者其他组织。 本法所称广告代言人，是指广告主以外的，在广告中以自己的名义或者形象对商品、服务作推荐、证明的自然人、法人或者其他组织。
		第4条　广告不得含有虚假或者引人误解的内容，不得欺骗、误导消费者。 广告主应当对广告内容的真实性负责。
		第55条　违反本法规定，发布虚假广告的，由市场监督管理部门责令停止发布广告，责令广告主在相应范围内消除影响，处广告费用三倍以上五倍以下的罚款，广告费用无法计算或者明显偏低的，处二十万元以上一百万元以下的罚款；两年内有三次以上违法行为或者有其他严重情节的，处广告费用五倍以上十倍以下的罚款，广告费用无法计算或者明显偏低的，处一百万元以上二百万元以下的罚款，可以吊销营业执照，并由广告审查机关撤销广告审查批准文件、一年内不受理其广告审查申请。

续表

主要法律问题	文件名	具体条款规定
		医疗机构有前款规定违法行为，情节严重的，除由市场监督管理部门依照本法处罚外，卫生行政部门可以吊销诊疗科目或者吊销医疗机构执业许可证。 广告经营者、广告发布者明知或者应知广告虚假仍设计、制作、代理、发布的，由市场监督管理部门没收广告费用，并处广告费用三倍以上五倍以下的罚款，广告费用无法计算或者明显偏低的，处二十万元以上一百万元以下的罚款；两年内有三次以上违法行为或者有其他严重情节的，处广告费用五倍以上十倍以下的罚款，广告费用无法计算或者明显偏低的，处一百万元以上二百万元以下的罚款，并可以由有关部门暂停广告发布业务、吊销营业执照。 广告主、广告经营者、广告发布者有本条第一款、第三款规定行为，构成犯罪的，依法追究刑事责任。
	《企业经营异常名录管理暂行办法》［发布日期：2014年8月19日；生效日期：2014年10月1日；发文机关：国家工商行政管理总局(已撤销)；文号：国家工商行政管理总局令第68号］	第4条　县级以上工商行政管理部门应当将有下列情形之一的企业列入经营异常名录： （一）未按照《企业信息公示暂行条例》第八条规定的期限公示年度报告的； （二）未在工商行政管理部门依照《企业信息公示暂行条例》第十条规定责令的期限内公示有关企业信息的； （三）公示企业信息隐瞒真实情况、弄虚作假的； （四）通过登记的住所或者经营场所无法联系的。
		第7条　企业未依照《企业信息公示暂行条例》第十条规定履行公示义务的，工商行政管理部门应当书面责令其在10日内履行公示义务。企业未在责令的期限内公示信息的，工商行政管理部门应当在责令的期限届满之日起10个工作日内作出将其列入经营异常名录的决定，并予以公示。
		第10条　被列入经营异常名录的企业自列入之日起3年内依照《企业信息公示暂行条例》规定履行公示义务的，可以向作出列入决定的工商行政管理部门申请移出经营异常名录。 工商行政管理部门依照前款规定将企业移出经营异常名录的，应当作出移出决定，并通过企业信用信息公示系统公示。移出决定应当包括企业名称、注册号、移出日期、移出事由、作出决定机关。

续表

主要法律问题	文件名	具体条款规定
	《关于印发煤矿生产能力管理办法核定标准的通知》(发布日期:2021 年 4 月 27 日;生效日期:2021 年 4 月 27 日;发文机关:应急管理部、国家矿山安监局、国家发展改革委、国家能源局)	第 24 条　煤矿应当按照均衡生产原则,安排年度、季度、月度生产计划,合理组织生产。年度原煤产量不得超过生产能力,月度原煤产量不得超过月计划的 10%。煤矿应在显著位置公示煤矿生产能力和年度、月度生产计划,接受社会、群众和舆论监督。
	《公司法》(发布日期:2018 年 10 月 26 日;生效日期:2018 年 10 月 26 日;发文机关:全国人民代表大会常务委员会)	第 211 条　公司成立后无正当理由超过六个月未开业的,或者开业后自行停业连续六个月以上的,可以由公司登记机关吊销营业执照。
	《消费者权益保护法》(2013 年修正)(发布日期:2013 年 10 月 25 日;生效日期:2014 年 3 月 15 日;发文机关:全国人民代表大会常务委员会)	全文

专题四　合并、分立、解散及清算

一、审阅文件清单

本专题审阅文件见表 2－4－1。

表 2－4－1　审阅文件清单

序号	审阅文件清单
合并	
1	合并协议
2	股东会决议
3	资产负债表
4	财产清单

续表

序号	审阅文件清单
5	债权人通知、报纸公告
6	债权人回复、已提供担保或清偿债务的证明
7	财产合并手续文件
8	存续公司工商变更文件
9	新设公司工商设立文件
10	合并双方(一方)工商注销文件
11	上级单位或相关部门事先审批的文件(如需)
分立	
1	分立协议
2	股东会决议
3	资产负债表
4	财产清单
5	债权人通知、报纸公告
6	公司与债权人就债务清偿达成的书面协议(如有)
7	财产分割手续文件
8	分立后公司变更、注销或设立文件
解散、清算	
1	公司章程
2	股东会决议
3	被吊销营业执照、责令关闭或者被撤销的通知
4	法院解散公司的法律文书
5	清算组成立及公示文件
6	债权人通知、报纸公告
7	清算方案及股东会或法院确认文件
8	公司财产支付和分配凭证

续表

序号	审阅文件清单
9	清算报告及股东会或法院确认文件
10	法院出具的终结清算程序的裁定
11	法院出具的受理破产清算的裁定
12	法院出具的宣告破产清算的裁定
13	法院出具的终结破产清算的裁定
注销	
1	工商登记机关出具的注销登记文件
2	税务、社保、海关、外汇等其他证照注销登记

二、访谈清单

在核查相关文件的基础上，应在访谈中重点关注以下问题：

(1)公司的分立、合并、解散是否按照公司章程的约定经股东(大)会作出决议？是否需要上级单位或相关部门事先审批？

(2)公司签订的企业合并/分立协议是否合法？是否需经政府相关部门进行审批？

(3)公司分立、合并、清算是否按法律规定通知债权人？是否办理或是否及时办理公告？是否有债权人提出清偿债权或要求担保？

(4)公司在分立前是否与债权人就债务清偿达成书面协议？

(5)公司合并后的注册资本是否符合规定的要求？注册资本变化后，是否及时到相关部门办理变更登记？

(6)公司分立、合并对于资产处置的相关文件、条款是否明确约定？

(7)公司分立、合并涉及资产处置的，是否办理资产的所有权转移手续？

(8)公司分立、合并后，相关的公司是否已办理了注销登记？

(9)公司清算的原因和方式(自行清算、强制清算还是破产清算)？

(10)清算组的组成人员是否符合法律规定，是否进行公示？

(11)公司清算方案和清算报告是否真实、完整？是否执行完毕？是否还有未结债权债务？

(12)公司采用的注销方式？一般注销还是简易注销？

（13）公司工商注销是否办理完毕？税务、海关、社保、外汇等注销事宜是否办理完毕？

（14）公司在办理注销登记时，股东在公司登记机关办理注销登记时是否签署对公司债务承担责任的书面承诺？

三、主要法律问题

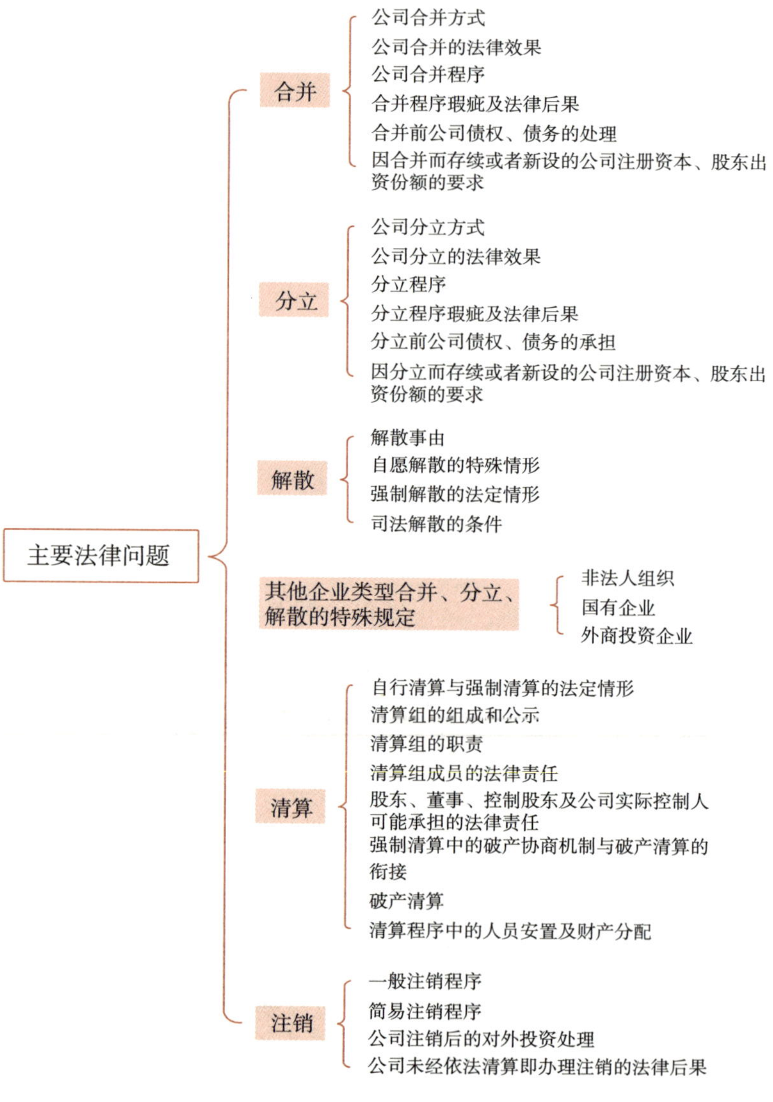

图 2－4－1　本专题思维导图

公司的分立、合并或解散属于公司的重大法律变更事项，可能对未来交易产生重大影响，例如某些重大变更要经过的程序涉及时间比较长，可能对拟交易会产生重大影响。而公司合并、分立或解散均涉及一定的程序，若未遵循该等程序，会产生诸多遗留问题和风险。因此，在法律尽职调查过程中，律师应充分核查分立、合并及解散的相关文件和程序，如公司系通过分立或合并而设立，需核查公司设立的合法性；如公司存在已解散/正在清算/已注销的分、子公司，需核查此类对外投资的处理是否合法、规范；等等。

（一）合并

1. 公司合并方式

公司合并方式包括新设合并和吸收合并两种方式。一个公司吸收其他公司为吸收合并，被吸收的公司解散。两个以上公司合并设立一个新的公司为新设合并，合并各方解散。①

2. 公司合并的法律效果

（1）公司解散，即合并后不复存在的公司归于解散。由于合并前公司的权利和义务由存续公司或新设公司概括继受。因此，无论新设合并，还是吸收合并，原公司的消灭均无须经过清算程序。对于消灭的公司，都要依法进行注销登记。

（2）公司变更，公司合并后继续存在的公司。虽然存续公司不改变公司法人资格，但公司的资本、股东等发生了变化，存续公司应修改公司章程，并办理变更登记。

（3）公司设立，在新设合并时，参与合并的原公司均消灭，在此基础上产生一个新的公司。新设公司应重新制定公司章程，并办理设立登记，在法律上确认新公司的主体资格。

3. 合并程序②

公司合并应当履行以下程序：

（1）公司股东会或股东大会作出合并决议；

（2）合并各方签订合并协议；

（3）编制资产负债表及财产清单；

---

① 《公司法》（2018 年修正）第 172 条。

② 《公司法》（2018 年修正）第 173 条。

（4）自股东会或股东大会决议作出之日起10日内通知债权人；

（5）自股东会或股东大会决议作出之日起30日内在报纸上公告；

（6）债权人要求公司清偿债务或提供担保（债权人自接到通知之日起30日内或公告之日起45日内）；

（7）办理财产变更/转移手续；

（8）合并一方/双方注销程序；

（9）存续公司或新设公司名称预核准（若需）；

（10）办理法律、行政法规规定的审批手续（若需）；

（11）存续公司或新设公司变更或设立程序。

4. 合并程序瑕疵及法律后果

（1）未经股东会或股东大会做出决议[①]

根据《公司法》（2018年修正）规定，公司进行合并时，必须经由公司股东会（有限责任公司应经代表2/3以上表决权的股东通过）或股东大会（股份有限公司应经出席会议的股东所持表决权的2/3以上通过）做出关于合并事项的决议。股东会/股东大会的召集程序、表决方式及决议内容应符合公司章程和《公司法》的相关规定。公司在合并时没有做出决议或做出决议存在瑕疵，相关利害人可以向法院主张决议不成立、撤销或无效。需要注意的是，2021年12月24日《公司法（修订草案）》（以下简称2021年《公司法（修订草案）》）规定了两种无须取得股东会或股东大会有效决议的情形，一是公司与其持股超过90%以上的公司合并，被合并的公司不需要经股东会决议，但应当通知其他股东；二是公司合并支付的价款不超过本公司净资产10%的，可以不经股东会决议；但是，公司章程另有规定的除外。以上两种情形虽无须经过股东会决议，但应经董事会决议[②]。因此，律师不仅应审查合并前的公司是否召开股东会或股东大会并做出符合法律要求和公司章程规定的决议，还应注意是否存在无须股东会做出决议的情形。

（2）未履行通知、公告手续[③]

根据《公司法》的规定，公司做出合并决议应及时通知债权人并进行公

① 《公司法》（2018年修正）第43条、第103条。

② 2021年《公司法（修订草案）》由第十三届全国人大常委会第三十二次会议于2021年12月24日发布，仅为草案版本。

③ 《公司法》（2018年修正）第204条。

告。[①] 该条款的角度主要体现在:首先,公司合并应遵循法定程序,及时通知债权人,确保债权人在公司合并前能够权衡利弊,以维护自身合法权益;其次,如果公司未能及时通知或发出公告,导致债权人未了解情况,也无法要求债务人偿还债务或提供相应担保,债权人可以合并决议存在瑕疵为由请求法院保护自身权益。我国《公司法》仅规定公司合并应通知、公告债权人,债权人可以要求公司清偿债务或者提供相应的担保,但并未规定不履行清偿、担保义务的,公司不得合并。若未经通知、公告债权人的程序,是否影响公司合并的效力,我国法律并未明确规定。实践中,公司虽面临责令改正或罚款的行政处罚,但因为债权人仍然有权要求合并后存续公司或新设公司承担合并前公司尚未清偿的债务,所以对债权人要求确认合并无效一般得不到法院支持。

5. 合并前公司债权、债务的处理[②]

公司合并时,合并各方的债权、债务,应当由合并后存续的公司或者新设的公司承继。合并后存续的公司或新设公司将在诉讼程序中作为诉讼主体,负有承担合并前公司债务的偿付义务。

6. 因合并而存续或者新设的公司注册资本、股东出资份额的要求[③]

因合并而存续或者新设的公司,其注册资本、实收资本数额由合并协议约定,但不得高于合并前各公司的注册资本之和、实收资本之和。合并各方之间存在投资关系的,计算合并前各公司的注册资本之和、实收资本之和时,应当扣除投资所对应的注册资本、实收资本数额。

因合并而存续或者新设的公司,其股东(发起人)的出资比例、认缴或者实缴的出资额,由合并协议、合并决议或者决定约定。法律、行政法规或者国务院规定公司合并涉及出资比例、认缴或者实缴的出资额必须报经批准的,应当经过批准。

合并前注册资本未足额缴纳的公司,合并后存续或者新设公司的注册资本应当根据合并协议、合并决议或者决定的约定,按照合并前规定的出资期限缴足。

---

① 《公司法》(2018 年修正)第 173 条、第 204 条。

② 《公司法》(2018 年修正)第 174 条。

③ 国家工商行政管理总局《关于做好公司合并分立登记支持企业兼并重组的意见》(工商企字〔2011〕226 号)。

（二）分立

1. 公司分立形式

我国《公司法》对公司分立的形式没有明确规定。实践中，公司分立以原有公司法人资格是否消灭为标准，可分为新设分立和派生分立两种。新设分立，又称解散分立，是指一个公司将其全部财产分割，解散原公司，并分别归入两个或两个以上新公司中的行为。派生分立，又称存续分立，是指一个公司将一部分财产或营业依法分出，成立两个或两个以上公司的行为。

2. 公司分立的法律效果

（1）资产和负债的转移：资产和负债转移于分立后公司。

（2）股东和股权的变动：派生分立原有公司存续，存续公司分割出部分财产，分立出来的股东成为新公司股东，通过减少原公司的股权，从而获得新公司的股权；新设分立中，原有股权随原有公司消灭而消失，但股东又获得新公司的股权。

（3）原公司的终止或存续：公司分立会引起分立前公司主体资格的变化。公司分立无论是派生分立还是新设分立，都会产生新的公司。新公司具有独立法人资格。

3. 分立程序①

与公司合并相比，公司分立的程序要求相对简单和宽松。公司分立基本程序为：

（1）董事会拟订分立方案报股东会或股东大会作出分立决议；

（2）编制资产负债表及财产清单；

（3）公司应当自作出分立决议之日起 10 日内通知债权人，并于 30 日内在报纸上公告；

（4）公司财产作相应的分割；

（5）分立后公司的名称预核准；

（6）分立后公司的注销和设立程序。

《公司法》并未规定各方应当签订分立协议，实践中，为明确分立后公司的权利义务，公司分立通常会签订分立协议。

---

① 《公司法》（2018 年修正）第 175 条。

4. 分立程序瑕疵及法律后果

(1)未经股东会或股东大会做出决议①

根据《公司法》的相关规定,公司进行分立时,必须经由公司股东会(有限责任公司应经代表2/3以上表决权的股东通过)或股东大会(股份有限公司应经出席会议的股东所持表决权的2/3以上通过)做出关于分立事项的决议。股东会/股东大会的召集程序、表决方式及决议内容应符合公司章程和《公司法》的相关规定。

公司在分立时没有做出决议或做出决议程序瑕疵的,相关利害人可以向法院主张决议不成立、撤销或无效。律师应审查分立前的公司是否召开股东会或股东大会并做出符合法律要求和公司章程规定的决议。

(2)未履行通知、公告手续②

根据《公司法》相关规定,公司应当自做出分立决议之日起10日内通知债权人,并于30日内在报纸上公告。若未经通知、公告债权人的程序,根据《公司法》第204条第1款的规定:公司在合并、分立、减少注册资本或者进行清算时,不依照本法规定通知或者公告债权人的,由公司登记机关责令改正,对公司处以1万元以上10万元以下的罚款。

若未经通知、公告债权人的程序,公司的分立的效力,我国法律并未明确规定。实践中,债权人要求确认分立无效一般得不到法院的支持,但公司会面临责令改正或罚款的行政处罚。债权人仍然有权要求分立后的公司承担分立前公司尚未清偿债务的连带责任。

5. 分立前公司债权、债务的承担③

原则上,公司分立前的债务由分立后的公司承担连带责任。但是,公司在分立前与债权人就债务清偿达成的书面协议另有约定的除外。

在尽职调查过程中,律师应注意审查公司在分立前是否与某债权人达成关于某笔债务的清偿书面协议,明确该债务由某一分立后的公司承担清偿义务,如果有,那么其他分立后公司无须承担上述连带责任。

① 《公司法》(2018年修正)第43条、第103条。

② 《公司法》(2018年修正)第204条。

③ 《公司法》(2018年修正)第176条。

6. 因分立而存续或者新设的公司注册资本、股东出资份额的要求①

因分立而存续或者新设的公司，其注册资本、实收资本数额由分立决议或者决定约定，但分立后公司注册资本之和、实收资本之和不得高于分立前公司的注册资本、实收资本。

因分立而存续或者新设的公司，其股东（发起人）的出资比例、认缴或者实缴的出资额，由分立协议、分立决议或者决定约定。法律、行政法规或者国务院决定规定公司分立涉及出资比例、认缴或者实缴的出资额必须报经批准的，应当经过批准。

分立前注册资本未足额缴纳的公司，分立后存续或者新设公司的注册资本应当根据分立协议、分立决议或者决定的约定，按照分立前规定的出资期限缴足。

（三）解散

1. 解散事由②

企业解散是企业因出现法定解散事由时，停止其经营活动，并开始进入清算程序直至法人资格终止的法律行为。

律师在审查一家公司的解散是否符合法律规定和公司章程时，应首先对公司解散事由进行判断，确定属于哪种解散事由后，再审阅相应文件及程序是否齐备。

根据《公司法》的规定，公司的解散事由包括：(1)公司章程规定的营业期限届满或者公司章程规定的其他解散事由出现；(2)股东会或者股东大会决议解散；(3)因公司合并或者分立需要解散；(4)依法被吊销营业执照、责令关闭或者被撤销；(5)人民法院依照本法第182条的规定予以解散。

根据国家市场监督管理总局、人力资源和社会保障部、商务部、海关总署、国家税务总局于2021年12月28日发布的《企业注销指引》（2021年修订，国家市场监督管理总局、人力资源和社会保障部、商务部、海关总署、国家税务总局公告2021年第48号）③，企业解散分为自愿解散、强制解散，强制解散又分为行政决定解散与司法判决解散。具体如下：

---

① 国家工商行政管理总局《关于做好公司合并分立登记支持企业兼并重组的意见》（工商企字〔2011〕226号）。

② 《公司法》（2018年修正）第180条。

③ 《企业注销指引》（2021年修订）。

自愿解散。以公司为例，包括：公司章程规定的营业期限届满或者公司章程规定的其他解散事由出现；股东会或者股东大会决议解散；因公司合并或者分立需要解散等。

强制解散，是指非依公司或股东自己的意愿，而是基于政府有关机关的决定命令或法院的裁决而发生的解散，通常分为行政决定解散与司法判决解散。行政决定解散，公司因其行为违反了法律法规而损害了社会公共利益或公共秩序从而被行政主管机关依职权责令解散的情形，包括依法被吊销营业执照、责令关闭或者被撤销。司法判决解散，因公司经营管理发生严重困难，继续存续会使股东利益受到重大损失，通过其他途径不能解决的，持有公司全部股东表决权10%以上的股东向人民法院提起解散公司诉讼，请求人民法院解散。

律师可以通过审阅公司章程、股东会决议、合并分立文件、工商局出具的吊销营业执照、责令关闭或撤销通知、人民法院作出的解散公司的法律文书，或者登录企业信息公示系统，了解解散事由是否出现或成立。公司章程规定的解散事由出现时，可以通过修改公司章程消除该事由。公司解散后，应及时成立清算组进行公司清算。

2. 自愿解散的特殊情形

（1）公司章程规定的解散事由已出现，但公司仍需继续经营[①]

依照公司章程的规定，公司在解散条件成就时，应当依法和依照章程约定进行清算。实践中，有的公司在实际经营中发生了章程规定的解散事由，在没有修改章程和依法履行变更登记程序的情形下，仍然继续经营。例如公司经营期限已届满且没有延长经营期限，仍然继续经营的。此种情形下，公司可以通过修改公司章程而存续，并办理章程修订的工商行政管理登记。修改公司章程的，有限责任公司须经持有2/3以上表决权的股东通过，股份有限公司须经出席股东大会会议的股东所持表决权的2/3以上通过。

对于公司经营期限已经届满的，除补足以上程序外，还应当向工商登记机关申请变更延长经营期限。

（2）公司就解散事项未依法做出股东会或股东大会决议[②]

公司解散的股东会或股东大会决议文件未经有效表决或表决程序、表决

① 《公司法》（2018年修正）第181条。

② 《公司法》（2018年修正）第43条、第103条。

方式存在瑕疵。股东认为解散程序存在瑕疵，侵害股东利益的，可能会引发股东提起无效、撤销或不成立之诉。律师在审查相关决议文件时应注意此类问题。

(3)公司合并分立完成后需要解散的公司未解散、注销

因合并、分立而解散的公司，应当申请注销登记。但实践中，有的公司已经完成合并或分立事项，且不再继续经营，但依然存续，没有向工商行政管理机关申请注销。

对于公司因合并或分立事项应予注销的，合并或分立完成后，应当按照有关合同、协议的约定或公司的股东会或股东大会决议，及时向工商行政管理机关申请注销登记。

3. 强制解散的法定情形

强制解散主要发生于公司的违法行为损害社会公共利益的情形，当公司因违反国家法律、法规、规章或者其他规范性文件中的强制性规定达到一定程度时，工商部门可以做出吊销营业执照、责令关闭、或者撤销的行政处罚。若公司存在被吊销营业执照、责令关闭或者被撤销等情形的行政处罚时，根据《公司法》第180条的规定，公司将解散。律师可查阅工商登记机关出具的有关吊销营业执照、责令关闭或撤销公司的文书，了解到公司是否已符合该类解散的事由。

根据《市场主体登记管理条例》的规定①，以下情形可能导致工商登记机关吊销公司营业执照、责令关闭或撤销公司：

(1)提交虚假材料或者采取其他欺诈手段隐瞒重要事实取得市场主体登记，情节严重的；

(2)实行注册资本实缴登记制的市场主体虚报注册资本取得市场主体登记的，情节严重的；

(3)市场主体未依照本条例办理变更登记，情节严重的；

(4)市场主体伪造、涂改、出租、出借、转让营业执照，情节严重的。

尽职调查过程中律师可以根据上述的可能导致工商登记机关吊销公司营业执照、责令关闭或撤销公司的规定，进一步判断目标公司是否存在该等潜在法律风险。

① 《市场主体登记管理条例》第44条、第45条、第46条、第48条。

4. 司法解散的条件①

司法解散公司亦称诉讼解散、司法判决解散，是一种以公权力为主导的司法干预制度，其目的是通过司法权的介入，强制公司解散，以保护在公司中受压制的小股东和公司债权人的利益。根据《公司法》第 182 条规定："公司经营管理发生严重困难，继续存续会使股东利益受到重大损失，通过其他途径不能解决的，持有公司全部股东表决权百分之十以上的股东，可以请求人民法院解散公司。"《公司法司法解释（二）》结合审判实践，列举了司法解散的四种情形②：（1）公司持续两年以上无法召开股东会或者股东大会，经营管理发生严重困难；（2）股东表决时未达到法定或公司章程规定的比例，持续 2 年以上未能作出有效的股东会或股东大会决议，公司经营管理发生严重困难；（3）公司董事长期冲突，且无法通过股东会或股东大会解决，经营管理发生严重困难；（4）经营管理发生其他严重困难，公司存续会使股东利益遭受重大损失。

在朱某斌与德华智造（北京）科技有限公司等公司解散纠纷案中，法院基于事实，通过逐一列举公司僵局情形，包括：（1）公司内部治理结构已失去实质治理功能，权力机构与执行机构矛盾激化；（2）公司无法开展正常经营活动，缺乏可用资金及人员，存在大量欠款；（3）权力机构怠于解决公司僵局。据此判决公司应当予以解散。③ 通过司法解散，可以重新整合资源，保护中小股东的合法权益。

因此，在尽职调查过程中，律师应注意公司是否存在需要司法解散的情形。

（四）其他企业类型合并、分立、解散的特殊规定

1. 非法人组织的解散④

根据《民法典》的规定，非法人组织解散的事由包括：章程规定的存续期间届满或者章程规定的其他解散事由出现；出资人或者设立人决定解散；法律规定的其他情形。非法人组织解散的，应当依法进行清算。

2. 国有企业的合并、分立和解散

国有独资公司的合并、分立、解散，必须由国有资产监督管理机构决定；其

---

① 《公司法》（2018 年修正）第 182 条。

② 《公司法司法解释（二）》第 1 条第 1 款。

③ 参见北京市第二中级人民法院民事判决书，（2021）京 02 民终 13852 号。

④ 《民法典》第 106 条、第 107 条。

中，重要的国有独资公司合并、分立、解散、申请破产的，应当由国有资产监督管理机构审核后，报本级人民政府批准。因此，如合并、分立、解散的公司系国有独资公司，除按《公司法》的相关规定，还应符合国有资产监管法律法规的规定。

3. 外商投资企业的合并、分立和解散①

关于外商投资企业的相关规定，《外商投资法》施行后，外商投资企业统一适用《公司法》《合伙企业法》的相关规定，外商投资企业的合并、分立亦应适用《公司法》等相关法律规定。

（五）清算

1. 自行清算和强制清算的法定情形②

公司清算的重要内容是清理公司资产，清结各项债务，终结现存的各种法律关系。清算的目的在于保护公司债权人的利益、公司股东的利益以及社会公共利益。

公司因以下情形解散时应当依法组成清算组进行清算：(1)公司章程规定的营业期限届满或者公司章程规定的其他解散事由出现；(2)股东会或者股东大会决议解散；(3)依法被吊销营业执照、责令关闭或者被撤销；(4)公司经营管理发生严重困难，继续存续会使股东利益受到重大损失，通过其他途径不能解决的情况下，股东依法申请人民法院解散公司。

需要注意的是，因合并、分立而解散的公司，《公司法》、《企业注销指引》(2021 年修订)并不强制要求进行清算，但是合并/分立协议或决议中载明解散公司需先行办理清算的除外。

针对债权人请求人民法院指定清算组进行清算，以保护自身合法权益的情形，《公司法司法解释(二)》规定了三种具体情形③。需要关注正在征求意见的 2021 年《公司法(修订草案)》较前述司法解释的新变化。根据 2021 年《公司法(修订草案)》的规定④，公司依照前条第 1 款的规定应当清算，逾期不成立清算组进行清算或者成立清算组后不清算的，利害关系人可以申请人民法院制定有

① 《外商投资法》第 31 条。

② 《公司法》(2018 年修正)第 183 条，《公司法司法解释(二)》第 7 条、第 8 条、第 9 条。

③ 《公司法司法解释(二)》第 7 条。

④ 2021 年《公司法(修订草案)》由第十三届全国人大常委会第三十二次会议于 2021 年 12 月 24 日发布，仅为草案版本。

关人员组成清算组进行清算。人民法院应当受理该申请,并及时组织清算组进行清算。可以说,该草案将司法解释的内容升华为具体的法律规定,并将申请人民法院指定清算的主体扩张至所有的利害关系人。

2. 清算组的组成和公示①

公司应当在解散事由出现之日起 15 日内成立清算组,开始自行清算。自行清算时,有限责任公司的清算组由股东组成,股份有限公司的清算组由股东大会确定其人选。对于逾期不成立清算组进行清算的,债权人可以申请人民法院指定有关人员组成清算组,进行清算。

强制清算时,清算组成员由法院从下列人员或者机构中产生:

(1)公司股东、董事、监事、高级管理人员;

(2)依法设立的律师事务所、会计师事务所、破产清算事务所等社会中介机构;

(3)依法设立的律师事务所、会计师事务所、破产清算事务所等社会中介机构中具备相关专业知识并取得执业资格的人员。

值得注意的是,清算组成员在有违反法律或者行政法规的行为、丧失执业能力或者民事行为能力、有严重损害公司或者债权人利益的行为时,人民法院可以根据债权人、股东的申请,或者依职权更换。

根据《市场主体登记管理条例》和《企业注销指引》(2021 年修订)的规定②,市场主体注销登记前依法应当清算的,清算组应当自成立之日起 10 日内将清算组成员、清算组负责人名单通过国家企业信用信息公示系统公告。清算组可以通过国家企业信用信息公示系统发布债权人公告。清算组应当自清算结束之日起 30 日内向登记机关申请注销登记。市场主体申请注销登记前,应当依法办理分支机构注销登记。

但值得注意的是,《市场主体登记管理条例》和《企业注销指引》(2021 年修订),已取消了原《公司登记管理条例》以及其他相关规定中要求的企业向公司登记机关备案清算组的程序,改为企业通过国家企业信用信息公示系统向社会免费公示清算组信息,即清算组不再需要办理备案,但需要公示清算组信息。

尽职调查过程中,律师可以通过查阅清算组成员名单和股东会、股东大会决议等文件了解清算组成立时间和组成人员是否符合相关规定。

---

① 《公司法》(2018 年修正)第 183 条。

② 《市场主体登记管理条例》第 32 条、《企业注销指引》(2021 年修订)“三(二)”。

3. 清算组的职责①

清算组在清算期间行使的职权包括:(1)清理公司财产,分别编制资产负债表和财产清单;(2)通知或者公告债权人;(3)处理与清算有关的公司未了结的业务;(4)清缴所欠税款以及清算过程中产生的税款;(5)清理债权、债务;(6)处理公司清偿债务后的剩余财产;(7)代表公司参与民事诉讼活动。

4. 清算组成员的法律责任②

清算组成员应该忠于职守、依法履行清算义务,即勤勉义务。所谓忠于职守是要求清算组成员以诚实信用的态度对待清算工作,认真负责地维护公司和债权人的合法权益。所谓勤勉义务是要求清算组成员严格依照法律、行政法规规定的清算原则、清算方法和清算程序处理清算事务,不得利用职权收受贿赂或者其他非法收入,不得利用清算之机侵占公司的财产。如下行为可能导致清算组成员的民事赔偿责任或行政、刑事责任:

(1)清算组成员因故意或者重大过失给公司或者债权人造成损失的,应当承担赔偿责任。

(2)清算组成员从事清算事务时,违反法律、行政法规或者公司章程给公司或者债权人造成损失,公司或者债权人主张其承担赔偿责任的。

(3)执行未经确认的清算方案给公司或者债权人造成损失,公司、股东或者债权人有权主张清算组成员承担赔偿责任。

(4)清算组未按照规定履行通知和公告义务,导致债权人未及时申报债权而未获清偿,债权人主张清算组成员对因此造成的损失承担赔偿责任。

(5)如清算组成员利用职权徇私舞弊、谋取非法收入或者侵占公司财产,责令退还公司财产,没收违法所得,并可处以违法所得1倍以上5倍以下的罚款。构成犯罪的,依法追究刑事责任。

5. 股东、董事、控股股东及公司实际控制人可能承担的法律责任③

(1)有限责任公司的股东、股份有限公司的董事和控股股东未在法定期限内成立清算组进行清算,导致公司财产贬值、流失、毁损或者灭失,债权人有权主张其在造成损失范围内对公司债务承担赔偿责任。

---

① 2021年《公司法(修订草案)》由第十三届全国人大常委会第三十二次会议于2021年12月24日发布,仅为草案版本。

② 《公司法》(2018年修正)第189条,《公司法司法解释(二)》第11条、第15条、第23条。

③ 《公司法司法解释(二)》第18条、第19条。

(2)有限责任公司的股东、股份有限公司的董事和控股股东因怠于履行义务,导致公司主要财产、账册、重要文件等灭失,无法进行清算,债权人有权主张其对公司债务承担连带清偿责任。上述情形系实际控制人原因造成的,债权人有权主张实际控制人对公司债务承担相应民事责任。

(3)有限责任公司的股东、股份有限公司的董事和控股股东,以及公司的实际控制人在公司解散后,恶意处置公司财产给债权人造成损失,或者未经依法清算,以虚假的清算报告骗取公司登记机关办理法人注销登记,股东、董事和控股股东应对公司向债权人负有的债务承担相应赔偿责任。

实践中,经常存在股东、董事、控股股东及公司实际控制人不积极履行清算义务,损害债权人利益的情况,清算组成员需为此承担相应的法律责任。如在魏某禹、丁某惠清算责任纠纷案中,中港公司在出现法定解散事由后未及时成立清算组进行清算,出现公司财产灭失的不利后果,导致债权人的债权无法得到清偿,法院判决应由魏某禹、丁某惠承担损失赔偿责任。当公司出现清算情形时,公司股东作为清算义务人应积极履行清算义务,否则由此导致的公司财产贬值、流失、毁损或灭失的风险,应由其对债权人承担赔偿责任。[①] 律师在法律尽职调查时应当关注并提示相应法律风险。

6. 与破产清算的衔接[②]

在下列情形发生时,清算组应依法向人民法院申请宣告破产:

(1)在清理公司财产、编制资产负债表和财产清单后,发现公司财产不足清偿债务的,应当依法向人民法院申请宣告破产。

(2)人民法院指定的清算组在清理公司财产、编制资产负债表和财产清单时,发现公司财产不足清偿债务的,可以与债权人协商制作有关债务清偿方案。债权人对债务清偿方案不予确认或者人民法院不予认可的,清算组应当依法向人民法院申请宣告破产。

强制清算中的破产协商机制是指人民法院指定的清算组在清理公司财产、编制资产负债表和财产清单时,发现公司财产不足清偿债务的,可以与债权人协商制作有关债务清偿方案。债务清偿方案经全体债权人确认且不损害其他利害关系人利益的,人民法院可依清算组的申请裁定予以认可。清算组依据该

---

① 参见福建省福州市中级人民法院民事判决书,(2018)闽01民终703号。

② 《公司法》(2018年修正)第187条、《公司法司法解释(二)》第17条。

清偿方案清偿债务后，应当向人民法院申请裁定终结清算程序。

《公司法》相关司法解释，仅就进入司法程序的强制清算中的协商作出了规定，自行清算因自始并未进入司法程序，因此《公司法》相关司法解释对其未作规定。公司自行清算的，只要不损害有关利害关系人的合法权利，又经全体债权人一致同意的，适用上述协商机制应不为法律所禁止。

7. 破产清算

公司如符合破产清算条件[①]，进入破产清算，法院在受理破产清算的同时指定管理人，由管理人履行相关的职责。如公司已进行破产程序，根据破产进度的不同，律师需注意核查相关的程序性文件，如法院受理破产的裁定书、法院宣告破产的裁定书以及破产终结的裁定书等。

8. 清算程序中的人员安置及财产分配

清算程序中的人员安置系清算工作的重点工作之一。根据《劳动合同法》的相关规定，用人单位决定提前解散的，劳动合同终止，用人单位应当向劳动者支付经济补偿金。故公司提前解散系劳动合同法定终止的原因之一。清算程序中，公司通常需要制定人员安置方案，就终止劳动合同的时点、经济补偿金的标准等进行明确，同时与员工签署终止劳动关系协议，就工资、社会保险费用和法定补偿金进行约定。

根据《公司法》规定，公司财产在分别支付清算费用、职工的工资、社会保险费用和法定补偿金、缴纳所欠税款、清偿公司债务后的剩余财产，有限责任公司按照股东的出资比例分配，股份有限公司按照股东持有的股份比例分配。公司的财产在支付清算费用后，应优先用于支付与职工的相关的成本及费用。

（六）注销

1. 一般注销程序

公司清算结束后，清算组应当制作清算报告，报股东会、股东大会或者人民法院确认，并报送公司登记机关，申请注销公司登记，公告公司终止。

实务中，公司在办理工商注销登记之前，需要办理税务注销，工商注销后，应分别办理税务、统计、社保、海关、外汇、银行账户以及其他相关证照的注销。

---

① 《企业破产法》第 7 条、《民法典》第 73 条。

需要注意的是，若有分公司，需要先办理分公司的注销登记，分公司注销后应提交分公司的注销登记证明方能办理公司的注销登记。

市场监管总局《关于贯彻落实〈外商投资法〉做好外商投资企业登记注册工作的通知》（国市监注〔2019〕247 号）（2019 年 12 月 28 日发布，2020 年 1 月 1 日施行），对于《外商投资法》施行后外商投资企业所涉及的注销程序的衔接作出进一步的规定。

2. 简易注销程序

为实现市场主体退出便利化，国家工商行政管理总局（现国家市场监督管理总局）自 2017 年 3 月 1 日起，在全国范围内全面实行企业简易注销登记改革，由符合条件的企业自主选择适用一般注销程序或简易注销程序。

截至目前，在原工商总局《关于全面推进企业简易注销登记改革的指导意见》（工商企注字〔2016〕253 号、市场监管总局《关于开展进一步完善企业简易注销登记改革试点工作的通知》（国市监注〔2018〕237 号）及原工商总局、税务总局《关于加强信息共享和联合监管的通知》（工商企注字〔2018〕11 号）基础上，《企业注销指引》（2021 年修订）将简易注销登记的适用范围拓展至未发生债权债务或已将债权债务清偿完结的各类市场主体。

2021 年《公司法（修订草案）》亦将简易注销程序正式纳入法律范畴并规定，公司在存续期间未产生债务，或者已清偿全部债务，经全体股东承诺，可以通过简易程序注销登记。

通过梳理相关规定，扩展后的简易注销程序适用范围包括：领取营业执照后未开展经营活动、无债权债务关系的有限责任公司、非公司企业法人、个人独资企业、合伙企业；未发生债权债务或已将债权债务清偿完结的各类市场主体。[①]

申请简易注销的纳税人，符合下列情形之一，可办理简易注销登记：一是未办理过涉税事宜的纳税人；二是办理过涉税事宜但没领用发票（含代开发票）、无欠税（滞纳金）及罚款且没有其他未办结事项的纳税人；三是在公告期届满之日前已办结缴销发票、结清应纳税款等清税手续的纳税人。

企业有下列情形之一的，不适用简易注销程序：涉及国家规定实施准入特别管理措施的外商投资企业的；被列入企业经营异常名录或严重违法失信企业名单的；存在股权（投资权益）被冻结、出质或动产抵押等情形的；有正在被立案

① 原工商总局《关于全面推进企业简易注销登记改革的指导意见》（工商企注字〔2016〕253 号）。

调查或采取行政强制、司法协助、被予以行政处罚等情形的;企业所属的非法人分支机构未办理注销登记的;曾被终止简易注销程序的;法律、行政法规或者国务院决定规定在注销登记前需经批准的;不适用企业简易注销登记的其他情形。

3. 公司未经依法清算即办理注销登记的法律后果①

对于公司未经依法清算即办理注销登记,导致公司无法进行清算,债权人主张有限责任公司的股东、股份有限公司的董事和控股股东,以及公司的实际控制人对公司债务承担清偿责任的,人民法院一般予以支持。

此外,公司在注销时,工商登记机关通常会要求股东或者第三人在公司登记机关办理注销登记时承诺对公司债务承担责任。在法律尽职调查时,律师审查此类文件需注意并提示,如股东签署了此类书面承诺,债权人有权主张其对公司债务承担相应民事责任。

4. 公司注销后的对外投资处理

公司的对外投资属于公司的财产,公司注销前的清算过程中,清算组应当就对外投资的情况进行整理并进行处置、分配。若未对该等对外投资进行处理,公司已办理完毕注销手续的,律师可以建议以下处理方法:(1)被注销企业有合法继受主体的,则由该继受主体依有关规定处置所持股权;(2)若该被注销企业公司没有合法的继受主体,则其注销前登记在册的股东,在公司注销后亦可就该公司所持股权主张公司剩余财产分配权,即按照持股比例或该公司章程约定的剩余财产分割比例,要求对股权进行分割。

但股东主张股权时应遵守公司有关公司股权对外转让的规定,即应尊重公司其他股东的优先购买权,若公司其他股东行使了优先购买权,则接受主体或原公司股东有权要求对此股权转让价格进行评估,并就转让对价进行抵偿或分割。

① 《公司法司法解释(二)》第20条。

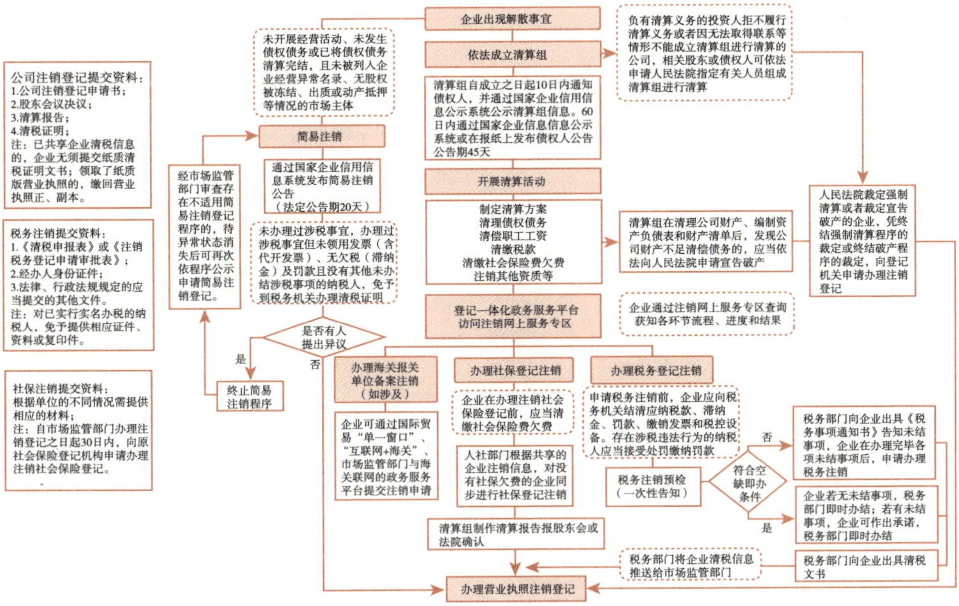

图 2－4－2　注销指引流程

相关规定

本专题相关规定见表 2－4－2。

表 2－4－2　相关规定

主要法律问题	文件名	具体条款规定
合并	《民法典》(发布日期:2020年5月28日;生效日期:2021年1月1日;发文机关:全国人民代表大会;文号:主席令第45号)	第67条　法人合并的,其权利和义务由合并后的法人享有和承担。 法人分立的,其权利和义务由分立后的法人享有连带债权,承担连带债务,但是债权人和债务人另有约定的除外。
	《公司法》(发布日期:1993年12月29日;生效日期:1994年7月1日;发文机关:全国人民代表大会常务委员会;文号:主席令第16号;经过1999年12月25日、2004年8月28日、2005年10月27日、2013年12月28日四次修订,最	第43条　股东会的议事方式和表决程序,除本法有规定的外,由公司章程规定。 股东会会议作出修改公司章程、增加或者减少注册资本的决议,以及公司合并、分立、解散或者变更公司形式的决议,必须经代表三分之二以上表决权的股东通过。
		第103条　股东出席股东大会会议,所持每一股份有一表决权。但是,公司持有的本公司股份没有表决权。 股东大会作出决议,必须经出席会议的股东所持表决权过半数通过。但是,股东大会作出修改公司章

续表

主要法律问题	文件名	具体条款规定
	新于2018年10月26日修订并实施）	程、增加或者减少注册资本的决议，以及公司合并、分立、解散或者变更公司形式的决议，必须经出席会议的股东所持表决权的三分之二以上通过。
		第172条　公司合并可以采取吸收合并或者新设合并。 一个公司吸收其他公司为吸收合并，被吸收的公司解散。两个以上公司合并设立一个新的公司为新设合并，合并各方解散。
		第173条　公司合并，应当由合并各方签订合并协议，并编制资产负债表及财产清单。公司应当自作出合并决议之日起十日内通知债权人，并于三十日内在报纸上公告。债权人自接到通知书之日起三十日内，未接到通知书的自公告之日起四十五日内，可以要求公司清偿债务或者提供相应的担保。
		第174条　公司合并时，合并各方的债权、债务，应当由合并后存续的公司或者新设的公司承继。
		第179条　公司合并或者分立，登记事项发生变更的，应当依法向公司登记机关办理变更登记；公司解散的，应当依法办理公司注销登记；设立新公司的，应当依法办理公司设立登记。
		第204条　公司在合并、分立、减少注册资本或者进行清算时，不依照本法规定通知或者公告债权人的，由公司登记机关责令改正，对公司处以一万元以上十万元以下的罚款。 公司在进行清算时，隐匿财产，对资产负债表或者财产清单作虚假记载或者在未清偿债务前分配公司财产的，由公司登记机关责令改正，对公司处以隐匿财产或者未清偿债务前分配公司财产金额百分之五以上百分之十以下的罚款；对直接负责的主管人员和其他直接责任人员处以一万元以上十万元以下的罚款。
	国家工商行政管理总局《关于做好公司合并分立登记支持企业兼并重组的意见》［发布日期：2011年11月28日；生效日期：2011年11月28日；发文机关：国家工商行政管理总局（已撤销）；文号：工商企字〔2011〕226号］	（一）支持公司采取多种方式合并分立重组。公司合并可以采取两种形式：一种是吸收合并，指一个公司吸收其他公司后存续，被吸收公司解散；另一种是新设合并，指两个或者两个以上公司归并为一个新公司，原有各公司解散。 公司分立可以采取两种形式：一种是存续分立，指一个公司分出一个或者一个以上新公司，原公司存续；另一种是解散分立，指一个公司分为两个或者两个以上新公司，原公司解散。

续表

主要法律问题	文件名	具体条款规定
		(二)支持各类企业合并分立重组。支持依法设立的内资公司按照本意见办理合并、分立登记。外商投资的公司分立,存续或者新设的公司属于内资公司的,可以参照有关法律、行政法规、规章和本意见办理登记。
		(三)支持公司自行选择重组公司类型。合并、分立后存续或者新设的公司,只要符合《公司法》规定的条件,可以选择有限责任公司或者股份有限公司类型。
		(四)支持公司同时办理重组登记。因公司合并、分立申请办理公司登记,自公告刊登之日起45日后,申请人可以同时申请办理公司注销、设立或者变更登记。其中,不属于同一登记机关管辖的,相关登记机关应当加强登记衔接。需要层级衔接的,上级登记机关要主动协调;需要区域衔接的,先收到有关咨询、申请的登记机关要主动协调。
		(五)支持公司自主约定注册资本数额。因合并而存续或者新设的公司,其注册资本、实收资本数额由合并协议约定,但不得高于合并前各公司的注册资本之和、实收资本之和。合并各方之间存在投资关系的,计算合并前各公司的注册资本之和、实收资本之和时,应当扣除投资所对应的注册资本、实收资本数额。 因分立而存续或者新设的公司,其注册资本、实收资本数额由分立决议或者决定约定,但分立后公司注册资本之和、实收资本之和不得高于分立前公司的注册资本、实收资本。
		(六)支持公司自主约定股东出资份额。因合并、分立而存续或者新设的公司,其股东(发起人)的出资比例、认缴或者实缴的出资额,由合并协议、分立决议或者决定约定。法律、行政法规或者国务院决定规定公司合并、分立涉及出资比例、认缴或者实缴的出资额必须报经批准的,应当经过批准。 合并、分立前注册资本未足额缴纳的公司,合并、分立后存续或者新设公司的注册资本应当根据合并协议、分立决议或者决定的约定,按照合并、分立前规定的出资期限缴足。
		(七)支持分公司办理隶属关系变更。因合并而解散或者分立的公司有分公司的,应当在合并协议、分立决议或者决定中载明其分公司的处置方案。处置方案中载明分公司注销的,应当在公司合并、分立前办

续表

主要法律问题	文件名	具体条款规定
		理分公司注销登记;处置方案中载明分公司归属于存续或者新设的公司的,可以按照分公司名称变更程序办理分公司隶属关系的变更登记。
		(八)支持有限责任公司股权承继。因合并而解散或者分立的公司持有其他有限责任公司股权的,应当在合并协议、分立决议或者决定中载明其持有股权的处置方案。处置方案中载明通过股权转让或者减资方式退出的,应当在公司合并、分立前办理股权所在有限责任公司的股东转让股权或者注册资本、实收资本变更登记;处置方案中载明股权归属于存续或者新设的公司的,可以在公司合并、分立后办理股权所在有限责任公司的股东变更登记。
		(九)支持公司一次性申请多项变更登记。公司合并分立时增加股东、增加注册资本等其他登记事项变更的,只要符合《公司法》、《公司登记管理条例》等法律法规和公司章程的规定,可以一并提交相关登记申请,并按照总局内资企业登记材料规范的要求提交申请材料。
分立	《民法典》(发布日期:2020年5月28日;生效日期:2021年1月1日;发文机关:全国人民代表大会;文号:主席令第45号)	第67条　法人合并的,其权利和义务由合并后的法人享有和承担。 法人分立的,其权利和义务由分立后的法人享有连带债权,承担连带债务,但是债权人和债务人另有约定的除外。
	《公司法》(发布日期:1993年12月29日;生效日期:1994年7月1日;发文机关:全国人民代表大会常务委员会;文号:主席令第16号;经过1999年12月25日、2004年8月28日、2005年10月27日、2013年12月28日四次修订,最新于2018年10月26日修订并实施)	第43条　股东会的议事方式和表决程序,除本法有规定的外,由公司章程规定。 股东会会议作出修改公司章程、增加或者减少注册资本的决议,以及公司合并、分立、解散或者变更公司形式的决议,必须经代表三分之二以上表决权的股东通过。
		第103条　股东出席股东大会会议,所持每一股份有一表决权。但是,公司持有的本公司股份没有表决权。 股东大会作出决议,必须经出席会议的股东所持表决权过半数通过。但是,股东大会作出修改公司章程、增加或者减少注册资本的决议,以及公司合并、分立、解散或者变更公司形式的决议,必须经出席会议的股东所持表决权的三分之二以上通过。
		第175条　公司分立,其财产作相应的分割。公司分立,应当编制资产负债表及财产清单。 公司应当自作出分立决议之日起十日内通知债权人,并于三十日内在报纸上公告。

续表

主要法律问题	文件名	具体条款规定
		第176条 公司分立前的债务由分立后的公司承担连带责任。但是,公司在分立前与债权人就债务清偿达成的书面协议另有约定的除外。
		第179条 公司合并或者分立,登记事项发生变更的,应当依法向公司登记机关办理变更登记;公司解散的,应当依法办理公司注销登记;设立新公司的,应当依法办理公司设立登记。
		第204条 公司在合并、分立、减少注册资本或者进行清算时,不依照本法规定通知或者公告债权人的,由公司登记机关责令改正,对公司处以一万元以上十万元以下的罚款。 公司在进行清算时,隐匿财产,对资产负债表或者财产清单作虚假记载或者在未清偿债务前分配公司财产的,由公司登记机关责令改正,对公司处以隐匿财产或者未清偿债务前分配公司财产金额百分之五以上百分之十以下的罚款;对直接负责的主管人员和其他直接责任人员处以一万元以上十万元以下的罚款。
解散	《民法典》(发布日期:2020年5月28日;生效日期:2021年1月1日;发文机关:全国人民代表大会;文号:主席令第45号)	第68条 有下列原因之一并依法完成清算、注销登记的,法人终止: (一)法人解散; (二)法人被宣告破产; (三)法律规定的其他原因。 法人终止,法律、行政法规规定须经有关机关批准的,依照其规定。
		第69条 有下列情形之一的,法人解散: (一)法人章程规定的存续期间届满或者法人章程规定的其他解散事由出现; (二)法人的权力机构决议解散; (三)因法人合并或者分立需要解散; (四)法人依法被吊销营业执照、登记证书,被责令关闭或者被撤销; (五)法律规定的其他情形。
	《公司法》(发布日期:1993年12月29日;生效日期:1994年7月1日;发文机关:全国人民代表大会常务委员会;文号:主席令第16号;经过1999年12月	第43条 股东会的议事方式和表决程序,除本法有规定的外,由公司章程规定。 股东会会议作出修改公司章程、增加或者减少注册资本的决议,以及公司合并、分立、解散或者变更公司形式的决议,必须经代表三分之二以上表决权的股东通过。

续表

主要法律问题	文件名	具体条款规定
	25日、2004年8月28日、2005年10月27日、2013年12月28日四次修订,最新于2018年10月26日修订并实施)	第103条　股东出席股东大会会议,所持每一股份有一表决权。但是,公司持有的本公司股份没有表决权。 股东大会作出决议,必须经出席会议的股东所持表决权过半数通过。但是,股东大会作出修改公司章程、增加或者减少注册资本的决议,以及公司合并、分立、解散或者变更公司形式的决议,必须经出席会议的股东所持表决权的三分之二以上通过。
		第180条　公司因下列原因解散: (一)公司章程规定的营业期限届满或者公司章程规定的其他解散事由出现; (二)股东会或者股东大会决议解散; (三)因公司合并或者分立需要解散; (四)依法被吊销营业执照、责令关闭或者被撤销; (五)人民法院依照本法第一百八十三条的规定予以解散。
		第181条　公司有本法第一百八十条第(一)项情形的,可以通过修改公司章程而存续。 依照前款规定修改公司章程,有限责任公司须经持有三分之二以上表决权的股东通过,股份有限公司须经出席股东大会会议的股东所持表决权的三分之二以上通过。
		第182条　公司经营管理发生严重困难,继续存续会使股东利益受到重大损失,通过其他途径不能解决的,持有公司全部股东表决权百分之十以上的股东,可以请求人民法院解散公司。
其他企业类型合并、分立、解散的特殊规定	《民法典》(发布日期:2020年5月28日;生效日期:2021年1月1日;发文机关:全国人民代表大会;文号:主席令第45号)	第106条　有下列情形之一的,非法人组织解散: (一)章程规定的存续期间届满或者章程规定的其他解散事由出现; (二)出资人或者设立人决定解散; (三)法律规定的其他情形。
		第107条　非法人组织解散的,应当依法进行清算。
	《外商投资法》(发布日期:2019年3月15日;生效日期:2020年1月1日;发文机关:全国人民代表大会;文号:主席令第26号)	第31条　外商投资企业的组织形式、组织机构及其活动准则,适用《中华人民共和国公司法》、《中华人民共和国合伙企业法》等法律的规定。

续表

主要法律问题	文件名	具体条款规定
清算	《民法典》(发布日期:2020年5月28日;生效日期:2021年1月1日;发文机关:全国人民代表大会;文号:主席令第45号)	第70条　法人解散的,除合并或者分立的情形外,清算义务人应当及时组成清算组进行清算。 法人的董事、理事等执行机构或者决策机构的成员为清算义务人。法律、行政法规另有规定的,依照其规定。 清算义务人未及时履行清算义务,造成损害的,应当承担民事责任;主管机关或者利害关系人可以申请人民法院指定有关人员组成清算组进行清算。
		第71条　法人的清算程序和清算组职权,依照有关法律的规定;没有规定的,参照适用公司法律的有关规定。
		第72条　清算期间法人存续,但是不得从事与清算无关的活动。 法人清算后的剩余财产,按照法人章程的规定或者法人权力机构的决议处理。法律另有规定的,依照其规定。 清算结束并完成法人注销登记时,法人终止;依法不需要办理法人登记的,清算结束时,法人终止。
		第73条　法人被宣告破产的,依法进行破产清算并完成法人注销登记时,法人终止。
	《公司法》(发布日期:1993年12月29日;生效日期:1994年7月1日;发文机关:全国人民代表大会常务委员会;文号:主席令第16号;经过1999年12月25日、2004年8月28日、2005年10月27日、2013年12月28日四次修订,最新于2018年10月26日修订并实施)	第183条　公司因本法第一百八十条第(一)项、第(二)项、第(四)项、第(五)项规定而解散的,应当在解散事由出现之日起十五日内成立清算组,开始清算。有限责任公司的清算组由股东组成,股份有限公司的清算组由董事或者股东大会确定的人员组成。逾期不成立清算组进行清算的,债权人可以申请人民法院指定有关人员组成清算组进行清算。人民法院应当受理该申请,并及时组织清算组进行清算。
		第184条　清算组在清算期间行使下列职权: (一)清理公司财产,分别编制资产负债表和财产清单; (二)通知、公告债权人; (三)处理与清算有关的公司未了结的业务; (四)清缴所欠税款以及清算过程中产生的税款; (五)清理债权、债务; (六)处理公司清偿债务后的剩余财产; (七)代表公司参与民事诉讼活动。

续表

主要法律问题	文件名	具体条款规定
		第185条　清算组应当自成立之日起十日内通知债权人，并于六十日内在报纸上公告。债权人应当自接到通知书之日起三十日内，未接到通知书的自公告之日起四十五日内，向清算组申报其债权。 债权人申报债权，应当说明债权的有关事项，并提供证明材料。清算组应当对债权进行登记。 在申报债权期间，清算组不得对债权人进行清偿。
		第186条　清算组在清理公司财产、编制资产负债表和财产清单后，应当制定清算方案，并报股东会、股东大会或者人民法院确认。 公司财产在分别支付清算费用、职工的工资、社会保险费用和法定补偿金，缴纳所欠税款，清偿公司债务后的剩余财产，有限责任公司按照股东的出资比例分配，股份有限公司按照股东持有的股份比例分配。 清算期间，公司存续，但不得开展与清算无关的经营活动。公司财产在未依照前款规定清偿前，不得分配给股东。
		第187条　清算组在清理公司财产、编制资产负债表和财产清单后，发现公司财产不足清偿债务的，应当依法向人民法院申请宣告破产。 公司经人民法院裁定宣告破产后，清算组应当将清算事务移交给人民法院。
		第188条　公司清算结束后，清算组应当制作清算报告，报股东会、股东大会或者人民法院确认，并报送公司登记机关，申请注销公司登记，公告公司终止。
		第189条　清算组成员应当忠于职守，依法履行清算义务。 清算组成员不得利用职权收受贿赂或者其他非法收入，不得侵占公司财产。 清算组成员因故意或者重大过失给公司或者债权人造成损失的，应当承担赔偿责任。
		第205条　公司在清算期间开展与清算无关的经营活动的，由公司登记机关予以警告，没收违法所得。

续表

主要法律问题	文件名	具体条款规定
	《公司法司法解释(二)》(发布日期:2020 年 12 月 29 日;生效日期:2021 年 1 月 1 日;发文机关:最高人民法院)	第 7 条 公司应当依照民法典第七十条、公司法第一百八十三条的规定,在解散事由出现之日起十五日内成立清算组,开始自行清算。 有下列情形之一,债权人、公司股东、董事或其他利害关系人申请人民法院指定清算组进行清算的,人民法院应予受理: (一)公司解散逾期不成立清算组进行清算的; (二)虽然成立清算组但故意拖延清算的; (三)违法清算可能严重损害债权人或者股东利益的。
		第 8 条 人民法院受理公司清算案件,应当及时指定有关人员组成清算组。 清算组成员可以从下列人员或者机构中产生: (一)公司股东、董事、监事、高级管理人员; (二)依法设立的律师事务所、会计师事务所、破产清算事务所等社会中介机构; (三)依法设立的律师事务所、会计师事务所、破产清算事务所等社会中介机构中具备相关专业知识并取得执业资格的人员。
		第 11 条 公司清算时,清算组应当按照公司法第一百八十五条的规定,将公司解散清算事宜书面通知全体已知债权人,并根据公司规模和营业地域范围在全国或者公司注册登记地省级有影响的报纸上进行公告。
		第 15 条 公司自行清算的,清算方案应当报股东会或者股东大会决议确认;人民法院组织清算的,清算方案应当报人民法院确认。未经确认的清算方案,清算组不得执行。 执行未经确认的清算方案给公司或者债权人造成损失,公司、股东、董事、公司其他利害关系人或者债权人主张清算组成员承担赔偿责任的,人民法院应依法予以支持。
注销	《公司法司法解释(二)》(发布日期:2020 年 12 月 29 日;生效日期:2021 年 1 月 1 日;发文机关:最高人民法院)	第 20 条 公司解散应当在依法清算完毕后,申请办理注销登记。公司未经清算即办理注销登记,导致公司无法进行清算,债权人主张有限责任公司的股东、股份有限公司的董事和控股股东,以及公司的实际控制人对公司债务承担清偿责任的,人民法院应依法予以支持。

续表

主要法律问题	文件名	具体条款规定
		公司未经依法清算即办理注销登记,股东或者第三人在公司登记机关办理注销登记时承诺对公司债务承担责任,债权人主张其对公司债务承担相应民事责任的,人民法院应依法予以支持。
	市场监管总局、人力资源和社会保障部、商务部等《关于推进企业注销便利化工作的通知》(发布日期:2019 年 1 月 18 日;生效日期:2019 年 1 月 18 日;发文机关:国家市场监督管理总局、人力资源和社会保障部、商务部、海关总署、国家税务总局;文号:国市监注〔2019〕30 号)	取消企业向公司登记机关备案清算组的程序,改为企业通过国家企业信用信息公示系统向社会免费公示清算组信息,企业无需再提交清算组备案的 4 份材料;降低企业办事成本,将通过报纸公告的程序调整为允许企业通过国家企业信用信息公示系统免费公告;明确企业注销实行形式审查,办理注销登记时不再提交《备案通知书》、报纸样张等 5 份材料,仅提交《清算报告》等 4 份必需要件(各部门材料要求见附 1)。继续完善企业简易注销登记制度,试点将非上市股份有限公司和农民专业合作社纳入简易注销适用范围、将公告时间由 45 天压缩至 20 天、建立容错机制,对于被终止简易注销登记的企业,允许其符合条件后再次依程序申请简易注销。
	工商总局《关于全面推进企业简易注销登记改革的指导意见》[发布日期:2016 年 12 月 26 日;生效日期:2016 年 12 月 26 日;发文机关:国家工商行政管理总局(已撤销);文号:工商企注字〔2016〕253 号]	企业申请简易注销登记应当先通过国家企业信用信息公示系统《简易注销公告》专栏主动向社会公告拟申请简易注销登记及全体投资人承诺等信息(强制清算终结和破产程序终结的企业除外),公告期为 45 日。登记机关应当同时通过国家企业信用信息公示系统将企业拟申请简易注销登记的相关信息推送至同级税务、人力资源和社会保障等部门,涉及外商投资企业的还要推送至同级商务主管部门。公告期内,有关利害关系人及相关政府部门可以通过国家企业信用信息公示系统《简易注销公告》专栏"异议留言"功能提出异议并简要陈述理由。公告期满后,企业方可向企业登记机关提出简易注销登记申请。

专题五　对外投资

一、审阅文件清单

本专题审阅文件清单见表2-5-1。

表2-5-1　审阅文件清单

序号	审阅文件清单
境内投资	
1	公司境内投资主体清单
2	公司近三年财务报表
3	公司章程
4	公司董事会、股东会或股东大会历次决议
5	境内被投资企业的基本资料（营业执照、章程、股权结构信息、注册资本出资凭证）
6	一致行动人协议、投票权委托协议及其他类似效果的文件
境外投资	
1	公司境外投资项目清单
2	境外并购事项前期报告表
3	企业境外投资证书
4	发展改革部门境外投资核准或备案文件
5	境外直接投资外汇登记
6	境外国有资产登记证
7	境外被投资企业的基本资料
分支机构	
1	分公司的营业执照
2	分公司债权债务的相关资料（同时参见前述“公司债权债务”部分）

二、访谈清单

若就公司的对外投资情况进行访谈，可以参考下述问题：

（1）请问公司目前在境内是否有任何对外投资，包括投资任何全资子公司、控股子公司或分支机构？如有，请公司提供一份境内对外投资项目清单。

（2）请问就前述公司境内对外投资项目，据公司了解是否存在任何需要取得政府前置审批或核准的要求、或是否需履行任何主管部门的审批程序？请问公司是否均依照相关规定取得了前置审批或核准、履行了要求的审批手续？如有，请公司提供相应证明文件。

（3）请问公司现行有效的公司章程是否对公司进行对外投资有任何的限制规定（包括但不限于投资金额等）？如有，请问公司的对外投资项目是否均遵守了该等公司章程的规定、是否均依章程要求履行了相应的内部决议程序（如股东会决议或董事会决议）？

（4）请问公司设立的分支机构是否均依照规定办理了分公司的工商登记？并请公司确认分公司是否存在下述情形：

①是否存在公司变更经营范围后导致分公司的经营范围超过了公司登记的经营范围而公司未按时（自决定作出之日起 30 日内）办理分公司经营范围的变更登记的情况？

②是否存在分公司已被公司撤销，或依法责令关闭，或吊销营业执照，但公司未按时（自决定作出之日起 30 日内）向该分公司的公司登记机关申请注销登记的情况？

（5）请问公司设立的分公司是否存在任何债权债务？如有，请分别提供一份分公司的债权统计表和债务统计表。

（6）请问各子公司是否有按照规定每年 1 月 1 日至 6 月 30 日通过企业信用信息公示系统向公司登记机关报送上一年度年度报告？是否有因未按时公示年度报告而被列入异常经营名录的情况？

（7）请问公司目前是否有任何境外投资企业或项目？如有，请提供一份境外投资项目清单。

（8）请问公司的境外投资项目是否有按规定履行发改委的核准或备案流程、商务部门的核准或备案流程、外汇登记手续（包括变更核准/备案或外汇登记手续、外汇存量权益登记手续）？如有，请提供相应核准、备案或登记的文件。

（9）请问公司的境外投资项目是否涉及以国有资产在境外投资的情况？如有，请问公司是否办理了境外国有资产产权登记手续？如有，请提供相应文件。

（10）请问公司是否有因为对外投资活动受到过任何行政处罚？如有，请提供一份行政处罚统计表并提供相应处罚决定、公司履行相应义务的证明文件。

三、主要法律问题

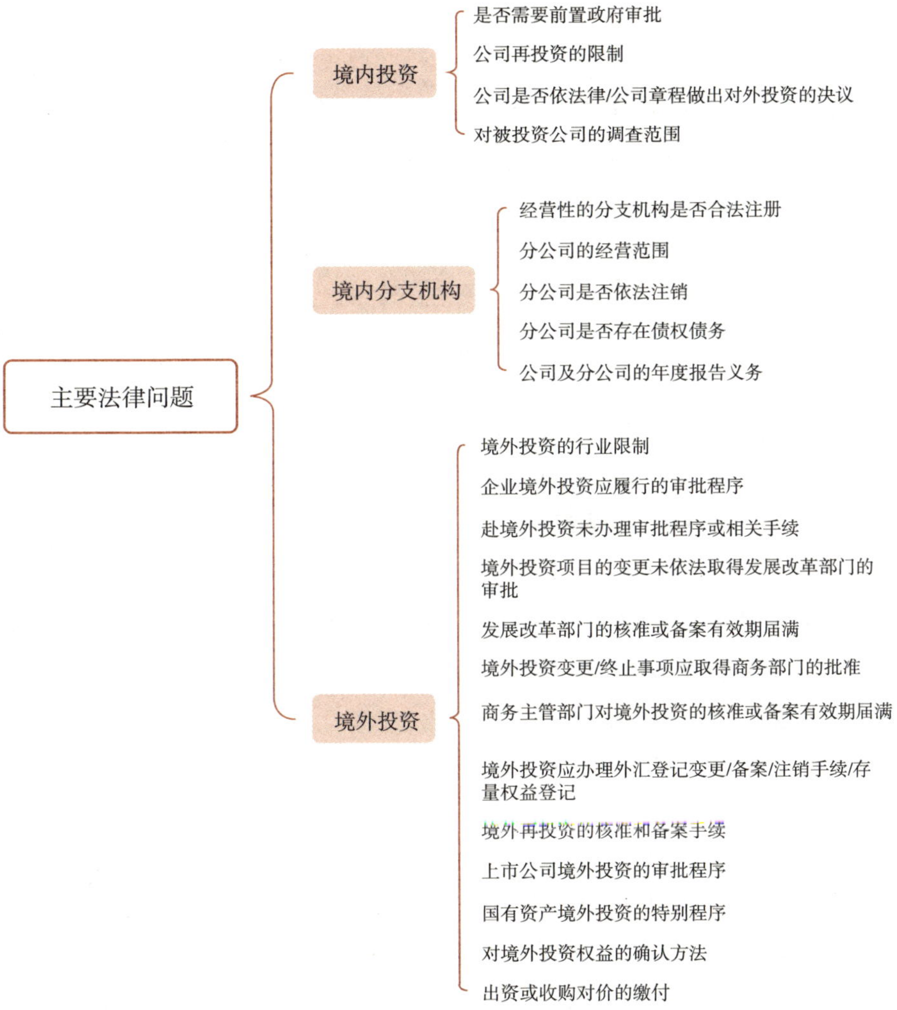

图 2－5－1　本专题思维导图

(一)境内投资

律师审阅公司对外是否享有长期股权投资,可以从公司的资产负债表“长期股权投资”项目了解；同时，律师可以通过国家企业信用信息公示系统、企查查等工具或平台查询目标公司是否持有任何公司或实体的股权或权益。律师将要求目标公司提供其对外投资的企业的情况列表，载明被投资企业的名称、持股比例、其他股东姓名及比例、经营范围、主营业务简介、业务资质许可情况，并要求其至少提供营业执照、业务资质、章程文件，同时应了解目标公司是否有就该等对外投资签署投资协议或类似文件，并要求目标公司提供该等投资文件（如有）。值得说明的是，若被投资企业为公司的全资或控股子公司，应参照针对公司的尽职调查清单全面提供尽职调查材料。

1. 是否需要前置政府审批

（1）新设企业的前置审批

公司因其对外投资行为而新设企业的，若该新设企业从事的行业属于需要办理前置审批方可设立的行业，则该新设企业在办理营业执照前，应当前往具备审批权限的有关政府部门进行审批并获得相关的许可证、批准等证件，方可办理营业执照。若该新设企业从事的行业属于需要政府机关核准的行业，则公司应当按照规定报送有关项目核准机关核准。

（2）国有企业对外投资的审批

根据国家关于国有资产监督管理的相关法律法规，国家出资企业进行重大投资应当遵守法律、行政法规以及企业章程的规定，不得损害出资人和债权人的权益。国家出资企业投资应当符合国家产业政策，并按照国家规定进行可行性研究，与他人交易应当公平、有偿，取得合理对价。

实践中，各地对国有企业对外投资的审批有不同规定。具体应当参照国家出资企业及被投资标的企业所在地有关国有资产监督管理的地方性法规和地方政府规章等规定，且必要时候为避免地方政府或相关部门的实践监管政策和口径与地方性法规及规章的规定不一致，律师在具体项目操作时需留意视情况与相关政府部门就项目具体情况进行咨询确认，避免出现其提供的法律建议或方案最终无法落地、不具有可操作性的问题。

（3）有限合伙企业国有权益登记

根据《有限合伙企业国有权益登记暂行规定》的规定，国家出资企业（不含国有资本参股公司）及其拥有实际控制权的各级子企业（以下统称出资企业）对有限合伙企业出资所形成的权益及其分布状况应当进行国有权益登记。在相关情形发生后 30 个工作日内，出资企业通过出资入伙、受让等方式首次取得有限合伙企业财产份额的，应当办理占有登记；有限合伙企业发生相关基本信息变更的，应当办理变动登记；有限合伙企业发生特定情形导致有限合伙企业不再符合有限合伙企业国有权益登记要求的（如解散、清算并注销），应当办理注销登记。出资企业负责填报其对有限合伙企业出资所形成权益的相关情况，并按照出资关系逐级报送国家出资企业；国家出资企业对相关信息进行审核确认后完成登记，并向国有资产监督管理机构报送相关信息。多个出资企业共同出资的有限合伙企业，由各出资企业分别进行登记。出资企业应当于每年1月31日前更新上一年度所出资有限合伙企业的实缴出资情况及对外投资情况等信息。

2. 公司再投资的限制

公司可以向其他企业投资，但是除法律另有规定外，其不得成为对所投资企业的债务承担连带责任的出资人，例如成为承担无限连带责任的合伙企业合伙人。国有独资公司、国有企业、上市公司以及公益性的事业单位、社会团体不得成为合伙企业的普通合伙人。

一人有限责任公司不能投资设立新的一人有限责任公司。

3. 公司是否依法律/公司章程做出对外投资的决议

公司向其他企业投资的，依照公司章程的规定，由董事会或者股东会、股东大会决议；公司章程对投资的总额及单项投资的数额有限额规定的，不得超过规定的限额。公司向其他公司投资超过了其公司章程规定的限额的，该公司的部分股东可能对此表示异议，并以此为由向人民法院提起诉讼，要求撤销该决议。拟交易事项可能因此面临无法实现的风险。

律师应建议出现上述问题的公司相应修改公司章程，或者变更投资数额。

4. 对被投资公司的调查范围

通常对于目标公司对外投资的全资子公司或控股子公司，律师一般需按与目标公司一致的审核标准进行全面尽调。除前述全资子公司或控股子公司以外的其他参股公司，若客户没有特别关注该等参股的被投资公司（如计划将被投资公司纳入目标公司范围），通常律师仅就该等参股的被投资公司的设立和存续状态、注册资本、股权结构、业务范围等基本情况进行了解。具体来说，律师会要求公司提供被投资公司的营业执照、工商查询基本信息表、章程等，并要求目标公司对其与该等参股的被投资公司的关联交易（若有）进行说明。

在上述基本审核原则下，根据尽调目的、被投资公司的情况、重要性不同，律师可以进一步要求公司提供其他的财务信息、资产情况等重要问题相关文件。

(二)境内分支机构

1. 经营性的分支机构是否合法注册

公司设立分公司,应当自决定作出之日起30日内向分公司所在地的公司登记机关申请登记;法律、行政法规或者国务院决定规定必须报经有关部门批准的,应当自批准之日起30日内向公司登记机关申请登记。

若公司设立分支机构,实际从事经营活动,但尚未办理分公司的工商登记手续的,根据《公司法》第210条的规定,由公司登记机关责令改正或者予以取缔,可以并处10万元以下的罚款。

实践中,常见情形为公司提出其拥有分支机构/办事处,但实际上其并未实际注册分支机构,或以员工/第三人个人名义注册分支机构,受公司运营管理。律师应要求公司列出其分支机构/办事处列表;同时要求公司提供分支机构的营业执照,律师应相应对上述文件所载信息进行比对来了解公司分支机构是否合法注册,并指出存在的风险(若有)。

2. 分公司的经营范围

分公司的登记事项包括:名称、营业场所、负责人、经营范围。分公司的经营范围不得超出公司的经营范围。公司登记事项变更涉及分公司登记事项变更的,应当自公司变更登记之日起30日内申请分公司变更登记。

目标公司若未能履行上述义务,可能被公司登记机关责令限期登记;如逾期仍不登记的,可能被处以1万元以上10万元以下的罚款;若变更经营范围涉及法律、行政法规或者国务院决定规定须经批准的项目而未取得批准,擅自从事相关经营活动,情节严重的,可能被吊销营业执照。因此,律师应建议出现上述情形的目标公司尽快就有关分公司经营范围的变更进行登记。

3. 分公司是否依法注销

分公司被公司撤销、依法责令关闭、吊销营业执照的,公司应当自决定作出之日起30日内向该分公司的公司登记机关申请注销登记。申请注销登记应当提交公司法定代表人签署的注销登记申请书和分公司的营业执照。

实践中,目标公司可能已经撤销其分公司,但尚未办理注销登记。律师建议已注销的分公司及时向企业登记机关办理注销登记。

4. 分公司是否存在债权债务

分公司不具有法人资格，其民事责任由公司承担，即意味着分公司的债权债务将由目标公司承担。目标公司在应对律师尽职调查时，可能会忽略其分公司的债权债务情况，律师应留意并特别要求目标公司对其分公司的债权债务情况进行披露。

5. 公司及分公司的年度报告义务

公司应当于每年1月1日至6月30日，通过企业信用信息公示系统向公司登记机关报送上一年度年度报告，并向社会公示。未按照本条例规定的期限公示年度报告的，可能会被列入经营异常名录。

（三）境外投资

1. 境外投资的行业限制

国家对境外投资实施鼓励清单[①]及负面清单制度[②]。对鼓励类境外投资项目，国家在宏观调控、多双边经贸政策、外交、财政、税收外汇、海关、资源信息、信贷、保险，以及双多边合作和外事工作等方面，给予相应政策支持。具体的支持政策措施细则由各相关部门根据职能制定和实施。对于负面清单行业和领域，有相关的股权要求、高管要求等外商投资准入方面的特别管理措施；负面清单之外的领域，按照内外资一致原则实施管理。

2. 企业境外投资应履行的审批程序

按照现行有效的法律法规，中国境内企业进行境外投资应当履行以下审批程序：

（1）发改委部门核准或备案程序[③]

在取得发改委部门的核准或备案之前，拟进行境外投资的中国投资者不得进行项目实施（“项目实施”内容参见《企业境外投资管理办法》第32条）；并且，未经发改委核准，外汇管理或海关或税务机关均不得办理与境外投资相关的任何手续。因此，进行境外投资的第一个门槛就是取得发改委的核准文件或备案通知书。

---

① 参见《鼓励外商投资产业目录》（2020年版）。

② 参见《外商投资准入特别管理措施（负面清单）》（2021年版）。

③ 参见《企业境外投资管理办法》（国家发展和改革委员会令第11号，2018年3月1日生效）。

①不同类型投资项目的核准或备案机关及权限

i. 实行核准管理的项目：

国家对投资主体直接或通过其控制的境外企业开展的“敏感类项目”实行核准管理，核准机关是国家发展和改革委员会（以下简称国家发展改革委）。

“敏感类项目”包括两类：一类是涉及敏感国家和地区的项目，另一类是涉及敏感行业的项目。

A. 敏感国家和地区包括：

a. 与我国未建交的国家和地区；

b. 发生战争、内乱的国家和地区；

c. 根据我国缔结或参加的国际条约、协定等，需要限制企业对其投资的国家和地区；

d. 其他敏感国家和地区。

B. 敏感行业包括：

a. 武器装备的研制生产维修；

b. 跨境水资源开发利用；

c. 新闻传媒；

d. 根据我国法律法规和有关调控政策，需要限制企业境外投资的行业。

ii. 实行备案管理的项目：

国家对投资主体直接开展的“非敏感类项目”（涉及投资主体直接投入资产、权益或提供融资、担保的非敏感类项目）实行备案管理，“非敏感类项目”是指不涉及敏感国家和地区且不涉及敏感行业的项目。

备案机关需视投资主体的类别并结合中方投资额进行判断，具体分如下三种情况：

A. 投资主体是中央管理企业（含中央管理金融企业、国务院或国务院所属机构直接管理的企业）：备案机关为国家发展改革委；

B. 投资主体是地方企业，且中方投资额 3 亿美元及以上的：备案机关为国家发展改革委；

C. 投资主体是地方企业，且中方投资额 3 亿美元以下的：备案机关为投资主体注册地的省级政府发展改革部门。

②核准或备案的程序及时间

i. 实行核准管理的项目：

A. 程序：由投资主体通过境外投资管理和服务网络系统（以下简称网络系统）提交申请。具体而言，投资主体是中央管理企业的，由其集团公司或总公司向核准机关提交；投资主体是地方企业的，由其直接向核准机关提交。

B. 时间：核准机关应当在受理项目申请报告后 20 个工作日内作出是否予以核准的决定。项目情况复杂或需要征求有关单位意见的，经核准机关负责人批准，可以延长核准时限，但延长的核准时限不得超过 10 个工作日，并应当将延长时限的理由告知投资主体。需留意前述核准时限，包括征求有关单位意见的时间，但不包括咨询机构评估的时间。

ii. 实行备案管理的项目：

A. 程序：投资主体应当通过网络系统向备案机关提交申请。具体而言，投资主体是中央管理企业的，由其集团公司或总公司向备案机关提交；投资主体是地方企业的，由其直接向备案机关提交。

B. 时间：备案机关在受理项目备案表之日起 7 个工作日内向投资主体出具备案通知书或向投资主体出具不予备案书面通知并说明不予备案的理由。

iii. 对重点问题的评估论证

国家发展改革委在受理核准管理的项目申请报告之日起 4 个工作日内，将需要进行评估论证的重点问题委托给有资质的咨询机构进行评估。接受委托的咨询机构应在规定的时间内向国家发展改革委提出评估报告。

③需提交的材料

i. 实行核准管理的项目：

需提交项目申请报告并附具有关文件，具体需附具的文件清单由国家发展改革委发布。项目申请报告应包括以下内容：A. 投资主体情况；B. 项目情况，包括项目名称、投资目的地、主要内容和规模、中方投资额等；C. 项目对我国国家利益和国家安全的影响分析；D. 投资主体关于项目真实性的声明。

ii. 实行备案管理的项目：

需提交项目备案表并附具有关文件，项目备案表格式文本及附件清单由国家发展改革委发布。

（2）商务部门审批程序①

获得国家发展改革委核准文件或备案通知书后（或根据具体的各地实际操

---

① 参见《境外投资管理办法》（商务部令 2014 年第 3 号）。

作，有可能国家发展改革委出具核准文件或备案通知书环节在后），中国投资者须向商务部门申请获得企业境外投资证书。商务部建立“境外投资管理系统”（以下简称管理系统），对予以备案或核准的企业，颁发企业境外投资证书（以下简称证书）。该证书由商务部和各省、自治区、直辖市、计划单列市及新疆生产建设兵团商务主管部门（以下简称省级商务主管部门）分别印制并盖章，实行统一编码管理。

下图2－5－2为证书样本：

企业境外投资证书（样式）

境外投资证第　　　号

××公司右页所列境外投资符合《境外投资管理办法》（商务部令2014年第3号）有关规定，现予以颁发《企业境外投资证书》。

公司自领取本证书之日起2年内，未从事右页所列境外投资，证书自动失效。

公司开展境外投资业务应认真遵守境内外相关的法律法规和政策。

发证机关（盖章）

年　月　日

境外企业（最终目的地）	名称			国家/地区	
设立方式	□新设		□并购		□变更
投资主体	中方名称			股比	
	外方名称			股比	
投资总额	中方	万元人民币（折合　万美元）			
	外方	万元人民币（折合　万美元）			
中方境内现金出资实际币种和金额	币种			金额（单位：万）	
中方投资构成（单位：万元人民币）	境内	现　金	自有资金		
			银行贷款		
		实　物			
		无形资产			
		股　权			
		其　他			
	境外	自有资金			
		银行贷款			
		其　他			
经营范围					
申报文号			核准或备案文号		
投资路径（仅限第一层级境外企业）	名称			国家/地区	
备　注					

图2－5－2　企业境外投资证书样本

①商务部门审批权限及机关划分

商务部和省级商务主管部门按照企业境外投资的不同情形，分别实行备案和核准管理。

i. 实行核准管理：

企业境外投资涉及敏感国家和地区、敏感行业的，实行核准管理。具体而言，中央企业向商务部提出申请，地方企业通过所在地省级商务主管部门向商务部提出申请：

A. 实行核准管理的国家：指与中华人民共和国未建交的、受联合国制裁的国家。必要时，商务部可另行公布其他实行核准管理的国家和地区的名单。

B. 实行核准管理的行业：指涉及出口中华人民共和国限制出口的产品和技

术的、影响一国(地区)以上利益的行业。

ii. 实行备案管理:

除了实行核准管理的项目外的其他情形的企业境外投资,实行备案管理。具体而言,中央企业报商务部备案,地方企业报所在地省级商务主管部门备案。

②需提交的材料

i. 实行核准管理:

A. 申请书(主要内容包括投资主体情况、境外企业名称、股权结构、投资金额、经营范围、经营期限、投资资金来源、投资具体内容等);

B. 境外投资申请表,企业应当通过管理系统按要求填写打印,并加盖印章;

C. 企业营业执照复印件;

D. 境外投资相关协议或合同;

E. 有关部门对境外投资所涉的属于中华人民共和国限制出口的产品或技术准予出口的材料。

ii. 实行备案管理:

中央企业和地方企业通过管理系统按要求填写打印境外投资备案表,加盖印章后,连同企业营业执照复印件分别报商务部或省级商务主管部门备案。

③审批时间

i. 实行核准管理:

商务部应当在受理核准申请后20个工作日内[包含征求驻外使(领)馆(经商处室)意见的时间]作出是否予以核准的决定。申请材料不齐全或者不符合法定形式的,商务部应当在3个工作日内一次告知申请企业需要补正的全部内容。逾期不告知的,自收到申请材料之日起即为受理。

对予以核准的中央企业境外投资,商务部作出准予行政许可的决定后,通过管理系统通知申请方,并通过现场领取方式将批复结果送达。对予以核准的地方企业境外投资,商务部通过管理系统将核准决定和《证书》电子传输至地方企业所在地省级商务主管部门,地方企业径行向其领取。

ii. 实行备案管理:

境外投资备案表的填写应如实、完整、符合法定形式,且企业在境外投资备案表中声明其境外投资不存在企业境外投资不得有的情形(具体参见《境外投资管理办法》(2014年)第4条)的,商务部或省级商务主管部门应当自收到境外投资备案表之日起3个工作日内予以备案并颁发证书。

(3)外汇登记程序[①]

根据国家外汇管理局《关于进一步简化和改进直接投资外汇管理政策的通知》(汇发〔2015〕13 号,以下简称 13 号文),自 2015 年 6 月 1 日国家取消了境外直接投资项下外汇登记核准的行政审批,改由银行按照 13 号文及其所附《直接投资外汇业务操作指引》直接审核办理境内境外直接投资项下外汇登记,外汇局通过银行对境外直接投资外汇登记实施间接监管。境内机构在以境内外合法资产或权益(包括但不限于货币、有价证券、知识产权或技术、股权、债权等)向境外出资前,应到注册地银行申请办理境外直接投资外汇登记。

多个境内机构共同实施一项境外直接投资的,由约定的一个境内机构向其注册地银行申请办理境外直接投资外汇登记;银行通过外汇局资本项目信息系统完成境外直接投资外汇登记后,其他境内机构可分别向注册地银行领取业务登记凭证。

①需提交的材料

根据直接投资外汇操作指引的相关规定,境内机构境外直接投资外汇登记需提交下述材料:

i. 境外直接投资外汇登记业务申请表;

ii. 境内机构有效的营业执照或注册登记证明及组织机构代码证(多个境内机构共同实施一项境外直接投资的,应提交各境内机构的营业执照或注册登记证明及组织机构代码证);

iii. 非金融企业境外投资提供商务主管部门颁发的证书,金融机构境外投资提供相关金融主管部门对该项投资的批准文件或无异议函;

iv. 外国投资者以境外股权并购境内公司导致境内公司或其股东持有境外公司股权的,另需提供外商投资企业营业执照;

v. 银行要求的其他材料。

银行审核上述材料无误后,通过外汇局资本项目信息系统为境内机构办理境外直接投资外汇登记手续后,境内机构凭业务登记凭证直接到银行办理后续资金购付汇手续。

---

① 参见《境内机构境外直接投资外汇管理规定》(汇发〔2009〕30 号)、国家外汇管理局《关于进一步简化和改进直接投资外汇管理政策的通知》(汇发〔2015〕13 号)。

②办理时间

《境内机构境外直接投资外汇管理规定》及直接投资外汇操作指引均未对办理时间做出明确具体的规定，且不同银行也可能在流程及时间上会有区别。律师需留意提示客户根据项目具体情况与办理银行提前咨询确认，并提示相应风险（如有）。

3. 赴境外投资未办理审批程序或相关手续

在投资主体的项目实施前（项目实施前，是指投资主体或其控制的境外企业为项目投入资产、权益或提供融资、担保之前），应取得发改委部门的核准或备案，并取得商务部门颁发的《证书》。获得境外直接投资主管部门的核准或备案后，持《证书》办理外汇、银行、海关、外事等相关手续，并享受国家有关政策支持。

若境内机构未依法办理境外投资相关审批手续的，其在办理外汇、银行、海关、外事等相关手续时可能面临无法办理的困境，且该境内企业还可能因此导致其在 3 年内无法享受国家相关的境外投资政策支持。

另外，境内机构因未办理境外投资外汇登记，可能被有关外汇管理机关责令改正，给予警告，并可能被处以 30 万元以下的罚款；相关负责人和直接责任人员可能被处以 5 万元以下的罚款。此外，境内机构因未能办理境外投资外汇登记，则无法依法办理和境外公司外汇往来、资本汇出、利润调回等业务。

4. 境外投资项目的变更未依法取得发展改革部门的审批

经国家发展改革委部门核准或备案的项目若出现下列情况，需向出具项目核准文件或备案通知书的机关申请变更：(1)主要内容和规模发生重大变化；(2)投资地点发生重大变化；(3)投资主体增加或减少；(4)中方投资额变化幅度达到或超过原核准、备案金额的 20%，或中方投资额变化 1 亿美元及以上；(5)需要对项目核准文件或备案通知书有关内容进行重大调整的其他情形。

发生上述变更后，境内机构在实施变更前，若未履行向国家发展改革委部门申请核准或备案的义务，则无法办理外汇、海关、税务等相关手续，且将由核准、备案机关责令投资主体中止或停止实施该项目并限期改正，对投资主体及有关责任人处以警告，若构成犯罪的，将依法追究刑事责任。

5. 国家发展改革委部门的核准或备案有效期届满

国家发展改革委部门出具的核准文件、备案通知书有效期为 2 年。在有效期内，进行境外投资的境内机构凭国家发展改革委部门的核准或备案文件，依法办理外汇、海关、出入境管理和税收等相关手续;有效期满后,境内机构办理上述手续时,应出示国家发展改革委部门的准予延长有效期的文件。

境内公司若未能在国家发展改革委部门出具的核准文件、备案通知书载明的有效期内实施境外投资项目,则无法办理外汇、海关、税务等相关手续,应当向国家发展改革委部门申请延期核准或备案文件。

6. 境外投资变更/终止事项应取得商务部门的批准

境内机构获得核准或备案后,原证书载明的境外投资申请事项发生变更,境内机构应参照前述商务部门审批程序向原核准或备案的商务部门申请办理变更手续。企业之间转让境外企业股份,由受让方负责申请办理变更手续,商务部或受让方所在地省级商务主管部门应当把相关核准或备案文件抄送其他股东所在地的省级商务主管部门。

若境内机构拟终止(终止内容参见《境外投资管理办法》第17条)已备案或核准的境外投资项目,则境内机构应在依投资目的地法律办理注销等手续后向原核准或备案的商务部门报告。原核准或备案机关出具注销确认函,境内机构据此向外汇管理部门办理相关手续。

7. 商务主管部门对境外投资的核准或备案有效期届满

进行境外投资的境内机构自领取《证书》之日起2年内,未在境外开展投资的,《证书》自动失效。如需再开展境外投资,须按前述审批程序重新办理核准或备案。已变更、失效或注销的证书应当交回发证机关。[①]

8. 境外投资应办理外汇登记变更/备案/注销手续/存量权益登记

(1)外汇登记变更/备案

境内机构应在如下情况发生之日起60日内,持银行颁发的境外直接投资外汇业务登记凭证、境外直接投资主管部门的核准或者备案文件及相关真实性证明材料到境内投资主体注册地外汇局辖内银行办理境外直接投资外汇登记、变更或备案手续:

①境内机构将其境外直接投资所得利润以及其所投资境外企业减资、转股、清算等所得资本项下外汇收入留存境外,用于设立、并购或参股未登记的境外企业的,应就上述直接投资活动办理境外直接投资外汇登记手续;

②已登记境外企业发生名称、经营期限、合资合作伙伴及合资合作方式等

① 《境外投资管理办法》(商务部令2014年第3号)。

基本信息变更，或发生增资、减资、股权转让或置换、合并或分立等情况，境内机构应就上述变更情况办理境外直接投资外汇登记变更手续；

③已登记境外企业发生长期股权或债权投资、对外担保等不涉及资本变动的重大事项的，境内机构应就上述重大事项办理境外直接投资外汇备案手续。

多个境内机构共同实施一项境外直接投资的，由约定的一个投资主体向其注册地外汇局辖内银行申请办理变更登记，其他境内机构无须重复申请；银行通过外汇局资本项目信息系统完成境外直接投资外汇变更登记后，其他境内机构可分别向注册地银行领取业务登记凭证。

境内投资者收购其他境内投资者境外企业股权的，由股权出让方按照相关规定办理外汇变更登记。境内投资主体设立或控制的境外企业在境外再投资设立或控制新的境外企业无须办理外汇备案手续。

(2)外汇注销

境内机构持有的境外企业股权因转股、破产、解散、清算、经营期满等原因注销的，境内机构应在取得境外直接投资主管部门相关证明材料之日起60日内，凭相关材料到注册地银行办理外汇注销登记。[①]

(3)未办理外汇登记变更/备案/注销手续的法律风险

办理外汇登记/变更/备案/注销手续是境内机构对外投资的法定义务。若境内机构因未按相关规定办理境外投资外汇登记，可能被有关外汇管理机关责令改正，给予警告，并可能被处以30万元以下的罚款；相关负责人和直接责任人员可能被处以5万元以下的罚款。

此外，境内机构因未能办理境外投资外汇登记，也就无法办理和境外公司外汇往来、资本汇出、利润调回等业务。

(4)未办理外汇存量权益登记的风险

根据13号文的规定，自2015年6月1日国家取消了境外直接投资外汇年检，改为实行存量权益登记。相关市场主体应于每年9月30日(含)前，自行或委托会计师事务所、银行通过外汇局资本项目信息系统报送上年末境外直接投资存量权益数据。

对于未按前款规定办理的相关市场主体，外汇局在资本项目信息系统中对

---

① 《境内机构境外直接投资外汇管理规定》(国家外汇管理局于2009年7月13日颁布，2009年8月1日起施行，汇发〔2009〕30号)。

其进行业务管控，银行不得为其办理资本项目外汇业务。在按要求补报并向外汇局出具说明函说明合理理由后，外汇局取消业务管控，对涉嫌违反外汇管理规定的，依法进行行政处罚。

9. 境外再投资的核准和备案手续

境外投资企业在境外再投资项目不需要向国家发展改革委部门申请核准或备案，但应当在完成境外法律手续后向商务主管部门报告。

地方企业须通过管理系统填报相关信息，打印再投资报告表并加盖本企业公章后报省级商务主管部门；企业为中央企业的，中央企业通过管理系统填报相关信息，打印再投资报告表并加盖公章后报商务部。

若境内机构进行境外再投资未依法向商务主管部门报告的，该境内机构将因此导致其无法在 3 年之内享受国家相关境外投资方面的政策支持。

10. 上市公司境外投资的审批程序

上市公司进行境外投资，导致上市公司的主营业务、资产、收入发生重大变化的，应当按照上市公司重大资产重组的审批要求履行。

11. 国有资产境外投资的特别程序

根据《中央企业境外国有产权管理暂行办法》的规定，国务院国有资产监督管理委员会（以下简称国资委）履行出资人职责的企业（以下简称中央企业）及其各级独资、控股子企业（以下简称各级子企业）持有的境外国有产权变动的事项，由中央企业决定或者批准，并按国家有关法律和法规办理相关手续。其中，中央企业重要子企业由国有独资转为绝对控股、绝对控股转为相对控股或者失去控股地位的，应当报国资委审核同意。中央企业及其各级子企业转让境外国有产权，要多方比选意向受让方。具备条件的，应当公开征集意向受让方并竞价转让，或者进入中央企业国有产权转让交易试点机构挂牌交易。

中央企业及其各级子企业独资或者控股的境外企业在境外发生转让或者受让产权、以非货币资产出资、非上市公司国有股东股权比例变动、合并分立、解散清算等经济行为时，应当聘请专业机构对标的物进行评估或者估值，评估项目或者估值情况应当由中央企业备案；涉及中央企业重要子企业由国有独资转为绝对控股、绝对控股转为相对控股或者失去控股地位等经济行为的，评估项目或者估值情况应当报国资委备案或者核准。

12. 对境外投资权益的确认方法

由于境内律师不具有境外法域的执业资格，通常律师将依赖目标公司提供的境外注册登记机构提供的公司注册登记证书、股东名册、董事名册、公司章程等文件。

13. 出资或收购对价的缴付

(1)境外直接投资外汇汇出

境内机构应凭境外直接投资主管部门的核准文件和银行颁发的境外直接投资外汇登记业务凭证,在境内机构注册地的银行办理境外直接投资资金汇出手续。

境内机构于注册地银行办理境外直接投资资金汇出的累计金额,不得超过其事先已经在银行相关业务系统中登记的境外直接投资外汇资金总额。

(2)境外直接投资前期费用汇出

①前期费用的范围

境外直接投资前期费用,是指境内机构在境外投资设立项目或企业前,需要向境外支付的与境外直接投资有关的费用。包括但不限于:ⅰ. 收购境外企业股权或境外资产权益,按项目所在地法律规定或出让方要求需缴纳的保证金;ⅱ. 在境外项目招投标过程中,需支付的投标保证金;ⅲ. 进行境外直接投资前,进行市场调查、租用办公场地和设备、聘用人员,以及聘请境外中介机构提供服务所需的费用。

②前期费用的限额

境内机构向境外汇出的前期费用,一般不得超过境内机构已向注册地银行申请的中方投资总额的15%且不超过300万美元。

对于汇出的境外直接投资前期费用确需超过300万美元或超过中方投资总额15%的,境内机构需提交说明函至注册地外汇局提出办理申请。

③未超限额的前期费用的汇出须向银行申请

境内机构需要向境外汇出前期费用的,除超过前期费用限额需按规定向外汇局申请办理的,需要向其所在地银行申请办理。需提交的申请材料包括:

i. 境外直接投资外汇登记业务申请表;

ii. 营业执照和组织机构代码证;

iii. 银行要求的其他相关材料。

④前期费用的调回

境内机构自汇出前期费用之日起6个月内仍未完成境外直接投资项目核准程序的,应将境外账户剩余资金调回原汇出资金的境内外汇账户。所汇回的外汇资金如属人民币购汇的,可持原购汇凭证到外汇指定银行办理结汇。如确因前期工作需要，经原作出核准的外汇局或银行同意，上述6个月的期限可适当延长，但最长不超过12个月。

相关规定

本专题相关规定见表2－5－2。

表2－5－2　相关规定

主要法律问题	文件名	具体条款规定
境内投资	《公司法》（发布日期：1993年12月29日；生效日期：1994年7月1日；发文机关：全国人大常委会；文号：中华人民共和国主席令第16号；经过1999年12月25日、2004年8月28日、2005年10月27日及2013年12月28日四次修订，最新于2018年10月26日修订并实施）	第15条　公司可以向其他企业投资；但是，除法律另有规定外，不得成为对所投资企业的债务承担连带责任的出资人。
		第16条　公司向其他企业投资或者为他人提供担保，依照公司章程的规定，由董事会或者股东会、股东大会决议；公司章程对投资或者担保的总额及单项投资或者担保的数额有限额规定的，不得超过规定的限额。 公司为公司股东或者实际控制人提供担保的，必须经股东会或者股东大会决议。 前款规定的股东或者受前款规定的实际控制人支配的股东，不得参加前款规定事项的表决。该项表决由出席会议的其他股东所持表决权的过半数通过。
		第22条　公司股东会或者股东大会、董事会的决议内容违反法律、行政法规的无效。 股东会或者股东大会、董事会的会议召集程序、表决方式违反法律、行政法规或者公司章程，或者决议内容违反公司章程的，股东可以自决议作出之日起六十日内，请求人民法院撤销。 股东依照前款规定提起诉讼的，人民法院可以应公司的请求，要求股东提供相应担保。 公司根据股东会或者股东大会、董事会决议已办理变更登记的，人民法院宣告该决议无效或者撤销该决议后，公司应当向公司登记机关申请撤销变更登记。
		第58条　一个自然人只能投资设立一个一人有限责任公司。该一人有限责任公司不能投资设立新的一人有限责任公司。

续表

主要法律问题	文件名	具体条款规定
	《合伙企业法》(发布日期:1997年2月23日;实施日期:1997年8月1日;发文机关:全国人民代表大会常务委员会;文号:中华人民共和国主席令第82号;2006年8月27日修订,2007年6月1日实施)	第3条　国有独资公司、国有企业、上市公司以及公益性的事业单位、社会团体不得成为普通合伙人。
	《有限合伙企业国有权益登记暂行规定》(发布日期:2020年1月3日;实施日期:2020年1月3日;发文机关:国务院国有资产监督管理委员会;文号:国资发产权规〔2020〕2号)	第2条　本规定所称有限合伙企业国有权益登记,是指国有资产监督管理机构对本级人民政府授权履行出资人职责的国家出资企业(不含国有资本参股公司,下同)及其拥有实际控制权的各级子企业(以下统称出资企业)对有限合伙企业出资所形成的权益及其分布状况进行登记的行为。 前款所称拥有实际控制权,是指国家出资企业直接或间接合计持股比例超过50%,或者持股比例虽然未超过50%,但为第一大股东,并通过股东协议、公司章程、董事会决议或者其他协议安排能够实际支配企业行为的情形。
		第3条　有限合伙企业国有权益登记分为占有登记、变动登记和注销登记。
		第4条　出资企业通过出资入伙、受让等方式首次取得有限合伙企业财产份额的,应当办理占有登记。
		第5条　占有登记包括下列内容: (一)企业名称; (二)成立日期、合伙期限(如有)、主要经营场所; (三)执行事务合伙人; (四)经营范围; (五)认缴出资额与实缴出资额; (六)合伙人名称、类型、类别、出资方式、认缴出资额、认缴出资比例、实缴出资额、缴付期限; (七)对外投资情况(如有),包括投资标的名称、统一信用编码、所属行业、投资额、投资比例等; (八)合伙协议; (九)其他需登记的内容。
		第6条　有限合伙企业有下列情形之一的,应当办理变动登记: (一)企业名称改变的;

续表

主要法律问题	文件名	具体条款规定
		（二）主要经营场所改变的； （三）执行事务合伙人改变的； （四）经营范围改变的； （五）认缴出资额改变的； （六）合伙人的名称、类型、类别、出资方式、认缴出资额、认缴出资比例改变的； （七）其他应当办理变动登记的情形。
		第 7 条　有限合伙企业有下列情形之一的，应当办理注销登记： （一）解散、清算并注销的； （二）因出资企业转让财产份额、退伙或出资企业性质改变等导致有限合伙企业不再符合第二条登记要求的。
		第 8 条　出资企业负责填报其对有限合伙企业出资所形成权益的相关情况，并按照出资关系逐级报送国家出资企业；国家出资企业对相关信息进行审核确认后完成登记，并向国有资产监督管理机构报送相关信息。多个出资企业共同出资的有限合伙企业，由各出资企业分别进行登记。
		第 9 条　有限合伙企业国有权益登记应当在相关情形发生后 30 个工作日内办理。出资企业应当于每年 1 月 31 日前更新上一年度所出资有限合伙企业的实缴出资情况及对外投资情况等信息。
		第 10 条　国家出资企业应当建立有限合伙企业国有权益登记工作流程，落实登记管理责任，做好档案管理、登记数据汇总等工作。
	《企业国有资产法》（发布日期：2008 年 10 月 28 日；实施日期：2009 年 5 月 1 日；发文机关：全国人大常委会；文号：中华人民共和国主席令第 5 号）	第 5 条　本法所称国家出资企业，是指国家出资的国有独资企业、国有独资公司，以及国有资本控股公司、国有资本参股公司。
		第 12 条　履行出资人职责的机构代表本级人民政府对国家出资企业依法享有资产收益、参与重大决策和选择管理者等出资人权利。 履行出资人职责的机构依照法律、行政法规的规定，制定或者参与制定国家出资企业的章程。 履行出资人职责的机构对法律、行政法规和本级人民政府规定须经本级人民政府批准的履行出资人职责的重大事项，应当报请本级人民政府批准。

续表

主要法律问题	文件名	具体条款规定
		第 13 条 履行出资人职责的机构委派的股东代表参加国有资本控股公司、国有资本参股公司召开的股东会会议、股东大会会议,应当按照委派机构的指示提出提案、发表意见、行使表决权,并将其履行职责的情况和结果及时报告委派机构。
		第 30 条 国家出资企业合并、分立、改制、上市,增加或者减少注册资本,发行债券,进行重大投资,为他人提供大额担保,转让重大财产,进行大额捐赠,分配利润,以及解散、申请破产等重大事项,应当遵守法律、行政法规以及企业章程的规定,不得损害出资人和债权人的权益。
		第 31 条 国有独资企业、国有独资公司合并、分立,增加或者减少注册资本,发行债券,分配利润,以及解散、申请破产,由履行出资人职责的机构决定。
		第 32 条 国有独资企业、国有独资公司有本法第三十条所列事项的,除依照本法第三十一条和有关法律、行政法规以及企业章程的规定,由履行出资人职责的机构决定的以外,国有独资企业由企业负责人集体讨论决定,国有独资公司由董事会决定。
		第 34 条 重要的国有独资企业、国有独资公司、国有资本控股公司的合并、分立、解散、申请破产以及法律、行政法规和本级人民政府规定应当由履行出资人职责的机构报经本级人民政府批准的重大事项,履行出资人职责的机构在作出决定或者向其委派参加国有资本控股公司股东会会议、股东大会会议的股东代表作出指示前,应当报请本级人民政府批准。 本法所称的重要的国有独资企业、国有独资公司和国有资本控股公司,按照国务院的规定确定。
		第 35 条 国家出资企业发行债券、投资等事项,有关法律、行政法规规定应当报经人民政府或者人民政府有关部门、机构批准、核准或者备案的,依照其规定。
		第 36 条 国家出资企业投资应当符合国家产业政策,并按照国家规定进行可行性研究;与他人交易应当公平、有偿,取得合理对价。
		第 47 条 国有独资企业、国有独资公司和国有资本控股公司合并、分立、改制,转让重大财产,以非货币财产对外投资,清算或者有法律、行政法规以及企业章程规定应当进行资产评估的其他情形的,应当按照规定对有关资产进行评估。

续表

主要法律问题	文件名	具体条款规定
	《上市公司重大资产重组管理办法》(发布日期:2008年4月16日;实施日期:2008年5月18日;发文机关:中国证券监督管理委员会;文号:中国证券监督管理委员会令第53号;经过2011年8月1日、2014年10月23日、2016年9月8日、2019年10月18日数次修订,最新于2020年3月20日修订并实施)	第2条　本办法适用于上市公司及其控股或者控制的公司在日常经营活动之外购买、出售资产或者通过其他方式进行资产交易达到规定的比例,导致上市公司的主营业务、资产、收入发生重大变化的资产交易行为(以下简称重大资产重组)。 上市公司发行股份购买资产应当符合本办法的规定。 上市公司按照经中国证券监督管理委员会(以下简称中国证监会)核准的发行证券文件披露的募集资金用途,使用募集资金购买资产、对外投资的行为,不适用本办法。
		第8条　中国证监会依法对上市公司重大资产重组行为进行监管。 中国证监会审核上市公司重大资产重组或者发行股份购买资产的申请,可以根据上市公司的规范运作和诚信状况、财务顾问的执业能力和执业质量,结合国家产业政策和重组交易类型,作出差异化的、公开透明的监管制度安排,有条件地减少审核内容和环节。
		第10条　中国证监会在发行审核委员会中设立上市公司并购重组审核委员会(以下简称并购重组委),并购重组委以投票方式对提交其审议的重大资产重组或者发行股份购买资产申请进行表决,提出审核意见。
		第11条　上市公司实施重大资产重组,应当就本次交易符合下列要求作出充分说明,并予以披露: (一)符合国家产业政策和有关环境保护、土地管理、反垄断等法律和行政法规的规定; (二)不会导致上市公司不符合股票上市条件; (三)重大资产重组所涉及的资产定价公允,不存在损害上市公司和股东合法权益的情形; (四)重大资产重组所涉及的资产权属清晰,资产过户或者转移不存在法律障碍,相关债权债务处理合法; (五)有利于上市公司增强持续经营能力,不存在可能导致上市公司重组后主要资产为现金或者无具体经营业务的情形; (六)有利于上市公司在业务、资产、财务、人员、机构等方面与实际控制人及其关联人保持独立,符合中国证监会关于上市公司独立性的相关规定; (七)有利于上市公司形成或者保持健全有效的法人治理结构。

续表

主要法律问题	文件名	具体条款规定
		第12条 上市公司及其控股或者控制的公司购买、出售资产,达到下列标准之一的,构成重大资产重组: (一)购买、出售的资产总额占上市公司最近一个会计年度经审计的合并财务会计报告期末资产总额的比例达到50%以上; (二)购买、出售的资产在最近一个会计年度所产生的营业收入占上市公司同期经审计的合并财务会计报告营业收入的比例达到50%以上; (三)购买、出售的资产净额占上市公司最近一个会计年度经审计的合并财务会计报告期末净资产额的比例达到50%以上,且超过5000万元人民币。 购买、出售资产未达到前款规定标准,但中国证监会发现存在可能损害上市公司或者投资者合法权益的重大问题的,可以根据审慎监管原则,责令上市公司按照本办法的规定补充披露相关信息、暂停交易、聘请符合《证券法》规定的独立财务顾问或者其他证券服务机构补充核查并披露专业意见。
		第13条 上市公司自控制权发生变更之日起36个月内,向收购人及其关联人购买资产,导致上市公司发生以下根本变化情形之一的,构成重大资产重组,应当按照本办法的规定报经中国证监会核准: (一)购买的资产总额占上市公司控制权发生变更的前一个会计年度经审计的合并财务会计报告期末资产总额的比例达到100%以上; (二)购买的资产在最近一个会计年度所产生的营业收入占上市公司控制权发生变更的前一个会计年度经审计的合并财务会计报告营业收入的比例达到100%以上; (三)购买的资产净额占上市公司控制权发生变更的前一个会计年度经审计的合并财务会计报告期末净资产额的比例达到100%以上; (四)为购买资产发行的股份占上市公司首次向收购人及其关联人购买资产的董事会决议前一个交易日的股份的比例达到100%以上; (五)上市公司向收购人及其关联人购买资产虽未达到本款第(一)至第(四)项标准,但可能导致上市公司主营业务发生根本变化; (六)中国证监会认定的可能导致上市公司发生根本变化的其他情形。

续表

主要法律问题	文件名	具体条款规定
		上市公司实施前款规定的重大资产重组,应当符合下列规定: (一)符合本办法第十一条、第四十三条规定的要求; (二)上市公司购买的资产对应的经营实体应当是股份有限公司或者有限责任公司,且符合《首次公开发行股票并上市管理办法》规定的其他发行条件; (三)上市公司及其最近3年内的控股股东、实际控制人不存在因涉嫌犯罪正被司法机关立案侦查或涉嫌违法违规正被中国证监会立案调查的情形,但是,涉嫌犯罪或违法违规的行为已经终止满3年,交易方案能够消除该行为可能造成的不良后果,且不影响对相关行为人追究责任的除外; (四)上市公司及其控股股东、实际控制人最近12个月内未受到证券交易所公开谴责,不存在其他重大失信行为; (五)本次重大资产重组不存在中国证监会认定的可能损害投资者合法权益,或者违背公开、公平、公正原则的其他情形。 上市公司通过发行股份购买资产进行重大资产重组的,适用《证券法》和中国证监会的相关规定……
		第27条　中国证监会依照法定条件和程序,对上市公司属于本办法第十三条规定情形的交易申请作出予以核准或者不予核准的决定。 中国证监会在审核期间提出反馈意见要求上市公司作出书面解释、说明的,上市公司应当自收到反馈意见之日起30日内提供书面回复意见,独立财务顾问应当配合上市公司提供书面回复意见。逾期未提供的,上市公司应当在到期日的次日就本次交易的进展情况及未能及时提供回复意见的具体原因等予以公告。
	《政府核准的投资项目目录》(2016年版)(发布日期:2016年12月12日;实施日期:2016年12月12日;发文机关:国务院;文号:国发〔2016〕72号)	全文

续表

<table>
<tr><th>主要法律问题</th><th>文件名</th><th>具体条款规定</th></tr>
<tr><td rowspan="5">境内分支机构</td><td rowspan="2">《公司法》(发布日期:1993年12月29日;生效日期:1994年7月1日;发文机关:全国人大常委会;文号:中华人民共和国主席令第16号;经过1999年12月25日、2004年8月28日、2005年10月27日及2013年12月28日四次修订,最新于2018年10月26日修订并实施)</td><td>第14条　公司可以设立分公司。设立分公司,应当向公司登记机关申请登记,领取营业执照。分公司不具有法人资格,其民事责任由公司承担。
公司可以设立子公司,子公司具有法人资格,依法独立承担民事责任。</td></tr>
<tr><td>第210条　未依法登记为有限责任公司或者股份有限公司,而冒用有限责任公司或者股份有限公司名义的,或者未依法登记为有限责任公司或者股份有限公司的分公司,而冒用有限责任公司或者股份有限公司的分公司名义的,由公司登记机关责令改正或者予以取缔,可以并处十万元以下的罚款。</td></tr>
<tr><td>国务院《关于取消和下放一批行政许可事项的决定》(发布日期:2019年2月27日;实施日期:2019年2月27日;发文机关:国务院;文号:国发〔2019〕6号)</td><td>附件1　国务院决定取消的行政许可事项目录第24项:取消名称预先核准(包括企业、企业集团、个体工商户、农民专业合作社名称预先核准),改为企业(包括企业、个体工商户、农民专业合作社,下同)自主申报名称,市场监管部门在企业注册登记时核准名称。</td></tr>
<tr><td rowspan="2">《企业信息公示暂行条例》(发布日期:2014年8月7日;实施日期:2014年10月1日;发文机关:国务院;文号:国务院令第654号)</td><td>第8条　企业应当于每年1月1日至6月30日,通过企业信用信息公示系统向工商行政管理部门报送上一年度年度报告,并向社会公示。
当年设立登记的企业,自下一年起报送并公示年度报告。</td></tr>
<tr><td>第9条　企业年度报告内容包括:
(一)企业通信地址、邮政编码、联系电话、电子邮箱等信息;
(二)企业开业、歇业、清算等存续状态信息;
(三)企业投资设立企业、购买股权信息;
(四)企业为有限责任公司或者股份有限公司的,其股东或者发起人认缴和实缴的出资额、出资时间、出资方式等信息;
(五)有限责任公司股东股权转让等股权变更信息;
(六)企业网站以及从事网络经营的网店的名称、网址等信息;
(七)企业从业人数、资产总额、负债总额、对外提供保证担保、所有者权益合计、营业总收入、主营业务收入、利润总额、净利润、纳税总额信息。</td></tr>
</table>

续表

主要法律问题	文件名	具体条款规定
		前款第一项至第六项规定的信息应当向社会公示，第七项规定的信息由企业选择是否向社会公示……
		第17条　有下列情形之一的，由县级以上工商行政管理部门列入经营异常名录，通过企业信用信息公示系统向社会公示，提醒其履行公示义务；情节严重的，由有关主管部门依照有关法律、行政法规规定给予行政处罚；造成他人损失的，依法承担赔偿责任；构成犯罪的，依法追究刑事责任： （一）企业未按照本条例规定的期限公示年度报告或者未按照工商行政管理部门责令的期限公示有关企业信息的； （二）企业公示信息隐瞒真实情况、弄虚作假的。 被列入经营异常名录的企业依照本条例规定履行公示义务的，由县级以上工商行政管理部门移出经营异常名录；满3年未依照本条例规定履行公示义务的，由国务院工商行政管理部门或者省、自治区、直辖市人民政府工商行政管理部门列入严重违法企业名单，并通过企业信用信息公示系统向社会公示。被列入严重违法企业名单的企业的法定代表人、负责人，3年内不得担任其他企业的法定代表人、负责人。 企业自被列入严重违法企业名单之日起满5年未再发生第一款规定情形的，由国务院工商行政管理部门或者省、自治区、直辖市人民政府工商行政管理部门移出严重违法企业名单。
	《企业经营异常名录管理暂行办法》［发布日期：2014年8月19日；实施日期：2014年10月1日；发文机关：国家工商行政管理总局（已撤销）；文号：国家工商行政管理总局令第68号］	第6条　企业未依照《企业信息公示暂行条例》第八条规定通过企业信用信息公示系统报送上一年度年度报告并向社会公示的，工商行政管理部门应当在当年年度报告公示结束之日起10个工作日内作出将其列入经营异常名录的决定，并予以公示。
		第11条　依照本办法第六条规定被列入经营异常名录的企业，可以在补报未报年份的年度报告并公示后，申请移出经营异常名录，工商行政管理部门应当自收到申请之日起5个工作日内作出移出决定。
境外投资	《境外投资管理办法》（发布日期：2009年3月16日；实施日期：2009年5月1日；发文机关：商务部；文号：中华人民共和国商务	第2条　本办法所称境外投资，是指在中华人民共和国境内依法设立的企业（以下简称企业）通过新设、并购及其他方式在境外拥有非金融企业或取得既有非金融企业所有权、控制权、经营管理权及其他权益的行为。

续表

主要法律问题	文件名	具体条款规定
	部令2009年第5号;2014年9月6日修订,2014年10月6日实施)	第4条　企业境外投资不得有以下情形: (一)危害中华人民共和国国家主权、安全和社会公共利益,或违反中华人民共和国法律法规; (二)损害中华人民共和国与有关国家(地区)关系; (三)违反中华人民共和国缔结或者参加的国际条约、协定; (四)出口中华人民共和国禁止出口的产品和技术。
		第5条　商务部和各省、自治区、直辖市、计划单列市及新疆生产建设兵团商务主管部门(以下称省级商务主管部门)负责对境外投资实施管理和监督。
	《企业境外投资管理办法》(发布日期:2017年12月26日;实施日期:2018年3月1日;发文机关:国家发展和改革委员会;文号:国家发展和改革委员会令第11号)	第2条　本办法所称境外投资,是指中华人民共和国境内企业(以下称“投资主体”)直接或通过其控制的境外企业,以投入资产、权益或提供融资、担保等方式,获得境外所有权、控制权、经营管理权及其他相关权益的投资活动。 前款所称投资活动,主要包括但不限于下列情形: (一)获得境外土地所有权、使用权等权益; (二)获得境外自然资源勘探、开发特许权等权益; (三)获得境外基础设施所有权、经营管理权等权益; (四)获得境外企业或资产所有权、经营管理权等权益; (五)新建或改扩建境外固定资产; (六)新建境外企业或向既有境外企业增加投资; (七)新设或参股境外股权投资基金; (八)通过协议、信托等方式控制境外企业或资产。 本办法所称企业,包括各种类型的非金融企业和金融企业。 本办法所称控制,是指直接或间接拥有企业半数以上表决权,或虽不拥有半数以上表决权,但能够支配企业的经营、财务、人事、技术等重要事项。

续表

主要法律问题	文件名	具体条款规定
	国家外汇管理局《关于发布〈境内机构境外直接投资外汇管理规定〉的通知》(发布日期:2009年7月13日;实施日期:2009年8月1日;发文机关:国家外汇管理局;文号:汇发〔2009〕30号)	第2条　本规定所称境外直接投资是指境内机构经境外直接投资主管部门核准,通过设立(独资、合资、合作)、并购、参股等方式在境外设立或取得既有企业或项目所有权、控制权或经营管理权等权益的行为。
境外投资的行业限制	国家税务局、国家外汇管理局、财政部等《关于印发〈境外投资产业指导政策〉的通知》(发布日期:2006年7月5日;实施日期:2006年7月5日;发文机关:国家税务总局、国家外汇管理局、财政部、商务部、外交部、海关总署、国家发展和改革委员会;文号:发改外资〔2006〕1312号)	全文
	《鼓励外商投资产业目录》(2020年版)(发布日期:2020年12月27日;实施日期:2021年1月27日;发文机关:商务部;文号:中华人民共和国国家发展和改革委员会、中华人民共和国商务部令第38号)	全文
	《外商投资准入特别管理措施(负面清单)》(2021年版)(发布日期:2021年12月27日;实施日期:2022年1月1日;发文机关:商务部;文号:中华人民共和国国家发展和改革委员会、中华人民共和国商务部令第47号)	全文

续表

主要法律问题	文件名	具体条款规定
境外投资的审批	《境外投资管理办法》(发布日期:2009 年 3 月 16 日;实施日期:2009 年 5 月 1 日;发文机关:商务部;文号:中华人民共和国商务部令 2009 年第 5 号;2014 年 9 月 6 日修订,2014 年 10 月 6 日实施)	第 6 条　商务部和省级商务主管部门按照企业境外投资的不同情形,分别实行备案和核准管理。 企业境外投资涉及敏感国家和地区、敏感行业的,实行核准管理。 企业其他情形的境外投资,实行备案管理。
		第 7 条　实行核准管理的国家是指与中华人民共和国未建交的国家、受联合国制裁的国家。必要时,商务部可另行公布其他实行核准管理的国家和地区的名单。 实行核准管理的行业是指涉及出口中华人民共和国限制出口的产品和技术的行业、影响一国(地区)以上利益的行业。
		第 8 条　商务部和省级商务主管部门应当依法办理备案和核准,提高办事效率,提供优质服务。 商务部和省级商务主管部门通过"境外投资管理系统"(以下简称"管理系统")对企业境外投资进行管理,并向获得备案或核准的企业颁发《企业境外投资证书》(以下简称《证书》,样式见附件 1)。《证书》由商务部和省级商务主管部门分别印制并盖章,实行统一编码管理。 《证书》是企业境外投资获得备案或核准的凭证,按照境外投资最终目的地颁发。
		第 9 条　对属于备案情形的境外投资,中央企业报商务部备案;地方企业报所在地省级商务主管部门备案。 中央企业和地方企业通过"管理系统"按要求填写并打印《境外投资备案表》(以下简称《备案表》,样式见附件 2),加盖印章后,连同企业营业执照复印件分别报商务部或省级商务主管部门备案。 《备案表》填写如实、完整、符合法定形式,且企业在《备案表》中声明其境外投资无本办法第四条所列情形的,商务部或省级商务主管部门应当自收到《备案表》之日起 3 个工作日内予以备案并颁发《证书》。企业不如实、完整填报《备案表》的,商务部或省级商务主管部门不予备案。
		第 10 条　对属于核准情形的境外投资,中央企业向商务部提出申请,地方企业通过所在地省级商务主管部门向商务部提出申请。 企业申请境外投资核准需提交以下材料:

续表

主要法律问题	文件名	具体条款规定
		（一）申请书，主要包括投资主体情况、境外企业名称、股权结构、投资金额、经营范围、经营期限、投资资金来源、投资具体内容等； （二）《境外投资申请表》（样式见附件3），企业应当通过"管理系统"按要求填写打印，并加盖印章； （三）境外投资相关合同或协议； （四）有关部门对境外投资所涉的属于中华人民共和国限制出口的产品或技术准予出口的材料； （五）企业营业执照复印件。
		第14条　两个以上企业共同开展境外投资的，应当由相对大股东在征求其他投资方书面同意后办理备案或申请核准。如果各方持股比例相等，应当协商后由一方办理备案或申请核准。如投资方不属同一行政区域，负责办理备案或核准的商务部或省级商务主管部门应当将备案或核准结果告知其他投资方所在地商务主管部门。
		第15条　企业境外投资经备案或核准后，原《证书》载明的境外投资事项发生变更的，企业应当按照本章程序向原备案或核准的商务部或省级商务主管部门办理变更手续。
		第16条　自领取《证书》之日起2年内，企业未在境外开展投资的，《证书》自动失效。如需再开展境外投资，应当按照本章程序重新办理备案或申请核准。
		第17条　企业终止已备案或核准的境外投资，应当在依投资目的地法律办理注销等手续后，向原备案或核准的商务部或省级商务主管部门报告。原备案或核准的商务部或省级商务主管部门根据报告出具注销确认函。 终止是指原经备案或核准的境外企业不再存续或企业不再拥有原经备案或核准的境外企业的股权等任何权益。
		第18条　《证书》不得伪造、涂改、出租、出借或以任何其他形式转让。已变更、失效或注销的《证书》应当交回原备案或核准的商务部或省级商务主管部门。
		第25条　企业投资的境外企业开展境外再投资，在完成境外法律手续后，企业应当向商务主管部门报告。涉及中央企业的，中央企业通过"管理系统"填报相关信息，打印《境外中资企业再投资报告表》（以

续表

主要法律问题	文件名	具体条款规定
		下简称《再投资报告表》，样式见附件4）并加盖印章后报商务部；涉及地方企业的，地方企业通过“管理系统”填报相关信息，打印《再投资报告表》并加盖印章后报省级商务主管部门。
		第28条　企业以提供虚假材料等不正当手段办理备案并取得《证书》的，商务部或省级商务主管部门撤销该企业境外投资备案，给予警告，并依法公布处罚决定。
		第29条　企业提供虚假材料申请核准的，商务部给予警告，并依法公布处罚决定。该企业在一年内不得再次申请该项核准。 企业以欺骗、贿赂等不正当手段获得境外投资核准的，商务部撤销该企业境外投资核准，给予警告，并依法公布处罚决定。该企业在三年内不得再次申请该项核准；构成犯罪的，依法追究刑事责任。
		第30条　企业开展境外投资过程中出现本办法第四条所列情形的，应当承担相应的法律责任。
		第31条　企业伪造、涂改、出租、出借或以任何其他形式转让《证书》的，商务部或省级商务主管部门给予警告；构成犯罪的，依法追究刑事责任。
		第32条　境外投资出现第二十八至三十一条规定的情形以及违反本办法其他规定的企业，三年内不得享受国家有关政策支持。
		第35条　本办法所称中央企业系指国务院国有资产监督管理委员会履行出资人职责的企业及其所属企业、中央管理的其他单位。
		第36条　事业单位法人开展境外投资、企业在境外设立分支机构适用本办法。
		第37条　企业赴香港、澳门及台湾地区投资参照本办法执行。

续表

主要法律问题	文件名	具体条款规定
	《企业境外投资管理办法》(发布日期:2017 年 12 月 26 日;实施日期:2018 年 3 月 1 日;发文机关:国家发展和改革委员会;文号:国家发展和改革委员会令第 11 号)	第 4 条　投资主体开展境外投资,应当履行境外投资项目(以下称“项目”)核准、备案等手续,报告有关信息,配合监督检查。
		第 6 条　国家发展和改革委员会(以下称“国家发展改革委”)在国务院规定的职责范围内,履行境外投资主管部门职责,根据维护我国国家利益和国家安全的需要,对境外投资进行宏观指导、综合服务和全程监管。
		第 13 条　实行核准管理的范围是投资主体直接或通过其控制的境外企业开展的敏感类项目。核准机关是国家发展改革委。 本办法所称敏感类项目包括: (一)涉及敏感国家和地区的项目; (二)涉及敏感行业的项目。 本办法所称敏感国家和地区包括: (一)与我国未建交的国家和地区; (二)发生战争、内乱的国家和地区; (三)根据我国缔结或参加的国际条约、协定等,需要限制企业对其投资的国家和地区; (四)其他敏感国家和地区。 本办法所称敏感行业包括: (一)武器装备的研制生产维修; (二)跨境水资源开发利用; (三)新闻传媒; (四)根据我国法律法规和有关调控政策,需要限制企业境外投资的行业。 敏感行业目录由国家发展改革委发布。
		第 14 条　实行备案管理的范围是投资主体直接开展的非敏感类项目,也即涉及投资主体直接投入资产、权益或提供融资、担保的非敏感类项目。 实行备案管理的项目中,投资主体是中央管理企业(含中央管理金融企业、国务院或国务院所属机构直接管理的企业,下同)的,备案机关是国家发展改革委;投资主体是地方企业,且中方投资额 3 亿美元及以上的,备案机关是国家发展改革委;投资主体是地方企业,且中方投资额 3 亿美元以下的,备案机关是投资主体注册地的省级政府发展改革部门。 本办法所称非敏感类项目,是指不涉及敏感国家和地区且不涉及敏感行业的项目。

续表

主要法律问题	文件名	具体条款规定
		本办法所称中方投资额，是指投资主体直接以及通过其控制的境外企业为项目投入的货币、证券、实物、技术、知识产权、股权、债权等资产、权益以及提供融资、担保的总额。 本办法所称省级政府发展改革部门，包括各省、自治区、直辖市及计划单列市人民政府发展改革部门和新疆生产建设兵团发展改革部门。
		第 16 条　两个以上投资主体共同开展的项目，应当由投资额较大一方在征求其他投资方书面同意后提出核准、备案申请。如各方投资额相等，应当协商一致后由其中一方提出核准、备案申请。
		第 17 条　对项目所需前期费用（包括履约保证金、保函手续费、中介服务费、资源勘探费等）规模较大的，投资主体可以参照本办法第十三条、第十四条规定对项目前期费用提出核准、备案申请。经核准或备案的项目前期费用计入项目中方投资额。
		第 18 条　实行核准管理的项目，投资主体应当通过网络系统向核准机关提交项目申请报告并附具有关文件。其中，投资主体是中央管理企业的，由其集团公司或总公司向核准机关提交；投资主体是地方企业的，由其直接向核准机关提交。
		第 19 条　项目申请报告应当包括以下内容： （一）投资主体情况； （二）项目情况，包括项目名称、投资目的地、主要内容和规模、中方投资额等； （三）项目对我国国家利益和国家安全的影响分析； （四）投资主体关于项目真实性的声明。 项目申请报告的通用文本以及应当附具的文件（以下称“附件”）清单由国家发展改革委发布。
		第 29 条　实行备案管理的项目，投资主体应当通过网络系统向备案机关提交项目备案表并附具有关文件。其中，投资主体是中央管理企业的，由其集团公司或总公司向备案机关提交；投资主体是地方企业的，由其直接向备案机关提交。 项目备案表格式文本及附件清单由国家发展改革委发布。
		第 32 条　属于核准、备案管理范围的项目，投资主体应当在项目实施前取得项目核准文件或备案通知书。

续表

主要法律问题	文件名	具体条款规定
		本办法所称项目实施前,是指投资主体或其控制的境外企业为项目投入资产、权益(已按照本办法第十七条办理核准、备案的项目前期费用除外)或提供融资、担保之前。
		第 34 条　已核准、备案的项目,发生下列情形之一的,投资主体应当在有关情形发生前向出具该项目核准文件或备案通知书的机关提出变更申请: (一)投资主体增加或减少; (二)投资地点发生重大变化; (三)主要内容和规模发生重大变化; (四)中方投资额变化幅度达到或超过原核准、备案金额的 20%,或中方投资额变化 1 亿美元及以上; (五)需要对项目核准文件或备案通知书有关内容进行重大调整的其他情形。 核准机关应当在受理变更申请之日起 20 个工作日内作出是否同意变更核准的书面决定。备案机关应当在受理变更申请之日起 7 个工作日内作出是否同意变更备案的书面决定。
		第 35 条　核准文件、备案通知书有效期 2 年。确需延长有效期的,投资主体应当在有效期届满的 30 个工作日前向出具该项目核准文件或备案通知书的机关提出延长有效期的申请。 核准机关应当在受理延期申请之日起 20 个工作日内作出是否同意延长核准文件有效期的书面决定。备案机关应当在受理延期申请之日起 7 个工作日内作出是否同意延长备案通知书有效期的书面决定。
		第 42 条　投资主体通过其控制的境外企业开展大额非敏感类项目的,投资主体应当在项目实施前通过网络系统提交大额非敏感类项目情况报告表,将有关信息告知国家发展改革委。 投资主体提交的大额非敏感类项目情况报告表内容不完整的,国家发展改革委应当在收到之日起 5 个工作日内一次性告知投资主体需要补正的内容。逾期不告知的,视作内容完整。大额非敏感类项目情况报告表格式文本由国家发展改革委发布。 本办法所称大额非敏感类项目,是指中方投资额 3 亿美元及以上的非敏感类项目。

续表

主要法律问题	文件名	具体条款规定
		第 44 条　属于核准、备案管理范围的项目，投资主体应当在项目完成之日起 20 个工作日内通过网络系统提交项目完成情况报告表。项目完成情况报告表格式文本由国家发展改革委发布。 前款所称项目完成，是指项目所属的建设工程竣工、投资标的股权或资产交割、中方投资额支出完毕等情形。
		第 52 条　投资主体通过欺骗、贿赂等不正当手段取得项目核准文件或备案通知书的，核准、备案机关应当撤销该核准文件或备案通知书，对投资主体及主要责任人处以警告；构成犯罪的，依法追究刑事责任。
		第 53 条　属于核准、备案管理范围的项目，投资主体有下列行为之一的，由核准、备案机关责令投资主体中止或停止实施该项目并限期改正，对投资主体及有关责任人处以警告；构成犯罪的，依法追究刑事责任： （一）未取得核准文件或备案通知书而擅自实施的； （二）应当履行核准、备案变更手续，但未经核准、备案机关同意而擅自实施变更的。
		第 62 条　投资主体直接或通过其控制的企业对香港、澳门、台湾地区开展投资的，参照本办法执行。 投资主体通过其控制的香港、澳门、台湾地区企业对境外开展投资的，参照本办法执行。
		第 63 条　境内自然人通过其控制的境外企业或香港、澳门、台湾地区企业对境外开展投资的，参照本办法执行。 境内自然人直接对境外开展投资不适用本办法。境内自然人直接对香港、澳门、台湾地区开展投资不适用本办法。
	商务部、国家外汇管理局《关于印发〈企业境外并购事项前期报告制度〉的通知》（发布日期：2005 年 3 月 31 日；实施日期：2005 年 5 月 1 日；发文机关：国家外汇管理局、商务部；文号：商合发〔2005〕131 号）	三、企业在确定境外并购意向后，须及时向商务部及地方省级商务主管部门和国家外汇管理局及地方省级外汇管理部门报告。国务院国有资产管理委员会管理的企业直接向商务部和国家外汇管理局报告；其他企业向地方省级商务主管部门和外汇管理部门报告，地方省级商务主管部门和外汇管理部门分别向商务部和国家外汇管理局转报。
		四、企业报告时，需填写并提交《境外并购事项前期报告表》。

续表

主要法律问题	文件名	具体条款规定
	国家外汇管理局《关于发布〈境内机构境外直接投资外汇管理规定〉的通知》（发布日期：2009年7月13日；实施日期：2009年8月1日；发文机关：国家外汇管理局；文号：汇发〔2009〕30号）	第3条　国家外汇管理局及其分支机构（以下简称外汇局）对境内机构境外直接投资的外汇收支、外汇登记实施监督管理。
		第6条　外汇局对境内机构境外直接投资及其形成的资产、相关权益实行外汇登记及备案制度。 境内机构在向所在地外汇局办理境外直接投资外汇登记时，应说明其境外投资外汇资金来源情况。
		第7条　境内机构境外直接投资获得境外直接投资主管部门核准后，持下列材料到所在地外汇局办理境外直接投资外汇登记： （一）书面申请并填写《境外直接投资外汇登记申请表》（格式见附件1）； （二）外汇资金来源情况的说明材料； （三）境内机构有效的营业执照或注册登记证明及组织机构代码证； （四）境外直接投资主管部门对该项投资的核准文件或证书； （五）如果发生前期费用汇出的，提供相关说明文件及汇出凭证； （六）外汇局要求的其他材料。 外汇局审核上述材料无误后，在相关业务系统中登记有关情况，并向境内机构颁发境外直接投资外汇登记证。境内机构应凭其办理境外直接投资项下的外汇收支业务。 多个境内机构共同实施一项境外直接投资的，由境内机构所在地外汇局分别向相关境内机构颁发境外直接投资外汇登记证，并在相关业务系统中登记有关情况。
		第8条　境内机构应凭境外直接投资主管部门的核准文件和境外直接投资外汇登记证，在外汇指定银行办理境外直接投资资金汇出手续。外汇指定银行进行真实性审核后为其办理。 外汇指定银行为境内机构办理境外直接投资资金汇出的累计金额，不得超过该境内机构事先已经外汇局在相关业务系统中登记的境外直接投资外汇资金总额。
		第9条　境内机构应在如下情况发生之日起60天内，持境外直接投资外汇登记证、境外直接投资主管部门的核准或者备案文件及相关真实性证明材料到所在地外汇局办理境外直接投资外汇登记、变更或备案手续：

续表

主要法律问题	文件名	具体条款规定
		(一)境内机构将其境外直接投资所得利润以及其所投资境外企业减资、转股、清算等所得资本项下外汇收入留存境外,用于设立、并购或参股未登记的境外企业的,应就上述直接投资活动办理境外直接投资外汇登记手续; (二)已登记境外企业发生名称、经营期限、合资合作伙伴及合资合作方式等基本信息变更,或发生增资、减资、股权转让或置换、合并或分立等情况,境内机构应就上述变更情况办理境外直接投资外汇登记变更手续; (三)已登记境外企业发生长期股权或债权投资、对外担保等不涉及资本变动的重大事项的,境内机构应就上述重大事项办理境外直接投资外汇备案手续。
		第10条　境内机构持有的境外企业股权因转股、破产、解散、清算、经营期满等原因注销的,境内机构应在取得境外直接投资主管部门相关证明材料之日起60天内,凭相关材料到所在地外汇局办理注销境外直接投资外汇登记手续。
		第13条　境外直接投资前期费用是指境内机构在境外投资设立项目或企业前,需要向境外支付的与境外直接投资有关的费用,包括但不限于: (一)收购境外企业股权或境外资产权益,按项目所在地法律规定或出让方要求需缴纳的保证金; (二)在境外项目招投标过程中,需支付的投标保证金; (三)进行境外直接投资前,进行市场调查、租用办公场地和设备、聘用人员,以及聘请境外中介机构提供服务所需的费用。
		第14条　境内机构向境外汇出的前期费用,一般不得超过境内机构已向境外直接投资主管部门申请的境外直接投资总额(以下简称境外直接投资总额)的15%(含),并持下列材料向所在地外汇局申请: (一)书面申请(包括境外直接投资总额、各方出资额、出资方式,以及所需前期费用金额、用途和资金来源说明等); (二)境内机构有效的营业执照或注册登记证明及组织机构代码证; (三)境内机构参与投标、并购或合资合作项目的相关文件(包括中外方签署的意向书、备忘录或框架协议等);

续表

主要法律问题	文件名	具体条款规定
		（四）境内机构已向境外直接投资主管部门报送的书面申请； （五）境内机构出具的前期费用使用书面承诺函； （六）外汇局要求的其他相关材料。 对于汇出的境外直接投资前期费用确需超过境外直接投资总额15%的，境内机构应当持上述材料向所在地国家外汇管理局分局（含外汇管理部）提出申请。 外汇指定银行凭外汇局出具的核准件为境内机构办理购付汇手续，并及时向外汇局反馈有关信息。
		第15条　境内机构已汇出境外的前期费用，应列入境内机构境外直接投资总额。外汇指定银行在办理境内机构境外直接投资资金汇出时，应扣减已汇出的前期费用金额。
		第16条　境内机构自汇出前期费用之日起6个月内仍未完成境外直接投资项目核准程序的，应将境外账户剩余资金调回原汇出资金的境内外汇账户。所汇回的外汇资金如属人民币购汇的，可持原购汇凭证，到外汇指定银行办理结汇。 所在地外汇局负责监督境内机构调回剩余的前期费用。如确因前期工作需要，经原作出核准的外汇局核准，上述6个月的期限可适当延长，但最长不超过12个月。
		第19条　境内机构将其境外直接投资的企业股权全部或者部分转让给其他境内机构的，相关资金应在境内以人民币支付。股权出让方应到所在地外汇局办理境外直接投资外汇登记的变更或注销手续，股权受让方应到所在地外汇局办理受让股权的境外直接投资外汇登记手续。
		第21条　境内机构在香港特别行政区、澳门特别行政区和台湾地区进行直接投资的，参照本规定进行管理。
		第24条　境内机构违反本规定的，外汇局根据《中华人民共和国外汇管理条例》及其他相关规定进行处罚；构成犯罪的，依法追究刑事责任。

续表

主要法律问题	文件名	具体条款规定
	国家外汇管理局《关于进一步简化和改进直接投资外汇管理政策的通知》(发布日期:2015年2月13日;实施日期:2015年6月1日;发文机关:国家外汇管理局;文号:汇发〔2015〕13号)	一、取消境内直接投资项下外汇登记核准和境外直接投资项下外汇登记核准两项行政审批事项 改由银行按照本通知及所附《直接投资外汇业务操作指引》(见附件)直接审核办理境内直接投资项下外汇登记和境外直接投资项下外汇登记(以下合称直接投资外汇登记),国家外汇管理局及其分支机构(以下简称外汇局)通过银行对直接投资外汇登记实施间接监管。
		二、(三)取消直接投资外汇年检,改为实行存量权益登记。相关市场主体应于每年9月30日(含)前,自行或委托会计师事务所、银行通过外汇局资本项目信息系统报送上年末境内直接投资和(或)境外直接投资存量权益(以下合称直接投资存量权益)数据。 对于未按前款规定办理的相关市场主体,外汇局在资本项目信息系统中对其进行业务管控,银行不得为其办理资本项下外汇业务。在按要求补报并向外汇局出具说明函说明合理理由后,外汇局取消业务管控,对涉嫌违反外汇管理规定的,依法进行行政处罚。 参加外汇局直接投资存量权益抽样调查的外商投资企业等相关市场主体应按照直接投资存量权益抽样调查制度要求,按季度向注册地外汇局报送相关信息。
	《境外国有资产产权登记管理暂行办法实施细则》(发布日期:1996年9月11日;实施日期:1996年9月11日;发文机关:国有资产监督管理委员会;文号:国资企发〔1996〕114号)	第2条　凡占有、使用国有资产,并已在中华人民共和国境外的国家或地区(包括港澳地区)登记、注册的境外企业(公司)和非经营性机构(以下统称境外机构)都必须按照本实施细则的要求,办理境外国有资产产权登记(以下简称境外产权登记)。
		第4条　国有资产管理部门审定的《境外国有资产产权登记表》,是国家对境外机构占用的国有资产享有所有权和境外机构合法占有、使用国有资产的法律凭证。
		第14条　立案产权登记为备案登记,适用于新批准的境外投资项目。经国务院和各地方人民政府及国务院和各地方人民政府授权的审批单位,批准在境外设立的机构和项目投资,在政府授权部门审核颁发批准证书及相应的批准文件后、外汇管理部门批准汇出资金之前,必须到国有资产管理部门办理立案产权登记。 凡是用实物投入境外的,必须由投资单位或境外机构组建单位向同级国有资产管理部门申报资产评估立项,并聘请经国有资产管理部门授予资格的资产评估机构进行资产评估后,由投资单位或组建单位持经同级国有资产管理部门确认的评估证明到同级国

续表

主要法律问题	文件名	具体条款规定
		有资产管理部门办理立案产权登记，填报《国有资产实物境外投资出口核验表》。外汇管理部门和出境地海关部门凭其持有的境外产权立案登记表和《国有资产实物境外投资出口核验表》等有关资料办理批准资金汇出和实物放行出关核验手续。
		第15条　境内投资或派出单位办理立案产权登记时，应提交下列文件： （一）项目可行性研究报告的批复文件； （二）有关政府主管部门或上级投资单位的批准文件； （三）公司章程和建立公司的协议、合同； （四）国有资本金的来源证明； （五）国有资产管理部门要求提供的其他文件。
		第16条　新批准设立的境外机构在境外正式注册后60日内需办理占有产权登记。申办时，应填写占有产权登记表，并提交项目立案登记表影印件。

专题六　公司治理

一、审阅文件清单

本专题审阅文件清单见表2-6-1。

表2-6-1　审阅文件清单

序号	审阅文件清单
1	公司成立以来董事、监事、高级管理人员清单（包括姓名、身份证证件号码、任期）
2	历任董事、监事、高级管理人员背景及简历
3	历任董事、监事、高级管理人员的任免文件及其他在工商登记备案的文件及信息
4	公司章程
5	营业执照
6	组织结构图
7	股东（大）会、董事会、监事会议事规则等公司治理制度（如有）
8	股东（大）会、董事会、监事会各类会议记录及决议

二、访谈清单

1. 请简要描述受访者目前的职位、职责情况。

2. 公司的组织结构如何？设立了哪些职能部门、项目部门？

3. 公司董事会成员有哪些（其中是否包括投资人股东委派的董事）？是否设立了董事会秘书？

4. 公司监事会成员有哪些？组成成员中是否有职工代表？

5. 董事、监事和高级管理人员的任命及历次变更是否符合法律规定和公司章程的规定？

6. 董事、监事和高级管理人员是否存在不符合法律规定的任职资格的情形？

7. 公司三会的召集程序、表决方式是否按照法律规定和公司章程的有关规定执行？

8. 董事、高级管理人员是否存在竞业禁止的情形？

9. 公司运营过程中是否存在应当决议的事项未经股东（大）会/董事会决议通过的情况？

10. 一方股东/董事对重大事项或拟议交易是否享有一票否决权？

三、主要法律问题

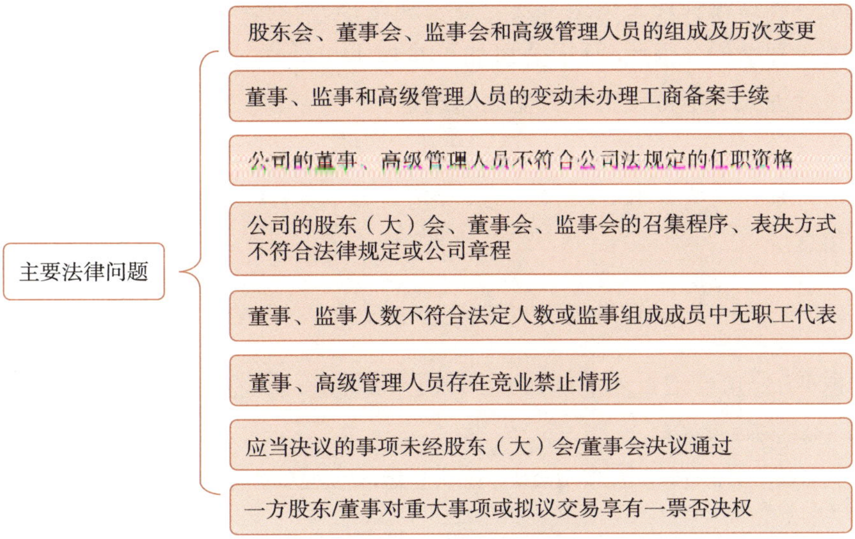

图 2－6－1　本专题思维导图

公司治理是一个多角度、多层次的概念，但其主要目标在于通过股东（大）会、董事会、监事会及管理层所构成的公司治理结构及制度安排，合理配置公司所有者与经营者之间的权责关系，防止经营者对所有者利益的背离。律师在对公司治理进行的尽职调查中，应重点关注董事、监事和高级管理人员的人员构成、任职资格，其任免是否符合公司章程的规定，董事、高管是否存在竞业禁止的情形，一方或某些股东/董事是否享有一票否决权等问题。

以下将针对公司治理的尽职调查中可能出现的法律问题逐项进行分析。

（一）股东会、董事会、监事会和高级管理人员的组成及历次变更

无论所尽调的目标公司为何种类型的公司，律师均可通过审阅目标公司成立至今的全套工商档案中涉及的董事、监事和高级管理人员的任命程序、任命机构及相关的文件，来了解登记在工商局的股东结构，历任和现任的董事、监事和高级管理人员的相关情况，亦可能存在虽未在工商局登记，但已通过相关决议进行了任命的情形。在审阅过程中，律师应尤为注意董事、监事和高级管理人员的任命文件是否齐全，其历次变更是否符合法律规定和公司章程的规定。

《首次公开发行股票并上市管理办法》[①]第 12 条的规定，发行人最近 3 年内主营业务和董事、高级管理人员没有发生重大变化，实际控制人没有发生变更。该条文内容确定了拟上市公司的发行上市条件有一个重要的判断标准是报告期内董事和高级管理人员是否发生重大变化，来判断公司是否存在规范且运行有效的治理结构。因此，目标公司如果是拟上市公司，还应遵守报告期内董事和高级管理人员不得发生重大变化的规定。

此外，律师还应当要求目标公司提供其现行有效的组织结构图和高级管理人员的背景及简历，用以了解公司的部门设置、级别设置以及高级管理人员的基本信息。

（二）董事、监事和高级管理人员的变动未办理工商备案手续

根据《公司登记管理条例》（已失效）[②]的规定：公司董事、监事、经理发生变

---

① 《首次公开发行股票并上市管理办法》（2022 年修正）（生效日期：2022 年 4 月 8 日；发文机关：中国证券监督管理委员会）。

② 《公司登记管理条例》（2016 年修订）（生效日期：2016 年 2 月 6 日；文号：中华人民共和国国务院令第 666 号）。

动时,应当向原登记机关备案,否则将可能面临 3 万元以下的罚款处罚。

律师需确认目标公司现任及历任的股东会、董事会、监事会的人员组成和高级管理人员的人选,并对比是否与工商局登记的情形一致。若律师经审阅文件发现公司选举、任命或聘任的董事、监事和高级管理人员的人选与工商局登记的情况不一致,则应当建议目标公司尽快补充办理变更备案登记。

(三)公司的董事、高级管理人员不符合公司法规定的任职资格

《公司法》[①]第 146 条规定了五种不得担任公司董事、监事和高级管理人员的情形:(1)无民事行为能力或者限制民事行为能力;(2)因贪污、贿赂、侵占财产、挪用财产或者破坏社会主义市场经济秩序,被判处刑罚,执行期满未逾五年,或者因犯罪被剥夺政治权利,执行期满未逾五年;(3)担任破产清算的公司、企业的董事或者厂长、经理,对该公司、企业的破产负有个人责任的,自该公司、企业破产清算完结之日起未逾三年;(4)担任因违法被吊销营业执照、责令关闭的公司、企业的法定代表人,并负有个人责任的,自该公司、企业被吊销营业执照之日起未逾三年;(5)个人所负数额较大的债务到期未清偿。公司违反前款规定选举、委派董事、监事或者聘任高级管理人员的,该选举、委派或者聘任无效。董事、监事、高级管理人员在任职期间出现上述所列情形的,公司应当解除其职务。

此外,被尽调的目标公司如是拟上市公司,律师还应注意《首次公开发行股票并上市管理办法》第 16 条的规定:"发行人的董事、监事和高级管理人员符合法律、行政法规和规章规定的任职资格,且不得有下列情形(一)被中国证监会采取证券市场禁入措施尚在禁入期的;(二)最近 36 个月内受到中国证监会行政处罚,或者最近 12 个月内受到证券交易所公开谴责;(三)因涉嫌犯罪被司法机关立案侦查或者涉嫌违法违规被中国证监会立案调查,尚未有明确结论意见。"

对于在境内已上市的目标公司,其董事、监事和高级管理人员则需根据其上市地遵守深圳证券交易所或上海证券交易所的相关规定。例如,深圳证券交易所针对不同板块的上市公司的规范运作指引中均明确:"董事、监事和高级管

---

① 《公司法》(2018 年修正)(生效日期:2018 年 10 月 26 日;发文机关:全国人民代表大会常务委员会)。

理人员候选人存在下列情形之一的，不得被提名担任上市公司董事、监事和高级管理人员：（一）《公司法》第一百四十六条规定的情形之一；（二）被中国证监会采取证券市场禁入措施，期限尚未届满；（三）被证券交易所公开认定为不适合担任公司董事、监事和高级管理人员，期限尚未届满；（四）本所规定的其他情形。"①

《上海证券交易所上市公司董事选任与行为指引》（已失效）第10条规定："上海证券交易所在其上市公司董事选任与行为指引中也有相关规定：有下列情形之一的，不得被提名为董事候选人：（一）三年内受中国证监会行政处罚；（二）三年内受证券交易所公开谴责或两次以上通报批评；（三）处于中国证监会认定的市场禁入期；（四）处于证券交易所认定不符合担任上市公司董事的期间。"②

因此，律师在核查目标公司董事、监事和高级管理人员的任职资格时，应结合目标公司的性质适用相关法律加以判断其合规性。

（四）公司的股东（大）会、董事会、监事会的召集程序、表决方式不符合法律规定或公司章程

《公司法》规定有限责任公司章程应当载明公司的机构及其产生办法、职权、议事规则；股份有限公司章程应当载明股东大会、董事会、监事会的组成、职权和议事规则。《上市公司章程指引》③更明确了上市公司章程中应该具备公司权力机构、决策机构、监督机构的组成、职权、议事规则相关的具体条款。

由此可见，公司章程应是公司股东（大）会、董事会、监事会的行事准则。律师在核查目标公司所做出的各类会议记录及决议时，应当注意该公司的股东（大）会、董事会、监事会的构成、召集程序、表决方式是否符合法律规定或公司章程。

根据《公司法》第22条及最高人民法院《关于适用〈中华人民共和国公司

---

① 《深圳证券交易所上市公司规范运作指引》（2020年修订）（生效日期：2020年2月28日；文号：深证上〔2020〕125号）第3.2.3条、《深圳证券交易所创业板上市公司规范运作指引》（2020年修订）（生效日期：2020年6月12日；文号：深证上〔2020〕499号）第3.2.4条。

② 《上海证券交易所上市公司董事选任与行为指引》（2013年修订）（生效日期：2013年6月13日；文号：上证公字〔2013〕21号）。

③ 《上市公司章程指引》（2022年修订）（生效日期：2022年1月5日；发文机关：中国证券监督管理委员会）。

法〉若干问题的规定(四)》[①]第5条的规定，股东(大)会、董事会的召集程序、表决方式、出席人数或表决结果不符合法律规定或公司章程的，有可能导致决议被撤销或决议不成立。若存在此情况，律师应根据实际情况建议目标公司重新召开股东(大)会、董事会，对原决议事项重新作出追认或依法修改公司章程。

(五)董事、监事人数不符合法定人数或监事组成成员中无职工代表

根据《公司法》的规定，有限责任公司的董事会成员为3~13人，股东人数较少或者规模较小的有限责任公司，可以设一名执行董事，不设董事会。股份有限公司的董事会成员应为5~19人。若有限责任公司的董事会成员低于3人(非设立执行董事)或超过13人，股份有限公司的董事会成员低于5人或超过19人，则不符合《公司法》对董事会成员法定人数的要求，其通过的董事会决议存在效力上的瑕疵。律师应当建议增加或减少董事人数，使之符合《公司法》的规定。

根据《公司法》的规定，股东人数较少或者规模较小的有限责任公司，可以设1~2名监事，不设监事会。通常有限公司和股份有限公司一样，监事会的成员不得少于3人。监事会应当包括股东代表和适当比例的公司职工，其中职工代表不得低于1/3。若目标公司设有监事会，则其组成成员中必须包括1/3以上的职工代表。但我国《公司法》对于监事会中的职工代表是否应该具有员工身份并没有明确规定。在上海保翔冷藏有限公司诉上海长翔冷藏物流有限公司(以下简称长翔公司)公司决议效力确认纠纷案[(2015)宝民二(商)初字第1817号、(2017)沪02民终891号民事判决书[②]]中，法院做出判决明确：第一，职工代表的监事必须从公司职工中产生，与公司没有劳动关系的人员不能成为职工代表监事；第二，职工代表监事必须由公司职工通过职工代表大会、职工大会或者其他形式民主选举产生，将不具有职工身份的人员或未经过职工民主选举方式产生的人员任命为职工代表监事的，该任命应属无效。本案中，系争股东会任命的职工代表监事魏某礼在被任命时及任命后与被告长翔公司并未形成劳动关系，魏某礼不具有长翔公司的职工身份。且魏某礼此前曾长期担任长

---

① 最高人民法院《关于适用〈中华人民共和国公司法〉若干问题的规定(四)》(2020年修正)(生效日期:2021年1月1日;文号:法释〔2020〕18号)。

② 《最高人民法院公报》2019年第11期。

翔公司法定代表人和长翔公司控股股东第三人江阳公司法定代表人的职务，该职务代表着长翔公司高管层的身份和意志，不能代表长翔公司职工的身份和意志。因此，魏某礼不具有担任长翔公司职工代表监事的身份资格。另外，从在案证据来看，选举魏某礼为职工代表监事的朱某某、范某、杨某某、凌某某、张某五人中只有范某、张某两人与长翔公司具有劳动关系，难以证明其余三人与长翔公司有劳动关系，且难以证明该五人曾被长翔公司全体职工选举为职工代表或可代表长翔公司全体职工的意志，故任命魏某礼为职工代表监事的程序亦不符合《公司法》的规定。综上，法院认为，系争股东会决议中任命魏某礼为长翔公司职工代表监事的内容应属无效；因监事会是一个整体，故该决议中的组成监事会的决议内容也应归于无效。长翔公司应根据《公司法》和公司章程的规定，重新选举和产生符合条件的监事会成员。

若存在类似不符合上述规定的情形，则监事会的构成很可能不符合法律规定，其作出的决议存在效力上的瑕疵。律师应当建议尽快通过职工代表大会、职工大会或其他形式，民主选举职工监事并加入监事会。

（六）董事、高级管理人员存在竞业禁止情形

根据《公司法》第148条第5款的规定，董事、高级管理人员不得未经股东会或者股东大会同意，利用职务便利为自己或他人谋取属于公司的商业机会，不得自营或为他人经营与所任职公司同类的业务。如果违反该规定所得的收入应当归公司所有。

竞业禁止义务是法定义务，不能通过公司章程或其他协议排除该义务的承担。竞业禁止的义务主体是公司的董事和高级管理人员，具体包括公司的董事、经理、副经理、财务负责人以及公司章程规定的其他人员，上市公司还包括公司董事会秘书。竞业禁止的业务范围应以营业执照载明的范围为准，而不仅局限于公司的实际经营范围，只要经营范围部分相同或重合，即构成同业经营。

若律师发现目标公司董事或高级管理人员在任职期间另外从事与公司存在竞争关系的业务，或投资设立其他公司从事该等业务，则应当要求董事或高级管理人员尽快予以纠正或将其持有的其他公司的股权按照合理价格转让给目标公司或第三方持有。

(七)应当决议的事项未经股东(大)会/董事会决议通过

除法律明确规定的股东(大)会、董事会职权范围内应当决议的事项,《公司法》第16条还特别规定,公司向其他企业投资或者为他人提供担保,应由董事会或者股东(大)会决议通过,且应遵守公司章程对担保额、投资额的规定;公司为公司股东或者实际控制人提供担保的,必须经股东(大)会决议通过。

若根据法律或公司章程规定,某事项应通过股东(大)会或董事会的决议方可进行而未通过相关决议同意即实施的,则存在法律瑕疵,有可能损害公司、股东的利益。

违反上述规定对外签订投资合同或者担保合同的效力存在瑕疵,律师在尽调中发现存在此问题的,对于股东和公司认可的投资和担保,应建议目标公司进行程序上的补正,通过重新召开股东(大)会、董事会对投资和担保进行确认。对于违反股东和公司利益的投资和担保行为,根据《公司法》第20条、第21条、第147条的规定,追究相关责任人的法律责任。

(八)一方股东/董事对重大事项或拟议交易享有一票否决权

我国法律规定股份有限公司实行同股同权,不存在一票否决机制。但是《公司法》第42条规定,“股东会会议由股东按照出资比例行使表决权;但是,公司章程另有规定的除外”。第48条规定,“董事会的议事方式和表决程序,除本法有规定的外,由公司章程规定”。可见,《公司法》允许有限责任公司通过公司章程对股东会和董事会的表决方式作出特殊约定,股东和董事可以行使一票否决权。

若经审阅公司章程、投资协议或股东协议等历史融资文件,律师发现一方股东或一方股东指派的董事对某些重大事项或拟议交易享有一票否决权(通常在VC/PE投融资交易中比较常见),或体现为公司章程中规定某些重大事项或拟议交易必须经过全体股东/全体董事的一致同意,则律师应当指出该等“一票否决权”情形,并提示客户注意应取得享有一票否决权股东/董事的同意,方能开展重大事项或拟议交易。否则重大事项或拟议交易的进行可能被视为存在瑕疵,存在未经合法程序作出股东会/董事会决议导致决议被撤销,导致相关重大事项或拟议交易被撤销的风险。

除上述主要法律问题外,在了解一个公司的治理结构过程中,核查控股股东及实际控制人也是重要的内容，此部分可参考“控股股东及实际控制人”部分对应内容。

相关规定

本专题相关规定见表2-6-2。

表2-6-2 相关规定

主要法律问题	文件名	具体条款规定
股东会、董事会、监事会和高级管理人员的组成及历次变更	《首次公开发行股票并上市管理办法》(发布日期:2006年5月17日;生效日期:2006年5月18日;发文机关:中国证券监督管理委员会;文号:中国证券监督管理委员会令第32号;经过2015年12月30日、2018年6月6日、2020年7月10日修正,最新于2022年4月8日修正并实施)	第12条　发行人最近3年内主营业务和董事、高级管理人员没有发生重大变化,实际控制人没有发生变更。
公司的董事、高级管理人员不符合公司法规定的任职资格	《公司法》(发布日期:1993年12月29日;生效日期:1994年7月1日;发文机关:全国人民代表大会常务委员会;文号:主席令第16号;经过1999年12月25日、2004年8月28日、2005年10月27日、2013年12月28日四次修订,最新于2018年10月26日修订并实施)	第146条　有下列情形之一的,不得担任公司的董事、监事、高级管理人员: （一）无民事行为能力或者限制民事行为能力; （二）因贪污、贿赂、侵占财产、挪用财产或者破坏社会主义市场经济秩序,被判处刑罚,执行期满未逾五年,或者因犯罪被剥夺政治权利,执行期满未逾五年; （三）担任破产清算的公司、企业的董事或者厂长、经理,对该公司、企业的破产负有个人责任的,自该公司、企业破产清算完结之日起未逾三年; （四）担任因违法被吊销营业执照、责令关闭的公司、企业的法定代表人,并负有个人责任的,自该公司、企业被吊销营业执照之日起未逾三年; （五）个人所负数额较大的债务到期未清偿。 公司违反前款规定选举、委派董事、监事或者聘任高级管理人员的,该选举、委派或者聘任无效。 董事、监事、高级管理人员在任职期间出现本条第一款所列情形的,公司应当解除其职务。

续表

主要法律问题	文件名	具体条款规定
	《首次公开发行股票并上市管理办法》(发布日期:2006年5月17日;生效日期:2006年5月18日;发文机关:中国证券监督管理委员会;文号:中国证券监督管理委员会令第32号;经过2015年12月30日、2018年6月6日、2020年7月10日修正,最新于2022年4月8日修正并实施)	第16条　发行人的董事、监事和高级管理人员符合法律、行政法规和规章规定的任职资格,且不得有下列情形: (一)被中国证监会采取证券市场禁入措施尚在禁入期的; (二)最近36个月内受到中国证监会行政处罚,或者最近12个月内受到证券交易所公开谴责; (三)因涉嫌犯罪被司法机关立案侦查或者涉嫌违法违规被中国证监会立案调查,尚未有明确结论意见。
公司的股东(大)会、董事会、监事会的召集程序、表决方式不符合法律规定或《公司章程》	《公司法》(发布日期:1993年12月29日;生效日期:1994年7月1日;发文机关:全国人民代表大会常务委员会;文号:主席令第16号;经过1999年12月25日、2004年8月28日、2005年10月27日、2013年12月28日四次修订,最新于2018年10月26日修订并实施)	第22条第2款　股东会或者股东大会、董事会的会议召集程序、表决方式违反法律、行政法规或者公司章程,或者决议内容违反公司章程的,股东可以自决议作出之日起六十日内,请求人民法院撤销。
	最高人民法院《关于适用〈中华人民共和国公司法〉若干问题的规定(四)》(2020年修正)(发布日期:2020年12月29日;生效日期:2021年1月1日;发文机关:最高人民法院)	第5条　股东会或者股东大会、董事会决议存在下列情形之一,当事人主张决议不成立的,人民法院应当予以支持: (一)公司未召开会议的,但依据公司法第三十七条第二款或者公司章程规定可以不召开股东会或者股东大会而直接作出决定,并由全体股东在决定文件上签名、盖章的除外; (二)会议未对决议事项进行表决的; (三)出席会议的人数或者股东所持表决权不符合公司法或者公司章程规定的; (四)会议的表决结果未达到公司法或者公司章程规定的通过比例的; (五)导致决议不成立的其他情形。

续表

主要法律问题	文件名	具体条款规定
董事、监事人数不符合法定人数或监事组成成员中无职工代表	《公司法》(发布日期:1993年12月29日;生效日期:1994年7月1日;发文机关:全国人民代表大会常务委员会;文号:主席令第16号;经过1999年12月25日、2004年8月28日、2005年10月27日、2013年12月28日四次修订,最新于2018年10月26日修订并实施)	第44条　有限责任公司设董事会,其成员为三人至十三人;但是,本法第五十条另有规定的除外。 两个以上的国有企业或者两个以上的其他国有投资主体投资设立的有限责任公司,其董事会成员中应当有公司职工代表;其他有限责任公司董事会成员中可以有公司职工代表。董事会中的职工代表由公司职工通过职工代表大会、职工大会或者其他形式民主选举产生。 董事会设董事长一人,可以设副董事长。董事长、副董事长的产生办法由公司章程规定。
		第50条　股东人数较少或者规模较小的有限责任公司,可以设一名执行董事,不设董事会。执行董事可以兼任公司经理。 执行董事的职权由公司章程规定。
		第51条　有限责任公司设监事会,其成员不得少于三人。股东人数较少或者规模较小的有限责任公司,可以设一至二名监事,不设监事会。 监事会应当包括股东代表和适当比例的公司职工代表,其中职工代表的比例不得低于三分之一,具体比例由公司章程规定。监事会中的职工代表由公司职工通过职工代表大会、职工大会或者其他形式民主选举产生。 监事会设主席一人,由全体监事过半数选举产生。监事会主席召集和主持监事会会议;监事会主席不能履行职务或者不履行职务的,由半数以上监事共同推举一名监事召集和主持监事会会议。 董事、高级管理人员不得兼任监事。
董事、高级管理人员存在竞业禁止情形	《公司法》(发布日期:1993年12月29日;生效日期:1994年7月1日;发文机关:全国人民代表大会常务委员会;文号:主席令第16号;经过1999年12月25日、2004年8月28日、2005年10月27日、2013年12月28日四次修订,最新于2018年10月26日修订并实施)	第148条　董事、高级管理人员不得有下列行为: …… (五)未经股东会或者股东大会同意,利用职务便利为自己或者他人谋取属于公司的商业机会,自营或者为他人经营与所任职公司同类的业务; …… 董事、高级管理人员违反前款规定所得的收入应当归公司所有。

续表

主要法律问题	文件名	具体条款规定
应当决议的事项未经股东(大)会/董事会决议通过	《公司法》(发布日期:1993年12月29日;生效日期:1994年7月1日;发文机关:全国人民代表大会常务委员会;文号:主席令第16号;经过1999年12月25日、2004年8月28日、2005年10月27日、2013年12月28日四次修订,最新于2018年10月26日修订并实施)	第16条 公司向其他企业投资或者为他人提供担保,依照公司章程的规定,由董事会或者股东会、股东大会决议;公司章程对投资或者担保的总额及单项投资或者担保的数额有限额规定的,不得超过规定的限额。 公司为公司股东或者实际控制人提供担保的,必须经股东会或者股东大会决议。 前款规定的股东或者受前款规定的实际控制人支配的股东,不得参加前款规定事项的表决。该项表决由出席会议的其他股东所持表决权的过半数通过。
一方股东/董事对重大事项或拟议交易享有一票否决权	《公司法》(发布日期:1993年12月29日;生效日期:1994年7月1日;发文机关:全国人民代表大会常务委员会;文号:主席令第16号;经过1999年12月25日、2004年8月28日、2005年10月27日、2013年12月28日四次修订,最新于2018年10月26日修订并实施)	第42条 股东会会议由股东按照出资比例行使表决权;但是,公司章程另有规定的除外。 第48条 董事会的议事方式和表决程序,除本法有规定的外,由公司章程规定……

专题七 关联交易及同业竞争

一、审阅文件清单

本专题审阅文件见表2-7-1。

表2-7-1 审阅文件清单

序号	审阅文件清单
1	关联自然人列表(关联自然人的姓名,关联关系的说明等)
2	关联法人列表(关联法人的名称,注册资本、股东或出资人姓名、股权或权益结构、关联关系的说明,关联法人持有除目标公司之外其他法律主体股权或权益的情况,包括相应企业的主营业务情况等)
3	关联法人业务范围说明

续表

序号	审阅文件清单
4	关联法人工商档案
5	关联法人最新营业执照
6	关联法人最新公司章程
7	关联交易清单及说明(包括关联交易金额、价格公允性、占同类交易的比重等)
8	全部关联交易合同复印件(验原件)
9	每一合同的履行情况及证明(发票、付款凭证等抽查)
10	与控股股东、实际控制人相关的协议
11	关联方与目标公司之间的其他协议(如有)
12	目标公司履行关联交易审批及决策程序的相关证明文件

二、访谈清单

本部分的访谈对象,除目标公司的董事、监事、高级管理人员外,还包括目标公司的控股股东、实际控制人等关键的关联自然人。访谈的事项除相关人员的基本情况之外,涉及关联交易及同业竞争相关事项可参考如下内容:

(一)持有目标公司股权/股份的情况

1. 您目前是否直接持有目标公司的股份? 如有的,请说明您的持股数量及持股比例。

2. 您是否存在以委托持股、信托持股或其他方式通过他人直接或间接持有目标公司的股份的情形? 如有的,请书面说明具体情况,并提供委托持股合同、信托合同及其他相关材料。

3. 您目前直接或间接持有的目标公司的股份是否为自有股份? 如不是的,请说明具体情况(包括但不限于:受何人委托、以何种方式代他人持有目标公司的股份,委托、信托的持股期限,有无办理委托、信托持股登记手续等),并提供委托人的身份证件或法人营业执照、委托持股合同、信托持股合同及其他相关资料。

4. 您目前直接或间接持有的目标公司的股份是否存在权属纠纷或潜在纠纷? 如有的,请说明有关股权的权属纠纷或潜在纠纷的具体情况,并提供有关资料。

5. 您目前直接或间接持有目标公司的股份是否存在质押、抵押、担保、冻结或其他权利限制等情形？如有的，请说明具体情况，并提供股份质押合同及其担保的主债务合同、股份质押登记证明及其他相关材料。

（二）任职及对外投资情况

1. 您与目标公司的其他直接或间接自然人股东、董事、监事、高级管理人员、核心技术人员之间，是否存在配偶、父母、配偶的父母、子女、子女的配偶、子女配偶的父母、兄弟姐妹、兄弟姐妹的配偶、配偶的兄弟姐妹等亲属关系或三代以内的其他直系、旁系亲属关系？

2. 请说明您最近两年从目标公司之外的企业领取薪金或享受其他待遇和福利的情况？是否有退休金计划等？

3. 您目前在目标公司担任何种职务？除此之外您是否在其他单位担任职务？如有，请说明相关企业的名称、注册资本、您所担任的职务、该企业的主营业务、该企业与目标公司及其子公司的关系、该企业是否存在与目标公司发生业务竞争或利益冲突的情况。上述企业是否与目标公司存在交易，或签有协议或者合同、作出重要承诺？

4. 请说明您自营或为他人经营与目标公司同类或相竞争业务的情况。

5. 请说明您个人投资企业的名称、注册资本、您对其的持股比例、该企业的主营业务以及您本人在该企业的任职情况，该企业与目标公司及其子公司的关系，该企业是否存在与目标公司发生业务竞争或利益冲突的情况。上述企业是否与目标公司存在交易，或签有协议或者合同、作出重要承诺？

（三）关系密切家庭成员的对外投资及任职情况

1. 请说明与本人关系密切的家庭成员是否投资其他企业。请说明被投资企业的名称、注册资本、该家庭成员对其的持股比例、该企业的主营业务以及该家庭成员在该企业的任职情况，该企业与目标公司及其子公司的关系，该企业是否存在与目标公司发生业务竞争或利益冲突的情况。上述企业是否与目标公司存在交易，或签有协议或者合同、作出重要承诺？

2. 请说明与本人关系密切的家庭成员是否在其他公司担任法定代表人、董事、监事、总经理、副总经理、财务负责人、业务负责人、核心技术人员以及其他对该企业有重要影响的职务？如有的，请说明该等企业的名称，注册资本，主营业务，以及家庭成员所担任的职务。该企业是否存在与目标公司发生业务竞争或利益冲突的情况？上述企业是否与目标公司存在交易，或签有协议或者合同、作出重要承诺？

3. 目前与您关系密切的家庭成员是否任国企领导或处级以上领导干部？如是，请说明与本人关系密切的家庭成员的任职情况。

＊说明：与本人关系密切的家庭成员包括：配偶、父母、配偶的父母、本人的兄弟姐妹及其配偶、本人年满 18 周岁的子女及配偶、本人子女配偶的父母、本人配偶的兄弟姐妹及其子女和配偶。

三、主要法律问题

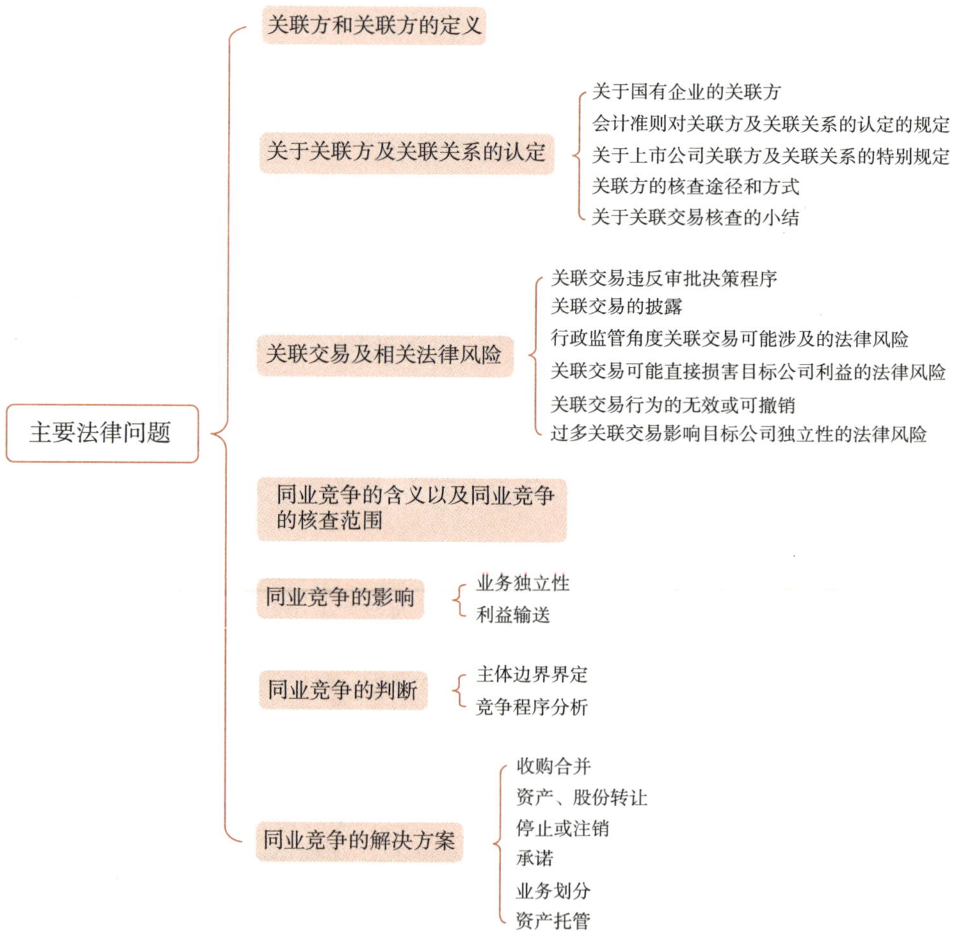

图 2－7－1　本专题思维导图

关联交易为目标公司与其关联方进行的交易。目标公司进行关联交易有多种目的,常见的有集团公司内部经营业务往来,集团公司内部借款,集团公司内部分摊业绩或收入,以达到符合某项优惠政策的申报条件或合理避税等目的。律师在对关联交易进行的尽职调查中,应当关注相关主体是否就关联交易履行了必要的决策程序,关联交易的产生是否合理,定价是否公允,是否存在不正当的利益输送,以及过多的关联交易是否会影响该主体经营独立性等问题。

(一)关联方和关联关系的定义

关联方的认定原则遵从实质重于形式的原则从严掌握。

确定需要进行核查的关联方及关联交易的范围是尽职调查中本部分所述工作的基础及核心。为确定关联方及关联交易的范围,首先必须明确关联关系的定义,并根据该定义确定目标公司的关联方。

关联关系的法律含义可以参照《公司法》①第 216 条第 4 项所作的定义,即"关联关系,是指公司控股股东、实际控制人、董事、监事、高级管理人员与其直接或者间接控制的企业之间的关系,以及可能导致公司利益转移的其他关系。但是,国家控股的企业之间不仅因为同受国家控股而具有关联关系"。关联方也就是指与目标公司存在关联关系的法人或自然人。

(二)关于关联方及关联关系认定

1. 关于国有企业的关联方

《企业国有资产法》②对国有企业的关联交易作出了比《公司法》更为具体的规定,该法第 43 条第 2 款明确关联方包括"企业的董事、监事、高级管理人员及其近亲属,以及这些人员所有或者实际控制的企业"。"近亲属"一词并没有严格的法律定义,一般认为近亲属包括配偶、父母、子女、兄弟姐妹、祖父母、外祖父母、孙子女、外孙子女等。

2. 会计准则对关联方及关联关系的认定的规定

《企业会计准则第 36 号——关联方披露》③第 3 条第 1 款规定,"一方控制、

---

① 《公司法》(2018 年修正)(生效日期:2018 年 10 月 26 日;文号:主席令第 15 号)。

② 《企业国有资产法》(生效日期:2009 年 5 月 1 日;文号:主席令第 5 号)。

③ 《企业会计准则第 36 号——关联方披露》(生效日期:2007 年 1 月 1 日;文号:财会〔2006〕3 号)。

共同控制另一方或对另一方施加重大影响,以及两方或两方以上同受一方控制、共同控制或重大影响的,构成关联方”。

同时,其第 3 条第 4 款对“重大影响”作了界定,即“重大影响,是指对一个企业的财务和经营政策有参与决策的权力,但并不能够控制或者与其他方一起共同控制这些政策的制定”。且该准则第 4 条进一步对构成关联方的情形进行了明确列举,具体包括:(1)该企业的母公司/子公司。(2)与该企业受同一母公司控制的其他企业。(3)对该企业实施共同控制的投资方。(4)对该企业施加重大影响的投资方。(5)该企业的合营企业/联营企业。(6)该企业的主要投资者个人及与其关系密切的家庭成员。主要投资者个人,是指能够控制、共同控制一个企业或者对一个企业施加重大影响的个人投资者。(7)该企业或其母公司的关键管理人员及与其关系密切的家庭成员。关键管理人员,是指有权力并负责计划、指挥和控制企业活动的人员。与主要投资者个人或关键管理人员关系密切的家庭成员,是指在处理与企业的交易时可能影响该个人或受该个人影响的家庭成员。(8)该企业主要投资者个人、关键管理人员或与其关系密切的家庭成员控制、共同控制或施加重大影响的其他企业。

进一步地,《企业会计准则第 36 号——关联方披露》第 5 条还从反面列举了不构成企业关联方的情形,即仅与企业存在下列关系的各方不构成企业的关联方:(1)与该企业发生日常往来的资金提供者、公用事业部门、政府部门和机构;(2)与该企业发生大量交易而存在经济依存关系的单个客户、供应商、特许商、经销商或代理商;(3)与该企业共同控制合营企业的合营者。

3. 关于上市公司关联方及关联关系的特别规定

关于是否与上市公司存在关联关系,《上市公司信息披露管理办法》①第 62 条第 4 项规定,“关联人包括关联法人(或者其他组织)和关联自然人,具有以下情形之一的法人(或者其他组织),为上市公司的关联法人(或者其他组织):1. 直接或者间接地控制上市公司的法人(或者其他组织);2. 由前项所述法人(或者其他组织)直接或者间接控制的除上市公司及其控股子公司以外的法人(或者其他组织);3. 关联自然人直接或者间接控制的、或者担任董事、高级管理人员的,除上市公司及其控股子公司以外的法人(或者其他组织);4. 持有上市

① 《上市公司信息披露管理办法》(生效日期:2021 年 5 月 1 日;文号:中国证券监督管理委员会令第 182 号)。

公司百分之五以上股份的法人(或者其他组织)及其一致行动人;5. 在过去十二个月内或者根据相关协议安排在未来十二月内,存在上述情形之一的;6. 中国证监会、证券交易所或者上市公司根据实质重于形式的原则认定的其他与上市公司有特殊关系,可能或者已经造成上市公司对其利益倾斜的法人(或者其他组织)。具有以下情形之一的自然人,为上市公司的关联自然人:1. 直接或者间接持有上市公司百分之五以上股份的自然人;2. 上市公司董事、监事及高级管理人员;3. 直接或者间接地控制上市公司的法人的董事、监事及高级管理人员;4. 上述第1、2项所述人士的关系密切的家庭成员,包括配偶、父母、年满十八周岁的子女及其配偶、兄弟姐妹及其配偶,配偶的父母、兄弟姐妹,子女配偶的父母;5. 在过去十二个月内或者根据相关协议安排在未来十二个月内,存在上述情形之一的;6. 中国证监会、证券交易所或者上市公司根据实质重于形式的原则认定的其他与上市公司有特殊关系,可能或者已经造成上市公司对其利益倾斜的自然人"。

《上海证券交易所股票上市规则》①、《上海证券交易所科创板股票上市规则》②、《深圳证券交易所股票上市规则》③、《深圳证券交易所创业板股票上市规则》④与《上市公司信息披露管理办法》关于关联方的表述基本一致。

在公开发行股票的项目中,为排除拟上市公司可能存在的财务造假或利益输送,充分核查拟上市公司可能存在的风险,并使目标公司在完成必要的调整后,能够符合相应的上市规则,律师对于拟上市公司关联自然人的核查深度要高于相应上市规则中规定的标准。实务中,律师可以通过要求企业填写相应的关联方调查表及调查问卷,对拟上市公司持股5%以上的自然人股东,拟上市公司及其关联法人的董事、监事、高级管理人员以及其他可能对拟上市企业具有重大影响的自然人进行深入核查。深入核查的范围包括其职业经历,是否遭到行业处罚、行政处罚、刑事处罚,是否存有到期尚未偿还的数额较大的债务、诉讼或者仲裁及经营状况等,另外还会调查上述人员以及与其关系密切的家庭成

---

① 《上海证券交易所股票上市规则》(生效日期:2022年1月7日;发文机关:上海证券交易所)。

② 《上海证券交易所科创板股票上市规则》(生效日期:2020年12月31日;发文机关:上海证券交易所)。

③ 《深圳证券交易所股票上市规则》(生效日期:2022年1月7日;发文机关:深圳证券交易所)。

④ 《深圳证券交易所创业板股票上市规则》(生效日期:2020年12月31日;发文机关:深圳证券交易所)。

员的对外投资及兼职情况，包括投资企业的名称、持股比例、企业主营业务、任职情况等。

4. 关联方的核查途径和方式

对于律师来说，一般可以考虑通过以下两个方面核查关联交易：

第一，从交易本身特征入手。比如交易本身的价格跟市场价相比不合理，或者跟当年的行业态势相比不合理；交易的时间往往接近资产负债表日；合同条款不符合商业惯例或形式要件不齐备；交易的规模与关联公司的业务规模、生产结构等不匹配；与自然人发生的大额交易等。

第二，从关联公司本身入手。比如交易与关联公司的经营范围不相关，交易规模远大于注册资本；互联网难以检索到该公司的相关资料，如招聘信息、市场营销广告等；关联公司之间名称呈现雷同的趋势，如“X 德，A 德”等；关联公司为当年新增并成为重要客户；关联公司主要控制人、关键管理人员或购销等关键环节的员工姓名结构与本公司管理层姓名结构相似等。

另外，《〈中国注册会计师审计准则第 1323 号——关联方〉应用指南》[①]中较为全面具体地规定了可能存在管理层未向注册会计师披露的关联方关系或交易的情形或者事项，律师在审查相关事项的过程中可以参考。

律师在尽调的过程中，一般可以考虑通过下述途径进行关联方的核查，以确定关联方的范围：

(1)法律尽调清单中要求公司提供关联方名单[根据不同项目情况和尽调目标的不同，要求公司提供包括但不限于持有公司 5% 以上的股东投资的与公司处于同一行业或相关行业的企业名单(包括企业名称、企业主营业务简介、该股东投资比例)、公司的董事、高级管理人员投资的与公司处于同一行业或相关行业的企业名单等信息]；

(2)在尽调访谈中对公司持股比例达一定比例的股东、董事、监事和其他高级管理人员的对外投资、任职情况进行询问和确认，并相应要求该等人员提供个人简历、对外投资及任职情况统计表；

(3)通过国家企业信用信息网(http://www.gsxt.gov.cn/index.html)、企查查(https://www.qcc.com/)、启信宝(https://www.qixin.com/)等网上工商

---

① 《〈中国注册会计师审计准则第 1323 号——关联方〉应用指南》(生效日期：2019 年 7 月 1 日；发文机关：中国注册会计师协会)。

公示信息系统查询企业对外投资以及股东、董事、监事和其他高级管理人员的对外投资、任职情况，与公司提供的关联方名单和统计表进行交叉核对、验证；

(4)查阅公司的财务报表，确认是否有可能的关联方；

(5)询问公司此前是否有请审计师出具过审计报告并要求公司提供以供查阅关联方和关联交易部分的内容(部分公司可能会应投资人股东的要求或内部规范要求做审计，审计报告通常也可以为律师核查目标公司的关联方及关联交易提供一些信息)。

5. 关于关联交易核查的小结

基于现有确定关联方范围的有关规定，可见《企业会计准则第36号——关联方披露》中对关联方范围的定义相对比较细致全面，基本包括了《公司法》《企业国有资产法》中规定的关联方的范围，在实务中也有较为广泛的使用。另外，目标公司在准备及制作财务报表时，也必须按照《企业会计准则第36号——关联方披露》的规定对关联交易进行披露。因此，律师在进行尽职调查的过程中，可以以目标公司财务报表所披露的关联交易作为核查工作的起点。

如果目标公司为上市公司的，则应当在核查的各个环节，进一步依照所适用的上市公司监督管理有关规定，在尽职调查报告中就目标公司关联交易所涉及的各项法律风险进行提示。在《企业会计准则第36号——关联方披露》与相应上市公司监管有关规定约定不完全一致时，律师应当充分地进行核查。比如，根据《企业会计准则第36号——关联方披露》，母子公司之间构成当然的关联方，因此母子公司之间的交易属于关联交易。而按照《上市公司信息披露管理办法》《上海证券交易所上市公司关联交易实施指引》的规定，上市公司的控股子公司并不属于其关联法人，但律师在核查过程中，仍应当对母子公司之间的关联交易进行核查。又如，根据《企业会计准则第36号——关联方披露》，如无其他情况，合营企业的股东之间并不构成关联方，因此他们之间的交易自然不构成关联交易，举重以明轻，实践中对于不涉及上市公司的联营企业股东一般也不认定为关联方。但根据《上海证券交易所上市公司关联交易实施指引》(已失效)："本所根据实质重于形式原则认定的其他与上市公司有特殊关系，可能导致上市公司利益对其倾斜的法人或其他组织，包括持有对上市公司具有重要影响的控股子公司10%以上股份的法人或其他组织等。"也即上市公司控股子公司的联营方在符合条件的情况下属于上市公司的关联法人，此时他们之间的交易，可能会被监管机构视为准关联交易，准用关联交易信息披露和表决程序等相关监管要求和规则，因此律师在尽职调查过程中，应当就有关情况进行核查。

最后，目标公司处于特殊行业的，其关联交易往往也面临特殊的监管要求，因此律师在尽职调查的过程中，也必须依据相应的监管要求，对目标公司的关联交易有关事项进行核查。

（三）关联交易及相关法律风险

律师在审查关联交易时，确定关联方的范围后，建议要求公司列出关联人与目标公司在最近三年的全部关联交易，并审查相应合同以及发票、付款凭证等履行合同的文件。①

对于关联交易的范围，根据《企业会计准则第 36 号——关联方披露》第 7 条，“关联方交易，是指关联方之间转移资源、劳务或义务的行为，而不论是否收取价款”。目标公司实际运营业务中，存在以其（主要业务收入都在税前）咨询费或服务费的名义支付给实际控制人控制的其他关联公司的情况，但该等关联公司并未实际提供咨询服务，即虽然目标公司实际付款且关联公司提供了发票，但该等交易不具有交易实质。不具有交易实质，关联交易定价不公允，关联交易未履行相应审批决策程序，目标公司未按照规定对关联交易进行披露，或过多关联交易影响目标公司独立性的，都有可能为目标公司带来相应的法律风险。律师在起草尽职调查报告的过程中，应当根据目标公司的实际情况，对相应的法律风险予以充分提示，并提出初步的意见和建议。

以下将就目标公司关联交易可能涉及的法律风险事项进行相关分析。

1. 关联交易违反审批决策程序

律师应审阅公司章程、关联交易相关制度规定等，来了解公司可以进行何种关联交易、应经过哪些内部审批程序、是否适当履行了内部审批程序。

（1）上市公司关联交易的审批决策程序

关于上市公司对关联交易的决策程序，《上海证券交易所股票上市规则》《上海证券交易所科创板股票上市规则》《深圳证券交易所股票上市规则》《深圳证券交易所创业板股票上市规则》均规定上市公司董事会、股东大会审议关

① 先要求公司提供关联交易的列表，经判断数量和重大程度之后，可以设定数量和金额标准对相关交易的履行文件进行抽检。

联交易事项时,关联董事及关联股东应当回避表决,并进一步对关联董事、关联股东的范围进行了规定。

另外,《上市公司治理准则》①第75条至第77条规定,上市公司应当与关联方就关联交易签订书面协议。协议的签订应当遵循平等、自愿、等价、有偿的原则,协议内容应当明确、具体、可执行。上市公司应当采取有效措施防止关联方以垄断采购或者销售渠道等方式干预公司的经营,损害公司利益。关联交易应当具有商业实质,价格应当公允,原则上不偏离市场独立第三方的价格或者收费标准等交易条件。上市公司及其关联方不得利用关联交易输送利益或者调节利润,不得以任何方式隐瞒关联关系。

(2)国有企业关联交易的审批决策程序

根据《企业国有资产法》第13条、第45条及第46条的内容,涉及国有企业的关联交易,还应当注意如下事项:

①需经出资人同意的关联交易

未经履行出资人职责的机构同意,国有独资企业、国有独资公司不得有下列行为:与关联方订立财产转让、借款的协议;为关联方提供担保;与关联方共同出资设立企业,或者向董事、监事、高级管理人员或者其近亲属所有或者实际控制的企业投资。

②出资人职责的行使

国有资本控股公司、国有资本参股公司与关联方的交易,需要由公司股东会、股东大会决定的,履行出资人职责的机构委派的股东代表,应当按照委派机构的指示提出提案、发表意见、行使表决权,并将其履行职责的情况和结果及时报告委派机构。

(3)其他特殊行业的关联交易审批决策程序

对某些特殊行业,相关的监管部门对关联交易的审批和决策也作出了特殊的规定,比如《外资保险公司管理条例》②第20条第1款规定,"除经国务院保险监督管理机构批准外,外资保险公司不得与其关联企业进行资产买卖或者其他

---

① 《上市公司治理准则》(2018年修订)(生效日期:2018年9月30日;文号:中国证券监督管理委员会公告〔2018〕29号)。

② 《外资保险公司管理条例》(2019年修订)(生效日期:2019年9月30日;发文机关:国务院)。

交易”。《商业银行股权管理暂行办法》[①]第32条规定，“商业银行应当加强关联交易管理，准确识别关联方，严格落实关联交易审批制度和信息披露制度，及时向银监会或其派出机构报告关联交易情况。商业银行应当按照穿透原则将主要股东及其控股股东、实际控制人、关联方、一致行动人、最终受益人作为自身的关联方进行管理”。

2. 关联交易的披露

《企业会计准则第36号——关联方披露》第2条规定，“企业财务报表中应当披露所有关联方关系及其交易的相关信息。对外提供合并财务报表的，对于已经包括在合并范围内各企业之间的交易不予披露，但应当披露与合并范围外各关联方的关系及其交易”。该准则第12条进一步规定，“企业只有在提供确凿证据的情况下，才能披露关联方交易是公平交易”。

对于上市公司，根据《上市公司信息披露管理办法》[②]第41条规定，“上市公司董事、监事、高级管理人员、持股百分之五以上的股东及其一致行动人、实际控制人应当及时向上市公司董事会报送上市公司关联人名单及关联关系的说明。上市公司应当履行关联交易的审议程序，并严格执行关联交易回避表决制度。交易各方不得通过隐瞒关联关系或者采取其他手段，规避上市公司的关联交易审议程序和信息披露义务”。上市公司规避信息披露、报告义务的，将会受到中国证监会的相应处罚。

《上海证券交易所股票上市规则》《上海证券交易所科创板股票上市规则》《深圳证券交易所股票上市规则》《深圳证券交易所创业板股票上市规则》也对拟上市公司的信息披露作出了更加具体的规定，例如《上海证券交易所股票上市规则》第6.3.6条第（一）项规定，“上市公司与关联自然人发生的交易金额在30万元以上的关联交易（上市公司提供担保除外），应当及时披露”；第6.3.6条第（二）项规定，“上市公司与关联法人发生的交易金额在300万元以上，且占公司最近一期经审计净资产绝对值0.5%以上的关联交易（上市公司提供担保除外），应当及时披露”。

另外，如上所述，对某些特殊行业，相关的监管部门对关联交易的信息披露

---

① 《商业银行股权管理暂行办法》（生效日期：2018年1月5日；文号：中国银行业监督管理委员会令2018年第1号）。

② 《上市公司信息披露管理办法》（生效日期：2021年5月1日；文号：中国证券监督管理委员会令第182号）。

也作出了特殊的规定，在此不再赘述。

3. 行政监管角度关联交易可能涉及的法律风险

除对于特殊行业关联交易的监管之外，目标公司的关联交易还可能涉及如下涉及行政监管的法律风险。

税收监管：关联交易价格不符合市场价格，以较低或较高的价格交易，不适当地减少或增加了营业收入/利润，导致公司可能被税务机关认定为转移定价而被要求补缴税款或税务处罚①。

国有资产监督管理：根据《企业国有资产法》第 44 条规定，"国有独资企业、国有独资公司、国有资本控股公司不得无偿向关联方提供资金、商品、服务或者其他资产，不得以不公平的价格与关联方进行交易"。

4. 关联交易可能直接损害目标公司利益的法律风险

若经审查认为目标公司的关联交易不具有交易实质，或关联交易的定价不公允②，则应当进一步判断该等关联交易是否损害了公司利益，从事该等关联交易的股东、董事、高管可能因损害目标公司利益而被要求赔偿目标公司的损失③，董事、高管因其从事上述行为所得收入应当归公司所有。若公司系上市公司，其从事不具有交易实质的关联交易，可能因虚增收入而涉嫌证券欺诈（虚假陈述行为）而承担民事赔偿责任及行政处罚责任。

举例来说，若目标公司与其董事 A 共同出资设立公司 B（目标公司持有 80% 股权；董事 A 持有 20% 股权），现公司 B 全体股东通过增资决议，但目标公司放弃认购增加的注册资本，导致其对公司 B 的持股比例由 80% 下降为 55%，而公司 B 的经营情况和业绩状况很好。目标公司就公司 B 的增资事宜未经过其公司内部的批准程序（如股东会决议），而是在董事 A 的主导下由公司 B 盖章同意放弃认购增资的权利，则可视为违反了《公司法》第 149 条的规定，董事

---

① 涉及较为复杂的税务问题，应进一步从税务风险的角度分析；《企业所得税法》第 41 条规定：税务机关有权对目标公司及其关联公司之间的交易按照合理方法进行纳税调整，并要求目标公司或其关联公司按照整后的金额缴纳所得税。

② 关于关联交易是否公允的判断从实质上来说是财务尽调或财务人员的专业领域，但是律师在尽职调查过程中也需要从审慎、尽责的出发点进行关注。

③ 《公司法》第 21 条规定，公司的控股股东、实际控制人、董事、监事、高级管理人员不得利用其关联关系损害公司利益。违反前款规定，给公司造成损失的，应当承担赔偿责任。《民法典》第 84 条规定，营利法人的控股出资人、实际控制人、董事、监事、高级管理人员不得利用其关联关系损害法人的利益；利用关联关系造成法人损失的，应当承担赔偿责任。

A 应当就其增加持有公司 B 获得的收入无偿移交给目标公司。

另外需要特别提出的是，根据最高人民法院《关于适用〈中华人民共和国公司法〉若干问题的规定（五）》[①]第 1 条的规定，“关联交易损害公司利益，原告公司依据民法典第八十四条、公司法第二十一条规定请求控股股东、实际控制人、董事、监事、高级管理人员赔偿所造成的损失，被告仅以该交易已经履行了信息披露、经股东会或者股东大会同意等法律、行政法规或者公司章程规定的程序为由抗辩的，人民法院不予支持”。

5. 关联交易行为的无效或可撤销

若关联交易涉及违反法律禁止性规定，则可能被认定为无效或可撤销。举例来说，若目标公司以明显不合理低价（与市场公允价格相比）将其资产转让给关联公司，导致责任财产减少，则债权人有权依据《民法典》[②]第 539 条行使撤销权。因关联公司与目标公司之间存在关联关系，则该等转让较为容易地被判定为关联公司明知该等转让会对债权人造成损害，但撤销权的范围以债权人的债权为限。

涉及国有企业的，根据《企业国有资产法》第 72 条，“在涉及关联方交易、国有资产转让等交易活动中，当事人恶意串通，损害国有资产权益的，该交易行为无效”。

6. 过多关联交易影响目标公司独立性的法律风险

在企业申请上市项目中，发行上市的基本要求之一是拟上市公司的业务应当独立于控股股东、实际控制人及其控制的其他企业。因此，如果目标公司的主要业务与其控股股东、实际控制人及其控制的企业之间存在过多关联交易，导致目标公司业务不能独立开展业务的，则证监会可能会认定其不符合上市交易的条件。处于创业及成长阶段的企业，尽管可能尚未进入上市准备环节，律师如在尽职调查中发现有关情况的，一方面，应当对有关情况及相应法律风险予以充分提示；另一方面，结合项目的背景，可以与相关方共同协商确定解决方案，以减少或消除目标公司与其控股股东、实际控制人及其控制的其他企业之间的关联交易。

---

① 最高人民法院《关于适用〈中华人民共和国公司法〉若干问题的规定（五）》（生效日期：2021 年 1 月 1 日；文号：法释〔2020〕18 号）。

② 《民法典》（生效日期：2021 年 1 月 1 日；文号：主席令第 45 号）。

（四）同业竞争的含义以及同业竞争的核查范围

同业竞争是在目标公司首次公开发行股票审核中常用到的概念，因此下文主要针对上市公司的监督管理要求进行分析。在针对非上市目标公司的尽职调查中，一方面，律师可以从上市公司的角度做一些参考来衡量调查的角度以及风险的判断；另一方面，基于目标公司的独立性本身亦是衡量目标公司整体经营状况和盈利能力的重要考量因素之一，故也需关注目标公司的主要股东、董事、高级管理人员对外投资、任职的企业是否与目标公司存在同业竞争的问题，通常需留意确认该同业竞争的情况是否有经过目标公司股东会或股东大会的同意，否则相应董事、高级管理人员相应的收入应无偿转让给目标公司，[①]且应视情况清理同业竞争的情况（包括但不限于考虑将同业竞争的公司纳入目标公司所在的集团体系内等）。

同业竞争，是指目标公司的控股股东（包括绝对控股和相对控股）、实际控制人及其控制的其他企业所从事的业务与该公司业务相同或相似，双方构成或可能构成直接或间接竞争关系，可能对公司的业务开展及股东的利益产生不利影响。

与关联交易问题一样，同业竞争问题也是公司上市时律师和券商审核的重点之一，相关文件也对同业竞争进行了规定：

《首次公开发行股票并上市管理办法》第 42 条规定，“发行人应当在招股说明书中披露已达到发行监管对公司独立性的基本要求”。

《上市公司治理准则》[②]第 73 条规定，“上市公司业务应当独立于控股股东、实际控制人。控股股东、实际控制人及其控制的其他单位不应从事与上市公司相同或者相近的业务。控股股东、实际控制人应当采取有效措施避免同业竞争”。

从过往的经验我们可以看出，拟上市公司若存在同业竞争，且没有得到有效解决的话，将会成为公开发行的实质性障碍。

---

① 《公司法》第 148 条第 5 项规定：董事、高级管理人员不得有下列行为：……（五）未经股东会或者股东大会同意，利用职务便利为自己或者他人谋取属于公司的商业机会，自营或者为他人经营与所任职公司同类的业务。董事、高级管理人员违反前款规定所得的收入应当归公司所有。

② 《上市公司治理准则》（生效日期：2018 年 9 月 30 日；发文机关：中国证券监督管理委员会）。

(五)同业竞争的影响

在企业实际经营中,同业竞争的存在必然使相关联的企业无法完全按照完全竞争的市场环境来平等竞争,控股股东、实际控制人及高级管理人员等会利用其表决权或职位之便对公司重大经营产生重大影响,如果其影响是不利于公司的,那么将会对公司的正常经营收入及股东的利益产生不利的影响。

1. 业务独立性

若公司存在同业竞争的现象,会对公司业务独立性产生很大的影响。可能存在公司控股股东、实际控制人及重要股东、高级管理人员等利用职务之便,为了自身或他人的利益使公司丧失原本属于自身的业务,使公司不能有效、独立地开展业务。

2. 利益输送

同业竞争在对公司业务的独立性产生影响的同时,也会对公司的收入造成一定的损失,从而最终损害到股东的利益,影响公司的持久、健康发展。

(六)同业竞争的判断

在进行同业竞争判定时,我们应该从两个维度来进行分析。第一个维度是对主体边界的分析,包括股东、亲属、比例等等,即是对“人”的分析;第二个维度是对竞争程度的分析,包括产品类型、目标客户、市场区域等,即是对“业务”的分析。

在判定同业竞争的问题上,与判定关联交易问题相类似,都应当遵循实质重于形式的原则,在进行具体案例分析时,应结合以下因素对具体问题进行综合判定。

1. 主体边界的界定

(1)公司董事、监事及高级管理人员

同业竞争的定义只是提到了公司的控股股东及实际控制人,但在实际案例分析中,主体不仅局限于此。根据《公司法》第 148 条的规定,若未经股东(大)会同意,公司董事、高级管理人员不得从事与公司的竞争业务,若违反该规定则该董事、高级管理人员应将所得归公司所有。

在实际分析过程中,律师不仅需要对公司董事、监事及高级管理人员直接或间接控制的企业的经营业务进行调查,还需对其是否在其他与公司经营同类业务的企业担任职位进行调查,从而避免其利用职务之便做出损害公司及股东利益的行为。

(2)持股5%以上的主要股东

在实际分析中,不仅要对控股股东进行考察,还应对公司主要股东进行考察(一般持股5%以上都被认定为主要股东),但5%也是一个相对的标准,实际中应结合公司的股份的分散程度进行具体认定公司的主要股东。

(3)控股股东或实际控制人重要亲属

律师在进行控股股东及实际控制人考察时,不仅要对其直接或间接控制的企业进行考察,还应对其重要亲属(包括直系亲属、近亲等)直接、间接控制或担任重要职务的企业进行考察,关注其是否存在利益输送的行为。

律师在进行这方面考察时应结合亲属亲密程度、重要性原则(如生产经营设备、主营业务等)、业务紧密程度(如是否独立经营等)进行具体分析,同时还可以结合关联企业的历史沿革、业务范围等方面进行分析。

2. 竞争程度分析

在进行竞争程度分析时,还应弄清楚以下两个概念:

同业竞争:是指双方从事相同或相近业务,并且构成或可能构成直接或间接的竞争关系。

同业不竞争:是指双方虽然从事的业务相同或相近,但销售区域或销售对象存在很大差异,致使双方并不能形成直接的竞争格局及发生利益冲突的情况。

我们在认定同业竞争时就可以从以下几方面进行分析:

(1)主营业务分析

对双方所提供的产业或服务的功能、种类、形式、价格及核心技术存在相同或相似的程度进行分析比较,并分析双方业务的独立性及可替代程度。

(2)目标群体分析

对双方提供的产品或服务所针对的目标群体进行分析,可从目标群体的性别、年龄、收入水平、职业及企业客户的细分行业差别等方面进行对比分析,从而判定双方的目标群体相同或相似的程度。

(3)销售区域分析

对双方提供的产品或服务所能够辐射的区域范围进行对比,分析其相同或相似的程度;分析是否存在区域重叠的现象、是否存在直接竞争或利益冲突的情况。

(4)客户及供应商分析

对双方主要客户及供应商进行对比分析,是否存在重要客户或供应商一致的情况,判断其相同或相似的程度。同时也可对关联企业与重要客户或供应商发生合作的时间及其原因进行具体分析,分析是否存在通过隐性关系促使关联企业获取客户或供应商的情形,判断是否存在利益输送的情况。

(七)同业竞争的解决方案

基于对上述同业竞争影响的分析,如果目标公司计划上市,那么就必须解决同业竞争的问题,目标公司与中介机构应积极制定解决方案,彻底解决同业竞争问题。对于同业竞争,律师可以提出以下解决建议:

1. 收购合并

若关联方的资产相对优质,那么拟上市公司可以将这部分存在同业竞争的关联方资产通过收购合并的形式,将其纳入拟上市公司主体中,进行资产的有机整合。这既能解决同业竞争的问题,又可以扩大拟上市公司的资产及业务规模。

2. 资产、股份转让

若拟上市公司觉得关联资产并不是特别优质,不愿意将其收购,那么关联方可以将这部分资产转让给与上市公司不存在关联关系的第三方,从而解决同业竞争的问题。同时关联方也可以将持有的拟上市公司股份转让出去,使自身不构成与拟上市公司的关联关系。

在通过资产、股份转让的方式解决同业竞争问题时,律师应着重注意转让是否真实,而不是股份代持、虚假转让的情形。

3. 停业或注销

在进行拟上市公司资产转让时,若没有合适的受让方愿意接受该部分资产或因其他原因不采用资产转让时,还可以通过将这部分存在同业竞争的业务进行注销或停业处理,或改变其经营范围,放弃竞争业务。

4. 承诺

拟上市公司应在有关股东协议、公司章程等文件中规定避免同业竞争的措施,并在申请发行上市前取得控股股东同业竞争方面的有效承诺,承诺将不以任何方式直接或间接地从事或参与和拟上市公司竞争的任何业务活动。

5. 业务划分

竞争企业通过承诺协议的形式,对自身的产品结构、市场区域、目标群体等进行合理划分，承诺今后不会与拟上市产生直接或间接竞争及利益冲突的情形。

6. 资产托管

竞争企业可通过将关联资产托管给拟上市公司，待成功上市后将这部分资产转让或托管给上市公司。

相关规定

本专题相关规定见表 2－7－2。

表 2－7－2　相关规定

主要法律问题	文件名	具体条款规定
关联方及关联关系的含义和认定	《公司法》（发布日期：1993 年 12 月 29 日；生效日期：1994 年 7 月 1 日；发文机关：全国人民代表大会常务委员会；文号：主席令第 16 号；经过 1999 年 12 月 25 日、2004 年 8 月 28 日、2005 年 10 月 27 日、2013 年 12 月 28 日四次修订，最新于 2018 年 10 月 26 日修订并实施）	第 216 条第 4 项　关联关系，是指公司控股股东、实际控制人、董事、监事、高级管理人员与其直接或者间接控制的企业之间的关系，以及可能导致公司利益转移的其他关系。但是，国家控股的企业之间不仅因为同受国家控股而具有关联关系。
	《企业国有资产法》（发布日期：2008 年 10 月 28 日；生效日期：2009 年 5 月 1 日；发文机关：全国人民代表大会常务委员会；文号：主席令第 5 号）	第 43 条第 2 款　本法所称关联方，是指本企业的董事、监事、高级管理人员及其近亲属，以及这些人员所有或者实际控制的企业。
	《企业会计准则第 36 号——关联方披露》（发布日期：2006 年 2 月 15 日；生效日期：2007 年 7 月 1 日；发文机关：财政部；文号：财会〔2006〕3 号）	第 3 条　一方控制、共同控制另一方或对另一方施加重大影响，以及两方或两方以上同受一方控制、共同控制或重大影响的，构成关联方。 控制，是指有权决定一个企业的财务和经营政策，并能据以从该企业的经营活动中获取利益。 共同控制，是指按照合同约定对某项经济活动所共有的控制，仅在与该项经济活动相关的重要财务和经营决策需要分享控制权的投资方一致同意时存在。 重大影响，是指对一个企业的财务和经营政策有参与决策的权力，但并不能够控制或者与其他方一起共同控制这些政策的制定。

续表

主要法律问题	文件名	具体条款规定
		第4条　下列各方构成企业的关联方： （一）该企业的母公司。 （二）该企业的子公司。 （三）与该企业受同一母公司控制的其他企业。 （四）对该企业实施共同控制的投资方。 （五）对该企业施加重大影响的投资方。 （六）该企业的合营企业。 （七）该企业的联营企业。 （八）该企业的主要投资者个人及与其关系密切的家庭成员。主要投资者个人，是指能够控制、共同控制一个企业或者对一个企业施加重大影响的个人投资者。 （九）该企业或其母公司的关键管理人员及与其关系密切的家庭成员。关键管理人员，是指有权力并负责计划、指挥和控制企业活动的人员。与主要投资者个人或关键管理人员关系密切的家庭成员，是指在处理与企业的交易时可能影响该个人或受该个人影响的家庭成员。 （十）该企业主要投资者个人、关键管理人员或与其关系密切的家庭成员控制、共同控制或施加重大影响的其他企业。
		第5条　仅与企业存在下列关系的各方，不构成企业的关联方： （一）与该企业发生日常往来的资金提供者、公用事业部门、政府部门和机构。 （二）与该企业发生大量交易而存在经济依存关系的单个客户、供应商、特许商、经销商或代理商。 （三）与该企业共同控制合营企业的合营者。
	《上市公司信息披露管理办法》（发布日期：2007年1月30日；生效日期：2007年1月30日；发文机关：中国证券监督管理委员会；文号：中国证券监督管理委员会令第40号，最新于2021年3月18日修订，并于2021年5月1日实施）	第62条第4项　上市公司的关联交易，是指上市公司或者其控股子公司与上市公司关联人之间发生的转移资源或者义务的事项。 关联人包括关联法人（或者其他组织）和关联自然人。 具有以下情形之一的法人（或者其他组织），为上市公司的关联法人（或者其他组织）： 1. 直接或者间接地控制上市公司的法人（或者其他组织）；

续表

主要法律问题	文件名	具体条款规定
		2. 由前项所述法人（或者其他组织）直接或者间接控制的除上市公司及其控股子公司以外的法人（或者其他组织）； 3. 关联自然人直接或者间接控制的、或者担任董事、高级管理人员的，除上市公司及其控股子公司以外的法人（或者其他组织）； 4. 持有上市公司百分之五以上股份的法人（或者其他组织）及其一致行动人； 5. 在过去十二个月内或者根据相关协议安排在未来十二月内，存在上述情形之一的； 6. 中国证监会、证券交易所或者上市公司根据实质重于形式的原则认定的其他与上市公司有特殊关系，可能或者已经造成上市公司对其利益倾斜的法人（或者其他组织）。 具有以下情形之一的自然人，为上市公司的关联自然人： 1. 直接或者间接持有上市公司百分之五以上股份的自然人； 2. 上市公司董事、监事及高级管理人员； 3. 直接或者间接地控制上市公司的法人的董事、监事及高级管理人员； 4. 上述第1、2项所述人士的关系密切的家庭成员，包括配偶、父母、年满十八周岁的子女及其配偶、兄弟姐妹及其配偶，配偶的父母、兄弟姐妹，子女配偶的父母； 5. 在过去十二个月内或者根据相关协议安排在未来十二个月内，存在上述情形之一的； 6. 中国证监会、证券交易所或者上市公司根据实质重于形式的原则认定的其他与上市公司有特殊关系，可能或者已经造成上市公司对其利益倾斜的自然人。
关联交易及相关法律风险	《上市公司治理准则》［发布日期：2002年1月7日；生效日期：2002年1月7日；发文机关：中国证券监督管理委员会、国家经济贸易委员会（已变更）；文号：中国证券监督管理委员会公告〔2018〕29号；最新于2018年9月30日修订并实施］	第75条　上市公司应当与关联方就关联交易签订书面协议。协议的签订应当遵循平等、自愿、等价、有偿的原则，协议内容应当明确、具体、可执行。
		第76条　上市公司应当采取有效措施防止关联方以垄断采购或者销售渠道等方式干预公司的经营，损害公司利益。关联交易应当具有商业实质，价格应当公允，原则上不偏离市场独立第三方的价格或者收费标准等交易条件。
		第77条　上市公司及其关联方不得利用关联交易输送利益或者调节利润，不得以任何方式隐瞒关联关系。

续表

主要法律问题	文件名	具体条款规定
	《企业国有资产法》(发文日期:2008年10月28日;生效日期:2009年5月1日;发文机关:全国人民代表大会常务委员会;文号:主席令第5号)	第13条　履行出资人职责的机构委派的股东代表参加国有资本控股公司、国有资本参股公司召开的股东会会议、股东大会会议,应当按照委派机构的指示提出提案、发表意见、行使表决权,并将其履行职责的情况和结果及时报告委派机构。
		第45条　未经履行出资人职责的机构同意,国有独资企业、国有独资公司不得有下列行为: (一)与关联方订立财产转让、借款的协议; (二)为关联方提供担保; (三)与关联方共同出资设立企业,或者向董事、监事、高级管理人员或者其近亲属所有或者实际控制的企业投资。
		第46条　国有资本控股公司、国有资本参股公司与关联方的交易,依照《中华人民共和国公司法》和有关行政法规以及公司章程的规定,由公司股东会、股东大会或者董事会决定。由公司股东会、股东大会决定的,履行出资人职责的机构委派的股东代表,应当依照本法第十三条的规定行使权利。 公司董事会对公司与关联方的交易作出决议时,该交易涉及的董事不得行使表决权,也不得代理其他董事行使表决权。
	《外资保险公司管理条例》(发布日期:2001年12月12日;生效日期:2002年2月1日;发文机关:国务院;文号:国务院令第336号;经过2013年5月30日、2016年2月6日两次修订,最新于2019年9月30日修正并实施)	第20条第1款　除经国务院保险监督管理机构批准外,外资保险公司不得与其关联企业进行资产买卖或者其他交易。
	《商业银行股权管理暂行办法》[发布日期:2018年1月5日;生效日期:2018年1月5日;发文机关:中国银行业监督管理委员会(已撤销);文号:中国银行业监督管理委员会令2018年第1号]	第32条　商业银行应当加强关联交易管理,准确识别关联方,严格落实关联交易审批制度和信息披露制度,及时向银监会或其派出机构报告关联交易情况。 商业银行应当按照穿透原则将主要股东及其控股股东、实际控制人、关联方、一致行动人、最终受益人作为自身的关联方进行管理。

续表

主要法律问题	文件名	具体条款规定
	《企业会计准则第 36 号——关联方披露》(发布日期:2006 年 2 月 15 日;生效日期:2007 年 7 月 1 日;发文机关:财政部;文号:财会〔2006〕3 号)	第 2 条 企业财务报表中应当披露所有关联方关系及其交易的相关信息。对外提供合并财务报表的,对于已经包括在合并范围内各企业之间的交易不予披露,但应当披露与合并范围外各关联方的关系及其交易。
		第 12 条 企业只有在提供确凿证据的情况下,才能披露关联方交易是公平交易。
	《上市公司信息披露管理办法》(发布日期:2007 年 1 月 30 日;生效日期:2007 年 1 月 30 日;发文机关:中国证券监督管理委员会;文号:中国证券监督管理委员会第 40 号;最新于 2021 年 3 月 18 日修订,并于 2021 年 5 月 1 日实施)	第 41 条 上市公司董事、监事、高级管理人员、持股百分之五以上的股东及其一致行动人、实际控制人应当及时向上市公司董事会报送上市公司关联人名单及关联关系的说明。上市公司应当履行关联交易的审议程序,并严格执行关联交易回避表决制度。交易各方不得通过隐瞒关联关系或者采取其他手段,规避上市公司的关联交易审议程序和信息披露义务。
	《企业国有资产法》(发文日期:2008 年 10 月 28 日;生效日期:2009 年 5 月 1 日;发文机关:全国人民代表大会常务委员会;文号:主席令第 5 号)	第 44 条 国有独资企业、国有独资公司、国有资本控股公司不得无偿向关联方提供资金、商品、服务或者其他资产,不得以不公平的价格与关联方进行交易。
	最高人民法院《关于适用〈中华人民共和国公司法〉若干问题的规定(五)》(2020 年修正)(发布日期:2020 年 12 月 29 日;生效日期:2021 年 1 月 1 日;发文机关:最高人民法院)	第 1 条 关联交易损害公司利益,原告公司依据民法典第八十四条、公司法第二十一条规定请求控股股东、实际控制人、董事、监事、高级管理人员赔偿所造成的损失,被告仅以该交易已经履行了信息披露、经股东会或者股东大会同意等法律、行政法规或者公司章程规定的程序为由抗辩的,人民法院不予支持……
	《民法典》(发布日期:2020 年 5 月 28 日;生效日期:2021 年 1 月 1 日;发文机关:全国人民代表大会;文号:主席令第 45 号)	第 539 条 债务人以明显不合理的低价转让财产、以明显不合理的高价受让他人财产或者为他人的债务提供担保,影响债权人的债权实现,债务人的相对人知道或者应当知道该情形的,债权人可以请求人民法院撤销债务人的行为。
	《企业国有资产法》(发文日期:2008 年 10 月 28 日;生效日期:2009 年 5 月 1 日;发文机关:全国人民代表大会常务委员会;文号:主席令第 5 号)	第 72 条 在涉及关联方交易、国有资产转让等交易活动中,当事人恶意串通,损害国有资产权益的,该交易行为无效。

续表

主要法律问题	文件名	具体条款规定
同业竞争的含义以及同业竞争的核查范围	《首次公开发行股票并上市管理办法》(发布日期:2006年5月17日;生效日期:2006年5月18日;发文机关:中国证券监督管理委员会;文号:中国证券监督管理委员会令第32号;经过2015年12月30日、2018年6月6日、2020年7月10日修正,最新于2022年4月8日修正并实施)	第42条　发行人应当在招股说明书中披露已达到发行监管对公司独立性的基本要求。
	《上市公司治理准则》[发布日期:2002年1月7日;生效日期:2002年1月7日;发文机关:中国证券监督管理委员会、国家经济贸易委员会(已变更);文号:中国证券监督管理委员会公告〔2018〕29号;最新于2018年9月30日修订并实施]	第73条　上市公司业务应当独立于控股股东、实际控制人。 控股股东、实际控制人及其控制的其他单位不应从事与上市公司相同或者相近的业务。控股股东、实际控制人应当采取有效措施避免同业竞争。
	《公司法》(发布日期:1993年12月29日;生效日期:1994年7月1日;发文机关:全国人民代表大会常务委员会;文号:主席令第16号;经过1999年12月25日、2004年8月28日、2005年10月27日、2013年12月28日四次修订,最新于2018年10月26日修订并实施)	第148条　董事、高级管理人员不得有下列行为: …… (五)未经股东会或者股东大会同意,利用职务便利为自己或者他人谋取属于公司的商业机会,自营或者为他人经营与所任职公司同类的业务; …… 董事、高级管理人员违反前款规定所得的收入应当归公司所有。

专题八　财务和税务

一、审阅文件清单

本专题审阅文件见表2－8－1。

表2－8－1　审阅文件清单

序号	审阅文件清单
财务	
1	公司自设立以后最近三年的年度审计报告及附注
2	公司最近一期的资产负债表
3	公司最近一期的现金流量表
4	公司最近一期的损益表
5	公司最近一期的其他财务报表
6	公司自设立以来收到的独立审计师的全部信函
7	公司现行有效的审批制度的相关规章、制度、规定、决议
8	公司现行有效的风险控制制度的相关规章、制度、规定、决议
9	公司现行有效的会计政策的相关规章、制度、规定、决议
10	公司其他现行有效的财务制度的相关规章、制度、规定、决议
11	公司的关联公司的财务审计报告、即期报表、财务制度
12	公司对其子公司、分支机构的财务会计制度和财务管理制度
13	公司的关联公司的开户银行出具的存款证明、对账单、询证函
税务	
(一)涉税基本情况	
1	营业执照(加载统一社会信用代码)、增值税一般纳税人登记表
2	公司关于所执行税种、税率、税款征收方式、纳税信用级别、发票开具与使用、是否存在其他税务安排等涉税基本事项的书面情况说明
3	公司自设立以来的纳税信用级别证明
4	纳税申报表与完税证明
5	审计报告、纳税鉴证报告、内部控制鉴证报告、纳税审核报告(以上如有)

续表

序号	审阅文件清单
6	主管税务机关开具的社会保险费缴费证明(如有)
(二)税收优惠适用情况	
7	公司关于是否适用、如何适用税收优惠,以及是否对税收优惠存在重大依赖等相关事项的书面情况说明
8	公司申请并适用各项税收优惠的资质证明、文件资料
9	主管部门(包括但不限于税务机关、行业主管部门)授予公司税收优惠的书面批准文件、备案文件、政策法规等
(三)财政补贴适用情况	
10	公司关于是否享受、如何享受各种形式的财政补贴,以及补贴款项用途、是否对财政补贴存在重大依赖等相关事项的书面情况说明
11	公司申请并享受各项财政补贴的资质证明、文件资料、拨付及入账凭证
12	主管部门授予公司财政补贴的书面批准文件、备案文件、政策法规等
(四)依法纳税情况	
13	公司自设立以来依法履行纳税义务、无欠税、无涉税违法行为的书面说明与承诺
14	主管税务机关就公司申报纳税情况出具的无欠税证明、税务事项通知书(无欠税证明未尽事宜通知)等书面税务文书
15	如存在下列情形,请提供相关资料并书面说明具体情况: (1)曾经或正处于税务检查或其他涉税行政程序之中; (2)已决或未决的涉税争议; (3)任何应缴而未缴的税款、滞纳金; (4)税务行政处罚、应缴未缴的罚款; (5)其他涉税现实或潜在纠纷
16	历史上若存在股权转让,并且转让方若为自然人,请提供该自然人申报股权转让所得税的申报以及缴税凭证

二、访谈清单

(一)财务

1. 公司会计报表合并范围、原则;
2. 公司现行会计政策及近 3 年会计政策是否存在重大变更;
3. 长期股权投资的情况以及核算方法;

4. 公司的资产负债表中几项较大数据（如应收账款、应付账款、其他应收款、其他应付款等）的组成（原因）。

（二）税务

1. 访谈财务、税务负责人

（1）请简要介绍您入职公司后的工作经历。

（2）请简要介绍您目前的职位、职责、任职时间等情况。

（3）请介绍尽调审阅期内公司的主营业务及收入情况。

（4）请介绍公司主要涉及的税种、税率情况，尽调审阅期内是否发生变化？

（5）请介绍国地税合并后，公司的主管税务机关、税款征收方式的情况。

（6）请介绍尽调审阅期内公司的纳税信用级别，能否提供纳税信用级别证明？

（7）公司是否享受税收优惠及财政补贴？如享受，请具体介绍优惠类别、适用时间、金额、申请及审批、用途等情况。

（8）公司所享受的税收优惠、财政补贴对公司经营主要产生哪些积极影响？

（9）公司是否被主管税务机关实施过税务检查或其他调查、约谈等？公司是否因主要交易对手或关联方而配合税务机关进行过其他调查？如有，请介绍具体情况。

（10）公司是否被主管税务机关追征税款及滞纳金、处以罚款？如有，请介绍具体情况。

（11）公司是否正在或可能涉及税务行政复议、税务行政诉讼、涉税刑事诉讼、涉税民事诉讼等？如有，请介绍具体情况。

（12）公司是否存在其他重大涉税事项或税收安排，您认为是否还需补充其他涉税事项？如有，请介绍具体情况。

2. 访谈公司法定代表人、董事（长）或高级管理人员

（1）请简要介绍您入职公司后的工作经历。

（2）请简要介绍您目前的职位、职责、任职时间等情况。

（3）请介绍尽调审阅期内公司的主营业务情况。

（4）公司是否享受税收优惠及财政补贴？如享受，能否简要介绍有关情况？

（5）您认为税收优惠、财政补贴等对公司主要产生哪些积极影响？

（6）公司是否被主管税务机关追征税款及滞纳金、处以罚款？如有，能否简

要介绍有关情况?

(7)公司是否正在或可能涉及税务行政复议、税务行政诉讼、涉税刑事诉讼、涉税民事诉讼等? 如有,能否简要介绍有关情况?

三、财务主要法律问题

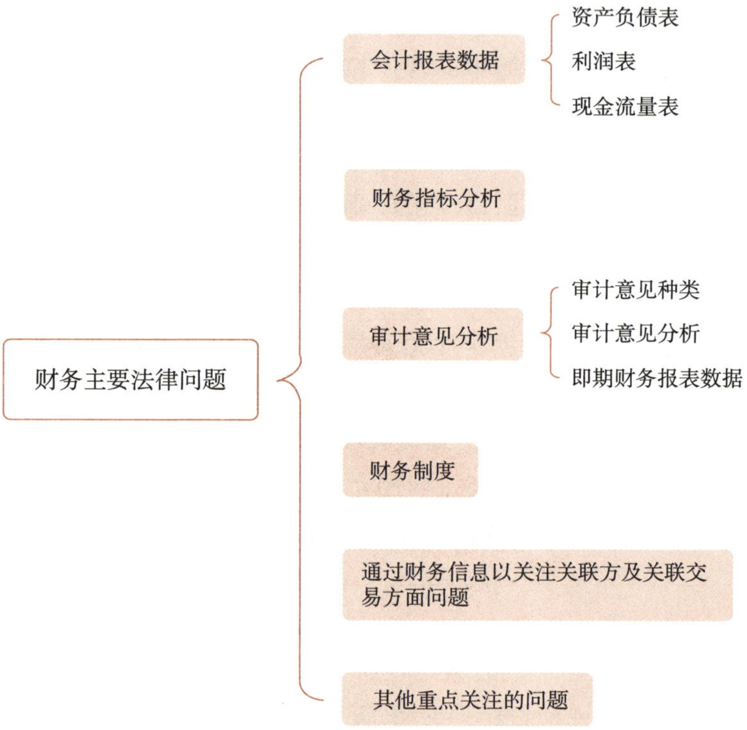

图2-8-1 本专题财务法律问题思维导图

(一)会计报表数据

1.资产负债表

(1)货币资金

货币资金指公司资产中处于货币形态的资产,主要包括银行存款和库存现金,对公司正常运转有重要影响。

在尽职调查中,若为收购项目,可以重点关注一下大额银行存款账户的真实性,并关注是否存在使用受限风险。可以考虑从以下角度进行适当核查:

①应查验报告期（各期）末的银行对账单原件、银行出具的存款证明原件；

②关注是否存在银行存款被冻结、质押等货币资金使用受限问题。

（2）应收账款

应收账款和预收账款的核算内容主要与企业的营业收入相关。对该类往来款项的核查有助于了解目标公司的主营业务收入。

应收账款指企业在正常生产经营过程中因销售商品或提供劳务而应向购货或接受劳务的单位或个人收取的款项。企业可能存在虚增应收账款的情形，表现为在没有改变销售信用政策的情况下，应收账款余额出现异常的波动，同时销售收入在会计期末出现不明原因的急剧上涨。

在法律尽职调查中，应重点关注审计报告披露的前5～10家应收账款金额较大的往来单位，并核查其大额应收款项的真实性及应收账款的回收情况。主要方法包括：审查大额应收账款的销售合同、发票及期后收款情况。同时，还需关注应收账款占流动资金的比重。

（3）其他应收款、其他应付款

如果其他应收款的余额较大，应注意核查是否存在下列情形：注册资本抽逃或关联方占款、手续不完备的对外出资、大额损失或亏损挂账、为其他企业提供资金拆借等。

如果其他应付款的余额较大，应注意核查是否存在下列情形：对外投资的抽回和占用关联方款项、已实现未确认的利润挂账、向其他企业拆借资金。

（4）固定资产

固定资产指企业使用期限超过1年的房屋、建筑物、机器、机械、运输工具以及其他与生产、经营有关的设备、器具、工具等。不属于生产经营主要设备的物品，单位价值在一定金额以上，并且使用年限超过2年的，也应当作为固定资产被重点关注。在法律尽职调查时，可以让公司列出一份固定资产清单（涵盖原值以及折旧后净值数据），律师重点关注其中金额较大的、对于公司生产经营较为重要的固定资产，具体的标准视企业的情形而定。

（5）无形资产

无形资产指企业拥有或者控制的没有实物形态的可辨认非货币性资产，主要包括非专利技术、专利权、商标权、著作权、特许权、土地使用权等。

在尽职调查过程中，律师应重点关注核查该部分无形资产的权属凭证是否齐备。

对企业自用的土地使用权,应注意审查取得时的土地出让合同或其他类似协议,以及相应的缴费凭证是否与合同约定相符。

(6)实收资本、资本公积

应注意查看实收资本数额,并与企业注册资本数额相比较,检验注册资本是否到位。

同时,应注意资本公积的数额。若过大,应关注其构成。防止企业在不具备法定资产评估条件的情况下,通过虚假评估来虚增净资产,借此来调整资产负债表。

2. 利润表

利润表指反映企业在一定会计期间的经营成果的财务报表。

律师对利润表的审查重点集中在公司的主营业务收入在总收入中的占比情况,并且通过净利润的变化了解公司的盈利能力情况,以及对成本费用的结构与变动趋势进行分析,具体分析各项费用占营业收入百分比,以及各个项目的增减变动趋势,以此判定公司的管理水平和财务状况。

3. 现金流量表

现金流量表指反映企业在一定会计期间现金来源、现金使用和现金库存的财务报表。

对现金流量表应关注现金流量净增加值、经营活动产生的现金流量净额、投资活动产生的现金流量净额、筹资活动产生的现金流量净额等指标。

(二)财务指标分析

1. 主营业务利润率

主营业务利润率 = 主营业务利润 ÷ 主营业务收入净额

该指标体现了主营业务收入净额给企业所带来的利润;该指标越大,说明企业经营活动的盈利水平较高,反之,则盈利水平较低。

2. 销售增长率

销售增长率 = 本年主营业务收入增长额 ÷ 去年主营业务收入

销售增长率反映企业销售(营业)收入的增减变化情况,是评价企业成长状况和发展能力的重要指标,该比率与企业发展能力呈正向变化。

3. 流动比率

流动比率 = 流动资产 ÷ 流动负债

该比率越高，不仅反映企业拥有较多的营运资金以抵偿短期债务，而且表明企业可以变现的资产数额较大，债权人的风险越小。但是，过高的流动比率并不均是好现象，可能存在企业未能有效利用负债经营或企业资产过度闲置等情况。

4. 资产负债率

资产负债率 = 负债总额 ÷ 资产总额

资产负债率体现企业利用债权人提供资金进行经营活动的能力，也是债权人债权安全的衡量指标。

（三）审计意见分析

审计意见指审计师在完成审计工作后，对于鉴证对象是否符合鉴证标准而发表的意见。审计报告的目的是向报告使用者提供决策有用的信息，由独立第三方来鉴证，在于提高报告信息的可靠性，增加投资者的决策相关性，以减轻由于信息不对称所带来的交易成本。但审计意见旨在提高财务报表的可信赖程度，不是对被审计单位未来生存能力或管理层经营效率、经营效果提供的保证。在法律尽职调查中，应关注审计意见的种类和关键数据的信息。

1. 审计意见种类

（1）标准无保留意见

标准无保留意见指注册会计师认为被审计单位编制的财务报表已按照适用的会计准则的规定编制，并在所有重大方面公允反映了被审计者的财务状况、经营成果和现金流量而出具的审计意见。

（2）带强调事项段的无保留意见

带强调事项段的无保留意见指注册会计师在出具无保留意见的同时，补充了对被审计单位特别事项的关注而形成的审计报告。该补充只是增加了审计报告的信息量，提高报告的有用性，并不影响其发表的审计意见的结果；只是注册会计师出于对被审计单位的持续经营能力、可能对未来财务报表产生重大影响的不确定事项等的考虑向报告使用者予以提示关注。

（3）保留意见

保留意见指注册会计师经过审计后，认为被审计单位会计报表的反映就其整体而言是公允的，但在个别重要的财务事项或重要的会计报表项目编制方面不合规，或审计范围受到了局部限制等，使得注册会计师对该部分会计报表不能准确地反映企业的实际情况出具了保留意见的审计结果。

(4)否定意见

否定意见指注册会计师认为被审计单位财务报表没有按照适用的会计准则和相关会计制度的规定编制，未能在所有重大方面公允反映被审计单位的财务状况、经营成果和现金流量时出具否定意见的审计报告。

(5)无法表示意见

如果审计范围受到限制可能产生的影响非常重大和广泛，不能获取充分、适当的审计证据，以至于无法对财务报表发表审计意见，注册会计师会出具无法表示意见的审计报告。

2. 审计意见分析

标准无保留意见是审计意见中的最高分数，表明了被审计单位的会计制度健全，经营透明，管理规范，投资方可以充分信任并利用会计报表来作参考并指导其投资行为。

带强调事项段的无保留意见仍属于无保留意见，只是为了提醒财务使用者关注某些事项，一般是注册会计师就可能导致对企业持续经营能力产生重大疑虑的事项或情况，或存在可能对财务报表产生重大影响的不确定事项向报告使用者做出的提示，但从侧面反映了企业的持续运营或财务稳定可能会发生问题。

保留意见的审计报告被视为注册会计师在不能出具无保留意见的审计报告情况下最不严厉的审计报告，表明注册会计师已经可以确定被审计单位存在着某些事项或因审计范围而对其财务报表将产生重大影响，可以说保留意见就代表着对企业影响重大的问题已经出现并存在了，报表使用者尤其要关注意见中“除……影响外”的描述，即是问题所在。

否定意见的审计报告表明注册会计师认为企业财务报表完全不能反映其真实情况，存在重大错报，会完全误导财务报表的直接使用者，等于对被审计单位的财务情况说“不”，则该财务报表基本无法参考，也反映了企业本身存在的诸多问题。

无法表示意见的审计报告表明注册会计师无法获取充分的证据，以至于无法确定企业财务报表的合法性和公允性，通常会使用“由于审计范围受到限制可能产生的影响非常重大和广泛”“我们无法对上述财务报表发表意见”等术语。

3. 即期财务报表数据

即期财务报表特殊数据指公司接受尽职调查之日起，结合尽调的目的和公司的情况，确定的最近完整月度的财务报表数据。其代表了公司即时的财务状况，通常都没有经过审计，均为企业财务直接提供，因此对其中数据的真实、准确性需谨慎对待。

（四）财务制度

查阅公司的董事会、总经理办公会等会议记录与各项决议，关注公司是否有积极的管控环境，包括高管与董事会的责任、授权和报告关系，董事会对公司经营战备和重大决策的审查制度等。

查阅公司相关规章制度、风险评估报告和主要业务流程及其控制措施，包括授权与审批、复核与查证、业务规程与操作程序、岗位权限与职责分工、应急与预防等措施。重点关注公司内部审计制度及其执行情况。

（五）通过财务信息以关注关联方及关联交易方面问题

可以通过公司的财务信息以及潜在财务风险关注以下与关联方及关联交易相关的因素：

（1）关注公司与关联方的交易、决策是否履行了必要的审批程序；

（2）关联交易定价的公允性，是否与市场独立第三方价格有较大差异；

（3）来自关联方的收入占主营业务收入的比例是否较高，向关联方采购额占公司对外采购总额比例；

（4）对关联方应收、应付款项余额占公司总额的比较是否过高，应收款项的实际可回收性；

（5）关联交易利润占公司利润总额的比例是否过高；

（6）尤其关注是否存在与关联方关系的非关联化，如与非正常业务关系的单位或个人存在偶发性且缺乏明显商业理由的重大交易，实质与形式明显不符的交易，交易价格、条件、形式等明显异常或显失公允交易等。

（六）其他重点关注的问题

1. 固定资产及折旧

关注公司购建、处置固定资产是否履行了必要的审批程序，手续是否齐备。

2. 无形资产

查阅相关投资合同、资产评估报告、资产权属证明等；关注股东出资的无形资产，包括出资方取得无形资产是否手续完备及是否与公司存在关联关系；无形资产的购置、处置是否履行了必要的审批程序。

四、税务主要法律问题

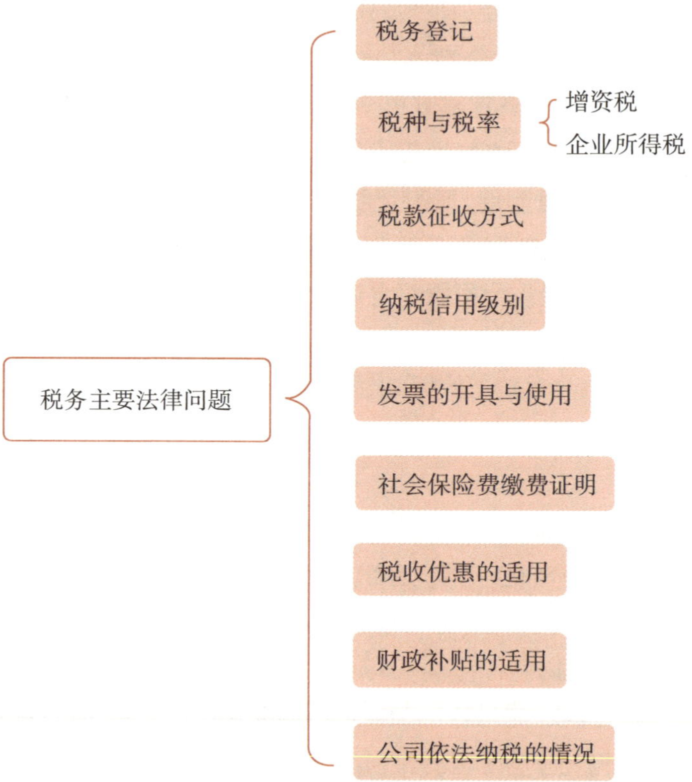

图 2－8－2　本专题税务法律问题思维导图

对企业税务事项所开展的法律尽职调查是整个尽调过程中非常重要也是难度较高的一项工作。相较于其他部分的尽职调查，律师在核查企业税务事项时不仅应具备扎实的法律功底，还需掌握基本的财税知识；不仅应遵循法律从业者严谨、周密的逻辑思维习惯，还需具备宏观开放的视野，与其他财税专业人士进行高效沟通，实现资源共享、互通有无。当然，这些能力都可通过不断学习和实践得到积累与提高。

鉴于税务尽调天然存在的前述特殊之处，我们认为有必要在与大家具体分享知识要点之前，对律师从事税务部分尽调的有关事项简要说明如下：

第一，角色与定位。在具体开展尽调工作之前，我们首先应当明确，作为法律尽职调查的构成要素之一，该等对目标公司税务事项实施的尽职调查不同于会计师、税务师抑或税务律师接受客户委托所开展的税务专项尽职调查。作为律师，我们应当准确把握自身法律工作者的角色定位，基于相关法律法规所赋予的职责与权利，对于需要进行法律核查的涉税事项进行审查并作出法律判断，即使具备较高的财税素养，也不宜“大包大揽”“过度发挥”，也即尽职调查理应勤勉尽责，但勤勉尽责应在法律规定与委托范围的界限之内，否则只会变相加大律师责任，而对客户和项目本身并无益处。

第二，目标与价值。不同于其他部分的法律尽职调查，针对税务部分，律师基于专业所限，很多时候不具备在实质方面独立揭示风险、判断企业是否依法合规的资质与能力，而有赖于其他财税专业人士的把握以及税务机关的认定。那么，律师在税务尽调中的价值究竟体现在何处？我们认为，律师的价值更多体现为：针对已经披露的现实或潜在涉税风险进行法律判断，评估该等风险对拟议交易所构成的影响，进而从宏观上为客户是否交易、如何交易提供决策参考；从微观上协助客户调整或重构交易方案、进行磋商谈判、形成有利于各方实现交易目的并充分保障客户合法权益的合同条款，以期最终为项目落地并顺利实施保驾护航。

第三，有所为与有所不为。基于上述，并参考《公开发行证券公司信息披露的编报规则第 12 号——公开发行证券的法律意见书和律师工作报告》（证监发〔2001〕37 号）第 45 条之规定以及实践惯例，我们认为，律师开展税务部分尽职调查的主要且最低合理工作应包括：（1）公司执行的税种、税率是否符合现行法律、法规和规范性文件的要求；（2）公司享受税收优惠、财政补贴等是否依法合规、真实有效；（3）公司是否依法纳税，是否存在被税务部门处罚的情形。针对除上述内容之外的其他涉税事项，律师虽无须直接发表意见，但建议对其保持敏感，秉持谨慎与谦抑的原则，结合项目实际并基于法律视角予以综合考量和处理。

基于此，我们在本部分的内容中主要遵循以下思路：（1）以对一般性企业开展法律尽职调查为标准；（2）围绕上述律师的工作范围，在正文部分具体列示并阐述关于税务部分的审阅文件清单、访谈清单以及主要法律问题（包括核查目的、核查方法、核查提示)，其中，结合实践中律师对部分特殊涉税事项的实务需求，我们在主要法律问题部分的最后增设“特别说明”，集中对该等事项予以简要提示；同时在附录部分我们为读者提供尽调报告撰写范例以及相关法律依据，供读者参考。

(一)税务登记

1. 核查目的

了解核实公司是否依法办理税务登记，履行税收征管的程序性义务。

2. 核查方法

以书面审查、实地调查的方法查验公司营业执照(加载统一社会信用代码)正/副本原件、增值税一般纳税人登记表原件(如有)。

3. 核查提示

(1)办理税务登记是涉税主体的法定义务，主要包括设立登记、变更登记以及注销登记。纳税人不办理税务登记且未按税务机关要求限期改正的，根据《税收征收管理法》(2015 年修正)(生效日期:2015 年 4 月 24 日；发文机关:全国人民代表大会常务委员会)第 60 条第 1 款第 1 项，以及《税务登记管理办法》(2019 年修正)(生效日期:2019 年 7 月 24 日；发文机关:国家税务总局)第 40 条的规定，可以被处以不超过 1 万元的罚款。

在推行“三证合一”“多证合一”之前，纳税人应当自领取营业执照之日起 30 日内向主管税务机关申请办理税务登记并领取税务登记证(正/副本)。在公司存续过程中，如相关涉税信息发生变化，还需按要求办理变更登记。自 2014 年起，为便利市场主体，激发市场活力，国务院下发意见推进工商营业执照、税务登记证和组织机构代码证“三证合一”的改革工作，后又进一步扩展为“多证合一”。根据原国家工商总局等五部门《关于贯彻落实〈国务院办公厅关于加快推进“五证合一”登记制度改革的通知〉的通知》(生效日期:2016 年 7 月 28 日；文号:工商企注字〔2016〕150 号)第 2 条规定:“2018 年 1 月 1 日前，原发证照继续有效，过渡期结束后一律使用加载统一代码的营业执照，未换发的证照不再有效。”

据此，律师在核查中应当注意:当前，企业一般已不再持有税务登记证，税务机关对加载了 18 位统一社会信用代码的营业执照赋予了原税务登记证的全部功能，纳税人识别号也由统一社会信用代码所替代。

(2)建议律师在核查中对营业执照所标注的公司类型、住所、经营范围等信息予以关注,以便对相关涉税事项保持敏感。比如,公司类型显示为“外国法人独资”,则可联想到公司可能存在向境外股东分配股息红利、与境外股东开展关联交易等可能,从而在尽调中关注其涉税处理是否依法合规,是否影响拟议交易。又如,当前税收征管主要以属地管辖为原则,如在尽调中发现公司的实际经营地址与营业执照登记的地址不同,则应当及时披露并提示改正。再如,律师通过查阅营业执照记载的经营范围,就可初步判断公司执行的主要税种。

(3)【注销登记】已实行“多证合一、一照一码”登记模式的企业向市场监督管理等部门申请办理注销登记前,须先向税务机关申报清税。清税完毕后,税务机关向企业出具清税证明,企业持清税证明到原登记机关办理注销。因此,律师在尽调中如发现公司所拥有的子公司或分支机构在尽调审阅期内存在注销情况,需核查其是否完成清税程序并取得清税证明。

(4)根据《增值税一般纳税人登记管理办法》(生效日期:2018 年 2 月 1 日;文号:国家税务总局令第43 号)第2 条第1 款与第3 条第1 款之规定,增值税纳税人年应税销售额超过规定标准应当办理一般纳税人登记;虽未超过标准但会计核算健全,能够提供准确税务资料的,可以办理一般纳税人登记。

【提请关注】在推行“三证合一”“多证合一”之前,律师一般可通过核查税务登记证副本加盖的“增值税一般纳税人”印戳来直观了解公司是否为一般纳税人。而当前,企业在申领新版营业执照后,律师如需核查上述信息,可要求公司提供增值税一般纳税人登记表(企业办理一般纳税人登记时,应当向税务机关提供增值税一般纳税人登记表等相关信息资料,税务机关核对后会退还纳税人留存的增值税一般纳税人登记表),该表可以作为识别公司系增值税一般纳税人的依据。

(二)税种与税率

1. 核查目的

核查公司经营活动所执行的主要税种、税率是否符合我国现行法律、行政法规和规范性文件的要求,是否符合所在地区关于地方附加费的要求;公司执行的主要税种所涉及的税收政策在尽调期内是否存在重大变化,该等变化是否影响公司的纳税遵从,是否对公司主营业务及拟议交易构成潜在影响。

2. 核查方法

以书面审查为主,核查公司出具的书面情况说明、尽调审阅期内公司的纳税申报表与完税证明原件、会计师事务所出具的审计报告原件、纳税鉴证报告原件、内部控制鉴证报告原件、纳税审核报告原件(以上如有)。律师在确认上述资料真实性与可靠性的基础上,通过逐一核查、交叉比对、相互印证的方法审查公司执行税种、税率是否依法合规。如条件允许,也可实地查看公司的报税系统和申报纳税操作。

3. 核查提示

建议律师了解现行税制的基本情况:其一,我国当前形成以间接税和直接税为主,其他税种为辅的"双主体"税制,共存并征收增值税、消费税、关税、企业所得税、个人所得税、房产税、车船税、契税、印花税、土地增值税、资源税、城镇土地使用税、车辆购置税、耕地占用税、船舶吨税、烟叶税、环境保护税、城市维护建设税共 18 个税种。其二,截至 2018 年,国税地税征管体制改革已完成,不再区分国税局、地税局,统一由挂牌后的税务局继续行使职权。

一般而言,企业执行的主要税种为增值税和企业所得税。针对从事特定业务的企业则需关注其他税种,比如房地产企业,主要税种还包括土地增值税;从事烟酒、成品油、汽车生产等业务的企业,主要税种还包括消费税,律师需要结合项目实际具体核查。下文主要对增值税和企业所得税提供核查参考。

(1)增值税

①纳税人与应税范围

在我国境内销售货物,提供加工、修理修配劳务,销售、服务无形资产或者不动产的单位和个人,为增值税纳税人。纳税人分为一般纳税人和小规模纳税人。律师在核查时应注意,增值税的纳税人不仅仅局限于具备法人资格的市场主体,也包括合伙企业、个人独资企业、个体工商户等。

②营改增

最初,增值税的应税范围仅包括在境内销售货物,提供加工、修理修配劳务以及进口货物;而在境内提供规定的劳务、转让无形资产或者销售不动产的单位和个人应当缴纳营业税。后国家在试点地区逐步推行营改增试点,2016 年 3 月 23 日,财政部、国家税务总局《关于全面推开营业税改征增值税试点的通知》(生效日期:2016 年 5 月 1 日;文号:财税〔2016〕36 号)颁布,文件明确自 2016 年 5 月 1 日起,在全国范围内全面推开营改增试点,建筑业、房地产业、金融业、生活服务业等全部营业税纳税人，纳入试点范围，由缴纳营业税改为缴纳增值税。

因此，律师在尽调时应注意，当前公司执行的主要税种中已不存在营业税（但仍存在个别税务机关查补过往营业税的情况），自 2016 年 5 月 1 日起，原缴纳营业税的公司均应当依法缴纳增值税。

③税率

2016 年全面推开营改增试点后，国家进一步深化增值税改革，降低增值税税率。因此，律师在尽调中应注意增值税税率的变化并核查公司在对应期间内是否正确执行税率，具体如表 2 –8 –2 所示：

表 2 –8 –2　增值税税率

单位：%

时间	销售一般货物、劳务、列举服务	销售农产品等列举货物	销售列举服务、土地使用权、不动产	销售一般服务、转让无形资产
2016 年 5 月 1 日至 2017 年 6 月 30 日	17	13	11	6
2017 年 7 月 1 日至 2018 年 4 月 30 日	17	11	11	—
2018 年 5 月 1 日至 2019 年 3 月 31 日	16	10	10	—
2019 年 4 月 1 日起	13	9	9	—

注：本表主要涉及一般纳税人基本应税行为的税率，系律师应当了解且在尽调中常见并需关注的涉税事项。同时，关于小规模纳税人适用的征收率，建议简要了解：(1)小规模纳税人销售货物或提供应税劳务、应税服务、销售无形资产的，征收率为 3%(销售自己使用过的固定资产减按 2% 征收)；(2)小规模纳税人销售、出租不动产的征收率为 5%(符合条件出租住房的，减按 1.5% 计算应纳税额)；(3)小规模纳税人提供劳务派遣等服务，选择差额纳税的，征收率为 5%。另外，一般纳税人符合相关规定的，也可选择适用简易计税方法适用征收率计征增值税。近年来鉴于减税降负和疫情影响，增值税税率与征收率变动较为频繁，律师需结合项目实际届时具体依据最新税率进行核查。

此外，提请关注，增值税税率下调后，实践中出现因税率下调要求变更交易价款、赔偿税率损失的情形。因此，如公司的主要执行税率涉及增值税税率的下调范畴，则建议律师在尽调中关注存量合同的定价条款和税费条款，询问公司在税率下调后是否与重要交易对手存在类似纷争，进而判断税率下调是否会对公司主营业务、重大合同的履行造成潜在影响。如有需要，可对合同条款进行完善,甚至在未来拟议交易的合同条款中增加有关责任划分和承诺条款。

④增值税附加

根据《城市维护建设税法》(生效日期:2021 年 9 月 1 日)、《征收教育费附加的暂行规定》(2011 年修订)(生效日期:2011 年 1 月 8 日;发文机关:国务院)和《关于统一地方教育附加政策有关问题的通知》(生效日期:2010 年 11 月 7 日;文号:财综〔2010〕98 号)相关规定,凡缴纳增值税的单位和个人,均应当按增值税额为计税依据缴纳城市维护建设税(7%、5%、1%)、教育费附加(3%),以及地方教育附加(2%,以上三种税费统称为增值税附加)。增值税附加虽然涉及金额较小,但同样为法定义务,且因以增值税额为计税依据而成为公司的主要执行税种。因此,律师在核查中也应当关注公司是否依法申报缴纳该等附加税费。

⑤扣缴义务与其潜在影响

境外单位或个人在境内销售服务、劳务、无形资产、不动产,且在境内未设机构或没有代理人的,境内购买方为扣缴义务人。实践中,部分境外主体主张由境内购买方实际承担其本应缴纳的增值税税款,双方由此产生法律纠纷。因此,律师在尽调中如发现公司存在较多涉外业务往来,可关注存量合同的定价条款和税费条款,进而判断该等情况是否会对公司主营业务、重大合同的履行造成潜在影响。如有需要,可对合同条款进行完善,甚至在未来拟议交易的合同条款中增加有关责任划分和承诺条款。

此外,提请关注:增值税作为企业的主要、常见税种,公司财务一般均能按法定税种与税率申报缴纳。律师作为法律从业者按法律要求和行业惯例对增值税事项履行基本核查义务后,基于项目需要和实际,也可借助审计报告等,进一步核查公司的增值税事项是否与其经营模式、合同条款相匹配,是否符合逻辑。如存在合理怀疑,律师可与会计师或税务师进一步沟通,了解是否存在潜在涉税违规或违法情形,进而从另一方面研判公司涉税事项是否会影响拟议交易并提供法律建议。比如,公司的主营业务为销售货物,主要采取预收款方式。根据《增值税暂行条例实施细则》(2011 年修订)第 38 条的规定,采取预收货款方式,履行纳税义务的时间为货物发出当天。但是,通过审阅公司材料,发现公司确定纳税义务发生时间的原则却五花八门。据此,我们可以判断,如公司早于法律规定的时间申报税款,则可能造成占用公司流动资金的情形;如晚于法律规定的时间申报税款,则属于未按期申报缴纳税款的违法行为,存在涉税法律风险。

（2）企业所得税

①纳税人

在中华人民共和国境内，企业和其他取得收入的组织（个人独资企业、合伙企业除外）为企业所得税的纳税人。企业所得税的纳税人分为居民企业与非居民企业。

居民企业是指在中国境内成立，或者依照外国（地区）法律成立但实际管理机构在中国境内的企业；非居民企业是指依照外国（地区）法律成立且实际管理机构不在中国境内，但在中国境内设立机构、场所的，或者在中国境内未设立机构、场所，但有来源于中国境内所得的企业。

律师在核查时应注意，在我国，合伙企业、个人独资企业不是企业所得税的纳税义务人。但境外注册的合伙企业，可以成为非居民企业纳税人，并承担非居民企业的纳税义务。因此，如公司的重要关联方或重要交易对手中存在境外注册的合伙企业，应当注意相关交易是否满足中国税法的要求，是否对拟议交易存在潜在影响。

此外，关于纳税义务人，实践中存在部分公司虽然在境外注册成立，但实际管理机构（如公司权力机构、决策机构和执行机构）在境内的情况。根据上述规定，该等公司可能被认定为居民企业，进而履行完整的企业所得税纳税义务。因此，律师在尽调中如发现公司、其重要关联方、其重要交易对手存在上述情况，应当及时核实并与会计师、税务师进行沟通，以综合评估是否存在纳税人识别问题，或是否对拟议交易造成潜在影响。

②税率

居民企业应当就其源于中国境内、境外的所得缴纳企业所得税，税率为25%（基本税率）。

非居民企业在中国境内设立机构、场所的，应当就其所设机构、场所取得的来源于中国境内的所得，以及发生在中国境外但与其所设机构、场所有实际联系的所得，缴纳企业所得税，税率为25%。

非居民企业在中国境内未设立机构、场所的，或者虽设立机构、场所但取得的所得与其所设机构、场所没有实际联系的，应当就其源于中国境内的所得缴纳企业所得税，税率为20%，减按10%征收。

企业所得税的税率单一，律师在核查中首先应当识别纳税人是居民企业还是非居民企业，进而判断其适用税率。如公司系居民企业，再进一步核查其是否享受税收优惠（下文详述），以便判断在25%的税率基础上是否应当予以减计。

③源泉扣缴与其潜在影响

在中国境内未设立机构、场所的非居民企业，或者虽设立机构、场所但取得的所得与其所设机构、场所没有实际联系的非居民企业就其源于中国境内的所得应当缴纳所得税，由境内支付人实行源泉扣缴，即在每次支付或者到期应支付时，从支付或者到期应支付的款项中扣缴。实践中，部分非居民企业可能会主张由境内支付人承担其本应缴纳的所得税，双方由此产生法律纠纷。因此，律师在尽调中如发现公司存在较多涉外业务往来，可关注存量合同的定价条款和税费条款，进而判断该等情况是否会对公司主营业务、重大合同的履行造成潜在影响。如有需要，可对合同条款进行完善，甚至在未来拟议交易的合同条款中增加有关责任划分和承诺条款。

此外，与增值税一样，作为企业的主要、常见税种，公司财务一般均能按法定税种与税率申报缴纳企业所得税。律师作为法律从业者按法律要求和行业惯例对企业所得税事项履行基本核查义务后，基于项目需要和实际，也可借助审计报告等，结合公司经营模式、重大合同进一步核查公司企业所得税事项，判断公司是否存在少计收入、多列成本等问题。比如，尽调中发现公司的重大合同为向某供应商采购机器设备，合同约定每台机器还需另行支付一笔软件许可费。然而经查阅相关资料，发现支出的设备采购费与软件许可费并不匹配，存在软件许可费畸高的情形。在此情况下，律师应当敏感地意识到公司可能存在多列或虚列支出的情形，可与会计师、税务师进一步沟通，综合评估公司是否存在法律风险，是否对拟议交易产生重大影响，以便未来协助客户进行磋商谈判以及拟定合同条款。

（三）税款征收方式

1. 核查目的

核查公司主要税种的征收方式，以期从侧面进一步了解公司涉税情况，评估对拟议交易是否构成潜在影响。

2. 核查方法

以书面审查、实地调查的方法查验公司纳税申报表原件［采用核定征收企业所得税的企业，使用企业所得税月（季）度预缴纳税申报表（B类）］、主管税务机关出具的核定征收文件原件、公司出具的书面说明。如条件允许,也可实地查看公司的报税系统和申报纳税操作。如确有需要,也可走访主管税务机关进行核查确认。

3. 核查提示

查账征收是指纳税人在法定纳税期限内根据自身财务报表或经营情况,向税务机关申报缴纳税款的一种税款征收方式。核定征收是指由于纳税人会计账簿不健全、资料残缺难以查账或其他法定原因,税务机关采用法定程序和方法确认纳税人应纳税款的一种税款征收方式。

一般而言,企业以采用查账征收为原则。但特殊情况下,也可适用核定征收。关于核定征收,建议作如下了解:

(1)核定征收是税务机关的职权行为,非经税务机关依据法定程序确认,企业不得自行适用。因此,企业如适用核定征收一般均应具备主管税务机关出具的核定征收通知书或其他涉税法律文书。

(2)核定征收主要存在于企业所得税、土地增值税的征收管理中,增值税一般不涉及核定征收。

(3)依据《税收征收管理法》(2015 年修正)(生效日期:2015 年 4 月 24 日;发文机关:全国人民代表大会常务委员会)第 35 条规定,核定征收主要存在于企业因客观原因没有账簿或账簿等财务资料不全难以用于查账,以及由于企业发生涉税违法行为税务机关需要进行调整两种情况。前者属于税务机关对企业一般涉税事项的管理,确定企业未来的税款征收方式。在此情形下,企业税负相较于查账征收而言相对较轻,但存在明确的核定征收期限(涉税文书中会载明准予核定征收的年度,超期不应继续适用)。后者主要多见于税务检查中,是税务机关调整纳税人涉税违法行为的方法,可能会伴随征收滞纳金或处以罚款。

基于此,律师在尽调中如发现企业适用核定征收,首先应区分属于税务机关的一般征管行为还是税务机关对企业实施了税务检查。如是前者,则建议关注:公司是否依法持有税务机关出具的书面文书,核定征收期间是否即将终止,终止之后是否还存在核定可能,如转为查账征收对公司经营与业绩是否存在重大影响,以此综合评估拟议交易。即使公司系依法适用核定征收,律师也可进一步思考公司财务资料残缺不全的原因,是否在财务制度的合规性上有所欠缺,以便与其他部分的尽调相结合,为客户投资或公司未来进行规范操作提供有益参考。如是后者,则应当关注公司是否存在税务处罚或涉税争议。

(四)纳税信用级别

1. 核查目的

查验公司在尽调审阅期内的纳税信用级别,通过纳税信用级别从另一个角度了解公司是否存在涉税违法行为、是否存在涉税争议事项,以期进一步了解公司的整体纳税遵从状况,综合评估拟议交易。

2. 核查方法

以书面审查的方法查验公司出具的情况说明原件,以及纳税信用等级证明原件(如有,企业可通过主管税务机关的网上办税系统查询并打印);同时律师可登录国家税务总局或地方税务局官网,进入纳税信用查询模块输入纳税人识别号和纳税人名称进行查询(仅限查询纳税信用为A级的纳税人);如有需要,律师也可走访主管税务机关进行查询确认。

3. 核查提示

根据《纳税信用管理办法(试行)》(生效日期:2014年10月1日;文号:国家税务总局公告2014年第40号;部分条款被后续规定修订)及后续相关规定,纳税信用评价周期为一个纳税年度。纳税人的纳税信用级别设A、B、M、C、D五级。

关于纳税信用级别,建议作以下了解:

(1)有下列情形之一的纳税人,本评价年度不能评为A级:①实际生产经营期不满3年的;②上一评价年度纳税信用评价结果为D级的;③非正常原因一个评价年度内增值税连续3个月或者累计6个月零申报、负申报的;④不能按照国家统一的会计制度规定设置账簿,并根据合法、有效凭证核算,向税务机关提供准确税务资料的。

(2)有下列情形之一的纳税人,本评价年度直接判为D级:①存在逃避缴纳税款、逃避追缴欠税、骗取出口退税、虚开增值税专用发票等行为,经判决构成涉税犯罪的;②存在前项所列行为,未构成犯罪,但偷税(逃避缴纳税款)金额10万元以上且占各税种应纳税总额10%以上,或者存在逃避追缴欠税、骗取出口退税、虚开增值税专用发票等税收违法行为,已缴纳税款、滞纳金、罚款的;③在规定期限内未按税务机关处理结论缴纳或者足额缴纳税款、滞纳金和罚款的;④以暴力、威胁方法拒不缴纳税款或者拒绝、阻挠税务机关依法实施税务稽查执法行为的;⑤存在违反增值税发票管理规定或者违反其他发票管理规定的行为,导致其他单位或者个人未缴、少缴或者骗取税款的;⑥提供虚假申报材料享受税收优惠政策的;⑦骗取国家出口退税款,被停止出口退(免)税资格未到期的;⑧有非正常户记录或者由非正常户直接责任人员注册登记或者负责经营的;⑨由D级纳税人的直接责任人员注册登记或者负责经营的;⑩存在税务机关依法认定的其他严重失信情形的。

(3)有下列情形之一的纳税人,不参加本期的评价:①因涉嫌税收违法被立案查处尚未结案的;②被审计、财政部门依法查出税收违法行为,税务机关正在依法处理,尚未办结的;③已申请税务行政复议、提起行政诉讼尚未结案的。

(4)对纳税信用评价为D级的纳税人,税务机关应采取以下措施:①增值税专用发票领用按辅导期一般纳税人政策办理,普通发票的领用实行交(验)旧供新、严格限量供应;②加强出口退税审核;③加强纳税评估,严格审核其报送的各种资料;④列入重点监控对象,提高监督检查频次,发现税收违法违规行为的,不得适用规定处罚幅度内的最低标准;⑤将纳税信用评价结果通报相关部门,建议在经营、投融资、取得政府供应土地、进出口、出入境、注册新公司、工程招投标、政府采购、获得荣誉、安全许可、生产许可、从业任职资格、资质审核等方面予以限制或禁止。

基于此,律师在尽调中通过了解公司的纳税信用级别,可以直观知晓公司的整体涉税合规性,对于纳税信用级别为C(从严监管,选择性地适用D的征管措施)、D的公司,应当重点查验其是否确实存在涉税违法行为及重大涉税争议。同时,鉴于企业的纳税信用级别将在银行、国土房产部门、外汇管理部门等多机构间共享,律师可结合项目实际综合评估公司涉税情况对未来项目开发、资金融通等方面的影响,进而为客户是否开展、如何开展拟议交易,以及如何设定交易条款提供法律建议。

(五)发票开具与使用

1. 核查目的

了解公司在尽调审阅期内发票的开具与使用情况,核查是否存在发票违法行为,是否存在潜在的与发票相关的纠纷争议,进一步核实公司整体涉税情况,以期综合评估拟议交易。

2. 核查方法

以书面审查的方法查验公司出具的情况说明原件、会计师事务所出具的尽调审阅期内的审计报告原件、纳税鉴证报告原件、重大合同。对于纳税信用级别为C、D的公司,或者重要关联方或重要交易对手的纳税信用级别为C、D的公司,可进一步抽查重要交易所涉及的合同,收付款凭证,货物进、出库单及发票。同时,可与会计师、税务师及公司财务人员进行沟通。

3. 核查提示

根据《发票管理办法》(2019年修订)(生效日期:2019年3月2日)第3条规定:"本办法所称发票,是指在购销商品、提供或者接受服务以及从事其他经营活动中,开具、收取的收付款凭证。"在我国税收征管实践中,发票亦为重要的控税手段。发票包括增值税专用发票、增值税普通发票、机动车销售统一发票、通行费发票等。其中,增值税专用发票因具备抵扣进项税额的功能而成为税收监管的重点。鉴于近年来虚开增值税专用发票的违法行为屡禁不止,而虚开增值税专用发票行为本身所承担的法律责任亦较重,以及国家严厉打击该等违法行为之现状,律师在税务部分的尽调中可对企业增值税专用发票事项予以适当关注,具体说明如下:

(1)根据《增值税专用发票使用规定》(生效日期:2007年1月1日;文号:国税发〔2006〕156号;部分条款被修订)第2条规定,增值税专用发票是增值税一般纳税人销售货物或者提供应税劳务开具的发票,是购买方支付增值税额并可按照增值税有关规定据以抵扣增值税进项税额的凭证。因此,律师在核查中如发现公司持有增值税一般纳税人登记表,或知晓公司为增值税一般纳税人,则应当对其增值税专用发票的开具和使用保持敏感。

(2)虚开增值税专用发票是指为他人、为自己开具与实际经营业务情况不符的发票;让他人为自己开具与实际经营业务情况不符的发票;介绍他人开具与实际经营业务情况不符的发票。提请关注,违规开票不一定就属于虚开。

(3)虚开增值税专用发票可能产生的法律风险与法律责任主要为:①行政责任:认定虚开并处以50万元(含)以下的罚款;受票方进项税额转出;认定偷税,处以补缴税款并处补缴税款金额0.5倍至5倍的罚款;移交刑事。②刑事责任:可判处拘役、有期徒刑并处罚金(最高额为50万元),或者可判处无期徒刑并处罚金(最高额为50万元)或没收财产;该罪名可成立单位犯罪。提请关注,虚开增值税专用发票罪不同于逃税罪,后者经税务机关下达追缴通知后,补缴税款、滞纳金及罚款的,不予追究刑事责任,而虚开却没有该等缓释条款。③民事责任:受票方因开票方被认定虚开而未能抵扣进项税额,诉请开票方赔偿损失。

律师作为非财税专业人士，基于职责与定位，一般无法直接通过查阅财务凭证等判断公司是否存在增值税专用发票违法或违规行为。因此，建议律师在核查中可选取几个有力抓手来迅速了解，比如，公司或公司重要交易对手的纳税信用级别、公司收悉过税务机关开具的已证实虚开通知单和协查通知书、公司的开票系统存在被税务机关予以限制等情况。

通过对上述信息的调查，加之与会计师、税务师的沟通，如发现公司存在涉嫌虚开增值税专用发票的违法行为，则可建议其暂停相关交易、规范财务制度；如已进入税务检查或刑事司法程序，则建议公司依法应对；如公司的重要上游交易对手被认定虚开，则公司可能面临进项税额转出的风险；如公司的重要下游交易对手因公司被认定虚开而遭受不能抵扣税款的后果，则其可能要求公司予以赔偿。在上述分析基础上，律师还应当进一步评估是否继续推进拟议交易，如继续推进，应在磋商谈判及未来的合同条款中对因虚开产生的潜在风险及其责任承担在交易各方中予以划分和确认。

（4）此外，鉴于实践中存在的代开增值税发票情况，建议律师简要了解代开发票制度：①根据我国税收制度及征管实践，纳税人发生增值税应税行为时，一般应向税务机关领购并自行开具增值税发票。但是，针对个别不经常发生应税行为的纳税人，或者按规定不能自行开具发票的纳税人，则可提交相关资料向税务机关申请代开发票（经销售方申请，由税务机关代其向购买方开具发票）。②代开的发票在票面上会显示“代开”字样，销售方显示为代开税务机关的信息，备注栏显示纳税人信息。

因此，律师在尽调中需注意，如发现公司与小规模纳税人，尤其是个人存在较多业务往来，则需关注对方是否能够开具或申请税务机关代开合规的增值税发票。如不能开具，则可能影响公司（作为购买方）进项税额抵扣或企业所得税税前扣除；如能够开具，则可关注相关发票是否符合税法规定，是否存在其他违规开具或虚开的涉税风险。以此进一步判断是否需在后续交易中通过合同条款划分有关责任；抑或了解该等交易对手是否具有不可替代性，是否需要建议公司在未来运营过程中减少类似交易等。

（六）社会保险费缴费证明

1. 核查目的

了解公司在尽调审阅期内是否依法向税务机关缴纳社会保险费，综合评估企业的纳税遵从度,同时配合劳动人事部分的尽调。

2. 核查方法

以书面审查的方法查验公司出具的情况说明原件、主管税务机关出具的社会保险费缴费证明。

3. 核查提示

2018 年印发的《国税地税征管体制改革方案》中明确,自 2019 年 1 月 1 日起社会保险费由税务部门统一征收。《社会保险费征缴暂行条例》(2019 年修订)(生效日期:2019 年 3 月 24 日)第 6 条亦对此予以规定。根据国家税务总局以及地方税务局的办税提示,公司通过税务机关信息系统完成申报缴费的,可以申请开具社会保险费缴费证明。

因此,律师在尽调中可要求公司提供主管税务机关出具的社会保险费缴费证明,以此判断公司是否关注政策变化,是否按规定向税务机关缴纳社会保险费,以此评估企业纳税遵从的相关情况。如公司无法提供,应及时披露并结合劳动人事部分的调查予以处理。

(七)税收优惠的适用

1. 核查目的

核实公司在尽调审阅期内是否享受税收优惠政策;适用税收优惠是否依法合规、真实有效,是否存在不符合税收优惠条件、故意骗取税收优惠等违法违规行为;公司经营是否严重依赖税收优惠;综合评估税收优惠与拟议交易之间的关系及相互之间的影响。

2. 核查方法

以书面审查的方法查验公司出具的情况说明原件、会计师事务所出具的尽调审阅期内的审计报告原件、纳税鉴证报告原件、公司申请适用税收优惠的资质证明等全套文件、各主管部门出具的审批文件以及其他能够证明税收优惠合法有效的书面文件原件、相关政策法规;同时可通过对公司人员访谈了解公司适用税收优惠的情况、税收优惠与公司经营的关系,也可与会计师或税务师进行沟通验证;如有必要,也可走访主管税务机关进行查验。

3. 核查提示

根据《税收征收管理法》(2015 年修正)(生效日期:2015 年 4 月 24 日;发文机关:全国人民代表大会常务委员会)第 3 条规定:"税收的开征、停征以及减税、免税、退税、补税，依照法律的规定执行；法律授权国务院规定的，依照国务院制定的行政法规的规定执行。”实践中，各种形式的减税、免税、退税、加计扣除等均可视为税收优惠。

总体来看，税收优惠可以分为：(1)针对特定主体的，比如符合条件的小型微利企业，按规定减计应纳税所得额，并减按20%的税率征收企业所得税等；(2)针对特定行业的，比如高新技术企业减按15%的税率征收企业所得税等；(3)针对特定地区的，比如对设在西部地区以《西部地区鼓励类产业目录》(2020年版)中新增鼓励类产业项目为主营业务，且其当年度主营业务收入占企业收入总额70%以上的企业，减按15%税率征收企业所得税等；(4)针对特定行为的，比如居民企业在一个纳税年度内技术转让所得不超过特定数额的部分，减半或免征企业所得税；(5)针对特殊事件的，比如为支持新型冠状病毒感染的肺炎疫情防控，对纳税人运输疫情防控重点保障物资取得的收入，免征增值税等。

鉴于我国税收优惠种类较多，而法律、行政法规往往只能作出原则性规定，因此，关于税收优惠的具体认定规则更多散见于财政部、国家税务总局单独颁布或其与科技部、人力资源和社会保障部等其他部门共同颁布的众多规范性文件中。相关规定纷繁复杂且变化更新较快，律师很难在短时间内全部掌握。因此，不同于其他部分的尽调，为提高工作效率，我们首先强调，律师在尽调中应要求公司第一时间提供与其适用税收优惠相关的全部政策法规；而后律师进一步检索核实，查漏补缺，为后续工作奠定基础。

现将本部分的核查要点梳理如下：

(1)税收优惠所依据的政策法规是否合法有效

其一，关注政策是否系有权机关或经有权机关授权颁布。实践中，部分地方政府为招商引资，在未经上位法授权的情况下，下发红头文件或与公司签订相关协议，授予企业税收返还或税收减免等优惠。我们理解，该等优惠缺乏法律依据，实际上不属于税收优惠范畴，未来税务机关很可能要求公司补缴税款并加收滞纳金。对此，律师应当及时披露风险并提示公司依法纳税；对于潜在风险或损失要求相关主体出具书面承诺，并在交易条款中明确补偿责任。

其二，关注政策是否尚处有效执行期间，该期间是否即将届满。实践中，部分税收优惠政策具有明确的执行期间。律师在核查中应关注该等政策是否尚在有效执行期内，如政策本身已逾有效期，则除非有权机关出台延续政策，一般应认定公司适用税收优惠不合法，可能面临补缴税款并加收滞纳金的潜在风险。律师应当及时披露风险并提示公司依法纳税；对于潜在风险或损失要求相关主体出具书面承诺，并在交易条款中明确补偿责任。如律师在核查中发现相关优惠政策即将到期，且是否延期无法确定，基于谨慎原则应提示公司无法适用税收优惠的风险，并进一步研判无法继续享受税收优惠对拟议交易可能产生的潜在影响，并据此对交易架构、合同条款等提供法律建议。

（2）税收优惠的审查批准机关是否具有法定职权

一般而言，纳税人所在地的县（区）税务机关对税收优惠事项履行征管职责。但是，享受税收优惠往往还要求企业具备其他特定资质。因此，律师在尽调中应结合具体政策法规，核查出具相关审批、核准文书的机关是否均享有法定职权。如经核查存在越权或违规审批、核准的情况，律师应提示公司可能面临无法享受税收优惠，补缴税款并加收滞纳金的潜在风险，建议公司与有关部门及时沟通并寻求解决方式；同时，综合评估无法继续享受税收优惠对拟议交易可能造成的潜在影响，要求相关主体出具书面承诺，并协助客户在谈判及协议签订中划分与确认与此相关的义务与责任。

（3）公司是否依法履行适用税收优惠的程序性义务

纳税人减免税的办理包括以下三类：①申报享受税收减免，即符合减免税条件的纳税人无须向税务机关申请税收减免备案或核准，在其办理纳税申报时直接享受税收减免（部分要求同时报送附列资料）；②备案类优惠，即具备相应减免税资质的纳税人，在履行规定的备案手续后，不需要税务机关核准即可享受税收减免；③核准类优惠，即按照法律、法规规定，经依法具有批准权限的税务机关核准确认后方可享受的税收减免。

律师在尽调中应首先厘清公司所适用的税收优惠属于上述哪一种类型，然后根据不同类型核查公司是否依法履行了相关程序性义务。对于核准类优惠，查验公司是否取得主管税务机关出具的减免税通知或类似书面文件。针对核查中发现的缺漏，律师应及时披露并提示尽快补正。对于无法补正的，律师应提示公司可能面临补缴税款并加收滞纳金的潜在风险，建议公司依法纳税；综合评估该等情况对拟议交易可能造成的潜在影响，同时要求相关主体出具书面承诺，并协助客户在谈判及协议签订中划分与确认与此相关的义务与责任。

（4）公司是否符合适用税收优惠的实体性要件

律师在尽调中应核查：①公司是否具备主体资格，是否具备特定资质（特定资质是否需要定期备案或到期后重新申请);②公司申请税收优惠所提交的全部资料是否与政策法规对应;③公司申请税收优惠所提交的全部资料是否符合生产经营实际,是否真实有效。针对核查中发现的缺漏,律师应及时披露并提示尽快补正。对于无法补正或存在故意提供虚假材料的情况,律师应提示公司可能面临补缴税款并加收滞纳金,以及被处罚款的潜在风险,建议公司依法纳税;综合评估该等情况对拟议交易可能造成的潜在影响,同时要求相关主体出具书面承诺,并协助客户在谈判及协议签订中划分与确认与此相关的义务与责任。

(5)适用税收优惠期间是否持续满足法定要求

律师在尽调中应核查,公司在享受税收优惠期间:①主体资格是否发生变化;②相关收入是否用于特定用途;③是否持续符合特定比例、金额之要求;④是否履行适用期间的申报或备案义务等。针对核查中发现的问题,律师应及时披露并提示尽快补正。对于无法补正或存在故意提供虚假材料的情况,律师应提示公司可能面临补缴税款并加收滞纳金,以及被处罚款的潜在风险。经审核如公司不再属于适格主体,应建议公司依法纳税。同时,应当综合评估前述情况对拟议交易可能造成的潜在影响,要求相关主体出具书面承诺,并协助客户在谈判及协议签订中划分与确认与此相关的义务与责任。

(6)税收优惠是否长期、可持续,公司经营是否对税收优惠存在重大依赖

根据相关税收政策、公司的相关资质条件,判断公司能否长期、可持续地适用税收优惠政策。结合公司的经营模式、业务收入、相关合同、审计报告等,评估公司经营是否对税收优惠存在重大依赖。根据税收政策,分析拟议交易的实施是否会改变公司主体资格等条件,进而影响税收优惠的适用。基于此,进一步研判税收优惠对拟议交易可能产生的潜在影响,并据此对交易架构、合同条款等提供法律建议。

(7)公司是否应当享受税收优惠而未享受

实践中,可能出现公司有权享受税收优惠而并未适用的情况(比如,公司可以适用增值税免税政策,但公司可能就相关交易无法开具增值税专用发票,所以公司放弃适用)。对此,建议律师与公司及会计师、税务师及时沟通,核实公司不予适用的原因。如公司因不知晓相关政策而不适用,律师可建议公司具体研判后申请适用;如公司因其他原因不予适用,或经建议后仍不适用,则律师可具体分析该等情况对拟议交易是否构成影响,或是否损害了客户利益,并协助

客户在谈判及协议签订中划分与确认与此相关的义务与责任。

(八)财政补贴的适用

1. 核查目的

核实公司在尽调审阅期内是否享受各种形式的财政补贴等优惠政策;适用优惠政策是否依法合规、真实有效,是否存在不符合条件、未按规定用途使用或故意骗取财政补贴等违法违规行为;公司经营是否严重依赖财政补贴;综合评估财政补贴与拟议交易之间的关系及相互之间的影响。

2. 核查方法

以书面审查的方法查验公司出具的情况说明原件(包括但不限于申请及审批情况、收到补贴的时间、依据、金额、是否附条件、补贴用途)、会计师事务所出具的尽调审阅期内的审计报告原件、纳税鉴证报告原件、公司申请补贴的资质证明等全套文件、享受补贴的政策依据、政府或主管部门出具的审批文件原件、拨付及入账凭证原件、按规定使用补贴的相关文件原件;同时可通过对公司人员访谈了解公司使用补贴的情况、补贴与公司经营的关系,也可与会计师或税务师进行沟通验证;如有必要,也可走访政府或主管部门进行查验。

3. 核查提示

根据《企业会计准则第 16 号——政府补助》(2017 年修订)的规定:“政府补助,是指企业从政府无偿取得货币性资产或非货币性资产。”政府补助具有下列特征:(1)政府的经济资源。(2)无偿性。政府补助分为与资产相关的政府补助和与收益相关的政府补助。前者是指企业取得的、用于购建或以其他方式形成长期资产的政府补助。后者是指除与资产相关的政府补助之外的政府补助。关于财政补贴,律师在核查中关注如下要点:

(1)取得补贴是否有政策依据、是否经有权机关依据法定程序审批并出具书面批复

与税收优惠类似,建议律师在核查中要求公司第一时间提供与其适用财政补贴相关的全部政策法规;而后律师进一步检索核实,查漏补缺。一般情况下,企业取得财政补贴均需经政府或主管部门依据法定程序审批并出具书面审批文件。因此律师应重点核实该等审批文件是否合法、真实、有效。实践中,亦存在政府通过所谓会议纪要等形式给予企业各种形式补贴的情况,我们认为,非经法定程序且无有权机关书面批复的补贴均不宜认定为合法有效的财政补贴。

针对此种情况，律师应提示公司未来可能存在被收回补贴或支付补贴使用成本的潜在风险，建议公司与有关部门及时沟通并寻求解决方式；综合评估无法享受补贴对拟议交易可能造成的潜在影响，同时可要求相关主体出具书面承诺，并协助客户在谈判及协议签订中划分与确认与此相关的义务与责任。

（2）公司取得补贴是否符合程序与实体条件

律师在尽调中应核查：①公司是否具备主体资格，是否具备特定资质（特定资质是否需要定期备案或到期后重新申请）；②公司申请补贴所提交的全部资料是否与政策法规或政府就给予补贴所附随的条件对应；③公司申请补贴所提交的全部资料是否符合生产经营实际，是否真实有效。针对核查中发现的缺漏，律师应及时披露并提示尽快补正。对于无法补正或存在故意提供虚假材料的情况，律师应提示公司可能存在被收回补贴或支付使用成本，以及被予以处罚的风险；综合评估该等情况对拟议交易可能造成的潜在影响，要求相关主体出具书面承诺，并协助客户在谈判及协议签订中划分与确认与此相关的义务与责任。

（3）公司是否已实际取得补贴

律师在尽调中应查验相关拨付凭证及入账凭证，判断公司是否已实际取得补贴。对于公司尚未实际取得的补贴，律师应及时披露并核查具体原因，对于因不符合相关条件未来无法取得，或即使符合补贴条件，但基于其他原因短时间内无法入账的情况，律师应综合评估其对公司经营与拟议交易可能造成的潜在影响，要求相关主体出具书面承诺，并协助客户在谈判及协议签订中划分与确认与此相关的义务与责任。

如经查验相关审批文件，发现公司就取得该等补贴负有返还义务或其他支付资金成本等类似义务，则律师应提示公司取得该等资金收入的本质并非财政补贴，并建议公司按实际情况依法依规进行财税处理、调整权利义务安排，同时评估其对公司经营与拟议交易可能造成的潜在影响，要求相关主体出具书面承诺，并协助客户在谈判及协议签订中划分与确认与此相关的义务与责任。

（4）公司是否严格按规定使用补贴

律师在尽调中应核查公司是否严格依据政府或主管部门所规定的特定用途、时间、金额等要求使用补贴。针对核查中发现的问题，律师应及时披露并提示尽快补正。对于无法补正或存在故意提供虚假材料的情况，律师应提示公司可能存在被收回补贴或支付使用成本，以及被予以处罚的风险；综合评估该等情况对拟议交易可能造成的潜在影响，同时要求相关主体出具书面承诺，并协助客户在谈判及协议签订中划分与确认与此相关的义务与责任。

(5)公司是否就取得补贴依法纳税

现行税收政策对不征收企业所得税的财政性收入附加了极其严格的标准和条件。因此，实践中企业所取得的财政补贴一般均应依法申报缴纳企业所得税。律师在核查中如发现公司就取得财政补贴未申报纳税，应及时披露并提示公司依法纳税，否则公司可能面临补缴税款并加收滞纳金，甚至被处以罚款的风险。如公司不予改正，律师可进一步评估前述情况对拟议交易可能造成的潜在影响，同时要求相关主体出具书面承诺，并协助客户在谈判及协议签订中划分与确认与此相关的义务与责任。

(6)公司经营是否对补贴存在严重依赖

结合公司的经营模式、业务收入、相关合同、审计报告等，评估公司经营是否对财政补贴存在重大依赖。根据补贴审批文件，分析拟议交易的实施是否会改变公司主体资格或主营业务等条件，进而影响补贴的依法适用。基于此，进一步研判财政补贴对拟议交易可能产生的潜在影响，并据此对交易架构、合同条款等提供法律建议。

(九)公司依法纳税的情况

1. 核查目的

核实公司在尽调审阅期内是否依法履行涉税义务；是否存在欠税，是否因涉税违法行为被税务机关追征税款、滞纳金，处以罚款；是否因涉税违法行为被生效行政或刑事司法裁判文书羁束而承担行政或刑事责任；是否正在被税务机关实施税务检查；是否因涉税事项处于行政处罚听证、行政复议、行政诉讼、刑事诉讼程序之中；是否因生效民事裁判文书或正在进行的民事诉讼而影响或可能影响涉税义务；综合评估前述情况对拟议交易的影响。

2. 核查方法

以书面审查的方法查验公司出具的依法纳税、无涉税违法行为的书面说明与承诺原件、主管税务机关出具的公司依法纳税情况的证明原件、会计师事务所出具的尽调审阅期内的审计报告原件、纳税鉴证报告原件、涉税法律文书原件、涉税司法文书原件；通过与公司人员、会计师或税务师进行访谈了解相关情况；通过税务机关官网、裁判文书网等公开网络查询公司是否存在涉税违法行为;如有必要,也可走访主管税务机关进行查验。

3. 核查提示

(1)税务机关出具的公司依法纳税证明

实践中,税务机关针对公司在存续期内是否依法履行纳税义务所开具的证明主要指无欠税证明。根据国家税务总局《关于开具〈无欠税证明〉有关事项的公告》(生效日期:2020 年 3 月 1 日;文号:国家税务总局公告 2019 年第 47 号)规定,无欠税证明是指纳税人因境外投标、企业上市等需要向税务机关申请,税务机关依据该等申请,根据税收征管信息系统所记载的信息,为纳税人开具的表明其不存在欠税情形的证明。

不存在欠税情形是指纳税人在税收征管信息系统中,不存在应申报未申报记录且无下列应缴未缴的税款:①办理纳税申报后,纳税人未在税款缴纳期限内缴纳的税款;②经批准延期缴纳的税款期限已满,纳税人未在税款缴纳期限内缴纳的税款;③税务机关检查已查定纳税人的应补税额,纳税人未缴纳的税款;④税务机关根据《税收征收管理法》(2015 年修正)第 27 条、第 35 条核定纳税人的应纳税额,纳税人未在税款缴纳期限内缴纳的税款;⑤纳税人的其他未在税款缴纳期限内缴纳的税款。

基于此,我们理解,无欠税证明系税务机关基于政策法规授权,根据税收征管系统所载信息出具的,能够证明截至开具时间节点,公司在税收征管系统不存在欠税情形、具备税务合规性的最重要证明。因此,律师在尽调中须要求公司提供无欠税证明原件。但尽管存在该等规定,部分城市或地区或下属区域主管税务局无法根据该等规定出具该证明,若公司提出无法出具,律师可与公司充分沟通并与主管部门确认。

一般而言,对于不符合开具条件的纳税人,税务机关在不予开具的同时会向纳税人提供税务事项通知书(无欠税证明未尽事宜通知),告知纳税人办结相关涉税事宜后,符合开具条件的,届时可为其开具无欠税证明。因此,如公司无法提供无欠税证明,律师应询问具体原因,要求公司提供税务机关开具的税务事项通知书,建议公司按税务机关要求尽快完善涉税未尽事宜并提供无欠税证明。

如公司拒绝提供无欠税证明或拒绝按税务机关要求完善涉税未尽事宜,律师应提示公司可能面临补缴税款、加收滞纳金或被处以罚款的风险;同时可与会计师、税务师进行沟通,研判该等情况对拟议交易构成的潜在影响,为客户是否继续交易提供决策参考；如需继续交易，则应当要求相关主体出具书面承诺，并协助客户在谈判及协议签订中划分与确认与此相关的义务与责任。

律师应知晓，无欠税证明系对纳税人一般涉税事项的评价与证明。即使税务机关开具了该等证明，如公司确实存在申报不实等偷逃税款的情形，税务机关未来仍有权追缴税款。因此，我们强调，在尽调中律师还应要求公司提供关于自身依法纳税，无涉税违法行为的说明原件；同时，建议在未来协议中对该等事项设置承诺条款及对应的损失赔偿机制。

此外，如公司或其子公司、分支机构在境外从事生产经营，则应要求公司聘请境外律师或由境外主管部门对其税收合规情况出具书面意见。

(2)公司是否存在税务机关查实的待补税款、滞纳金或罚款

即便税务机关出具了无欠税证明，律师仍应当在尽调中核查公司是否存在被税务机关查实的待补税款、滞纳金或罚款。如存在该等情况，律师应要求公司提供税务机关出具的全部涉税法律文书，比如，税务事项通知书、税务处理决定书、税务行政处罚决定书等，并要求提供已足额缴纳相关款项的凭证，查验是否仍存在待缴款项。如存在，律师应当及时披露并研判该等情况对拟议交易构成的潜在影响，为客户是否继续交易提供决策参考；如需继续交易，则应当要求相关主体出具书面承诺，并协助客户在谈判及协议签订中划分与确认与此相关的义务与责任。

此外，律师还应当核查公司对于该等税务文书是否存有争议，是否拟启动行政复议或行政诉讼程序；如启动，是否仍享有行政复议或行政诉讼的权利，进而综合评估对拟议交易的影响。

(3)公司是否因涉税违法行为被生效行政或刑事司法裁判文书约束

律师应当核查公司是否因涉税事项而被生效行政或刑事司法裁判文书判定须履行某种涉税义务或承担刑事责任（主要涉及偷逃税款、骗税以及虚开增值税专用发票）。如存在该等情况，律师应当及时披露，审查该等义务或责任是否已经履行完毕，是否对拟议交易仍构成潜在影响，为客户是否继续交易提供决策参考；如需继续交易，则应当要求相关主体出具书面承诺，并协助客户在谈判及协议签订中划分与确认与此相关的义务与责任。

实践中，律师还可通过国家税务总局或省级税务局官网的“重大税收违法失信案件信息公布栏”模块查询公司是否存在已被查实的重大税收违法行为（主要涉及偷逃税款、骗税以及虚开增值税专用发票）。

(4)公司是否因涉嫌税收违法行为正在被税务机关实施税务检查,是否处于税务行政处罚听证、行政复议、行政诉讼、刑事诉讼程序中

律师在尽调中可通过访谈了解公司是否正处于税务检查当中,是否处于涉税行政或司法程序之中。如存在该等情况,应要求公司提供税务机关出具的税务检查通知书(税务机关依法启动税务检查的法定文书)、税务行政处罚听证通知书、行政复议受理通知书等所有涉税法律文书以及诉讼文书,必要时与会计师、税务师及时沟通,研判公司被处以补缴税款、滞纳金或罚款的可能性并提供应对建议,同时综合评估是否对拟议交易仍构成潜在影响,为客户是否继续交易提供决策参考;如需继续交易,则应当要求相关主体出具书面承诺,并协助客户在谈判及协议签订中划分与确认与此相关的义务与责任。

此外,律师在尽调中还可关注:①公司是否基于税务机关要求正在开展自查,是否被税务机关约谈。一般而言,公司履行前述程序后存在补缴税款的可能性。②涉税案件移送书,证明案件由税务机关移交至公安机关,进入刑事司法程序。

(5)公司是否因生效民事裁判文书或正在进行的民事诉讼而影响涉税义务

虽然涉税行为一般主要涉及行政或刑事司法程序,但是,如前所述,实践中因税负承担、税款抵扣等事项引发的民事争议,以及由此引发的涉税义务补正等问题也较为常见。因此,建议律师在尽调中也对此予以关注。

(十)特别说明

为协助律师处理尽调中出现的非经常性涉税事项,我们梳理并简要列举如下问题。提请注意,律师作为非财税专业人士,对于本部分所涉及的税收事项一般无法承担全面核查职责,但是,基于对下述涉税事项的考量,我们可以进一步调整修订交易方案,通过取得相关主体的书面承诺或界定权利义务与损失赔偿等方式来完善合同条款。

1. 以非货币性资产出资

公司以非货币性资产出资,一般应当视同销售,需要缴纳增值税及附加、企业所得税;如涉及土地使用权或不动产,还需缴纳土地增值税。律师在尽调中可关注交易是否经法定程序评估、作价是否公允、是否已完税并取得完税凭证等。

2. 并购重组交易

公司在存续期如发生股权收购、资产收购、债务重组、合并、分立等并购重

组交易,则交易相关方一般会涉及履行企业所得税、增值税及附加、印花税的纳税义务;如涉及土地使用权或不动产,还需缴纳土地增值税、契税。律师在尽调中可关注交易的具体模式、交易是否适用并购重组的税收优惠政策(如企业所得税适用特殊性税务处理、增值税适用整体资产转让等)、交易是否经法定程序评估、作价是否公允、是否已完税并取得完税凭证、是否履行申报或备案手续、适用税收优惠是否加大拟议交易或客户未来的税负成本等。

3. 股权激励

实践中,很多互联网企业或高新技术企业为激励核心高管及技术骨干,实施员工持股计划,以授予员工股票(权)期权、限制性股票或股权奖励等方式邀请员工共享企业收益。一般情况下,员工就所取得的激励标的应当按工资薪金缴纳个人所得税并由企业代扣代缴,但符合税法所规定的特定条件的,也可享受递延纳税政策。律师在尽调中可关注公司实施股权激励的具体模式、是否依法适用税收优惠政策(程序与实体)、企业是否依法扣除相关成本等。

4. 关联交易

企业与其境内外关联方之间的业务往来,不符合独立交易原则而减少企业或者其关联方应纳税收入或者所得额的,税务机关有权按照合理方法调整,需要补征税款的,应当补征税款,并按规定加收利息。律师在尽调中可关注企业是否与境内外关联方存在较多关联交易(须注意,税法对于关联方的定义不同于其他法律法规)、该等关联交易是否符合独立交易原则(如可与其他非关联方的类似交易进行对比)、是否与税务机关达成预约定价安排、是否履行了关联申报与提交同期资料等。

5. 跨境交易

在不断吸引境外资本向境内投资的同时,中国企业也实施"走出去"战略。律师在尽调中如发现企业存在境外关联方及跨境交易,可关注相关主体的税收居民身份、交易能否依法适用税收协定(一般关注股息红利、利息、特许权使用费、常设机构、转让股权)、是否履行相关备案程序或报备相关交易资料、是否存在因实施不具有合理商业目的的安排而减少应纳税收入被实施一般反避税事项的潜在风险等。

6. 出口退税

出口退(免)税是指对出口货物、劳务和适用增值税零税率的服务、无形资产等实行免税和退还增值税、消费税的法定制度。律师在尽调中如发现公司主要从事出口业务，可关注其是否办理相关备案登记、是否按规定履行信息报告义务、是否存在未按规定申请退税的情形、是否存在骗取出口退税的违法行为等。

相关规定

本专题相关规定见表2-8-3。

表2-8-3　相关规定

主要法律问题	文件名	具体条款规定
税务登记	《税收征收管理法》（发布日期：1992年9月4日；生效日期：1993年1月1日；发文机关：全国人民代表大会常务委员会；文号：主席令第60号；经过1995年2月28日、2001年4月28日、2013年6月29日三次修正，最新于2015年4月24日修正并实施）	第15条第1款　企业，企业在外地设立的分支机构和从事生产、经营的场所，个体工商户和从事生产、经营的事业单位（以下统称从事生产、经营的纳税人）自领取营业执照之日起三十日内，持有关证件，向税务机关申报办理税务登记。税务机关应当于收到申报的当日办理登记并发给税务登记证件。
		第16条　从事生产、经营的纳税人，税务登记内容发生变化的，自工商行政管理机关办理变更登记之日起三十日内或者在向工商行政管理机关申请办理注销登记之前，持有关证件向税务机关申报办理变更或者注销税务登记。
		第40条　纳税人不办理税务登记的，税务机关应当自发现之日起3日内责令其限期改正；逾期不改正的，依照《税收征收管理法》第六十条第一款的规定处罚。
		第60条　纳税人有下列行为之一的，由税务机关责令限期改正，可以处二千元以下的罚款；情节严重的，处二千元以上一万元以下的罚款：（一）未按照规定的期限申报办理税务登记、变更或者注销登记的……
	《增值税一般纳税人登记管理办法》（发布日期：2017年12月29日；生效日期：2018年2月1日；发文机关：国家税务总局；文号：国家税务总局令第43号）	第2条　增值税纳税人（以下简称"纳税人"），年应税销售额超过财政部、国家税务总局规定的小规模纳税人标准（以下简称"规定标准"）的，除本办法第四条规定外，应当向主管税务机关办理一般纳税人登记……
		第3条　年应税销售额未超过规定标准的纳税人，会计核算健全，能够提供准确税务资料的，可以向主管税务机关办理一般纳税人登记……

续表

主要法律问题	文件名	具体条款规定
税种与税率	财政部、国家税务总局《关于全面推开营业税改征增值税试点的通知》附件1《营业税改征增值税试点实施办法》(发布日期:2016年3月23日;生效日期:2016年5月1日;发文机关:财政部、国家税务总局;文号:财税〔2016〕36号)	第1条　在中华人民共和国境内(以下称境内)销售服务、无形资产或者不动产(以下称应税行为)的单位和个人,为增值税纳税人,应当按照本办法缴纳增值税,不缴纳营业税。 　　单位,是指企业、行政单位、事业单位、军事单位、社会团体及其他单位。 　　个人,是指个体工商户和其他个人。
		第6条　中华人民共和国境外(以下称境外)单位或者个人在境内发生应税行为,在境内未设有经营机构的,以购买方为增值税扣缴义务人。财政部和国家税务总局另有规定的除外。
	《增值税暂行条例》(发布日期:1993年12月13日;生效日期:1994年1月1日;发文机关:国务院;文号:国务院令第134号;经过2008年11月5日、2016年2月6日两次修订,最新于2017年11月19日修订并实施)	第1条　在中华人民共和国境内销售货物或者加工、修理修配劳务(以下简称劳务),销售服务、无形资产、不动产以及进口货物的单位和个人,为增值税的纳税人,应当依照本条例缴纳增值税。
	财政部、国家税务总局、海关总署《关于深化增值税改革有关政策的公告》(发布日期:2019年3月20日;生效日期:2019年4月1日;发文机关:财政部、国家税务总局、海关总署;文号:财政部、国家税务总局、海关总署公告2019年第39号)	第1条　增值税一般纳税人(以下称纳税人)发生增值税应税销售行为或者进口货物,原适用16%税率的,税率调整为13%;原适用10%税率的,税率调整为9%。
		第2条　纳税人购进农产品,原适用10%扣除率的,扣除率调整为9%。纳税人购进用于生产或者委托加工13%税率货物的农产品,按照10%的扣除率计算进项税额。
	《征收教育费附加的暂行规定》(发布日期:1986年4月28日;生效日期:1986年7月1日;发文机关:国务院;文号:国发〔1986〕50号;经历1990年6月7日、2005年8月20日两次修订,最新于2011年1月8日修订并实施)	第3条　教育费附加,以各单位和个人实际缴纳的增值税、营业税、消费税的税额为计征依据,教育费附加率为3%,分别与增值税、营业税、消费税同时缴纳。

续表

主要法律问题	文件名	具体条款规定
	财政部《关于统一地方教育附加政策有关问题的通知》(发布日期:2010 年 11 月 7 日;生效日期:2010 年 11 月 7 日;发文机关:财政部;文号:财综〔2010〕98 号)	第 2 条　统一地方教育附加征收标准。地方教育附加征收标准统一为单位和个人(包括外商投资企业、外国企业及外籍个人)实际缴纳的增值税、营业税和消费税税额的 2%。已经财政部审批且征收标准低于 2% 的省份,应将地方教育附加的征收标准调整为 2%,调整征收标准的方案由省级人民政府于 2010 年 12 月 31 日前报财政部审批。
	《企业所得税法》(发布日期:2007 年 3 月 16 日;生效日期:2008 年 1 月 1 日;发文机关:全国人民代表大会;文号:主席令第 63 号;经历 2017 年 2 月 24 日修正,最新于 2018 年 12 月 29 日修正并实施)	第 1 条　在中华人民共和国境内,企业和其他取得收入的组织(以下统称企业)为企业所得税的纳税人,依照本法的规定缴纳企业所得税。 个人独资企业、合伙企业不适用本法。
		第 2 条　企业分为居民企业和非居民企业。 本法所称居民企业,是指依法在中国境内成立,或者依照外国(地区)法律成立但实际管理机构在中国境内的企业。 本法所称非居民企业,是指依照外国(地区)法律成立且实际管理机构不在中国境内,但在中国境内设立机构、场所的,或者在中国境内未设立机构、场所,但有来源于中国境内所得的企业。
		第 3 条　居民企业应当就其来源于中国境内、境外的所得缴纳企业所得税。 非居民企业在中国境内设立机构、场所的,应当就其所设机构、场所取得的来源于中国境内的所得,以及发生在中国境外但与其所设机构、场所有实际联系的所得,缴纳企业所得税。 非居民企业在中国境内未设立机构、场所的,或者虽设立机构、场所但取得的所得与其所设机构、场所没有实际联系的,应当就其来源于中国境内的所得缴纳企业所得税。
		第 4 条　企业所得税的税率为 25%。 非居民企业取得本法第三条第三款规定的所得,适用税率为 20%。
		第 37 条　对非居民企业取得本法第三条第三款规定的所得应缴纳的所得税,实行源泉扣缴,以支付人为扣缴义务人。税款由扣缴义务人在每次支付或者到期应支付时,从支付或者到期应支付的款项中扣缴。

续表

主要法律问题	文件名	具体条款规定
	《企业所得税法实施条例》(发布日期:2007年12月6日;生效日期:2008年1月1日;发文机关:国务院;文号:国务院令第512号;最新于2019年4月23日修订并实施)	第91条　非居民企业取得企业所得税法第二十七条第(五)项规定的所得,减按10%的税率征收企业所得税。
税款征收方式	《税收征收管理法》(发布日期:1992年9月4日;生效日期:1993年1月1日;发文机关:全国人民代表大会常务委员会;文号:主席令第60号;经历1995年2月28日、2001年4月28日、2013年6月29日数次修正,最新于2015年4月24日修正并实施)	第35条　纳税人有下列情形之一的,税务机关有权核定其应纳税额:(一)依照法律、行政法规的规定可以不设置帐簿的;(二)依照法律、行政法规的规定应当设置但未设置的;(三)擅自销毁帐簿或者拒不提供纳税资料的;(四)虽设置帐簿,但帐目混乱或者成本资料、收入凭证、费用凭证残缺不全,难以查帐的;(五)发生纳税义务,未按照规定的期限办理纳税申报,经税务机关责令限期申报,逾期仍不申报的;(六)纳税人申报的计税依据明显偏低,又无正当理由的。 税务机关核定应纳税额的具体程序和方法由国务院税务主管部门规定。
纳税信用级别	国家税务总局《关于发布〈纳税信用管理办法(试行)〉的公告》(发布日期:2014年7月4日;生效日期:2014年10月1日;发文机关:国家税务总局;文号:国家税务总局公告2014年第40号)	第19条　有下列情形之一的纳税人,本评价年度不能评为A级:(一)实际生产经营期不满3年的;(二)上一评价年度纳税信用评价结果为D级的;(三)非正常原因一个评价年度内增值税或营业税连续3个月或者累计6个月零申报、负申报的;(四)不能按照国家统一的会计制度规定设置账簿,并根据合法、有效凭证核算,向税务机关提供准确税务资料的。
		第20条　有下列情形之一的纳税人,本评价年度直接判为D级:(一)存在逃避缴纳税款、逃避追缴欠税、骗取出口退税、虚开增值税专用发票等行为,经判决构成涉税犯罪的;(二)存在前项所列行为,未构成犯罪,但偷税(逃避缴纳税款)金额10万元以上且占各税种应纳税总额10%以上,或者存在逃避追缴欠税、骗取出口退税、虚开增值税专用发票等税收违法行为,已缴纳税款、滞纳金、罚款的;(三)在规定期限内未按税务机关处理结论缴纳或者足额缴纳税款、滞纳金和罚款的;(四)以暴力、威胁方法拒不缴纳税款或者拒绝、阻挠税务机关依法实施税务稽查执法行为的;(五)存在违反增值税发票管理规定或者违反其他发票管理规定的行为,导致其他单位或者

续表

主要法律问题	文件名	具体条款规定
		个人未缴、少缴或者骗取税款的；（六）提供虚假申报材料享受税收优惠政策的；（七）骗取国家出口退税款，被停止出口退（免）税资格未到期的；（八）有非正常户记录或者由非正常户直接责任人员注册登记或者负责经营的；（九）由D级纳税人的直接责任人员注册登记或者负责经营的；（十）存在税务机关依法认定的其他严重失信情形的。
	国家税务总局《关于纳税信用评价有关事项的公告》（发布日期：2018年2月1日；生效日期：2018年4月1日；发文机关：国家税务总局；文号：国家税务总局公告2018年第8号）	第3条　增设M级纳税信用级别，纳税信用级别由A、B、C、D四级变更为A、B、M、C、D五级。未发生《信用管理办法》第二十条所列失信行为的下列企业适用M级纳税信用：（一）新设立企业。（二）评价年度内无生产经营业务收入且年度评价指标得分70分以上的企业。
发票开具与使用	《发票管理办法》（发布日期：1993年12月23日；生效日期：1993年12月23日；发文机关：财政部；最新于2019年3月2日修订并实施）	第22条　开具发票应当按照规定的时限、顺序、栏目，全部联次一次性如实开具，并加盖发票专用章。任何单位和个人不得有下列虚开发票行为：（一）为他人、为自己开具与实际经营业务情况不符的发票；（二）让他人为自己开具与实际经营业务情况不符的发票；（三）介绍他人开具与实际经营业务情况不符的发票。
		第37条　违反本办法第二十二条第二款的规定虚开发票的，由税务机关没收违法所得；虚开金额在1万元以下的，可以并处5万元以下的罚款；虚开金额超过1万元的，并处5万元以上50万元以下的罚款；构成犯罪的，依法追究刑事责任。 非法代开发票的，依照前款规定处罚。
	国家税务总局《关于修订〈增值税专用发票使用规定〉的通知》（发布日期：2006年10月17日；生效日期：2007年1月1日；发文机关：国家税务总局；文号：国税发〔2006〕156号）	第2条　专用发票，是增值税一般纳税人（以下简称一般纳税人）销售货物或者提供应税劳务开具的发票，是购买方支付增值税额并可按照增值税有关规定据以抵扣增值税进项税额的凭证。
	《刑法》（发布日期：1979年7月6日；生效日期：1980年1月1日；发文机关：全国人民代表大会；文号：全国人大常委会委员长令第5号；经过1997年3	第205条　【虚开增值税专用发票、用于骗取出口退税、抵扣税款发票罪】虚开增值税专用发票或者虚开用于骗取出口退税、抵扣税款的其他发票的，处三年以下有期徒刑或者拘役，并处二万元以上二十万元以下罚金；虚开的税款数额较大

续表

主要法律问题	文件名	具体条款规定
	月14日、1999年12月25日、2001年8月31日、2001年12月29日、2002年12月28日、2005年2月28日、2006年6月29日、2009年2月28日、2009年8月27日、2011年2月25日、2015年8月29日、2017年11月4日数次修正，最新于2020年12月26日修正，并于2021年3月1日实施）	或者有其他严重情节的，处三年以上十年以下有期徒刑，并处五万元以上五十万元以下罚金；虚开的税款数额巨大或者有其他特别严重情节的，处十年以上有期徒刑或者无期徒刑，并处五万元以上五十万元以下罚金或者没收财产。 单位犯本条规定之罪的，对单位判处罚金，并对其直接负责的主管人员和其他直接责任人员，处三年以下有期徒刑或者拘役；虚开的税款数额较大或者有其他严重情节的，处三年以上十年以下有期徒刑；虚开的税款数额巨大或者有其他特别严重情节的，处十年以上有期徒刑或者无期徒刑。 虚开增值税专用发票或者虚开用于骗取出口退税、抵扣税款的其他发票，是指有为他人虚开、为自己虚开、让他人为自己虚开、介绍他人虚开行为之一的。
		第205条之一 【虚开发票罪】虚开本法第二百零五条规定以外的其他发票，情节严重的，处二年以下有期徒刑、拘役或者管制，并处罚金；情节特别严重的，处二年以上七年以下有期徒刑，并处罚金。 单位犯前款罪的，对单位判处罚金，并对其直接负责的主管人员和其他直接责任人员，依照前款的规定处罚。
社会保险费缴费证明	《社会保险费征缴暂行条例》［发布日期：1999年1月22日；生效日期：1999年1月22日；发文机关：国务院；文号：国务院令第259号；最新被国务院《关于修改部分行政法规的决定》（发布日期：2019年3月24日；生效日期2019年3月24日；发文机关：国务院；文号：国务院令第710号）修订］	第6条 社会保险费实行三项社会保险费集中、统一征收。社会保险费的征收机构由省、自治区、直辖市人民政府规定，可以由税务机关征收，也可以由劳动保障行政部门按照国务院规定设立的社会保险经办机构（以下简称社会保险经办机构）征收。

续表

主要法律问题	文件名	具体条款规定
税收优惠的适用	《税收征收管理法》(发布日期：1992年9月4日；生效日期：1993年1月1日；发文机关：全国人民代表大会常务委员会；文号：主席令第60号；经历1995年2月28日、2001年4月28日、2013年6月29日数次修正，最新于2015年4月24日修正并实施)	第3条　税收的开征、停征以及减税、免税、退税、补税，依照法律的规定执行；法律授权国务院规定的，依照国务院制定的行政法规的规定执行。
财政补贴的适用	《企业会计准则第16号——政府补助》(发布日期：2006年2月15日；生效日期：2007年1月1日；发文机关：财政部；文号：财会〔2006〕3号，最新于2017年5月10日修订并于2017年6月12日实施)	第2条　本准则中的政府补助，是指企业从政府无偿取得货币性资产或非货币性资产。
		第3条　政府补助具有下列特征：(一)来源于政府的经济资源。对于企业收到的来源于其他方的补助，有确凿证据表明政府是补助的实际拨付者，其他方只起到代收代付作用的，该项补助也属于来源于政府的经济资源。(二)无偿性。即企业取得来源于政府的经济资源，不需要向政府交付商品或服务等对价。
公司依法纳税的情况	国家税务总局《关于开具〈无欠税证明〉有关事项的公告》(发布日期：2019年12月6日；生效日期：2020年3月1日；发文机关：国家税务总局；文号：国家税务总局公告2019年第47号)	第1条　《无欠税证明》是指税务机关依纳税人申请，根据税收征管信息系统所记载的信息，为纳税人开具的表明其不存在欠税情形的证明。
		第2条　本公告所称"不存在欠税情形"，是指纳税人在税收征管信息系统中，不存在应申报未申报记录且无下列应缴未缴的税款：(一)办理纳税申报后，纳税人未在税款缴纳期限内缴纳的税款；(二)经批准延期缴纳的税款期限已满，纳税人未在税款缴纳期限内缴纳的税款；(三)税务机关检查已查定纳税人的应补税额，纳税人未缴纳的税款；(四)税务机关根据《中华人民共和国税收征收管理法》第二十七条、第三十五条核定纳税人的应纳税额，纳税人未在税款缴纳期限内缴纳的税款；(五)纳税人的其他未在税款缴纳期限内缴纳的税款。
		第3条　纳税人因境外投标、企业上市等需要，确需开具《无欠税证明》的，可以向主管税务机关申请办理。

专题九　重大资产

一、审阅文件清单

（一）不动产

不动产审阅文件见表2－9－1。

表2－9－1　不动产审阅文件

序号	审阅文件清单
公司自有土地	
1	公司拥有的土地清单，列明土地使用权证号、详细地址、面积、权属（国有土地或集体土地）、取得方式（划拨、有偿出让、无偿出让）、权利性质、用途、颁发日期、使用期限、抵押情况、使用情况（自用、他用或闲置）以及相关房屋通过地震防震验收或符合防震标准的情况（如有）。
2	所有土地使用证（如无该等权证，请提供公司所使用土地的建设用地规划许可证或征地文件，或其他有关政府批准用地的文件，或确权文件，或说明文件）。
3	与土地取得方式相关文件如下： （1）属于划拨方式取得，需审阅土地划拨批文； （2）属于出让方式取得，需审阅相关招拍挂文件、国有土地使用权出让合同及其附件； （3）属于由第三方转让取得（包括由股东作为注册资本投入的方式），需审阅第三方与土地管理部门签署的国有土地使用权出让合同（或第三方获得的划拨批文）、国有土地使用权转让合同； （4）土地使用权为集体土地的，需审阅土地管理部门出具的征地批准文件及征用集体土地的协议。
4	土地出让金或转让金缴付凭证，并说明是否付清（股东作为注册资本投入时，提供验资报告即可作为价格支付证明）。
5	若上述土地使用权已经抵押或受到第三方权利的任何限制，需审阅有关主债务合同、抵押合同、抵押物评估报告及登记文件或相关限制协议及说明文件。
非自有土地（包括但不限于租赁、联营、联建等）	
1	公司使用的非自有土地清单。
2	如果土地使用权以租赁方式取得，需审阅：土地使用权证（或出租方有权出租的证明）、土地使用权租赁合同、土地使用权证租赁登记证明、租赁许可证（如有）以及缴费凭证（并说明是否付清）。
3	对于正在使用的集体土地，需审阅：集体土地所有权证书，土地租赁合同或使用协议，土地管理部门出具的批准、登记文件，村民（代表）大会批准有关土地流转协议的会议决议，租金及缴费凭证（并说明是否付清）等文件。

续表

序号	审阅文件清单
4	如公司使用的土地为农用地并用于农业用途，需审阅：土地流转协议、村民（代表）大会批准有关土地流转协议的会议决议、土地管理部门对农用地流转的登记文件、土地价款交付凭证。
5	若上述土地使用权已经抵押或受到第三方权利的任何限制，请提供有关主债务合同、抵押合同、抵押物评估报告及登记文件或相关限制协议及说明文件。
6	上述自有与非自有土地使用权所涉及的土地使用税、土地使用费、土地增值税、契税、印花税等缴纳证明（并说明是否付清）。
7	公司自有与非自有土地使用权的相关调查文件和评估报告。
8	如公司自有与非自有土地使用权存在有争议事项（如查封、冻结等），或其他征用、拆迁等限制性的政府文件、行政决定、通知及司法文件，请提供相关证明文件。
9	关于公司拥有或租赁的不动产的租赁和出租协议以及对该等协议的登记，该等协议包括转租和土地特许使用权协议、代理协议、不妨碍协议以及相关的转让、给予的同意、承诺函、保证金清单及其所有修订、收款证明。
公司拥有的房产	
1	审阅公司所拥有房屋清单，列明房产证号、对应土地使用权证号、对应土地使用权人、面积、用途、建筑面积、容积率、占地面积及竣工日期、使用情况（自用、他用或闲置）。
2	公司所拥有的所有房屋所有权证。
3	如有未取得所有权证的：(1)如为已购买商品房但未办理产权证明的物业，则审阅开发商名下的国有土地使用证、建设用地规划许可证、建设工程规划许可证、建设工程施工许可证、预售/销售许可证，商品房购买合同、房价支付证明，未办理产权证原因说明；(2)如为已购买的第三方但未办理产权证明的房产，则审阅第三方的房产证、购买合同、房价支付证明，未办理产权证原因说明。
4	取得房屋所有权证的相关文件：(1)以购买方式取得的，审付款凭证（并说明是否付清）；(2)以自建方式取得的，审阅建设用地规划许可证、建设工程规划许可证、建设工程施工许可证、建设工程竣工验收备案表等文件；(3)其他方式取得的（如赠予），审阅相关说明文件。
5	若公司拥有在建工程，说明在建工程的建设和完工情况，根据工程进度审阅立项批文、可行性报告、环评批复、建设用地规划许可证、建设工程规划许可证、建设工程施工许可证、建设工程竣工验收备案表、工程承包合同、重大建筑设备采购及安装合同；如存在拖欠建筑工程款项，请说明具体数额。
6	房屋保险详情及保险单。
7	若上述房屋已经抵押或受到第三方权利的任何限制，审阅有关主债务合同、抵押合同、抵押物评估报告及登记文件或相关限制协议及说明文件。

续表

序号	审阅文件清单
公司使用的非自有房产(包括但不限于租赁、联营、联建等)	
1	公司使用的非自有房屋清单。
2	如果房屋以租赁方式取得,审阅该房屋的房屋所有权证(或出租方有权出租的证明)和土地使用权证(如果没有领取土地使用权证,请提供土地规划许可证或政府批准用地、确权文件或说明文件)、房屋租赁合同、房屋租赁合同的登记证明、租赁许可证(如有)以及缴费凭证(并说明是否付清)。
3	除租赁方式外,审阅使用房屋的协议或合同,如联建合同、授权经营合同等。
4	若上述房产已经抵押或受到第三方权利的任何限制,审阅有关主债务合同、抵押合同、抵押物评估报告及登记文件或相关限制协议及说明文件。
5	上述自有与非自有房屋所涉及的土地使用税、土地使用费、土地增值税、契税、印花税等缴纳证明(并说明是否付清)。
6	公司自有与非自有房屋的相关调查文件和评估报告。
7	如公司自有与非自有房屋存在有争议事项(如查封、冻结等),或其他征用、拆迁等限制性的政府文件、行政决定、通知及司法文件,请提供相关证明文件。
8	关于公司拥有或租赁的不动产的租赁和出租协议以及对该等协议的登记,该等协议包括转租和土地特许使用权协议、代理协议、不妨碍协议以及相关的转让、给予的同意、承诺函、保证金清单及其所有修订、收款证明。

(二)重大动产

重大动产审阅文件见表2-9-2。

表2-9-2　重大动产审阅文件

序号	审阅文件清单
1	主要生产设备清单、固定资产清单
2	资产评估报告
3	验资报告
4	进口报关手续
5	采购合同/买卖合同
6	购置发票、收据等支付凭证
7	安装/运维合同
8	交接验收手续
9	股东(大)会关于购买重大动产的决议

续表

序号	审阅文件清单
10	资产购买/转让协议
11	支付凭证
12	资产交接文件
13	抵押担保协议
14	抵押登记文件
15	主债务合同
16	公司章程
17	股东会、董事会有关决议
18	质押/担保协议
19	质物交付质权人的交接文件
20	质押监管合同
21	债务合同
22	查封、扣押决定书
23	查封、扣押清单
24	延长查封、扣押决定
25	解除查封、扣押决定
26	法院裁定书
27	协助执行通知书
28	扣押物品清单
29	解除扣押通知书
30	租赁协议
31	租金收缴凭证
32	租赁协议履行情况说明
33	使用合同
34	使用合同履行情况说明
35	委托合同/维修服务合同
36	维修费缴付凭证
37	委托合同履行情况说明

续表

序号	审阅文件清单
38	租金支付凭证
39	租赁协议履行情况说明
40	资产评估报告
41	购车合同、购车发票、机动车行驶证、机动车登记证书、机动车车辆购置税完税证明、机动车交通事故责任强制保险、抵押/质押/担保协议、车辆交付质权人的交接文件

（三）知识产权

知识产权审阅文件见表2-9-3。

表2-9-3 知识产权审阅文件

序号	审阅文件清单
著作权	
1	著作权清单
2	作品著作权登记证书
3	计算机软件著作权登记证书
4	著作权登记费缴纳凭证（如有）
5	著作权质权登记证书
6	著作权许可合同/协议及其备案文件
7	著作权转让合同
8	著作权侵权纠纷、诉讼、仲裁情况说明
9	有关著作权争议的其他相关文件
商标	
1	注册商标清单
2	注册文件——注册证书、公告、付款凭证
3	申请注册商标清单
4	申请文件——商标注册受理通知单、受理证书、权属登记簿
5	【3】年内商标使用情况的证明文件
6	未注册但使用的标识、字号等清单
7	商标权质押担保清单及相关文件

续表

序号	审阅文件清单
8	质押文件、质权登记
9	商标转让/许可合同清单及相关文件、权属文件、注册/备案文件、付款凭证
10	商标转让合同
11	商标侵权纠纷、诉讼、仲裁情况说明文件及相关文件
12	他方侵犯或涉嫌侵犯目标公司商标权情况说明
13	目标公司侵犯或涉嫌侵犯他方商标权情况说明
14	驰名商标申请/认定方面的文件清单
15	目标公司使用的驰名商标清单
专利	
1	专有技术清单
2	专利权清单
3	专利注册证书等注册文件
4	专利权年费缴纳凭证
5	专利权/专利申请权清单
6	专利转让合同
7	技术转让协议
8	技术进出口许可证或者技术进口合同登记证
9	专利实施许可合同/协议及其备案文件
10	有关专利侵权纠纷、诉讼、仲裁的情况说明
11	有关专利争议的文件
域名	
1	公司正在使用的域名清单
2	注册域名相关证书
3	缴费凭证
4	域名许可相关文件
5	域名侵权相关情况说明
商业秘密	
1	公司使用专有技术等情况说明
2	关于商业秘密保密的相关协议
3	关于商业秘密保密的制度规定
技术进出口	
1	专利技术许可合同
2	技术进出口合同登记/备案证明
3	技术进出口的登记手续

二、访谈清单

(一)不动产

1. 近三年,公司新建、扩建、改建的建设项目有哪些?是否取得了项目的立项批复文件?

2. 公司新建、扩建、改建的建设项目用地是如何取得的?土地性质是什么?

3. 公司所使用的土地是什么时候取得的?现在的土地状态是什么样的?是否已经开始相关建设项目?项目建设的进展情况如何?

4. 上述土地如是划拨用地:公司划拨用地取得的审批文件有哪些?是否办理了土地权属证书?若未办理的原因是什么?

5. 上述土地如是出让用地:公司通过出让方式获得的土地,是否履行了招拍挂程序?土地出让合同的签署主体是谁?是否签署了土地出让合同?土地使用期限是多久?土地用途是什么?是否按照合同约定全部缴纳了土地出让金?是否缴纳完毕相关税费?是否办理了土地权属证书?若未办理的原因是什么?

6. 公司签署国有土地使用权合同后,是否按照合同约定的内容对土地进行开发、利用及经营?是否存在变更与不一致的情况?

7. 公司目前正在使用的土地是否全部都办理了权属证书?如未办理的原因是什么?

8. 公司在办理土地权属证书的时候,是否存在分割办理的情况?分割办理的原因是什么?

9. 公司自设立以来,是否存在变更土地用途的情形?公司已经取得的土地权属证书中载明的用途是否与实际的用途存在不一致的情况?原因是什么?是否履行了相关的土地变更登记手续?

10. 公司自设立以来,是否存在划拨用地变更为出让用地的情形?变更的原因是什么?变更后是否补充缴纳完毕相关的出让金和税费?

11. 公司是否存在以土地使用权设定抵押的情形?是否签署相关的合同和办理相关的抵押登记?目前被抵押担保的主债权的情况如何?

12. 公司是否涉及有关土地的相关纠纷,诉讼或者仲裁?

13. 公司股东出资时是否存在以土地作价出资的情形?股东是如何获得出资土地的?是否为该土地设定了权利负担?是否履行了相关的评估程序?

14. 公司新建、扩建、改建的建设项目是否属于当地政府的招商引资项目？政府是否给予土地地价的优惠政策？是否签署相关的书面协议或者政府是否有批复文件？

15. 公司占用的土地是否是涉及农村集体所有的农用地？实际情况中是如何操作使用的？

16. 公司使用的农村集体建设用地使用权是如何取得的？履行了哪些审批手续？是否办理了土地的流转登记？若该土地为租赁取得，那是否在该土地上建设构筑物？构筑物是否办理权属证明手续？

17. 公司使用的农村集体农用地，也就是土地承包经营权，是通过何种方式取得的？履行了哪些审批手续？是否办理了流转登记？公司是与谁签署了合同？如何支付费用？

18. 公司使用的农村未利用地（四荒地）是通过何种方式取得的？履行了哪些审批手续？是否办理了流转登记？

19. 公司是否存在与农村集体组织通过合作联营共同举办企业的情形？农村集体组织的出资形式是什么？双方如何行使股东权利分配股东利益？

20. 公司是否存在租赁的土地？租赁期限是多久？租金如何缴纳？是否在租赁土地上有建筑物？是否办理了土地租赁的备案手续？能否提供出租方持有的土地权属证书和土地租赁合同？

21. 请介绍下公司目前重大资产有哪些？

22. 请介绍下公司名下的房产有哪些？取得方式有哪些？自建？租赁？购买？产权情况如何？未办理产权证的原因。正在办理的进展情况。

23. 公司名下房产是否存在改扩建的情况？改扩建手续办理情况。

24. 请介绍公司名下房产是否存在抵押情况？是否办理抵押登记？抵押时限是多少？债权履行情况如何？

25. 公司名下房产范围的土地使用权是什么性质？该使用权是否归属于公司？该土地使用权取得方式有哪些？租赁？承包？出让？划拨？土地有哪些用途？该土地是否存在抵押情况？是否办理抵押登记？债权履约情况如何？

26. 请介绍下公司目前在建的房产（包括厂房、办公楼、宿舍等）情况。取得哪些建设手续？其他手续办理进展情况如何？

27. 公司名下房产是否涉及纠纷，并分别介绍？纠纷处理情况如何？

28. 公司名下的房产是否享受地方政府的优惠政策？优惠政策享受条件是

什么？时限是多久？

29. 公司名下房产是否存在租赁取得情况？租赁面积？租期？租金及租金缴纳情况？是否办理租赁合同登记？

30. 公司名下房产是否存在对外出租（或转租）的情况？租赁面积？租期？租金及租金收入情况？是否办理租赁合同登记？

（二）重大动产

1. 公司现在拥有的主要生产设备情况，主要说明购买、租用、借用、融资租赁等情况。

2. 公司生产设备中是否有进口设备？是否已经履行了必要的备案、审批等手续？

3. 公司现有设备是否存在抵押、质押情况？请具体介绍。

4. 公司生产设备中是否有特种设备？是否具有相关资质？

5. 大致介绍一下生产设备的内部管理是否完善？是否有专人负责？

6. 请介绍生产设备的淘汰率、维修等情况。

7. 请介绍公司现有车辆的主要情况，主要说明购买、租用、借用、融资租赁等情况。

8. 请介绍公司现有车辆办理保险情况。

9. 公司车辆是否存在抵押、质押情况？请具体介绍。

10. 公司是否因动产而涉及诉讼或仲裁等案件？是否存在设备或车辆等被查封、扣押、冻结的情况？具体强制措施实施期限为多久？

11. 公司生产设备和车辆是否存在其他受限情况？如存在共有、留置等情况。

12. 公司生产设备、车辆等动产进行抵押、质押等担保时，需履行怎样的内部决议程序？

13. 公司近期是否有购入其他大型设备或车辆的计划？

（三）知识产权

1. 截至目前，公司已经登记的著作权有哪些？商标权有哪些？是否申请/注册了域名？是否有进行域名备案？专利权有哪些？是否存在商业秘密？

2. 公司已登记的知识产权是否有与他人共有的情况，具体有哪些？因什么原因与他人共有？

3. 公司正在使用的知识产权取得方式分别是什么？有哪些是他人许可使用的？有哪些是许可他人使用的？是否都签署了许可合同？许可类型是什么？

4. 公司的商标权适用在哪些商品和服务上？

5. 公司的知识产权中有没有职务作品？合同中是否约定了职务作品奖励条款？

6. 公司所使用的知识产权是否存在被质押的情况？质押期限分别是多久？有无被执行的风险？

7. 公司的知识产权是否存在转让的情形？是否签署了转让合同？

8. 公司是否存在专业技术进出口贸易？具体进出口的专业技术有哪些？是否取得备案登记？

9. 公司正在申请注册的知识产权有哪些？具体处于什么阶段？

10.【近三年】,公司是否存在因知识产权侵权问题与他人产生纠纷、诉讼或仲裁的情况？

三、土地主要法律问题

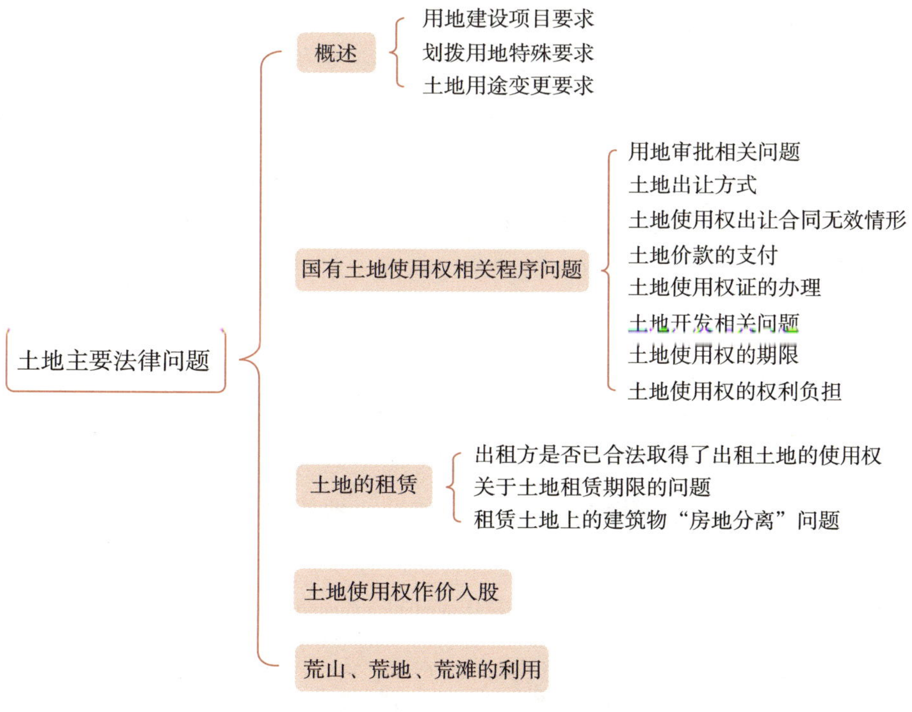

图 2－9－1　本专题思维导图

(一)概述[①]

根据《土地管理法》(2019年修正)的规定,我国实行土地的全民所有制(国家所有土地的所有权由国务院代表国家行使)和劳动群众集体所有制。城市市区的土地属于国家所有;农村和城市郊区的土地,除由法律规定属于国家所有的以外,属于农民集体所有。国家依法实行国有土地有偿使用制度。但是,国家在法律规定的范围内划拨国有土地使用权的除外。

1. 用地建设项目要求

我国对土地实行严格的管理,根据国土资源部(已撤销)、国家发展和改革委员会《关于发布实施〈限制用地项目目录(2012年版)〉和〈禁止用地项目目录(2012年版)〉的通知》,若公司使用土地项目为限制用地建设项目,必须符合《限制用地项目目录(2012年版)》规定条件,才能获得自然资源主管部门和投资管理部门的相关批准手续;如为禁止用地建设项目或者采用《限制用地项目目录(2012年版)》所列工艺技术、装备、规模的建设项目,则无法取得自然资源主管部门和投资管理部门的相关批准手续。

2. 划拨用地特殊要求

对于划拨用地,具体的规定见《划拨用地目录》,专门对划拨用地进行了规范,一般只能用于一些国防军事、公益事业以及一些国家重点扶持的项目。以划拨方式取得的土地使用权,因企业改制、土地使用权转让或者改变土地用途等不再符合《划拨用地目录》的,应当实行有偿使用。

3. 土地用途变更要求

根据《土地管理法》(2019年修正)的规定,国家实行土地用途管制制度。国家编制土地利用总体规划,规定土地用途,将土地分为农用地、建设用地和未利用地,使用土地的单位和个人必须严格按照土地利用总体规划确定的用途使用土地。建设单位使用国有土地的,应当按照土地使用权出让等有偿使用合同

---

① 根据《不动产登记暂行条例》(2019年修订)(2019年3月24日发布实施,国务院令710号)和《不动产登记暂行条例实施细则》(2019年修订)(2019年7月24日发布实施)的规定,国家实行不动产统一登记制度,土地权属证书已由土地使用权证变更为不动产登记证。但是为了便于和其他土地有关的现行有效的规定相衔接和理解,并区分房产不动产权属证书,此部分关于土地权属证书,我们继续使用土地使用权证的表述。在实际尽调过程中,由于该条例和细则实施前依法核发的各类不动产权属证书继续有效,所以我们应该注意目标公司土地权属证书的名称问题,并在尽调报告中准确表述。

的约定或者土地使用权划拨批准文件的规定使用土地；确需改变该幅土地建设用途的，应当经有关人民政府自然资源主管部门同意，报原批准用地的人民政府批准。其中，在城市规划区内改变土地用途的，在报批前，应当先经有关城市规划行政主管部门同意。不按照批准的用途使用国有土地的，由县级以上人民政府自然资源主管部门责令交还土地，处以罚款。

一般而言，土地使用权证上会载明该地块的土地用途，如果取得的土地使用权证的记载用途与实际土地用途不一致的，可能会被自然资源主管部门责令交还土地，并可能被处以罚款。

目标公司如果存在这种情况，我们一般建议公司向自然资源主管部门申请变更土地用途，规范用地手续；取得出让方同意并经土地管理部门和城市规划部门批准后，与当地自然资源主管部门签订《国有土地使用权出让合同变更协议》或重新签订《国有土地使用权出让合同》，调整国有土地使用权出让金，并办理登记①；按照调整后的出让合同约定缴纳土地出让金后，公司取得与实际用途相符的土地使用权证。

（二）国有土地使用权相关程序问题

根据《城镇国有土地使用权出让和转让暂行条例》（2020 年修订）（国务院于 1990 年 5 月 19 日颁布并施行，根据 2020 年 11 月 29 日《国务院关于修改和废止部分行政法规的决定》修订，国务院令第 732 号）的规定，公司可以通过出让和划拨方式取得初始国有土地的使用权，在符合相关规定的情况下，其使用权在使用年限内可以转让、出租、抵押或者用于其他经济活动。

1. 用地审批相关问题

根据《中华人民共和国土地管理法实施条例》（2021 年修订）的规定，建设

---

① 根据《协议出让国有土地使用权规范（试行）》（生效日期：2006 年 8 月 1 日，国土资发〔2006〕第 114 号）规定，出让土地申请改变用途等土地使用条件，经出让方和规划管理部门同意，原土地使用权人可以与市、县国土资源管理部门签订《国有土地使用权出让合同变更协议》或重新签订《国有土地使用权出让合同》，调整国有土地使用权出让金，但《国有土地使用权出让合同》、法律、法规、行政规定等明确应当收回土地使用权重新公告出让的除外。原土地使用权人应当按照国有土地使用权出让合同变更协议或重新签订的国有土地使用权出让合同约定，及时补缴土地使用权出让金额，并按规定办理土地登记。调整国有土地使用权出让金额应当根据批准改变用途等土地使用条件时的土地市场价格水平，按下式确定：应当补缴的土地出让金额 = 批准改变时的新土地使用条件下土地使用权市场价格 − 批准改变时原土地使用条件下剩余年期土地使用权市场价格。

单位使用国有土地,应当以有偿使用方式取得;但是,法律、行政法规规定可以以划拨方式取得的除外。国有土地有偿使用的方式包括:(1)国有土地使用权出让;(2)国有土地租赁;(3)国有土地使用权作价出资或者入股。国有土地使用权出让、国有土地租赁等应当依照国家有关规定通过公开的交易平台进行交易,并纳入统一的公共资源交易平台体系。除依法可以采取协议方式外,应当采取招标、拍卖、挂牌等竞争性方式确定土地使用者;且农用地转为建设用地、征收土地、宅基地、集体经营性建设用地应分别遵循相应的审批政策。

根据《土地管理法》(2019 年修正)的规定,未经批准或者采取欺骗手段骗取批准,非法占用土地的,由县级以上人民政府自然资源主管部门责令退还非法占用的土地,对违反土地利用总体规划擅自将农用地改为建设用地的,限期拆除在非法占用的土地上新建的建筑物和其他设施,恢复土地原状,对符合土地利用总体规划的,没收在非法占用的土地上新建的建筑物和其他设施,可以并处罚款;对非法占用土地单位的直接负责的主管人员和其他直接责任人员,依法给予处分;构成犯罪的,依法追究刑事责任。[①] 超过批准的数量占用土地,多占的土地以非法占用土地论处。

如在尽职调查中,即使因当地的优惠政策,公司在某块国有土地上建有厂房、设备或其他建筑物和构筑物,但并未就该等项目用地和当地土地行政管理部门签订国有建设用地出让合同,也没有办理其他用地审批手续,公司及公司直接负责的主管人员和其他直接责任人员有受到上述规定中的处罚的风险。

如公司涉及上述情况,律师可以建议:如公司需要继续使用该地块,公司应就所用土地办理用地审批手续。

2. 土地出让方式

关于土地出让的方式问题,也是需要特别关注的,有的公司虽然履行了出让程序,但是根据《土地管理法》(2019 年修正)的规定,违反法律规定的程序批准占用、征收土地的,其批准文件无效。非法批准、使用的土地应当收回,有关当事人拒不归还的,以非法占用土地论处。

---

① 《刑法》(2017 年修正)(全国人大常委会于 2017 年 11 月 4 日颁布并施行,主席令第 80 号)第 342 条规定:违反土地管理法规,非法占用耕地、林地等农用地,改变被占用土地用途,数量较大,造成耕地、林地等农用地大量毁坏的,处五年以下有期徒刑或者拘役,并处或者单处罚金。第 346 条规定:单位犯本节第三百三十八条至第三百四十五条规定之罪的,对单位判处罚金,并对其直接负责的主管人员和其他直接责任人员,依照本节各该条的规定处罚。

(1)招拍挂

根据《招标拍卖挂牌出让国有建设用地使用权规定》(2007 年修订)的规定，工业(包括仓储用地，不包括采矿用地)、商业、旅游、娱乐和商品住宅等经营性用地以及同一宗地有两个以上意向用地者的，应当以招标、拍卖或者挂牌方式出让。如果中标人、竞得人提供虚假文件隐瞒事实，或采取行贿、恶意串通等非法手段中标或者竞得的，中标、竞得结果无效；造成损失的，应当依法承担赔偿责任。

(2)协议出让

根据《协议出让国有土地使用权规定》的规定，出让国有土地使用权，除依照法律、法规和规章的规定应当采用招标、拍卖或者挂牌方式外，方可采取协议方式。以协议方式出让国有土地使用权的出让金不得低于按国家规定所确定的最低价。协议出让最低价不得低于新增建设用地的土地有偿使用费、征地(拆迁)补偿费用以及按照国家规定应当缴纳的有关税费之和有基准地价的地区，协议出让最低价不得低于出让地块所在级别基准地价的 70%。

3. 土地使用权出让合同无效情形

根据最高人民法院《关于审理涉及国有土地使用权合同纠纷案件适用法律问题的解释》(2020 年修正)［最高人民法院于 2005 年 6 月 18 日颁布，2005 年 8 月 1 日起施行，根据 2020 年 12 月 23 日最高人民法院审判委员会第 1823 次会议通过的最高人民法院《关于修改〈最高人民法院关于在民事审判工作中适用《中华人民共和国工会法》若干问题的解释〉等二十七件民事类司法解释的决定》(法释〔2020〕17 号)修正］规定，土地使用权出让合同是指市、县人民政府自然资源主管部门作为出让方将国有土地使用权在一定年限内让与受让方，受让方支付土地使用权出让金的合同。土地使用权出让合同无效的情形包括：

开发区管理委员会作为出让方与受让方订立的土地使用权出让合同，应当认定无效。

但在上述司法解释实施前，开发区管理委员会作为出让方与受让方订立的土地使用权出让合同，起诉前经市、县人民政府自然资源主管部门追认的，可以认定合同有效。

经市、县人民政府批准同意以协议方式出让的土地使用权，土地使用权出让金低于订立合同时当地政府按照国家规定确定的最低价的，应当认定土地使用权出让合同约定的价格条款无效。

当事人请求按照订立合同时的市场评估价格交纳土地使用权出让金的，应予支持;受让方不同意按照市场评估价格补足,请求解除合同的,应予支持。因此造成的损失,由当事人按照过错承担责任。在审阅土地出让合同时需留意上述导致合同或合同条款无效的情形,以确认是否存在上述情形导致公司可能因此而失去该等土地的使用权,无法享受土地增值的价值,且生产经营还可能因此而受到严重的影响的风险。

4. 土地价款的支付

根据《城镇国有土地使用权出让和转让暂行条例》(2020 年修订)的规定,土地使用者应当在签订土地使用权出让合同后 60 日内,支付全部土地使用权出让金。土地使用者在支付全部土地使用权出让金后,应当依照规定办理登记,领取土地使用证,取得土地使用权。土地使用者逾期未全部支付的,出让方有权解除合同,并可请求违约赔偿。因此,尽管实务中常常存在地方政府为了招商引资而豁免或者由政府补贴公司本应缴纳的土地出让金,或者放任用地单位拖延缴纳土地出让金,企业还是应将土地出让金缴纳完毕,取得土地使用权证。避免公司因未能按照上述规定支付土地出让金,使公司面临土地使用权出让合同被解除,其已经取得的土地被收回的风险。

5. 土地使用权证的办理

(1)土地初始/变更登记

为有效获得土地使用权,在条件成就时公司应按照法律规定办理土地使用权证,逾期未办理的,可能存在法律风险。

根据《不动产登记暂行条例》(2019 年修订)的规定国家实行不动产统一登记制度。下列不动产权利,依照本条例的规定办理登记:①集体土地所有权;②房屋等建筑物、构筑物所有权;③森林、林木所有权;④耕地、林地、草地等土地承包经营权;⑤建设用地使用权;⑥宅基地使用权;⑦海域使用权;⑧地役权;⑨抵押权;⑩法律规定需要登记的其他不动产权利。

根据《土地登记规则》(1995 年修改)的规定,公司应该按照下述规定办理土地使用权初始登记及变更登记:

初始登记:以出让方式取得国有土地使用权的,受让方应当在按出让合同约定支付全部土地使用权出让金后 30 日内,持土地使用权出让合同和土地使用权出让金支付凭证申请国有土地使用权设定登记。

变更登记:土地使用者、所有者和土地他项权利者更改名称、地址的,应当在名称、地址发生变更之日起 30 日内,持有关证明文件申请名称、地址变更登记。

土地使用者、所有者凡不按规定如期申请初始土地登记的，按照非法占地的处理办法论处；对凡不按规定如期申请变更土地登记的，除按违法占地处理外，视情节轻重报经县级以上人民政府批准，注销土地登记，注销土地证书。

如果公司因未能及时履行登记（初始及变更），可能被有关土地管理部门认定为非法用地，公司面临的法律风险包括：可能被县级以上人民政府自然资源主管部门责令退还非法占用的土地，没收在非法占用的土地上新建的建筑物和其他设施，可以并处罚款。公司的直接负责的主管人员和其他直接责任人员，可能被依法给予处分。

因此，如果发现相关情况，公司应与当地土地行政管理部门沟通，尽快办理土地初始/变更登记并相应领取土地权属证书。

（2）分割用地登记

由于土地出让涉及整个城市的控制性详细规划和土地供应方案，因此土地出让规模并不能随意更改。如果公司没有按照《土地出让合同》的约定缴纳土地出让金全款，根据国务院《关于促进节约集约用地的通知》（国务院 2008 年 1 月 3 日颁布并实施，国发〔2008〕3 号）的规定，不得发放土地证书，也不得按土地价款缴纳比例分割发放土地证书。对违法用地项目不得提供贷款和上市融资。

如果公司存在分割取得土地使用权证的行为，虽然主要的过错在于发证的当地土地管理部门，但是仍不能排除上级主管机关为纠正相关行为而撤销已经颁发的土地使用权证书。如果使用权证书被撤销，公司的正常经营、上市融资等将受到严重不利影响。

6. 土地开发相关问题

（1）土地开发利用

根据《城镇国有土地使用权出让和转让暂行条例》（2020 年修订）的规定，土地使用者应当按照土地使用权出让合同的规定和城市规划的要求，开发、利用、经营土地。未按合同规定的期限和条件开发、利用土地的，市、县人民政府土地管理部门应当予以纠正，并根据情节可以给予警告、罚款直至无偿收回土地使用权的处罚。

在尽职调查过程中，律师应核查公司提供的国有土地出让合同及土地开发相关文件（如建设工程规划许可证、施工许可证等相关文件），确认公司是否按照《土地出让合同》的约定开发利用和经营。如公司未能如约履行有关土地出让合同，可能面临被处以警告、罚款直至无偿收回土地使用权的处罚的风险。

(2)土地闲置

由于土地的增值价值很高，在以前的房地产开发实务中，很多开发商拿地后并不急于进行房地产开发，而是将土地囤起来，等到价格合适的时候再卖给其他人，从而赚取高额的差价。国家为了防止这种囤地现象的出现，提高土地的利用率，对相关的土地闲置问题进行了规定。

根据《闲置土地处置办法》(2012 年修订)的规定，闲置土地是指国有建设用地使用权人超过国有建设用地使用权有偿使用合同或者划拨决定书约定、规定的动工开发日期满 1 年未动工开发的国有建设用地。已动工开发但开发建设用地面积占应动工开发建设用地总面积不足 1/3 或者已投资额占总投资额不足 25%，中止开发建设满一年的国有建设用地，也可以认定为闲置土地。

因此，一旦项目地块被有关土地行政主管部门认定为闲置土地的，根据《闲置土地处置办法》(2012 年修订)第 14 条的规定，公司可能存在以下风险：

①未动工开发满 1 年的，由市、县国土资源主管部门报经本级人民政府批准后，向国有建设用地使用权人下达征缴土地闲置费决定书，按照土地出让或者划拨价款的 20% 征缴土地闲置费。土地闲置费不得列入生产成本。

②未动工开发满 2 年的，由市、县国土资源主管部门按照《土地管理法》(2019 年修正)第 37 条[①]和《城市房地产管理法》(2019 年修正)第 26 条的规定，报经有批准权的人民政府批准后，向国有建设用地使用权人下达收回国有建设用地使用权决定书，无偿收回国有建设用地使用权。闲置土地设有抵押权的，同时抄送相关土地抵押权人。

此外，国务院《关于促进节约集约用地的通知》(国务院 2008 年 1 月 3 日颁布并实施，国发〔2008〕3 号)有如下规定：

要将企业违法用地、闲置土地等信息纳入有关部门信用信息基础数据库。金融机构对房地产项目超过土地出让合同约定的动工开发日期满 1 年，完成土地开发面积不足 1/3 或投资不足 1/4 的企业，应审慎贷款和核准融资，从严控制展期贷款或滚动授信。

如发现相关情况，公司应尽快主动与当地土地行政管理部门沟通，确认当

---

① 第 37 条对应修订后的第 38 条。

地土地管理部门对项目地块闲置情况的态度。如果当地土地行政管理部门无意收回土地的，公司应争取当地土地行政管理部门出具不再收回土地即征收土地闲置费的书面确认，并应尽快依法开工建设。

7. 土地使用权的期限

对于取得日期较久的土地使用权证，特别是一些历史较为悠久的国有企业，可能存在土地使用权证过期的情形。如果公司的土地使用权证期限届满，应特别引起关注。

根据《土地管理法》(2019 年修正)的规定，土地出让等有偿使用合同约定的使用期限届满，土地使用者未申请续期或者申请续期未获批准的，由有关人民政府自然资源主管部门报经原批准用地的人民政府或者有批准权的人民政府批准，可以收回国有土地使用权。

根据《民法典》(中华人民共和国第十三届全国人民代表大会第三次会议于 2020 年 5 月 28 日通过，2021 年 1 月 1 日起施行)的规定，住宅建设用地使用权期限届满的，自动续期。非住宅建设用地使用权期限届满后的续期，依照法律规定办理。该土地上的房屋及其他不动产的归属，有约定的，按照约定；没有约定或者约定不明确的，依照法律、行政法规的规定办理。对于非住宅建设用地的续期问题，如果公司取得的土地权属证书已经过期，可能会面临被自然资源管理部门无偿收回的风险。

就此，为了尽量减少对公司的生产经营的影响，若公司决定继续使用该宗土地，可以和有关自然资源管理部门补签出让协议，缴纳土地出让价款；若公司决定新建厂房，则可另外选择一块土地，取得土地使用权。

8. 土地使用权的权利负担

因经营者的行为，土地使用权经常会背负如抵押权之类的权利负担，这种土地使用权在权利的行使和处置上受到法律和抵押权人等权利人的限制。

根据《民法典》的规定，我国对土地使用权的抵押采取登记生效主义，因此，我们关注公司土地使用权在设定权利负担时是否办理法定的抵押登记手续就尤为重要。是否办理抵押登记手续不仅直接影响抵押权是否设立，在债权人实现债权时，还影响债权人能否对土地使用权行使优先受偿权，更重要的是作为关注目标公司是否存在潜在法律纠纷的判断依据。

另外，土地使用权的权利负担影响地上建筑物、构筑物处置问题，土地使用权的流转限制登记问题和土地使用权作价入股的问题。

如果公司拟购买破产企业的资产，其中其划拨取得的土地使用权存在被当地有关政府部门无偿收回的风险，应将其排除在拟购买的标的之外，或者与当地政府部门沟通，补办一定的手续将其转变为非划拨用地。

（三）土地的租赁

以租赁方式取得土地使用权需要关注以下问题：

1. 出租方是否已合法取得了出租土地的使用权

如土地使用权系租赁得来，首先应确认出租方有权租赁。公司主要向两类主体通过租赁取得土地使用权，一类是向县级以上自然资源管理部门租赁取得，这类主体在资格上一般是没有问题的；另一类是向公司的控股股东及其下属单位租赁取得，这种情况需要注意控股股东及其下属单位是否具有出租土地使用权的权利。

2. 关于土地租赁期限的问题

1999 年 7 月 27 日国土资源部（已撤销）发布的《规范国有土地租赁若干意见》规定，国有土地租赁可以根据具体情况实行短期租赁和长期租赁。对短期使用或用于修建临时建筑物的土地，应实行短期租赁，短期租赁年限一般不超过 5 年；对需要进行地上建筑物、构筑物建设后长期使用的土地，应实行长期租赁，具体租赁期限由租赁合同约定，但最长租赁期限不得超过法律规定的同类用途土地出让最高年期。

根据《民法典》的规定，租赁合同的租赁期限不得超过 20 年。超过 20 年的，超过部分无效。租赁期间届满，当事人可以续订租赁合同，但约定的租赁期限自续订之日起不得超过 20 年。因此，超出 20 年的租赁期限部分是无效的，要注意公司租赁期限不得超过 20 年与该土地剩余使用年限中的较短者。

3. 租赁土地上的建筑物“房地分离”问题

我国通过《民法典》、《城镇国有土地使用权出让和转让暂行条例》（2020 年修订）、《城市房地产管理法》（2019 年修正）等相关规定确定了“房地一体”主义，即房地产转让、抵押时，房屋的所有权和该房屋占用范围内的土地使用权同时转让、抵押；土地使用权转让、抵押时，其地上建筑物、其他附着物所有权随之转让、抵押；转让、抵押建筑物的，该建筑物占用范围内的建设用地使用权一并转让、抵押。但是又通过《城镇国有土地使用权出让和转让暂行条例》（2020 年修订）约定了例外情形，即土地使用权和地上建筑物、其他附着物所有权分割转让的，应当经市、县人民政府土地管理部门和房产管理部门批准，并依照规定办理过户登记。

实践操作中如果在租赁的土地上拥有建筑物的所有权，房屋所有权证和土地使用权证的权利主体就会不一致，如果有一方处置权利，会影响到另一方的稳定经营，特别是土地使用权人处置权利时，如土地权利权人将土地使用权抵押、转让时会给租赁权人带来风险。因此如遇到此类问题，律师建议土地租赁期限在可约定20年的承租期期满后可再续租20年，使租赁土地的使用权相对稳定。另外，建议公司签订合同之前考察土地使用权出租主体是否设定了抵押，如果设定抵押建议通过符合法律规定的方式解除。

（四）土地使用权作价入股

根据《公司法》（2018年修正）的规定，股东可以用土地使用权作价出资。

在尽职调查过程中需注意股东土地使用权的取得是否有瑕疵，即股东必须是以出让、受让或授权经营的方式取得的土地使用权，才可以作价投入公司，划拨土地使用权是不能作为出资的。

另外需要注意股东作为出资的土地使用权是否设定权利负担，如果股东在该土地使用权上设定了抵押权等权利负担，则这种土地使用权将会在行使时受到法律的限制，而且因其可能受到抵押权人的追索而在财产价值上发生贬损，甚至完全失去投资价值。

（五）荒山、荒地、荒滩的利用

根据《土地管理法》（2019年修正）的规定，开发未确定使用权的国有荒山、荒地、荒滩从事种植业、林业、畜牧业、渔业生产的，经县级以上人民政府依法批准，可以确定给开发单位或者个人长期使用。

因此，对于未利用地，使用人并未取得土地使用权，只是可以在较长的时间内使用，不能在土地使用权上设定其他权利或转让，如果要取得土地使用权，仍应办理土地使用权出让手续。对荒山、荒地、荒滩的利用一般仅限种植业、林业、畜牧业、渔业，不能改做其他用途。

四、房产主要法律问题

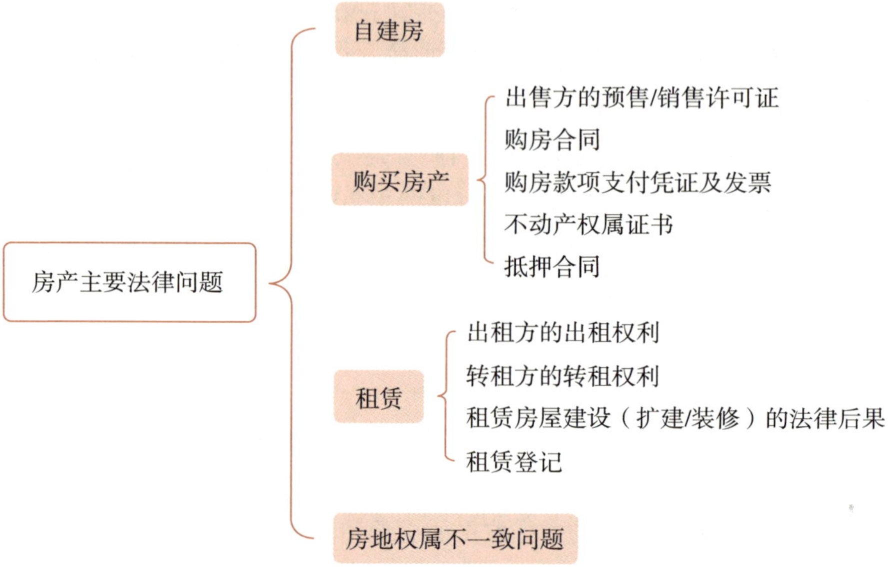

图 2－9－2　房产主要问题

（一）自建房

自建房通常为自建厂房或者在厂房区域为职工建职工宿舍，其用地性质一般为工业用地。

国土资源部（已撤销）《工业项目建设用地控制指标》（2008 年 1 月 31 日发布实施）规定，工业用地行政办公和生活服务设施的用地面积，不得超过总用地面积的 7%，同时严禁在工业项目用地范围内建造成套住宅、专家楼、宾馆、招待所和培训中心等非生产性配套设施。

因此，在查验工业用地上建设的配套服务设施时，应注意工业用地行政办公和生活服务设施的用地面积，不得超过总用地面积的 7%，且不能建造非生产性配套设施。

根据《民法典》第 217 条的规定，不动产权属证书是权利人享有该不动产物权的证明。不动产权属证书记载的事项，应当与不动产登记簿一致；记载不一致的，除有证据证明不动产登记簿确有错误外，以不动产登记簿为准。

因此，在尽职调查时应查验公司的不动产权属证书，若公司的自有房产尚未办理房屋权属证书，则公司对该等房产的权利尚未取得有关政府部门的确认，那么公司在将该等房产处置、抵押或者行使其他权利主张时，将面临法律障碍。公司应尽快就该等自有房产办理房屋权属登记并领取房屋权属证书。

另外，根据《城市房地产管理法》（2019 年修正）及《民法典》的规定，房地产抵押应当签订书面抵押合同并办理抵押登记，抵押权自登记时设立。一般而言，房产是否有他项权利可直接通过审查房屋权属证书进行验证。但由于登记可能存在偏差，在尽职调查过程中，律师除审核房屋权属证书以外，还应赴有关房地产登记部门查询复核房屋登记簿。如查到上述房产上设定有抵押权的，应要求公司提供主债权合同及抵押合同，以判断公司负债和他项权利的情况。

（二）购买房产

1. 出售方的预售/销售许可证

《城市商品房预售管理办法》（2004 年修正）规定了商品房预售制度，商品房预售是指房地产开发企业将正在建设中的房屋预先出售给承购人，由承购人支付定金或房价款的行为。商品房预售实行许可制度，商品房预售许可证是整个商品房外销法律程序的前提，只有房地产开发企业取得商品房预售许可证，才可将商品房公开销售。如房地产开发企业未取得商品房预售许可证进行商品房预售，则根据《城市商品房预售管理办法》（2004 年修正）及《城市房地产开发经营管理条例》（2020 年第二次修订）规定，违反规定，擅自预售商品房的，由县级以上人民政府房地产开发主管部门责令停止违法行为，没收违法所得，可以并处已收取的预付款 1% 以下的罚款。

根据最高人民法院《关于审理商品房买卖合同纠纷案件适用法律若干问题的解释》（2020 年修正）第 2 条的规定，出卖人未取得商品房预售许可证明，与买受人订立的商品房预售合同，应当认定无效，但是在起诉前取得商品房预售许可证明的，可以认定有效。因此，如目标公司为房地产开发企业，则需核查其在进行房屋预售前是否已取得商品房预售许可证，如未取得商品房预售许可证，而已进行商品房预售行为，则面临被责令停止预售行为，没收违法所得并处罚款的风险；如目标公司为商品房买受人，应核查其是否有签署商品房预售合同，如有，应进一步核查房地产开发企业是否持有商品房预售许可证，如无，则目标公司所签署的商品房预售合同可能被认定为无效，无法实现其取得该商品房的预期。

2. 购房合同

本文暂不特别描述目标公司为房地产开发企业的情形，如公司作为购房人，律师应审阅其与出售方签署的购房合同相关条款，且若相关房产系从房地产开发企业处购买，应同步审阅房地产开发企业提供的下述文件：

(1)国有土地使用证；

(2)建设用地规划许可证；

(3)建设工程规划许可证；

(4)建设工程施工许可证；

(5)商品房预(销)售许可证。

如目标公司拟购买二手房，在审阅房屋购买合同时，需要留意核查出售人的不动产权证书。

3. 购房款项支付凭证及发票

查验购房款项支付凭证及发票非常重要，如果买卖双方虽然签订了《房屋买卖合同》，但是买方没有按照合同约定及时支付房款，由于通常付款之时还未到过户的阶段，存在买方被认定构成根本违约并由卖方解除合同的风险。

根据《民法典》第511条的规定，对履行期限不明确的，债务人可以随时履行，债权人也可以随时要求债务人履行，但应当给对方必要的准备时间。

据此，如《房屋买卖合同》未约定购房款项支付时间，卖方可以随时主张买方给付房款；如果房屋没有过户，房屋没有交付给买方的情况下，经卖方几次索要，买方仍不支付房款而且是大部分房款的，有被认定为买方的行为构成根本违约的风险，届时卖方有权解除合同。

4. 不动产权属证书(不动产登记证明)

根据《民法典》第209条的规定，不动产物权的设立、变更、转让和消灭，经依法登记，发生效力；未经登记，不发生效力，但是法律另有规定的除外。

房屋权属证书是权利人享有房屋权利的证明文件。若出卖人不能提供权属证明，我们无法判断其权属是否存在瑕疵以及该等瑕疵是否足以影响转让协议的履行。

此外，房屋权属证书是办理房屋转让过户登记的法定条件，如无房屋权属证书，公司将无法办理被转让房产的过户登续，则就在该房产上行使处置、抵押权利或者主张其他合法权益存在法律障碍。

5. 抵押合同

如房产上设定有抵押权，应让公司提供主债权合同及抵押合同。根据《民法典》的规定，抵押期间，抵押人可以转让抵押财产。当事人另有约定的，按照其约定。抵押财产转让的，抵押权不受影响。抵押人转让抵押财产的，应当及时通知抵押权人。抵押权人能够证明抵押财产转让可能损害抵押权的，可以请求抵押人将转让所得的价款向抵押权人提前清偿债务或者提存。转让的价款超过债权数额的部分归抵押人所有，不足部分由债务人清偿。

因此，设有抵押权的房屋可以转让，但是当事人另有约定的，按照其约定，如目标公司拟收购已设置抵押的房产，需留意核查该房产的所有人与抵押权人签署的《抵押合同》对抵押房产转让是否作出特别约定。

（三）租赁

1. 出租方的出租权利（是否存在他项权利、是否为位于划拨土地上）

作为租赁合同有效的前提之一，即出租方拥有出租的权利，通常出租人为租赁房产的所有权人，但因下列原因也可能导致出租人出租权利的丧失。

（1）租赁房产上存在他项权利

根据《民法典》第 405 条的规定，抵押权设立前，抵押财产已经出租并转移占有的，原租赁关系不受该抵押权的影响。据此，公司可能会因已登记的在先抵押权人实现抵押权而无法继续使用所租赁房屋。

（2）租赁房产坐落于划拨土地上且租赁行为未经批准

根据《城市房地产管理法》（2019 年修正）第 56 条之规定，以营利为目的，房屋所有权人将以划拨方式取得使用权的国有土地上建成的房屋出租的，应当将租金中所含土地收益上缴国家。

根据《城镇国有土地使用权出让和转让暂行条例》（2020 年修正）第 44 条的规定："划拨土地使用权，除本条例第四十五条规定的情况外，不得转让、出租、抵押"；第 45 条规定："符合下列条件的，经市、县人民政府土地管理部门和房产管理部门批准，其划拨土地使用权和地上建筑物、其他附着物所有权可以转让、出租、抵押：（一）土地使用者为公司、企业、其他经济组织和个人；（二）领有国有土地使用证；（三）具有地上建筑物、其他附着物合法的产权证明；（四）依照本条例第二章的规定签订土地使用权出让合同，向当地市、县人民政府补交土地使用权出让金或者以转让、出租、抵押所获效益抵交土地使用权出让金。转让、出租、抵押前款划拨土地使用权的，分别依照本条例第三章、第四章和第五章的规定办理。"

因此，以划拨土地上的房产出租的，应当符合法定条件并取得当地市、县人民政府土地管理部门和房产管理部门批准，且应将租金中所含土地收益上缴国家。

2. 转租方转租权利

根据《民法典》第716条的规定，承租人经出租人同意，可以将租赁物转租给第三人。承租人转租的，承租人与出租人之间的租赁合同继续有效；第三人造成租赁物损失的，承租人应当赔偿损失。承租人未经出租人同意转租的，出租人可以解除合同。

根据《商品房屋租赁管理办法》第11条的规定，承租人转租房屋的，应当经出租人书面同意。承租人未经出租人书面同意转租的，出租人可以解除租赁合同，收回房屋并要求承租人赔偿损失。因此，如果转租人未征得房屋所有权人的同意而向公司进行转租，房屋所有权人有权解除租赁合同，公司可能因此丧失对租赁房产的使用权。因此，公司在承租前，应要求转租人就转租行为取得房屋所有权人的书面同意，或确认在转租人与房屋所有权人的租赁合同中已明确出租人有权转租。

3. 租赁房屋建设（扩建/装修）的法律后果

根据《民法典》第715条的规定，承租人经出租人同意，可以对租赁物进行改善或者增设他物。承租人未经出租人同意，对租赁物进行改善或者增设他物的，出租人可以请求承租人恢复原状或者赔偿损失。

根据最高人民法院《关于审理城镇房屋租赁合同纠纷案件具体应用法律若干问题的解释》（2020年修正）第7条、第11条和第12条的规定，如公司和出租人就租赁房屋的建设发生争议的，公司就租赁房产的装修扩建，以及其未形成附合的装饰装修物，出租人同意利用的，可折价归出租人所有；不同意利用的，可由公司拆除。因拆除造成房屋毁损的，公司应当恢复原状。已形成附合的装饰装修物，出租人同意利用的，可折价归出租人所有；不同意利用的，由公司和出租人各自按照导致合同无效的过错分担现值损失。

4. 租赁登记

根据《商品房屋租赁管理办法》（住房和城乡建设部于2010年12月1日颁布，2011年2月1日起施行，住房和城乡建设部令第6号）的规定，房屋租赁合同订立后30日内，房屋租赁当事人应当到租赁房屋所在地直辖市、市、县人民政府建设(房地产)主管部门办理房屋租赁登记备案。房屋租赁当事人可以书面委托他人办理房屋租赁登记备案。未按规定办理房屋租赁登记备案的,由直辖市、市、县人民政府建设(房地产)主管部门责令限期改正;个人逾期不改正的,处以1000元以下罚款;单位逾期不改正的,处以1000元以上10,000万元以下罚款。

由上述规定可知,公司未办理房屋租赁登记,可能存在被处以罚款的风险。建议公司尽快联系出租人就上述房屋租赁补办租赁登记手续。

(四)房地权属不一致问题

因为一些历史遗留原因,公司使用的土地及其地上建筑物权属不合一的情况时有发生。

参见前文关于租赁土地上的建筑物"房地分离"问题的法律分析。对于公司而言,房地不一致主要存在资产处置风险,公司在将有关房产进行出租、抵押、转让时,将需要取得土地使用权人的同意,因此公司不能自由处置该项资产。另外,在办理行政手续时,比如将有关房产改建,在办理有关房屋建设、规划、施工、验收登记等行政手续时,均需要土地使用权人的配合,由此可能面临实质性障碍。

如果要解决上述问题并降低风险,公司可与土地使用权人沟通协商,购买其持有的建设用地使用权,使得房屋权属和所在土地的权属一致。

五、重大动产主要法律问题

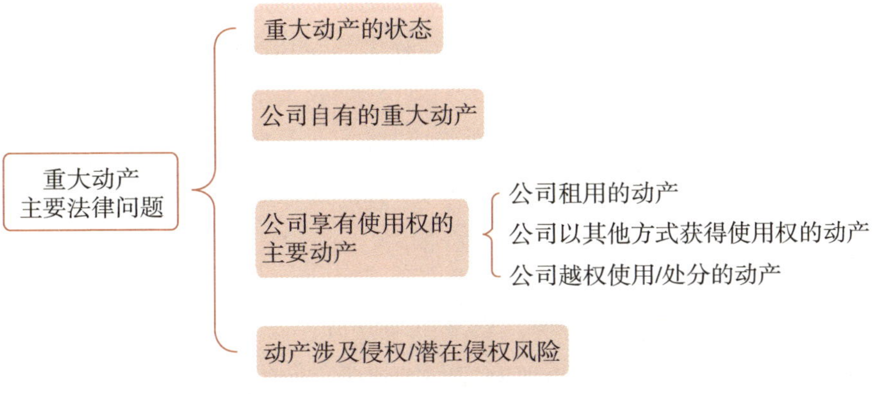

图2-9-3　重大动产主要法律问题

律师对于不动产的审查是全面的标准，对于动产的审查是以重大为标准，围绕对公司的经营而言存在重要意义和/或价值较高的动产，常见为车辆、机器设备等，从价值的角度，可以通过公司整理的固定资产清单中所列内容初步判断；对于互联网行业的轻资产公司而言，本部分涉及内容较少，其常见的重要动产为自有服务器或租赁服务器。

对于“重大”标准的判断，可以参考公司的业务类型，若其为技术领先的生产性企业，则通过业务介绍和初步访谈可以了解锁定到某些生产设备可能是核心的动产；从价值金额角度判断也比较常见，例如公司列出“单项资产占公司最近一期经审计的净资产值【10%】以上”、“单项资产占公司最近一期经审计的固定资产或无形资产净值【10%】以上”或“超过一定金额以上”（根据企业规模的情况，可能设定不同的门槛标准）的固定资产清单，律师再做进一步判断。

重大动产并无统一标准，需根据公司的规模及不同的情况而定，动产的重要性亦需结合双方的谈判和交易需求来定。进一步地结合上述情况，关于“重大”的标准，从质的角度来看，重大动产的把握要结合公司所在行业来看，在制造业等很多行业中，生产经营设备至关重要，应视为重大动产；而对于管理咨询类公司、软件开发公司等行业公司，生产经营设备相对不那么重要；在陆地运输、物流行业，车辆规模一般较大，应视为重大动产。从量的角度来看，需要关注动产在整个企业中的比重，比如，车辆的数量对于规模较大的企业，尤其资产数额特别大的企业，车辆数量和价值显得较少，则其不是重大动产。

另外，存货也是企业的动产，存货的核查很大程度上依赖于审计师的意见。对于律师来说，通常会参考会计师的意见。

根据《民法典》第115条的规定，物包括不动产和动产。法律规定权利作为物权客体的，依照其规定。

从律师的角度，尽调过程中可能面对的重点动产常见为公司主要经营生产设备、机动车，若为互联网行业的轻资产公司，常见的重要动产为服务器。

（一）重大动产的状态

重大动产的权属及负担

根据《民法典》第208条的规定，动产物权的设立和转让，应当依照法律规定交付。

律师需审查企业是否已经按照相关规定(包括但不限于:法律、法规、规章,交易文件,公司章程,股东会决议等公司内部决策文件)履行所有权交付、转移、登记手续,权属清晰且无任何法律瑕疵,对重大动产的所有权、使用权的权益没有因共有、抵押、质押、出租、托管、查封、扣押、冻结和其他强制措施等原因而受到限制。

开展尽调工作时,需查验重大动产所有权、使用权相关的所有文件中权利人等记载信息一致,涉及的相关文件包括但不限于:

(1)资产评估报告;

(2)最近一期经审计的财务报告;

(3)审计报告;

(4)资产清单;

(5)权属登记证;

(6)购买/租赁合同及付款凭证。

(二)公司自有的重大动产

根据《民法典》第240条的规定,所有权人对自己的动产,依法享有占有、使用、收益和处分的权利。依据《民法典》的规定,结合《公司法》等法律规定以及尽调实践,在查看公司提供的资料时,从以下角度和程序对其重大动产进行审查:

1. 公司未完全获得所有权

公司可能以股东投资、购买、受赠等方式获得动产所有权,但可能因为各种原因,存在公司实际上没有完全获得所有权或者虽然获得所有权但因为各种原因又丧失或可能丧失所有权的问题。但这些问题没有及时显示在其财务报表上,从而出现公司实际拥有所有权的动产和财务报表等文件列出的信息不一致。

这就需要我们在尽职调查的时候要求公司提供其他材料,核对是否有该等问题。以下是从公司获得动产的方式的角度来说明可能出现的问题:

(1)股东投资

①股东无权将该动产进行投资入股的情况如下:

第一,股东没有所有权,无权处分该动产;

第二,股东因其资格等受限,其投资行为违反法律规定;

第三，动产本身的属性决定其不能被投资入股到该公司。

②股东投资没有履行法定手续，动产所有权还未转移给公司的情况如下：

第一，股东以该动产投资入股需要经过行政审批程序但是没有履行该程序；

第二，股东以该动产投资入股还没有过户或交付给公司；

第三，股东的投资行为没有经过内部决策程序；

第四，投资后出现资产所有权被转移，过户或交付前资产被转移，公司没有实际获得所有权。

(2)公司购买

①全部或部分动产(如进口设备)未按规定履行审批/备案手续；

②公司贷款按揭购买的主要生产经营设备，还未还清贷款，尚未完全获得所有权；

③全部/部分动产(如生产经营设备)存在法定/约定交付后出卖人仍保留所有权的情形；

④交易文件/凭证存在以下问题：

第一，公司没有和所有权人签订有效交易文件；

第二，公司签订的交易文件存在法律问题，例如动产为共有财产，但未经共有人确认。

(3)公司受赠

①该动产不得进行赠与；

②该动产的赠与附义务，公司尚未完全履行义务；

③没有赠与合同或者文件；

④赠与行为没有经过所有权人认可(如未获共有权人同意、未经法人所有权人内部决策程序决议等)；

⑤需要进行批准或备案的，没有履行法定手续。

2. 公司自有的动产所有权不完整/行使受限制

公司虽然通过股东投资、购买、受赠等方式，合法、完全地获得动产，但是也可能在获得所有权后，因为交易或者投资、使用等原因，所有权不完整/行使受限制。

根据《民法典》第240条的规定，所有权人对自己的不动产或者动产，依法享有占有、使用、收益和处分的权利。

所以，我们将从公司所有权在占有、使用、收益和处分等方面受限制的角度来分析公司自有动产所有权不完整/行使受限制的情况。主要包括共有、附担保、被出租出借、融资租赁、被采取强制措施等。

而在所有权受限制的情况下，可能因为一系列的原因，该项限制本身也有瑕疵，可能给公司带来其他债务、负担或者纠纷等。这些也是在尽职调查中应当注意的问题。

(1)公司与他人共有动产

根据《民法典》第297条的规定，不动产或者动产可以由两个以上组织、个人共有。共有包括按份共有和共同共有。《民法典》第301条规定，处分共有的不动产或者动产以及对共有的不动产或者动产作重大修缮、变更性质或者用途的，应当经占份额2/3以上的按份共有人或者全体共同共有人同意，但是共有人之间另有约定的除外。公司与他人共有全部/部分动产，公司对其进行处置须获得共有人同意。

(2)公司自有的动产附担保

担保合同明确禁止公司在担保期限内处置/使用担保物，或贷款人、抵押权人、质押权人书面表示不同意公司处置/使用抵押物。这种情况下，公司自有的生产设备因为设置担保，其所有权包括使用、收益、处分权都受到限制。需要我们核实财务报表、工商档案等文件是否正确地显示了该信息。

(3)公司自有的动产被采取强制措施

公司的动产(如机动车)被采取查封、扣押等行政强制措施。

3. 公司自有的动产被出租

公司自有的动产被出租，可能影响公司处分、对其设置担保等权利。需要我们核实出租行为在哪些方面限制公司使用该动产，查明公司是否有违约处分的情况，并提示公司避免采取违反出租合同内容的行动。

同时，根据《民法典》第707条的规定，租赁期限6个月以上的，应当采用书面形式。当事人未采用书面形式，无法确定租赁期限的，视为不定期租赁。第712条规定，出租人应当履行租赁物的维修义务，但是当事人另有约定的除外。第722条规定，承租人无正当理由未支付或者迟延支付租金的，出租人可以请求承租人在合理期限内支付；承租人逾期不支付的，出租人可以解除合同的约定。因此动产被出租本身也可能有以下问题，需要我们核实并提示公司相关风险：

(1)无租赁协议;

(2)租赁协议对公司处置出租的动产有限制性的特别约定;

(3)出租的主要动产已毁损、灭失;

(4)公司未足额按期收缴租金;

(5)公司没有按租赁协议承担维修等义务;

(6)公司出租的动产可能因为承租人的原因被采取查封、扣押等强制措施。

(三)公司享有使用权的主要动产

公司经营过程中,可能会以租用等方式使用动产(如生产设备),尽调中要确保公司列入所有权清单的财产是公司完全享有所有权的,切勿将以租用、借用等方式获得的动产(只享有使用权但不享有所有权)误列为其所有物;注意不同的获取方式可能存在不同的风险点。随着现在融资方式多样化,各行业各公司获取动产的方式不同,有必要结合公司行业性质和规模,注意其是否采取新颖的方式获得生产设备,比如以融资租赁方式获得生产设备的,要注意核查其是否履行合同义务,交付货物、付款的节点等。下面就一般容易出现的问题作出分析。

1. 公司租用的动产

须核查公司是否欠缴出租方租金,公司是否以违反租用合同的方式使用,公司使用中造成事故可能引起的责任。

2. 公司以其他方式获得使用权的动产

(1)借用

①没有借用合同,公司可能会被主张归还、要求赔偿;

②动产受损,公司将承担赔偿责任;

③借用期即将届满,该动产须返还,可能影响公司的主营业务。

(2)作为担保权人

①担保是否已通过交付/登记而有效设立,公司可能因担保物权未设立而导致主债权无法实现;

②以禁止流通的财产或者不可转让的财产设定担保的,担保合同无效,公司可能无法实现所担保的主债权权益;

③公司使用担保物的方式违反合同或法律规定,有被主张赔偿之风险。

(3)融资租赁

根据公司采用的融资租赁不同业务类型，了解公司进行融资租赁的目的，了解租赁物状态和融资租赁关系中双方的权利义务情况，对下列内容进行核查：

①融资租赁合同应当采用书面形式，无书面合同，可能影响融资租赁关系的成立；

②注意核查融资租赁合同中关于租金缴纳、租赁期满后租赁物归属等问题的重要条款；

③公司作为承租人，需对租赁物妥善保管、使用，并履行占有租赁物期间的维修义务，如租赁物受损，公司将承担相应责任；

④融资租赁关系中，可能出现出租人授权承租人将租赁物抵押给出租人并在登记机关依法办理抵押权登记的情况，须注意核查。

3. 公司越权使用/处分的动产

(1)公司没有获得或者不完全享有所有权的动产被其设置担保、出租、出借。

(2)动产系公司租赁、借用、受托保管等，公司无权设置担保、出租、出借，但公司在该动产上设置担保、出租、出借。

(3)动产系公司租赁、借用、受托保管等，公司委托他人修理但没有履行付款等义务，可能承担被留置、处分的风险。

(四)动产涉及侵权/潜在侵权风险

公司拥有所有权或使用权的重大动产，可能因为其和商标、技术等知识产权有关，未获得相关许可，侵犯他人知识产权，正在被投诉、索赔、起诉等；或者公司通过出租、出借、担保等将动产授权他人使用或占有，他人因该动产受侵害，公司可能因此遭受索赔或被追究责任；或者公司拥有或使用的机动车没有办理保险或者办理的保险不符合相关法律法规的规定。

上述情况下，须提示公司尽快排查风险，解决争议或侵权纠纷，消除风险，并与对方协商签订补充协议，协议明确出现侵权事故时公司不承担责任，并要求对方保证其出售或出租等形式提供的货物来源合法、不侵犯第三人知识产权等权利，出现事故或侵权主张时，公司不承担责任，由对方承担责任。

并建议公司，以购买、受赠、承租、担保、借用等方式获得动产的所有权或使用权或实际占有动产时，要与出售方或交易对方明确权利义务关系，要求其保证动产不侵权、侵权时由对方承担责任，建议公司尽快建立长效跟踪机制，确保动产相关的合同完全履行，并定期更新动产信息确保其正常运行、无责任事故发生之风险、无侵权之风险。

六、知识产权主要法律问题

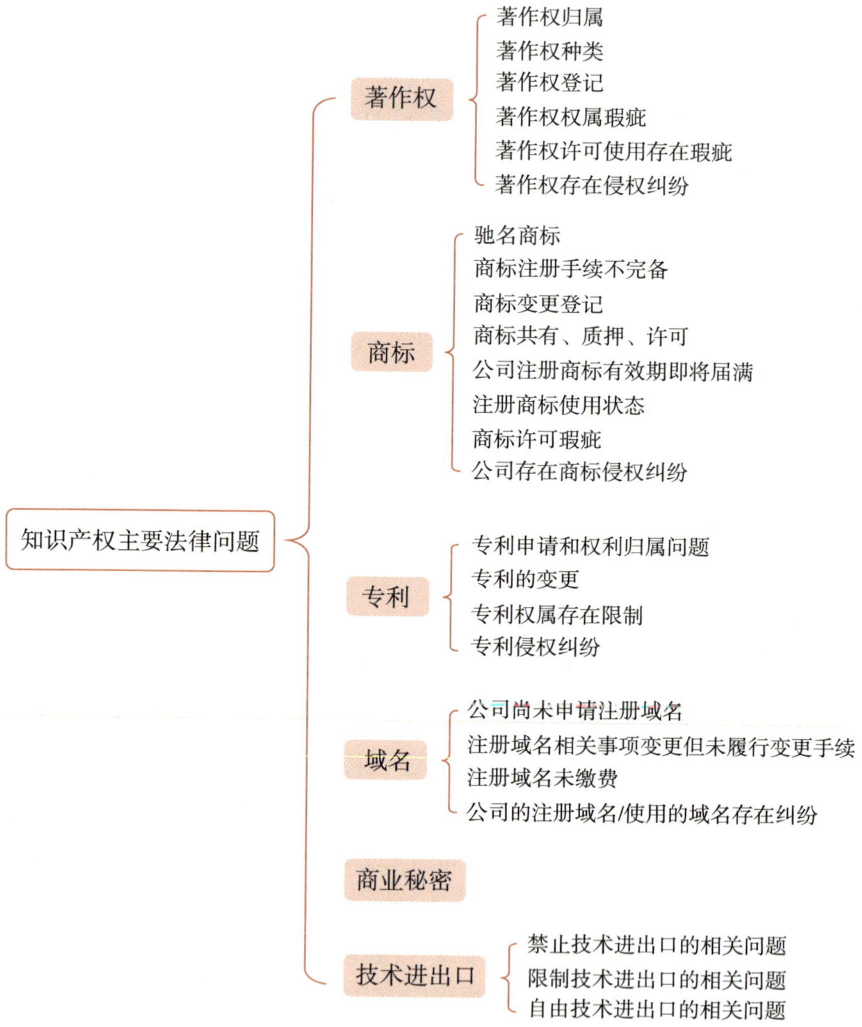

图 2－9－4　知识产权主要法律问题

(一)著作权

1. 著作权归属

根据《著作权法》[①]第 9 条及第 11 条、第 12 条的规定，著作权人包括作者及其他依照《著作权法》享有著作权的自然人、法人或者非法人组织；由法人或者非法人组织主持，代表法人或者非法人组织意志创作，并由法人或者非法人组织承担责任的作品，法人或者非法人组织视为作者；在作品上署名的自然人、法人或者非法人组织为作者，且该作品上存在相应权利，但有相反证明的除外。

根据《计算机软件保护条例》(2013 年修订)第 3 条及第 9 条的规定，软件著作权人是指依照条例的规定，对软件享有著作权的自然人、法人或者其他组织。除非有另外规定，软件著作权属于软件开发者，如无相反证明，在软件上署名的自然人、法人或者其他组织为开发者。

2. 著作权种类

根据《著作权法》第 10 条的规定，著作权包括人身权和财产权，人身权包括发表权、署名权、修改权和保护作品完整权，财产权包括复制权、发行权、出租权、展览权、表演权、放映权、广播权、信息网络传播权、摄制权、改编权、翻译权、汇编权及应当由著作权人享有的其他权利。

根据《计算机软件保护条例》(2013 年修订)第 8 条的规定，软件著作权包括发表权、署名权、修改权、复制权、发行权、出租权、信息网络传播权、翻译权及应当由软件著作权人享有的其他权利。

3. 著作权登记

著作权登记包括作品著作权登记、著作权质权登记、计算机软件著作权登记、计算机软件著作权质权登记。

4. 著作权权属瑕疵

(1)目标公司自创的作品/计算机软件未在中国版权保护中心或当地版权登记机构办理作品著作权/计算机软件著作权登记手续并取得登记证书

根据《作品自愿登记试行办法》第 2 条的规定，作品实行自愿登记。作品不论是否登记，作者或其他著作权人依法取得的著作权不受影响。

根据《计算机软件保护条例》(2013 年修订)第 7 条的规定，软件著作权人

---

① 本处及下文提及的《著作权法》指《著作权法》(2020 年修正)，施行日期为 2021 年 6 月 1 日。

可以向国务院著作权行政管理部门认定的软件登记机构办理登记。软件登记机构发放的登记证明文件是登记事项的初步证明。

办理作品著作权登记有助于维护作者或其他著作权人和作品使用者的合法权益,有助于解决因著作权归属造成的著作权纠纷,并为解决著作权纠纷提供初步证据;另外,因软件著作权登记证书是对登记事项的初步证明,办理软件著作权登记也可以帮助持有者在诉讼中起到减轻举证责任的作用。如果目标公司有自创的作品或计算机软件著作权,但是没有在中国版权保护中心或国务院著作权行政管理部门认定的软件登记机构进行登记、取得登记证书,那么该类作品可能面临作品上的著作权被侵权之风险或因著作权归属与其他方发生纠纷,以及在主张权利时面临额外增加的困难方面的问题。此时律师应建议公司尽快办理著作权登记并取得与权属登记簿上记载内容一致的登记证书,以降低著作权被侵权或因著作权归属发生纠纷的风险,更好地维护公司著作权。

(2)目标公司与合作开发者共有著作权但未与合作开发者签订书面合同确定权利归属

根据《计算机软件保护条例》(2013 年修订)第 10 条的规定,合作开发的软件,其著作权的归属由合作开发者签订书面合同约定。无书面合同或者合同未作明确约定,合作开发的软件可以分割使用的,开发者对各自开发的部分可以单独享有著作权;但是,行使著作权时,不得扩展到合作开发的软件整体的著作权。合作开发的软件不能分割使用的,其著作权由各合作开发者共同享有,通过协商一致行使;不能协商一致,又无正当理由的,任何一方不得阻止他方行使除转让权以外的其他权利,但是所得收益应当合理分配给所有合作开发者。

在尽职调查中,律师须明确以下事项:一是是否确实存在合作开发的情况。二是作品可否分割使用、公司和合作开发者的使用状况,包括是否使用、使用范围、是否有侵犯合作开发者的情况。三是不能分割使用的,是否与合作开发者就著作权的行使进行协商、协商成功与否;著作权行使事项协商不成功的,是否对方有合理理由拒绝公司行使权利。四是协商不一致情况下,公司行使权利是否给予其他合作开发者合理分配收益。

明确上述事项后,如目标公司的相关操作有不符合《计算机软件保护条例》(2013 年修订)第 10 条规定的,可以建议公司采取以下方式进行补救:①尽快和合作开发者明确约定权利归属、进行著作权登记;②若合作开发的软件可以分割使用,公司使用作品存在侵犯其他合作开发者权利情况的,马上停止使用,作出相应补偿;③不能明确约定权属的,又不能分割使用的,立即和所有的合作开发者协商使用和收益分配事项。

(3)公司委托他人创作的作品/开发的计算机软件,未与受托人签订书面合同约定著作权的,归属受托人

根据《著作权法》第19条的规定,受委托创作的作品,著作权的归属由委托人和受托人通过合同约定。合同未作明确约定或者没有订立合同的,著作权属于受托人。

根据《计算机软件保护条例》(2013年修订)第11条的规定,接受他人委托开发的软件,其著作权的归属由委托人与受托人签订书面合同约定;无书面合同或者合同未作明确约定的,其著作权由受托人享有。

根据最高人民法院《关于审理著作权民事纠纷案件适用法律若干问题的解释》(2020年修正)第12条的规定,按照《著作权法》第17条规定[①]委托作品著作权属于受托人的情形,委托人在约定的使用范围内享有使用作品的权利;双方没有约定使用作品范围的,委托人可以在委托创作的特定目的范围内免费使用该作品。

因此,目标公司委托他人创作的作品/开发的计算机软件,未与受托人签订书面合同明确约定著作权归属目标公司的,按照法律规定,应由受托人享有著作权。公司如果还在使用委托作品/软件且未约定使用作品范围的,律师应提示公司:①公司仅可在委托创作的特定目的范围内免费使用该作品;②如公司超出委托创作的特定目的范围使用该委托作品/软件,应立即停止使用,和受托人协商,以确定是否需对受托人进行补偿;③如果和受托人签订补充合同,可约定权属归公司所有,或者如果有使用必要,和受托人签订许可合同或转让合同,约定费用,并在补充合同中取得受托人对历史上未明确约定的情况下公司使用行为可能引发的全部侵权责任的豁免。

(4)公司未经合作者许可,将与他人合作创作的作品/开发的计算机软件作为自己单独完成的作品/计算机软件发表或者登记

根据《著作权法》第14条、第52条以及《计算机软件著作权登记办法》

---

① 最高人民法院《关于审理著作权民事纠纷案件适用法律若干问题的解释》(2020年修正)施行日期为2021年1月1日,待《著作权法》(2020年修正)于2021年6月1日正式施行后,此处对应的条款应为《著作权法》第19条。

(2002 年)第 8 条的规定,如果公司未经合作者许可,将与他人合作创作的作品/开发的计算机软件作为自己单独完成的作品/计算机软件发表或者登记,为避免公司因此与合作作者产生纠纷,律师建议公司和合作作者或其他著作权人协商确定权属,如果能获得其他著作权人认可或通过转让形式获取著作权,就不用更改登记。如果不能获得著作权,公司须立即协商补偿其他著作人损失,申请变更登记,追加其他著作权人为共同权利人。正在使用的,立即停止使用,获得其他著作权人认可后使用并协商给付收益。

(5)公司职务作品的著作权可能归属于创作人员/计算机软件开发人员

根据《著作权法》第 18 条的规定,自然人为完成法人或者非法人组织工作任务所创作的作品是职务作品,除本条第 2 款的规定以外,著作权由作者享有,但法人或者非法人组织有权在其业务范围内优先使用。作品完成 2 年内,未经单位同意,作者不得许可第三人以与单位使用的相同方式使用该作品。

有下列情形之一的职务作品,作者享有署名权,著作权的其他权利由法人或者非法人组织享有,法人或者非法人组织可以给予作者奖励:

①主要是利用法人或者非法人组织的物质技术条件创作,并由法人或者非法人组织承担责任的工程设计图、产品设计图、地图、示意图、计算机软件等职务作品;

②报社、期刊社、通讯社、广播电台、电视台的工作人员创作的职务作品;

③法律、行政法规规定或者合同约定著作权由法人或者非法人组织享有的职务作品。

在尽职调查过程中,经查阅公司的著作权相关信息,如公司存在作品或计算机软件的著作权由员工享有,需提醒公司留意其仅有权在其业务范围内优先使用。如公司需要使用该职务作品,建议公司尽快与职务作品作者签署转让协议,约定著作权归公司所有;或与职务作品作者签署授权使用协议,并约定未经公司同意,作者不得许可第三人使用该作品。如公司尚未制定职务作品开发及奖励相关制度的,则建议公司尽快完善该等制度,同时应将相关条款补充至公司劳动合同中。

(6)目标公司未与职务作品创作人员书面约定职务作品完成两年内,经目标公司同意后作者许可第三人以与目标公司使用的相同方式使用作品所获报酬的分配比例

根据《著作权法实施条例》(2013 年修订)第 12 条的规定,职务作品完成 2

年内,经单位同意,作者许可第三人以与单位使用的相同方式使用作品所获报酬,由作者和单位按约定比例分配。

如果公司没有和职务作品作者约定职务作品对外许可的报酬分配比例,可能导致公司与职务作品作者在收取报酬时产生争议,建议公司尽快与职务作品作者签署协议约定分配比例。

(7)著作权人和目标公司在著作权上设置著作权质押未获共有人同意

根据《著作权质权登记办法》第3条的规定,《著作权法》规定的著作权以及与著作权有关的权利中的财产权可以出质。以共有的著作权出质的,除另有约定外,应当取得全体共有人的同意。

如公司和著作权人签订著作权质押合同并办理合同登记,但作品还有其他共有人,登记时没有发现或者合同中也没有显示存在共有人。公司设置的著作权质押虽然已通过办理质押登记而设立,但共有人很可能会要求索赔。须提示公司立即保留相关证据以应对可能发生的索赔,证明公司对共有人存在的情况不知情,包括和著作权人就质押进行沟通的材料、签订的质押合同文本、著作权质权登记证书等;并尽快和著作权人及其他共有人协商补救措施,包括获得共有人书面认可、申请更改质押登记事项等,或要求著作权人采取其他形式进行担保。

5. 著作权许可使用存在瑕疵

(1)公司使用他人许可或转让的著作权但是没有签订书面许可合同

根据《著作权法》第26条、第27条、第29条的规定,除《著作权法》规定可以不经许可的除外,使用他人作品应当同著作权人订立许可使用合同,转让著作权的财产权利的,应当订立书面合同。许可使用合同和转让合同中著作权人未明确许可、转让的权利,未经著作权人同意,另一方当事人不得行使。

根据《计算机软件保护条例》(2013年修订)第18条、第19条、第20条和第21条的规定,许可他人行使软件著作权的,应当订立许可使用合同。许可他人专有行使软件著作权的,当事人应当订立书面合同并明确约定为专有许可。转让软件著作权的,当事人应当订立书面合同。订立许可他人专有行使软件著作权的许可合同,或者订立转让软件著作权合同,可以向国务院著作权行政管理部门认定的软件登记机构登记。

若尽调时发现相关情形,律师应予以提示,被许可使用他人作品或软件著作权的,应当签订书面合同,如果是专有许可,须明确约定许可使用的权利是专有许可。如订立专有行使软件著作权的许可合同,或转让软件著作权合同,可以建议公司将许可合同或转让合同申请登记。

(2)目标公司许可他人使用已经出质的著作权

根据《民法典》第444条、《著作权质权登记办法》第14条,著作权出质期间,未经质权人同意,出质人不得转让或者许可他人使用已经出质的权利。出质人转让或者许可他人使用出质的权利所得的价款,应当向质权人提前清偿债务或者提存。律师须查阅公司已出质的著作权的授权使用合同等相关文件,确认许可事项是否获得质权人同意,并核查质权人出具的肯定性回复的书面证明材料,最后,确认公司是否把收取的收益用于提前偿还债务或进行提存。

如公司存在未取得质权人同意,许可他人使用已经出质的著作权的情况,可以建议公司尽快与质权人沟通取得质权人同意,且公司建立可行机制保障所获收益提前偿还债务或提存,并保留相关证明材料;如质权人不同意该许可事项,可以建议公司尽快与被许可人协商解除许可合同并消除不利影响,对质权人进行补偿,并不得再采取任何方式许可他人使用。

(3)著作权人和目标公司签署著作权质押合同后,没有进行质权登记

根据《民法典》第444条的规定,以注册商标专用权、专利权、著作权等知识产权中的财产权出质的,质权自办理出质登记时设立。根据《著作权质权登记办法》第5条,著作权质权的设立、变更、转让和消灭,自记载于著作权质权登记簿时发生效力。

如公司已与著作权人即出质人签署著作权质押合同但并未办理质权登记,质押并未有效设置,公司尚不享有质押权,可能遭受损失。须提示公司尽快持有关文件办理质权登记或要求著作权人提供其他财产对债务进行担保。

6. 著作权存在侵权纠纷

如尽调过程中发现公司正在使用的著作权存在侵权行为,根据《著作权法》第51条、第52条、第53条,《计算机软件保护条例》(2013年修订)第23条、第24条,《著作权法实施条例》(2013年修订)第36条、第37条,《刑法》(2020年修正)第217条的规定,公司存在被要求承担停止侵害、消除影响、赔礼道歉、赔偿损失等民事责任的风险;若同时损害公共利益的,存在被主管著作权的部门责令停止侵权行为,予以警告,没收违法所得,没收、无害化销毁处理侵权复制品以及主要用于制作侵权复制品的材料、工具、设备等,处以罚款的风险;构成犯罪的,可能被依法追究刑事责任。

律师应留意核查公司提供的诉讼仲裁相关资料，并要求公司确认是否存在正在进行或潜在的著作权侵权纠纷，如有，可以建议公司停止侵权行为，以免产生进一步纠纷或损失扩大化。

（二）商标

从法律的角度来说，商标可以分为未注册商标和注册商标，为了更好地保护商标权利人利益，国家规定法定程序和条件，权利人申请注册商标，获得商标注册证后，其商标专用权受法律保护。国家还规定某些商品必须使用注册商标。未注册商标经过长期使用可以达到驰名商标的认定标准，法律给予其一定程度的保护。

1. 驰名商标

（1）当事人依照《商标法》（2019 年修正）第 13 条规定请求驰名商标保护的

根据《商标法》（2019 年修正）第 13 条，为相关公众所熟知的商标，持有人认为其权利受到侵害时，可以依照本法规定请求驰名商标保护。就相同或者类似商品申请注册的商标是复制、摹仿或者翻译他人未在中国注册的驰名商标，容易导致混淆的，不予注册并禁止使用。就不相同或者不相类似商品申请注册的商标是复制、摹仿或者翻译他人已经在中国注册的驰名商标，误导公众，致使该驰名商标注册人的利益可能受到损害的，不予注册并禁止使用。例如：（2020）京民终 520 号［天津华润豪景酒店（普通合伙）等与华润（集团）有限公司不正当竞争纠纷案］。根据《商标法》（2019 年修正）第 14 条，在商标注册审查、工商行政管理部门查处商标违法案件过程中，当事人依照本法第 13 条规定主张权利的，商标局根据审查、处理案件的需要，可以对商标驰名情况作出认定。在商标争议处理过程中，当事人依照本法第 13 条规定主张权利的，商标评审委员会根据处理案件的需要，可以对商标驰名情况作出认定。在商标民事、行政案件审理过程中，当事人依照本法第 13 条规定主张权利的，最高人民法院指定的人民法院根据审理案件的需要，可以对商标驰名情况作出认定。

根据最高人民法院《关于审理涉及驰名商标保护的民事纠纷案件应用法律若干问题的解释》（2020 年修正）第 2 条，以违反《商标法》（2019 年修正）第 13 条的规定为由，提起的侵犯商标权诉讼；以企业名称与其驰名商标相同或者近似为由，提起的侵犯商标权或者不正当竞争诉讼；或符合本解释第 6 条规定的抗辩或者反诉的诉讼的，当事人以商标驰名作为事实根据，人民法院根据案件具体情况,认为确有必要的,对所涉商标是否驰名作出认定。

如公司可以通过驰名商标认定达到对商标的保护,可以建议公司根据相关规定,向相应的主管机关提出驰名商标认定请求,另也需提示公司保留申请驰名商标认定的证据材料,并尽快申请认定。

如公司申请注册的商标与他人的驰名商标相同或相似,或者是复制、摹仿、翻译驰名商标的,公司的商标注册申请存在被驳回且禁止使用该商标的风险。可以建议公司尽快撤回该商标申请,调整拟申请注册的商标,并重新申请商标注册。

(2)驰名商标可能受侵犯的情况和救济方法

根据《商标法》(2019 年修正)第 58 条的规定,将他人注册商标、未注册的驰名商标作为企业名称中的字号使用,误导公众,构成不正当竞争行为的,依照《反不正当竞争法》(2019 年修正)处理。根据最高人民法院《关于审理涉及驰名商标保护的民事纠纷案件应用法律若干问题的解释》(2020 年修正,2021 年 1 月 1 日施行)第 2 条、第 10 条,原告请求禁止被告在不相类似商品上使用与原告驰名的注册商标相同或者近似的商标或者企业名称的,人民法院应当根据案件具体情况,综合考虑以下因素后作出裁判:其一,该驰名商标的显著程度;其二,该驰名商标在使用被诉商标或者企业名称的商品的相关公众中的知晓程度;其三,使用驰名商标的商品与使用被诉商标或者企业名称的商品之间的关联程度;其四,其他相关因素。

如公司认为他人将其驰名商标作为企业名称登记,可以根据上述相关规定向法院提起诉讼,以保护公司的驰名商标。

如公司将他人驰名商标作为企业名称进行登记,可能构成侵犯驰名商标的行为,有构成不正当竞争行为的风险,为避免公司因此承担相应的法律责任,可以建议公司尽快变更企业名称,停止侵犯他人驰名商标的行为。

2. 商标注册手续不完备

(1)自有商标未申请或完成注册

根据《商标法》(2019 年修正)第 4 条的相关规定,自然人、法人或者其他组织在生产经营活动中对其生产、制造、加工、拣选或者经销的商品/服务项目,需要取得商标专用权的,应当向商标局申请商标注册。

律师需核查公司在生产经营过程中使用的标识是否均已申请或已完成商标注册。如公司正在使用的标识未完成商标注册,则公司存在无法依据《商标法》享有该商标专有权的风险，公司商标存在侵权或被他人侵权的风险，进而可能导致公司业务受到影响的风险。律师可以建议公司尽快安排申请该等商标注册。

（2）商标转让/移转问题

根据《商标法》（2019年修正）第42条转让注册商标的，转让人和受让人应当签订转让协议，并共同向商标局提出申请。受让人应当保证使用该注册商标的商品质量。转让注册商标的，商标注册人对其在同一种商品上注册的近似的商标，或者在类似商品上注册的相同或者近似的商标，应当一并转让。转让注册商标经核准后，予以公告。受让人自公告之日起享有商标专用权。

根据《商标法实施条例》（2014年修订）第32条的规定，注册商标专用权因转让以外的继承等其他事由发生移转的，接受该注册商标专用权的当事人应当凭有关证明文件或者法律文书到商标局办理注册商标专用权移转手续。注册商标专用权移转的，注册商标专用权人在同一种或者类似商品上注册的相同或者近似的商标，应当一并移转；未一并移转的，由商标局通知其限期改正；期满未改正的，视为放弃该移转注册商标的申请，商标局应当书面通知申请人。商标移转申请经核准的，予以公告。接受该注册商标专用权移转的当事人自公告之日起享有商标专用权。

需留意核查公司受让的商标是否已申请或完成商标转让/移转登记，如尚未申请，建议公司要求转让方或移转方尽快配合办理相关登记手续，否则公司面临未取得注册商标专有权，无法依据《商标法》享受注册商标专有权保护的风险。另需核查是否按上述要求已受让相同或近似的商标，如该等相同或近似商标尚未转让或移转，建议公司尽快与转让方或移转方签署补充协议，明确该等商标的转让或移转，并相应办理登记手续。

3. 商标变更登记

根据《商标法》（2019年修正）第41条及第44条的规定，注册商标需要变更注册人的名义、地址或者其他注册事项的，应当提出变更申请，商标注册人在使用注册商标的过程中，自行改变注册商标、注册人名义、地址或者其他注册事项的，由地方工商行政管理部门责令限期改正；期满不改正的，由商标局撤销其注册商标。

律师需留意核查公司的相关信息与商标注册证的信息是否一致，如公司已变更注册商标的相关事项，而商标注册证的信息尚未变更，存在公司被责令改正甚至被撤销注册证书的风险；律师可以建议公司尽快提起变更申请。

4. 商标共有、质押、许可

(1)公司自有商标为和他方的共有商标

根据《商标法》(2019年修正)第5条的规定，两个以上的自然人、法人或者其他组织可以共同向商标局申请注册同一商标，共同享有和行使该商标专用权。

根据《注册商标专用权质押登记程序规定》(2020年5月1日生效)第3条的规定，办理注册商标专用权质权登记时，共有商标办理质权登记的，除全体共有人另有约定的以外，应当取得其他共有人的同意。

因此，共有商标转让、质押、许可都需要所有共有人同意并办理登记或备案手续。

(2)公司转让或许可他人使用被设置有效质押的商标

根据《民法典》第444条的规定，商标被设置有效质押的，出质人不得转让或者许可他人使用，但经出质人与质权人协商同意的除外。

因此，公司如拟转让或许可他人使用公司已设置质押的商标，则公司需取得质权人的同意。

(3)公司经许可使用他人注册商标的，没有在使用该注册商标的商品上标明被许可人的名称和商品产地

根据《商标法》(2019年修正)第43条的规定，商标注册人可以通过签订商标使用许可合同，许可他人使用其注册商标。许可人应当监督被许可人使用其注册商标的商品质量。被许可人应当保证使用该注册商标的商品质量。经许可使用他人注册商标的，必须在使用该注册商标的商品上标明被许可人的名称和商品产地。

因此，如公司正在使用的商标为他人许可使用的商标，公司应在注册商标的商品上标明被许可人的名称和商品产地，若构成商标专用权侵权，公司存在的责任风险参见下文。

5. 公司注册商标有效期即将届满

根据《商标法》(2019年修正)第39条、第40条、第50条的规定，公司拥有的注册商标自核准注册之日起有效期为10年，如公司距离期满前12个月内或者已经期满在6个月宽展期内但没有申请续展注册的，公司注册商标有被注销且1年内与该商标相同或者近似的商标注册申请不予核准，进而公司无法享有

商标专有权的风险。律师需留意核查公司商标注册证的期限,如已接近有效期满时间,可以建议公司尽快办理续展手续。

6. 注册商标使用状态

(1)公司的注册商标自核准之日起连续3年停止使用

根据《商标法》(2019年修正)第49条的规定,注册商标成为商标注册人核定使用的商品的通用名称或者没有正当理由连续3年不使用的,任何单位或者个人可以向商标局申请撤销该注册商标。商标局应当自收到申请之日起9个月内做出决定。有特殊情况需要延长的,经国务院工商行政管理部门批准,可以延长3个月。

如公司注册商标自核准之日起连续3年停止使用,存在被其他人向商标局申请撤销的风险。

律师需审阅注册证书,明确核准日期;调取公司使用该注册商标的证明文件(公司使用注册商标的商品生产记录、收货单、商标许可合同、许可备案文件等),并建议公司留意在其商标核准后的3年内开始使用注册商标并留存相关证明文件。

(2)公司超越核准注册的商标或核定使用的商品范围以外使用注册商标

根据《商标法》(2019年修正)第23条的规定,注册商标需要在核定使用范围之外的商品上取得商标专用权的,应当另行提出注册申请。

律师应要求公司说明其商标所使用的范围,并核对商标注册证书的核定范围,如有超出核定使用范围使用商标的情况,可以建议公司尽快另行提出商标注册申请,以使公司获得在该等范围内享有商标专用权的权利。

(3)公司的商标注册证遗失或者破损

根据《商标法实施条例》(2014年修订)第64条的规定,商标注册证遗失或者破损的,应当向商标局提交补发商标注册证申请书。商标注册证遗失的,应当在《商标公告》上刊登遗失声明。破损的商标注册证,应当在提交补发申请时交回商标局。律师需留意核查公司对其注册商标均已提供了商标注册证,如公司有商标注册证遗失的情况,建议公司尽快按照上述要求提交补发商标注册证的申请,以避免公司在使用或对外许可、转让该商标时遇到法律障碍。

7. 商标许可瑕疵

根据《商标法》(2019年修正)第43条的规定,许可他人使用其注册商标的,许可人应当将其商标使用许可报商标局备案,由商标局公告。商标使用许可未经备案不得对抗善意第三人。

根据《商标法实施条例》(2014 年修订)第 69 条的规定,许可他人使用其注册商标的,许可人应当在许可合同有效期内向商标局备案并报送备案材料。备案材料应当说明注册商标使用许可人、被许可人、许可期限、许可使用的商品或者服务范围等事项。

如公司使用他人的注册商标,许可人未就该商标许可事项报商标局备案,则该商标许可无法对抗善意第三人,存在许可人向第三方转让商标或许可第三方使用该商标的风险,从而影响公司对商标的正常使用,可以建议公司要求许可人尽快完成商标许可备案。

8. 公司存在商标侵权纠纷

根据《商标法》(2019 年修正)第 57 条及第 58 条的规定,有下列行为之一的,属侵犯注册商标专用权的侵权行为或构成不正当竞争行为:

(1)公司未经商标注册人许可,在同一种商品上使用与其注册商标相同的商标的;

(2)未经商标注册人的许可,在同一种商品上使用与其注册商标近似的商标,或者在类似商品上使用与其注册商标相同或者近似的商标,容易导致混淆的;

(3)销售侵犯注册商标专用权的商品的;

(4)伪造、擅自制造他人注册商标标识或者销售伪造、擅自制造的注册商标标识的;

(5)未经商标注册人同意,更换其注册商标并将该更换商标的商品又投入市场的;

(6)故意为侵犯他人商标专用权行为提供便利条件,帮助他人实施侵犯商标专用权行为的;

(7)给他人的注册商标专用权造成其他损害的;

(8)公司使用的企业名称中的字号侵犯驰名商标或他人注册商标,误导公众,构成不正当竞争行为的。

根据《商标法》(2019 年修正)第 60 条的规定,有本法第 57 条所列侵犯注册商标专用权行为之一,引起纠纷的,由当事人协商解决;不愿协商或者协商不成的,商标注册人或者利害关系人可以向人民法院起诉,也可以请求工商行政管理部门处理。

市场监督管理部门处理时,认定侵权行为成立的,责令立即停止侵权行为,没收、销毁侵权商品和主要用于制造侵权商品、伪造注册商标标识的工具，违法经营额5万元以上的，可以处违法经营额5倍以下的罚款，没有违法经营额或者违法经营额不足5万元的，可以处25万元以下的罚款。对5年内实施两次以上商标侵权行为或者有其他严重情节的，应当从重处罚。销售不知道是侵犯注册商标专用权的商品，能证明该商品是自己合法取得并说明提供者的，由工商行政管理部门责令停止销售。

对侵犯商标专用权的赔偿数额的争议，当事人可以请求进行处理的工商行政管理部门调解，也可以依照《民事诉讼法》（2021年修正）向人民法院起诉。经工商行政管理部门调解，当事人未达成协议或者调解书生效后不履行的，当事人可以依照《民事诉讼法》（2021年修正）向人民法院起诉。

根据《商标法》（2019年修正）第67条的规定，未经商标注册人许可，在同一种商品上使用与其注册商标相同的商标，构成犯罪的，除赔偿被侵权人的损失外，依法追究刑事责任。

伪造、擅自制造他人注册商标标识或者销售伪造、擅自制造的注册商标标识，构成犯罪的，除赔偿被侵权人的损失外，依法追究刑事责任。

销售明知是假冒注册商标的商品，构成犯罪的，除赔偿被侵权人的损失外，依法追究刑事责任。

根据《刑法》（2020年修正）第213条的规定，未经注册商标所有人许可，在同一种商品、服务上使用与其注册商标相同的商标，情节严重的，处3年以下有期徒刑，并处或者单处罚金；情节特别严重的，处3年以上10年以下有期徒刑，并处罚金。

根据《刑法》（2020年修正）第214条的规定，销售明知是假冒注册商标的商品，违法所得数额较大或者有其他严重情节的，处3年以下有期徒刑，并处或者单处罚金；违法所得数额巨大或者有其他特别严重情节的，处3年以上10年以下有期徒刑，并处罚金。

根据《刑法》（2020年修正）第215条的规定，伪造、擅自制造他人注册商标标识或者销售伪造、擅自制造的注册商标标识，情节严重的，处3年以下有期徒刑，并处或者单处罚金；情节特别严重的，处3年以上10年以下有期徒刑，并处罚金。

如公司存在上述商标侵权行为，则公司存在被侵权人要求其承担相应的民事、行政及刑事责任的风险。建议公司安排尽快停止侵权行为，变更公司正在使用的商标,或通过与商标权人签署许可合同达到合法使用的目的。

(三)专利

1. 专利申请和权利归属问题

(1)公司的专有技术尚未申请专利权。

根据《专利法》(2020 年修正)[①]第 11 条的规定,发明和实用新型专利权被授予后,除本法另有规定的以外,任何单位或者个人未经专利权人许可,都不得实施其专利,即不得为生产经营目的制造、使用、许诺销售、销售、进口其专利产品,或者使用其专利方法以及使用、许诺销售、销售、进口依照该专利方法直接获得的产品。外观设计专利权被授予后,任何单位或者个人未经专利权人许可,都不得实施其专利,即不得为生产经营目的制造、许诺销售、销售、进口其外观设计专利产品。

如公司的专有技术尚未申请专利权,存在公司无法依据《专利法》(2020 年修正)对其专有技术进行保护或维权的风险。律师可以建议公司尽快建立并完善专有技术保密制度;或尽快完成专利权申请。

(2)公司使用的专有技术正在办理发明专利权申请手续,尚未申请实质审查、未取得专利权证书,或公司申请发明专利请求实质审查,但没有提交在申请日前与其发明有关的资料。

根据《专利法》(2020 年修正)第 35 条及第 36 条的规定,发明专利申请自申请日起 3 年内,国务院专利行政部门可以根据申请人随时提出的请求,对其申请进行实质审查;申请人无正当理由逾期不请求实质审查的,该申请即被视为撤回。发明专利的申请人请求实质审查的时候,应当提交在申请日前与其发明有关的参考资料。发明专利已经在外国提出过申请的,国务院专利行政部门可以要求申请人在指定期限内提交该国为审查其申请进行检索的资料或者审查结果的资料;无正当理由逾期不提交的,该申请即被视为撤回。

在尽职调查中,律师应留意核查如公司的专有技术已提交发明专利申请,但尚未申请实质审查的情形,如存在,律师可以建议公司尽快申请国务院专利行政部门对其发明专利申请进行实质审查;申请实质审查时,按要求在指定期限内提交相关资料或者审查结果的资料。否则公司面临申请被撤回,而无法依

---

① 《专利法》(2020 年修正)于 2021 年 6 月 1 日起实施。

据《专利法》(2020 年修正)对其专有技术进行保护或维权的风险。

(3)公司要求专利优先权的,但公司未同时提出书面声明,未按要求提交第一次提出的专利申请文件的副本,或未按要求缴纳或者未缴足优先权要求费。

根据《专利法》(2020 年修正)第 30 条的规定,申请人要求优先权的,应当在申请的时候提出书面声明,并且在第一次提出申请之日起 16 个月内,提交第一次提出的专利申请文件的副本;未提出书面声明或者逾期未提交专利申请文件副本的,视为未要求优先权。

根据《专利法实施细则》(2010 年修订)第 95 条的规定,申请人要求优先权的,应当在缴纳申请费的同时缴纳优先权要求费;期满未缴纳或者未缴足的,视为未要求优先权。

在尽职调查过程中应留意核查公司是否存在要求优先权的情形,如存在,则建议公司按上述要求履行相应的申请手续,否则存在公司视为未要求优先权,无法依据优先权保护其专有技术的风险。

(4)专利局对发明专利申请进行实质审查后,要求公司在指定的期限内陈述意见,或者对其申请进行修改;公司无正当理由逾期不答复。

根据《专利法》(2020 年修正)第 37 条的规定,国务院专利行政部门对发明专利申请进行实质审查后,认为不符合本法规定的,应当通知申请人,要求其在指定的期限内陈述意见,或者对其申请进行修改;无正当理由逾期不答复的,该申请即被视为撤回。

在尽调过程中,律师应留意核查公司是否存在被要求在指定的期限内陈述意见,或者对其申请进行修改的情形,如存在该等情形,律师建议公司尽快进行修改并按期答复,否则公司面临专利申请被视为撤回,无法完成专利申请并依据《专利法》(2020 年修正)对其专有技术进行保护或维权的风险。律师可以建议公司根据实际情况按照专利行政部门的要求进行修改及答复工作。

(5)公司被授予专利但未与发明人、设计人约定也未在其依法制定的规章制度中规定奖励的方式和数额,亦没有依法向发明人或者设计人支付奖金或报酬。

根据《专利法》(2020 年修正)第 15 条的规定,被授予专利权的单位应当对职务发明创造的发明人或者设计人给予奖励;发明创造专利实施后,根据其推广应用的范围和取得的经济效益,对发明人或者设计人给予合理的报酬。

根据《专利法实施细则》(2010 年修订)第 77 条及第 78 条的规定,被授予专利权的单位未与发明人、设计人约定也未在其依法制定的规章制度中规定

《专利法》第 16 条规定的奖励的方式和数额的，应当自专利权公告之日起 3 个月内发给发明人或者设计人奖金。一项发明专利的奖金最低不少于 3000 元；一项实用新型专利或者外观设计专利的奖金最低不少于 1000 元。由于发明人或者设计人的建议被其所属单位采纳而完成的发明创造，被授予专利权的单位应当从优发给奖金。在专利权有效期限内，实施发明创造专利后，每年应当从实施该项发明或者实用新型专利的营业利润中提取不低于 2% 或者从实施该项外观设计专利的营业利润中提取不低于 0.2%，作为报酬给予发明人或者设计人，或者参照上述比例，给予发明人或者设计人一次性报酬；被授予专利权的单位许可其他单位或者个人实施其专利的，应当从收取的使用费中提取不低于 10%，作为报酬给予发明人或者设计人。

如公司未按照上述规定向职务发明创造的发明人、设计人进行奖励或支付法定报酬，则存在因此与该发明创造的发明人、设计人产生纠纷的风险，亦可能进一步影响公司后续的职务发明创造。律师可以建议：公司尽快与发明人、设计人签订合同明确约定发明创造的奖励、报酬的方式和数额，并向发明人、设计人支付相关奖励和报酬；公司尽快制定合理的关于发明创造奖励及报酬的内部规章制度。

2. 专利的变更

（1）公司受让专利申请权或者专利权的，没有订立书面合同或者合同有瑕疵，或订立的书面合同未向专利局登记并由专利局予以公告

根据《专利法》（2020 年修正）第 10 条的规定，转让专利申请权或者专利权的，当事人应当订立书面合同，并向国务院专利行政部门登记，由国务院专利行政部门予以公告。专利申请权或者专利权的转让自登记之日起生效。

如公司受让专利申请权或者专利权但未签订书面合同或未办理登记公告，公司存在因转让未生效而使其相关权益无法得到法律保护的风险。律师可以建议公司尽快签署书面合同并办理登记公告手续。

（2）专利权人的名称、地址发生变更，尚未办理变更登记手续

根据《专利法实施细则》（2010 年修订）第 99 条及第 119 条的规定，请求变更发明人姓名、专利申请人和专利权人的姓名或者名称、国籍和地址、专利代理机构的名称、地址和代理人姓名的，应当向国务院专利行政部门办理著录事项变更手续，并附具变更理由的证明材料；著录事项变更费、专利权评价报告请求费、无效宣告请求费应当自提出请求之日起 1 个月内缴纳；期满未缴纳或者未缴足的，视为未提出请求。

如公司名称、地址发生变更但尚未办理变更登记，可能对公司行使专利权产生不利影响。律师可以建议：公司尽快办理专利人名称、地址变更登记，并及时缴纳著录事项变更费。

3. 专利权属存在限制（共有、质押、许可）

（1）公司的专利为公司与他人的共有专利，没有约定权利的行使

根据《专利法》（2020 年修正）第 8 条及第 14 条的规定，两个以上单位或者个人合作完成的发明创造、一个单位或者个人接受其他单位或者个人委托所完成的发明创造，除另有协议的以外，申请专利的权利属于完成或者共同完成的单位或者个人；申请被批准后，申请的单位或者个人为专利权人。专利申请权或者专利权的共有人对权利的行使有约定的，从其约定。没有约定的，共有人可以单独实施或者以普通许可方式许可他人实施该专利；许可他人实施该专利的，收取的使用费应当在共有人之间分配。除前款规定的情形外，行使共有的专利申请权或者专利权应当取得全体共有人的同意。根据《专利权质押登记办法》第 4 条的规定，以共有的专利权出质的，除全体共有人另有约定的以外，应当取得其他共有人的同意。

如无另行约定，对于公司与其他方合作完成的发明创造，公司就该发明创造与他人共有专利，公司无权单独申请专利、无权单独向他人授予独占许可或排他许可，且无权单独对共有专利进行质押、转让等处分。律师可以建议：公司尽快与共有人签订协议明确约定专利权利的归属；或签订协议明确约定共有人对权利的行使及使用费的分配等问题。

如公司拟受让或接受独占/排他许可一项专利，需留意核查该专利是否有其他共有人；如有，建议公司要求转让方或许可方提供其他共有人同意该等转让或许可的证明文件，如未能提供，则建议公司暂停签署或履行相应的专利转让或许可合同，如已签署，则要求解除合同。

（2）公司转让或者许可他人使用已经被设置有效质押的专利

根据《民法典》第 444 条的规定，专利权被设置有效质押的，出质人不得转让或者许可他人使用，但经出质人与质权人协商同意的除外。根据《专利权质押登记办法》第 16 条的规定，专利权质押期间，出质人未提交质权人同意转让或者许可实施该专利权的证明材料的，国家知识产权局不予办理专利权转让登记手续或者专利实施合同备案手续。出质人转让或者许可他人实施出质的专利权的，出质人所得的转让费、许可费应当向质权人提前清偿债务或者提存。

如公司已将某项专利设置质押，拟将该专利转让或对外许可，则在未经质权人同意的情况下，存在无法办理专利权转让登记手续或者专利实施合同备案手续的风险。律师可以建议：公司尽快与质权人协商并签订补充协议，约定同意公司将已出质的专利转让或者许可他人使用。

如公司拟签署专利转让合同或转让许可合同，拟受让或接受许可使用其他方的专利，应留意核查该专利是否已设置权利质押，如已设置质押，则要求转让或许可方提供质权人同意转让或许可的证明文件，如未能提供，则暂停签署转让或者许可合同，如已签署，则要求解除合同。

(3)公司作为专利质权人但该专利尚未办理出质登记

根据《专利权质押登记办法》第12条的规定，专利权质押登记申请经审查合格的，国家知识产权局在专利登记簿上予以登记，并向当事人发送专利权质押登记通知书。质权自国家知识产权局登记时设立。

如公司为质权人，在签署专利质押登记合同后尚未办理质押登记的，则该质权尚未设立，存在无法有效行使质权的风险。律师可以建议公司尽快要求出质人配合办理质押登记。

(4)公司未按照规定缴纳年费

根据《专利法》(2020年修正)第43条及第44条的规定，专利权人应当自被授予专利权的当年开始缴纳年费。没有按照规定缴纳年费的，专利权在期限届满前终止。

如公司未按照规定缴纳年费，存在专利权在期满前终止的风险。建议公司按期缴纳年费，避免因未按期缴纳年费而导致专利权终止，进而导致公司无法依据《专利法》(2020年修正)对该专利进行保护。

(5)公司被许可使用他人专利但未办理备案手续

根据《专利实施许可合同备案办法》第5条及第14条的规定，专利权人与他人订立的专利实施许可合同，应当自合同生效之日起3个月内向国务院专利行政部门备案。专利实施许可合同备案后变更、注销以及撤销的，国家知识产权局予以相应登记和公告。

如公司被许可使用他人专利但未办理备案或变更、注销、撤销备案的，可能对公司保护专利权及进行专利许可存在不利影响。律师可以建议公司尽快完成备案。

4. 专利侵权纠纷

(1)公司专利权的保护范围

根据《专利法》(2020 年修正)第 64 条的规定,发明或者实用新型专利权的保护范围以其权利要求的内容为准,说明书及附图可以用于解释权利要求的内容。外观设计专利权的保护范围以表示在图片或者照片中的该产品的外观设计为准,简要说明可以用于解释图片或者照片所表示的该产品的外观设计。

根据最高人民法院《关于审理侵犯专利权纠纷案件应用法律若干问题的解释》第 5 条及第 7 条的规定,对于仅在说明书或者附图中描述而在权利要求中未记载的技术方案,权利人在侵犯专利权纠纷案件中将其纳入专利权保护范围的,人民法院不予支持;人民法院判定被诉侵权技术方案是否落入专利权的保护范围,应当审查权利人主张的权利要求所记载的全部技术特征。

根据最高人民法院《关于审理侵犯专利权纠纷案件应用法律若干问题的解释(二)》(2020 年修正)第 4 条、第 5 条、第 7 条、第 9 条、第 10 条的规定,权利要求书、说明书及附图中的语法、文字、标点、图形、符号等存有歧义,但本领域普通技术人员通过阅读权利要求书、说明书及附图可以得出唯一理解的,人民法院应当根据该唯一理解予以认定;在人民法院确定专利权的保护范围时,独立权利要求的前序部分、特征部分以及从属权利要求的引用部分、限定部分记载的技术特征均有限定作用;被诉侵权技术方案在包含封闭式组合物权利要求全部技术特征的基础上增加其他技术特征的,被诉侵权技术方案不能适用于权利要求中使用环境特征所限定的使用环境的,对于权利要求中以制备方法界定产品的技术特征,被诉侵权产品的制备方法与其不相同也不等同的,人民法院应当认定被诉侵权技术方案未落入专利权的保护范围,但在上述所要求全部技术特征的基础上增加的技术特征属于不可避免的常规数量杂质的除外。

因此,律师建议公司在申请发明或者实用新型专利时,在权利要求书中清楚、简要地限定要求专利保护的范围并在权利要求中记载全部技术方案。

(2)公司使用专利不得侵犯他人权利

根据《专利法》(2020 年修正)第 11 条的规定,发明和实用新型专利权被授予后,除本法另有规定的以外,任何单位或者个人未经专利权人许可,都不得实施其专利,即不得为生产经营目的制造、使用、许诺销售、销售、进口其专利产品,或者使用其专利方法以及使用、许诺销售、销售、进口依照该专利方法直接获得的产品。外观设计专利权被授予后,任何单位或者个人未经专利权人许可，都不得实施其专利，即不得为生产经营目的制造、许诺销售、销售、进口其外观设计专利产品。

根据《专利法》（2020年修正）第65条的规定，未经专利权人许可，实施其专利，即侵犯其专利权，引起纠纷的，由当事人协商解决；不愿协商或者协商不成的，专利权人或者利害关系人可以向人民法院起诉，也可以请求管理专利工作的部门处理。

在尽职调查时，律师需留意核查公司是否存在因专利权侵权产生的纠纷或潜在的纠纷，如存在，律师建议公司尽快停止侵权行为，与专利权人协商解决，以免对公司造成更大损失，后续公司亦应留意如果使用他人专利权，应经过专利权人许可，避免产生专利权侵权的行为。

（3）公司不得假冒专利

根据《专利法》（2020年修正）第68条的规定，假冒专利的，除依法承担民事责任外，由负责专利执法的部门责令改正并予公告，没收违法所得，可以处违法所得5倍以下的罚款；没有违法所得或者违法所得在5万元以下的，可以处25万元以下的罚款；构成犯罪的，依法追究刑事责任。

根据《刑法》（2020年修正）第216条的规定，假冒他人专利，情节严重的，处3年以下有期徒刑或者拘役，并处或者单处罚金。

在尽职调查时，律师需留意核查公司是否存在因假冒他人专利而产生的纠纷或潜在纠纷，如存在，律师建议公司尽快停止该行为，以免公司进一步因此受到行政或刑事处罚，后续公司亦应留意避免发生假冒他人专利的行为。

（四）域名

互联网域名分为国际互联网域名及国内互联网域名，在国内注册域名应依照《中国互联网络域名注册暂行管理办法》及《国家顶级域名注册实施细则》办理。

1. 公司尚未申请注册域名

根据《中国互联网络域名注册暂行管理办法》第20条的规定，域名注册按照“先申请先注册”的原则受理。为避免他人抢先注册与公司相关的域名，产生不必要的纠纷，应提示公司及时将与公司名称、商标或产品等相关的域名申请注册。

2. 注册域名相关事项变更但未履行变更手续

根据《中国互联网络域名注册暂行管理办法》第25条的规定，申请变更注册域名或者其他注册事项的,应当提交域名注册申请表等相关文件,并且交回原域名注册证。经域名管理单位核准后,将原域名注册证加注发还,并且在10个工作日内予以开通。

如公司注册域名相关事项变更,应提示公司申请变更并交回原域名注册证。

3. 注册域名未缴费

根据《国家顶级域名注册实施细则》第51条的规定,域名注册服务机构应当在域名到期前通过电子邮件等有效方式提醒域名持有者进行域名续费。域名持有者不得以未收到续费通知为由,拒绝续费。域名注册服务机构应保留上述通知记录。域名到期后自动进入续费确认期,域名持有者在到期后30日内确认是否续费。如书面表示不续费,域名注册服务机构应当注销该域名;如果在30日内未书面表示不续费,也未续费,域名注册服务机构应当30日后注销该域名。续费确认期内,域名注册服务机构不得以未缴费为由改变或停止域名解析,与域名持有者另有约定的除外。

因此,在尽调时,如果发现公司注册域名到期未缴费,为避免注册域名被域名注册服务机构注销,应提示公司在续费确认期内尽快缴纳费用。

4. 公司的注册域名/使用的域名存在纠纷

根据《中国互联网络域名注册暂行管理办法》第11条、第23条的规定公司在注册和使用域名时,应当提前做好查询工作,确保域名不与他人企业名称冲突;当出现冲突时,应当立即停止使用域名,并与其他企业协商赔偿方案。尽调中,若发现注册域名已经被注册商标或者企业名称持有方提出异议,应当提示公司在30日的保留期内尽快采取措施进行补救。

根据最高人民法院《关于审理涉及计算机网络域名民事纠纷案件适用法律若干问题的解释》(2020年修正)第4条的规定,如果公司的注册域名/使用的域名或者主要部分构成对他人驰名商标的复制、模仿、翻译或音译;或者与他人的注册商标、域名等相同或近似,足以造成相关公众的误认;或者对该域名或其主要部分不享有权益,也无注册、使用该域名的正当理由;或对该域名的注册、使用具有恶意,应被认定为公司注册、使用域名等行为构成侵权或不正当竞争,应提示公司立即停止使用。

如果他人注册/使用域名构成了对公司的侵权,可以依据《国家顶级域名争议解决办法》的规定向争议解决机构提出投诉,这种情况下,提示公司及时搜集并保存他人侵权的相关证据。若他人注册域名与公司注册的商标或者企业名称相同,可以向域名管理单位提出异议。根据最高人民法院《关于审理涉及计算机网络域名民事纠纷案件适用法律若干问题的解释》(2020 年修正),如果公司认为他人注册/使用域名构成对公司的侵权或不正当竞争,可以提示公司收集保存相关证据向法院提起诉讼。

(五)商业秘密

《反不正当竞争法》(2019 年修订)第 9 条对商业秘密进行了定义:商业秘密是指不为公众所知悉、具有商业价值并经权利人采取相应保密措施的技术信息、经营信息等商业信息。

由此定义可见,一项技术或经营信息是否为商业秘密,其使用人或者权利人是否采取足够的保密措施是非常重要的。因此,企业要主张商业秘密保护,首先应自己要做好保密工作。在尽调时,需与企业充分沟通其是否对可能构成商业秘密的商业信息制定了相关的保密制度、工作流程,在员工劳动合同和保密协议等协议中是否对保密义务作出了相关规定。

若律师适当核查后认为企业保护商业秘密并未采取有效措施或者并未采取任何措施,则应提示公司尽快改进。律师对于所了解的公司正在使用的技术信息或经营信息,要结合行业信息保持敏感度,对于其他企业或个人可能主张侵犯商业秘密的情形保持关注。关于此,律师应考虑重点审阅公司正在使用的技术是否可能侵犯他人的商业秘密;公司的商业秘密是否保护不力、是否有被侵权的风险。

(六)技术进出口①

1. 禁止技术进出口的相关问题

根据《技术进出口管理条例》(2020 年修订)的规定,属于禁止进口和/或出口的技术,不得进口和/或出口。进口或者出口属于禁止进出口的技术的,或者未经许可擅自进口或者出口属于限制进出口的技术的,依照刑法关于走私罪、非法经营罪、泄露国家秘密罪或者其他罪的规定,依法追究刑事责任;尚不够刑

① 根据《技术进出口管理条例》(2020 年修订)第 2 条的规定,技术进出口是指从中华人民共和国境外向中华人民共和国境内,或者从中华人民共和国境内向中华人民共和国境外,通过贸易、投资或者经济技术合作的方式转移技术的行为。这里的"行为"包括专利权转让、专利申请权转让、专利实施许可、技术秘密转让、技术服务和其他方式的技术转移。

事处罚的，区别不同情况，依照海关法的有关规定处罚，或者由国务院外经贸主管部门给予警告，没收违法所得，处违法所得1倍以上5倍以下的罚款；国务院外经贸主管部门并可以撤销其对外贸易经营许可。

在尽职调查过程中，律师需留意核查公司是否存在进出口禁止进出口的技术的行为，如存在该等情形，建议公司立即停止进出口该技术的行为。

2. 限制技术进出口的相关问题

根据《技术进出口管理条例》(2020年修订)的规定，属于限制进口和/或出口的技术，实行许可证管理；未经许可，不得进口和/或出口。经许可或者登记的技术进口和/或出口合同，合同的主要内容发生变更的，应当重新办理许可或者登记手续。擅自超出许可的范围进口或者出口属于限制进出口的技术的，依照刑法关于非法经营罪或者其他罪的规定，依法追究刑事责任；尚不够刑事处罚的，区别不同情况，依照海关法的有关规定处罚，或者由国务院外经贸主管部门给予警告，没收违法所得，处违法所得1倍以上3倍以下的罚款；国务院外经贸主管部门并可以暂停直至撤销其对外贸易经营许可。

在尽职调查过程中，律师需留意核查：

公司是否存在进出口国家限制进出口的技术而没有报批或者尚未获得批准，或技术进口合同涉及外资投资需要履行其他法律规定的手续但尚未履行的情形，如存在该等情形，建议公司暂停进出口该技术，并立即着手履行相关的审批申报手续。

公司是否存在擅自超出许可的范围进口或者出口属于限制进出口的技术的行为，如存在该等情形，建议公司立即停止进出口该技术的行为，并就相关变更事项申请重新办理许可。

3. 自由技术进出口的相关问题

根据《技术进出口管理条例》(2020年修订)第17条规定，对属于自由进口的技术，实行合同登记管理。进口属于自由进口的技术，合同自依法成立时生效，不以登记为合同生效的条件。第20条规定，申请人凭技术进口许可证或者技术进口合同登记证，办理外汇、银行、税务、海关等相关手续。

如公司存在下述技术登记手续的瑕疵，则公司在为技术进出口办理外汇、银行、税务、海关等相关手续时会遇到障碍，建议公司完善相关登记手续再开展技术进出口活动：

(1)没有进行合同登记/尚未取得技术进出口合同登记证；

(2)公司进行技术出口属于自由出口,没有进行合同登记/尚未取得技术进出口合同登记证。

相关规定

本专题相关规定见表2-9-4。

表2-9-4 相关规定

主要法律问题	文件名	具体条款规定
土地		
土地性质	《土地管理法》(发布日期:1986年6月25日;实施日期:1987年1月1日;发文机关:全国人民代表大会常务委员会;文号:主席令第41号;经过1988年12月29日、2004年8月28日两次修正,最新于2019年8月26日发布,2020年1月1日实施)	第2条 中华人民共和国实行土地的社会主义公有制,即全民所有制和劳动群众集体所有制。 全民所有,即国家所有土地的所有权由国务院代表国家行使。 任何单位和个人不得侵占、买卖或者以其他形式非法转让土地。土地使用权可以依法转让。 国家为了公共利益的需要,可以依法对土地实行征收或者征用并给予补偿。 国家依法实行国有土地有偿使用制度。但是,国家在法律规定的范围内划拨国有土地使用权的除外。
用地建设项目要求	国土资源部(已撤销)、国家发展和改革委员会《关于发布实施〈限制用地项目目录(2012年本)〉和〈禁止用地项目目录(2012年本)〉的通知》[发布日期:2012年5月23日;实施日期:2012年5月23日;发文机关:国土资源部(已撤销),国家发展和改革委员会;文号:国土资发〔2012〕98号]	一、本通知的规定适用于新建、扩建和改建的建设项目。 二、凡列入《限制目录》的建设项目,必须符合目录规定条件,国土资源管理部门和投资管理部门方可办理相关手续。 三、凡列入《禁止目录》的建设项目或者采用所列工艺技术、装备、规模的建设项目,国土资源管理部门和投资管理部门不得办理相关手续。 四、凡采用《产业结构调整指导目录(2011年本)》明令淘汰的落后工艺技术,装备或者生产明令淘汰产品的建设项目,国土资源管理部门和投资管理部门一律不得办理相关手续。 五、《限制目录》和《禁止目录》执行中,国务院发布的产业政策和土地资源管理政策对限制和禁止用地项目另有规定的,按国务院规定办理。 六、国土资源部、国家发展改革委将根据宏观调控需要,依据国家产业政策、土地供应政策,适时修订《限制目录》和《禁止目录》。各地可以根据本地区实际情况,在符合本《限制目录》和《禁止目录》的前提下,制定本地的限制和禁止用地项目目录。

续表

主要法律问题	文件名	具体条款规定
划拨用地特殊要求	《划拨用地目录》[发布日期：2001年10月22日；实施日期：2001年10月22日；发文机关：国土资源部（已撤销）；文号：国土资源部令第9号]	第6条　（一）党政机关和人民团体用地； （二）军事用地； （三）城市基础设施用地； （四）非营利性邮政设施用地； （五）非营利性教育设施用地； （六）公益性科研机构用地； （七）非营利性体育设施用地； （八）非营利性公共文化设施用地； （九）非营利性医疗卫生设施用地； （十）非营利性社会福利设施用地； （十一）石油天然气设施用地； （十二）煤炭设施用地； （十三）电力设施用地； （十四）水利设施用地； （十五）铁路交通设施用地； （十六）公路交通设施用地； （十七）水路交通设施用地； （十八）民用机场设施用地； （十九）特殊用地。
土地用途问题	《土地管理法》（发布日期：1986年6月25日；实施日期：1987年1月1日；发文机关：全国人民代表大会常务委员会；文号：主席令第41号；经过1988年12月29日、2004年8月28日两次修正，最新于2019年8月26日发布，2020年1月1日实施）	第4条　国家实行土地用途管制制度。 国家编制土地利用总体规划，规定土地用途，将土地分为农用地、建设用地和未利用地。严格限制农用地转为建设用地，控制建设用地总量，对耕地实行特殊保护。 前款所称农用地是指直接用于农业生产的土地，包括耕地、林地、草地、农田水利用地、养殖水面等；建设用地是指建造建筑物、构筑物的土地，包括城乡住宅和公共设施用地、工矿用地、交通水利设施用地、旅游用地、军事设施用地等；未利用地是指农用地和建设用地以外的土地。 使用土地的单位和个人必须严格按照土地利用总体规划确定的用途使用土地。

续表

主要法律问题	文件名	具体条款规定
		第25条　经批准的土地利用总体规划的修改，须经原批准机关批准；未经批准，不得改变土地利用总体规划确定的土地用途。 经国务院批准的大型能源、交通、水利等基础设施建设用地，需要改变土地利用总体规划的，根据国务院的批准文件修改土地利用总体规划。 经省、自治区、直辖市人民政府批准的能源、交通、水利等基础设施建设用地，需要改变土地利用总体规划的，属于省级人民政府土地利用总体规划批准权限内的，根据省级人民政府的批准文件修改土地利用总体规划。
		第35条　永久基本农田经依法划定后，任何单位和个人不得擅自占用或者改变其用途。国家能源、交通、水利、军事设施等重点建设项目选址确实难以避让永久基本农田，涉及农用地转用或者土地征收的，必须经国务院批准。 禁止通过擅自调整县级土地利用总体规划、乡(镇)土地利用总体规划等方式规避永久基本农田农用地转用或者土地征收的审批。
		第56条　建设单位使用国有土地的，应当按照土地使用权出让等有偿使用合同的约定或者土地使用权划拨批准文件的规定使用土地；确需改变该幅土地建设用途的，应当经有关人民政府自然资源主管部门同意，报原批准用地的人民政府批准。其中，在城市规划区内改变土地用途的，在报批前，应当先经有关城市规划行政主管部门同意。
		第57条第2款　临时使用土地的使用者应当按照临时使用土地合同约定的用途使用土地，并不得修建永久性建筑物。
		第64条　集体建设用地的使用者应当严格按照土地利用总体规划、城乡规划确定的用途使用土地。
		第65条　在土地利用总体规划制定前已建的不符合土地利用总体规划确定的用途的建筑物、构筑物，不得重建、扩建。
		第79条　无权批准征收、使用土地的单位或者个人非法批准占用土地的，超越批准权限非法批准占用土地的，不按照土地利用总体规划确定的用途批准用地的，或者违反法律规定的程序批准占用、征收土地的，其批准文件无效，对非法批准征收、使用

续表

主要法律问题	文件名	具体条款规定
		土地的直接负责的主管人员和其他直接责任人员，依法给予处分；构成犯罪的，依法追究刑事责任。非法批准、使用的土地应当收回，有关当事人拒不归还的，以非法占用土地论处。 非法批准征收、使用土地，对当事人造成损失的，依法应当承担赔偿责任。
国有土地使用权相关程序问题	《城镇国有土地使用权出让和转让暂行条例》（发布日期：1990年5月19日；实施日期：1990年5月19日；发文机关：国务院；文号：国务院令第55号）	第4条　依照本条例的规定取得土地使用权的土地使用者，其使用权在使用年限内可以转让、出租、抵押或者用于其他经济活动，合法权益受国家法律保护。
		第6条　县级以上人民政府土地管理部门依法对土地使用权的出让、转让、出租、抵押、终止进行监督检查。
		第7条　土地使用权出让、转让、出租、抵押、终止及有关的地上建筑物、其他附着物的登记，由政府土地管理部门、房产管理部门依照法律和国务院的有关规定办理。 登记文件可以公开查阅。
用地审批机关问题	《土地管理法》（发布日期：1986年6月25日；实施日期：1987年1月1日；发文机关：全国人大常委会；文号：主席令第41号；经过1988年12月29日、2004年8月28日两次修正，于1998年8月29日修正，最新于2019年8月26日修正，2020年1月1日实施）	第77条　未经批准或者采取欺骗手段骗取批准，非法占用土地的，由县级以上人民政府自然资源主管部门责令退还非法占用的土地，对违反土地利用总体规划擅自将农用地改为建设用地的，限期拆除在非法占用的土地上新建的建筑物和其他设施，恢复土地原状，对符合土地利用总体规划的，没收在非法占用的土地上新建的建筑物和其他设施，可以并处罚款；对非法占用土地单位的直接负责的主管人员和其他直接责任人员，依法给予处分；构成犯罪的，依法追究刑事责任。 超过批准的数量占用土地，多占的土地以非法占用土地论处。
		第79条第1款　无权批准征收、使用土地的单位或者个人非法批准占用土地的，超越批准权限非法批准占用土地的，不按照土地利用总体规划确定的用途批准用地的，或者违反法律规定的程序批准占用、征收土地的，其批准文件无效，对非法批准征收、使用土地的直接负责的主管人员和其他直接责任人员，依法给予处分；构成犯罪的，依法追究刑事责任。非法批准、使用的土地应当收回，有关当事人拒不归还的，以非法占用土地论处。

续表

主要法律问题	文件名	具体条款规定
土地出让方式	《招标拍卖挂牌出让国有建设用地使用权规定》[曾用名为《招标拍卖挂牌出让国有土地使用权规定》,发布日期:2002年5月9日;实施日期:2002年7月1日;2007年9月28日修正,2007年11月1日实施;发文机关:国土资源部(已撤销);文号:国土资源部令第39号]	第4条　工业、商业、旅游、娱乐和商品住宅等经营性用地以及同一宗地有两个以上意向用地者的,应当以招标、拍卖或者挂牌方式出让。 前款规定的工业用地包括仓储用地,但不包括采矿用地。
		第13条　投标、开标依照下列程序进行: (一)投标人在投标截止时间前将标书投入标箱。招标公告允许邮寄标书的,投标人可以邮寄,但出让人在投标截止时间前收到的方为有效。 标书投入标箱后,不可撤回。投标人应当对标书和有关书面承诺承担责任。 (二)出让人按照招标公告规定的时间、地点开标,邀请所有投标人参加。由投标人或者其推选的代表检查标箱的密封情况,当众开启标箱,点算标书。投标人少于三人的,出让人应当终止招标活动。投标人不少于三人的,应当逐一宣布投标人名称、投标价格和投标文件的主要内容。 (三)评标小组进行评标。评标小组由出让人代表、有关专家组成,成员人数为五人以上的单数。 评标小组可以要求投标人对投标文件作出必要的澄清或者说明,但是澄清或者说明不得超出投标文件的范围或者改变投标文件的实质性内容。 评标小组应当按照招标文件确定的评标标准和方法,对投标文件进行评审。 (四)招标人根据评标结果,确定中标人。 按照价高者得的原则确定中标人的,可以不成立评标小组,由招标主持人根据开标结果,确定中标人。
		第17条　挂牌依照以下程序进行: (一)在挂牌公告规定的挂牌起始日,出让人将挂牌宗地的面积、界址、空间范围、现状、用途、使用年期、规划指标要求、开工时间和竣工时间、起始价、增价规则及增价幅度等,在挂牌公告规定的土地交易场所挂牌公布; (二)符合条件的竞买人填写报价单报价; (三)挂牌主持人确认该报价后,更新显示挂牌价格; (四)挂牌主持人在挂牌公告规定的挂牌截止时间确定竞得人。

续表

主要法律问题	文件名	具体条款规定
		第 18 条　挂牌时间不得少于 10 日。挂牌期间可根据竞买人竞价情况调整增价幅度。
		第 24 条　应当以招标拍卖挂牌方式出让国有建设用地使用权而擅自采用协议方式出让的，对直接负责的主管人员和其他直接责任人员依法给予处分；构成犯罪的，依法追究刑事责任。
	《协议出让国有土地使用权规定》[发布日期：2003 年 6 月 11 日；实施日期：2003 年 8 月 1 日；发文机关：国土资源部（已撤销）；文号：国土资源部令第 21 号]	第 3 条　出让国有土地使用权，除依照法律、法规和规章的规定应当采用招标、拍卖或者挂牌方式外，方可采取协议方式。
		第 4 条第 2 款　以协议方式出让国有土地使用权的出让金不得低于按国家规定所确定的最低价。
		第 12 条　协议出让土地方案和底价经有批准权的人民政府批准后，市、县人民政府国土资源行政主管部门应当与意向用地者就土地出让价格等进行充分协商，协商一致且议定的出让价格不低于出让底价的，方可达成协议。
		第 16 条　以协议出让方式取得国有土地使用权的土地使用者，需要将土地使用权出让合同约定的土地用途改变为商业、旅游、娱乐和商品住宅等经营性用途的，应当取得出让方和市、县人民政府城市规划部门的同意，签订土地使用权出让合同变更协议或者重新签订土地使用权出让合同，按变更后的土地用途，以变更时的土地市场价格补交相应的土地使用权出让金，并依法办理土地使用权变更登记手续。
		第 17 条　违反本规定，有下列行为之一的，对直接负责的主管人员和其他直接责任人员依法给予行政处分： （一）不按照规定公布国有土地使用权出让计划或者协议出让结果的； （二）确定出让底价时未经集体决策的； （三）泄露出让底价的； （四）低于协议出让最低价出让国有土地使用权的； （五）减免国有土地使用权出让金的。 违反前款有关规定，情节严重构成犯罪的，依法追究刑事责任。

续表

主要法律问题	文件名	具体条款规定
土地使用权出让合同无效情形	最高人民法院《关于审理涉及国有土地使用权合同纠纷案件适用法律问题的解释》(发布日期:2005年6月18日;实施日期:2005年8月1日;发文机关:最高人民法院;文号:法释〔2005〕5号)	第2条　开发区管理委员会作为出让方与受让方订立的土地使用权出让合同,应当认定无效。 本解释实施前,开发区管理委员会作为出让方与受让方订立的土地使用权出让合同,起诉前经市、县人民政府自然资源主管部门追认的,可以认定合同有效。
		第3条　经市、县人民政府批准同意以协议方式出让的土地使用权,土地使用权出让金低于订立合同时当地政府按照国家规定确定的最低价的,应当认定土地使用权出让合同约定的价格条款无效。 当事人请求按照订立合同时的市场评估价格交纳土地使用权出让金的,应予支持;受让方不同意按照市场评估价格补足,请求解除合同的,应予支持。因此造成的损失,由当事人按照过错承担责任。
房产		
自建房	《工业项目建设用地控制指标》[发布日期:2008年1月31日;实施日期:2008年1月31日;发文机关:国土资源部(已撤销);文号:国土资发〔2008〕24号]	第4条　本控制指标由投资强度、容积率、建筑系数、行政办公及生活服务设施用地所占比重、绿地率五项指标构成。工业项目建设用地必须同时符合以下五项指标: …… (四)工业项目所需行政办公及生活服务设施用地面积不得超过工业项目总用地面积的7%。严禁在工业项目用地范围内建造成套住宅、专家楼、宾馆、招待所和培训中心等非生产性配套设施; ……
	《民法典》(发布日期:2020年5月28日;实施日期:2021年1月1日;发文机关:全国人民代表大会;文号:主席令第45号)	第217条　不动产权属证书是权利人享有该不动产物权的证明。不动产权属证书记载的事项,应当与不动产登记簿一致;记载不一致的,除有证据证明不动产登记簿确有错误外,以不动产登记簿为准。

续表

主要法律问题	文件名	具体条款规定
		第 402 条　以本法第三百九十五条第一款第一项至第三项规定的财产或者第五项规定的正在建造的建筑物抵押的,应当办理抵押登记。抵押权自登记时设立。
	《城市房地产管理法》[发布日期:1994 年 7 月 5 日;实施日期:1995 年 1 月 1 日;发文机关:全国人民代表大会常务委员会;文号:主席令(第二十九号);经过 2007 年 8 月 30 日、2009 年 8 月 27 日两次修订,最新于 2019 年 8 月 26 日修订,2020 年 1 月 1 日实施]	第 62 条第 1 款　房地产抵押时,应当向县级以上地方人民政府规定的部门办理抵押登记。
购买房产	《城市商品房预售管理办法》(2004 年修正)[发布日期:1994 年 11 月 15 日;实施日期:1995 年 1 月 1 日;发文机关:建设部(已撤销);文号:建设部令第 40 号;经过 2001 年 8 月 15 日修正,最新于 2004 年 7 月 20 日修正并实施]	第 6 条　商品房预售实行许可制度。开发企业进行商品房预售,应当向房地产管理部门申请预售许可,取得《商品房预售许可证》。 未取得《商品房预售许可证》的,不得进行商品房预售。
	《城市房地产开发经营管理条例》(发布日期:1998 年 7 月 20 日;实施日期:1998 年 7 月 20 日;发文机关:国务院;文号:国务院令第 248 号;经过 2011 年 1 月 8 日、2018 年 3 月 19 日、2019 年 3 月 24 日、2020 年 3 月 27 日四次修订,最新于 2020 年 11 月 29 日修订并实施)	第 36 条　违反本条例规定,擅自预售商品房的,由县级以上人民政府房地产开发主管部门责令停止违法行为,没收违法所得,可以并处已收取的预付款 1% 以下的罚款。
	最高人民法院《关于审理商品房买卖合同纠纷案件适用法律若干问题的解释》(发布日期:2003 年 4 月 28 日;实施日期:2003 年 6 月 1 日;发文机关:最高人民法院;文号:法释〔2003〕7 号)(2020 年修正)	第 2 条　出卖人未取得商品房预售许可证明,与买受人订立的商品房预售合同,应当认定无效,但是在起诉前取得商品房预售许可证明的,可以认定有效。

续表

主要法律问题	文件名	具体条款规定
	《民法典》(发布日期:2020 年 5 月 28 日;实施日期:2021 年 1 月 1 日;发文机关:全国人民代表大会;文号:主席令第 45 号)	第 511 条　当事人就有关合同内容约定不明确,依据前条规定仍不能确定的,适用下列规定: …… (四)履行期限不明确的,债务人可以随时履行,债权人也可以随时请求履行,但是应当给对方必要的准备时间。 ……
		第 209 条　不动产物权的设立、变更、转让和消灭,经依法登记,发生效力;未经登记,不发生效力,但是法律另有规定的除外。
		第 406 条　抵押期间,抵押人可以转让抵押财产。当事人另有约定的,按照其约定。抵押财产转让的,抵押权不受影响。 抵押人转让抵押财产的,应当及时通知抵押权人。抵押权人能够证明抵押财产转让可能损害抵押权的,可以请求抵押人将转让所得的价款向抵押权人提前清偿债务或者提存。转让的价款超过债权数额的部分归抵押人所有,不足部分由债务人清偿。
租房	《民法典》(发布日期:2020 年 5 月 28 日;实施日期:2021 年 1 月 1 日;发文机关:全国人民代表大会;文号:主席令第 45 号)	第 405 条　抵押权设立前,抵押财产已经出租并转移占有的,原租赁关系不受该抵押权的影响。
	《城市房地产管理法》(2019 年修正)(发布日期:2019 年 8 月 26 日;生效日期:2020 年 1 月 1 日;发文机关:全国人民代表大会常务委员会)	第 56 条　以营利为目的,房屋所有权人将以划拨方式取得使用权的国有土地上建成的房屋出租的,应当将租金中所含土地收益上缴国家。具体办法由国务院规定。
	《城镇国有土地使用权出让和转让暂行条例》(发布日期:1990 年 5 月 19 日;实施日期:1990 年 5 月 19 日;发文机关:国务院;文号:国务院令第 55 号)	第 44 条　划拨土地使用权,除本条例第四十五条规定的情况外,不得转让、出租、抵押。
		第 45 条　符合下列条件的,经市、县人民政府土地管理部门和房产管理部门批准,其划拨土地使用权和地上建筑物、其他附着物所有权可以转让、出租、抵押:(一)土地使用者为公司、企业、其他经济组织和个人;(二)领有国有土地使用证;(三)具有地上建筑物、其他附着物合法的产权证明;(四)依照本条例第二章的规定签订土地使用权出让合同,向当地市、县人民

续表

主要法律问题	文件名	具体条款规定
		政府补交土地使用权出让金或者以转让、出租、抵押所获效益抵交土地使用权出让金。转让、出租、抵押前款划拨土地使用权的，分别依照本条例第三章、第四章和第五章的规定办理。
	《民法典》（发布日期：2020 年 5 月 28 日；实施日期：2021 年 1 月 1 日；发文机关：全国人民代表大会；文号：主席令第 45 号）	第 716 条　租人经出租人同意，可以将租赁物转租给第三人。承租人转租的，承租人与出租人之间的租赁合同继续有效；第三人造成租赁物损失的，承租人应当赔偿损失。 承租人未经出租人同意转租的，出租人可以解除合同。
	《商品房屋租赁管理办法》（发布日期：2010 年 12 月 1 日；实施日期：2011 年 2 月 1 日；发文机关：住房和城乡建设部；文号：住房和城乡建设部令第 6 号）	第 11 条　承租人转租房屋的，应当经出租人书面同意。 承租人未经出租人书面同意转租的，出租人可以解除租赁合同，收回房屋并要求承租人赔偿损失。
	《民法典》（发布日期：2020 年 5 月 28 日；实施日期：2021 年 1 月 1 日；发文机关：全国人民代表大会；文号：主席令第 45 号）	第 715 条　承租人经出租人同意，可以对租赁物进行改善或者增设他物。 承租人未经出租人同意，对租赁物进行改善或者增设他物的，出租人可以请求承租人恢复原状或者赔偿损失。
	最高人民法院《关于审理城镇房屋租赁合同纠纷案件具体应用法律若干问题的解释》（发布日期：2009 年 7 月 30 日；实施日期：2009 年 9 月 1 日；发文机关：最高人民法院；文号：法释〔2009〕11 号）	第 7 条　承租人经出租人同意装饰装修，租赁合同无效时，未形成附合的装饰装修物，出租人同意利用的，可折价归出租人所有；不同意利用的，可由承租人拆除。因拆除造成房屋毁损的，承租人应当恢复原状。 已形成附合的装饰装修物，出租人同意利用的，可折价归出租人所有；不同意利用的，由双方各自按照导致合同无效的过错分担现值损失。
		第 11 条　承租人未经出租人同意装饰装修或者扩建发生的费用，由承租人负担。出租人请求承租人恢复原状或者赔偿损失的，人民法院应予支持。
		第 12 条　承租人经出租人同意扩建，但双方对扩建费用的处理没有约定的，人民法院按照下列情形分别处理：（一）办理合法建设手续的，扩建造价费用由出租人负担；（二）未办理合法建设手续的，扩建造价费用由双方按照过错分担。

续表

主要法律问题	文件名	具体条款规定
	《商品房屋租赁管理办法》(发布日期:2010 年 12 月 1 日;实施日期:2011 年 2 月 1 日;发文机关:住房和城乡建设部;文号:住房和城乡建设部令第 6 号)	第 14 条　房屋租赁合同订立后三十日内,房屋租赁当事人应当到租赁房屋所在地直辖市、市、县人民政府建设(房地产)主管部门办理房屋租赁登记备案。 房屋租赁当事人可以书面委托他人办理租赁登记备案。
		第 23 条　违反本办法第十四条第一款、第十九条规定的,由直辖市、市、县人民政府建设(房地产)主管部门责令限期改正;个人逾期不改正的,处以一千元以下罚款;单位逾期不改正的,处以一千元以上一万元以下罚款。
	《民法典》(发布日期:2020 年 5 月 28 日;实施日期:2021 年 1 月 1 日;发文机关:全国人民代表大会;文号:主席令第 45 号)	第 706 条　当事人未依照法律、行政法规规定办理租赁合同登记备案手续的,不影响合同的效力。
物权的客体	《民法典》(发布日期:2020 年 5 月 28 日;实施日期:2021 年 1 月 1 日;发文机关:全国人民代表大会;文号:主席令第 45 号)	第 115 条　物包括不动产和动产。法律规定权利作为物权客体的,依照其规定。
物权公示原则	《民法典》(发布日期:2020 年 5 月 28 日;实施日期:2021 年 1 月 1 日;发文机关:全国人民代表大会;文号:主席令第 45 号)	第 208 条　……动产物权的设立和转让,应当依照法律规定交付。
所有权的基本内容	《民法典》(发布日期:2020 年 5 月 28 日;实施日期:2021 年 1 月 1 日;发文机关:全国人民代表大会;文号:主席令第 45 号)	第 240 条　所有权人对自己的不动产或者动产,依法享有占有、使用、收益和处分的权利。
共有及其形式	《民法典》(发布日期:2020 年 5 月 28 日;实施日期:2021 年 1 月 1 日;发文机关:全国人民代表大会;文号:主席令第 45 号)	第 297 条　不动产或者动产可以由两个以上组织、个人共有。共有包括按份共有和共同共有。

续表

主要法律问题	文件名	具体条款规定
共有人对共有财产重大事项的表决权规则	《民法典》(发布日期:2020 年 5 月 28 日;实施日期:2021 年 1 月 1 日;发文机关:全国人民代表大会;文号:主席令第 45 号)	第 301 条　处分共有的不动产或者动产以及对共有的不动产或者动产作重大修缮、变更性质或者用途的,应当经占份额三分之二以上的按份共有人或者全体共同共有人同意,但是共有人之间另有约定的除外。
租赁合同形式	《民法典》(发布日期:2020 年 5 月 28 日;实施日期:2021 年 1 月 1 日;发文机关:全国人民代表大会;文号:主席令第 45 号)	第 707 条　租赁期限六个月以上的,应当采用书面形式。当事人未采用书面形式,无法确定租赁期限的,视为不定期租赁。
出租人的维修义务	《民法典》(发布日期:2020 年 5 月 28 日;实施日期:2021 年 1 月 1 日;发文机关:全国人民代表大会;文号:主席令第 45 号)	第 712 条　出租人应当履行租赁物的维修义务,但是当事人另有约定的除外。
承租人的租金支付义务	《民法典》(发布日期:2020 年 5 月 28 日;实施日期:2021 年 1 月 1 日;发文机关:全国人民代表大会;文号:主席令第 45 号)	第 722 条　承租人无正当理由未支付或者迟延支付租金的,出租人可以请求承租人在合理期限内支付;承租人逾期不支付的,出租人可以解除合同。
知识产权		
著作权归属	《著作权法》(发布日期:1990 年 9 月 7 日;实施日期:1991 年 6 月 1 日;发文机关:全国人大常委会;文号:主席令第 31 号;经过 2001 年 10 月 27 日、2010 年 2 月 26 日修正,最新于 2020 年 11 月 11 日修正,2021 年 6 月 1 日实施)	第 9 条　著作权人包括: (一)作者; (二)其他依照本法享有著作权的自然人、法人或者非法人组织。
		第 11 条　著作权属于作者,本法另有规定的除外。 创作作品的自然人是作者。 由法人或者非法人组织主持,代表法人或者非法人组织意志创作,并由法人或者非法人组织承担责任的作品,法人或者非法人组织视为作者。
		第 12 条　在作品上署名的自然人、法人或者非法人组织为作者,且该作品上存在相应权利,但有相反证明的除外。 作者等著作权人可以向国家著作权主管部门认定的登记机构办理作品登记。 与著作权有关的权利参照适用前两款规定。

续表

主要法律问题	文件名	具体条款规定
	《计算机软件保护条例》(发布日期:1991年6月4日;实施日期:1991年10月1日;发文机关:国务院;文号:国务院令第84号;经过2001年12月20日、2011年1月8日两次修订,最新于2013年1月30日修订,2013年3月1日实施)	第3条　本条例下列用语的含义: (一)计算机程序,是指为了得到某种结果而可以由计算机等具有信息处理能力的装置执行的代码化指令序列,或者可以被自动转换成代码化指令序列的符号化指令序列或者符号化语句序列。同一计算机程序的源程序和目标程序为同一作品。 (二)文档,是指用来描述程序的内容、组成、设计、功能规格、开发情况、测试结果及使用方法的文字资料和图表等,如程序设计说明书、流程图、用户手册等。 (三)软件开发者,是指实际组织开发、直接进行开发,并对开发完成的软件承担责任的法人或者其他组织;或者依靠自己具有的条件独立完成软件开发,并对软件承担责任的自然人。 (四)软件著作权人,是指依照本条例的规定,对软件享有著作权的自然人、法人或者其他组织。
		第9条　软件著作权属于软件开发者,本条例另有规定的除外。 如无相反证明,在软件上署名的自然人、法人或者其他组织为开发者。
著作权种类	《著作权法》(发布日期:1990年9月7日;实施日期:1991年6月1日;发文机关:全国人大常委会;文号:主席令第31号;经过2001年10月27日、2010年2月26日修正,最新于2020年11月11日修正,2021年6月1日实施)	第10条　著作权包括下列人身权和财产权: (一)发表权,即决定作品是否公之于众的权利; (二)署名权,即表明作者身份,在作品上署名的权利; (三)修改权,即修改或者授权他人修改作品的权利; (四)保护作品完整权,即保护作品不受歪曲、篡改的权利; (五)复制权,即以印刷、复印、拓印、录音、录像、翻录、翻拍、数字化等方式将作品制作一份或者多份的权利; (六)发行权,即以出售或者赠与方式向公众提供作品的原件或者复制件的权利; (七)出租权,即有偿许可他人临时使用视听作品、计算机软件的原件或者复制件的权利,计算机软件不是出租的主要标的的除外; (八)展览权,即公开陈列美术作品、摄影作品的原件或者复制件的权利;

续表

主要法律问题	文件名	具体条款规定
		(九)表演权,即公开表演作品,以及用各种手段公开播送作品的表演的权利; (十)放映权,即通过放映机、幻灯机等技术设备公开再现美术、摄影、视听作品等的权利; (十一)广播权,即以有线或者无线方式公开传播或者转播作品,以及通过扩音器或者其他传送符号、声音、图像的类似工具向公众传播广播的作品的权利,但不包括本款第十二项规定的权利; (十二)信息网络传播权,即以有线或者无线方式向公众提供,使公众可以在其选定的时间和地点获得作品的权利; (十三)摄制权,即以摄制视听作品的方法将作品固定在载体上的权利; (十四)改编权,即改变作品,创作出具有独创性的新作品的权利; (十五)翻译权,即将作品从一种语言文字转换成另一种语言文字的权利; (十六)汇编权,即将作品或者作品的片段通过选择或者编排,汇集成新作品的权利; (十七)应当由著作权人享有的其他权利。 著作权人可以许可他人行使前款第五项至第十七项规定的权利,并依照约定或者本法有关规定获得报酬。 著作权人可以全部或者部分转让本条第一款第五项至第十七项规定的权利,并依照约定或者本法有关规定获得报酬。
	《计算机软件保护条例》(发布日期:1991 年 6 月 4 日;实施日期:1991 年 10 月 1 日;发文机关:国务院;文号:国务院令第 84 号;经过 2001 年 12 月 20 日、2011 年 1 月 8 日两次修订,最新于 2013 年 1 月 30 日修订,2013 年 3 月 1 日实施)	第 8 条 软件著作权人享有下列各项权利: (一)发表权,即决定软件是否公之于众的权利; (二)署名权,即表明开发者身份,在软件上署名的权利; (三)修改权,即对软件进行增补、删节,或者改变指令、语句顺序的权利; (四)复制权,即将软件制作一份或者多份的权利; (五)发行权,即以出售或者赠与方式向公众提供软件的原件或者复制件的权利; (六)出租权,即有偿许可他人临时使用软件的权利,但是软件不是出租的主要标的的除外;

续表

主要法律问题	文件名	具体条款规定
		（七）信息网络传播权，即以有线或者无线方式向公众提供软件，使公众可以在其个人选定的时间和地点获得软件的权利； （八）翻译权，即将原软件从一种自然语言文字转换成另一种自然语言文字的权利； （九）应当由软件著作权人享有的其他权利。 软件著作权人可以许可他人行使其软件著作权，并有权获得报酬。 软件著作权人可以全部或者部分转让其软件著作权，并有权获得报酬。
著作权权属瑕疵	《作品自愿登记试行办法》（发布日期：1994 年 12 月 31 日；实施日期：1995 年 1 月 1 日；发文机关：国家版权局）	第 2 条　作品实行自愿登记。作品不论是否登记，作者或其他著作权人依法取得的著作权不受影响。
	《计算机软件保护条例》（发布日期：1991 年 6 月 4 日；实施日期：1991 年 10 月 1 日；发文机关：国务院；文号：国务院令第 84 号；经过 2001 年 12 月 20 日、2011 年 1 月 8 日两次修订，最新于 2013 年 1 月 30 日修订，2013 年 3 月 1 日实施）	第 7 条　软件著作权人可以向国务院著作权行政管理部门认定的软件登记机构办理登记。软件登记机构发放的登记证明文件是登记事项的初步证明。 办理软件登记应当缴纳费用。软件登记的收费标准由国务院著作权行政管理部门会同国务院价格主管部门规定。
		第 10 条　由两个以上的自然人、法人或者其他组织合作开发的软件，其著作权的归属由合作开发者签订书面合同约定。无书面合同或者合同未作明确约定，合作开发的软件可以分割使用的，开发者对各自开发的部分可以单独享有著作权；但是，行使著作权时，不得扩展到合作开发的软件整体的著作权。合作开发的软件不能分割使用的，其著作权由各合作开发者共同享有，通过协商一致行使；不能协商一致，又无正当理由的，任何一方不得阻止他方行使除转让权以外的其他权利，但是所得收益应当合理分配给所有合作开发者。

续表

主要法律问题	文件名	具体条款规定
	《著作权法》(发布日期:1990年9月7日;实施日期:1991年6月1日;发文机关:全国人大常委会;文号:主席令第31号;经过2001年10月27日、2010年2月26日修正,最新于2020年11月11日修正,2021年6月1日实施)	第19条　受委托创作的作品,著作权的归属由委托人和受托人通过合同约定。合同未作明确约定或者没有订立合同的,著作权属于受托人。
	《计算机软件保护条例》(2013年修订)	第11条　接受他人委托开发的软件,其著作权的归属由委托人与受托人签订书面合同约定;无书面合同或者合同未作明确约定的,其著作权由受托人享有。
	最高人民法院《关于审理著作权民事纠纷案件适用法律若干问题的解释》(发布日期:2002年10月12日;实施日期:2002年10月15日;发文机关:最高人民法院;文号:法释〔2002〕31号;最新于2020年12月29日修正,2021年1月1日实施)	第12条　按照著作权法第十七条规定委托作品著作权属于受托人的情形,委托人在约定的使用范围内享有使用作品的权利;双方没有约定使用作品范围的,委托人可以在委托创作的特定目的的范围内免费使用该作品。
	《著作权法》(2020年修正)	第14条　两人以上合作创作的作品,著作权由合作作者共同享有。没有参加创作的人,不能成为合作作者。 合作作品的著作权由合作作者通过协商一致行使;不能协商一致,又无正当理由的,任何一方不得阻止他方行使除转让、许可他人专有使用、出质以外的其他权利,但是所得收益应当合理分配给所有合作作者。 合作作品可以分割使用的,作者对各自创作的部分可以单独享有著作权,但行使著作权时不得侵犯合作作品整体的著作权。
		第52条　有下列侵权行为的,应当根据情况,承担停止侵害、消除影响、赔礼道歉、赔偿损失等民事责任: (一)未经著作权人许可,发表其作品的; (二)未经合作作者许可,将与他人合作创作的作品当作自己单独创作的作品发表的;

续表

主要法律问题	文件名	具体条款规定
		（三）没有参加创作，为谋取个人名利，在他人作品上署名的； （四）歪曲、篡改他人作品的； （五）剽窃他人作品的； （六）未经著作权人许可，以展览、摄制视听作品的方法使用作品，或者以改编、翻译、注释等方式使用作品的，本法另有规定的除外； （七）使用他人作品，应当支付报酬而未支付的； （八）未经视听作品、计算机软件、录音录像制品的著作权人、表演者或者录音录像制作者许可，出租其作品或者录音录像制品的原件或者复制件的，本法另有规定的除外； （九）未经出版者许可，使用其出版的图书、期刊的版式设计的； （十）未经表演者许可，从现场直播或者公开传送其现场表演，或者录制其表演的； （十一）其他侵犯著作权以及与著作权有关的权利的行为。
	《计算机软件著作权登记办法》（2002 年）	第 8 条　合作开发的软件进行著作权登记的，可以由全体著作权人协商确定一名著作权人作为代表办理。著作权人协商不一致的，任何著作权人均可在不损害其他著作权人利益的前提下申请登记，但应当注明其他著作权人。
	《著作权法》（2020 年修正）	第 18 条　自然人为完成法人或者非法人组织工作任务所创作的作品是职务作品，除本条第二款的规定以外，著作权由作者享有，但法人或者非法人组织有权在其业务范围内优先使用。作品完成两年内，未经单位同意，作者不得许可第三人以与单位使用的相同方式使用该作品。 有下列情形之一的职务作品，作者享有署名权，著作权的其他权利由法人或者非法人组织享有，法人或者非法人组织可以给予作者奖励： （一）主要是利用法人或者非法人组织的物质技术条件创作，并由法人或者非法人组织承担责任的工程设计图、产品设计图、地图、示意图、计算机软件等职务作品； （二）报社、期刊社、通讯社、广播电台、电视台的工作人员创作的职务作品；

续表

主要法律问题	文件名	具体条款规定
		(三)法律、行政法规规定或者合同约定著作权由法人或者非法人组织享有的职务作品。
	《著作权法实施条例》(发布日期:1991 年 5 月 30 日;实施日期:1991 年 6 月 1 日;发文机关:国家版权局;文号:国家版权局令第 1 号;经过 2002 年 8 月 2 日、2011 年 1 月 8 日两次修订,最新于 2013 年 1 月 30 日修订,2013 年 3 月 1 日实施)	第 12 条　职务作品完成两年内,经单位同意,作者许可第三人以与单位使用的相同方式使用作品所获报酬,由作者与单位按约定的比例分配。
	《著作权质权登记办法》(发布日期:2010 年 11 月 25 日;实施日期:2011 年 1 月 1 日;发文机关:国家版权局;文号:国家版权局令第 8 号)	第 3 条　《中华人民共和国著作权法》规定的著作权以及与著作权有关权利(以下统称"著作权")中的财产权可以出质。 以共有的著作权出质的,除另有约定外,应当取得全体共有人的同意。
著作权许可使用存在瑕疵	《著作权法》(发布日期:1990 年 9 月 7 日;实施日期:1991 年 6 月 1 日;发文机关:全国人大常委会;文号:主席令第 31 号;经过 2001 年 10 月 27 日、2010 年 2 月 26 日修正,最新于 2020 年 11 月 11 日修正,2021 年 6 月 1 日实施)	第 26 条　使用他人作品应当同著作权人订立许可使用合同,本法规定可以不经许可的除外。 许可使用合同包括下列主要内容: (一)许可使用的权利种类; (二)许可使用的权利是专有使用权或者非专有使用权; (三)许可使用的地域范围、期间; (四)付酬标准和办法; (五)违约责任; (六)双方认为需要约定的其他内容。
		第 27 条　转让本法第十条第一款第五项至第十七项规定的权利,应当订立书面合同。 权利转让合同包括下列主要内容: (一)作品的名称; (二)转让的权利种类、地域范围; (三)转让价金; (四)交付转让价金的日期和方式; (五)违约责任; (六)双方认为需要约定的其他内容。
		第 29 条　许可使用合同和转让合同中著作权人未明确许可、转让的权利,未经著作权人同意,另一方当事人不得行使。

续表

主要法律问题	文件名	具体条款规定
	《计算机软件保护条例》(发布日期:1991年6月4日;实施日期:1991年10月1日;发文机关:国务院;文号:国务院令第84号;经过2001年12月20日、2011年1月8日两次修订,最新于2013年1月30日修订,2013年3月1日实施)	第18条　许可他人行使软件著作权的,应当订立许可使用合同。 许可使用合同中软件著作权人未明确许可的权利,被许可人不得行使。
		第19条　许可他人专有行使软件著作权的,当事人应当订立书面合同。 没有订立书面合同或者合同中未明确约定为专有许可的,被许可行使的权利应当视为非专有权利。
		第20条　转让软件著作权的,当事人应当订立书面合同。
		第21条　订立许可他人专有行使软件著作权的许可合同,或者订立转让软件著作权合同,可以向国务院著作权行政管理部门认定的软件登记机构登记。
	《民法典》(发布日期:2020年5月28日;实施日期:2021年1月1日;发文机关:全国人民代表大会;文号:主席令第45号)	第444条　以注册商标专用权、专利权、著作权等知识产权中的财产权出质的,质权自办理出质登记时设立。 知识产权中的财产权出质后,出质人不得转让或者许可他人使用,但是出质人与质权人协商同意的除外。出质人转让或者许可他人使用出质的知识产权中的财产权所得的价款,应当向质权人提前清偿债务或者提存。
	《著作权质权登记办法》(发布日期:2010年11月25日;实施日期:2011年1月1日;发文机关:国家版权局;文号:国家版权局令第8号)	第14条　著作权出质期间,未经质权人同意,出质人不得转让或者许可他人使用已经出质的权利。 出质人转让或者许可他人使用出质的权利所得的价款,应当向质权人提前清偿债务或者提存。
	《著作权质权登记办法》	第5条　著作权质权的设立、变更、转让和消灭,自记载于《著作权质权登记簿》时发生效力。

续表

主要法律问题	文件名	具体条款规定
著作权存在侵权纠纷	《著作权法》(2020 年修正)	第 51 条　未经权利人许可,不得进行下列行为: (一)故意删除或者改变作品、版式设计、表演、录音录像制品或者广播、电视上的权利管理信息,但由于技术上的原因无法避免的除外; (二)知道或者应当知道作品、版式设计、表演、录音录像制品或者广播、电视上的权利管理信息未经许可被删除或者改变,仍然向公众提供。
		第 52 条　有下列侵权行为的,应当根据情况,承担停止侵害、消除影响、赔礼道歉、赔偿损失等民事责任: (一)未经著作权人许可,发表其作品的; (二)未经合作作者许可,将与他人合作创作的作品当作自己单独创作的作品发表的; (三)没有参加创作,为谋取个人名利,在他人作品上署名的; (四)歪曲、篡改他人作品的; (五)剽窃他人作品的; (六)未经著作权人许可,以展览、摄制视听作品的方法使用作品,或者以改编、翻译、注释等方式使用作品的,本法另有规定的除外; (七)使用他人作品,应当支付报酬而未支付的; (八)未经视听作品、计算机软件、录音录像制品的著作权人、表演者或者录音录像制作者许可,出租其作品或者录音录像制品的原件或者复制件的,本法另有规定的除外; (九)未经出版者许可,使用其出版的图书、期刊的版式设计的; (十)未经表演者许可,从现场直播或者公开传送其现场表演,或者录制其表演的; (十一)其他侵犯著作权以及与著作权有关的权利的行为。
		第 53 条　有下列侵权行为的,应当根据情况,承担本法第五十二条规定的民事责任;侵权行为同时损害公共利益的,由主管著作权的部门责令停止侵权行为,予以警告,没收违法所得,没收、无害化销毁处理侵权复制品以及主要用于制作侵权复制品的材料、工具、设备等,违法经营额五万

续表

主要法律问题	文件名	具体条款规定
		元以上的，可以并处违法经营额一倍以上五倍以下的罚款；没有违法经营额、违法经营额难以计算或者不足五万元的，可以并处二十五万元以下的罚款；构成犯罪的，依法追究刑事责任： （一）未经著作权人许可，复制、发行、表演、放映、广播、汇编、通过信息网络向公众传播其作品的，本法另有规定的除外； （二）出版他人享有专有出版权的图书的； （三）未经表演者许可，复制、发行录有其表演的录音录像制品，或者通过信息网络向公众传播其表演的，本法另有规定的除外； （四）未经录音录像制作者许可，复制、发行、通过信息网络向公众传播其制作的录音录像制品的，本法另有规定的除外； （五）未经许可，播放、复制或者通过信息网络向公众传播广播、电视的，本法另有规定的除外； （六）未经著作权人或者与著作权有关的权利人许可，故意避开或者破坏技术措施的，故意制造、进口或者向他人提供主要用于避开、破坏技术措施的装置或者部件的，或者故意为他人避开或者破坏技术措施提供技术服务的，法律、行政法规另有规定的除外； （七）未经著作权人或者与著作权有关的权利人许可，故意删除或者改变作品、版式设计、表演、录音录像制品或者广播、电视上的权利管理信息的，知道或者应当知道作品、版式设计、表演、录音录像制品或者广播、电视上的权利管理信息未经许可被删除或者改变，仍然向公众提供的，法律、行政法规另有规定的除外； （八）制作、出售假冒他人署名的作品的。
	《计算机软件保护条例》（发布日期：1991年6月4日；实施日期：1991年10月1日；发文机关：国务院；文号：国务院令第84号；经过2001年12月20日、2011年1月8日两次修订，最新于2013年1月30日修订，2013年3月1日实施）	第23条　除《中华人民共和国著作权法》或者本条例另有规定外，有下列侵权行为的，应当根据情况，承担停止侵害、消除影响、赔礼道歉、赔偿损失等民事责任： （一）未经软件著作权人许可，发表或者登记其软件的； （二）将他人软件作为自己的软件发表或者登记的；

续表

主要法律问题	文件名	具体条款规定
		（三）未经合作者许可，将与他人合作开发的软件作为自己单独完成的软件发表或者登记的； （四）在他人软件上署名或者更改他人软件上的署名的； （五）未经软件著作权人许可，修改、翻译其软件的； （六）其他侵犯软件著作权的行为。
		第24条　除《中华人民共和国著作权法》、本条例或者其他法律、行政法规另有规定外，未经软件著作权人许可，有下列侵权行为的，应当根据情况，承担停止侵害、消除影响、赔礼道歉、赔偿损失等民事责任；同时损害社会公共利益的，由著作权行政管理部门责令停止侵权行为，没收违法所得，没收、销毁侵权复制品，可以并处罚款；情节严重的，著作权行政管理部门并可以没收主要用于制作侵权复制品的材料、工具、设备等；触犯刑律的，依照刑法关于侵犯著作权罪、销售侵权复制品罪的规定，依法追究刑事责任： （一）复制或者部分复制著作权人的软件的； （二）向公众发行、出租、通过信息网络传播著作权人的软件的； （三）故意避开或者破坏著作权人为保护其软件著作权而采取的技术措施的； （四）故意删除或者改变软件权利管理电子信息的； （五）转让或者许可他人行使著作权人的软件著作权的。 有前款第一项或者第二项行为的，可以并处每件100元或者货值金额1倍以上5倍以下的罚款；有前款第三项、第四项或者第五项行为的，可以并处20万元以下的罚款。
	《著作权法实施条例》（发布日期：1991年5月30日；实施日期：1991年6月1日；发文机关：国家版权局；文号：国家版权局令第1号；经过2002年8月2日、2011年1月8日两次修订，最新于2013年1月30日修订，2013年3月1日实施）	第36条　有著作权法第四十八条所列侵权行为，同时损害社会公共利益，非法经营额5万元以上的，著作权行政管理部门可处非法经营额1倍以上5倍以下的罚款；没有非法经营额或者非法经营额5万元以下的，著作权行政管理部门根据情节轻重，可处25万元以下的罚款。

续表

主要法律问题	文件名	具体条款规定
		第37条　有著作权法第四十八条所列侵权行为,同时损害社会公共利益的,由地方人民政府著作权行政管理部门负责查处。 国务院著作权行政管理部门可以查处在全国有重大影响的侵权行为。
	《刑法》(发布日期:1979年7月6日;实施日期:1980年1月1日;发文机关:全国人民代表大会;文号:全国人大常务委员会委员长令第5号;经过1997年3月14日、1999年12月25日、2001年8月31日、2001年12月29日、2002年12月28日、2005年2月28日、2006年6月29日、2009年2月28日、2009年8月27日、2011年2月25日、2015年8月29日、2017年11月4日数次修正,最新于2020年12月26日修正,并于2021年3月1日实施)	第217条　以营利为目的,有下列侵犯著作权或者与著作权有关的权利的情形之一,违法所得数额较大或者有其他严重情节的,处三年以下有期徒刑,并处或者单处罚金;违法所得数额巨大或者有其他特别严重情节的,处三年以上十年以下有期徒刑,并处罚金: (一)未经著作权人许可,复制发行、通过信息网络向公众传播其文字作品、音乐、美术、视听作品、计算机软件及法律、行政法规规定的其他作品的; (二)出版他人享有专有出版权的图书的; (三)未经录音录像制作者许可,复制发行、通过信息网络向公众传播其制作的录音录像的; (四)未经表演者许可,复制发行录有其表演的录音录像制品,或者通过信息网络向公众传播其表演的; (五)制作、出售假冒他人署名的美术作品的; (六)未经著作权人或者与著作权有关的权利人许可,故意避开或者破坏权利人为其作品、录音录像制品等采取的保护著作权或者与著作权有关的权利的技术措施的。
驰名商标	《商标法》(发布日期:1982年8月23日;实施日期:1983年3月1日;发文机关:全国人大常委会;文号:第五届全国人民代表大会常务委员会令第10号;经过1993年2月22日、2001年10月27日及2013年8月30日三次修正,最新于2019年4月23日修正,2019年11月1日实施)	第13条　为相关公众所熟知的商标,持有人认为其权利受到侵害时,可以依照本法规定请求驰名商标保护。 就相同或者类似商品申请注册的商标是复制、摹仿或者翻译他人未在中国注册的驰名商标,容易导致混淆的,不予注册并禁止使用。 就不相同或者不相类似商品申请注册的商标是复制、摹仿或者翻译他人已经在中国注册的驰名商标,误导公众,致使该驰名商标注册人的利益可能受到损害的,不予注册并禁止使用。

续表

主要法律问题	文件名	具体条款规定
		第 14 条　驰名商标应当根据当事人的请求，作为处理涉及商标案件需要认定的事实进行认定。认定驰名商标应当考虑下列因素： （一）相关公众对该商标的知晓程度； （二）该商标使用的持续时间； （三）该商标的任何宣传工作的持续时间、程度和地理范围； （四）该商标作为驰名商标受保护的记录； （五）该商标驰名的其他因素。 在商标注册审查、工商行政管理部门查处商标违法案件过程中，当事人依照本法第十三条规定主张权利的，商标局根据审查、处理案件的需要，可以对商标驰名情况作出认定。 在商标争议处理过程中，当事人依照本法第十三条规定主张权利的，商标评审委员会根据处理案件的需要，可以对商标驰名情况作出认定。 在商标民事、行政案件审理过程中，当事人依照本法第十三条规定主张权利的，最高人民法院指定的人民法院根据审理案件的需要，可以对商标驰名情况作出认定。 生产、经营者不得将"驰名商标"字样用于商品、商品包装或者容器上，或者用于广告宣传、展览以及其他商业活动中。
	最高人民法院《关于审理涉及驰名商标保护的民事纠纷案件应用法律若干问题的解释》（发布日期：2009 年 4 月 23 日；实施日期：2009 年 5 月 1 日；发文机关：最高人民法院；文号：法释〔2009〕3 号；最新于 2020 年 12 月 29 日修正，2021 年 1 月 1 日实施）	第 2 条　在下列民事纠纷案件中，当事人以商标驰名作为事实根据，人民法院根据案件具体情况，认为确有必要的，对所涉商标是否驰名作出认定： （一）以违反商标法第十三条的规定为由，提起的侵犯商标权诉讼； （二）以企业名称与其驰名商标相同或者近似为由，提起的侵犯商标权或者不正当竞争诉讼； （三）符合本解释第六条规定的抗辩或者反诉的诉讼。
		第 6 条　原告以被诉商标的使用侵犯其注册商标专用权为由提起民事诉讼，被告以原告的注册商标复制、摹仿或者翻译其在先未注册驰名商标为由提出抗辩或者提起反诉的，应当对其在先未注册商标驰名的事实负举证责任。

续表

主要法律问题	文件名	具体条款规定
	《商标法》(2019 年修正)	第 58 条　将他人注册商标、未注册的驰名商标作为企业名称中的字号使用,误导公众,构成不正当竞争行为的,依照《中华人民共和国反不正当竞争法》处理。
	最高人民法院《关于审理涉及驰名商标保护的民事纠纷案件应用法律若干问题的解释》(2020 年修正)	第 2 条　在下列民事纠纷案件中,当事人以商标驰名作为事实根据,人民法院根据案件具体情况,认为确有必要的,对所涉商标是否驰名作出认定: （一）以违反商标法第十三条的规定为由,提起的侵犯商标权诉讼; （二）以企业名称与其驰名商标相同或者近似为由,提起的侵犯商标权或者不正当竞争诉讼; （三）符合本解释第六条规定的抗辩或者反诉的诉讼。
		第 10 条　原告请求禁止被告在不相类似商品上使用与原告驰名的注册商标相同或者近似的商标或者企业名称的,人民法院应当根据案件具体情况,综合考虑以下因素后作出裁判: （一）该驰名商标的显著程度; （二）该驰名商标在使用被诉商标或者企业名称的商品的相关公众中的知晓程度; （三）使用驰名商标的商品与使用被诉商标或者企业名称的商品之间的关联程度; （四）其他相关因素。
商标注册手续不完备	《商标法》(发布日期:1982 年 8 月 23 日;实施日期:1983 年 3 月 1 日;发文机关:全国人大常委会;文号:第五届全国人民代表大会常务委员会令第 10 号;经过 1993 年 2 月 22 日、2001 年 10 月 27 日及 2013 年 8 月 30 日三次修正,最新于 2019 年 4 月 23 日修正,2019 年 11 月 1 日实施)	第 4 条　自然人、法人或者其他组织在生产经营活动中,对其商品或者服务需要取得商标专用权的,应当向商标局申请商标注册。不以使用为目的的恶意商标注册申请,应当予以驳回。 本法有关商品商标的规定,适用于服务商标。

续表

主要法律问题	文件名	具体条款规定
		第 42 条　转让注册商标的,转让人和受让人应当签订转让协议,并共同向商标局提出申请。受让人应当保证使用该注册商标的商品质量。 转让注册商标的,商标注册人对其在同一种商品上注册的近似的商标,或者在类似商品上注册的相同或者近似的商标,应当一并转让。 对容易导致混淆或者有其他不良影响的转让,商标局不予核准,书面通知申请人并说明理由。 转让注册商标经核准后,予以公告。受让人自公告之日起享有商标专用权。
	《商标法实施条例》(发布日期:2002 年 8 月 3 日;实施日期:2002 年 9 月 15 日;发文机关:国务院;文号:国务院令第 358 号;2014 年 4 月 29 日修订,2014 年 5 月 1 日实施)	第 32 条　注册商标专用权因转让以外的继承等其他事由发生移转的,接受该注册商标专用权的当事人应当凭有关证明文件或者法律文书到商标局办理注册商标专用权移转手续。 注册商标专用权移转的,注册商标专用权人在同一种或者类似商品上注册的相同或者近似的商标,应当一并移转;未一并移转的,由商标局通知其限期改正;期满未改正的,视为放弃该移转注册商标的申请,商标局应当书面通知申请人。 商标移转申请经核准的,予以公告。接受该注册商标专用权移转的当事人自公告之日起享有商标专用权。
商标变更登记	《商标法》(发布日期:1982 年 8 月 23 日;实施日期:1983 年 3 月 1 日;发文机关:全国人大常委会;文号:第五届全国人民代表大会常务委员会令第 10 号;经过 1993 年 2 月 22 日、2001 年 10 月 27 日及 2013 年 8 月 30 日三次修正,最新于 2019 年 4 月 23 日修正,2019 年 11 月 1 日实施)	第 41 条　注册商标需要变更注册人的名义、地址或者其他注册事项的,应当提出变更申请。
		第 44 条　已经注册的商标,违反本法第四条、第十条、第十一条、第十二条、第十九条第四款规定的,或者是以欺骗手段或者其他不正当手段取得注册的,由商标局宣告该注册商标无效;其他单位或者个人可以请求商标评审委员会宣告该注册商标无效。 商标局做出宣告注册商标无效的决定,应当书面通知当事人。当事人对商标局的决定不服的,可以自收到通知之日起十五日内向商标评审委员会申请复审。商标评审委员会应当自收到申请之日起九个月内做出决定,并书面通知当事人。有特殊情况需要延长的,经国务院工商行政

续表

主要法律问题	文件名	具体条款规定
		管理部门批准,可以延长三个月。当事人对商标评审委员会的决定不服的,可以自收到通知之日起三十日内向人民法院起诉。 其他单位或者个人请求商标评审委员会宣告注册商标无效的,商标评审委员会收到申请后,应当书面通知有关当事人,并限期提出答辩。商标评审委员会应当自收到申请之日起九个月内做出维持注册商标或者宣告注册商标无效的裁定,并书面通知当事人。有特殊情况需要延长的,经国务院工商行政管理部门批准,可以延长三个月。当事人对商标评审委员会的裁定不服的,可以自收到通知之日起三十日内向人民法院起诉。人民法院应当通知商标裁定程序的对方当事人作为第三人参加诉讼。
商标共有、质押、许可	《商标法》(发布日期:1982 年 8 月 23 日;实施日期:1983 年 3 月 1 日;发文机关:全国人大常委会;文号:第五届全国人民代表大会常务委员会令第 10 号;经过 1993 年 2 月 22 日、2001 年 10 月 27 日及 2013 年 8 月 30 日三次修正,最新于 2019 年 4 月 23 日修正,2019 年 11 月 1 日实施)	第 5 条　两个以上的自然人、法人或者其他组织可以共同向商标局申请注册同一商标,共同享有和行使该商标专用权。
	《注册商标专用权质押登记程序规定》(发布日期:2020 年 4 月 22 日;实施日期:2020 年 5 月 1 日;发文机关:国家知识产权局;文号:国家知识产权局公告第 358 号)	第 3 条　办理注册商标专用权质权登记,出质人应当将在相同或者类似商品/服务上注册的相同或者近似商标一并办理质权登记。质权合同和质权登记申请书中应当载明出质的商标注册号。 共有商标办理质权登记的,除全体共有人另有约定的以外,应当取得其他共有人的同意。
	《民法典》(发布日期:2020 年 5 月 28 日;实施日期:2021 年 1 月 1 日;发文机关:全国人民代表大会;文号:主席令第 45 号)	第 444 条　以注册商标专用权、专利权、著作权等知识产权中的财产权出质的,质权自办理出质登记时设立。 知识产权中的财产权出质后,出质人不得转让或者许可他人使用,但是出质人与质权人协商同意的除外。出质人转让或者许可他人使用出质的知识产权中的财产权所得的价款,应当向质权人提前清偿债务或者提存。

续表

主要法律问题	文件名	具体条款规定
	《商标法》(2019 年修正)	第 43 条　商标注册人可以通过签订商标使用许可合同,许可他人使用其注册商标。许可人应当监督被许可人使用其注册商标的商品质量。被许可人应当保证使用该注册商标的商品质量。 经许可使用他人注册商标的,必须在使用该注册商标的商品上标明被许可人的名称和商品产地。许可他人使用其注册商标的,许可人应当将其商标使用许可报商标局备案,由商标局公告。商标使用许可未经备案不得对抗善意第三人。
公司注册商标有效期即将届满	《商标法》(发布日期:1982 年 8 月 23 日;实施日期:1983 年 3 月 1 日;发文机关:全国人大常委会;文号:第五届全国人民代表大会常务委员会令第 10 号;经过 1993 年 2 月 22 日、2001 年 10 月 27 日及 2013 年 8 月 30 日三次修正,最新于 2019 年 4 月 23 日修正,2019 年 11 月 1 日实施)	第 40 条　注册商标有效期满,需要继续使用的,商标注册人应当在期满前十二个月内按照规定办理续展手续;在此期间未能办理的,可以给予六个月的宽展期。每次续展注册的有效期为十年,自该商标上一届有效期满次日起计算。期满未办理续展手续的,注销其注册商标。 商标局应当对续展注册的商标予以公告。
		第 50 条　注册商标被撤销、被宣告无效或者期满不再续展的,自撤销、宣告无效或者注销之日起一年内,商标局对与该商标相同或者近似的商标注册申请,不予核准。
注册商标使用状态	《商标法》(发布日期:1982 年 8 月 23 日;实施日期:1983 年 3 月 1 日;发文机关:全国人大常委会;文号:第五届全国人民代表大会常务委员会令第 10 号;经过 1993 年 2 月 22 日、2001 年 10 月 27 日及 2013 年 8 月 30 日三次修正,最新于 2019 年 4 月 23 日修正,2019 年 11 月 1 日实施)	第 49 条　商标注册人在使用注册商标的过程中,自行改变注册商标、注册人名义、地址或者其他注册事项的,由地方工商行政管理部门责令限期改正;期满不改正的,由商标局撤销其注册商标。 注册商标成为其核定使用的商品的通用名称或者没有正当理由连续三年不使用的,任何单位或者个人可以向商标局申请撤销该注册商标。商标局应当自收到申请之日起九个月内做出决定。有特殊情况需要延长的,经国务院工商行政管理部门批准,可以延长三个月。
		第 23 条　注册商标需要在核定使用范围之外的商品上取得商标专用权的,应当另行提出注册申请。

续表

主要法律问题	文件名	具体条款规定
	《商标法实施条例》(发布日期:2002 年 8 月 3 日;实施日期:2002 年 9 月 15 日;发文机关:国务院;文号:国务院令第 358 号;2014 年 4 月 29 日修订,2014 年 5 月 1 日实施)	第 64 条　《商标注册证》遗失或者破损的,应当向商标局提交补发《商标注册证》申请书。《商标注册证》遗失的,应当在《商标公告》上刊登遗失声明。破损的《商标注册证》,应当在提交补发申请时交回商标局。 商标注册人需要商标局补发商标变更、转让、续展证明,出具商标注册证明,或者商标申请人需要商标局出具优先权证明文件的,应当向商标局提交相应申请书。符合要求的,商标局发给相应证明;不符合要求的,商标局不予办理,通知申请人并告知理由。 伪造或者变造《商标注册证》或者其他商标证明文件的,依照刑法关于伪造、变造国家机关证件罪或者其他罪的规定,依法追究刑事责任。
商标许可瑕疵	《商标法》(发布日期:1982 年 8 月 23 日;实施日期:1983 年 3 月 1 日;发文机关:全国人大常委会;文号:第五届全国人民代表大会常务委员会令第 10 号;经过 1993 年 2 月 22 日、2001 年 10 月 27 日及 2013 年 8 月 30 日三次修正,最新于 2019 年 4 月 23 日修正,2019 年 11 月 1 日实施)	第 43 条　商标注册人可以通过签订商标使用许可合同,许可他人使用其注册商标。许可人应当监督被许可人使用其注册商标的商品质量。被许可人应当保证使用该注册商标的商品质量。 经许可使用他人注册商标的,必须在使用该注册商标的商品上标明被许可人的名称和商品产地。 许可他人使用其注册商标的,许可人应当将其商标使用许可报商标局备案,由商标局公告。商标使用许可未经备案不得对抗善意第三人。
	《商标法实施条例》(发布日期:2002 年 8 月 3 日;实施日期:2002 年 9 月 15 日;发文机关:国务院;文号:国务院令第 358 号;2014 年 4 月 29 日修订,2014 年 5 月 1 日实施)	第 69 条　许可他人使用其注册商标的,许可人应当在许可合同有效期内向商标局备案并报送备案材料。备案材料应当说明注册商标使用许可人、被许可人、许可期限、许可使用的商品或者服务范围等事项。
公司存在商标侵权纠纷	《商标法》(发布日期:1982 年 8 月 23 日;实施日期:1983 年 3 月 1 日;发文机关:全国人大常委会;文号:第五届全国人民代表大会常务委员会令第 10 号;经过 1993 年 2 月 22 日、2001 年 10 月 27 日及 2013 年 8 月 30 日三次修正,最新于 2019 年 4 月 23 日修正,2019 年 11 月 1 日实施)	第 57 条　有下列行为之一的,均属侵犯注册商标专用权: (一)未经商标注册人的许可,在同一种商品上使用与其注册商标相同的商标的; (二)未经商标注册人的许可,在同一种商品上使用与其注册商标近似的商标,或者在类似商品上使用与其注册商标相同或者近似的商标,容易导致混淆的; (三)销售侵犯注册商标专用权的商品的; (四)伪造、擅自制造他人注册商标标识或者销售伪造、擅自制造的注册商标标识的;

续表

主要法律问题	文件名	具体条款规定
		（五）未经商标注册人同意，更换其注册商标并将该更换商标的商品又投入市场的； （六）故意为侵犯他人商标专用权行为提供便利条件，帮助他人实施侵犯商标专用权行为的； （七）给他人的注册商标专用权造成其他损害的。
		第58条　将他人注册商标、未注册的驰名商标作为企业名称中的字号使用，误导公众，构成不正当竞争行为的，依照《中华人民共和国反不正当竞争法》处理。
		第60条　有本法第五十七条所列侵犯注册商标专用权行为之一，引起纠纷的，由当事人协商解决；不愿协商或者协商不成的，商标注册人或者利害关系人可以向人民法院起诉，也可以请求工商行政管理部门处理。 工商行政管理部门处理时，认定侵权行为成立的，责令立即停止侵权行为，没收、销毁侵权商品和主要用于制造侵权商品、伪造注册商标标识的工具，违法经营额五万元以上的，可以处违法经营额五倍以下的罚款，没有违法经营额或者违法经营额不足五万元的，可以处二十五万元以下的罚款。对五年内实施两次以上商标侵权行为或者有其他严重情节的，应当从重处罚。销售不知道是侵犯注册商标专用权的商品，能证明该商品是自己合法取得并说明提供者的，由工商行政管理部门责令停止销售。 对侵犯商标专用权的赔偿数额的争议，当事人可以请求进行处理的工商行政管理部门调解，也可以依照《中华人民共和国民事诉讼法》向人民法院起诉。经工商行政管理部门调解，当事人未达成协议或者调解书生效后不履行的，当事人可以依照《中华人民共和国民事诉讼法》向人民法院起诉。
		第67条　未经商标注册人许可，在同一种商品上使用与其注册商标相同的商标，构成犯罪的，除赔偿被侵权人的损失外，依法追究刑事责任。 伪造、擅自制造他人注册商标标识或者销售伪造、擅自制造的注册商标标识，构成犯罪的，除赔偿被侵权人的损失外，依法追究刑事责任。 销售明知是假冒注册商标的商品，构成犯罪的，除赔偿被侵权人的损失外，依法追究刑事责任。

续表

主要法律问题	文件名	具体条款规定
	《刑法》（发布日期：1979 年 7 月 6 日；实施日期：1980 年 1 月 1 日；发文机关：全国人民代表大会；文号：全国人大常务委员会委员长令第 5 号；经过 1997 年 3 月 14 日、1999 年 12 月 25 日、2001 年 8 月 31 日、2001 年 12 月 29 日、2002 年 12 月 28 日、2005 年 2 月 28 日、2006 年 6 月 29 日、2009 年 2 月 28 日、2009 年 8 月 27 日、2011 年 2 月 25 日、2015 年 8 月 29 日、2017 年 11 月 4 日数次修正，最新于 2020 年 12 月 26 日修正，并于 2021 年 3 月 1 日实施）	第 213 条　未经注册商标所有人许可，在同一种商品、服务上使用与其注册商标相同的商标，情节严重的，处三年以下有期徒刑，并处或者单处罚金；情节特别严重的，处三年以上十年以下有期徒刑，并处罚金。
		第 214 条　销售明知是假冒注册商标的商品，违法所得数额较大或者有其他严重情节的，处三年以下有期徒刑，并处或者单处罚金；违法所得数额巨大或者有其他特别严重情节的，处三年以上十年以下有期徒刑，并处罚金。
		第 215 条　伪造、擅自制造他人注册商标标识或者销售伪造、擅自制造的注册商标标识，情节严重的，处三年以下有期徒刑，并处或者单处罚金；情节特别严重的，处三年以上十年以下有期徒刑，并处罚金。
专利申请和权利归属可能涉及以下问题	《专利法》（发布日期：1984 年 3 月 12 日；实施日期：1985 年 4 月 1 日；发文机关：全国人大常委会；文号：主席令第 11 号；经过 1992 年 9 月 4 日、2000 年 8 月 25 日、2008 年 12 月 27 日三次修正，最新于 2020 年 10 月 17 日修正，2021 年 6 月 1 日实施）	第 11 条　发明和实用新型专利权被授予后，除本法另有规定的以外，任何单位或者个人未经专利权人许可，都不得实施其专利，即不得为生产经营目的制造、使用、许诺销售、销售、进口其专利产品，或者使用其专利方法以及使用、许诺销售、销售、进口依照该专利方法直接获得的产品。 外观设计专利权被授予后，任何单位或者个人未经专利权人许可，都不得实施其专利，即不得为生产经营目的制造、许诺销售、销售、进口其外观设计专利产品。
		第 15 条　被授予专利权的单位应当对职务发明创造的发明人或者设计人给予奖励；发明创造专利实施后，根据其推广应用的范围和取得的经济效益，对发明人或者设计人给予合理的报酬。 国家鼓励被授予专利权的单位实行产权激励，采取股权、期权、分红等方式，使发明人或者设计人合理分享创新收益。
		第 30 条　申请人要求发明、实用新型专利优先权的，应当在申请的时候提出书面声明，并且在第一次提出申请之日起十六个月内，提交第一次提出的专利申请文件的副本。

续表

主要法律问题	文件名	具体条款规定
		申请人要求外观设计专利优先权的,应当在申请的时候提出书面声明,并且在三个月内提交第一次提出的专利申请文件的副本。 申请人未提出书面声明或者逾期未提交专利申请文件副本的,视为未要求优先权。
		第35条 发明专利申请自申请日起三年内,国务院专利行政部门可以根据申请人随时提出的请求,对其申请进行实质审查;申请人无正当理由逾期不请求实质审查的,该申请即被视为撤回。 国务院专利行政部门认为必要的时候,可以自行对发明专利申请进行实质审查。
		第36条 发明专利的申请人请求实质审查的时候,应当提交在申请日前与其发明有关的参考资料。
		第37条 国务院专利行政部门对发明专利申请进行实质审查后,认为不符合本法规定的,应当通知申请人,要求其在指定的期限内陈述意见,或者对其申请进行修改;无正当理由逾期不答复的,该申请即被视为撤回。
	《专利法实施细则》[发布日期:1985年1月19日;实施日期:1985年4月1日;发文机关:专利局;文号:专利局公告(第3号);经过1992年12月21日、2001年6月15日、2002年12月28日三次修订,最新于2010年1月9日修订,2010年2月1日实施]	第77条 被授予专利权的单位未与发明人、设计人约定也未在其依法制定的规章制度中规定专利法第十六条规定的奖励的方式和数额的,应当自专利权公告之日起3个月内发给发明人或者设计人奖金。一项发明专利的奖金最低不少于3000元;一项实用新型专利或者外观设计专利的奖金最低不少于1000元。 由于发明人或者设计人的建议被其所属单位采纳而完成的发明创造,被授予专利权的单位应当从优发给奖金。
		第78条 被授予专利权的单位未与发明人、设计人约定也未在其依法制定的规章制度中规定专利法第十六条规定的报酬的方式和数额的,在专利权有效期限内,实施发明创造专利后,每年应当从实施该项发明或者实用新型专利的营业利润中提取不低于2%或者从实施该项外观设计专利的营业利润中提取不低于0.2%,作为报酬给予发明人或者设计人,或者参照上述比例,

续表

主要法律问题	文件名	具体条款规定
		给予发明人或者设计人一次性报酬;被授予专利权的单位许可其他单位或者个人实施其专利的,应当从收取的使用费中提取不低于10%,作为报酬给予发明人或者设计人。
		第95条　申请人应当自申请日起2个月内或者在收到受理通知书之日起15日内缴纳申请费、公布印刷费和必要的申请附加费;期满未缴纳或者未缴足的,其申请视为撤回。 申请人要求优先权的,应当在缴纳申请费的同时缴纳优先权要求费;期满未缴纳或者未缴足的,视为未要求优先权。
专利的变更	《专利法》(发布日期:1984年3月12日;实施日期:1985年4月1日;发文机关:全国人大常委会;文号:主席令第11号;经过1992年9月4日、2000年8月25日、2008年12月27日三次修正,最新于2020年10月17日修正,2021年6月1日实施)	第10条　专利申请权和专利权可以转让。 中国单位或者个人向外国人、外国企业或者外国其他组织转让专利申请权或者专利权的,应当依照有关法律、行政法规的规定办理手续。 转让专利申请权或者专利权的,当事人应当订立书面合同,并向国务院专利行政部门登记,由国务院专利行政部门予以公告。专利申请权或者专利权的转让自登记之日起生效。
	《专利法实施细则》[发布日期:1985年1月19日;实施日期:1985年4月1日;发文机关:专利局;文号:专利局公告(第3号);经过1992年12月21日、2001年6月15日、2002年12月28日三次修订,最新于2010年1月9日修订,2010年2月1日实施]	第99条　恢复权利请求费应当在本细则规定的相关期限内缴纳;期满未缴纳或者未缴足的,视为未提出请求。 延长期限请求费应当在相应期限届满之日前缴纳;期满未缴纳或者未缴足的,视为未提出请求。 著录事项变更费、专利权评价报告请求费、无效宣告请求费应当自提出请求之日起1个月内缴纳;期满未缴纳或者未缴足的,视为未提出请求。
		第119条　向国务院专利行政部门提交申请文件或者办理各种手续,应当由申请人、专利权人、其他利害关系人或者其代表人签字或者盖章;委托专利代理机构的,由专利代理机构盖章。 请求变更发明人姓名、专利申请人和专利权人的姓名或者名称、国籍和地址、专利代理机构的名称、地址和代理人姓名的,应当向国务院专利行政部门办理著录事项变更手续,并附具变更理由的证明材料。

续表

主要法律问题	文件名	具体条款规定
专利权属有限制（共有、质押、许可）	《专利法》（发布日期：1984 年 3 月 12 日；实施日期：1985 年 4 月 1 日；发文机关：全国人大常委会；文号：主席令第 11 号；经过 1992 年 9 月 4 日、2000 年 8 月 25 日、2008 年 12 月 27 日三次修正，最新于 2020 年 10 月 17 日修正，2021 年 6 月 1 日实施）	第 8 条　两个以上单位或者个人合作完成的发明创造、一个单位或者个人接受其他单位或者个人委托所完成的发明创造，除另有协议的以外，申请专利的权利属于完成或者共同完成的单位或者个人；申请被批准后，申请的单位或者个人为专利权人。
		第 14 条　专利申请权或者专利权的共有人对权利的行使有约定的，从其约定。没有约定的，共有人可以单独实施或者以普通许可方式许可他人实施该专利；许可他人实施该专利的，收取的使用费应当在共有人之间分配。 除前款规定的情形外，行使共有的专利申请权或者专利权应当取得全体共有人的同意。
	《专利权质押登记办法》（发布日期：2010 年 8 月 26 日；实施日期：2010 年 10 月 1 日；发文机关：国家知识产权局；文号：国家知识产权局令第 56 号）	第 4 条　以共有的专利权出质的，除全体共有人另有约定的以外，应当取得其他共有人的同意。
		第 12 条　专利权质押登记申请经审查合格的，国家知识产权局在专利登记簿上予以登记，并向当事人发送《专利权质押登记通知书》。质权自国家知识产权局登记时设立。 经审查发现有下列情形之一的，国家知识产权局作出不予登记的决定，并向当事人发送《专利权质押不予登记通知书》： （一）出质人与专利登记簿记载的专利权人不一致的； （二）专利权已终止或者已被宣告无效的； （三）专利申请尚未被授予专利权的； （四）专利权处于年费缴纳滞纳期的； （五）专利权已被启动无效宣告程序的； （六）因专利权的归属发生纠纷或者人民法院裁定对专利权采取保全措施，专利权的质押手续被暂停办理的； （七）债务人履行债务的期限超过专利权有效期的； （八）质押合同约定在债务履行期届满质权人未受清偿时，专利权归质权人所有的；

续表

主要法律问题	文件名	具体条款规定
		(九)质押合同不符合本办法第九条规定的; (十)以共有专利权出质但未取得全体共有人同意的; (十一)专利权已被申请质押登记且处于质押期间的; (十二)其他应当不予登记的情形。
		第16条　专利权质押期间,出质人未提交质权人同意转让或者许可实施该专利权的证明材料的,国家知识产权局不予办理专利权转让登记手续或者专利实施合同备案手续。 出质人转让或者许可他人实施出质的专利权的,出质人所得的转让费、许可费应当向质权人提前清偿债务或者提存。
	《民法典》(发布日期:2020年5月28日;实施日期:2021年1月1日;发文机关:全国人民代表大会;文号:主席令第45号)	第444条　以注册商标专用权、专利权、著作权等知识产权中的财产权出质的,质权自办理出质登记时设立。 知识产权中的财产权出质后,出质人不得转让或者许可他人使用,但是出质人与质权人协商同意的除外。出质人转让或者许可他人使用出质的知识产权中的财产权所得的价款,应当向质权人提前清偿债务或者提存。
专利年费缴纳	《专利法》(发布日期:1984年3月12日;实施日期:1985年4月1日;发文机关:全国人大常委会;文号:主席令第11号;经过1992年9月4日、2000年8月25日、2008年12月27日三次修正,最新于2020年10月17日修正,2021年6月1日实施)	第43条　专利权人应当自被授予专利权的当年开始缴纳年费。
		第44条　有下列情形之一的,专利权在期限届满前终止: (一)没有按照规定缴纳年费的; (二)专利权人以书面声明放弃其专利权的。 专利权在期限届满前终止的,由国务院专利行政部门登记和公告。

续表

主要法律问题	文件名	具体条款规定
专利许可	《专利实施许可合同备案办法》(发布日期:2011年6月27日;实施日期:2011年8月1日;发文机关:国家知识产权局;文号:国家知识产权局令第62号)	第5条　当事人应当自专利实施许可合同生效之日起3个月内办理备案手续。
		第14条　专利实施许可合同备案的有关内容由国家知识产权局在专利登记簿上登记,并在专利公报上公告以下内容:许可人、被许可人、主分类号、专利号、申请日、授权公告日、实施许可的种类和期限、备案日期。 专利实施许可合同备案后变更、注销以及撤销的,国家知识产权局予以相应登记和公告。
专利侵权纠纷	《专利法》(发布日期:1984年3月12日;实施日期:1985年4月1日;发文机关:全国人大常委会;文号:主席令第11号;经过1992年9月4日、2000年8月25日、2008年12月27日三次修正,最新于2020年10月17日修正,2021年6月1日实施)	第64条　发明或者实用新型专利权的保护范围以其权利要求的内容为准,说明书及附图可以用于解释权利要求的内容。 外观设计专利权的保护范围以表示在图片或者照片中的该产品的外观设计为准,简要说明可以用于解释图片或者照片所表示的该产品的外观设计。
	最高人民法院《关于审理侵犯专利权纠纷案件应用法律若干问题的解释》(发布日期:2009年12月28日;实施日期:2010年1月1日;发文机关:最高人民法院;文号:法释〔2009〕21号)	第7条　人民法院判定被诉侵权技术方案是否落入专利权的保护范围,应当审查权利人主张的权利要求所记载的全部技术特征。 被诉侵权技术方案包含与权利要求记载的全部技术特征相同或者等同的技术特征的,人民法院应当认定其落入专利权的保护范围;被诉侵权技术方案的技术特征与权利要求记载的全部技术特征相比,缺少权利要求记载的一个以上的技术特征,或者有一个以上技术特征不相同也不等同的,人民法院应当认定其没有落入专利权的保护范围。
		第8条　对于仅在说明书或者附图中描述而在权利要求中未记载的技术方案,权利人在侵犯专利权纠纷案件中将其纳入专利权保护范围的,人民法院不予支持。

续表

主要法律问题	文件名	具体条款规定
	最高人民法院《关于审理侵犯专利权纠纷案件应用法律若干问题的解释(二)》(发布日期:2016年3月21日;实施日期:2016年4月1日;发文机关:最高人民法院;文号:法释〔2016〕1号,最新于2020年12月29日修正,2021年1月1日实施)	第4条　权利要求书、说明书及附图中的语法、文字、标点、图形、符号等存有歧义,但本领域普通技术人员通过阅读权利要求书、说明书及附图可以得出唯一理解的,人民法院应当根据该唯一理解予以认定。
		第5条　在人民法院确定专利权的保护范围时,独立权利要求的前序部分、特征部分以及从属权利要求的引用部分、限定部分记载的技术特征均有限定作用。
		第7条　被诉侵权技术方案在包含封闭式组合物权利要求全部技术特征的基础上增加其他技术特征的,人民法院应当认定被诉侵权技术方案未落入专利权的保护范围,但该增加的技术特征属于不可避免的常规数量杂质的除外。 前款所称封闭式组合物权利要求,一般不包括中药组合物权利要求。
		第9条　被诉侵权技术方案不能适用于权利要求中使用环境特征所限定的使用环境的,人民法院应当认定被诉侵权技术方案未落入专利权的保护范围。
		第10条　对于权利要求中以制备方法界定产品的技术特征,被诉侵权产品的制备方法与其不相同也不等同的,人民法院应当认定被诉侵权技术方案未落入专利权的保护范围。
	《专利法》(2020年修正)	第11条　发明和实用新型专利权被授予后,除本法另有规定的以外,任何单位或者个人未经专利权人许可,都不得实施其专利,即不得为生产经营目的制造、使用、许诺销售、销售、进口其专利产品,或者使用其专利方法以及使用、许诺销售、销售、进口依照该专利方法直接获得的产品。 外观设计专利权被授予后,任何单位或者个人未经专利权人许可,都不得实施其专利,即不得为生产经营目的制造、许诺销售、销售、进口其外观设计专利产品。
		第65条　未经专利权人许可,实施其专利,即侵犯其专利权,引起纠纷的,由当事人协商解决;不愿协商或者协商不成的,专利权人或者利害关系

续表

主要法律问题	文件名	具体条款规定
		人可以向人民法院起诉,也可以请求管理专利工作的部门处理。管理专利工作的部门处理时,认定侵权行为成立的,可以责令侵权人立即停止侵权行为,当事人不服的,可以自收到处理通知之日起十五日内依照《中华人民共和国行政诉讼法》向人民法院起诉;侵权人期满不起诉又不停止侵权行为的,管理专利工作的部门可以申请人民法院强制执行。进行处理的管理专利工作的部门应当事人的请求,可以就侵犯专利权的赔偿数额进行调解;调解不成的,当事人可以依照《中华人民共和国民事诉讼法》向人民法院起诉。
		第 68 条　假冒专利的,除依法承担民事责任外,由负责专利执法的部门责令改正并予公告,没收违法所得,可以处违法所得五倍以下的罚款;没有违法所得或者违法所得在五万元以下的,可以处二十五万元以下的罚款;构成犯罪的,依法追究刑事责任。
	《刑法》(发布日期:1979 年 7 月 6 日;实施日期:1980 年 1 月 1 日;发文机关:全国人民代表大会;文号:全国人大常务委员会委员长令第 5 号;经过 1997 年 3 月 14 日、1999 年 12 月 25 日、2001 年 8 月 31 日、2001 年 12 月 29 日、2002 年 12 月 28 日、2005 年 2 月 28 日、2006 年 6 月 29 日、2009 年 2 月 28 日、2009 年 8 月 27 日、2011 年 2 月 25 日、2015 年 8 月 29 日、2017 年 11 月 4 日数次修正,最新于 2020 年 12 月 26 日修正,并于 2021 年 3 月 1 日实施)	第 216 条　假冒他人专利,情节严重的,处三年以下有期徒刑或者拘役,并处或者单处罚金。
域名	《中国互联网络域名注册暂行管理办法》[发布日期:1997 年 5 月 30 日;实施日期:1997 年 5 月 30 日;发文机关:国务院信息化领导小组(已撤销);文号:国信办〔1997〕027 号]	第 20 条　按照"先申请先注册"的原则受理域名注册,不受理域名预留。

续表

主要法律问题	文件名	具体条款规定
		第25条　申请变更注册域名或者其他注册事项的,应当提交域名注册申请表和第十五条中所列文件,并且交回原域名注册证。 经域名管理单位核准后,将原域名注册证加注发还,并且在10个工作日内予以开通。
	《国家顶级域名注册实施细则》(发布日期:2019年6月18日;实施日期:2019年6月18日;发文机关:中国互联网络信息中心)	第51条　域名注册服务机构应当在域名到期前通过电子邮件等有效方式提醒域名持有者进行域名续费。域名持有者不得以未收到续费通知为由,拒绝续费。域名注册服务机构应保留上述通知记录。 域名到期后自动进入续费确认期,域名持有者在到期后三十日内确认是否续费。如书面表示不续费,域名注册服务机构应当注销该域名;如果在三十日内未书面表示不续费,也未续费,域名注册服务机构应当三十日后注销该域名。 续费确认期内,域名注册服务机构不得以未缴费为由改变或停止域名解析,与域名持有者另有约定的除外。
	《中国互联网络域名注册暂行管理办法》[发布日期:1997年5月30日;实施日期:1997年5月30日;发文机关:国务院信息化领导小组(已撤销);文号:国信办〔1997〕027号]	第11条　三级以下(含三级)域名命名的限制原则 (一)未经国家有关部门的正式批准,不得使用含有"CHINA"、"CHINESE"、"CN"、"NATIONAL"等字样的域名; (二)不得使用公众知晓的其他国家或者地区名称、外国地名、国际组织名称; (三)未经各级地方政府批准,不得使用县级以上(含县级)行政区划名称的全称或者缩写; (四)不得使用行业名称或者商品的通用名称; (五)不得使用他人已在中国注册过的企业名称或者商标名称; (六)不得使用对国家、社会或者公共利益有损害的名称。
		第23条　各级域名管理单位不负责向国家工商行政管理部门及商标管理部门查询用户域名是否与注册商标或者企业名称相冲突,是否侵害了第三者的权益。任何因这类冲突引起的纠纷,由

续表

主要法律问题	文件名	具体条款规定
		申请人自己负责处理并承担法律责任。当某个三级域名与在我国境内注册的商标或者企业名称相同，并且注册域名不为注册商标或者企业名称持有方拥有时，注册商标或者企业名称持有方若未提出异议，则域名持有方可以继续使用其域名；若注册商标或者企业名称持有方提出异议，在确认其拥有注册商标权或者企业名称权之日起，各级域名管理单位为域名持有方保留 30 日域名服务，30 日后域名服务自动停止，其间一切法律责任和经济纠纷均与各级域名管理单位无关。
	最高人民法院《关于审理涉及计算机网络域名民事纠纷案件适用法律若干问题的解释》（发布日期：2001 年 7 月 17 日；实施日期：2001 年 7 月 24 日；发文机关：最高人民法院；文号：法释〔2001〕24 号；最新于 2020 年 12 月 29 日修正，2021 年 1 月 1 日实施）	第 1 条　对于涉及计算机网络域名注册、使用等行为的民事纠纷，当事人向人民法院提起诉讼，经审查符合民事诉讼法第一百一十九条规定的，人民法院应当受理。
		第 4 条　人民法院审理域名纠纷案件，对符合以下各项条件的，应当认定被告注册、使用域名等行为构成侵权或者不正当竞争： （一）原告请求保护的民事权益合法有效； （二）被告域名或其主要部分构成对原告驰名商标的复制、模仿、翻译或音译；或者与原告的注册商标、域名等相同或近似，足以造成相关公众的误认； （三）被告对该域名或其主要部分不享有权益，也无注册、使用该域名的正当理由； （四）被告对该域名的注册、使用具有恶意。
商业秘密的保护	《反不正当竞争法》（发布日期：1993 年 9 月 2 日；实施日期：1993 年 12 月 1 日；发文机关：全国人大常委会；文号：主席令第 10 号；经过 2017 年 11 月 4 日修订，最新于 2019 年 4 月 23 日修正并实施）	第 9 条　经营者不得实施下列侵犯商业秘密的行为： （一）以盗窃、贿赂、欺诈、胁迫、电子侵入或者其他不正当手段获取权利人的商业秘密； （二）披露、使用或者允许他人使用以前项手段获取的权利人的商业秘密； （三）违反保密义务或者违反权利人有关保守商业秘密的要求，披露、使用或者允许他人使用其所掌握的商业秘密； （四）教唆、引诱、帮助他人违反保密义务或者违反权利人有关保守商业秘密的要求，获取、

续表

主要法律问题	文件名	具体条款规定
		披露、使用或者允许他人使用权利人的商业秘密。 经营者以外的其他自然人、法人和非法人组织实施前款所列违法行为的，视为侵犯商业秘密。 第三人明知或者应知商业秘密权利人的员工、前员工或者其他单位、个人实施本条第一款所列违法行为，仍获取、披露、使用或者允许他人使用该商业秘密的，视为侵犯商业秘密。 本法所称的商业秘密，是指不为公众所知悉、具有商业价值并经权利人采取相应保密措施的技术信息、经营信息等商业信息。
禁止技术进出口的相关问题	《技术进出口管理条例》（发布日期:2001 年 12 月 10 日;实施日期:2002 年 1 月 1 日;发文机关:国务院;文号:国务院令第 331 号;经过 2011 年 1 月 8 日、2019 年 3 月 2 日修订;最新于 2020 年 11 月 29 日修订并实施）	第 8 条　有对外贸易法第十六条规定情形之一的技术，禁止或者限制进口。 国务院外经贸主管部门会同国务院有关部门，制定、调整并公布禁止或者限制进口的技术目录。
		第 9 条　属于禁止进口的技术，不得进口。
		第 46 条　进口或者出口属于禁止进出口的技术的，或者未经许可擅自进口或者出口属于限制进出口的技术的，依照刑法关于走私罪、非法经营罪、泄露国家秘密罪或者其他罪的规定，依法追究刑事责任；尚不够刑事处罚的，区别不同情况，依照海关法的有关规定处罚，或者由国务院外经贸主管部门给予警告，没收违法所得，处违法所得 1 倍以上 5 倍以下的罚款；国务院外经贸主管部门并可以撤销其对外贸易经营许可。
限制技术进出口的相关问题	《技术进出口管理条例》（发布日期:2001 年 12 月 10 日;实施日期:2002 年 1 月 1 日;发文机关:国务院;文号:国务院令第 331 号;经过 2011 年 1 月 8 日、2019 年 3 月 2 日修订;最新于 2020 年 11 月 29 日修订并实施）	第 8 条　有对外贸易法第十六条规定情形之一的技术，禁止或者限制进口。 国务院外经贸主管部门会同国务院有关部门，制定、调整并公布禁止或者限制进口的技术目录。
		第 10 条　属于限制进口的技术，实行许可证管理；未经许可，不得进口。

续表

主要法律问题	文件名	具体条款规定
		第11条第1款　进口属于限制进口的技术，应当向国务院外经贸主管部门提出技术进口申请并附有关文件。
		第47条　擅自超出许可的范围进口或者出口属于限制进出口的技术的，依照刑法关于非法经营罪或者其他罪的规定，依法追究刑事责任；尚不够刑事处罚的，区别不同情况，依照海关法的有关规定处罚，或者由国务院外经贸主管部门给予警告，没收违法所得，处违法所得1倍以上3倍以下的罚款；国务院外经贸主管部门并可以暂停直至撤销其对外贸易经营许可。
自由技术进出口的相关问题	《技术进出口管理条例》(发布日期:2001年12月10日;实施日期:2002年1月1日;发文机关:国务院;文号:国务院令第331号;经过2011年1月8日、2019年3月2日修订;最新于2020年11月29日修订并实施)	第17条　对属于自由进口的技术，实行合同登记管理。 进口属于自由进口的技术，合同自依法成立时生效，不以登记为合同生效的条件。
		第20条　申请人凭技术进口许可证或者技术进口合同登记证，办理外汇、银行、税务、海关等相关手续。

专题十　重大债权债务

一、审阅文件清单

本专题审阅文件见表2－10－1。

表2－10－1　审阅文件清单

序号	审阅文件清单
侵权之债	
1	公司因单位员工患职业病产生的侵权之债相关资料
2	公司因交通事故产生的侵权之债相关资料
3	公司因环境污染所致的侵权之债相关资料
4	公司因产品缺陷所致的侵权之债相关资料

续表

序号	审阅文件清单
5	公司因保全错误所致的侵权之债相关资料
6	公司因申请执行错误所致的侵权之债相关资料
7	公司承担的员工因故意或者重大过失致人损害的连带赔偿责任相关资料
8	公司因地面施工致人损害产生的侵权之债相关资料
9	公司建筑物或者其他设施以及建筑物上的搁置物、悬挂物发生倒塌、脱落、坠落造成他人损害产生的侵权之债相关资料
10	公司因经营活动或在其他社会活动中产生的侵权之债相关资料
11	公司因从事高度危险作业所产生的侵权之债相关资料
12. 日常经营性合同	收入类合同（范本 + 排名前十的合同 + 收入 5% 以上的合同 + 对应的付款凭证、发票）
	支出类合同（范本 + 排名前十的合同 + 支出 5% 以上的合同 + 对应的付款凭证、发票）
	前十大客户名单
	前十大供应商名单
13. 非日常经营性合同	限制性协议（限制公司自由自主从事业务能力的协议）
14	贷款清单、贷款合同、授信合同、借据、贷款卡
15	担保清单、担保合同、他项权证
16	公司与控股股东、实际控制人控制或者参与的其他公司之间的资金拆借文件
17	公司债券及相关文件
18. 资本操作类协议	融资协议
	投资协议
	资产收购、出售协议
	股权收购、出售协议
	合并分立协议
	债务重组协议
19	合作、联盟协议
20	经营管理、承包、托管协议
21	保险协议

续表

序号	审阅文件清单
22	技术合作、研发协议
23	知识产权许可协议(包括许可及被许可)
24	保密及竞业协议
25	赔偿协议
26	融资租赁协议、租赁协议
27	与政府部门签署的协议
28	与内幕人士、竞争对手、管理机构、行业团体签订的协议
29	重大金额或者期限超过一年的合同
30	中国人民银行征信中心出具的企业信用报告

二、访谈清单

(一)侵权之债

1. 请介绍公司是否存在侵犯他人民事权益的情形?(民事权益包括生命权、健康权、姓名权、名誉权、荣誉权、肖像权、隐私权、婚姻自主权、监护权、所有权、用益物权、担保物权、著作权、专利权、商标专用权、发现权、股权、继承权等人身、财产权益。)如有,请详细介绍公司侵犯他人民事权益的背景情况。

2. 截至目前,公司是否收到其他单位或个人关于公司侵权的主张?(该等主张包括:电话或邮件投诉、函件、律师函、法院传票等)

3. 请介绍公司的民事权益是否存在被他人侵犯的情形? 如有,请详细介绍他人侵犯公司民事权益的背景情况。

4. 截至目前,公司是否向其他单位或个人提出侵权的主张?

5. 在公司产品、对外发布信息等方面,公司如何确保不侵犯他人知识产权等民事权益? 以及在公司的知识产权等民事权益保护方面,公司是否有防范措施?

(二)合同之债

1. 请介绍公司重大债权情况,包括应收票据、应收账款、预付账款、其他应收款等,并说明具体的构成。

2. 请介绍公司是否对已到期债权进行过书面催告，债务人是否进行过书面回复？公司的其他应收账款，是否有签署合同文件，是否存在无法收取的风险？对于已到期或即将到期的债权，是否进行了权利主张？（包括但不限于发联系函、催款函、律师函）

3. 请介绍公司重大债务情况，包括短期借款、应付票据、应付账款、预收账款、其他应付款、长期借款等，并说明具体的构成。公司的债务明细中，是否存在逾期支付的情形，公司是否收到对方权利主张？（包括但不限于发联系函、催款函、律师函）

4. 请说明政府有关部门是否给予公司任何优惠贷款条件或其他财务支持？（如财政补贴、先征后返等）

5. 请介绍公司除银行负债外，是否还存在向其他第三方融资情况？（包括民间借贷）

6. 请介绍公司与控股股东、实际控制人控制或者参与的其他公司以及其他关联方之间是否存在资金拆借的情况？

7. 请介绍公司是否存在以公司资产抵押、质押、保证等担保（包括为公司本身的融资提供担保，以及为其他主体的融资提供担保），以及第三方为公司借款提供担保的情况？公司对外提供担保是否履行了内部审核手续？

8. 请介绍公司是否存在员工借款、员工集资等情况？

三、主要法律问题

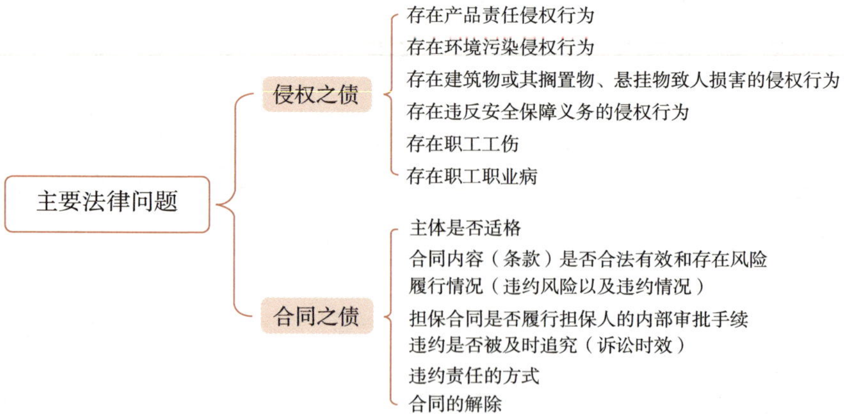

图 2-10-1 本专题思维导图

过高的负债或潜在重大债务，可能会给公司造成重大风险或困难，还可能导致公司被债权人随时提起的争议解决程序带来更大的麻烦（如被申请破产）。审查重大债权债务的内容是律师进行尽职调查过程中非常重要的一环，通过了解目标公司的债权债务情况，发现其中可能对交易或未来上市产生影响的法律风险，并提出解决方案。此外，了解目标公司的债权债务，也是直接影响交易价格的重要指标。法律尽职调查中，审查内容通常还有“重大合同”部分，有的律师会将其作为一个独立的部分，本文的角度认为合同之债也是债权债务的一种类型，因此并入在本部分进行描述，具体在不同项目中是否拆开处理，视主办律师届时的需要。

（一）侵权之债

侵权行为是指不法侵害他人的合法权益的行为。依法律规定，侵权行为发生后，加害人负有赔偿受害人损失的义务，受害人享有请求加害人赔偿损失的权利。这种特定主体之间的权利义务关系，即侵权行为之债，简称侵权之债。侵权之债是除合同之债以外的另一类较为常见的债，它由非法行为引起，依法律规定而产生，以损害赔偿为主要内容。

法律尽职调查中，关于侵权之债我们通常会根据不同行业、目标公司对知识产权的依赖程度等因素决定对侵权之债的尽职调查范围和调查程度。例如：

（1）如目标公司为矿业公司、纺织品印染公司或其他环保要求较高的公司，在法律尽职调查中需重点核查该类公司是否存在环境污染侵权之债；

（2）如目标公司为高新技术企业、影视企业或其他对知识产权依赖程度较高的公司，在法律尽职调查中需重点核查该类公司的知识产权是否存在侵犯第三方权利或被三方侵权的情形；

（3）如目标公司为产品生产、销售型企业，在法律尽职调查中需重点核查该类公司所生产、销售的产品是否存在质量问题，是否存在被消费者投诉、起诉或其他侵犯消费者权利的情形；

（4）如目标公司自身没有知识产权，也不存在使用第三方知识产权的情形，还不属于污染型企业，或所销售的产品不存在任何质量问题，在该种情况下，在法律尽职调查中通常是通过目标公司对于律师发出的尽职调查清单进行反馈的方式，就其是否存在侵权或被侵权的情形，由目标公司根据实际情况予以回复（当然，律师需通过公开进行的查询工作仍为必备的）。此外，我们可以通过向审计调查机构了解目标公司是否存在大额的侵权赔偿款项支付情形、是否存在侵权诉讼纠纷等的调查方式辅助了解目标公司是否存在侵权情形。

1. 存在产品责任侵权行为

产品责任是指产品的制造者、销售者因制造、销售的产品存在缺陷造成他人的人身或者财产损害而应承担的民事责任。人身损害包括致人死亡和致人伤残。财产损害既包括缺陷产品以外的其他财产的损害，也包括缺陷产品本身的损害。

根据《民法典》第 1202 条、第 1203 条的规定，因产品存在缺陷造成他人损害的，被侵权人可以向产品生产者或产品销售者主张权利，同时产品生产者和产品销售者可以互相追偿。

2. 存在环境污染侵权行为

环境污染侵权行为是指行为人污染环境造成他人人身或财产损害而应承担民事责任的侵权行为。环境污染是指由于人为的原因而致使人类赖以生存和发展的环境发生化学、物理、生物等特征上的不良变化，从而影响人类健康和生产活动，影响生物生存和发展的不良现象。

根据《民法典》第 1229 条的规定，因污染环境、破坏生态造成他人损害的，侵权人应当承担侵权责任。环境污染责任作为一种特殊的侵权责任，其特殊性首先表现在采用了无过错责任的原则。依据无过错责任原则，在受害人有损害、污染者的行为与损害有因果关系的情况下，无论污染者有无过错，都应对其污染造成的损害承担侵权责任。

对于适用无过错责任的环境侵权，其责任并非绝对责任，侵权人可以依据法律规定的不承担责任或者减轻责任的情形提出抗辩，从而免除或者减轻自己的侵权责任。不承担责任或者减轻责任的情形主要涉及不可抗力、受害人故意和第三人责任等。

3. 存在建筑物或其搁置物、悬挂物致人损害的侵权行为

建筑物或其搁置物、悬挂物致人损害侵权行为是指建筑物或者其他设施以及建筑物上的搁置物、悬挂物发生倒塌、脱落、坠落造成他人人身或财产损害，物的所有人、管理人或者使用人应当承担赔偿责任的行为。

根据《民法典》第 1253 条的规定，该侵权行为适用过错推定原则，由物的所有人、管理人或者使用人证明自己没有过错，否则即应承担侵权责任。

另外，根据《民法典》第 1252 条的规定，建筑物等设施因质量不合格而倒塌

造成他人损害的，由建设单位与施工单位承担连带责任，建设单位、施工单位赔偿后，有其他责任人的，有权向其他责任人追偿。如果建筑物等设施倒塌是因超过合理使用期限、业主擅自改变承重结构等特殊情形造成的，被侵权人依法直接请求造成建筑物等设施倒塌的其他责任人承担责任。

4. 存在违反安全保障义务的侵权行为

违反安全保障义务的侵权行为是指宾馆、商场、银行、车站、娱乐场所等公共场所的管理人或者群众性活动的组织者，未尽到合理限度范围内的安全保障义务，致使他人遭受人身或者财产损害，管理人或组织者应承担赔偿责任的行为。

安全保障义务的目的是保护他人的人身和财产安全，其主要内容是作为，即要求义务人必须采取一定的行为来维护他人的人身或者财产免受侵害。这种义务的具体内容既可能基于法律的明确规定，也可能基于合同义务，还可能基于诚实信用原则而产生。

根据安全保障义务的内容不同，可将安全保障义务分为两类：一是防止他人遭受义务人侵害的义务；二是防止他人遭受第三人侵害的义务。对于未尽到防止他人遭受第三人侵害的安全保障义务，根据《民法典》第 1198 条第 2 款的规定，应当承担相应的补充责任。

5. 存在职工工伤

根据《工伤保险条例（2010 修订）》职工有下列情形之一的，应当认定为工伤：(1)在工作时间和工作场所内，因工作原因受到事故伤害的；(2)工作时间前后在工作场所内，从事与工作有关的预备性或者收尾性工作受到事故伤害的；(3)在工作时间和工作场所内，因履行工作职责受到暴力等意外伤害的；(4)患职业病①的；(5)因工外出期间，由于工作原因受到伤害或者发生事故下落不明的；(6)在上下班途中，受到非本人主要责任的交通事故或者城市轨道交通、客运轮渡、火车事故伤害的；(7)法律、行政法规规定应当认定为工伤的其他情形。职工有下列情形之一的，视同工伤：(1)在工作时间和工作岗位，突发疾病死亡或者在 48 小时之内经抢救无效死亡的；(2)在抢险救灾等维护国家利益、公共利益活动中受到伤害的；(3)职工原在军队服役，因战、因公负伤致残，

---

① 职业病是指企业、事业单位和个体经济组织的劳动者在职业活动中，因接触粉尘、放射性物质和其他有毒、有害物质等因素而引起的疾病。

已取得革命伤残军人证，到用人单位后旧伤复发的。职工有前款第（1）项、第（2）项情形的，享受工伤保险待遇；职工有前款第（3）项情形的，享受除一次性伤残补助金以外的工伤保险待遇。

根据《劳动合同法》及《工伤保险条例》，单位应当为劳动者交纳工伤保险，一旦发生工伤事故后，员工可通过工伤保险基金获得赔付。若单位未为员工缴纳工伤保险，则单位需承担本应由工伤保险基金支付的费用。

根据《职业病防治法》，职业病病人除依法享有工伤保险外，依照有关民事法律，尚有获得赔偿的权利的，有权向用人单位提出赔偿要求。劳动者被诊断患有职业病，但用人单位没有依法参加工伤保险的，其医疗和生活保障由最后的用人单位承担。

用人单位应当及时安排对疑似职业病病人进行诊断；在疑似职业病病人诊断或者医学观察期间，不得解除或者终止与其订立的劳动合同。疑似职业病病人在诊断、医学观察期间的费用，由用人单位承担。

职业病病人的诊疗、康复费用，伤残以及丧失劳动能力的职业病病人的社会保障，按照国家有关工伤保险的规定执行。职业病病人变动工作单位，其依法享有的待遇不变。用人单位发生分立、合并、解散、破产等情形的，应当对从事接触职业病危害的作业的劳动者进行健康检查，并按照国家有关规定妥善安置职业病病人。

（二）合同之债

合同又称契约，指当事人双方设立、变更、终止债权债务关系的合意。任何一个民事合同的有效成立，都在当事人之间发生债的关系。合同中规定的当事人的权利、义务，就是债的关系中之债权与债务。《民法典》第 464 条第 1 款对合同所下的定义是：“合同是民事主体之间设立、变更、终止民事法律关系的协议。”因合同而发生的债，是最常见也最主要的一类债。

1. 借贷合同效力

在诸多的融资方式中，借贷融资是企业最常用、最快捷地解决企业资金需求的一种融资方式。但由于国家对金融秩序的严格监管及企业自身的各种条件，对于诸多企业而言，从金融机构获得资金支持，难度较大。因而，企业之间的借贷、企业与个人之间以各种名义进行的融资存在较为普遍。

最高人民法院《关于审理民间借贷案件适用法律若干问题的规定》（法释

〔2020〕17号)第10条的规定,法人之间、非法人组织之间以及它们相互之间为生产、经营需要订立的民间借贷合同,除存在民法典第146条、第153条、第154条以及本规定第13条规定的情形外,当事人主张民间借贷合同有效的,人民法院应予支持。

企业从金融机构获得借款,本身就是为了满足自身的资金需求。如果企业在获得借款以后,高额转贷牟利,扰乱金融秩序,危害国家金融安全,则违背企业借贷的初衷,不但借贷行为本身无效,而且严重者将有可能触犯刑法,承担相应的刑事责任。

对于无效企业借贷行为,其法律后果为对借贷本金应予归还出借人、借款利息将被收缴并处以相应罚款。借款人利用贷款资金办理民间借贷的,由中国人民银行责令改正。有违法所得,没收违法所得,并处以违法所得1倍以上5倍以下罚款。

根据最高人民法院《关于对企业借贷合同借款方逾期不归还借款的应如何处理的批复》(2008年调整)的相关规定,在借贷合同被确认无效后,对合同中约定的利息不予保护,应予收缴,并对借款人处以相当银行利息的罚款。

无效企业借贷行为的法律后果还包括出借人有可能丧失担保利益。在企业间的借贷行为中,因借款主合同无效而导致担保无效,对出借方是重大风险。

2. 合同内容(条款)是否合法有效和存在风险

根据《民法典》第153条的规定,合同内容违反法律强制性规定也会导致合同无效。因此,合同内容条款的审核是合同之债审核的另一重点问题。

审核合同条款的重点之一即通过了解合同条款本身以及了解履行情况(具体见下一项内容)判断是否对客户存在较大的法律风险,例如权利义务是否不对等以及是否存在较重的违约责任等。

3. 履行情况(违约风险以及违约情况)

即使约定再完美的合同条款,也要抽查其履行是否存在违约情况。因此要抽查公司重大合同的履行情况,核实是否存在违约,或者未按合同执行所可能存在的风险。

合同履行的原则包括:适当履行原则、协作履行原则、经济合理原则、情势变更原则等。概括介绍如下:

适当履行原则是指当事人应依合同约定的标的、质量、数量,由适当主体在适当的期限、地点，以适当的方式，全面完成合同义务的原则。这一原则要求：第一，履行主体适当；第二，合同履行标的适当；第三，履行期限适当；第四，履行地点适当；第五，履行方式适当。

协作履行原则是指当事人不仅适当履行自己的义务，而且应基于诚实信用原则的要求协助对方当事人履行其义务的履行原则。协作履行原则具有以下四个方面的要求：第一，债务人履行合同债务时，债权人应适当受领给付。第二，债务人履行合同债务时，债权人应创造必要条件、提供方便。第三，债务人因故不能履行或不能完全履行合同义务时，债权人应积极采取措施防止损失扩大，否则，应就扩大的损失自负其责。第四，发生纠纷时，各自应主动承担责任，不得推诿。

经济合理原则是指在合同履行过程中，应讲求经济效益，以最小的成本取得最佳的合同效益的原则。在履行合同中贯彻经济合理原则，主要表现为：经济合理的运输方式，履行期限体现经济合理，变更合同体现经济合理，履行费用不超过履行获得的利益，违约救济体现经济合理等。

所谓情势变更，是指合同成立后，因不可归责于双方当事人的原因发生了不可预见的重大变化，致使合同的基础动摇或丧失，若继续维持合同原有效力则显失公平，此时允许变更或解除合同的原则。[①]

违约行为是指合同当事人违反合同义务的行为。违约行为是违约责任的基本构成要件，没有违约行为，也就没有违约责任。

根据违约行为发生的时间，违约行为总体上可分为预期违约和实际违约；而实际违约又可分为不履行（包括根本违约和拒绝履行）、不符合约定的履行和其他违反合同义务的行为；而不符合约定的履行又可分为迟延履行、质量有瑕疵的履行、不完全履行（包括部分履行、履行地点不当的履行和履行方法不当的履行）。

预期违约又叫先期违约、事先违约、提前违约、预期毁约，是指当事人一方在合同规定的履行期到来之前，明示或者默示其将不履行合同，由此在当事人之间发生一定的权利义务关系的一项合同法律制度。

4. 担保合同是否履行担保人的内部审批手续

为防止法定代表人随意代表公司为他人提供担保，给公司造成损失，损害中小股东利益，《公司法》（2018 年修正）第 16 条对法定代表人的代表权进行了

---

① 参见魏振瀛主编：《民法》，北京大学出版社、高等教育出版社 2000 年版，第 312 ~ 314 页。

限制。根据该条规定，担保行为不是法定代表人所能单独决定的事项，而必须以公司股东（大）会、董事会等公司机关的决议作为授权的基础和来源。法定代表人未经授权擅自为他人提供担保的，构成越权代表。人民法院应当根据《民法典》第504条关于法定代表人或负责人越权代表的规定，通过区分订立合同时债权人是否善意分别认定合同效力：债权人善意的，合同有效；反之，合同无效。

前述所称的善意，是指债权人不知道或者不应当知道法定代表人超越权限订立担保合同。《公司法》（2018年修正）第16条对关联担保和非关联担保的决议机关作出了区别规定，相应地，在善意的判断标准上也应当有所区别。一种情形是，为公司股东或者实际控制人提供关联担保，《公司法》（2018年修正）第16条明确规定必须由股东（大）会决议，未经股东（大）会决议，构成越权代表。在此情况下，债权人主张担保合同有效，应当提供证据证明其在订立合同时对股东（大）会决议进行了审查，决议的表决程序符合《公司法》（2018年修正）第16条的规定，即在排除被担保股东表决权的情况下，该项表决由出席会议的其他股东所持表决权的过半数通过，签字人员也符合公司章程的规定。另一种情形是，公司为公司股东或者实际控制人以外的人提供非关联担保，根据《公司法》（2018年修正）第16条的规定，此时由公司章程规定是由董事会决议还是股东（大）会决议。无论章程是否对决议机关作出规定，也无论章程规定决议机关为董事会还是股东（大）会，根据《民法典》第61条第3款关于"法人章程或者法人权力机构对法定代表人代表权的限制，不得对抗善意相对人"的规定，只要债权人能够证明其在订立担保合同时对董事会决议或者股东（大）会决议进行了审查，同意决议的人数及签字人员符合公司章程的规定，就应当认定其构成善意，但公司能够证明债权人明知公司章程对决议机关有明确规定的除外。

债权人对公司机关决议内容的审查一般限于形式审查，只要求尽到必要的注意义务即可，标准不宜太过严苛。公司以机关决议系法定代表人伪造或者变造、决议程序违法、签章（名）不实、担保金额超过法定限额等事由抗辩债权人非善意的，人民法院一般不予支持。但是，公司有证据证明债权人明知决议系伪造或者变造的除外。

5. 违约是否被及时追究（诉讼时效）

诉讼时效是指权利人在一定期间不行使权利，在该期间届满后，将发生义务人可以拒绝履行其给付义务的效果的法律制度，其目的在于促使权利人行使权利、稳定法律秩序和维护交易安全。

根据《民法典》第188条第1款的规定，向人民法院请求保护民事权利的诉讼时效期间为3年。法律另有规定的，依照其规定。

6. 违约责任的方式

根据《民法典》的规定，违约责任的方式主要包括：继续履行、赔偿损失、支付违约金、定金罚则及其他方式。

继续履行是指在一方当事人违反合同义务时，另一方当事人请求法院强制违约方继续履行合同债务的责任方式。承担继续履行这种责任方式，应具备以下三方面条件：必须有违约行为，非违约方要求违约方继续履行，违约方能够继续履行合同债务。

赔偿损失是指违约方依据合同的约定或者法律的规定承担的赔偿对方当事人所受损失的责任。赔偿损失的构成要件如下：有违约行为，非违约方受有损失，违约行为与损失的发生有因果关系。

违约金是指合同当事人不履行合同义务时，根据法律规定和合同的约定向对方当事人支付的一定数额的金钱。

定金是指合同当事人在合同订立时或者合同履行之前，由一方当事人向另一方当事人交付的一定数额的金钱。根据有关规定，定金既可作为担保方式，也可作为一种民事责任承担方式。

如在同一合同中，当事人既约定了违约金又约定了定金时，根据《民法典》第588条的规定，当一方违约时，对方可以选择适用违约金或者定金条件，即定金与违约金二者只能选其一。

7. 合同的解除

合同的解除是指合同有效成立以后，当解除的条件具备时，因当事人一方或双方的意思表示，使合同关系自始或仅向将来消灭的行为。合同解除的法律特征为：第一，以有效成立的合同为前提；第二，具备解除的条件；第三，原则上应当有解除行为；第四，解除的法律效果是使合同关系消灭。

合同在具备解除条件时，合同并不当然且自动地解除，欲使合同解除，还必须经过一定的程序，主要为协议解除、行使解除程序和法院裁决的程序等。

另外，法律规定或者当事人约定解除权行使期限的，在期限内未行使解除权的，该解除权消灭。无此期限的，经对方催告后在合理期限内不行使的，该解除权消灭。

相关规定

本专题相关规定见表 2－10－2。

表 2－10－2　相关规定

主要法律问题	文件名	具体条款规定
存在产品责任侵权行为	《民法典》(发布日期:2020 年 5 月 28 日;实施日期:2021 年 1 月 1 日;发文机关:全国人民代表大会;文号:主席令第 45 号)	第 1202 条　因产品存在缺陷造成他人损害的,生产者应当承担侵权责任。 第 1203 条　因产品存在缺陷造成他人损害的,被侵权人可以向产品的生产者请求赔偿,也可以向产品的销售者请求赔偿。产品缺陷由生产者造成的,销售者赔偿后,有权向生产者追偿。因销售者的过错使产品存在缺陷的,生产者赔偿后,有权向销售者追偿。
存在环境污染侵权行为	《民法典》(发布日期:2020 年 5 月 28 日;实施日期:2021 年 1 月 1 日;发文机关:全国人民代表大会;文号:主席令第 45 号)	第 1229 条　因污染环境、破坏生态造成他人损害的,侵权人应当承担侵权责任。
存在建筑物或其搁置物、悬挂物致人损害的侵权行为	《民法典》(发布日期:2020 年 5 月 28 日;实施日期:2021 年 1 月 1 日;发文机关:全国人民代表大会;文号:主席令第 45 号)	第 1252 条　建筑物、构筑物或者其他设施倒塌、塌陷造成他人损害的,由建设单位与施工单位承担连带责任,但是建设单位与施工单位能够证明不存在质量缺陷的除外。建设单位、施工单位赔偿后,有其他责任人的,有权向其他责任人追偿。 因所有人、管理人、使用人或者第三人的原因,建筑物、构筑物或者其他设施倒塌、塌陷造成他人损害的,由所有人、管理人、使用人或者第三人承担侵权责任。
		第 1253 条　建筑物、构筑物或者其他设施及其搁置物、悬挂物发生脱落、坠落造成他人损害,所有人、管理人或者使用人不能证明自己没有过错的,应当承担侵权责任。所有人、管理人或者使用人赔偿后,有其他责任人的,有权向其他责任人追偿。
存在违反安全保障义务的侵权行为	《民法典》(发布日期:2020 年 5 月 28 日;实施日期:2021 年 1 月 1 日;发文机关:全国人民代表大会;文号:主席令第 45 号)	第 1198 条　宾馆、商场、银行、车站、机场、体育场馆、娱乐场所等经营场所、公共场所的经营者、管理者或者群众性活动的组织者,未尽到安全保障义务,造成他人损害的,应当承担侵权责任。 因第三人的行为造成他人损害的,由第三人承担侵权责任;经营者、管理者或者组织者未尽到安全保障义务的,承担相应的补充责任。经营者、管理者或者组织者承担补充责任后,可以向第三人追偿。

续表

主要法律问题	文件名	具体条款规定
存在职工工伤	《工伤保险条例》(发布日期:2003年4月27日;实施日期:2004年1月1日;发文机关:国务院;文号:国务院令第375号;2010年12月20日修订,2011年1月1日实施)	第14条　职工有下列情形之一的,应当认定为工伤: (一)在工作时间和工作场所内,因工作原因受到事故伤害的; (二)工作时间前后在工作场所内,从事与工作有关的预备性或者收尾性工作受到事故伤害的; (三)在工作时间和工作场所内,因履行工作职责受到暴力等意外伤害的; (四)患职业病的; (五)因工外出期间,由于工作原因受到伤害或者发生事故下落不明的; (六)在上下班途中,受到非本人主要责任的交通事故或者城市轨道交通、客运轮渡、火车事故伤害的; (七)法律、行政法规规定应当认定为工伤的其他情形。
		第15条　职工有下列情形之一的,视同工伤: (一)在工作时间和工作岗位,突发疾病死亡或者在48小时之内经抢救无效死亡的; (二)在抢险救灾等维护国家利益、公共利益活动中受到伤害的; (三)职工原在军队服役,因战、因公负伤致残,已取得革命伤残军人证,到用人单位后旧伤复发的。 职工有前款第(一)项、第(二)项情形的,按照本条例的有关规定享受工伤保险待遇;职工有前款第(三)项情形的,按照本条例的有关规定享受除一次性伤残补助金以外的工伤保险待遇。
		第16条　职工符合本条例第十四条、第十五条的规定,但是有下列情形之一的,不得认定为工伤或者视同工伤: (一)故意犯罪的; (二)醉酒或者吸毒的; (三)自残或者自杀的。
存在职工职业病	《工伤保险条例》(发布日期:2003年4月27日;实施日期:2004年1月1日;发文机关:国务院;文号:国务院令第375号;2010年12月20日修订,2011年1月1日实施)	第17条　职工发生事故伤害或者按照职业病防治法规定被诊断、鉴定为职业病,所在单位应当自事故伤害发生之日或者被诊断、鉴定为职业病之日起30日内,向统筹地区社会保险行政部门提出工伤认定申请。遇有特殊情况,经报社会保险行政部门同意,申请时限可以适当延长。 用人单位未按前款规定提出工伤认定申请的,工

续表

主要法律问题	文件名	具体条款规定
		伤职工或者其近亲属、工会组织在事故伤害发生之日或者被诊断、鉴定为职业病之日起1年内，可以直接向用人单位所在地统筹地区社会保险行政部门提出工伤认定申请。 按照本条第一款规定应当由省级社会保险行政部门进行工伤认定的事项，根据属地原则由用人单位所在地的设区的市级社会保险行政部门办理。 用人单位未在本条第一款规定的时限内提交工伤认定申请，在此期间发生符合本条例规定的工伤待遇等有关费用由该用人单位负担。
主体是否适格	最高人民法院《关于审理民间借贷案件适用法律若干问题的规定》（发布日期：2015年8月6日；实施日期：2015年9月1日；发文机关：最高人民法院；文号：法释〔2015〕18号；经过2020年8月18日修正，最新于2020年12月23日修正并于2021年1月1日实施）	第10条　法人之间、非法人组织之间以及它们相互之间为生产、经营需要订立的民间借贷合同，除存在民法典第一百四十六条、第一百五十三条、第一百五十四条以及本规定第十三条规定的情形外，当事人主张民间借贷合同有效的，人民法院应予支持。
		第13条　具有下列情形之一的，人民法院应当认定民间借贷合同无效：（一）套取金融机构贷款转贷的；（二）以向其他营利法人借贷、向本单位职工集资，或者以向公众非法吸收存款等方式取得的资金转贷的；（三）未依法取得放贷资格的出借人，以营利为目的向社会不特定对象提供借款的；（四）出借人事先知道或者应当知道借款人借款用于违法犯罪活动仍然提供借款的；（五）违反法律、行政法规强制性规定的；（六）违背公序良俗的。
合同内容（条款）是否合法有效和存在风险	《民法典》（发布日期：2020年5月28日；实施日期：2021年1月1日；发文机关：全国人民代表大会；文号：主席令第45号）	第153条　违反法律、行政法规的强制性规定的民事法律行为无效。但是，该强制性规定不导致该民事法律行为无效的除外。 违背公序良俗的民事法律行为无效。
履行情况（违约风险以及违约情况）	《民法典》（发布日期：2020年5月28日；实施日期：2021年1月1日；发文机关：全国人民代表大会；文号：主席令第45号）	第577条　当事人一方不履行合同义务或者履行合同义务不符合约定的，应当承担继续履行、采取补救措施或者赔偿损失等违约责任。
		第578条　当事人一方明确表示或者以自己的行为表明不履行合同义务的，对方可以在履行期限届满前请求其承担违约责任。

续表

<table>
<tr><th>主要法律问题</th><th>文件名</th><th>具体条款规定</th></tr>
<tr><td rowspan="3"></td><td rowspan="3"></td><td>第 582 条　履行不符合约定的,应当按照当事人的约定承担违约责任。对违约责任没有约定或者约定不明确,依据本法第五百一十条的规定仍不能确定的,受损害方根据标的的性质以及损失的大小,可以合理选择请求对方承担修理、重作、更换、退货、减少价款或者报酬等违约责任。</td></tr>
<tr><td>第 584 条　当事人一方不履行合同义务或者履行合同义务不符合约定,造成对方损失的,损失赔偿额应当相当于因违约所造成的损失,包括合同履行后可以获得的利益;但是,不得超过违约一方订立合同时预见到或者应当预见到的因违约可能造成的损失。</td></tr>
<tr><td>第 585 条　当事人可以约定一方违约时应当根据违约情况向对方支付一定数额的违约金,也可以约定因违约产生的损失赔偿额的计算方法。
约定的违约金低于造成的损失的,人民法院或者仲裁机构可以根据当事人的请求予以增加;约定的违约金过分高于造成的损失的,人民法院或者仲裁机构可以根据当事人的请求予以适当减少。
当事人就迟延履行约定违约金的,违约方支付违约金后,还应当履行债务。</td></tr>
<tr><td>担保合同是否履行担保人的内部审批手续</td><td>《公司法》(发布日期:1993 年 12 月 29 日;生效日期:1994 年 7 月 1 日;发文机关:全国人大常委会;文号:主席令第 16 号;经过 1999 年 12 月 25 日、2004 年 8 月 28 日、2005 年 10 月 27 日及 2013 年 12 月 28 日四次修正,最新于 2018 年 10 月 26 日修正并实施)</td><td>第 16 条　公司向其他企业投资或者为他人提供担保,依照公司章程的规定,由董事会或者股东会、股东大会决议;公司章程对投资或者担保的总额及单项投资或者担保的数额有限额规定的,不得超过规定的限额。
公司为公司股东或者实际控制人提供担保的,必须经股东会或者股东大会决议。
前款规定的股东或者受前款规定的实际控制人支配的股东,不得参加前款规定事项的表决。该项表决由出席会议的其他股东所持表决权的过半数通过。</td></tr>
<tr><td>违约是否被及时追究(诉讼时效)</td><td>《民法典》(发布日期:2020 年 5 月 28 日;实施日期:2021 年 1 月 1 日;发文机关:全国人民代表大会;文号:主席令第 45 号)</td><td>第 188 条　向人民法院请求保护民事权利的诉讼时效期间为三年。法律另有规定的,依照其规定。
诉讼时效期间自权利人知道或者应当知道权利受到损害以及义务人之日起计算。法律另有规定的,依照其规定。但是,自权利受到损害之日起超过二十年的,人民法院不予保护,有特殊情况的,人民法院可以根据权利人的申请决定延长。</td></tr>
</table>

续表

主要法律问题	文件名	具体条款规定
违约责任的方式	《民法典》(发布日期:2020年5月28日;实施日期:2021年1月1日;发文机关:全国人民代表大会;文号:主席令第45号)	第577条 当事人一方不履行合同义务或者履行合同义务不符合约定的,应当承担继续履行、采取补救措施或者赔偿损失等违约责任。
		第582条 履行不符合约定的,应当按照当事人的约定承担违约责任。对违约责任没有约定或者约定不明确,依据本法第五百一十条的规定仍不能确定的,受损害方根据标的的性质以及损失的大小,可以合理选择请求对方承担修理、重作、更换、退货、减少价款或者报酬等违约责任。
		第583条 当事人一方不履行合同义务或者履行合同义务不符合约定的,在履行义务或者采取补救措施后,对方还有其他损失的,应当赔偿损失。
		第585条 当事人可以约定一方违约时应当根据违约情况向对方支付一定数额的违约金,也可以约定因违约产生的损失赔偿额的计算方法。 约定的违约金低于造成的损失的,人民法院或者仲裁机构可以根据当事人的请求予以增加;约定的违约金过分高于造成的损失的,人民法院或者仲裁机构可以根据当事人的请求予以适当减少。 当事人就迟延履行约定违约金的,违约方支付违约金后,还应当履行债务。
		第586条 当事人可以约定一方向对方给付定金作为债权的担保。定金合同自实际交付定金时成立。 定金的数额由当事人约定;但是,不得超过主合同标的额的百分之二十,超过部分不产生定金的效力。实际交付的定金数额多于或者少于约定数额的,视为变更约定的定金数额。
		第587条 债务人履行债务的,定金应当抵作价款或者收回。给付定金的一方不履行债务或者履行债务不符合约定,致使不能实现合同目的的,无权请求返还定金;收受定金的一方不履行债务或者履行债务不符合约定,致使不能实现合同目的的,应当双倍返还定金。

续表

主要法律问题	文件名	具体条款规定
合同的解除	《民法典》(发布日期:2020年5月28日;实施日期:2021年1月1日;发文机关:全国人民代表大会;文号:主席令第45号)	第562条　当事人协商一致,可以解除合同。 当事人可以约定一方解除合同的事由。解除合同的事由发生时,解除权人可以解除合同。
		第563条　有下列情形之一的,当事人可以解除合同: (一)因不可抗力致使不能实现合同目的; (二)在履行期限届满前,当事人一方明确表示或者以自己的行为表明不履行主要债务; (三)当事人一方迟延履行主要债务,经催告后在合理期限内仍未履行; (四)当事人一方迟延履行债务或者有其他违约行为致使不能实现合同目的; (五)法律规定的其他情形。 以持续履行的债务为内容的不定期合同,当事人可以随时解除合同,但是应当在合理期限之前通知对方。
		第564条　法律规定或者当事人约定解除权行使期限,期限届满当事人不行使的,该权利消灭。 法律没有规定或者当事人没有约定解除权行使期限,自解除权人知道或者应当知道解除事由之日起一年内不行使,或者经对方催告后在合理期限内不行使的,该权利消灭。
		第565条　当事人一方依法主张解除合同的,应当通知对方。合同自通知到达对方时解除;通知载明债务人在一定期限内不履行债务则合同自动解除,债务人在该期限内未履行债务的,合同自通知载明的期限届满时解除。对方对解除合同有异议的,任何一方当事人均可以请求人民法院或者仲裁机构确认解除行为的效力。 当事人一方未通知对方,直接以提起诉讼或者申请仲裁的方式依法主张解除合同,人民法院或者仲裁机构确认该主张的,合同自起诉状副本或者仲裁申请书副本送达对方时解除。
		第566条　合同解除后,尚未履行的,终止履行;已经履行的,根据履行情况和合同性质,当事人可以请求恢复原状或者采取其他补救措施,并有权请求赔偿损失。 合同因违约解除的,解除权人可以请求违约方承担违约责任,但是当事人另有约定的除外。 主合同解除后,担保人对债务人应当承担的民事责任仍应当承担担保责任,但是担保合同另有约定的除外。

专题十一 外汇

一、审阅文件清单

本专题审阅文件见表 2－11－1。

表 2－11－1 审阅文件清单

序号	审阅文件清单
1	外汇业务登记凭证
2	外汇业务登记信息变更或注销相关文件
3	存量权益登记相关证明文件
4	境内居民个人境外投资外汇登记表及外汇业务登记凭证
5	境外公司制定的员工期权计划或员工持股计划及相关文件
6	境内公司授权境内代理机构统一办理个人参与股权激励计划的授权书或协议
7	外债登记证
8	外债借款合同
9	外债签约情况表
10	外债变动反馈表
11	对外担保登记书
12	跨境担保合同
13	跨境担保项下的主债务合同
14	抵押物的权属证明及评估报告
15	抵押物登记证明
16	对外质押物或权利的权属证明

二、访谈清单

(一)外汇登记

1. 贵司设立/并购外商投资企业或项目是否办理了外汇登记手续？如有，请公司提供银行发放的外汇业务登记凭证。

2. 贵司在办理设立/并购外商投资企业或项目的外汇登记后，该外商投资企业或项目是否有发生任何基础信息变更（包括但不限于变更名称、地址、改变经营范围）、投资信息变更（包括但不限于注册资本、投资总额、出资方式、注册币种、投资者及投资者认缴的出资额），或者发生转让、企业增资、合并、分立、迁移？如有，请问公司是否办理了外汇登记变更手续？并请提供外汇业务变更登记凭证。

3. 贵司前述设立/并购外商投资企业或项目，是否有发生破产、解散、营业期限届满、合并或分立情形？如有，请问公司是否办理了外汇登记注销手续？并请提供外汇登记注销的证明文件。

4. 贵司前述设立/并购外商投资企业或项目，是否每年有按时办理存量权益登记？如有，请公司提供相应证明文件；如未按时办理，请公司说明需补办存量权益登记的年份以及关于补办的计划和预计完成时间。

（二）根据国家外汇管理局《关于境内居民通过特殊目的公司境外融资及返程投资外汇管理有关问题的通知》（以下简称 37 号文登记）

1. 关于【境内居民姓名】在境外以返程投资为目的设立特殊目的公司【特殊目的公司名称】，请问是否办理了 37 号文登记手续？如有，请提供境内居民个人境外投资外汇登记表和业务登记凭证。

2. 关于前述 37 号文登记，请问是否有发生境内居民个人股东、名称、经营期限等基本信息变更，或发生境内居民个人增资、减资、股权转让或置换、合并或分立等变更事项？请问是否相应办理了 37 号文变更登记？如有，请提供相应证明文件。

3. 关于前述 37 号文登记，是否存在因转股、破产、解散、清算、经营期限届满、身份变更等原因造成前述境内居民个人不再持有已登记的特殊目的公司权益的情况？如有，请问是否相应办理了 37 号文注销登记？如有，请提供相应证明文件。

（三）境内个人参与境外上市公司股权激励计划的外汇登记

1. 贵司是否制定了员工期权计划或员工持股计划，用以对境内公司董事、监事、高级管理人员、其他员工等与公司具有雇佣或劳务关系的个人进行权益激励？是否有董事、监事、高管及员工目前已行权？如有，请提供员工期权计划或员工持股计划相关文件、已行权员工名单。

2. 贵司是否就前述境内个人参与境外上市公司股权激励计划依据国家外汇管理局《关于境内个人参与境外上市公司股权激励计划外汇管理有关问题的通知》(汇发〔2012〕7号)规定办理了外汇登记?如有,请提供股权激励计划外汇登记证明。

(四)外债登记

1. 请问贵司是否存在外债?如有,请提供债务合同。

2. 如贵司存在对外债务,请问贵司是否已就该对外债务在国家外汇管理局及其分支机构进行了外债登记?如已登记,请提供外债登记证。

3. 贵司已办理外债登记的债务合同是否有发生变化?如已发生变化,贵司是否办理了外债变更登记?

4. 如贵司为实行逐笔登记的债务人,贵司是否在每笔债务变动后的5日内将外债变动反馈表及有关凭证复印件报送了国家外汇管理局及其分支机构?

5. 贵司是否按照规定,于每年第一季度末以前报送了上年外债签约、使用、偿还情况报告和该年度的还贷资金安排计划?

6. 如贵司已使用完毕借款,是否已注销贷款专户?是否在账户注销后持注销凭证向原登记部门缴销外债登记证?

(五)跨境担保

1. 请问贵司是否存在跨境担保情况?如有,请提供跨境担保合同及主债务合同。

2. 如贵司存在内保外贷情况,请问:

(1)贵司是否已就该等内保外贷合同办理内保外贷登记?

(2)请说明内保外贷项下借款资金的用途。

(3)是否存在内保外贷项下应办理内保外贷登记注销手续的情形(例如:担保人付款责任到期、债务人清偿担保项下债务或发生担保履约后)?如有,贵司是否已就该等情形办理内保外贷注销登记?

(4)是否发生担保履约情形?如有,请问贵司是否已按规定办理对外债权登记手续?

3. 如贵司存在外保内贷情况,请问:

(1)贵司是否从事外保内贷业务?如有,请问相关境内金融机构是否已向国家外汇管理局集中报送外保内贷业务相关数据？

（2）外保内贷业务是否有发生境外担保履约的情形？如有，贵司是否在担保履约后到国家外汇管理局所在地分局或外汇管理部办理短期外债签约登记及相关信息备案？

4. 请问贵司是否存在跨境物权担保的情形？如有，请提供设定担保的相关凭证及相关物权权属证明。

5. 请问贵司是否存在其他跨境担保的情形？如有，请提供跨境担保合同。

三、主要法律问题

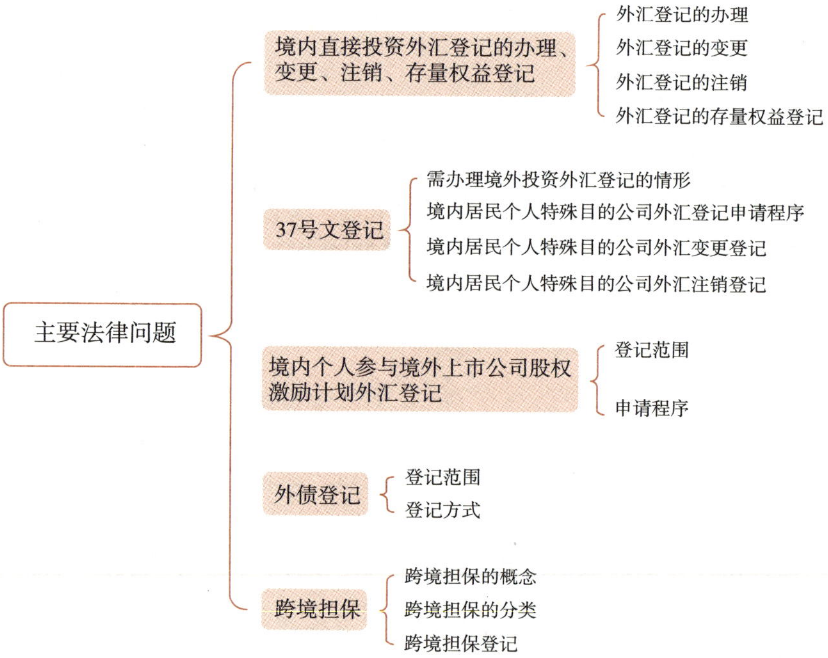

图 2－11－1　本专题思维导图

（一）境内直接投资外汇登记的办理、变更、注销、存量权益登记

直接投资分为境外直接投资和境内直接投资，其中境外直接投资的外汇登记程序见“对外投资”中的“外汇登记程序”部分内容，本部分主要介绍有关境内直接投资涉及的外汇相关主要法律问题。

境内直接投资是指外国投资者（包括境外机构和个人）通过新设、并购等方式在境内设立外商投资企业或项目（以下简称外商投资企业），并取得所有权、控制权、经营管理权等权益的行为。

1. 外汇登记的办理

根据国家外汇管理局《关于进一步简化和改进直接投资外汇管理政策的通知》（汇发〔2015〕13 号，以下简称汇发 13 号文）的规定，自 2015 年 6 月 1 日起，取消境内直接投资项下外汇登记核准的行政审批，改由银行按照前述规定所附《直接投资外汇业务操作指引》直接审核办理境内直接投资项下的外汇登记，国家外汇管理局及其分支机构（以下简称外汇局）通过银行对境内直接投资外汇登记实施间接监管。

企业可自行选择注册地银行办理直接投资外汇登记，完成直接投资外汇登记后，方可办理后续直接投资相关账户开立、资金汇兑等业务（含利润、红利汇出或汇回）。

（1）申请文件

①根据汇发 13 号文操作指引的规定，新设外商投资企业办理外汇登记需提交以下材料：

a. 境内直接投资基本信息登记业务申请表。

b. 营业执照副本（依规定先验资后办理市场主体登记的企业，可不提交营业执照副本）。

c. 有关主管部门批准设立文件（按规定无须提交的除外），有外商投资企业批准证书的应提交该证书（外商投资合伙企业仅需提交包括外商投资合伙企业全部登记事项在内的加盖市场监督管理部门印章的企业基本信息单）。

d. 外资房地产企业另需提交已通过商务部门备案的证明材料。

e. 外国投资者以其境内合法所得在境内投资新设外商投资企业的，还应提交主管税务部门出具的服务贸易等项目对外支付税务备案表原件（按规定无须提交的除外）。

除上述一般要求的材料外，视办理银行的具体要求可能需提供银行要求的其他材料。

②根据汇发 13 号文操作指引的规定，外国投资者并购境内企业办理外商投资企业外汇登记需提交以下材料：

a. 境内直接投资基本信息登记业务申请表。

b. 组织机构代码证及变更为外商投资企业后的工商营业执照副本（按规定

先验资后办理工商登记变更的企业，无须提交变更后的营业执照副本；依规定无须变更营业执照的，应提交有关备案材料）。

c. 有关主管部门批准设立文件（按规定无须提交的除外），有外商投资企业批准证书的应提交该证书（外商投资合伙企业仅需提交包括外商投资合伙企业全部登记事项在内的加盖市场监督管理部门印章的企业基本信息单）。

d. 特殊目的公司以关联并购形式返程投资的，应出具商务部门批准设立的文件；外资房地产企业另需提交已通过商务部门备案的证明材料。

e. 外国投资者以其境内合法所得在境内并购设立外商投资企业，还应提交主管税务部门出具的税务凭证原件（服务贸易等项目对外支付税务备案表，按规定无须提交的除外）。

除上述一般要求的材料外，视办理银行的具体要求可能需提供银行要求的其他材料。

（2）办理时限

外商投资企业在领取营业执照（加载统一社会信用代码）后，应向注册地的银行申请办理基本信息登记，取得外汇业务登记凭证。

2. 外汇登记的变更

外商投资企业在办理外汇登记后，若有基础信息变更（包括但不限于名称、地址、经营范围、法人代表）、投资信息变更（包括但不限于注册资本、投资总额、出资方式、注册币种、投资者及投资者认缴的出资额）、企业合并、分立、迁移、币种变更等，在市场监督管理部门办理完变更登记后，应及时到注册地银行办理外汇登记变更手续。

（1）增资、减资、股权转让等资本变动事项的变更登记需提交的材料

①境内直接投资基本信息登记业务申请表。

②有关主管部门批准文件（按规定无须提交的除外），有外商投资企业批准证书的应提交该证书（外商投资合伙企业登记事项变更的，只需提交包括外商投资合伙企业全部登记事项在内的加盖市场监督管理部门印章的企业基本信息单）。外资股东减持 A 股上市公司股份不超过总股本 5% 的，仅需提交证券登记结算机构出具的外资股东持股情况变化证明材料。此外，办理外资房地产企业外方增资变更、中国投资者向外国投资者转让股权，或者外商投资企业营业范围增加房地产开发的，另需提交已通过商务部门备案的证明材料；企业注册币种变更的，还需提交相关主管部门出具变更注册币种的证明材料。

③涉及外国投资者以其境内合法所得在境内对外商投资企业增资，以及发生股权转让需对外支付转股对价的，还应提交税务主管部门出具的税务凭证原件（服务贸易等项目对外支付税务备案表，按规定不需提交的除外）。

④银行要求的其他材料。

（2）除资本变动和迁移外的其他事项的变更登记需提交的材料

①变更后的商务主管部门批准证书或相关备案文件；

②变更后的营业执照（加载统一社会信用代码）副本或市场监督管理部门已受理市场主体登记变更的证明；

③银行要求的其他材料。

（3）企业注册地（所属外汇局）变更（迁移）需提交的材料

①境内直接投资基本信息登记业务申请表；

②有关主管部门批准企业或金融机构变更事项的证明文件；

③银行要求的其他材料。

（4）中外合作企业外国投资者先行回收投资基本信息登记及变更

①境内直接投资基本信息登记业务申请表。

②相关主管部门批复文件（主管部门未出具先行回收事项批复文件的，需提交企业合作合同及企业最高权力机关出具的关于外国投资者先行回收投资的决议）。

3. 外汇登记的注销

外商投资企业因破产、解散、营业期限届满、合并或分立等原因注销的，应在发布清算公告期结束后到注册地银行办理外汇登记注销手续。外商投资企业清算注销，原则上应先办理基本信息登记注销，后办理市场主体登记注销。如果外商投资企业在办理市场主体登记注销后申请办理外方权益登记注销的，申请主体应为外商投资企业清算组。

外商投资企业因外国投资者减资、转股、先行回收投资等撤资行为转为内资企业的，应在领取变更后的营业执照（加载统一社会信用代码）之后到注册地银行办理外汇登记变更手续。

根据汇发13号文操作指引的规定，外汇登记注销需提交以下材料：

（1）境内直接投资基本信息登记业务申请表；

（2）因清算注销的，需提交以下材料：到期清算的，提交依《公司法》（2018年修正）规定的清算公告；提前清算或需主管部门批准的特别清算的，提交主管部门关于企业清算结业的批准文件；其他清算的，提交市场监督管理部门吊销企业营业执照的公告（证明文件）或人民法院判决公司解散的有关证明文件等。

（3）注销税务登记证明。

（4）普通清算提交会计师事务所出具的清算审计报告，特别清算提交主管部门确认的清算报告（因吸收合并办理注销的无须提供）。

（5）银行要求的其他材料。

4. 外汇登记的存量权益登记

根据汇发 31 号文的规定，自 2015 年 6 月 1 日起取消境内直接投资外汇年检，改为实行存量权益登记，相关市场主体应于每年 9 月 30 日（含）前，自行或委托会计师事务所、银行通过外汇局资本项目信息系统报送上年末境内直接投资和（或）境外直接投资存量权益（以下合称直接投资存量权益）数据。

对于未按前款规定办理的相关市场主体，外汇局在资本项目信息系统中对其进行业务管控，银行不得为其办理资本项下外汇业务。在按要求补报并向外汇局出具说明函说明合理理由后，外汇局取消业务管控，对涉嫌违反外汇管理规定的，依法进行行政处罚。

（二）37 号文登记

1. 需办理境外投资外汇登记的情形

根据 2014 年 7 月 4 日发布并生效的 37 号文及其附件 1《返程投资外汇管理所涉业务操作指引》（以下简称《返程投资操作指引》），境内居民以返程投资为目的在境外设立特殊目的公司的，即需要办理境外投资外汇登记。

根据 37 号文的内容，特殊目的公司是指境内居民（含境内机构和境内居民个人）以投融资为目的，以其合法持有的境内企业资产或权益，或者以其合法持有的境外资产或权益，在境外直接设立或间接控制的境外企业。

返程投资是指境内居民直接或间接通过特殊目的公司对境内开展的直接投资活动，即通过新设、并购等方式在境内设立外商投资企业或项目（以下简称外商投资企业），并取得所有权、控制权、经营管理权等权益的行为。

2. 境内居民个人特殊目的公司外汇登记申请程序

（1）申请文件：境内居民个人特殊目的公司外汇登记需提交的主要资料

一般而言需提交下述材料，但视办理银行的具体要求可能需提供其他的申请材料：

①书面申请:需详细说明境内企业基本情况、境外特殊目的公司的股权结构以及境外融资安排。

②特殊目的公司登记注册文件及股东(或实际控制人)证明文件包括:特殊目的公司所在的注册地政府或机构颁发给特殊目的公司的登记注册文件;股东(或实际控制人)的身份证明文件等。

③境内居民个人境外投资外汇登记表及境内居民个人身份证明文件。

④境内外企业权力机构同意境外投融资的决议书(企业尚未设立的,提供权益所有人同意境外投融资的书面说明):一般主要体现为境内企业同意境外投融资的股东会决议。

⑤境内居民个人直接或间接持有拟境外投融资境内企业资产或权益,或者合法持有境外资产或权益的证明文件。

⑥在前述材料不能充分说明交易的真实性或申请材料之间的一致性时,要求提供的补充材料。

根据《返程投资操作指引》,境内居民个人除持有中华人民共和国境内居民身份证、军人身份证件、武装警察身份证件的中国公民外,还包括虽无中国境内合法身份证件、但因经济利益关系在中国境内习惯性居住的境外个人[持护照的外国公民(包括无国籍人)以及持港澳居民来往内地通行证、台湾居民来往大陆通行证的港澳台同胞]。其中,境外个人具体包括:

①在境内拥有永久性居所,因境外旅游、就学、就医、工作、境外居留要求等原因而暂时离开永久居所,在上述原因消失后仍回到永久性居所的自然人;

②持有境内企业内资权益的自然人;

③持有境内企业原内资权益,后该权益虽变更为外资权益但仍为本人所最终持有的自然人。

对于同时持有境内合法身份证件和境外(含港澳台)合法身份证件的,视同境外个人管理。

(2)37 号文登记的办理

根据汇发 13 号文的规定,自 2015 年 6 月 1 日起,取消境内直接投资项下外汇登记核准的行政审批,改由银行按照前述规定所附《直接投资外汇业务操作指引》直接审核办理境内直接投资项下的外汇登记,外汇局通过银行对境内直接投资外汇登记实施间接监管。

境内居民个人以境内资产或权益向特殊目的公司出资的,应向境内企业资产或权益所在地银行申请办理境内居民个人特殊目的公司外汇登记。如有多个境内企业资产或权益且所在地不一致时，境内居民应选择其中一个主要资产或权益所在地银行集中办理登记。境内居民个人以境外合法资产或权益出资的，应向户籍所在地银行申请办理登记。完成直接投资外汇登记后，方可办理后续直接投资相关账户开立、资金汇兑等业务（含利润、红利汇出或汇回）。

（3）办理时限

境内居民个人办理登记之前，可在境外先行设立特殊目的公司，但在登记完成前，除支付（含境外支付）特殊目的公司注册费用外，境内居民个人对该特殊目的公司不得发生其他出资（含境外出资）行为，否则按特殊目的公司外汇补登记处理。

3. 境内居民个人特殊目的公司外汇变更登记（见表2－11－2）

表2－11－2

序号	需变更的情形	变更需提交的材料	办理机关
1	已登记的特殊目的公司发生境内居民个人股东、名称、经营期限等基本信息变更，或发生境内居民个人增资、减资、股权转让或置换、合并或分立等重要事项变更	1. 书面申请； 2. 原办理的境内居民个人境外投资外汇登记表（银行收回原件），并填写新的境内居民个人境外投资外汇登记表； 3. 其他相关真实性证明材料	37号文初始登记原银行
2	境内居民个人从已登记的特殊目的公司获得资本变动收入		

4. 境内居民个人特殊目的公司外汇注销登记

因转股、破产、解散、清算、经营期满、身份变更等原因造成境内居民个人不再持有已登记的特殊目的公司权益的，或者不再属于需要办理特殊目的公司登记的，应提交书面申请、相关真实性证明材料、境内居民个人境外投资外汇登记表到原特殊目的公司登记地银行办理外汇注销登记。

（三）境内个人参与境外上市公司股权激励计划外汇登记

1. 登记范围

根据《外汇管理条例》（2008年修订）、《个人外汇管理办法》及国家外汇管理局《关于境内个人参与境外上市公司股权激励计划外汇管理有关问题的通知》（以下简称7号文），境内个人参与境外上市公司股权激励计划的，需要到外汇局办理外汇登记。7号文第一条对境外上市公司、股权激励计划、境内公司及境内个人(以下简称个人)均明确了范围。

2. 申请程序

(1)受理机构

参与同一项境外上市公司股权激励计划的个人,应通过所属境内公司集中委托一家境内代理机构(以下简称境内代理机构)统一办理外汇登记、账户开立及资金划转与汇兑等有关事项,并应由一家境外机构(以下简称境外受托机构)统一负责办理个人行权、购买与出售对应股票或权益以及相应资金划转等事项。

(2)申请文件

境内代理机构应持下列材料,到国家外汇管理局所在地分局或外汇管理部(以下简称所在地外汇局)统一办理个人参与股权激励计划的外汇登记:

①书面申请,并附境内个人参与境外上市公司股权激励计划外汇登记表;

②境外上市公司相关公告等能够证明股权激励计划真实性的证明材料(涉及国有企业等需经主管部门批准的,另需出具有关主管部门的认可文件);

③境内公司授权境内代理机构统一办理个人参与股权激励计划的授权书或协议;

④境内公司出具的个人与其雇佣或劳务关系属实的承诺函(附个人名单、身份证件号码、所涉股权激励类型等);

⑤前述材料内容不一致或不能说明交易真实性时,要求提供的补充材料。

所在地外汇局审核上述材料无误后,为境内代理机构出具相应的股权激励计划外汇登记证明。

(3)受理时限

境内代理机构应于每季度初3个工作日内向所在地外汇局报送境内个人参与境外上市公司股权激励计划情况备案表。

境内代理机构的开户银行应于每月初3个工作日内向所在地外汇局报送境内个人参与境外上市公司股权激励计划境内专用外汇账户开立及关闭情况表、境内个人参与境外上市公司股权激励计划境内专用外汇账户收支情况表。

符合上述备案情形的,应及时到所在地外汇局办理备案登记手续。

(四)外债登记

1. 登记范围

外债是指中国境内的机关、团体、企业、事业单位、金融机构或者其他机构

（以下统称借款单位）对中国境外的国际金融组织、外国政府、金融机构、企业或者其他机构用外国货币承担的具有契约性偿还义务的全部债务。根据《外债管理暂行办法》第1条的规定，外债的种类包括国际金融组织贷款等十余种。

根据《外债登记管理办法》的规定，国家外汇管理局可根据国际收支变化情况，对外债登记范围和管理方式进行调整。

2. 登记方式

外债登记分为逐笔登记和定期登记。国务院各部委和境内中资金融机构的外债实行定期登记。其他境内机构的外债实行逐笔登记。

（1）登记时间要求

定期登记的债务人应当在签订第一笔外债合同后15日内持外债合同到外汇局办理登记手续。其后，债务人应当按照新签的外债合同填写外债签约情况表，并于每月初5日内报送外汇局。

逐笔登记的债务人应当在外债合同签约后15日内，到外汇局办理登记手续。

（2）非银行债务人外债登记申请文件（以北京地区为例）

①申请书（内容包括但不限于债务人与债权人基本情况，本次拟备案（登记）外债金额、利率、期限、用途等要点，预计还款资金来源）。

②外债合同正本并合同主要条款复印件，合同为外文的应另附合同主要条款的中文译本。对外发行债券的，需提供发行通函、认购协议正本及协议主要条款复印件、全球债券证书等材料，材料为外文的应另附主要内容中文译本。特别的，中关村科学城（海淀区域）企业对外发行债券办理非银行债务人外债签约（变更）登记业务时，允许企业提供认购协议主要条款复印件和全球债券证书复印件作为主债务协议材料，无需提供发行通函、认购协议正本等其他主债务协议材料。

③借款单位营业执照、上年度或最近一期经审计的财务报告、宏观审慎跨境融资风险加权余额情况表（企业版）等材料。

④经其他外债管理部门批准逐笔借用外债的，还应提供相关批准文件。

⑤外方股东资本金到位证明材料（如需）。

⑥外汇局要求提供的其他材料。

（3）受理时限

外汇管理部门自受理业务申请之日起20个工作日内审批完毕。

(4)非银行债务人外债注销登记申请文件(以北京地区为例)

①申请书;

②境内机构外债签约情况表;

③银行出具的相关关户证明材料(如有);

④外汇局要求提供的其他材料。

(5)其他登记事项

①已办理外债登记的债务合同如发生变化,债务人应当按照原程序办理外债变更登记;实行定期登记的债务人应当于每月初5日内报送上月外债变动反馈表,反映新签约债务和所有已签约债务的变动情况;实行逐笔登记的债务人应当在每笔债务变动后的5日内将外债变动反馈表及有关凭证复印件报送外汇局。

②遗失外债登记凭证的债务人应当在全国性报纸刊登遗失声明后方可补办登记凭证。

③债务人应当每年第一季度末以前报送上年外债签约、使用、偿还情况报告和该年度的还贷资金安排计划。

(6)试点政策

2019年10月23日,国家外汇管理局出台了《关于进一步促进跨境贸易投资便利化的通知》(汇发〔2019〕28号,以下简称28号文)。28号文提出试点取消非金融企业外债逐笔登记,试点地区非金融企业可按净资产2倍至所在地外汇局办理外债登记,非金融企业可在登记金额内自行借入外债资金。

(五)跨境担保

1. 跨境担保的概念

跨境担保是指担保人向债权人书面作出的、具有法律约束力、承诺按照担保合同约定履行相关付款义务并可能产生资金跨境收付或资产所有权跨境转移等国际收支交易的担保行为。

2. 跨境担保的分类

跨境担保分为内保外贷、外保内贷和其他形式跨境担保。内保外贷是指担保人注册地在境内、债务人和债权人注册地均在境外的跨境担保。外保内贷是指担保人注册地在境外、债务人和债权人注册地均在境内的跨境担保。其他形式跨境担保是指除前述内保外贷和外保内贷以外的其他跨境担保情形。

3. 跨境担保登记

外汇局对内保外贷和外保内贷实行登记管理。

(1)内保外贷

①内保外贷登记

担保人为银行的,由担保人通过数据接口程序或其他方式向外汇局报送内保外贷业务相关数据。

担保人为非银行金融机构或企业(以下简称非银行机构)的,应在签订担保合同后15个工作日内到所在地外汇局办理内保外贷签约登记手续。担保合同主要条款发生变更的,应当办理内保外贷签约变更登记手续。

②内保外贷签约登记申请资料(以北京地区为例)

a. 关于办理内保外贷签约登记的书面申请报告(内容包括公司基本情况、已办理且未了结的各项跨境担保余额、本次担保交易内容要点、预计还款资金来源、其他需要说明的事项。有共同担保人的,应在申请报告中说明);

b. 担保合同和担保项下主债务合同(合同文本内容较多的,提供合同简明条款并加盖印章;合同为外文的,须提供中文翻译件并加盖印章);

c. 北京外汇管理部根据本规定认为需要补充的相关证明材料(如发改委、商务部门关于境外投资项目的批准文件、被担保人主体资格合法性证明、担保的商业合理性证明、被担保人还款能力证明等)。

③内保外贷集中登记

允许办理内保外贷业务集中登记的非银行机构,由所在地外汇分局(外汇管理部)确定。满足以下条件的非银行机构,可根据经营需要向所在地外汇局申请内保外贷集中登记:其一,内保外贷业务发生频繁(预计每年需要登记的业务笔数不低于15笔),有办理集中登记的实际需求;其二,具有完善的担保业务内控制度;其三,近三年无重大外汇管理违法违规行为;其四,所在地外汇局认为的其他事由。

实行内保外贷集中登记的非银行机构,应在每月结束后3个工作日内向所在地外汇局集中办理签约登记手续。担保合同或担保项下债务合同主要条款发生变更的(包括债务或担保金额、期限、债权人等发生变更),应当在每月结束后3个工作日内办理变更登记手续。

外汇局仅对担保人的登记申请进行程序性审核,不对合同内容、资金用途及外汇管理合规性等进行实质性审查。

外保内贷集中登记申请资料(以北京地区为例):

a. 申请书(内容包括但不限于上月担保签约笔数、金额、担保资金主要用途、合规承诺及其他需要说明的事项。合规承诺内容为"本机构保证,申请书内容与担保合同、借款合同的内容完全一致,且担保事项符合外汇管理规定及中国和相关国家及地区的其他法律、法规要求,如有不实,愿意承担相关法律后果。");

b. 纸质版(加盖印章)及电子版非银行机构内保外贷集中登记逐笔月报表;

c. 担保合同和担保项下主债务合同(验后返还);

d. 外汇局要求提供的其他材料。

④内保外贷资金用途

a. 内保外贷项下资金应用于债务人正常经营范围内的相关支出,不得用于支持债务人从事正常业务范围以外的相关交易,不得构造交易背景进行套利或进行其他形式的投机性交易。

b. 未经国家外汇局批准,内保外贷项下资金不得直接或间接以证券投资方式调回境内使用。

c. 内保外贷项下资金如用于直接或间接获得对境外其他机构的股权(包括新设境外企业、并购境外企业和向境外企业增资)或债权,则该投资行为应当符合国家关于境外投资的相关政策导向,并符合国内相关部门有关境外投资的规定。

d. 内保外贷项下担保责任为境外债务人债券发行项下还款义务时,境外债务人应由境内机构直接或间接持股。

⑤内保外贷注销登记

内保外贷项下担保人付款责任到期、债务人清偿担保项下债务或发生担保履约后,担保人应办理内保外贷登记注销手续。其中,银行可通过数据接口程序或其他方式向外汇局资本项目系统报送内保外贷更新数据;非银行机构应在15个工作日内到外汇局申请注销相关登记。

内保外贷注销登记申请资料(以北京地区为例):

a. 申请书;

b. 内保外贷责任解除的相关证明材料;

c. 内保外贷对外担保登记表;

d. 外汇局要求提供的其他材料。

⑥内保外贷履约

如发生内保外贷履约，担保人为银行的，可自行办理担保履约项下对外支付。

担保人为非银行机构的，可凭担保登记文件直接到银行办理担保履约项下购汇及对外支付。在境外债务人偿清因担保人履约而对境内担保人承担的债务之前，未经外汇局批准，担保人须暂停签订新的内保外贷合同。

内保外贷业务发生担保履约的，成为对外债权人的境内担保人或反担保人应当按规定办理对外债权登记手续。

内保外贷履约对外债权登记申请资料（以北京地区为例）：

a. 申请书（内容包括但不限于担保履约的原因、履约资金来源、境外债务人还款计划及未来还款资金来源等）；

b. 已发生担保履约的证明材料；

c. 内保外贷签约登记凭证；

d. 外汇局要求提供的其他材料。

（2）外保内贷

境内非金融机构从境内金融机构借用贷款或获得授信额度，在同时满足以下条件的前提下，可以接受境外机构或个人提供的担保，并自行签订外保内贷合同：①债务人为在境内注册经营的非金融机构；②债权人为在境内注册经营的金融机构；③担保标的为金融机构提供的本外币贷款（不包括委托贷款）或有约束力的授信额度；④担保形式符合境内、外法律法规。未经批准，境内机构不得超出上述范围办理外保内贷业务。

（3）外保内贷登记

境内债务人从事外保内贷业务，由发放贷款或提供授信额度的境内金融机构向外汇局集中报送外保内贷业务相关数据。外保内贷业务发生境外担保履约的，境内债务人应在担保履约后 15 个工作日内到所在地外汇局办理短期外债签约登记及相关信息备案。

外保内贷担保履约外债登记申请资料（以北京地区为例）：

①关于办理外债签约登记的书面申请报告（内容包括公司基本情况、外保内贷业务逐笔和汇总情况、本次担保履约情况及其他需要说明的事项）；

②外保内贷的主债务合同、担保合同和担保履约证明文件（合同文本内容较多的，提供合同简明条款并加盖印章；合同为外文的，须提供中文翻译件并加

盖债务人印章)；

③债务人营业执照；

④上年度末经审计的债务人财务报表；

⑤与履约相对应的外保内贷登记情况；

⑥外汇局要求提供的其他材料。

(4)物权担保

外汇局不对担保当事各方设定担保物权的合法性进行审查。

当担保人与债权人分属境内、境外,或担保物权登记地(或财产所在地、收益来源地)与担保人、债权人的任意一方分属境内、境外时,境内担保人或境内债权人应按下列规定办理相关外汇管理手续:①当担保人、债权人注册地或担保物权登记地(或财产所在地、收益来源地)至少有两项分属境内外时,担保人实现担保物权的方式应当符合相关法律规定。②除另有明确规定外,担保人或债权人申请汇出或收取担保财产处置收益时,可直接向境内银行提出申请;在银行审核担保履约真实性、合规性并留存必要材料后,担保人或债权人可以办理相关购汇、结汇和跨境收支。③相关担保财产所有权在担保人、债权人之间发生转让,按规定需要办理跨境投资外汇登记的,当事人应办理相关登记或变更手续。

担保人为第三方债务人向债权人提供物权担保,构成内保外贷或外保内贷的,应当按照内保外贷或外保内贷相关规定办理担保登记手续,并遵守相关规定。经外汇局登记的物权担保因任何原因而未合法设立,担保人应到外汇局注销相关登记。

(5)其他跨境担保

境内机构提供或接受除内保外贷和外保内贷以外的其他形式跨境担保,在符合境内外法律法规和本规定的前提下,可自行签订跨境担保合同。除外汇局另有明确规定外,担保人、债务人不需要就其他形式跨境担保到外汇局办理登记或备案。

境内机构办理其他形式跨境担保,可自行办理担保履约。担保项下对外债权债务需要事前审批或核准,或因担保履约发生对外债权债务变动的,应按规定办理相关审批或登记手续。

相关规定

本专题相关规定见表 2－11－3。

表 2－11－3 相关规定

主要法律问题	文件名	具体条款规定
外汇登记证的办理、变更、注销、年检	《外汇管理条例》（2008 年修订）（发布日期：2008 年 8 月 5 日；实施日期：2008 年 8 月 5 日；发文机关：国务院；文号：国务院令第 532 号）	第 16 条　境外机构、境外个人在境内直接投资，经有关主管部门批准后，应当到外汇管理机关办理登记。
	国家外汇管理局《关于印发〈外国投资者境内直接投资外汇管理规定〉及配套文件的通知》（发布日期：2013 年 5 月 11 日；实施日期：2013 年 5 月 13 日，发文机关：国家外汇管理局；文号：汇发〔2013〕21 号；经过 2018 年 10 月 10 日修订，2019 年 12 月 30 日被部分废止）	第 2 条　本规定所称外国投资者境内直接投资（以下简称境内直接投资），是指外国投资者（包括境外机构和个人）通过新设、并购等方式在境内设立外商投资企业或项目（以下简称外商投资企业），并取得所有权、控制权、经营管理权等权益的行为。
		第 3 条　境内直接投资实行登记管理。境内直接投资活动所涉机构与个人应在国家外汇管理局及其分支机构（以下简称外汇局）办理登记。银行应依据外汇局登记信息办理境内直接投资相关业务。
		第 5 条　外国投资者为筹建外商投资企业需汇入前期费用等相关资金的，应在外汇局办理登记。
		第 6 条　外商投资企业依法设立后，应在外汇局办理登记。外国投资者以货币资金、股权、实物资产、无形资产等（含境内合法所得）向外商投资企业出资，或者收购境内企业中方股权支付对价，外商投资企业应就外国投资者出资及权益情况在外汇局办理登记。 外商投资企业后续发生增资、减资、股权转让等资本变动事项的，应在外汇局办理登记变更。外商投资企业注销或转为非外商投资企业的，应在外汇局办理登记注销。
		第 16 条　境内直接投资所涉主体违反本规定的，外汇局根据《中华人民共和国外汇管理条例》及相关规定进行处罚。

续表

主要法律问题	文件名	具体条款规定
	国家外汇管理局《关于进一步改进和调整直接投资外汇管理政策的通知》(发布日期:2012年11月19日;实施日期:2012年12月27日;发文机关:国家外汇管理局;文号:汇发〔2012〕59号;最新于2015年5月4日修正并实施)	全文
	国家外汇管理局《关于进一步简化和改进直接投资外汇管理政策的通知》(发布日期:2015年2月13日;实施日期:2015年6月1日;发文机关:国家外汇管理局;文号:汇发〔2015〕13号;经过2019年12月30日被部分废止)	全文
37号文登记	国家外汇管理局《关于境内居民通过特殊目的公司境外投融资及返程投资外汇管理有关问题的通知》(发布日期:2014年7月4日;实施日期:2014年7月4日;发文机关:国家外汇管理局;文号:汇发〔2014〕37号)	全文
	《关于外国投资者并购境内企业的规定》[发布日期:2006年8月8日;实施日期:2006年9月8日;发文机关:商务部,国务院国有资产监督管理委员会,中国证券监督管理委员会,国家税务总局,国家工商行政管理总局(已撤销),国家外汇管理局;文号:商务部、国务院国有资产监督管理委员会、国家税务总局、国家工商行政管理总局、中国证券监督管理委员会、国家外汇管理局令2006年第10号;2009年6月22日修正并实施]	第39条　特殊目的公司系指中国境内公司或自然人为实现以其实际拥有的境内公司权益在境外上市而直接或间接控制的境外公司。
		第48条　特殊目的公司的境外上市融资收入,应按照报送外汇管理机关备案的调回计划,根据现行外汇管理规定调回境内使用。融资收入可采取以下方式调回境内: (一)向境内公司提供商业贷款; (二)在境内新设外商投资企业; (三)并购境内企业。 在上述情形下调回特殊目的公司境外融资收入,应遵守中国有关外商投资及外债管理的法律和行政法规。如果调回特殊目的公司境外融资收入,导致境内公司和自然人增持特殊目的公司权益或

续表

主要法律问题	文件名	具体条款规定
		特殊目的公司净资产增加，当事人应如实披露并报批，在完成审批手续后办理相应的外资外汇登记和境外投资登记变更。 境内公司及自然人从特殊目的公司获得的利润、红利及资本变动所得外汇收入，应自获得之日起6个月内调回境内。利润或红利可以进入经常项目外汇帐户或者结汇。资本变动外汇收入经外汇管理机关核准，可以开立资本项目专用帐户保留，也可经外汇管理机关核准后结汇。
	《外汇管理条例》(2008年修订)(发布日期:2008年8月5日;实施日期:2008年8月5日;发文机关:国务院;文号:国务院令第532号)	第39条　有违反规定将境内外汇转移境外，或者以欺骗手段将境内资本转移境外等逃汇行为的，由外汇管理机关责令限期调回外汇，处逃汇金额30%以下的罚款；情节严重的，处逃汇金额30%以上等值以下的罚款；构成犯罪的，依法追究刑事责任。
		第41条　违反规定将外汇汇入境内的，由外汇管理机关责令改正，处违法金额30%以下的罚款；情节严重的，处违法金额30%以上等值以下的罚款。 非法结汇的，由外汇管理机关责令对非法结汇资金予以回兑，处违法金额30%以下的罚款。
		第48条　有下列情形之一的，由外汇管理机关责令改正，给予警告，对机构可以处30万元以下的罚款，对个人可以处5万元以下的罚款： (一)未按照规定进行国际收支统计申报的； (二)未按照规定报送财务会计报告、统计报表等资料的； (三)未按照规定提交有效单证或者提交的单证不真实的； (四)违反外汇账户管理规定的； (五)违反外汇登记管理规定的； (六)拒绝、阻碍外汇管理机关依法进行监督检查或者调查的。

续表

主要法律问题	文件名	具体条款规定
	《刑法》(发布日期:1979 年 7 月 6 日;实施日期:1980 年 1 月 1 日;发文机关:全国人民代表大会;文号:全国人大常务委员会委员长令第 5 号;经过 1997 年 3 月 14 日、1999 年 12 月 25 日、2001 年 8 月 31 日、2001 年 12 月 29 日、2002 年 12 月 28 日、2005 年 2 月 28 日、2006 年 6 月 29 日、2009 年 2 月 28 日、2009 年 8 月 27 日、2011 年 2 月 25 日、2015 年 8 月 29 日、2017 年 11 月 4 日数次修正,最新于 2020 年 12 月 26 日修正,并于 2021 年 3 月 1 日实施)	第 190 条　公司、企业或者其他单位,违反国家规定,擅自将外汇存放境外,或者将境内的外汇非法转移到境外,数额较大的,对单位判处逃汇数额百分之五以上百分之三十以下罚金,并对其直接负责的主管人员和其他直接责任人员,处五年以下有期徒刑或者拘役;数额巨大或者有其他严重情节的,对单位判处逃汇数额百分之五以上百分之三十以下罚金,并对其直接负责的主管人员和其他直接责任人员,处五年以上有期徒刑。
境内个人参与境外上市公司股权计划登记	国家外汇管理局《关于境内个人参与境外上市公司股权激励计划外汇管理有关问题的通知》(发布日期:2012 年 2 月 15 日;实施日期:2012 年 2 月 15 日;发文机关:国家外汇管理局;文号:汇发〔2012〕7 号)	全文
	《外汇管理条例》(2008 年修订)(发布日期:2008 年 8 月 5 日;实施日期:2008 年 8 月 5 日;发文机关:国务院;文号:国务院令第 532 号)	第 39 条　有违反规定将境内外汇转移境外,或者以欺骗手段将境内资本转移境外等逃汇行为的,由外汇管理机关责令限期调回外汇,处逃汇金额 30% 以下的罚款;情节严重的,处逃汇金额 30% 以上等值以下的罚款;构成犯罪的,依法追究刑事责任。
	《刑法》(发布日期:1979 年 7 月 6 日;实施日期:1980 年 1 月 1 日;发文机关:全国人民代表大会;文号:全国人大常务委员会委员长令第 5 号;经过 1997 年 3 月 14 日、1999 年 12 月 25 日、2001 年 8 月 31 日、2001 年 12 月 29 日、2002 年 12 月 28 日、2005 年 2 月 28 日、2006 年 6 月 29 日、2009 年 2 月 28 日、2009 年 8 月 27 日、2011 年 2 月 25 日、	第 190 条　公司、企业或者其他单位,违反国家规定,擅自将外汇存放境外,或者将境内的外汇非法转移到境外,数额较大的,对单位判处逃汇数额百分之五以上百分之三十以下罚金,并对其直接负责的主管人员和其他直接责任人员,处五年以下有期徒刑或者拘役;数额巨大或者有其他严重情节的,对单位判处逃汇数额百分之五以上百分之三十以下罚金,并对其直接负责的主管人员和其他直接责任人员,处五年以上有期徒刑。

续表

主要法律问题	文件名	具体条款规定
	2015年8月29日、2017年11月4日数次修正,最新于2020年12月26日修正,并于2021年3月1日实施)	
外债登记	《外债管理暂行办法》[发布日期:2003年1月8日;实施日期:2003年3月1日;发文机关:国家发展计划委员会(已变更),财政部,国家外汇管理局;文号:国家发展计划委员会、财政部、国家外汇管理局令第28号]	全文
	《外债统计监测暂行规定》(发布日期:1987年8月27日;实施日期:1987年8月27日;发文机关:国家外汇管理局;文号:〔87〕汇管债字第496号)	全文
	《外债统计监测实施细则》(发布日期:1997年9月24日;实施日期:1998年1月1日;发文机关:国家外汇管理局)	全文
	《外汇管理条例》(2008年修订)(发布日期:2008年8月5日;实施日期:2008年8月5日;发文机关:国务院;文号:国务院令第532号)	第18条　国家对外债实行规模管理。借用外债应当按照国家有关规定办理,并到外汇管理机关办理外债登记。 国务院外汇管理部门负责全国的外债统计与监测,并定期公布外债情况。
		第43条　有擅自对外借款、在境外发行债券或者提供对外担保等违反外债管理行为的,由外汇管理机关给予警告,处违法金额30%以下的罚款。
		第48条　有下列情形之一的,由外汇管理机关责令改正,给予警告,对机构可以处30万元以下的罚款,对个人可以处5万元以下的罚款: (一)未按照规定进行国际收支统计申报的; (二)未按照规定报送财务会计报告、统计报表等资料的; (三)未按照规定提交有效单证或者提交的单证不真实的; (四)违反外汇账户管理规定的; (五)违反外汇登记管理规定的; (六)拒绝、阻碍外汇管理机关依法进行监督检查或者调查的。

续表

主要法律问题	文件名	具体条款规定
	《境内机构借用国际商业贷款管理办法》(发布日期:1991年9月26日;实施日期:1991年9月26日;发文机关:国家外汇管理局;1997年9月24日修订,1998年1月1日实施)	第2条　本办法所称"国际商业贷款"是指境内机构向中国境外的金融机构、企业、个人或者其他经济组织以及在中国境内的外资金融机构筹借的,以外国货币承担契约性偿还义务的款项。出口信贷、国际融资租赁、以外汇方式偿还的补偿贸易、境外机构和个人外汇存款(不包括在经批准经营离岸业务银行中的外汇存款)、项目融资、90天以上的贸易项下融资以及其他形式的外汇贷款视同国际商业贷款管理。
		第3条　中国人民银行是境内机构借用国际商业贷款的审批机关。 中国人民银行授权国家外汇管理局及其分局(以下简称外汇局)具体负责对境内机构借用国际商业贷款的审批、监督和管理。
		第4条　境内机构借用国际商业贷款应当经外汇局批准。未经外汇局批准而擅自对外签订的国际商业贷款协议无效。外汇局不予办理外债登记。银行不得为其开立外债专用帐户。借款本息不准擅自汇出。
		第5条　对外借用国际商业贷款的境内机构仅限于: (一)经国家外汇管理局批准经营外汇借款业务的中资金融机构; (二)经国务院授权部门批准的非金融企业法人。
跨境担保	《民法典》(发文机关:全国人民代表大会;发布日期:2020年5月28日;生效日期:2021年1月1日)	第395条　债务人或者第三人有权处分的下列财产可以抵押:(一)建筑物和其他土地附着物;(二)建设用地使用权;(三)海域使用权;(四)生产设备、原材料、半成品、产品;(五)正在建造的建筑物、船舶、航空器;(六)交通运输工具;(七)法律、行政法规未禁止抵押的其他财产。抵押人可以将前款所列财产一并抵押。
		第396条　企业、个体工商户、农业生产经营者可以将现有的以及将有的生产设备、原材料、半成品、产品抵押,债务人不履行到期债务或者发生当事人约定的实现抵押权的情形,债权人有权就抵押财产确定时的动产优先受偿。

续表

主要法律问题	文件名	具体条款规定
		第397条　以建筑物抵押的,该建筑物占用范围内的建设用地使用权一并抵押。以建设用地使用权抵押的,该土地上的建筑物一并抵押。抵押人未依据前款规定一并抵押的,未抵押的财产视为一并抵押。
		第440条　债务人或者第三人有权处分的下列权利可以出质:(一)汇票、本票、支票;(二)债券、存款单;(三)仓单、提单;(四)可以转让的基金份额、股权;(五)可以转让的注册商标专用权、专利权、著作权等知识产权中的财产权;(六)现有的以及将有的应收账款;(七)法律、行政法规规定可以出质的其他财产权利。
	《外汇管理条例》(2008年修订)(发布日期:2008年8月5日;实施日期:2008年8月5日;发文机关:国务院;文号:国务院令第532号)	第19条　提供对外担保,应当向外汇管理机关提出申请,由外汇管理机关根据申请人的资产负债等情况作出批准或者不批准的决定;国家规定其经营范围需经有关主管部门批准的,应当在向外汇管理机关提出申请前办理批准手续。申请人签订对外担保合同后,应当到外汇管理机关办理对外担保登记。 经国务院批准为使用外国政府或者国际金融组织贷款进行转贷提供对外担保的,不适用前款规定。
		第39条　有违反规定将境内外汇转移境外,或者以欺骗手段将境内资本转移境外等逃汇行为的,由外汇管理机关责令限期调回外汇,处逃汇金额30%以下的罚款;情节严重的,处逃汇金额30%以上等值以下的罚款;构成犯罪的,依法追究刑事责任。
		第48条　有下列情形之一的,由外汇管理机关责令改正,给予警告,对机构可以处30万元以下的罚款,对个人可以处5万元以下的罚款: (一)未按照规定进行国际收支统计申报的; (二)未按照规定报送财务会计报告、统计报表等资料的; (三)未按照规定提交有效单证或者提交的单证不真实的; (四)违反外汇账户管理规定的; (五)违反外汇登记管理规定的; (六)拒绝、阻碍外汇管理机关依法进行监督检查或者调查的。

续表

主要法律问题	文件名	具体条款规定
	国家外汇管理局《关于对部分非银行机构内保外贷业务实行集中登记管理的通知》(发布日期:2015 年 3 月 10 日;实施日期:2015 年 3 月 10 日;发文机关:国家外汇管理局)	全文
	国家外汇管理局《关于发布〈跨境担保外汇管理规定〉的通知》(发布日期:2014 年 5 月 12 日;实施日期:2014 年 6 月 1 日;发文机关:国家外汇管理局;文号:汇发〔2014〕29 号)	全文
	国家外汇管理局综合司《关于完善银行内保外贷外汇管理的通知》(发布日期:2017 年 11 月 24 日;实施日期:2017 年 11 月 24 日;发文机关:国家外汇管理局;文号:汇综发〔2017〕108 号)	全文

专题十二　劳动人事

一、审阅文件清单

本专题相关审阅文件见表 2 - 12 - 1。

表 2 - 12 - 1　审阅文件清单

序号	审阅文件清单
1	员工花名册,内容包括:员工姓名、年龄、性别、国籍、户口所在地(详细至农村、城镇户口)、部门、岗位、年基本工资、主要工作地、用工方式(全职、非全日制、劳务派遣、实习、返聘等)、工作年限、劳动合同签订情况、在其他公司(包括公众公司和机构)兼职的情况等信息
2	员工组织架构图:包括员工部门设置、岗位设置及人数配备情况

续表

序号	审阅文件清单
3	公司正在使用的所有种类的劳动合同、劳务合同、顾问合同、返聘协议等约定双方劳动或劳务关系的格式文本,及每类合同的签署情况
4	公司最近三年曾经使用,且仍发生效力的上述契约的格式文本
5	公司正在使用和最近三年曾经使用,且仍具法律效力的知识产权转让合同、保密合同、竞业限制合同、培训协议及每类合同的签署情况
6	公司与董事、监事、高级管理人员、关键员工签订的劳动合同复印件
7	公司与董事、监事、高级管理人员、关键员工及其他有特别才能的员工所签署的补偿、赔偿性合同、奖励性合同等,及每类合同的签署情况
8	公司存在的未签署任何书面协议的用工、用人情况(如有)
9	公司与第三方签订的劳务派遣协议,人力资源服务协议,劳务外包协议,咨询协议、代为缴纳社会保险、公积金协议等
10	第 9 点中第三方的资质证明文件及实际履行情况
11	第 9 条中协议履行的必要性说明
12	公司为员工提供个人贷款、担保的情况
13	公司向员工个人集资、借款的情况
14	公司与员工另外单独达成任何协议、申诉解决函、个人支付或解雇安排等其他以上未提及的书面文件
15	公司最近三年的工资结构及组成情况
16	公司正在实施的及拟实施的,除工资、社保、公积金外的员工工资性收入政策(如佣金、奖金、津贴、补贴)及实施情况
17	董事、监事、高级管理人员、关键员工的工资组成及不同于普通员工的收入政策、奖励计划及协议文本
18	公司的社会保险金登记证明和/或开户证明(如有)
19	公司为员工缴纳社会保险的险种、公司及个人缴存比例、缴费基数及确定的原则、缴纳保险的起始时间及确定的原则
20	公司为员工缴纳社会保险的证明文件(缴费凭证)
21	公司存在欠缴、少缴社会保险费的情况、原因及因此受到社保主管机关处罚的情况
22	最近三年内任何重大工伤事故的记录和详情
23	公司住房公积金登记证明和/或开户证明(如有)
24	公司为员工缴存住房公积金的比例及个人比例、缴存基数及确定的原则、缴存的起始时间及确定的原则
25	公司为员工缴存住房公积金的证明文件(缴存凭证)

续表

序号	审阅文件清单
26	公司存在欠缴、少缴住房公积金的情况、原因及因此受到主管机关处罚的情况
27	公司过去三年内发生的一切劳动纠纷的说明(包括但不限于劳动仲裁、不公平劳工待遇、工作环境、安全及劳动卫生等方面的诉讼或行政程序),并提供原始资料(如裁决书、判决书、调解书等)
28	过去三年里员工向公司提出过的任何索赔请求的说明及相关文件
29	其他任何与员工间未决的劳动纠纷或临近的争议(无论口头或书面)的相关情况和资料
30	公司在过去三年里公司发生的集体性罢工、怠工、示威游行、上访等产生原因、过程及处理结果
31	相关劳动行政管理机构就公司遵守劳动法律法规进行的任何调查或审查
32	工会的组织情况:包括参加工会的人数及占全体员工总人数的比重、工会的组织机构及任职情况
33	历次职工代表大会、工会的会议记录和会议决议
34	公司现有的工会组织的社团法人登记证书、工会章程等文件
35	公司与工会组织签订的集体劳动合同、工资集体协商协议及其他协议性文件
36	公司过去三年曾发生过的裁员事件及处理结果,公司现有或预期的解雇或裁员计划
37	公司目前安置的残疾员工人数、占员工总数的比例、缴纳残疾人保证金的金额、缴纳标准
38	缴纳残疾人就业保障金的相应凭证
39	减免残疾人就业保障金的相应审批文件(如有)
40	员工制度、员工手册
41	公司制定和实施的任何与公司员工的聘用、奖惩、劳动保护、安全生产、福利待遇、劳动纪律、解聘等事项相关的劳动的规章、制度及其相应的民主协商、公示告知文件或政策性文件
42	公司已经作出的任何重大(留用察看以上)的惩处、裁员、安置或内部退养的决定,以及未来拟进行包含上述人员处置方式的任何改革计划的清单
43	公司在社会保险之外向员工提供的商业保险(包括医疗、财产等保险)其他雇员福利计划的情况,包括相关的政策、内部规则、合同、计划
44	公司为确保员工的安全和健康而采取的所有措施(例如,定期体检、配备安全和健康设施以及培训)

续表

序号	审阅文件清单
45	公司有关员工的住房津贴、分房政策和医疗保险的规定、计划或其他文件
46	对于公司离退休人员、内退人员的退休计划、退休安排、退休后的福利及待遇情况，请说明公司的相关制度及实施情况

二、访谈清单

（一）入职

1. 公司现有的入职流程、入职依据是什么？

2. 入职时都需要经过哪些部门或者领导的面试、审批？高管或中层管理人员是否有特殊的入职流程或需要签署特殊的文件？

3. 入职需要员工提交、签署什么资料或文件？

4. 入职员工提供的文件不齐全公司的处理方式是什么？

（二）试用期

1. 对试用期员工是否有明确的录用条件和考核标准？

2. 公司对试用期内的员工管理是否有特殊的管理要求？如试用期请假、休假规定，工资发放规定，加班、补贴等费用规定。

3. 公司是否有试用期延长的情况？延长的依据和审批流程是什么？

4. 试用期延长由谁申请或提出？需要签署、填写或出具什么文件？

（三）试用期转正

1. 公司现有的试用期为多久？

2. 公司高级管理人员或中层管理人员是否适用特殊的试用期期限？

3. 试用期员工能否转正的判断依据是什么？试用期转正流程是什么？需要经过哪些部门或者领导的审批？需要员工签署或者公司出具什么文件？

4. 员工能否主动申请提前转正？提前转正的申请程序、审批程序是什么？需要员工填写、签署或者公司出具什么文件？判断是否同意提前转正的依据是什么？

5. 提前转正是否可以由上级提出？具体程序是什么？需要填写、签署或公司出具什么文件?

6. 试用期转正需在试用期结束前多久提出?

7. 高级管理人员或中层管理人员是否有特殊的试用期转正流程或者需要签署特殊的文件?

8. 试用期不予转正的依据是什么? 审批流程是什么? 需要填写或者签署什么文件?

9. 员工入职的相关资料由哪个部门保存? 试用期及转正资料由哪个部门保存?

(四)劳动合同管理

1. 现在公司的劳动合同由哪个部门进行管理? 管理部门是否会变更?

2. 劳动合同的第一次签订的内部流程是什么? 是否与其他合同的签订有区别?

3. 劳动合同的签订期限通常是多久? 是否因岗位不同而有所区别? 劳动合同中约定的试用期是否在法律规定的期限内? 是否会因岗位不同约定不同的试用期?

4. 是否存在与离退休人员签署返聘协议的情况? 是否存在临时员工或者非全日制用工的情况? 聘用前述人员的审批流程是什么? 都签署什么协议?

5. 对于符合签署无固定期限劳动合同的员工,其自愿放弃签署无固定期限劳动合同的流程是什么?

6. 劳动合同的变更需要的审批流程是什么? 需要出具、签署的文件是什么?

7. 员工提出劳动合同变更需要如何提起? 流程是什么? 需要填写、签署的文件是什么?

(1)劳动合同的续签流程是什么? 劳动合同到期前多久公司进行劳动合同的续订安排? 续签以何种形式进行? 需签署哪些文件?

(2)员工不同意续订劳动合同的,如何进行处理? 员工同意续订劳动合同的如何进行处理? 流程分别是什么?

8. 员工对劳动合同的内容有争议的,处理的流程是什么?

9. 公司在什么情况下会主动与员工解除劳动合同?

10. 公司主动解除劳动合同的流程是什么? 需要填写和提供什么文件?

11. 员工主动解除劳动合同的流程是什么? 需要填写和提供什么文件?

（五）异动管理

1. 晋升

(1)员工晋升的具体程序和依据是什么？晋升需员工和公司填写、出具何种文件？

(2)员工是否可以拒绝晋升？具体程序是什么？

(3)晋升至高级管理人员的职位是否有特殊的程序？

(4)员工晋升从开始到完成的整个流程是否有时间限制？

(5)员工原岗位工作交接是否有时间限制？

(6)员工晋升是否涉及将员工升至与其原岗位职责及方向相差较大的情况？具体程序是什么？

2. 降职、降级

(1)公司员工降职、降级的依据都有什么？具体程序是什么？以何种方式告知员工？需要员工和公司填写、出具何种文件？

(2)员工不同意降职、降级时的处理方式是什么？

(3)员工降级、降职是否会涉及降至与员工原岗位职责及方向相差较大的情况？

(4)高级管理人员的降职、降级是否有特殊程序？

(5)员工原岗位工作交接是否有时间限制？

(6)员工降职、降级从开始到完成整个流程是否有时间限制？

3. 部门内部、跨部门平级调动

(1)公司员工部门内部平级调动的具体程序是什么(员工主动申请,部门领导要求)？具体依据是什么？需要公司及员工填写何种文件？

(2)公司员工跨部门平级调动的具体程序是什么(员工主动申请,部门领导要求,拟调入部门领导申请)？具体依据是什么？需要公司及员工填写何种文件？

(3)部门内部平级调动、跨部门平级调动是否经过该员工的同意？

(4)整个部门内部平级调动流程是否有时间限制？整个跨部门平级调动流程是否有时间限制？

(5)如员工拒绝部门内部平级或跨部门平级调动,具体的处理方式是什么？

4. 工作地点变动的调动

(1)公司员工的调动是否涉及工作地点变动的调动？

(2)员工调动中工作地点变动的范围是什么?(例如,同城调动、跨市调动、跨省调动、跨国调动等)

(3)该类地点变动的员工调动是否需要员工的同意?

(4)该类调动的具体程序和依据是什么?需要员工和公司签署、出具何种文件?

(5)如果员工拒绝进行该类调动,则处理方式是什么?

(6)如果员工同意该类调动,公司是否会提供相应的补偿?

(7)哪个部门负责相关的员工晋升、降职、降级、调动文件的存档?

三、主要法律问题

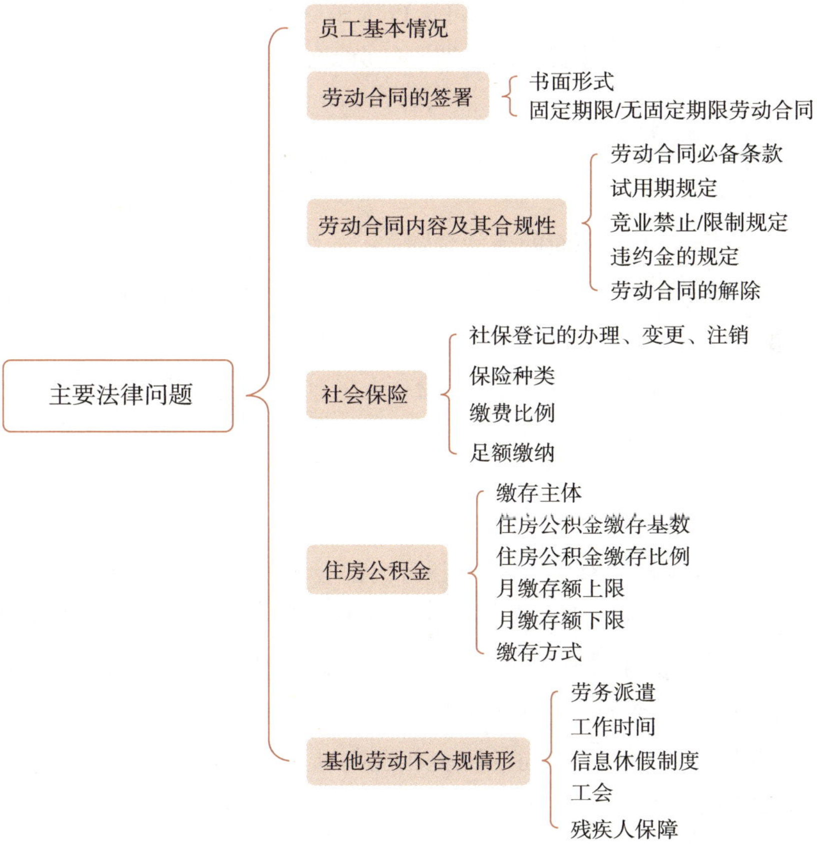

图 2-12-1 本专题思维导图

(一)员工基本情况

全面了解公司的员工情况,是判断公司是否合法用工的前提。应主要了解以下信息:员工姓名、年龄、性别、国籍、户口所在地(农村、城镇户口)、部门、岗位、年基本工资、主要工作地、用工方式(全职、兼职、劳务派遣、实习、返聘等)、工作年限、劳动合同历史情况、在其他公司(包括公众公司和机构)兼职的情况等信息。

如果公司提供的职工信息内容不全面,无法具体地了解公司的用工情况,建议律师向公司提供信息模板,要求公司逐项填写。

此外,了解员工的户籍状况,有助于结合公司所在地的地方性法规和规章了解公司为员工缴纳保险险种上及保险申报基数上的差异;了解职工的劳动合同签署的历史情况,有助于判断公司是否按照《劳动合同法》(2012 年修正)的规定与符合要求的职工签署无固定期限的劳动合同等。

(二)劳动合同的签署

1. 书面形式

公司应与员工签署书面的劳动合同。

公司未与或未在用工之日起 1 个月内与员工签署劳动合同;建议立即与员工签署劳动合同,并将用工日期确定为用工之日。公司应自用工之日起 1 个月内与员工签订劳动合同的,未签订的,需在 1 个月内签订;超过用工之日起 1 个月仍未签订劳动合同的,公司应向员工支付 2 倍工资并立即与员工签订劳动合同。

2. 固定期限/无固定期限劳动合同

劳动合同主要包括固定期限劳动合同、无固定期限劳动合同、以完成一定工作任务为期限的劳动合同 3 种。公司大都会选择与员工签署固定期限的劳动合同,而避免签署无固定期限劳动合同。除非员工要求订立固定期限劳动合同,公司应与符合条件的员工签订无固定期限劳动合同。否则,可能面临自应订立无固定期限劳动合同之日起支付双倍工资的风险。

需结合员工签订劳动合同的历史状况判断是否存在以下需签署无固定期限劳动合同的情形:

(1)连续工作满 10 年的;

(2)用人单位初次实行劳动合同制度或者国有企业改制重新订立劳动合同时,劳动者在该用人单位连续工作满十年且距法定退休年龄不足 10 年的;

(3)连续订立2次固定期限劳动合同,且劳动者没有《劳动合同法》(2012年修正)第39条和第40条第1项、第2项规定的情形,续订劳动合同的;

(4)用人单位自用工之日起满1年不与劳动者订立书面劳动合同。

(三)劳动合同(保密协议、竞业禁止协议)内容及其合规性

1. 劳动合同必备条款

劳动合同应当具备以下条款:(1)用人单位的名称、住所和法定代表人或者主要负责人;(2)劳动者的姓名、住址和居民身份证或者其他有效身份证件号码;(3)劳动合同期限;(4)工作内容和工作地点;(5)工作时间和休息休假;(6)劳动报酬;(7)社会保险;(8)劳动保护、劳动条件和职业危害防护;(9)法律、法规规定应当纳入劳动合同的其他事项。

国家或地方人力资源部门提供的劳动合同模板并未得到普及。公司使用的劳动合同中常存在条款设置不完整和违法、无效条款的情形,因此,经常需要律师对公司使用的劳动合同的内容和条款进行修订,或者由律师提供标准的劳动合同版本供公司使用。

2. 试用期规定

(1)试用期的期限

在审阅劳动合同签署版本时,常会出现约定的试用期超过法定标准的情形,偶尔还会出现公司单方延长试用期的情形。

公司应按照《劳动合同法》(2012年修正)的规定,根据劳动合同期限的长短核定每位员工的试用期:劳动合同期限3个月以上不满1年的,试用期不得超过1个月;劳动合同期限1年以上不满3年的,试用期不得超过2个月;3年以上固定期限和无固定期限的劳动合同,试用期不得超过6个月。

试用期不得延长,且延长后的试用期也不能超过法定的期限;同一公司与员工只能约定一次试用期,即使该员工的岗位、工作内容、工作地点有变化,均不能再次约定试用期。

(2)试用期合同的效力

部分公司会与员工单独签订一份试用期劳动合同,待试用期结束后再与员工签订正式的劳动合同。根据《劳动合同法》的规定,上述合同即被视为劳动合同。

(3)试用期间的工资

公司在员工试用期间支付的工资水平不能低于法定标准:试用期间的工资

水平不能低于转正后工资水平的80%，且不得低于当地最低工资标准。

3. 竞业禁止/限制规定

用人单位与劳动者可以在劳动合同中约定保守用人单位的商业秘密与知识产权相关的保密事项。对负有保密义务的劳动者，用人单位可以在劳动合同或者保密协议中与劳动者约定竞业限制条款，并约定按月给予劳动者经济补偿。劳动者违反竞业限制约定的，应当按照约定向用人单位支付违约金。

(1)竞业禁止/限制的人员范围

高级管理人员、高级技术人员和其他负有保密义务的人员。《公司法》规定的竞业禁止义务主要是针对在职期间的公司高级管理人员而言的，竞业限制的对象一般是离职后掌握商业秘密的人员。

(2)竞业限制的期限

劳动合同中约定的竞业限制期最长不能超过两年。

(3)竞业限制义务

员工在劳动合同存续期间及劳动关系解除或终止后均应当遵守竞业限制义务，即不能就职于与本单位生产或者经营同类产品、从事同类业务的有竞争关系的其他用人单位，或者自己开业生产或者经营同类产品、从事同类业务。

用人单位应按约定支付竞业限制经济补偿金。若劳动者违反了竞业限制义务，需按约定支付违约金。

现行法律法规未对竞业经济补偿金的标准和违约金的标准加以严格限定。但是，根据2021年1月1日生效的最高人民法院《关于审理劳动争议案件适用法律问题的解释(一)》第36条之规定，劳动者要求按劳动合同解除或者终止前12个月平均工资的30%按月支付经济补偿的，可获法院支持。竞业限制经济补偿金低于劳动合同履行地最低工资标准的，需按最低工资标准支付。同时，部分地方省市对用人单位应支付给劳动者的经济补偿金标准进行了限定。如《深圳经济特区企业技术秘密保护条例》(2019年修正)第24条规定，竞业限制协议约定的补偿费，按月计算不得少于该员工离开企业前最后12个月月平均工资的1/2。约定补偿费少于上述标准或者没有约定补偿费的，补偿费按照该员工离开企业前最后12个月月平均工资的1/2计算。

4. 违约金的规定

(1)法定事由

在实践中，由于用人单位在劳资关系中处于强势地位，往往在劳动合同中约定多种员工需支付违约金的情形，且大部分情形均非法定事由，超出法律的规定的范围。例如：有的劳动合同中约定，员工未提前30天通知而离职的需向公司支付违约金；因公司为职工办理了落户手续（提供了住房），约定职工最低服务年限，若未达最低服务年限，需支付违约金等。上述超出法律范围的约定均是无效的约定，若有上述情形发生，员工无须支付任何违约金。若员工已应公司要求因上述非法定事由支付了违约金的，公司应尽快退回。

劳动合同法规定可以在劳动合同中约定由劳动者承担违约的情形只有两种：①签署了培训协议的员工违反服务期约定提出解除劳动关系；②负有竞业限制义务的劳动者违反了竞业限制义务。

（2）培训协议中约定的违约金数额过高

部分用人单位的制定培训协议时，约定的违金数额过高，超过用人单位所支付的全部培训费用。公司为了达到留住骨干员工的目的，往往在培训协议中约定培训后在公司工作的最低年限，同时会伴以较高的违约金，且该违约金的数额时常会超过公司支付的培训费用，但是《劳动合同法》（2012年修正）并不支持上述约定，超出培训费用部分的违约金的约定是无效的。

5. 劳动合同的解除

用人单位与劳动者双方协商可解除劳动合同。此外，《劳动合同法》还规定了多种可以解除劳动合同的情形。

（1）劳动者可以立即解除劳动合同的主要情形

①劳动者与用人单位协商一致的；

②劳动者提前30日以书面形式通知用人单位的；

③劳动者在试用期内提前3日通知用人单位的；

④用人单位未按照劳动合同约定提供劳动保护或者劳动条件的；

⑤用人单位未及时足额支付劳动报酬的；

⑥用人单位未依法为劳动者缴纳社会保险费的；

⑦用人单位的规章制度违反法律、法规的规定，损害劳动者权益的；

⑧用人单位以欺诈、胁迫的手段或者乘人之危，使劳动者在违背真实意思的情况下订立或者变更劳动合同的；

⑨用人单位在劳动合同中免除自己的法定责任、排除劳动者权利的；

⑩用人单位违反法律、行政法规强制性规定的；

⑪用人单位以暴力、威胁或者非法限制人身自由的手段强迫劳动者劳动的；

⑫用人单位违章指挥、强令冒险作业危及劳动者人身安全的；

⑬法律、行政法规规定劳动者可以解除劳动合同的其他情形。

（2）用人单位可以解除劳动合同的主要情形

①用人单位与劳动者协商一致的；

②劳动者在试用期间被证明不符合录用条件的；

③劳动者严重违反用人单位的规章制度的；

④劳动者严重失职，营私舞弊，给用人单位造成重大损害的；

⑤劳动者同时与其他用人单位建立劳动关系，对完成本单位的工作任务造成严重影响，或者经用人单位提出，拒不改正的；

⑥劳动者以欺诈、胁迫的手段或者乘人之危，使用人单位在违背真实意思的情况下订立或者变更劳动合同的；

⑦劳动者被依法追究刑事责任的；

⑧劳动者患病或者非因工负伤，在规定的医疗期满后不能从事原工作，也不能从事由用人单位另行安排的工作的；

⑨劳动者不能胜任工作，经过培训或者调整工作岗位，仍不能胜任工作的；

⑩劳动合同订立时所依据的客观情况发生重大变化，致使劳动合同无法履行，经用人单位与劳动者协商，未能就变更劳动合同内容达成协议的；

⑪用人单位依照《企业破产法》规定进行重整的；

⑫用人单位生产经营发生严重困难的；

⑬企业转产、重大技术革新或者经营方式调整，经变更劳动合同后，仍需裁减人员的；

⑭其他因劳动合同订立时所依据的客观经济情况发生重大变化，致使劳动合同无法履行的。

自2007年6月29日颁布的《劳动合同法》实施以后，除员工签订培训协议等特殊情形，只要提前30天通知用人单位，劳动者就可以与公司解除劳动合同。劳动者解除劳动合同不需要向用人单位支付经济补偿金。但是，用人单位与劳动者解除劳动合同，除少数情形外，企业需要向劳动者支付经济补偿金。上述规定在维护劳动关系稳定性上明显倾向于维护作为弱势群体的劳动者的利益。部分企业感觉在用人的自由度上受到了限制，因此，很多用人单位在拟定劳动合同时约定了多种用人单位可解除劳动合同的情形。但根据《劳动合同法》（2012年修正）的规定，用人单位任意约定的劳动合同的解除情形是无效的。

若在尽职调查中发现类似问题,可以建议公司将类似条款从劳动合同中删除。

《劳动合同法》及实施细则中规定了多种用人单位可以与员工解除劳动合同的情形,但实践中被公司采纳较多的,也是最容易出现争议的为以下两种:

①试用期解除:《劳动合同法》(2012 年修正)第 39 条,若员工在试用期间被证明不符合录用条件,公司可以与其解除劳动合同,而且不需要支付经济补偿金。因此,很多公司都在劳动合同中约定了尽可能长的试用期,以确定员工是否符合公司要求。但是在实践中,大部分公司都无法完全遵守这一条的规定,做到依法解除劳动合同。该条明确规定,公司与员工解除劳动合同的前提之一是员工不符合录用条件。实践中,很多公司无法拿出员工不符合同录用条件的证据,而只是凭上级主管的评定就决定该员工不符合录用条件并与其解除劳动合同。

若在尽职调查中发现类似问题,可以建议公司将录用条件明确列明在劳动合同中,若在试用期结束前,员工确实无法达到劳动合同中约定的条件,则可以依《劳动合同法》(2012 年修正)第 39 条第 1 款与员工解除劳动合同且不需支付经济补偿金,否则很容易导致争议和纠纷。

②严重违纪解除:这一种解除事由在实践中比试用期解除更常见,且适用范围更广,但公司在使用时并无法做到完全依法进行。《劳动合同法》(2012 年修正)第 39 条第 2 款规定,"严重违反用人单位的规章制度的",用人单位可以与劳动者解除劳动合同,且不属于公司需支付经济补偿金的情形。首先,员工的违纪必须属于严重违反公司规章制度,若仅一般违纪,公司无权与员工解除劳动合同;其次,公司制定的规章制度应经过民主程序。《劳动合同法》(2012 年修正)第 4 条规定,公司在制定、修改或决定直接涉及员工切身利益的规章制度时,应当与工会或职工代表平等协商确定。若只是由公司管理层直接判断员工的行为属于严重违纪,而没有经过法定民主程序的公司正式规章制度作为依据,公司与员工解除劳动合同属于违法解除劳动合同。

(四)社会保险

1. 社保登记的办理、变更、注销

根据《社会保险法》(2018 年修正)及相关法律法规,我国建立基本养老保险、基本医疗保险、工伤保险、失业保险、生育保险等社会保险制度。用人单位和员工个人是缴费主体。

根据《社会保险法》(2018 年修正)的规定,用人单位应当自成立之日起 30

日内申请办理社会保险登记。登记事项主要包括:单位名称、住所、经营地点、单位类型、法定代表人或者负责人、开户银行账号等。

社会保险经办机构应当自收到申请之日起15日内予以审核,发给社会保险登记证。

用人单位的社会保险登记事项发生变更或者用人单位依法终止的,应当自变更或者终止之日起30日内,到社会保险经办机构办理变更或者注销社会保险登记。

2. 保险种类

(1)基本养老保险

缴费主体:用人单位和职工共同缴纳基本养老保险费。

用人单位应当按照国家规定的本单位职工工资总额的比例缴纳基本养老保险费。职工应当按照国家规定的本人工资的比例缴纳基本养老保险费。

(2)基本医疗保险

职工应当参加职工基本医疗保险,由用人单位和职工按照国家规定共同缴纳基本医疗保险费。

(3)失业保险

职工应当参加失业保险,由用人单位和职工按照国家规定共同缴纳失业保险费。

(4)工伤保险

职工应当参加工伤保险,由用人单位缴纳工伤保险费,职工不缴纳工伤保险费。

国家根据不同行业的工伤风险程度确定行业的差别费率,并根据使用工伤保险基金、工伤发生率等情况在每个行业内确定费率档次。

用人单位应当按照本单位职工工资总额,根据社会保险经办机构确定的费率缴纳工伤保险费。

(5)生育保险

职工应当参加生育保险,由用人单位按照国家规定缴纳生育保险费,职工不缴纳生育保险费。

3. 缴费比例

各省、自治区、直辖市均根据各方的地方经济和发展状况制定了与各地区相适应的社会保险缴费比例和缴费政策。以北京为例,北京市各类职工2019

年社会保险缴费比例如表 2 –12 –2 所示：

表 2 –12 –2

缴费主体		养老保险	失业保险	工伤保险	生育保险	基本医疗保险	
						基本医疗	大额互助
本市城镇职工及外国籍人员	单位	16%	0.8%	核定比例（0.2% ~0.9%）	0.80%	9%	1%
	个人	8%	0.20%	0%	0%	2%	3 元
农村	单位	16%	0.8%	核定比例（0.2% ~1.9%）	0.80%	9%	1%
	个人	8%	0%	0%	0%	2%	3 元

4. 足额缴纳

（1）投保人数

公司应为劳动者缴纳社会保险，且以全体职工的工资总额为基数。部分公司会选择仅为正式员工、高管缴纳保险，以上做法不符合法律规定。公司应为所有与公司建立劳动关系的员工缴纳社会保险（包括试用期员工）。

（2）缴费基数

参加基本养老保险、基本医疗保险、失业保险、工伤保险、生育保险的职工按照本人上一年月平均工资确定缴费基数。

以北京市为例，按照《关于降低本市社会保险费率的通知》的要求，2021 年度企业职工基本养老保险、失业保险缴费基数下限标准应调整为本市上一年全口径城镇单位就业人员月平均工资的 60%，经核算，月缴费下限应为 5644 元。

考虑 2020 年受新冠肺炎疫情影响缴费下限使用的 2019 年的标准，为适当减缓增幅，缴费下限两年过渡到位，2021 年北京月缴费下限确定为 5360 元。此外，在北京参保的机关事业单位职工基本养老保险月缴费基数下限标准为 5644 元。

（3）特殊人员基本养老保险费的缴纳基数

根据北京市劳动和社会保障局《关于贯彻实施〈北京市基本养老保险规定〉有关问题的通知》，下列人员按以下办法缴纳基本养老保险费：

①新参加工作或失业后再就业的人员，转业、复员、退伍军人，由机关或其他企、事业单位调（转）入企业的人员，缴纳基本养老保险费时，以进入本企业工作第一个月的工资作为当年各月缴费工资基数。从第二年起，以本人上一年在

本企业实发工资的月平均工资作为缴费工资基数。

②经企业批准请长假保留劳动关系，但不支付工资的人员，企业应与其签订书面协议。第一年，以其请假的上一年度本人月平均工资作为缴费工资基数；次年起按协议约定的缴费工资基数以及各自负担的数额，向社会保险经办机构缴纳。

③在医疗期内的病休人员，其病休期间领取的病假工资或疾病救济费（在不足整年度时与当年非病休期间的工资合并计算）作为第二年缴费工资基数。

④因工致残被鉴定为五至六级伤残并领取伤残津贴的工伤职工，以领取的伤残津贴（在不足整年度时与当年未发生伤残期间的工资合并计算）作为第二年缴费工资基数。

⑤被派到我国港、澳、台地区和境外工作的人员，派出当年按本人上一年度月平均工资作为缴费工资基数。次年起按企业与被保险人约定的缴费工资基数缴纳。

⑥被企业外派、外借及劳务输出到其他单位工作的人员，其在其他单位领取的劳务收入应由被保险人向派出单位备案，并与派出单位发放的工资共同作为缴费工资基数。

⑦个体工商户雇工的基本养老保险费，由个体工商户和雇工以雇工本人上一年月平均工资为缴费工资基数，分别按 20% 和 8% 的比例缴纳。

根据《关于降低本市社会保险费率的通知》，自 2019 年 7 月起，个体工商户和灵活就业人员参加企业职工基本养老保险，可以在企业职工养老保险缴费下限和上限之间选择适当的缴费基数缴费。失业保险缴费基数同步调整。

其中，参保人如选择按缴费基数上限缴纳的，月缴纳职工基本养老保险费 5644.2 元，月缴纳失业保险费 282.21 元；选择按缴费基数下限缴纳的，月缴纳职工基本养老保险费 1072 元，月缴纳失业保险费 53.6 元。

参保人如果未按期办理申报手续，2021 年度社会保险缴费基数将依据本人上一年度的缴费基数确定，低于职工养老保险缴费下限的，将以下限作为缴费基数。

（五）住房公积金

用人单位应在设立后的 30 日到住房公积金管理中心办理住房公积金缴存登记，并在获准登记后的 20 日内到指定银行开立缴存住房公积金的账户。

用人单位应在合并、分立、撤销、解散或者破产之日起的 30 日内到住房公积金管理中心办理变更或注销手续,并在变更或注销手续办理完毕后的20日内到指定银行办理账户转移或注销手续。

1.缴存主体

根据《住房公积金管理条例》(2019年修订)、《建设部、财政部、中国人民银行关于住房公积金管理几个具体问题的通知》(建金管〔2006〕52号)的规定,在职职工是指在国家机关、国有企业、城镇集体企业、外商投资企业、城镇私营企业及其他城镇企业、事业单位、民办非企业单位、社会团体(以下统称单位)中工作,并由单位支付工资的各类人员(不包括外方及港、澳、台人员),以及有工作岗位,但由于学习、病伤产假(6个月以内)等原因暂未工作,仍由单位支付工资的人员。包括与单位签订劳动合同或符合劳动保障部门认定的形成事实劳动关系的在岗职工,不包括已离开本单位仍保留劳动关系的离岗职工。

但根据《关于在内地(大陆)就业的港澳台同胞享有住房公积金待遇有关问题的意见》,在内地(大陆)就业的港澳台同胞,均可按照《住房公积金管理条例》和相关政策的规定缴存住房公积金。缴存基数、缴存比例、办理流程等实行与内地(大陆)缴存职工一致的政策规定。

城镇单位聘用进城务工人员、外籍员工在与用人单位协商一致的基础上可以缴纳住房公积金。

2.住房公积金缴存基数

住房公积金的缴存基数,指职工个人上一年度内月平均工资,即以职工个人去年1月1日至12月31日的月平均工资为基数。

根据2006年4月1日起实施的《北京住房公积金缴存管理办法》的规定,北京市企业住房公积金的月缴存额每年核定调整一次。住房公积金的月缴存额由职工住房公积金月缴存额和单位住房公积金月缴存额两部分组成。

职工住房公积金月缴存额为职工月平均工资乘以职工住房公积金缴存比例。单位住房公积金月缴存额为职工月平均工资乘以单位住房公积金缴存比例。职工月平均工资,按照职工本人上一年1月1日至12月31日的工资总额除以12确定。工资总额按照国家统计局《关于认真贯彻执行〈关于工资总额组成的规定〉》的规定计算。

北京市企业缴存基数计提办法:按照《关于计提职工住房公积金工资基数有关问题的通知》(已失效)规定,计算缴存住房公积金工资基数时,企业单位计提住房公积金工资基数按照上一年职工工资总额扣除以下项目计算:

(1)2000 年 4 月后发放的提租补贴;

(2)按照住房货币化政策规定需发放给职工的住房补贴;

(3)单位发放给职工的通信工具补助。

3. 住房公积金缴存比例

北京地区企业为职工缴存住房公积金缴存比例,由企业根据自身情况在 5% ~12% 范围内自主确定。新建住房公积金单位于开户时自行选择确定;已建住房公积金单位于每年办理年度住房公积金缴存基数调整时自行确定。

出现生产经营困难的企业,经职工代表大会或工会讨论通过,没有职工代表大会或工会的,经全体职工 2/3 以上同意,可在 1% ~4% 范围内申请降低比例缴存住房公积金或申请缓缴。缓缴住房公积金的单位,待单位经济效益好转后,应补缴缓缴期间的住房公积金。

4. 月缴存额上限

职工住房公积金的个人月缴存额以职工本人上一年度月平均工资为基数,乘以职工住房公积金缴存比例;用人单位为职工缴存的住房公积金的月缴存额为职工本人上一年度月平均工资乘以单位住房公积金缴存比例。

住房公积金的月缴存基数上限为北京市统计局公布的上一年度职工月平均工资的 3 倍,2019 住房公积金年度(2019 年 7 月 1 日至 2020 年 6 月 30 日)北京住房公积金缴存基数上限为 27,786 元,月缴存额上限为 6668.64 元,职工和单位月缴存额上限均为 3334.32 元。

因疫情影响,根据北京住房公积金管理委员会办公室《关于 2020 住房公积金年度住房公积金缴存有关问题的通知》,2020 住房公积金年度住房公积金缴存基数上限不作调整。2021 住房公积金年度(2021 年 7 月 1 日至 2022 年 6 月 30 日)北京住房公积金缴存基数上限为 28,221 元,月缴存额上限为 6773.04 元,职工和单位月缴存额上限均为 3386.52 元。

5. 月缴存下限

根据北京住房公积金管理委员会办公室《关于 2021 住房公积金年度住房公积金缴存有关问题的通知》,2021 住房公积金年度(2021 年 7 月 1 日至 2022 年 6 月 30 日)北京住房公积金缴存基数缴存下限为 2320 元,领取基本生活费的职工缴存下限为 1624 元。

6. 缴存方式

住房公积金管理中心应当在受委托银行设立住房公积金专户。

单位应当到住房公积金管理中心办理住房公积金缴存登记，经住房公积金管理中心审核后，到受委托银行为本单位职工办理住房公积金账户设立手续。每个职工只能有一个住房公积金账户。住房公积金管理中心应当建立职工住房公积金明细账，记载职工个人住房公积金的缴存、提取等情况。用人单位应当按照当地政府的规定按时、足额缴存住房公积金，不得逾期缴存或者少缴。职工个人缴存的住房公积金，由所在单位每月从其工资中代扣代缴。单位应当于每月发放职工工资之日起5日内将单位缴存的和为职工代缴的住房公积金汇缴到住房公积金专户内，由受委托银行计入职工住房公积金账户。

以北京市住房公积金的缴存为例：

(1)北京市用人单位应于每月发放职工工资之日起5日内将单位缴存的和为职工代缴的住房公积金汇缴到管理中心在银行开设的住房公积金专户内。待资金到账后，管理中心将相应资金分配计入职工住房公积金个人账户。

(2)北京市企业(包括外商投资企业)在规定比例内缴存的住房公积金全部列入成本、费用，并在年末财务决算说明书中予以说明、披露。

(3)用人单位应持单位法人证书副本、营业执照副本或单位设立批准的文件，到住房公积金管理中心办理住房公积金缴存登记。

(4)每个职工只能有一个住房公积金账户，外省市单位驻京机构、分支机构在本市雇用的职工，未缴存住房公积金的，应在本市建立住房公积金账户单位应指定专人代为办理住房公积金相关业务(单位经办人应持单位授权委托书和本人身份证原件到管理中心登记备案。需要更换经办人的，应及时到管理中心办理变更登记手续)。

(5)住房公积金的月缴存额每年核定调整一次。

(六)其他劳动不合规情形

1. 劳务派遣

(1)滥用劳务派遣的用工方式

部分用人单位会在一些工资较低且流动性大的岗位上采用劳务派遣的用工方式。如某物业管理公司，除高级管理人员外，保安、保洁、客服岗位都采用劳务派遣的方式。但保安、保洁和客服岗位对于物业管理公司来说并不是临时性、辅助性或者可以替代性的工作岗位，实质上不符合法律规定的适用劳务派遣的情形。

部分用人单位存在设立劳务派遣单位向本单位派遣劳动者的情形，这是《劳动合同法》(2012 年修正)明令禁止的情形。在《劳动合同法》(2012 年修正)实施前，某些国有企业为了解决用人体制问题，单独设立一家劳务派遣公司用于向该国有企业派遣劳动者，导致该企业的派遣员工远远多于正式员工。

部分用人单位错误地认为，使用了劳务派遣的用工方式，就可以将用人的风险全部转嫁给劳务派遣单位。实际上并非如此，《劳动合同法》(2012 年修正)明确规定用工单位与用人单位是要承担连带责任的。即使用人单位先承担了责任，最终也有权向用工单位追究责任。

(2)劳务派遣资质问题

部分用人单位选择的劳务派遣单位没有开展劳务派遣业务的资质。根据《劳动合同法》(2012 年修正)的规定，经营劳务派遣业务应当具备下列条件：①注册资本不得少于人民币 200 万元；②有与开展业务相适应的固定的经营场所和设施；③有符合法律、行政法规规定的劳务派遣管理制度；④法律、行政法规规定的其他条件。经营劳务派遣业务，应当向劳动行政部门依法申请行政许可；经许可的，依法办理相应的公司登记。未经许可，任何单位和个人不得经营劳务派遣业务。

2. 工作时间

(1)公司安排职工延长劳动时间，应支付加班费

实行标准工时制度的员工，每日工作 8 小时、每周工作不应超过 40 小时。若公司安排员工在正常工作小时外加班，需支付加班工资。其中，平时工作日加班的，支付 1.5 倍工资；休息日加班的，支付 2 倍工资；节假日加班的，支付 3 倍工资。

(2)特殊工时的申报

若因工作性质决定，无法实行标准工时的，单位需向上级劳动人事部门针对特殊岗位申请实行特殊工时制度。未获批实行特殊工时制度的，需按标准工时的要求安排员工的工作时间，并支付相应的加班费。

不定时工作制是针对因生产特点、工作特殊需要或职责范围的关系，无法按标准工作时间衡量或需要机动作业的员工所采用的一种工时制度。例如：单位中从事高级管理、推销、货运、装卸、长途运输驾驶、押运、非生产性值班和特殊工作形式的个体工作岗位的员工，出租车驾驶员等。

综合计算工时工作制是针对因工作性质特殊，需连续作业或受季节及自然条件限制的企业的部分员工，采用的以周、月、季、年等为周期综合计算工作时

间的一种工时制度，但其平均日工作时间和平均周工作时间应与法定标准工作时间基本相同。主要是指：交通、铁路、邮电、水运、航空、渔业等行业中因工作性质特殊，需要连续作业的员工；地质、石油及资源勘探、建筑、制盐、制糖、旅游等受季节和自然条件限制的行业的部分员工；亦工亦农或由于受能源、原材料供应等条件限制难以均衡生产的员工等。

3. 休息休假制度

(1) 带薪年休假制度

除 11 天法定节假日外，连续工作满一年的员工，可享受带薪年休假制度。根据员工累计工作时间的长短，员工每年可享受 5 天、10 天、15 天不等的带薪年休假。单位有义务保证员工的带薪年休假，若确无法安排员工休假的，需支付三倍工资（含已支付的一倍工资）。

(2) 享受年假的开始时间

有部分单位不允许入职本单位不满一年的员工申请带薪年休假。这样的安排是对《职工带薪年休假条例》的误读，条例中规定的连续工作满一年，并未特指在休假的单位，而是即使该员工仍在试用期，或入职未满一年，只要具备连续工作满一年的条件即可以申请休带薪年休假。

4. 工会

(1) 工会组建的条件

员工人数在 25 人以上的单位，应按法律规定组建工会。25 人以下的单位，《工会法》并未要求必须组建工会，建议可以与其他单位组成联合工会或选举组织委员组织工会活动。组建工会是《工会法》（2009 年修订）规定的企、事业单位和机关的义务，也是职工的权利，单位不能剥夺这一权利。

(2) 未拨付工会经费

用人单位应每月按全部职工工资总额的 2% 计算并拨付给工会。若单位拖延或拒缴，工会可依法向人民法院申请支付令若单位拒不执行支付，工会可申请人民法院强制执行。

(3) 工会委员的劳动合同

工会委员劳动合同期限届满时，正值该委员工会委员任期内，用人单位应延长该工会委员的劳动合同期限直至工会委员任期届满。

(4) 履行民主程序

用人单位单方与员工解除劳动合同时或在制定、修改或者决定关系员工切身利益的规章制度和重大事项的修改时，应征求工会的意见，未征求工会的意见，很有可能因程序违法被劳动仲裁机构或法院认定违法解除劳动合同或规章制度无效。

5. 残疾人保障

根据《残疾人保障法》(2018 年修正)的规定，国家机构、社会团体、企事业单位、民办非企业事业单位应当安排一定比例的残疾人就业。一些地方依据本省、自治区、直辖市人大制定的残疾人保障法实施办法，对安排残疾人就业达不到规定比例的单位收取残疾人就业保障金。安排残疾人就业，或缴纳残疾人就业保障金，是作为企业的社会责任。若未安排残疾人就业，也未安排依法支付残疾人就业保障金，一经发现，除需全部缴纳外，还可能会根据地方的不同，承担缴纳一定比例滞纳金的责任。

相关规定

本专题相关规定见表 2－12－3。

表 2－12－3　相关规定

主要法律问题	文件名	具体条款规定
劳动关系	《关于确立劳动关系有关事项的通知》[发文机关：劳动和社会保障部(已撤销)；发布和生效日期：2005 年 5 月 25 日]	一、用人单位招用劳动者未订立书面劳动合同，但同时具备下列情形的，劳动关系成立。 (一)用人单位和劳动者符合法律、法规规定的主体资格； (二)用人单位依法制定的各项劳动规章制度适用于劳动者，劳动者受用人单位的劳动管理，从事用人单位安排的有报酬的劳动； (三)劳动者提供的劳动是用人单位业务的组成部分。 二、用人单位未与劳动者签订劳动合同，认定双方存在劳动关系时可参照下列凭证： (一)工资支付凭证或记录(职工工资发放花名册)、缴纳各项社会保险费的记录； (二)用人单位向劳动者发放的“工作证”、“服务证”等能够证明身份的证件； (三)劳动者填写的用人单位招工招聘“登记表”、“报名表”等招用记录； (四)考勤记录； (五)其他劳动者的证言等。

续表

主要法律问题	文件名	具体条款规定
		其中,(一)、(三)、(四)项的有关凭证由用人单位负举证责任。
	劳动部办公厅《关于印发〈关于《劳动法》若干条文的说明〉的通知》[发文机关:劳动部(已撤销);发布日期:1994年9月5日;生效日期:1994年9月5日]	第2条　在中华人民共和国境内的企业、个体经济组织(以下统称用人单位)和与之形成劳动关系的劳动者,适用本法。 国家机关、事业组织、社会团体和与之建立劳动合同关系的劳动者,依照本法执行。 本条第一款中的"企业"是指从事产品生产、流通或服务性活动等实行独立经济核算的经济单位,包括各种所有制类型的企业,如工厂、农场、公司等。 本条第二款所指劳动法对劳动者的适用范围,包括三个方面:(1)国家机关、事业组织、社会团体的工勤人员;(2)实行企业化管理的事业组织的非工勤人员;(3)其他通过劳动合同(包括聘用合同)与国家机关、事业单位、社会团体建立劳动关系的劳动者。 本法的适用范围排除了公务员和比照实行公务员制度的事业组织和社会的工作人员,以及农业劳动者、现役军人和家庭保姆等。
	《关于贯彻执行〈中华人民共和国劳动法〉若干问题的意见》[发文机关:劳动部(已撤销);发布和生效日期:1995年8月4日]	2.中国境内的企业、个体经济组织与劳动者之间,只要形成劳动关系,即劳动者事实上已成为企业、个体经济组织的成员,并为其提供有偿劳动,适用劳动法。 3.国家机关、事业组织、社会团体实行劳动合同制度的以及按规定应实行劳动合同制度的工勤人员;实行企业化管理的事业组织的人员;其他通过劳动合同与国家机关、事业组织、社会团体建立劳动关系的劳动者,适用劳动法。 4.公务员和比照实行公务员制度的事业组织和社会团体的工作人员,以及农村劳动者(乡镇企业职工和进城务工、经商的农民除外)、现役军人和家庭保姆等不适用劳动法。
	最高人民法院《关于审理劳动争议案件适用法律问题的解释(一)》(发文机关:最高人民法院;发布日期:2020年12月29日;生效日期:2021年1月1日)	第2条　下列纠纷不属于劳动争议: (一)劳动者请求社会保险经办机构发放社会保险金的纠纷; (二)劳动者与用人单位因住房制度改革产生的公有住房转让纠纷; (三)劳动者对劳动能力鉴定委员会的伤残等级鉴定结论或者对职业病诊断鉴定委员会的职业病诊断鉴定结论的异议纠纷; (四)家庭或者个人与家政服务人员之间的纠纷; (五)个体工匠与帮工、学徒之间的纠纷; (六)农村承包经营户与受雇人之间的纠纷。

续表

主要法律问题	文件名	具体条款规定
	北京市劳动和社会保障局、北京市高级人民法院《关于劳动争议案件法律适用问题研讨会会议纪要》[发文机关:北京市劳动和社会保障局(已撤销)、北京市高级人民法院;发布和生效日期:2009年8月17日]	12. 在认定用人单位与劳动者之间具有劳动关系时,可考虑下列因素:(1)用人单位和劳动者符合法律、法规规定的主体资格;(2)用人单位依法制定的各项规章制度适用于劳动者,劳动者受用人单位的劳动管理,从事用人单位安排的有报酬的劳动;(3)劳动者提供的劳动是用人单位工作的组成部分。 13. 对于以自己的技能、知识或设施为用人单位提供劳动或服务,自行承担经营风险,与用人单位没有身份隶属关系,一般不受用人单位的管理或支配的人员,应认定其与用人单位之间的关系不属于劳动关系。
劳动合同订立的时间	《劳动合同法》(2012年修正)(发文机关:全国人民代表大会常务委员会;发布日期:2012年12月28日;生效日期:2013年7月1日)	第10条　建立劳动关系,应当订立书面劳动合同。 已建立劳动关系,未同时订立书面劳动合同的,应当自用工之日起一个月内订立书面劳动合同。 用人单位与劳动者在用工前订立劳动合同的,劳动关系自用工之日起建立。
		第14条第3款　用人单位自用工之日起满一年不与劳动者订立书面劳动合同的,视为用人单位与劳动者已订立无固定期限劳动合同。
		第82条　用人单位自用工之日起超过一个月不满一年未与劳动者订立书面劳动合同的,应当向劳动者每月支付二倍的工资。 用人单位违反本法规定不与劳动者订立无固定期限劳动合同的,自应当订立无固定期限劳动合同之日起向劳动者每月支付二倍的工资。
	《劳动合同法实施条例》(发文机关:国务院;发布和生效日期:2008年9月18日)	第5条　自用工之日起一个月内,经用人单位书面通知后,劳动者不与用人单位订立书面劳动合同的,用人单位应当书面通知劳动者终止劳动关系,无需向劳动者支付经济补偿,但是应当依法向劳动者支付其实际工作时间的劳动报酬。
		第6条　用人单位自用工之日起超过一个月不满一年未与劳动者订立书面劳动合同的,应当依照劳动合同法第八十二条的规定向劳动者每月支付两倍的工资,并与劳动者补订书面劳动合同;劳动者不与用人单位订立书面劳动合同的,用人单位应当书面通知劳动者终止劳动关系,并依照劳动合同法第四十七条的规定支付经济补偿。

续表

主要法律问题	文件名	具体条款规定
		前款规定的用人单位向劳动者每月支付两倍工资的起算时间为用工之日起满一个月的次日，截止时间为补订书面劳动合同的前一日。
		第 7 条　用人单位自用工之日起满一年未与劳动者订立书面劳动合同的，自用工之日起满一个月的次日至满一年的前一日应当依照劳动合同法第八十二条的规定向劳动者每月支付两倍的工资，并视为自用工之日起满一年的当日已经与劳动者订立无固定期限劳动合同，应当立即与劳动者补订书面劳动合同。
	北京市劳动和社会保障局、北京市高级人民法院《关于劳动争议案件法律适用问题研讨会会议纪要》[发文机关：北京市劳动和社会保障局（已撤销）、北京市高级人民法院；发布和生效日期：2009 年 8 月 17 日]	28. 劳动合同期满后，劳动者仍在用人单位工作，用人单位超过一个月未与劳动者订立书面劳动合同的，应当依照《劳动合同法》第八十二条的规定，向劳动者支付双倍工资。双倍工资的计算基数应以相对应的月份的应得工资为准。
劳动合同的内容	《劳动合同法》（2012 年修正）（发文机关：全国人民代表大会常务委员会；发布日期：2012 年 12 月 28 日；生效日期：2013 年 7 月 1 日）	第 17 条　劳动合同应当具备以下条款： （一）用人单位的名称、住所和法定代表人或者主要负责人； （二）劳动者的姓名、住址和居民身份证或者其他有效身份证件号码； （三）劳动合同期限； （四）工作内容和工作地点； （五）工作时间和休息休假； （六）劳动报酬； （七）社会保险； （八）劳动保护、劳动条件和职业危害防护； （九）法律、法规规定应当纳入劳动合同的其他事项。 劳动合同除前款规定的必备条款外，用人单位与劳动者可以约定试用期、培训、保守秘密、补充保险和福利待遇等其他事项。

续表

主要法律问题	文件名	具体条款规定
	《关于印发〈中华人民共和国劳动合同法〉宣传提纲的通知》[发文机关:劳动和社会保障部(已撤销);发布和生效日期:2007年6月29日]	五、劳动合同的必备条款 劳动合同是劳动关系双方当事人依法约定的明确双方权利和义务的协议。劳动合同的作用不仅包括证明用人单位与劳动者双方建立了劳动关系,从而相应地明确双方的法定权利和义务;而且包括明确双方在平等自愿、协商一致的基础上依法约定的权利和义务,从而为劳动合同的履行、变更、解除和终止,为双方履行各自义务、享有各自权利奠定基础。因此,双方订立的劳动合同是否规范,一些重要内容是否进行了约定,对于维护双方尤其是劳动者合法权益,具有十分重要的意义。为了规范劳动合同条款,使一些重要内容能够被约定,《劳动合同法》规定劳动合同应当具备以下必备条款:用人单位的名称、住所和法定代表人或者主要负责人,劳动者的姓名、住址和居民身份证或者其他有效身份证件号码,劳动合同期限,工作内容和工作地点,工作时间和休息休假,劳动报酬,社会保险,劳动保护、劳动条件和职业危害防护,法律、法规规定应当纳入劳动合同的其他事项。
劳动者的主体资格	《劳动法》(2018年修正)(发文机关:全国人民代表大会常务委员会;发布和生效日期:2018年12月29日)	第15条　禁止用人单位招用未满十六周岁的未成年人。 文艺、体育和特种工艺单位招用未满十六周岁的未成年人,必须依照国家有关规定,履行审批手续,并保障其接受义务教育的权利。
	《劳动合同法》(2012年修正)(发文机关:全国人民代表大会常务委员会;发布日期:2012年12月28日;生效日期:2013年7月1日)	第44条　有下列情形之一的,劳动合同终止:…… (二)劳动者开始依法享受基本养老保险待遇的……
	《劳动合同法实施条例》(发文机关:国务院;发布和生效日期:2008年9月18日)	第21条　劳动者达到法定退休年龄的,劳动合同终止。

续表

主要法律问题	文件名	具体条款规定
用人单位的主体资格	《劳动法》(2018 年修正)(发文机关:全国人民代表大会常务委员会;发布和生效日期:2018 年 12 月 29 日)	第 2 条　在中华人民共和国境内的企业、个体经济组织(以下统称用人单位)和与之形成劳动关系的劳动者,适用本法。 国家机关、事业组织、社会团体和与之建立劳动合同关系的劳动者,依照本法执行。
	《劳动合同法》(2012 年修正)(发文机关:全国人民代表大会常务委员会;发布日期:2012 年 12 月 28 日;生效日期:2013 年 7 月 1 日)	第 2 条　中华人民共和国境内的企业、个体经济组织、民办非企业单位等组织(以下称用人单位)与劳动者建立劳动关系,订立、履行、变更、解除或者终止劳动合同,适用本法。 国家机关、事业单位、社会团体和与其建立劳动关系的劳动者,订立、履行、变更、解除或者终止劳动合同,依照本法执行。
		第 93 条　对不具备合法经营资格的用人单位的违法犯罪行为,依法追究法律责任;劳动者已经付出劳动的,该单位或者其出资人应当依照本法有关规定向劳动者支付劳动报酬、经济补偿、赔偿金;给劳动者造成损害的,应当承担赔偿责任。
		第 94 条　个人承包经营违反本法规定招用劳动者,给劳动者造成损害的,发包的组织与个人承包经营者承担连带赔偿责任。
	《劳动合同法实施条例》(发文机关:国务院;发布和生效日期:2008 年 9 月 18 日)	第 3 条　依法成立的会计师事务所、律师事务所等合伙组织和基金会,属于劳动合同法规定的用人单位。
		第 4 条　劳动合同规定的用人单位设立的分支机构,依法取得营业执照或者登记证书的,可以作为用人单位与劳动者订立劳动合同;未取得营业执照或者登记证书的,受用人单位委托可以与劳动者订立劳动合同。
	最高人民法院《关于审理劳动争议案件适用法律问题的解释(一)》(发文机关:最高人民法院;发布日期:2020 年 12 月 29 日;生效日期:2021 年 1 月 1 日)	第 2 条　下列纠纷不属于劳动争议: (一)劳动者请求社会保险经办机构发放社会保险金的纠纷; (二)劳动者与用人单位因住房制度改革产生的公有住房转让纠纷; (三)劳动者对劳动能力鉴定委员会的伤残等级鉴定结论或者对职业病诊断鉴定委员会的职业病诊断鉴定结论的异议纠纷; (四)家庭或者个人与家政服务人员之间的纠纷; (五)个体工匠与帮工、学徒之间的纠纷; (六)农村承包经营户与受雇人之间的纠纷。

续表

主要法律问题	文件名	具体条款规定
劳动合同的期限	《劳动合同法》(2012 年修正)(发文机关:全国人民代表大会常务委员会;发布日期:2012 年 12 月 28 日;生效日期:2013 年 7 月 1 日)	第 12 条　劳动合同分为固定期限劳动合同、无固定期限劳动合同和以完成一定工作任务为期限的劳动合同。
		第 13 条　固定期限劳动合同,是指用人单位与劳动者约定合同终止时间的劳动合同。 用人单位与劳动者协商一致,可以订立固定期限劳动合同。
		第 14 条　无固定期限劳动合同,是指用人单位与劳动者约定无确定终止时间的劳动合同。 用人单位与劳动者协商一致,可以订立无固定期限劳动合同。有下列情形之一,劳动者提出或者同意续订、订立劳动合同的,除劳动者提出订立固定期限劳动合同外,应当订立无固定期限劳动合同: (一)劳动者在该用人单位连续工作满十年的; (二)用人单位初次实行劳动合同制度或者国有企业改制重新订立劳动合同时,劳动者在该用人单位连续工作满十年且距法定退休年龄不足十年的; (三)连续订立二次固定期限劳动合同,且劳动者没有本法第三十九条和第四十条第一项、第二项规定的情形,续订劳动合同的。 用人单位自用工之日起满一年不与劳动者订立书面劳动合同的,视为用人单位与劳动者已订立无固定期限劳动合同。
		第 15 条　以完成一定工作任务为期限的劳动合同,是指用人单位与劳动者约定以某项工作的完成为合同期限的劳动合同。 用人单位与劳动者协商一致,可以订立以完成一定工作任务为期限的劳动合同。
		第 17 条第 1 款　劳动合同应当具备以下条款: ……(三)劳动合同期限……
		第 19 条　劳动合同期限三个月以上不满一年的,试用期不得超过一个月;劳动合同期限一年以上不满三年的,试用期不得超过二个月;三年以上固定期限和无固定期限的劳动合同,试用期不得超过六个月。 同一用人单位与同一劳动者只能约定一次试用期。 以完成一定工作任务为期限的劳动合同或者劳动合同期限不满三个月的,不得约定试用期。 试用期包含在劳动合同期限内。劳动合同仅约定试用期的,试用期不成立,该期限为劳动合同期限。

续表

主要法律问题	文件名	具体条款规定
		第41条第2款　裁减人员时，应当优先留用下列人员： （一）与本单位订立较长期限的固定期限劳动合同的； （二）与本单位订立无固定期限劳动合同的； ……
		第82条第2款　用人单位违反本法规定不与劳动者订立无固定期限劳动合同的，自应当订立无固定期限劳动合同之日起向劳动者每月支付2倍的工资。
	《劳动合同法实施条例》（发文机关：国务院；发布和生效日期：2008年9月18日）	第7条　用人单位自用工之日起满一年未与劳动者订立书面劳动合同的，自用工之日起满一个月的次日至满一年的前一日应当依照劳动合同法第八十二条的规定向劳动者每月支付两倍的工资，并视为自用工之日起满一年的当日已经与劳动者订立无固定期限劳动合同，应当立即与劳动者补订书面劳动合同。
		第8条　劳动合同法第七条规定的职工名册，应当包括劳动者姓名、性别、公民身份号码、户籍地址及现住址、联系方式、用工形式、用工起始时间、劳动合同期限等内容。
		第11条　除劳动者与用人单位协商一致的情形外，劳动者依照劳动合同法第十四条第二款的规定，提出订立无固定期限劳动合同的，用人单位应当与其订立无固定期限劳动合同。对劳动合同的内容，双方应当按照合法、公平、平等自愿、协商一致、诚实信用的原则协商确定；对协商不一致的内容，依照劳动合同法第十八条的规定执行。
	《劳动法》（2018年修正）（发文机关：全国人民代表大会常务委员会；发布和生效日期：2018年12月29日）	第20条　劳动合同的期限分为有固定期限、无固定期限和以完成一定的工作为期限。 劳动者在同一用人单位连续工作满十年以上，当事人双方同意延续劳动合同的，如果劳动者提出订立无固定期限的劳动合同，应当订立无固定期限的劳动合同。
试用期的期限	《劳动法》（2018年修正）（发文机关：全国人民代表大会常务委员会；发布和生效日期：2018年12月29日）	第21条　劳动合同可以约定试用期。试用期最长不得超过六个月。

续表

主要法律问题	文件名	具体条款规定
	《劳动合同法》(2012年修正)(发文机关:全国人民代表大会常务委员会;发布日期:2012年12月28日;生效日期:2013年7月1日)	第19条第1款　劳动合同期限三个月以上不满一年的,试用期不得超过一个月;劳动合同期限一年以上不满三年的,试用期不得超过二个月;三年以上固定期限和无固定期限的劳动合同,试用期不得超过六个月。
		第19条第4款　试用期包含在劳动合同期限内。劳动合同仅约定试用期的,试用期不成立,该期限为劳动合同期限。
工资(劳动报酬)构成	《劳动合同法实施条例》(发文机关:国务院;发布和生效日期:2008年9月18日)	第27条　劳动合同法第四十七条规定的经济补偿的月工资按照劳动者应得工资计算,包括计时工资或者计件工资以及奖金、津贴和补贴等货币性收入。劳动者在劳动合同解除或者终止前12个月的平均工资低于当地最低工资标准的,按照当地最低工资标准计算。劳动者工作不满12个月的,按照实际工作的月数计算平均工资。
	《关于印发〈工资支付暂行规定〉的通知》[发文机关:劳动部(已撤销);发布日期:1994年12月6日;生效日期:1995年1月1日]	第3条　本规定所称工资是指用人单位依据劳动合同的规定,以各种形式支付给劳动者的工资报酬。
	《关于工资总额组成的规定》(发文机关:国家统计局;发布和生效日期:1990年1月1日)	第3条　工资总额是指各单位在一定时期内直接支付给本单位全部职工的劳动报酬总额。 工资总额的计算应以直接支付给职工的全部劳动报酬为根据。
		第4条　工资总额由下列六个部分组成: (一)计时工资; (二)计件工资; (三)奖金; (四)津贴和补贴; (五)加班加点工资; (六)特殊情况下支付的工资。
		第5条　计时工资是指按计时工资标准(包括地区生活费补贴)和工作时间支付给个人的劳动报酬。包括: (一)对已做工作按计时工资标准支付的工资; (二)实行结构工资制的单位支付给职工的基础工资和职务(岗位)工资; (三)新参加工作职工的见习工资(学徒的生活费);

续表

主要法律问题	文件名	具体条款规定
		（四）运动员体育津贴。
		第6条　计件工资是指对已做工作按计件单价支付的劳动报酬。包括： （一）实行超额累进计件、直接无限计件、限额计件、超定额计件等工资制，按劳动部门或主管部门批准的定额和计件单价支付给个人的工资； （二）按工作任务包干方法支付给个人的工资； （三）按营业额提成或利润提成办法支付给个人的工资。
		第7条　奖金是指支付给职工的超额劳动报酬和增收节支的劳动报酬。包括： （一）生产奖； （二）节约奖； （三）劳动竞赛奖； （四）机关、事业单位的奖励工资； （五）其他奖金。
		第8条　津贴和补贴是指为了补偿职工特殊或额外的劳动消耗和因其他特殊原因支付给职工的津贴，以及为了保证职工工资水平不受物价影响支付给职工的物价补贴。 （一）津贴。包括：补偿职工特殊或额外劳动消耗的津贴，保健性津贴，技术性津贴，年功性津贴及其他津贴。 （二）物价补贴。包括：为保证职工工资水平不受物价上涨或变动影响而支付的各种补贴。
		第9条　加班加点工资是指按规定支付的加班工资和加点工资。
		第10条　特殊情况下支付的工资。包括： （一）根据国家法律、法规和政策规定，因病、工伤、产假、计划生育假、婚丧假、事假、探亲假、定期休假、停工学习、执行国家或社会义务等原因按计时工资标准或计时工资标准的一定比例支付的工资； （二）附加工资、保留工资。
		第11条　下列各项不列入工资总额的范围： （一）根据国务院发布的有关规定颁发的发明创造奖、自然科学奖、科学技术进步奖和支付的合理化建议和技术改进奖以及支付给运动员、教练员的奖金； （二）有关劳动保险和职工福利方面的各项费用； （三）有关离休、退休、退职人员待遇的各项支出； （四）劳动保护的各项支出；

续表

主要法律问题	文件名	具体条款规定
		（五）稿费、讲课费及其他专门工作报酬； （六）出差伙食补助费、误餐补助、调动工作的旅费和安家费； （七）对自带工具、牲畜来企业工作职工所支付的工具、牲畜等的补偿费用； （八）实行租赁经营单位的承租人的风险性补偿收入； （九）对购买本企业股票和债券的职工所支付的股息（包括股金分红）和利息； （十）劳动合同制职工解除劳动合同时由企业支付的医疗补助费、生活补助费等； （十一）因录用临时工而在工资以外向提供劳动力单位支付的手续费或管理费； （十二）支付给家庭工人的加工费和按加工订货办法支付给承包单位的发包费用； （十三）支付给参加企业劳动的在校学生的补贴； （十四）计划生育独生子女补贴。
	国家统计局《〈关于工资总额组成的规定〉若干具体范围的解释》（发文机关：国家统计局；发布和生效日期：1990 年 1 月 1 日）	一、关于工资总额的计算 工资总额的计算原则应以直接支付给职工的全部劳动报酬为根据。各单位支付给职工的劳动报酬以及其他根据有关规定支付的工资，不论是计入成本的还是不计入成本的，不论是按国家规定列入计征奖金税项目的还是未列入计征奖金税项目的，不论是以货币形式支付的还是以实物形式支付的，均应列入工资总额的计算范围。 二、关于奖金的范围 （一）生产（业务）奖包括超产奖、质量奖、安全（无事故）奖、考核各项经济指标的综合奖、提前竣工奖、外轮速遣奖、年终奖（劳动分红）等。 （二）节约奖包括各种动力、燃料、原材料等节约奖。 （三）劳动竞赛奖包括发给劳动模范，先进个人的各种奖和实物奖励。 （四）其他奖金包括从兼课酬金和业余医疗卫生服务收入提成中支付的奖金等。 三、关于津贴和补贴的范围 （一）津贴。包括： 1. 补偿职工特殊或额外劳动消耗的津贴。具体有：高空津贴、井下津贴、流动施工津贴、野外工作津

续表

主要法律问题	文件名	具体条款规定
		贴、林区津贴、高温作业临时补贴、海岛津贴、艰苦气象台(站)津贴、微波站津贴、高原地区临时补贴、冷库低温津贴、基层审计人员外勤工作补贴、学校班主任津贴、三种艺术(舞蹈、武功、管乐)人员工种补贴、运动队班(队)干部驻队补贴、公安干警值勤岗位津贴、环卫人员岗位津贴、广播电视天线工岗位津贴、盐业岗位津贴、废品回收人员岗位津贴、殡葬特殊行业津贴、城市社会福利事业单位津贴、环境监测津贴、收容遣送岗位津贴等。 　　2. 保健性津贴。具体有:卫生防疫津贴、医疗卫生津贴、科技保健津贴、各种社会福利院职工特殊保健津贴等。 　　3. 技术性津贴。具体有:特级教师补贴、科研津贴、工人技师津贴、中药老药工技术津贴、特殊教育津贴等。 　　4. 年功性津贴。具体有:直接支付给个人的伙食津贴(火车司机和乘务员的乘务津贴、航行和空勤人员伙食津贴、水产捕捞人员伙食津贴、专业车队汽车司机行车津贴、小伙食单位补贴等)、合同制职工的工资性补贴以及书报费等。 　　(二)补贴。包括: 　　为保证职工工资水平不受物价上涨或变动影响而支付的各种补贴,如肉类等价格补贴、副食品价格补贴、食价补贴、煤价补贴、房贴、水电贴等。 四、关于工资总额不包括的项目的范围 　　(一)有关劳动保险和职工福利方面的费用。具体有:职工死亡丧葬费及抚恤费、医疗卫生或公费医疗费用、职工生活困难补助费、集体福利事业补贴、工会文教费、集体福利费、探亲路费、冬季取暖补贴、上下班交通补贴以及洗理费等。 　　(二)劳动保护的各种支出。具体有:工作服、手套等劳保用品,解毒剂、清凉饮料,以及按照一九六三年七月十九日劳动部等七单位规定的范围对接触有毒物质、矽尘作业、放射线作业和潜水、沉箱作业、高温作业等五类工种所享受的由劳动保护费开支的保健食品待遇。

续表

主要法律问题	文件名	具体条款规定
	《关于贯彻执行〈中华人民共和国劳动法〉若干问题的意见》(发文机关:劳动部;发布和生效日期:1995年8月4日)	53.劳动法中的“工资”是指用人单位依据国家有关规定或劳动合同的约定,以货币形式直接支付给本单位劳动者的劳动报酬,一般包括计时工资、计件工资、资金、津贴和补贴、延长工作时间的工资报酬以及特殊情况下支付的工资等。“工资”是劳动者劳动收入的主要组成部分。劳动者的以下劳动收入不属于工资范围:(1)单位支付给劳动者个人的社会保险福利费用,如丧葬抚恤救济费、生活困难补助费、计划生育补贴等;(2)劳动保护方面的费用,如用人单位支付给劳动者的工作服、解毒剂、清凉饮料费用等;(3)按规定未列入工资总额的各种劳动报酬及其他劳动收入,如根据国家规定发放的创造发明奖、国家星火奖、自然科学奖、科学技术进步奖、合理化建议和技术改进奖、中华技能大奖等,以及稿费、讲课费、翻译费等。
最低工资标准	《劳动法》(2018年修正)(发文机关:全国人民代表大会常务委员会;发布和生效日期:2018年12月29日)	第48条　国家实行最低工资保障制度。最低工资的具体标准由省、自治区、直辖市人民政府规定,报国务院备案。 用人单位支付劳动者的工资不得低于当地最低工资标准。
		第49条　确定和调整最低工资标准应当综合参考下列因素: (一)劳动者本人及平均赡养人口的最低生活费用; (二)社会平均工资水平; (三)劳动生产率; (四)就业状况; (五)地区之间经济发展水平的差异。
	《劳动合同法》(2012年修正)(发文机关:全国人民代表大会常务委员会;发布日期:2012年12月28日;生效日期:2013年7月1日)	第85条　用人单位有下列情形之一的,由劳动行政部门责令限期支付劳动报酬、加班费或者经济补偿;劳动报酬低于当地最低工资标准的,应当支付其差额部分;逾期不支付的,责令用人单位按应付金额百分之五十以上百分之一百以下的标准向劳动者加付赔偿金: ……(二)低于当地最低工资标准支付劳动者工资的……

续表

主要法律问题	文件名	具体条款规定
	《最低工资规定》[发文机关:劳动和社会保障部(已撤销);发布日期:2004年1月20日;生效日期:2004年3月1日]	第3条　本规定所称最低工资标准,是指劳动者在法定工作时间或依法签订的劳动合同约定的工作时间内提供了正常劳动的前提下,用人单位依法应支付的最低劳动报酬。 本规定所称正常劳动,是指劳动者按依法签订的劳动合同约定,在法定工作时间或劳动合同约定的工作时间内从事的劳动。劳动者依法享受带薪年休假、探亲假、婚丧假、生育(产)假、节育手术假等国家规定的假期间,以及法定工作时间内依法参加社会活动期间,视为提供了正常劳动。
		第4条　县级以上地方人民政府劳动保障行政部门负责对本行政区域内用人单位执行本规定情况进行监督检查。 各级工会组织依法对本规定执行情况进行监督,发现用人单位支付劳动者工资违反本规定的,有权要求当地劳动保障行政部门处理。
		第5条　最低工资标准一般采取月最低工资标准和小时最低工资标准的形式。月最低工资标准适用于全日制就业劳动者,小时最低工资标准适用于非全日制就业劳动者。
		第6条　确定和调整月最低工资标准,应参考当地就业者及其赡养人口的最低生活费用、城镇居民消费价格指数、职工个人缴纳的社会保险费和住房公积金、职工平均工资、经济发展水平、就业状况等因素。 确定和调整小时最低工资标准,应在颁布的月最低工资标准的基础上,考虑单位应缴纳的基本养老保险费和基本医疗保险费因素,同时还应适当考虑非全日制劳动者在工作稳定性、劳动条件和劳动强度、福利等方面与全日制就业人员之间的差异。 月最低工资标准和小时最低工资标准具体测算方法见附件。
		第7条　省、自治区、直辖市范围内的不同行政区域可以有不同的最低工资标准。
		第8条　最低工资标准的确定和调整方案,由省、自治区、直辖市人民政府劳动保障行政部门会同同级工会、企业联合会/企业家协会研究拟订,并将拟订的方案报送劳动保障部。方案内容包括最低工资确定和调整的依据、适用范围、拟订标准和说明。劳动保障部在收到拟订方案后,应征求全国总工会、中国企业联合会/企业家协会的意见。

续表

主要法律问题	文件名	具体条款规定
		劳动保障部对方案可以提出修订意见，若在方案收到后 14 日内未提出修订意见的，视为同意。
		第 9 条　省、自治区、直辖市劳动保障行政部门应将本地区最低工资标准方案报省、自治区、直辖市人民政府批准，并在批准后 7 日内在当地政府公报上和至少一种全地区性报纸上发布。省、自治区、直辖市劳动保障行政部门应在发布后 10 日内将最低工资标准报劳动保障部。
		第 10 条　最低工资标准发布实施后，如本规定第六条所规定的相关因素发生变化，应当适时调整。最低工资标准每两年至少调整一次。
		第 11 条　用人单位应在最低工资标准发布后 10 日内将该标准向本单位全体劳动者公示。
		第 12 条　在劳动者提供正常劳动的情况下，用人单位应支付给劳动者的工资在剔除下列各项以后，不得低于当地最低工资标准： （一）延长工作时间工资； （二）中班、夜班、高温、低温、井下、有毒有害等特殊工作环境、条件下的津贴； （三）法律、法规和国家规定的劳动者福利待遇等。 实行计件工资或提成工资等工资形式的用人单位，在科学合理的劳动定额基础上，其支付劳动者的工资不得低于相应的最低工资标准。 劳动者由于本人原因造成在法定工作时间内或依法签订的劳动合同约定的工作时间内未提供正常劳动的，不适用于本条规定。
		第 13 条　用人单位违反本规定第十一条规定的，由劳动保障行政部门责令其限期改正；违反本规定第十二条规定的，由劳动保障行政部门责令其限期补发所欠劳动者工资，并可责令其按所欠工资的 1 至 5 倍支付劳动者赔偿金。
		第 14 条　劳动者与用人单位之间就执行最低工资标准发生争议，按劳动争议处理有关规定处理。

续表

主要法律问题	文件名	具体条款规定
工资折算	劳动和社会保障部《关于职工全年月平均工作时间和工资折算问题的通知》［发文机关：劳动和社会保障部（已撤销）；发布和生效日期：2008 年 1 月 3 日］	根据《全国年节及纪念日放假办法》（国务院令第 513 号）的规定，全体公民的节日假期由原来的 10 天增设为 11 天。据此，职工全年月平均制度工作天数和工资折算办法分别调整如下： 一、制度工作时间的计算 年工作日：365 天 - 104 天（休息日） - 11 天（法定节假日） = 250 天 季工作日：250 天 ÷ 4 季 = 62.5 天/季 月工作日：250 天 ÷ 12 月 = 20.83 天/月 工作小时数的计算：以月、季、年的工作日乘以每日的 8 小时。 二、日工资、小时工资的折算 按照《劳动法》第五十一条的规定，法定节假日用人单位应当依法支付工资，即折算日工资、小时工资时不剔除国家规定的 11 天法定节假日。据此，日工资、小时工资的折算为： 日工资：月工资收入 ÷ 月计薪天数 小时工资：月工资收入 ÷（月计薪天数 × 8 小时） 月计薪天数 =（365 天 - 104 天）÷ 12 月 = 21.75 天 三、2000 年 3 月 17 日劳动保障部发布的《关于职工全年月平均工作时间和工资折算问题的通知》（劳社部发〔2000〕8 号）同时废止。
工资支付	《劳动法》（2018 年修正）（发文机关：全国人民代表大会常务委员会；发布和生效日期：2018 年 12 月 29 日）	第 50 条　工资应当以货币形式按月支付给劳动者本人。不得克扣或者无故拖欠劳动者的工资。
	《关于印发〈工资支付暂行规定〉的通知》［发文机关：劳动部（已撤销）；发布日期：1994 年 12 月 6 日；生效日期：1995 年 1 月 1 日］	第 5 条　工资应当以法定货币支付。不得以实物及有价证券替代货币支付。
		第 7 条　工资必须在用人单位与劳动者约定的日期支付。如遇节假日或休息日，则应提前在最近的工作日支付。工资至少每月支付一次，实行周、日、小时工资制的可按周、日、小时支付工资。

续表

主要法律问题	文件名	具体条款规定
	《关于印发〈对《工资支付暂行规定》有关问题的补充规定〉的通知》[发文机关:劳动部(已撤销);发布和生效日期:1995年5月12日]	四、《规定》第十八条所称“无故拖欠”系指用人单位无正当理由超过规定付薪时间未支付劳动者工资。不包括:(1)用人单位遇到非人力所能抗拒的自然灾害、战争等原因,无法按时支付工资;(2)用人单位确因生产经营困难、资金周转受到影响,在征得本单位工会同意后,可暂时延期支付劳动者工资,延期时间的最长限制可由各省、自治区、直辖市劳动行政部门根据各地情况确定。其他情况下拖欠工资均属无故拖欠。
	《关于确立劳动关系有关事项的通知》[发文机关:劳动和社会保障部(已撤销);发布和生效日期:2005年5月25日]	二、用人单位未与劳动者签订劳动合同,认定双方存在劳动关系时可参照下列凭证: (一)工资支付凭证或记录(职工工资发放花名册)、缴纳各项社会保险费的记录; (二)用人单位向劳动者发放的“工作证”、“服务证”等能够证明身份的证件; (三)劳动者填写的用人单位招工招聘“登记表”、“报名表”等招用记录; (四)考勤记录; (五)其他劳动者的证言等。 其中,(一)、(三)、(四)项的有关凭证由用人单位负举证责任。
	北京市劳动和社会保障局、北京市高级人民法院《关于劳动争议案件法律适用问题研讨会会议纪要》[发文机关:北京市劳动和社会保障局(已撤销)、北京市高级人民法院;发布和生效日期:2009年8月17日]	17.用人单位应当按照工资支付周期编制工资支付记录表,并至少保存二年备查。劳动者与用人单位因劳动报酬问题产生争议时,在二年保存期间内,由用人单位承担举证责任。超出这一期间的则应适用“谁主张,谁举证”的证明责任分配规则。
工资扣除	《关于印发〈工资支付暂行规定〉的通知》(发文机关:劳动部;发布日期:1994年12月6日;生效日期:1995年1月1日)	第15条　用人单位不得克扣劳动者工资。有下列情况之一的,用人单位可以代扣劳动者工资: (1)用人单位代扣代缴的个人所得税; (2)用人单位代扣代缴的应由劳动者个人负担的各项社会保险费用; (3)法院判决、裁定中要求代扣的抚养费、赡养费; (4)法律、法规规定可以从劳动者工资中扣除的其他费用。
		第16条　因劳动者本人原因给用人单位造成经济损失的,用人单位可按照劳动合同的约定要求其赔偿经济损失。经济损失的赔偿,可从劳动者本人的工资中扣除。但每月扣除的部分不得超过劳动者当月工资的20%。若扣除后的剩余工资部分低于当地月最低工资标准,则按最低工资标准支付。

续表

主要法律问题	文件名	具体条款规定
工作时间（标准工时制）	《劳动法》（2018 年修正）（发文机关：全国人民代表大会常务委员会；发布和生效日期：2018 年 12 月 29 日）	第 36 条　国家实行劳动者每日工作时间不超过八小时、平均每周工作时间不超过四十四小时的工时制度。
		第 38 条　用人单位应当保证劳动者每周至少休息一日。
	国务院《关于职工工作时间的规定》（发文机关：国务院；发布日期：1995 年 3 月 25 日；生效日期：1995 年 5 月 1 日）	第 3 条　职工每日工作 8 小时、每周工作 40 小时。
		第 6 条　任何单位和个人不得擅自延长职工工作时间。因特殊情况和紧急任务确需延长工作时间的，按照国家有关规定执行。
		第 7 条　国家机关、事业单位实行统一的工作时间，星期六和星期日为周休息日。 企业和不能实行前款规定的统一工作时间的事业单位，可以根据实际情况灵活安排周休息日。
	国务院《〈关于职工工作时间的规定〉问题解答》[发文机关：劳动部（已撤销）；发布和生效日期：1995 年 4 月 22 日]	一、问：1995 年 2 月 17 日国务院《关于职工工作时间的规定》（以下简称《规定》）发布后，企业职工每周工作时间不超过 40 小时，是否一定要每周休息两天？ 答：有条件的企业应尽可能实行职工每日工作 8 小时、每周工作 40 小时这一标准工时制度。有些企业因工作性质和生产特点不能实行标准工时制度的，应将贯彻《规定》和贯彻《劳动法》结合起来，保证职工每周工作时间不超过 40 小时，每周至少休息 1 天；有些企业还可以实行不定时工作制、综合计算工时工作制等其他工作和休息办法。
不定时工作制	《劳动法》（2018 年修正）（发文机关：全国人民代表大会常务委员会；发布和生效日期：2018 年 12 月 29 日）	第 39 条　企业因生产特点不能实行本法第三十六条、第三十八条规定的，经劳动行政部门批准，可以实行其他工作和休息办法。
	国务院《关于职工工作时间的规定》（发文机关：国务院；发布日期：1995 年 3 月 25 日；生效日期：1995 年 5 月 1 日）	第 5 条　因工作性质或者生产特点的限制，不能实行每日工作 8 小时、每周工作 40 小时标准工时制度的，按照国家有关规定，可以实行其他工作和休息办法。

续表

主要法律问题	文件名	具体条款规定
	国务院《〈关于职工工作时间的规定〉问题解答》[发文机关:劳动部(已撤销);发布和生效日期:1995年4月22日]	五、问:哪些企业职工可实行不定时工作制? 答:不定时工作制是针对因生产特点、工作特殊需要或职责范围的关系,无法按标准工作时间衡量或需要机动作业的职工所采用的一种工时制度。例如:企业中从事高级管理、推销、货运、装卸、长途运输驾驶、押运、非生产性值班和特殊工作形式的个体工作岗位的职工,出租车驾驶员等,可实行不定时工作制。鉴于每个企业的情况不同,企业可依据上述原则结合企业的实际情况进行研究,并按有关规定报批。
	劳动部《关于企业实行不定时工作制和综合计算工时工作制的审批办法》[发文机关:劳动部(已撤销);发布日期:1994年12月14日;实施日期:1995年1月1日]	第4条 企业对符合下列条件之一的职工,可以实行不定时工作制。 (一)企业中的高级管理人员、外勤人员、推销人员、部分值班人员和其他因工作无法按标准工作时间衡量的职工; (二)企业中的长途运输人员、出租汽车司机和铁路、港口、仓库的部分装卸人员以及因工作性质特殊,需机动作业的职工; (三)其他因生产特点、工作特殊需要或职责范围的关系,适合实行不定时工作制的职工。
		第6条 对于实行不定时工作制和综合计算工时工作制等其他工作和休息办法的职工,企业应根据《中华人民共和国劳动法》第一章、第四章有关规定,在保障职工身体健康并充分听取职工意见的基础上,采用集中工作、集中休息、轮休调休、弹性工作时间等适当方式,确保职工的休息休假权利和生产、工作任务的完成。
	《关于印发北京市企业实行综合计算工时工作制和不定时工作制办法的通知》[发文机关:北京市劳动和社会保障局(已撤销);发布日期:2003年12月9日;生效日期:2004年1月1日]	第11条 不定时工作制是指因企业生产特点、工作特殊需要或职责范围的关系,无法按标准工作时间安排工作或因工作时间不固定,需要机动作业的职工所采用的弹性工时制度。 不定时工作制适用于从事下列工种或者岗位的人员: (一)高级管理人员; (二)外勤、推销人员; (三)长途运输人员; (四)长驻外埠的人员; (五)非生产性值班人员; (六)可以自主决定工作、休息时间的特殊工作岗位的其他人员。

续表

主要法律问题	文件名	具体条款规定
		第16条　区、县劳动和社会保障局对实行不定时工作制企业批准的实行时限为一至三年；实行综合计算工时工作制的企业在申报的岗位未发生变化的情况下，区、县劳动和社会保障局在批准时可以不规定实行时限，但因生产任务不均衡而实行综合计算工时工作制的企业，批准其实行时限为一至三年。 企业中的高级管理人员实行不定时工作制，不办理审批手续。 国家和本市已规定实行特殊工时制度的企业不再履行审批手续。
		第17条　经区、县劳动和社会保障局批准实行不定时工作制和综合计算工时工作制的企业出现下列情形应重新申报： （一）企业法人名称发生变化的； （二）综合计算工时工作制或不定时工作制批准实行时限已满的； （三）企业实行综合计算工时工作制和不定时工作制的工种岗位发生变化的；
		第18条　区、县劳动和社会保障局应在接到企业申报材料10个工作日内，提出审批意见，对符合实行综合计算工时工作制和不定时工作制条件的企业，予以批准，并在《北京市企业实行综合计算工时工作制和不定时工作制审批表》中签署审批意见。 对不符合实行综合计算工时工作制和不定时工作制条件的企业，应说明理由并书面通知申报企业。 《北京市企业实行综合计算工时工作制和不定时工作制审批表》一式三份，由区、县劳动和社会保障局、申报企业、企业工会或职工代表各执一份。
	《关于职工工作时间有关问题的复函》［发文机关：劳动部（已撤销）；发布和生效日期：1997年9月1日］	八、实行不定时工作制的工资如何计发？其休息休假如何确定？ 对于实行不定时工作制的劳动者，企业应当根据标准工时制度合理确定劳动者的劳动定额或其他考核标准，以便安排劳动者休息。其工资由企业按照本单位的工资制度和工资分配办法，根据劳动者的实际工作时间和完成劳动定额情况计发。对于符合带薪年休假条件的劳动者，企业可安排其享受带薪年休假。

续表

主要法律问题	文件名	具体条款规定
综合工时制	国务院《关于职工工作时间的规定》(发文机关:国务院;发布日期:1995年3月25日;生效日期:1995年5月1日)	第5条　因工作性质或者生产特点的限制,不能实行每日工作8小时、每周工作40小时标准工时制度的,按照国家有关规定,可以实行其他工作和休息办法。
	国务院《〈关于职工工作时间的规定〉问题解答》[发文机关:劳动部(已撤销);发布和生效日期:1995年4月22日]	六、问:哪些企业职工可实行综合计算工时工作制? 答:综合计算工时工作制是针对因工作性质特殊,需连续作业或受季节及自然条件限制的企业的部分职工,采用的以周、月、季、年等为周期综合计算工作时间的一种工时制度,但其平均日工作时间和平均周工作时间应与法定标准工作时间基本相同。主要是指:交通、铁路、邮电、水运、航空、渔业等行业中因工作性质特殊,需要连续作业的职工;地质、石油及资源勘探、建筑、制盐、制糖、旅游等受季节和自然条件限制的行业的部分职工;亦工亦农或由于受能源、原材料供应等条件限制难以均衡生产的乡镇企业的职工等。另外,对于那些在市场竞争中,由于外界因素影响,生产任务不均衡的企业的部分职工也可以参照综合计算工时工作制的办法实施。 对于因工作性质或生产特点的限制,实行不定时工作制或综合计算工时工作制等其他工作和休息办法的职工,企业都应根据《中华人民共和国劳动法》和《规定》的有关条款,在保障职工身体健康并充分听取职工意见的基础上,采取集中工作、集中休息、轮休调休、弹性工作时间等适当的工作和休息方式,确保职工的休息休假权利和生产、工作任务的完成。同时,各企业主管部门也应积极创造条件,尽可能使企业的生产任务均衡合理,帮助企业解决贯彻《规定》中的实际问题。
	劳动部《关于企业实行不定时工作制和综合计算工时工作制的审批办法》[发文机关:劳动部(已撤销);发布日期:1994年12月14日;生效日期:1995年1月1日]	第5条　企业对符合下列条件之一的职工,可实行综合计算工时工作制,即分别以周、月、季、年等为周期,综合计算工作时间,但其平均日工作时间和平均周工作时间应与法定标准工作时间基本相同。 (一)交通、铁路、邮电、水运、航空、渔业等行业中因工作性质特殊,需连续作业的职工; (二)地质及资源勘探、建筑、制盐、制糖、旅游等受季节和自然条件限制的行业的部分职工; (三)其他适合实行综合计算工时工作制的职工。

续表

主要法律问题	文件名	具体条款规定
	《关于印发北京市企业实行综合计算工时工作制和不定时工作制办法的通知》[发文机关：北京市劳动和社会保障局(已撤销)；发布日期：2003年12月9日；生效日期：2004年1月1日]	第6条　综合计算工时工作制是指采用以周、月、季、年等为周期综合计算工作时间的工时制度。 综合计算工时工作制适用于从事下列工种或者岗位的人员： (一)因工作性质需连续作业的； (二)生产经营受季节及自然条件限制的； (三)受外界因素影响，生产任务不均衡的； (四)因职工家庭距工作地点较远，采用集中工作、集中休息的； (五)实行轮班作业的； (六)可以定期集中安排休息、休假的。
综合工时制的加班	《关于职工工作时间有关问题的复函》[发文机关：劳动部(已撤销)；发布和生效日期：1997年9月1日]	五、经批准实施综合计算工时工作制的用人单位，在计算周期内若日(或周)的平均工作时间没超过法定标准工作时间，但某一具体日(或周)的实际工作时间工作超过8小时(或40小时)，"超过"部分是否视为加点(或加班)且受《劳动法》第四十一条的限制？ 依据劳动部《关于企业实行不定时工作制和综合计算工时工作制的审批办法》第五条的规定，综合计算工时工作制采用的是以周、月、季、年等为周期综合计算工作时间，但其平均日工作时间和平均周工作时间应与法定标准工作时间基本相同。也就是说，在综合计算周期内，某一具体日(或周)的实际工作时间可以超过8小时(或40小时)，但综合计算周期内的总实际工作时间不应超过总法定标准工作时间，超过部分应视为延长工作时间并按《劳动法》第四十四条第一款的规定支付工资报酬，其中法定休假日安排劳动者工作的，按《劳动法》第四十四条第三款的规定支付工资报酬。而且，延长工作时间的小时数平均每月不得超过36小时。 六、若甲企业经批准以季为周期综合计算工时(总工时应为40时/周×12周/季=480时/季)。若乙职工在该季的第一、二月份刚好完成了480小时的工作，第三个月整月休息。甲企业这样做是否合法且不存在着延长工作时间问题，该季各月的工资及加班费(若认定为延长工作时间的话)应如何计发？ 某企业经劳动行政部门批准以季为周期综合计算工时(总工时应为508小时/季)。该企业因生产任务需要，经商工会和劳动者同意，安排劳动者在该季的第一、二月份刚好完成了508小时的工作，第三个月整月休息。该企业这样做应视为合法且没有延长

续表

主要法律问题	文件名	具体条款规定
		工作时间。对于这种打破常规的工作时间安排，一定要取得工会和劳动者的同意，并且注意劳逸结合，切实保障劳动者身体健康。 工时计算方法应为[工时计算方法已为《关于职工全年月平均工作时间和工资折算问题的通知》（劳社部发〔2008〕3号）所修改，详见本章第一节“工资折算”部分。]： 1. 工作日的计算 年工作日：365天/年－104天/年（休息日）－7天/年（法定休假日）＝254天/年 季工作日：254天/年÷4季＝63.5天 月工作日：254天/年÷12月＝21.16天 2. 工作小时数的计算 以每周、月、季、年的工作日乘以每日的8小时。 七、劳部发〔1994〕489号文第十三条中“其综合工作时间超过法定标准工作时间部分”是指日（或周）平均工作时间超过，还是指某一具体日（或周）实际工作时间超过？ 实行综合计算工时工作制的企业，在综合计算周期内，如果劳动者的实际工作时间总数超过该周期的法定标准工作时间总数，超过部分应视为延长工作时间。如果在整个综合计算周期内的实际工作时间总数不超过该周期的法定标准工作时间总数，只是该综合计算周期内的某一具体日（或周、或月、或季）超过法定标准工作时间，其超过部分不应视为延长工作时间。
	《关于印发北京市企业实行综合计算工时工作制和不定时工作制办法的通知》[发文机关：北京市劳动和社会保障局（已撤销）；发布日期：2003年12月9日；生效日期：2004年1月1日]	第8条　实行综合计算工时工作制的企业，在综合计算周期内，某一具体日（或周）的实际工作时间可以超过8小时（或40小时），但综合计算周期内的总实际工作时间不应超过总法定标准工作时间，超过部分应视为延长工作时间并按《劳动法》第四十四条第一款的规定支付劳动报酬，其中法定休假日安排职工工作的，按《劳动法》第四十四条第三款的规定支付职工工资报酬。企业延长工作时间平均每月不得超过36小时。
		第9条　实行综合计算工时工作制的职工，综合计算工作时间的计算周期不得超过本人劳动合同尚未履行的时间。如果企业与职工终止、解除劳动合同时，其综合计算工作时间的计算周期尚未结束的，对职工的实际工作时间超过法定标准工作时间的部分，企业应按《劳动法》第四十四条第二款的规定支付劳动报酬。

续表

主要法律问题	文件名	具体条款规定
综合工时制的休息休假	劳动部《关于企业实行不定时工作制和综合计算工时工作制的审批办法》[发文机关：劳动部（已撤销）；发布日期：1994 年 12 月 14 日；生效日期：1995 年 1 月 1 日]	第 6 条　对于实行不定时工作制和综合计算工时工作制等其他工作和休息办法的职工，企业应根据《中华人民共和国劳动法》第一章、第四章有关规定，在保障职工身体健康并充分听取职工意见的基础上，采用集中工作、集中休息、轮休调休、弹性工作时间等适当方式，确保职工的休息休假权利和生产、工作任务的完成。
综合工时制须审批	劳动部《关于企业实行不定时工作制和综合计算工时工作制的审批办法》[发文机关：劳动部（已撤销）；发布日期：1994 年 12 月 14 日；生效日期：1995 年 1 月 1 日]	第 7 条　中央直属企业实行不定时工作制和综合计算工时工作制等其他工作和休息办法的，经国务院行业主管部门审核，报国务院劳动行政部门批准。 地方企业实行不定时工作制和综合计算工时工作制等其他工作和休息办法的审批办法，由各省、自治区、直辖市人民政府劳动行政部门制定，报国务院劳动行政部门备案。
加班（延长工作时间）	《劳动法》（2018 年修正）（发文机关：全国人民代表大会常务委员会；发布和生效日期：2018 年 12 月 29 日）	第 41 条　用人单位由于生产经营需要，经与工会和劳动者协商后可以延长工作时间，一般每日不得超过一小时；因特殊原因需要延长工作时间的，在保障劳动者身体健康的条件下延长工作时间每日不得超过三小时，但是每月不得超过三十六小时。
		第 42 条　有下列情形之一的，延长工作时间不受本法第四十一条规定的限制： （一）发生自然灾害、事故或者因其他原因，威胁劳动者生命健康和财产安全，需要紧急处理的； （二）生产设备、交通运输线路、公共设施发生故障，影响生产和公众利益，必须及时抢修的； （三）法律、行政法规规定的其他情形。
		第 43 条　用人单位不得违反本法规定延长劳动者的工作时间。
		第 44 条　有下列情形之一的，用人单位应当按照下列标准支付高于劳动者正常工作时间工资的工资报酬： （一）安排劳动者延长工作时间的，支付不低于工资的百分之一百五十的工资报酬； （二）休息日安排劳动者工作又不能安排补休的，支付不低于工资的百分之二百的工资报酬； （三）法定休假日安排劳动者工作的，支付不低于工资的百分之三百的工资报酬。

续表

主要法律问题	文件名	具体条款规定
	《关于职工工作时间有关问题的复函》[发文机关:劳动部(已撤销);发布和生效日期:1997 年 9 月 10 日]	三、《劳动法》第四十一条、四十四条中的"延长工作时间"是否仅指加点,而不包括休息日或节日等法定休假日的加班(即是否加班不受《劳动法》的第四十一条限制)? 《劳动法》第四十一条有关延长工作时间的限制包括正常工作日的加点、休息日和法定休假日的加班。即每月工作日的加点、休息日和法定休假日的加班的总时数不得超过 36 小时。在国家立法部门没有作出立法解释前,应按此精神执行。
	劳动部办公厅《关于印发〈关于《劳动法》若干条文的说明〉的通知》[发文机关:劳动部(已撤销);发布日期:1994 年 9 月 5 日;生效日期:1995 年 1 月 1 日]	第 41 条　用人单位由于生产经营需要,经与工会和劳动者协商后可以延长工作时间,一般每日不得超过一小时;因特殊原因需要延长工作时间的,在保障劳动者身体健康的条件下延长工作时间每日不得超过三小时,但是每月不得超过三十六小时。 本条中的"延长工作时间"是指在企业执行的工作时间制度的基础上的加班加点。本条中的"生产经营需要"是指来料加工、商业企业在旺季完成收购、运输、加工农副产品紧急任务等情况。
	北京市劳动和社会保障局、北京市高级人民法院《关于劳动争议案件法律适用问题研讨会会议纪要》[发文机关:北京市劳动和社会保障局(已撤销)、北京市高级人民法院;发布和生效日期:2009 年 8 月 17 日]	21. 用人单位因工作性质和生产特点不能实行标准工时制度的,应保证职工每周工作时间不超过四十小时,每周至少休息一天,职工少休息的一天,不应视为加班。 22. 下列情形中,劳动者要求用人单位支付加班工资的,一般不予支持:(1)用人单位因安全、消防、节假日等需要,安排劳动者从事与本职工作无关的值班任务;(2)用人单位安排劳动者从事与其本职工作有关的值班任务,但值班期间可以休息的。 在上述情况下,劳动者可以要求用人单位按照劳动合同、规章制度、集体合同或惯例等支付相应待遇。
	《劳动争议调解仲裁法》(发文机关:全国人民代表大会常务委员会;发布日期:2007 年 12 月 29 日;生效日期:2008 年 5 月 1 日)	第 6 条　发生劳动争议,当事人对自己提出的主张,有责任提供证据。与争议事项有关的证据属于用人单位掌握管理的,用人单位应当提供;用人单位不提供的,应当承担不利后果。

续表

主要法律问题	文件名	具体条款规定
法定节假日	《全国年节及纪念日放假办法》(发文机关:国务院;发布日期:2013 年 12 月 11 日;生效日期:2014 年 1 月 1 日)	第 2 条　全体公民放假的节日: (一)新年,放假 1 天(1 月 1 日); (二)春节,放假 3 天(正月初一、初二、初三); (三)清明节,放假 1 天(农历清明当日); (四)劳动节,放假 1 天(5 月 1 日); (五)端午节,放假 1 天(农历端午当日); (六)中秋节,放假 1 天(农历中秋当日); (七)国庆节,放假 3 天(10 月 1 日、2 日、3 日)。
		第 3 条　部分公民放假的节日及纪念日: (一)妇女节(3 月 8 日),妇女放假半天; (二)青年节(5 月 4 日),14 周岁以上的青年放假半天; (三)儿童节(6 月 1 日),不满 14 周岁的少年儿童放假 1 天; (四)中国人民解放军建军纪念日(8 月 1 日),现役军人放假半天。
		第 4 条　少数民族习惯的节日,由各少数民族聚居地区的地方人民政府,按照各该民族习惯,规定放假日期。
		第 5 条　二七纪念日、五卅纪念日、七七抗战纪念日、九三抗战胜利纪念日、九一八纪念日、教师节、护士节、记者节、植树节等其他节日、纪念日,均不放假。
		第 6 条　全体公民放假的假日,如果适逢星期六、星期日,应当在工作日补假。部分公民放假的假日,如果适逢星期六、星期日,则不补假。
	《劳动法》(2018 年修正)(发文机关:全国人民代表大会常务委员会;发布和生效日期:2018 年 12 月 29 日)	第 44 条　有下列情形之一的,用人单位应当按照下列标准支付高于劳动者正常工作时间工资的工资报酬: ……(三)法定休假日安排劳动者工作的,支付不低于工资的百分之三百的工资报酬。
	《关于印发〈工资支付暂行规定〉的通知》[发文机关:劳动部(已撤销);发布日期:1994 年 12 月 6 日;生效日期:1995 年 1 月 1 日]	第 13 条第 1 款　用人单位在劳动者完成劳动定额或规定的工作任务后,根据实际需要安排劳动者在法定标准工作时间以外工作的,应按以下标准支付工资: ……(三)用人单位依法安排劳动者在法定休假节日工作的,按照不低于劳动合同规定的劳动者本人日或小时工资标准的 300% 支付劳动者工资。

续表

主要法律问题	文件名	具体条款规定
	劳动和社会保障部办公厅《关于部分公民放假有关工资问题的函》[发文机关:劳动和社会保障部(已撤销);发布和生效日期:2000年2月12日]	关于部分公民放假的节日期间,用人单位安排职工工作,如何计发职工工资报酬问题。按照国务院《全国年节及纪念日放假办法》(国务院令第270号)中关于妇女节、青年节等部分公民放假的规定,在部分公民放假的节日期间,对参加社会或单位组织庆祝活动和照常工作的职工,单位应支付工资报酬,但不支付加班工资。如果该节日恰逢星期六、星期日,单位安排职工加班工作,则应当依法支付休息日的加班工资。
休息日	《劳动法》(2018年修正)(发文机关:全国人民代表大会常务委员会;发布和生效日期:2018年12月29日)	第36条　国家实行劳动者每日工作时间不超过八小时、平均每周工作时间不超过四十四小时的工时制度。
		第38条　用人单位应当保证劳动者每周至少休息一日。
		第44条　有下列情形之一的,用人单位应当按照下列标准支付高于劳动者正常工作时间工资的工资报酬: ……(二)休息日安排劳动者工作又不能安排补休的,支付不低于工资的百分之二百的工资报酬……
	国务院《关于职工工作时间的规定》(发文机关:国务院;发布日期:1995年3月25日;生效日期:1995年5月1日)	第7条　国家机关、事业单位实行统一的工作时间,星期六和星期日为周休息日。 企业和不能实行前款规定的统一工作时间的事业单位,可以根据实际情况灵活安排周休息日。
	《关于职工工作时间有关问题的复函》[发文机关:劳动部(已撤销);发布和生效日期:1997年9月10日]	四、休息日或法定休假日加班,用人单位可否不支付加班费而给予补休?补休的标准如何确定? 依据《劳动法》第四十四条规定,休息日安排劳动者加班工作的,应首先安排补休,不能补休时,则应支付不低于工资的百分之二百的工资报酬。补休时间应等同于加班时间。法定休假日安排劳动者加班工作的,应另外支付不低于工资的百分之三百的工资报酬,一般不安排补休。
年休假	《劳动法》(2018年修正)(发文机关:全国人民代表大会常务委员会;发布和生效日期:2018年12月29日)	第45条　国家实行带薪年休假制度。 劳动者连续工作一年以上的,享受带薪年休假。具体办法由国务院规定。

续表

主要法律问题	文件名	具体条款规定
	《职工带薪年休假条例》（发文机关：国务院；发布日期：2007年12月14日；生效日期：2008年1月1日）	第2条　机关、团体、企业、事业单位、民办非企业单位、有雇工的个体工商户等单位的职工连续工作1年以上的，享受带薪年休假（以下简称年休假）。单位应当保证职工享受年休假。职工在年休假期间享受与正常工作期间相同的工资收入。
		第3条　职工累计工作已满1年不满10年的，年休假5天；已满10年不满20年的，年休假10天；已满20年的，年休假15天。 国家法定休假日、休息日不计入年休假的假期。
		第4条　职工有下列情形之一的，不享受当年的年休假： （一）职工依法享受寒暑假，其休假天数多于年休假天数的； （二）职工请事假累计20天以上且单位按照规定不扣工资的； （三）累计工作满1年不满10年的职工，请病假累计2个月以上的； （四）累计工作满10年不满20年的职工，请病假累计3个月以上的； （五）累计工作满20年以上的职工，请病假累计4个月以上的。
	《企业职工带薪年休假实施办法》（文号：人力资源社会保障部令第1号；发布日期：2008年9月18日；实施日期：2008年9月18日）	全文
	人力资源和社会保障部办公厅《关于〈企业职工带薪年休假实施办法〉有关问题的复函》（文号：人社厅函〔2009〕149号；发布日期：2009年4月15日；实施日期：2009年4月15日）	一、关于带薪年休假的享受条件《企业职工带薪年休假实施办法》第三条中的“职工连续工作满12个月以上”，既包括职工在同一用人单位连续工作满12个月以上的情形，也包括职工在不同用人单位连续工作满12个月以上的情形。

续表

主要法律问题	文件名	具体条款规定
	《劳动争议调解仲裁法》（文号：主席令第80号；2007年12月29日第十届全国人民代表大会常务委员会第三十一次会议通过；发布日期：2007年12月29日；实施日期：2008年5月1日）	第47条　下列劳动争议，除本法另有规定的外，仲裁裁决为终局裁决，裁决书自作出之日起发生法律效力： ……（二）因执行国家的劳动标准在工作时间、休息休假、社会保险等方面发生的争议。
探亲假	国务院《关于职工探亲待遇的规定》（文号：国发〔1981〕36号；1981年3月6日第五届全国人民代表大会常务委员会第十七次会议批准，1981年3月14日国务院公布施行；发布日期：1981年3月6日；实施日期：1981年3月6日）	全文
	国家劳动总局《关于制定〈国务院关于职工探亲待遇的规定〉实施细则的若干问题的意见》（文号：〔81〕劳总险字12号；发布日期：1981年3月26日；实施日期：1981年3月26日）	全文
	人事部、财政部《关于国家机关、事业单位职工探亲假工资和探亲路费计算基数问题的通知》（文号：人薪发〔1994〕11号；发布日期：1994年3月21日；实施日期：1994年1月1日）	一、机关、事业单位工资制度改革后，职工在探亲假和路程假期内，其工资按下列各项之和计发： 1. 机关实行职级工资制的人员，为本人职务工资、级别工资、基础工资与工龄工资； 2. 机关技术工人，为本人岗位工资、技术等级（职务）工资与按国家规定比例计算的奖金； 3. 机关普通工人，为本人岗位工资与按国家规定比例计算的奖金； 4. 事业单位职工，为本人职务（技术等级）工资与按国家规定比例计算的津贴（其中，体育运动员，为本人体育基础津贴与成绩津贴）。 二、已婚职工探望父母的往返路费，以前条确定的工资额为计算基数，在百分之三十以内的，由本人自理，超过部分由所在单位负担。

续表

主要法律问题	文件名	具体条款规定
	劳动人事部《关于职工探望被劳改的亲属可否享受探亲假待遇问题的复函》（文号：劳人险函〔1986〕26号；发布日期：1986年7月14日；实施日期：1986年7月14日）	职工的配偶被劳改后，经征得劳改部门同意，职工可以享受国家规定的探亲假待遇前往探望。
	劳动部《关于职工退休、退职后可否享受探亲假待遇的复函》［发文机关：劳动部（已撤销）；发布日期：1989年1月23日；实施日期：1989年1月23日］	关于退休、退职职工是否享受探亲待遇问题，我们同意广东省劳动局关于不能再享受一年一次或四年一次探亲待遇的意见。因为国家建立职工探亲制度，是为了解决在职职工因工作和生产需要与家属分居两地的团聚问题，退休、退职职工已经脱离工作和生产岗位，一般不存在与家属分居两地问题，对探亲假也不应理解为非生产性的福利待遇。所以，职工退休、退职后不应再享受国务院规定的职工探亲待遇。
婚丧假	《人口与计划生育法》（文号：主席令第96号；发布日期：2021年8月20日；实施日期：2021年8月20日）	第25条　符合法律、法规规定生育子女的夫妻，可以获得延长生育假的奖励或者其他福利待遇。 国家支持有条件的地方设立父母育儿假。
	《中共中央、国务院关于进一步做好计划生育工作的指示》（文号：中发〔1982〕11号；发布日期：1982年2月9日；实施日期：1982年2月9日）	按法定年龄推迟三年以上结婚为晚婚，妇女二十四周岁以上生育的为晚育。
	《关于国营企业职工请婚丧假和路程假问题的通知》（文号：［80］劳总薪字29号；发布日期：1980年2月20日；实施日期：1980年2月20日）	一、职工本人结婚或职工的直系亲属（父母、配偶和子女）死亡时，可以根据具体情况，由本单位行政领导批准，酌情给予一至三天的婚丧假。 二、职工结婚时双方不在一地工作的；职工在外地的直系亲属死亡时需要职工本人去外地料理丧事的，都可以根据路程远近，另给予路程假。 三、在批准的婚丧假和路程假期间，职工的工资照发。途中的车船费等，全部由职工自理。

续表

主要法律问题	文件名	具体条款规定
	劳动和社会保障部办公厅《关于对再婚职工婚假问题的复函》(文号:原劳社厅函〔2000〕84号;发布日期:2000年7月11日;生效日期:2000年7月11日)	根据《中华人民共和国婚姻法》和国家有关职工婚丧假的规定精神,再婚者与初婚者的法律地位相同,用人单位对再婚职工应当参照国家有关规定,给予同初婚职工一样的婚假待遇。
产假	《女职工劳动保护特别规定》(文号:国务院令第619号;发布日期:2012年4月28日;实施日期:2012年4月28日)	第7条　女职工生育享受98天产假,其中产前可以休假15天;难产的,增加产假15天;生育多胞胎的,每多生育1个婴儿,增加产假15天。 女职工怀孕未满4个月流产的,享受15天产假;怀孕满4个月流产的,享受42天产假。
		第8条　女职工产假期间的生育津贴,对已经参加生育保险的,按照用人单位上年度职工月平均工资的标准由生育保险基金支付;对未参加生育保险的,按照女职工产假前工资的标准由用人单位支付。 女职工生育或者流产的医疗费用,按照生育保险规定的项目和标准,对已经参加生育保险的,由生育保险基金支付;对未参加生育保险的,由用人单位支付。
	劳动部《关于〈女职工劳动保护规定〉问题解答》(《女职工劳动保护规定》已于2012年4月28日废止,但劳动部《关于〈女职工劳动保护规定〉问题解答》依然有效,故保留,其他与《女职工劳动保护规定》亦然;发布日期:1989年1月20日;实施日期:1989年1月20日)	10. 如何理解产前休假15天的规定? 答:女职工产假90天,分为产前假、产后假两部分。即产前假15天,产后假75天。所谓产前假15天,系指预产期前15天的休假。产前假一般不得放到产后使用。若孕妇提前生产,可将不足的天数和产后假合并使用;若孕妇推迟生产,可将超出的天数按病假处理。 11. 休产假能否提前或推后?教师产假正值寒暑假期间,是否能延长寒暑假休假时间? 答:国家规定产假90天,是为了能保证产妇恢复身体健康。因此,休产假不能提前或推后。至于教师产假正值寒暑假期间,能否延长寒暑假的时间,则由主管部门确定。 13. 女职工流产应休息多长时间? 答:女职工流产休假按劳险字〔1988〕2号《关于女职工生育待遇若干问题的通知》执行,即"女职工怀孕不满4个月流产时,应当根据医务部门的意见,给予15天至30天的产假;怀孕满4个月以上流产者,给予42天产假。产假期间,工资照发"。 17. 如何理解女职工违反了国家有关计划生育规定,应当按照国家有关计划生育规定办理? 答:女职工违反了国家有关计划生育规定,生育待遇应按照计划生育规定处理。

续表

主要法律问题	文件名	具体条款规定
	劳动部工资局《复女职工非婚生育时是否享受劳保待遇问题》（文号：〔65〕原中劳薪便字381号；发布日期：1965年9月10日；实施日期：1965年9月10日）	女职工非婚生育时，不能按照劳动保险条例的规定享受生育待遇。其需要休养的时间不应发给工资。对于生活有困难的，可以由企业行政方面酌情给予补助。
医疗假（病假）	《劳动法》（2018年修正）（发文机关：全国人民代表大会常务委员会；发布和生效日期：2018年12月29日）	第26条　有下列情形之一的，用人单位可以解除劳动合同，但是应当提前三十日以书面形式通知劳动者本人： （一）劳动者患病或者非因工负伤，医疗期满后，不能从事原工作也不能从事由用人单位另行安排的工作的……
		第29条　劳动者有下列情形之一的，用人单位不得依据本法第二十六条、第二十七条的规定解除劳动合同： ……（二）患病或者负伤，在规定的医疗期内的……
	《企业职工患病或非因工负伤医疗期规定》（文号：原劳部发〔1994〕479号；发布日期：1994年12月1日；实施日期：1995年1月1日）	全文
	《关于贯彻执行〈中华人民共和国劳动法〉若干问题的意见》（文号：原劳部发〔1995〕309号；发布日期：1995年8月4日；实施日期：1995年8月4日）	34. 除劳动法第二十五条规定的情形外，劳动者在医疗期、孕期、产期和哺乳期内，劳动，劳动合同期限届满时，用人单位不得终止劳动合同。劳动合同的期限应自动延续至医疗期、孕期、产期和哺乳期期满为止。 35. 请长病假的职工在医疗期满后，能从事原工作的，可以继续履行劳动合同；医疗期满后仍不能从事原工作也不能从事由单位另行安排的工作的，由劳动鉴定委员会参照工伤与职业病致残程度鉴定标准进行劳动能力鉴定。被鉴定为一至四级的，应当退出劳动岗位，解除劳动关系，办理因病或非因工负伤退休退职手续，享受相应的退休退职待遇；被鉴定为五至十级的，用人单位可以解除劳动合同，并按规定支付经济补偿金和医疗补助费。 59. 职工患病或非因工负伤治疗期间，在规定的医疗期间内由企业按有关规定支付其病假工资或疾病救济费，病假工资或疾病救济费可以低于当地最低工资标准支付，但不能低于最低工资标准的80%。

续表

主要法律问题	文件名	具体条款规定
		76. 依据劳动部《企业职工患病或非因工负伤医疗期的规定》(劳部发〔1994〕479 号)和劳动部《关于贯彻〈企业职工患病或非因工负伤医疗期的规定〉的通知》(劳部发〔1995〕236 号),职工患病或非因工负伤,根据本人实际参加工作的年限和本企业工作年限长短,享受 3 – 24 个月的医疗期。对于某些患特殊疾病(如癌症、精神病、瘫痪等)的职工,在 24 个月内尚不能痊愈的,经企业和当地劳动部门批准,可以适当延长医疗期。
	劳动部《关于贯彻〈企业职工患病或非因工负伤医疗期规定〉的通知》(文号:原劳部发〔1995〕236 号;发布日期:1995 年 5 月 23 日;实施日期:1995 年 5 月 23 日)	各省、自治区、直辖市及计划单列市劳动(劳动人事)厅(局): 1994 年 12 月 1 日,我部发布了《企业职工患病或非因工负伤医疗期规定》(劳部发〔1994〕479 号,以下简称《医疗期规定》)后,一些企业和地方劳动部门反映,《医疗期规定》中医疗期最长为 24 个月,时间过短,限制较死,在实际执行中遇到一定困难,要求适当延长医疗期,并要求进一步明确计算医疗期的起止时间。经研究,现对贯彻《医疗期规定》提出以下意见: 一、关于医疗期的计算问题 1. 医疗期计算应从病休第一天开始,累计计算。如:应享受三个月医疗期的职工,如果从 1995 年 3 月 5 日起第一次病休,那么,该职工的医疗期应在 3 月 5 日至 9 月 5 日之间确定,在此期间累计病休三个月即视为医疗期满。其它依此类推。 2. 病休期间,公休、假日和法定节日包括在内。 二、关于特殊疾病的医疗期问题 根据目前的实际情况,对某些患特殊疾病(如癌症、精神病、瘫痪等)的职工,在 24 个月内尚不能痊愈的,经企业和劳动主管部门批准,可以适当延长医疗期。 各省、自治区、直辖市在实施《医疗期规定》时,可根据当地实际情况,抓紧制定具体细则,并及时报我部备案。 一九九五年五月二十三日
劳动合同的变更	《劳动法》(2018 年修正)(发文机关:全国人民代表大会常务委员会;发布和生效日期:2018 年 12 月 29 日)	第 17 条　订立和变更劳动合同,应当遵循平等自愿、协商一致的原则,不得违反法律、行政法规的规定。
		第 47 条　用人单位根据本单位的生产经营特点和经济效益,依法自主确定本单位的工资分配方式和工资水平。

续表

主要法律问题	文件名	具体条款规定
	《劳动合同法》(2012 年修正)(发文机关:全国人民代表大会常务委员会;发布日期:2012 年 12 月 28 日;生效日期:2013 年 7 月 1 日)	第 4 条　用人单位应当依法建立和完善劳动规章制度,保障劳动者享有劳动权利、履行劳动义务。 用人单位在制定、修改或者决定有关劳动报酬、工作时间、休息休假、劳动安全卫生、保险福利、职工培训、劳动纪律以及劳动定额管理等直接涉及劳动者切身利益的规章制度或者重大事项时,应当经职工代表大会或者全体职工讨论,提出方案和意见,与工会或者职工代表平等协商确定。 在规章制度和重大事项决定实施过程中,工会或者职工认为不适当的,有权向用人单位提出,通过协商予以修改完善。 用人单位应当将直接涉及劳动者切身利益的规章制度和重大事项决定公示,或者告知劳动者。
		第 35 条　用人单位与劳动者协商一致,可以变更劳动合同约定的内容。变更劳动合同,应当采用书面形式。 变更后的劳动合同文本由用人单位和劳动者各执一份。
		第 39 条　劳动者有下列情形之一的,用人单位可以解除劳动合同: (一)在试用期间被证明不符合录用条件的; (二)严重违反用人单位的规章制度的; (三)严重失职,营私舞弊,给用人单位造成重大损害的; (四)劳动者同时与其他用人单位建立劳动关系,对完成本单位的工作任务造成严重影响,或者经用人单位提出,拒不改正的; (五)因本法第二十六条第一款第一项规定的情形致使劳动合同无效的; (六)被依法追究刑事责任的。 [本条虽然是用人单位单方解除劳动合同(过失性辞退)的规定,但根据“举重以明轻”的法律原则,单位在上述几种情形下既然有权单方解除劳动合同,当然也有权不予解除劳动合同而是采取变更劳动合同、调岗降薪等措施。]

续表

主要法律问题	文件名	具体条款规定
		第40条　有下列情形之一的，用人单位提前三十日以书面形式通知劳动者本人或者额外支付劳动者一个月工资后，可以解除劳动合同： （一）劳动者患病或者非因工负伤，在规定的医疗期满后不能从事原工作，也不能从事由用人单位另行安排的工作的； （二）劳动者不能胜任工作，经过培训或者调整工作岗位，仍不能胜任工作的； （三）劳动合同订立时所依据的客观情况发生重大变化，致使劳动合同无法履行，经用人单位与劳动者协商，未能就变更劳动合同内容达成协议的。 ［本条虽然是用人单位单方解除劳动合同（无过失性辞退）的规定，但同时也包含了用人单位对劳动合同的变更权：劳动者患病或者非因工负伤，在规定的医疗期满后不能从事原工作，用人单位可另行安排工作；劳动者不能胜任工作，用人单位可调整工作岗位；劳动合同订立时所依据的客观情况发生重大变化，致使劳动合同无法履行，用人单位与劳动者协商变更未达成一致的，用人单位可单方变更劳动合同内容。］
	《关于当前形势下做好劳动争议纠纷案件审判工作的指导意见》（文号：法发〔2009〕41号；发布日期：2009年7月6日；实施日期：2009年7月6日）	7.妥善处理因解除劳动合同和追索经济补偿引发的纠纷。在审理解除劳动合同纠纷案件时，既要保障劳动者的就业权和辞职权，又要尊重用人单位的用工自主权。要引导劳动关系双方依照法律规定解除劳动合同，既要防止劳动者不诚信的辞职行为影响用人单位的正常生产经营秩序，又要避免用人单位违法解除劳动合同侵犯劳动者的合法权益。在审理劳动争议经济补偿纠纷案件时，要严格依照劳动合同法第四十六条和第四十七条的规定，准确把握支付经济补偿的法定条件，合理确定经济补偿的计算基数和方式。
	《劳动合同法》（2012年修正）（发文机关：全国人民代表大会常务委员会；发布日期：2012年12月28日；生效日期：2013年7月1日）	第33条　用人单位变更名称、法定代表人、主要负责人或者投资人等事项，不影响劳动合同的履行。
		第34条　用人单位发生合并或者分立等情况，原劳动合同继续有效，劳动合同由承继其权利和义务的用人单位继续履行。

续表

主要法律问题	文件名	具体条款规定
	《劳动合同法实施条例》(发文机关:国务院;发布和生效日期:2008 年 9 月 18 日)	第 10 条　劳动者非因本人原因从原用人单位被安排到新用人单位工作的,劳动者在原用人单位的工作年限合并计算为新用人单位的工作年限。原用人单位已经向劳动者支付经济补偿的,新用人单位在依法解除、终止劳动合同计算支付经济补偿的工作年限时,不再计算劳动者在原用人单位的工作年限。
	《北京市劳动合同规定》(北京市人民政府令第 91 号;发布日期:2001 年 12 月 24 日;实施日期:2002 年 2 月 1 日)	第 28 条　订立劳动合同时所依据的客观情况发生重大变化,致使劳动合同无法履行,当事人一方要求变更其相关内容的,应当将变更要求以书面形式送交另一方,另一方应当在 15 日内答复,逾期不答复的,视为不同意变更劳动合同。
劳动合同的中止	《关于贯彻执行〈中华人民共和国劳动法〉若干问题的意见》[发文机关:劳动部(已撤销);发布日期:1995 年 8 月 4 日;实施日期:1995 年 8 月 4 日]	6. 用人单位应与其富余人员、放长假的职工,签订劳动合同,但其劳动合同与在岗职工的劳动合同在内容上可以有所区别。用人单位与劳动者经协商一致可以在劳动合同中就不在岗期间的有关事项作出规定。 7. 用人单位应与其长期被外单位借用的人员、带薪上学人员,以及其他非在岗但仍保持劳动关系的人员签订劳动合同,但在外借和上学期间,劳动合同中的某些相关条款经双方协商可以变更。 28. 劳动者涉嫌违法犯罪被有关机关收容审查、拘留或逮捕的,用人单位在劳动者被限制人身自由期间,可与其暂时停止劳动合同的履行。 　　暂时停止履行劳动合同期间,用人单位不承担劳动合同规定的相应义务。劳动者经证明被错误限制人身自由的,暂时停止履行劳动合同期间劳动者的损失,可由其依据《国家赔偿法》要求有关部门赔偿。
劳动合同的协商一致解除	《劳动法》(2018 年修正)(发文机关:全国人民代表大会常务委员会;发布和生效日期:2018 年 12 月 29 日)	第 24 条　经劳动合同当事人协商一致,劳动合同可以解除。
	《劳动合同法》(2012 年修正)(发文机关:全国人民代表大会常务委员会;发布日期:2012 年 12 月 28 日;生效日期:2013 年 7 月 1 日)	第 36 条　用人单位与劳动者协商一致,可以解除劳动合同。
		第 46 条　有下列情形之一的,用人单位应当向劳动者支付经济补偿: 　　……(二)用人单位依照本法第三十六条规定向劳动者提出解除劳动合同并与劳动者协商一致解除劳动合同的……

续表

主要法律问题	文件名	具体条款规定
	《劳动合同法实施条例》(发文机关:国务院;发布和生效日期:2008 年 9 月 18 日)	第 18 条　有下列情形之一的,依照劳动合同法规定的条件、程序,劳动者可以与用人单位解除固定期限劳动合同、无固定期限劳动合同或者以完成一定工作任务为期限的劳动合同: (一)劳动者与用人单位协商一致的……
劳动者单方解除劳动合同	《劳动法》(2018 年修正)(发文机关:全国人民代表大会常务委员会;发布和生效日期:2018 年 12 月 29 日)	第 31 条　劳动者解除劳动合同,应当提前三十日以书面形式通知用人单位。
		第 32 条　有下列情形之一的,劳动者可以随时通知用人单位解除劳动合同: (一)在试用期内的……
		第 102 条　劳动者违反本法规定的条件解除劳动合同或者违反劳动合同中约定的保密事项,对用人单位造成经济损失的,应当依法承担赔偿责任。
	《劳动合同法》(2012 年修正)(发文机关:全国人民代表大会常务委员会;发布日期:2012 年 12 月 28 日;生效日期:2013 年 7 月 1 日)	第 37 条　劳动者提前三十日以书面形式通知用人单位,可以解除劳动合同。劳动者在试用期内提前三日通知用人单位,可以解除劳动合同。
		第 38 条　用人单位有下列情形之一的,劳动者可以解除劳动合同: (一)未按照劳动合同约定提供劳动保护或者劳动条件的; (二)未及时足额支付劳动报酬的; (三)未依法为劳动者缴纳社会保险费的; (四)用人单位的规章制度违反法律、法规的规定,损害劳动者权益的; (五)因本法第二十六条第一款规定的情形致使劳动合同无效的; (六)法律、行政法规规定劳动者可以解除劳动合同的其他情形。 用人单位以暴力、威胁或者非法限制人身自由的手段强迫劳动者劳动的,或者用人单位违章指挥、强令冒险作业危及劳动者人身安全的,劳动者可以立即解除劳动合同,不需事先告知用人单位。
		第 46 条　有下列情形之一的,用人单位应当向劳动者支付经济补偿: (一)劳动者依照本法第三十八条规定解除劳动合同的……

续表

主要法律问题	文件名	具体条款规定
		第 90 条　劳动者违反本法规定解除劳动合同，或者违反劳动合同中约定的保密义务或者竞业限制，给用人单位造成损失的，应当承担赔偿责任。
	《劳动合同法实施条例》（发文机关：国务院；发布和生效日期：2008 年 9 月 18 日）	第 18 条　有下列情形之一的，依照劳动合同法规定的条件、程序，劳动者可以与用人单位解除固定期限劳动合同、无固定期限劳动合同或者以完成一定工作任务为期限的劳动合同： ……（四）用人单位未按照劳动合同约定提供劳动保护或者劳动条件的； （五）用人单位未及时足额支付劳动报酬的； （六）用人单位未依法为劳动者缴纳社会保险费的； （七）用人单位的规章制度违反法律、法规的规定，损害劳动者权益的； （八）用人单位以欺诈、胁迫的手段或者乘人之危，使劳动者在违背真实意思的情况下订立或者变更劳动合同的； （九）用人单位在劳动合同中免除自己的法定责任、排除劳动者权利的； （十）用人单位违反法律、行政法规强制性规定的； （十一）用人单位以暴力、威胁或者非法限制人身自由的手段强迫劳动者劳动的； （十二）用人单位违章指挥、强令冒险作业危及劳动者人身安全的； （十三）法律、行政法规规定劳动者可以解除劳动合同的其他情形。
	北京市劳动和社会保障局、北京市高级人民法院《关于劳动争议案件法律适用问题研讨会会议纪要》[发文机关：北京市劳动和社会保障局（已撤销）、北京市高级人民法院；发布和生效日期：2009 年 8 月 17 日]	31.《劳动合同法》实施后，用人单位未按本市规定的险种为劳动者建立社会保险关系，劳动者请求解除劳动合同并要求用人单位支付经济补偿金的，应予支持，但经济补偿金支付年限应从 2008 年 1 月 1 日起开始计算。劳动者以用人单位未足额缴纳或欠缴社会保险费为由请求解除劳动合同并要求用人单位支付经济补偿金的，不予支持。

续表

主要法律问题	文件名	具体条款规定
用人单位单方解除劳动合同（过失性辞退）	《劳动合同法》（2012 年修正）（发文机关：全国人民代表大会常务委员会；发布日期：2012 年 12 月 28 日；生效日期：2013 年 7 月 1 日）	第 26 条第 1 款第 1 项　下列劳动合同无效或者部分无效： （一）以欺诈、胁迫的手段或者乘人之危，使对方在违背真实意思的情况下订立或者变更劳动合同的；……
		第 39 条　劳动者有下列情形之一的，用人单位可以解除劳动合同： （一）在试用期间被证明不符合录用条件的； （二）严重违反用人单位的规章制度的； （三）严重失职，营私舞弊，给用人单位造成重大损害的； （四）劳动者同时与其他用人单位建立劳动关系，对完成本单位的工作任务造成严重影响，或者经用人单位提出，拒不改正的； （五）因本法第二十六条第一款第一项规定的情形致使劳动合同无效的； （六）被依法追究刑事责任的。
	《劳动法》（2018 年修正）（发文机关：全国人民代表大会常务委员会；发布和生效日期：2018 年 12 月 29 日）	第 25 条　劳动者有下列情形之一的，用人单位可以解除劳动合同： ……（二）严重违反劳动纪律或者用人单位规章制度的； （三）严重失职，营私舞弊，对用人单位利益造成重大损害的； （四）被依法追究刑事责任的。
	《劳动合同法实施条例》（发文机关：国务院；发布和生效日期：2008 年 9 月 18 日）	第 19 条　有下列情形之一的，依照劳动合同法规定的条件、程序，用人单位可以与劳动者解除固定期限劳动合同、无固定期限劳动合同或者以完成一定工作任务为期限的劳动合同： ……（三）劳动者严重违反用人单位的规章制度的； （四）劳动者严重失职，营私舞弊，给用人单位造成重大损害的； （五）劳动者同时与其他用人单位建立劳动关系，对完成本单位的工作任务造成严重影响，或者经用人单位提出，拒不改正的； （六）劳动者以欺诈、胁迫的手段或者乘人之危，使用人单位在违背真实意思的情况下订立或者变更劳动合同的； （七）劳动者被依法追究刑事责任的； ……

续表

主要法律问题	文件名	具体条款规定
	劳动部办公厅《关于印发〈关于《劳动法》若干条文的说明〉的通知》[文号:劳办发〔1994〕289号;发文机关:劳动部(已撤销);发布日期:1994年9月5日;生效日期:1995年1月1日]	第25条 劳动者有下列情形之一的,用人单位可以解除劳动合同: (一)在试用期间被证明不符合录用条件的; (二)严重违反劳动纪律或者用人单位规章制度的; (三)严重失职,营私舞弊,对用人单位利益造成重大损害的; (四)被依法追究刑事责任的。 本条中"严重违反劳动纪律"的行为,可根据《企业职工奖惩条例》和《国营企业辞退违纪职工暂行规定》等有关法规认定。 本条中的"重大损害"由企业内部规章来规定。因为企业类型各有不同,对重大损害的界定也千差万别,故不便对重大损害作统一解释。若由此发生劳动争议,可以通过劳动争议仲裁委员会对其规章规定的重大损害进行认定。……
		第26条 有下列情形之一的,用人单位可以解除劳动合同,但是应当提前三十日以书面形式通知劳动者本人: (一)劳动者患病或者非因工负伤,医疗期满后,不能从事原工作也不能从事由用人单位另行安排的工作的; (二)劳动者不能胜任工作,经过培训或者调整工作岗位,仍不能胜任工作的; (三)劳动合同订立时所依据的客观情况发生重大变化,致使原劳动合同无法履行,经当事人协商不能就变更劳动合同达成协议的。 ……本条中的"客观情况"指:发生不可抗力或出现致使劳动合同全部或部分条款无法履行的其他情况,如企业迁移、被兼并,企业资产转移等,并且排除本法第二十七条所列的客观情况。
	《公司法》(发文机关:全国人民代表大会常务委员会;发布和生效日期:2018年10月26日)	第146条 有下列情形之一的,不得担任公司的董事、监事、高级管理人员: (一)无民事行为能力或者限制民事行为能力; (二)因贪污、贿赂、侵占财产、挪用财产或者破坏社会主义市场经济秩序,被判处刑罚,执行期满未逾五年,或者因犯罪被剥夺政治权利,执行期满未逾五年; (三)担任破产清算的公司、企业的董事或者厂长、经理,对该公司、企业的破产负有个人责任的,自该公司、企业破产清算完结之日起未逾三年;

续表

主要法律问题	文件名	具体条款规定
		（四）担任因违法被吊销营业执照、责令关闭的公司、企业的法定代表人，并负有个人责任的，自该公司、企业被吊销营业执照之日起未逾三年； （五）个人所负数额较大的债务到期未清偿。 公司违反前款规定选举、委派董事、监事或者聘任高级管理人员的，该选举、委派或者聘任无效。 董事、监事、高级管理人员在任职期间出现本条第一款所列情形的，公司应当解除其职务。
		第 147 条　董事、监事、高级管理人员应当遵守法律、行政法规和公司章程，对公司负有忠实义务和勤勉义务。 董事、监事、高级管理人员不得利用职权收受贿赂或者其他非法收入，不得侵占公司的财产。
		第 148 条　董事、高级管理人员不得有下列行为： （一）挪用公司资金； （二）将公司资金以其个人名义或者以其他个人名义开立账户存储； （三）违反公司章程的规定，未经股东会、股东大会或者董事会同意，将公司资金借贷给他人或者以公司财产为他人提供担保； （四）违反公司章程的规定或者未经股东会、股东大会同意，与本公司订立合同或者进行交易； （五）未经股东会或者股东大会同意，利用职务便利为自己或者他人谋取属于公司的商业机会，自营或者为他人经营与所任职公司同类的业务； （六）接受他人与公司交易的佣金归为己有； （七）擅自披露公司秘密； （八）违反对公司忠实义务的其他行为。 董事、高级管理人员违反前款规定所得的收入应当归公司所有。
		第 149 条　董事、监事、高级管理人员执行公司职务时违反法律、行政法规或者公司章程的规定，给公司造成损失的，应当承担赔偿责任。
	最高人民法院《关于审理劳动争议案件适用法律问题的解释（一）》（发文机关：最高人民法院；发布日期：2020 年 12 月 29 日；生效日期：2021 年 1 月 1 日）	第 32 条　用人单位与其招用的已经依法享受养老保险待遇或者领取退休金的人员发生用工争议而提起诉讼的，人民法院应当按劳务关系处理。 企业停薪留职人员、未达到法定退休年龄的内退人员、下岗待岗人员以及企业经营性停产放长假人员，因与新的用人单位发生用工争议而提起诉讼的，人民法院应当按劳动关系处理。

续表

主要法律问题	文件名	具体条款规定
	《关于贯彻执行〈中华人民共和国劳动法〉若干问题的意见》[发文机关：劳动部（已撤销）；发布日期：1995年8月4日；实施日期：1995年8月4日]	29. 劳动者被依法追究刑事责任的，用人单位可依据劳动法第二十五条解除劳动合同。 “被依法追究刑事责任”是指：被人民检察院免予起诉的、被人民法院判处处罚的、被人民法院依据刑法第三十二条免予刑事处分的。 劳动者被人民法院判处拘役、三年以下有期徒刑缓刑的，用人单位可以解除劳动合同。
	劳动部办公厅《关于印发〈关于《劳动法》若干条文的说明〉的通知》[发文机关：劳动部（已撤销）；发布日期：1994年9月5日；生效日期：1995年1月1日]	第25条　劳动者有下列情形之一的，用人单位可以解除劳动合同： （一）在试用期间被证明不符合录用条件的； （二）严重违反劳动纪律或者用人单位规章制度的； （三）严重失职，营私舞弊，对用人单位利益造成重大损害的； （四）被依法追究刑事责任的。 ……本条中“被依法追究刑事责任”，具体指：(1)被人民检察院免予起诉的；(2)被人民法院判处刑罚（刑罚包括：主刑：管制、拘役、有期徒刑、无期徒刑、死刑；附加刑：罚金、剥夺政治权利、没收财产）的；(3)被人民法院依据刑法第32条免予刑事处分的。
	劳动和社会保障部办公厅《关于职工被人民检察院作出不予起诉决定用人单位能否据此解除劳动合同问题的复函》（文号：劳社厅函〔2003〕367号；发布日期：2003年7月31日；实施日期：2003年7月31日）	人民检察院根据《中华人民共和国刑事诉讼法》第一百四十二条第二款规定作出不起诉决定的，不属于《劳动法》第二十五条第（四）项规定的被依法追究刑事责任的情形。因此，对人民检察院根据《中华人民共和国刑事诉讼法》第一百四十二条第二款规定作出不起诉决定的职工，用人单位不能依据《劳动法》第二十五条第（四）项规定解除其劳动合同。但其行为符合《劳动法》第二十五条其他情形的，用人单位可以解除劳动合同。

续表

主要法律问题	文件名	具体条款规定
用人单位单方解除劳动合同（非过失性辞退）	《劳动法》（2018 年修正）（发文机关：全国人民代表大会常务委员会；发布和生效日期：2018 年 12 月 29 日）	第 26 条　有下列情形之一的，用人单位可以解除劳动合同，但是应当提前三十日以书面形式通知劳动者本人： （一）劳动者患病或者非因工负伤，医疗期满后，不能从事原工作也不能从事由用人单位另行安排的工作的； （二）劳动者不能胜任工作，经过培训或者调整工作岗位，仍不能胜任工作的； （三）劳动合同订立时所依据的客观情况发生重大变化，致使原劳动合同无法履行，经当事人协商不能就变更劳动合同达成协议的。
		第 29 条　劳动者有下列情形之一的，用人单位不得依据本法第二十六条、第二十七条的规定解除劳动合同： ……（二）患病或者负伤，在规定的医疗期内的……
	《劳动合同法》（2012 年修正）（发文机关：全国人民代表大会常务委员会；发布日期：2012 年 12 月 28 日；生效日期：2013 年 7 月 1 日）	第 40 条　有下列情形之一的，用人单位提前三十日以书面形式通知劳动者本人或者额外支付劳动者一个月工资后，可以解除劳动合同： （一）劳动者患病或者非因工负伤，在规定的医疗期满后不能从事原工作，也不能从事由用人单位另行安排的工作的； （二）劳动者不能胜任工作，经过培训或者调整工作岗位，仍不能胜任工作的； （三）劳动合同订立时所依据的客观情况发生重大变化，致使劳动合同无法履行，经用人单位与劳动者协商，未能就变更劳动合同内容达成协议的。
		第 46 条　有下列情形之一的，用人单位应当向劳动者支付经济补偿： ……（三）用人单位依照本法第四十条规定解除劳动合同的……
	《劳动合同法实施条例》（发文机关：国务院；发布和生效日期：2008 年 9 月 18 日）	第 19 条　有下列情形之一的，依照劳动合同法规定的条件、程序，用人单位可以与劳动者解除固定期限劳动合同、无固定期限劳动合同或者以完成一定工作任务为期限的劳动合同： ……（八）劳动者患病或者非因工负伤，在规定的医疗期满后不能从事原工作，也不能从事由用人单位另行安排的工作的； （九）劳动者不能胜任工作，经过培训或者调整工作岗位，仍不能胜任工作的；

续表

主要法律问题	文件名	具体条款规定
		（十）劳动合同订立时所依据的客观情况发生重大变化，致使劳动合同无法履行，经用人单位与劳动者协商，未能就变更劳动合同内容达成协议的……
		第20条 用人单位依照劳动合同法第四十条的规定，选择额外支付劳动者一个月工资解除劳动合同的，其额外支付的工资应当按照该劳动者上一个月的工资标准确定。
	劳动部办公厅《关于印发〈关于《劳动法》若干条文的说明〉的通知》[发文机关：劳动部（已撤销）；发布日期：1994年9月5日；生效日期：1995年1月1日]	第26条 有下列情形之一的，用人单位可以解除劳动合同，但是应当提前三十日以书面形式通知劳动者本人： （一）劳动者患病或者非因工负伤，医疗期满后，不能从事原工作也不能从事由用人单位另行安排的工作的； （二）劳动者不能胜任工作，经过培训或者调整工作岗位，仍不能胜任工作的； （三）劳动合同订立时所依据的客观情况发生重大变化，致使原劳动合同无法履行，经当事人协商不能就变更劳动合同达成协议的。 本条第（一）项指劳动者医疗期满后，不能从事原工作的，由原用人单位另行安排适当工作之后，仍不能从事另行安排的工作的，可以解除劳动合同。 本条第（二）项中的“不能胜任工作”，是指不能按要求完成劳动合同中约定的任务或者同工种，同岗位人员的工作量。用人单位不得故意提高定额标准，使劳动者无法完成。 本条中的“客观情况”指：发生不可抗力或出现致使劳动合同全部或部分条款无法履行的其他情况，如企业迁移、被兼并，企业资产转移等，并且排除本法第二十七条所列的客观情况。
	《关于贯彻执行〈中华人民共和国劳动法〉若干问题的意见》（文号：原劳部发〔1995〕309号；发布日期：1995年8月4日；实施日期：1995年8月4日）	35. 请长病假的职工在医疗期满后，能从事原工作的，可以继续履行劳动合同；医疗期满后仍不能从事原工作也不能从事由单位另行安排的工作的，由劳动鉴定委员会参照工伤与职业病致残程度鉴定标准进行劳动能力鉴定。被鉴定为一至四级的，应当退出劳动岗位，解除劳动关系，办理因病或非因工负伤退休退职手续，享受相应的退休退职待遇；被鉴定为五至十级的，用人单位可以解除劳动合同，并按规定支付经济补偿金和医疗补助费。

续表

主要法律问题	文件名	具体条款规定
	《企业职工患病或非因工负伤医疗期规定》(文号:劳部发〔1994〕479号;发布日期:1994年12月1日;实施日期:1995年1月1日)	全文
	《企业内部控制应用指引第3号——人力资源》[文号:财会〔2010〕11号;发文机关:财政部、中国证券监督管理委员会、审计署、中国银行业监督管理委员会(已撤销)、中国保险监督管理委员会(已撤销);发布日期:2010年4月15日;实施日期:2010年4月15日]	第13条第2款 企业对考核不能胜任岗位要求的员工,应当及时暂停其工作,安排再培训,或调整工作岗位,安排转岗培训;仍不能满足岗位职责要求的,应当按照规定的权限和程序解除劳动合同。
用人单位单方解除劳动合同(经济性裁员)	《劳动法》(2018年修正)(发文机关:全国人民代表大会常务委员会;发布和生效日期:2018年12月29日)	第27条 用人单位濒临破产进行法定整顿期间或者生产经营状况发生严重困难,确需裁减人员的,应当提前三十日向工会或者全体职工说明情况,听取工会或者职工的意见,经向劳动行政部门报告后,可以裁减人员。 用人单位依据本条规定裁减人员,在六个月内录用人员的,应当优先录用被裁减的人员。
	《劳动合同法》(2012年修正)(发文机关:全国人民代表大会常务委员会;发布日期:2012年12月28日;生效日期:2013年7月1日)	第41条 有下列情形之一,需要裁减人员二十人以上或者裁减不足二十人但占企业职工总数百分之十以上的,用人单位提前三十日向工会或者全体职工说明情况,听取工会或者职工的意见后,裁减人员方案经向劳动行政部门报告,可以裁减人员: (一)依照企业破产法规定进行重整的; (二)生产经营发生严重困难的; (三)企业转产、重大技术革新或者经营方式调整,经变更劳动合同后,仍需裁减人员的; (四)其他因劳动合同订立时所依据的客观经济情况发生重大变化,致使劳动合同无法履行的。 裁减人员时,应当优先留用下列人员: (一)与本单位订立较长期限的固定期限劳动合同的; (二)与本单位订立无固定期限劳动合同的;

续表

主要法律问题	文件名	具体条款规定
		（三）家庭无其他就业人员，有需要扶养的老人或者未成年人的。 用人单位依照本条第一款规定裁减人员，在六个月内重新招用人员的，应当通知被裁减的人员，并在同等条件下优先招用被裁减的人员。
	《劳动合同法实施条例》（发文机关：国务院；发布和生效日期：2008 年 9 月 18 日）	第 19 条　有下列情形之一的，依照劳动合同法规定的条件、程序，用人单位可以与劳动者解除固定期限劳动合同、无固定期限劳动合同或者以完成一定工作任务为期限的劳动合同： ……（十一）用人单位依照企业破产法规定进行重整的； （十二）用人单位生产经营发生严重困难的； （十三）企业转产、重大技术革新或者经营方式调整，经变更劳动合同后，仍需裁减人员的； （十四）其他因劳动合同订立时所依据的客观经济情况发生重大变化，致使劳动合同无法履行的。
	《〈中华人民共和国劳动合同法〉宣传提纲》（文号：原劳社部发〔2007〕25 号；发布日期：2007 年 6 月 29 日；实施日期：2007 年 6 月 29 日）	（五）修改了用人单位裁减人员的规定 《劳动合同法》一方面强化了对用人单位与符合条件的劳动者订立无固定期限劳动合同的要求，另一方面考虑到用人单位调整经济结构、革新技术以适应市场竞争的需要，放宽了用人单位在确需裁减人员时进行裁减人员的条件： 一是增加了用人单位可以裁减人员的法定情形。《劳动法》规定，用人单位只有在濒临破产进行法定整顿期间或者生产经营状况发生严重困难，确需裁减人员的，才可以裁减人员。《劳动合同法》除延续《劳动法》以上规定外，增加了两种用人单位可以裁减人员的情形：（1）企业转产、重大技术革新或者经营方式调整，经变更劳动合同后，仍需裁减人员的；（2）其他因劳动合同订立时所依据的客观经济情况发生重大变化，致使劳动合同无法履行的。 二是放宽了用人单位裁减人员的程序要求。《劳动法》规定，用人单位裁减人员的，都应当提前三十日向工会或者全体职工说明情况，听取工会或者职工的意见，并向劳动行政部门报告。《劳动合同法》将《劳动法》以上规定内容调整为，用人单位需要裁减人员二十人以上或者裁减不足二十人但占企业职工总数百分之十以上的，才应当按照以上规定的程序执行；裁减人员不足二十人且占企业职工总数不足百分之十的，无须按照以上规定的程序执行。

续表

主要法律问题	文件名	具体条款规定
		与此同时，为了降低裁减人员对劳动者工作和生活的影响，《劳动合同法》与《劳动法》相比，补充规定了用人单位在裁减人员中应当承担的社会责任： 一是补充规定了裁减人员时，应当优先留用下列人员：(1)与本单位订立较长期限的固定期限劳动合同的；(2)与本单位订立无固定期限劳动合同的；(3)家庭无其他就业人员，有需要扶养的老人或者未成年人的。 二是细化了关于用人单位裁减人员后，在六个月内录用人员的，应当优先录用被裁减人员的规定，即规定：用人单位在六个月内重新招用人员的，应当通知被裁减的人员，并在同等条件下优先招用被裁减的人员。
	《企业经济性裁减人员规定》（文号：原劳部发〔1994〕447号；发布日期：1994年11月14日；实施日期：1995年1月1日）	全文
	《关于贯彻执行〈中华人民共和国劳动法〉若干问题的意见》（文号：原劳部发〔1995〕309号；发布日期：1995年8月4日；实施日期：1995年8月4日）	25. 依据劳动法第二十七条和劳动部《企业经济性裁减人员规定》（劳部发〔1994〕447号）第四条的规定，用人单位确需裁减人员，应按下列程序进行： (1)提前三十日向工会或全体职工说明情况，并提供有关生产经营状况的资料； (2)提出裁减人员方案，内容包括：被裁减人员名单、裁减时间及实施步骤，符合法律、法规规定和集体合同约定的被裁减人员的经济补偿办法； (3)将裁减人员方案征求工会或者全体职工的意见，并对方案进行修改和完善； (4)向当地劳动行政部门报告裁减人员方案以及工会或者全体职工的意见，并听取劳动行政部门的意见； (5)由用人单位正式公布裁减人员方案，与被裁减人员办理解除劳动合同手续，按照有关规定向被裁减人员本人支付经济补偿金，并出具裁减人员证明书。

续表

主要法律问题	文件名	具体条款规定
	劳动部办公厅《关于印发〈关于《劳动法》若干条文的说明〉的通知》（文号：原劳办发〔1994〕289号；发布日期：1994年9月5日；实施日期：1994年9月5日）	第27条　用人单位濒临破产进行法定整顿期间或者生产经营状况发生严重困难，确需裁减人员的，应当提前三十日向工会或者全体职工说明情况，听取工会或者职工的意见，经向劳动行政部门报告后，可以裁减人员。 用人单位依据本条规定裁减人员，在六个月内录用人员的，应当优先录用被裁减的人员。 本条中的“法定整顿期间”指依据《中华人民共和国破产法》和《民事诉讼法》的破产程序进入的整顿期间。“生产经营状况发生严重困难”可以根据地方政府规定的困难企业标准来界定。“报告”仅指说明情况，无批准的含义。“优先录用”指同等条件下优先录用。 4. 禁止用人单位非过失性辞退和经济性裁员的情形。
禁止用人单位非过失性辞退和经济性裁员的情形	《劳动法》（2018年修正）（发文机关：全国人民代表大会常务委员会；发布和生效日期：2018年12月29日）	第29条　劳动者有下列情形之一的，用人单位不得依据本法第二十六条、第二十七条的规定解除劳动合同： （一）患职业病或者因工负伤并被确认丧失或者部分丧失劳动能力的； （二）患病或者负伤，在规定的医疗期内的； （三）女职工在孕期、产期、哺乳期内的； （四）法律、行政法规规定的其他情形。
	《劳动合同法》（2012年修正）（发文机关：全国人民代表大会常务委员会；发布日期：2012年12月28日；生效日期：2013年7月1日）	第42条　劳动者有下列情形之一的，用人单位不得依照本法第四十条、第四十一条的规定解除劳动合同： （一）从事接触职业病危害作业的劳动者未进行离岗前职业健康检查，或者疑似职业病病人在诊断或者医学观察期间的； （二）在本单位患职业病或者因工负伤并被确认丧失或者部分丧失劳动能力的； （三）患病或者非因工负伤，在规定的医疗期内的； （四）女职工在孕期、产期、哺乳期的； （五）在本单位连续工作满十五年，且距法定退休年龄不足五年的； （六）法律、行政法规规定的其他情形。

续表

主要法律问题	文件名	具体条款规定
	《〈中华人民共和国劳动合同法〉宣传提纲》（文号：原劳社部发〔2007〕25号；发布日期：2007年6月29日；实施日期：2007年6月29日）	（六）增加了用人单位提前三十日以书面形式通知劳动者解除劳动合同以及裁减人员的限制情形。 根据《劳动法》规定，即使具备用人单位提前三十日以书面形式通知劳动者可以解除劳动合同以及裁减人员的一般情形，但是如果劳动者有下列情形之一的，用人单位也不得与劳动者解除劳动合同：(1)患职业病或者因工负伤并被确认丧失或者部分丧失劳动能力的；(2)患病或者负伤，在规定的医疗期内的；(3)女职工在孕期、产期、哺乳期内的；(4)法律、行政法规规定的其他情形。另外，《职业病防治法》规定，用人单位对未进行离岗前职业健康检查的劳动者不得解除与其订立的劳动合同；在疑似职业病病人诊断或者医学观察期间，不得解除与其订立的劳动合同。《劳动合同法》除延续《劳动法》、《职业病防治法》以上规定外，还补充规定了一种情形，即：劳动者在本单位连续工作满十五年，且距法定退休年龄不足五年的。
	劳动部办公厅《关于印发〈关于《劳动法》若干条文的说明〉的通知》（文号：原劳办发〔1994〕289号；发布日期：1994年9月5日；实施日期：1994年9月5日）	第29条　劳动者有下列情形之一的，用人单位不得依据本法第二十六条、第二十七条的规定解除劳动合同： （一）患职业病或者因工负伤并被确认丧失或者部分丧失劳动能力的； （二）患病或者负伤，在规定的医疗期内的； （三）女工在孕期、产期、哺乳期内的； （四）法律、行政法规规定的其他情形。 本条第（一）项、第（二）项、第（三）项之所以以法律的形式规定不得解除劳动合同，是为了保证劳动者在特殊情况下的权益不受侵害。在第（二）项、第（三）项规定的情形下劳动合同到期的，应延续劳动合同到医疗期满或女职工“三期”届满为止。 本条第（四）项中的“法律、法规规定的其他情形”，这类规定是立法时经常采用的技术性手段，其立法用意是：(1)在该条款列举情况时，为避免遗漏现行法律、法规规定的其他情况，采用此种办法使该法与其他法相衔接。(2)便于以后颁布的法律相衔接，即与新法相衔接。本法第四十二条第（三）项的解释与此相同。

续表

主要法律问题	文件名	具体条款规定
	《北京市劳动合同规定》(文号:市政府令第91号;发布日期:2001年12月24日;实施日期:2002年2月1日)	第33条　劳动者有下列情形之一的,用人单位不得依据本规定第三十一条、第三十二条的规定解除劳动合同: （一）患职业病或者因工负伤并被确认达到伤残等级的; （二）患病或者负伤,在规定的医疗期内的; （三）女职工在孕期、产期、哺乳期内的; （四）应征入伍,在义务服兵役期间的; （五）复员、转业退伍军人退伍后初次参加工作未满3年的; （六）建设征地农转工人员初次参加工作未满3年的; （七）在同一单位连续工作满10年以上,且距法定退休年龄5年以内的; （八）实行集体合同制度的企业,职工一方协商代表在劳动合同期限内自担任代表之日起5年以内的; （九）国家和本市规定的其他情形。
工会在劳动合同解除中的监督作用	《劳动法》(2018年修正)(发文机关:全国人民代表大会常务委员会;发布和生效日期:2018年12月29日)	第30条　用人单位解除劳动合同,工会认为不适当的,有权提出意见。如果用人单位违反法律、法规或者劳动合同,工会有权要求重新处理;劳动者申请仲裁或者提起诉讼的,工会应当依法给予支持和帮助。
	《劳动合同法》(2012年修正)(发文机关:全国人民代表大会常务委员会;发布日期:2012年12月28日;生效日期:2013年7月1日)	第43条　用人单位单方解除劳动合同,应当事先将理由通知工会。用人单位违反法律、行政法规规定或者劳动合同约定的,工会有权要求用人单位纠正。用人单位应当研究工会的意见,并将处理结果书面通知工会。

续表

主要法律问题	文件名	具体条款规定
	《工会法》(2009年修正)(1992年4月3日第七届全国人民代表大会第五次会议通过,1992年4月3日中华人民共和国主席令第57号公布,根据2001年10月27日第九届全国人民代表大会常务委员会第二十四次会议《关于修改〈中华人民共和国工会法〉的决定》第一次修正,根据2009年8月27日中华人民共和国主席令第18号第十一届全国人民代表大会常务委员会第十次会议《关于修改部分法律的决定》第二次修正;发布日期:2009年8月27日;实施日期:2009年8月27日)	第21条　企业、事业单位处分职工,工会认为不适当的,有权提出意见。 企业单方面解除职工劳动合同时,应当事先将理由通知工会,工会认为企业违反法律、法规和有关合同,要求重新研究处理时,企业应当研究工会的意见,并将处理结果书面通知工会。 职工认为企业侵犯其劳动权益而申请劳动争议仲裁或者向人民法院提起诉讼的,工会应当给予支持和帮助。
违法解除劳动合同的法律责任	《劳动法》(2018年修正)(发文机关:全国人民代表大会常务委员会;发布和生效日期:2018年12月29日)	第98条　用人单位违反本法规定的条件解除劳动合同或者故意拖延不订立劳动合同的,由劳动行政部门责令改正;对劳动者造成损害的,应当承担赔偿责任。
	《劳动合同法》(2012年修正)(发文机关:全国人民代表大会常务委员会;发布日期:2012年12月28日;生效日期:2013年7月1日)	第47条　经济补偿按劳动者在本单位工作的年限,每满一年支付一个月工资的标准向劳动者支付。六个月以上不满一年的,按一年计算;不满六个月的,向劳动者支付半个月工资的经济补偿。 劳动者月工资高于用人单位所在直辖市、设区的市级人民政府公布的本地区上年度职工月平均工资三倍的,向其支付经济补偿的标准按职工月平均工资三倍的数额支付,向其支付经济补偿的年限最高不超过十二年。 本条所称月工资是指劳动者在劳动合同解除或者终止前十二个月的平均工资。
		第48条　用人单位违反本法规定解除或者终止劳动合同,劳动者要求继续履行劳动合同的,用人单位应

续表

主要法律问题	文件名	具体条款规定
		当继续履行;劳动者不要求继续履行劳动合同或者劳动合同已经不能继续履行的,用人单位应当依照本法第八十七条规定支付赔偿金。
		第 87 条　用人单位违反本法规定解除或者终止劳动合同的,应当依照本法第四十七条规定的经济补偿标准的二倍向劳动者支付赔偿金。
	《工会法》(2009 年修订)(1992 年 4 月 3 日第七届全国人民代表大会第五次会议通过,1992 年 4 月 3 日中华人民共和国主席令第 57 号公布,根据 2001 年 10 月 27 日第九届全国人民代表大会常务委员会第二十四次会议《关于修改〈中华人民共和国工会法〉的决定》第一次修正,根据 2009 年 8 月 27 日中华人民共和国主席令第 18 号第十一届全国人民代表大会常务委员会第十次会议《关于修改部分法律的决定》第二次修正;发布日期:2009 年 8 月 27 日;实施日期:2009 年 8 月 27 日)	第 52 条　违反本法规定,有下列情形之一的,由劳动行政部门责令恢复其工作,并补发被解除劳动合同期间应得的报酬,或者责令给予本人年收入二倍的赔偿: (一)职工因参加工会活动而被解除劳动合同的; (二)工会工作人员因履行本法规定的职责而被解除劳动合同的。
	《劳动合同法实施条例》(发文机关:国务院;发布和生效日期:2008 年 9 月 18 日)	第 25 条　用人单位违反劳动合同法的规定解除或者终止劳动合同,依照劳动合同法第八十七条的规定支付了赔偿金的,不再支付经济补偿。赔偿金的计算年限自用工之日起计算。
		第 34 条　用人单位依照劳动合同法的规定应当向劳动者每月支付两倍的工资或者应当向劳动者支付赔偿金而未支付的,劳动行政部门应当责令用人单位支付。

续表

主要法律问题	文件名	具体条款规定
	《违反〈劳动法〉有关劳动合同规定的赔偿办法》(文号:原劳部发〔1995〕223号;发布日期:1995年5月10日;实施日期:1995年5月10日)	第2条　用人单位有下列情形之一,对劳动者造成损害的,应赔偿劳动者损失: ……(四)用人单位违反规定或劳动合同的约定解除劳动合同的。
		第3条　本办法第二条规定的赔偿,按下列规定执行: (一)造成劳动者工资收入损失的,按劳动者本人应得工资收入支付给劳动者,并加付应得工资收入25%的赔偿费用; (二)造成劳动者劳动保护待遇损失的,应按国家规定补足劳动者的劳动保护津贴和用品; (三)造成劳动者工伤、医疗待遇损失的,除按国家规定为劳动者提供工伤、医疗待遇外,还应支付劳动者相当于医疗费用25%的赔偿费用; (四)造成女职工和未成年工身体健康损害的,除按国家规定提供治疗期间的医疗待遇外,还应支付相当于其医疗费用25%的赔偿费用; (五)劳动合同约定的其他赔偿费用。
	北京市劳动和社会保障局、北京市高级人民法院《关于劳动争议案件法律适用问题研讨会会议纪要》[发文机关:北京市劳动和社会保障局(已撤销)、北京市高级人民法院;发布和生效日期:2009年8月17日]	24.用人单位作出的与劳动者解除劳动合同的处理决定,被劳动仲裁委或人民法院依法撤销后,如劳动者主张用人单位给付上述处理决定作出后至仲裁或诉讼期间的工资,应按以下原则把握:(1)用人单位作出的处理决定仅因程序方面存在瑕疵而被依法撤销的,用人单位应按最低工资标准向劳动者支付上述期间的工资;(2)用人单位作出的处理决定因在实体方面存在问题而被依法撤销的,用人单位应按劳动者正常劳动时的工资标准向劳动者支付上述期间的工资。
劳动合同解除后的附随义务	《劳动合同法》(2012年修正)(发文机关:全国人民代表大会常务委员会;发布日期:2012年12月28日;生效日期:2013年7月1日)	第50条第1款　用人单位应当在解除或者终止劳动合同时出具解除或者终止劳动合同的证明,并在十五日内为劳动者办理档案和社会保险关系转移手续。
		第84条　用人单位违反本法规定,扣押劳动者居民身份证等证件的,由劳动行政部门责令限期退还劳动者本人,并依照有关法律规定给予处罚。 用人单位违反本法规定,以担保或者其他名义向劳动者收取财物的,由劳动行政部门责令限期退还劳动者本人,并以每人五百元以上二千元以下的标准处以罚款;给劳动者造成损害的,应当承担赔偿责任。 劳动者依法解除或者终止劳动合同,用人单位扣押劳动者档案或者其他物品的,依照前款规定处罚。

续表

主要法律问题	文件名	具体条款规定
		第89条　用人单位违反本法规定未向劳动者出具解除或者终止劳动合同的书面证明，由劳动行政部门责令改正；给劳动者造成损害的，应当承担赔偿责任。
		第91条　用人单位招用与其他用人单位尚未解除或者终止劳动合同的劳动者，给其他用人单位造成损失的，应当承担连带赔偿责任。
	《劳动合同法实施条例》（发文机关：国务院；发布和生效日期：2008年9月18日）	第24条　用人单位出具的解除、终止劳动合同的证明，应当写明劳动合同期限、解除或者终止劳动合同的日期、工作岗位、在本单位的工作年限。
	《失业保险条例》（文号：国务院令第258号；发布日期：1999年1月22日；实施日期：1999年1月22日）	第16条第1款、第2款　城镇企业事业单位应当及时为失业人员出具终止或者解除劳动关系的证明，告知其按照规定享受失业保险待遇的权利，并将失业人员的名单自终止或者解除劳动关系之日起7日内报社会保险经办机构备案。 城镇企业事业单位职工失业后，应当持本单位为其出具的终止或者解除劳动关系的证明，及时到指定的社会保险经办机构办理失业登记。失业保险金自办理失业登记之日起计算。
	最高人民法院《关于审理劳动争议案件适用法律问题的解释（一）》（发文机关：最高人民法院；发布日期：2020年12月29日；生效日期：2021年1月1日）	第1条　劳动者与用人单位之间发生的下列纠纷，属于劳动争议，当事人不服劳动争议仲裁机构作出的裁决，依法提起诉讼的，人民法院应予受理： （一）劳动者与用人单位在履行劳动合同过程中发生的纠纷； （二）劳动者与用人单位之间没有订立书面劳动合同，但已形成劳动关系后发生的纠纷； （三）劳动者与用人单位因劳动关系是否已经解除或者终止，以及应否支付解除或者终止劳动关系经济补偿金发生的纠纷； （四）劳动者与用人单位解除或者终止劳动关系后，请求用人单位返还其收取的劳动合同定金、保证金、抵押金、抵押物发生的纠纷，或者办理劳动者的人事档案、社会保险关系等移转手续发生的纠纷； （五）劳动者以用人单位未为其办理社会保险手续，且社会保险经办机构不能补办导致其无法享受社会保险待遇为由，要求用人单位赔偿损失发生的纠纷；

续表

主要法律问题	文件名	具体条款规定
		（六）劳动者退休后，与尚未参加社会保险统筹的原用人单位因追索养老金、医疗费、工伤保险待遇和其他社会保险待遇而发生的纠纷； （七）劳动者因为工伤、职业病，请求用人单位依法给予工伤保险待遇发生的纠纷； （八）劳动者依据劳动合同法第八十五条规定，要求用人单位支付加付赔偿金发生的纠纷； （九）因企业自主进行改制发生的纠纷。
	《关于实行劳动合同制度若干问题的通知》［文号：原劳部发〔1996〕354 号；发文机关：劳动部（已撤销）；发布和生效日期：1996 年 10 月 31 日］	15. 在劳动者履行了有关义务终止、解除劳动合同时，用人单位应当出具终止、解除劳动合同证明书，作为该劳动者按规定享受失业保险待遇和失业登记、求职登记的凭证。 证明书应写明劳动合同期限、终止或解除的日期、所担任的工作。如果劳动者要求，用人单位可在证明中客观地说明解除劳动合同的原因。
	北京市劳动和社会保障局、北京市高级人民法院《关于劳动争议案件法律适用问题研讨会会议纪要》［发文机关：北京市劳动和社会保障局（已撤销）、北京市高级人民法院；发布和生效日期：2009 年 8 月 17 日］	41. 因用人单位的过错而使档案迟延移转，劳动者要求用人单位赔偿损失，劳动仲裁委或人民法院在确定赔偿额时，可参照《北京市失业保险规定》（2007 年修订）及相关政策文件的规定；劳动者因其档案丢失而向用人单位主张赔偿损失的，劳动仲裁委或人民法院可根据当事人的过错程度和受损情况酌情确定赔偿数额，一般不超过六万元。
劳动合同终止的条件	《劳动合同法实施条例》（发文机关：国务院；发布和生效日期：2008 年 9 月 18 日）	第 13 条　用人单位与劳动者不得在劳动合同法第四十四条规定的劳动合同终止情形之外约定其他的劳动合同终止条件。
		第 17 条　劳动合同期满，但是用人单位与劳动者依照劳动合同法第二十二条的规定约定的服务期尚未到期的，劳动合同应当续延至服务期满；双方另有约定的，从其约定。
		第 21 条　劳动者达到法定退休年龄的，劳动合同终止。
		第 22 条　以完成一定工作任务为期限的劳动合同因任务完成而终止的，用人单位应当依照劳动合同法第四十七条的规定向劳动者支付经济补偿。

续表

主要法律问题	文件名	具体条款规定
	《劳动合同法》(2012年修正)(发文机关:全国人民代表大会常务委员会;发布日期:2012年12月28日;生效日期:2013年7月1日)	第42条 劳动者有下列情形之一的,用人单位不得依照本法第四十条、第四十一条的规定解除劳动合同: (一)从事接触职业病危害作业的劳动者未进行离岗前职业健康检查,或者疑似职业病病人在诊断或者医学观察期间的; (二)在本单位患职业病或者因工负伤并被确认丧失或者部分丧失劳动能力的; (三)患病或者非因工负伤,在规定的医疗期内的; (四)女职工在孕期、产期、哺乳期的; (五)在本单位连续工作满十五年,且距法定退休年龄不足五年的; (六)法律、行政法规规定的其他情形。
		第44条 有下列情形之一的,劳动合同终止: (一)劳动合同期满的; (二)劳动者开始依法享受基本养老保险待遇的; (三)劳动者死亡,或者被人民法院宣告死亡或者宣告失踪的; (四)用人单位被依法宣告破产的; (五)用人单位被吊销营业执照、责令关闭、撤销或者用人单位决定提前解散的……
		第45条 劳动合同期满,有本法第四十二条规定情形之一的,劳动合同应当续延至相应的情形消失时终止。但是,本法第四十二条第二项规定丧失或者部分丧失劳动能力劳动者的劳动合同的终止,按照国家有关工伤保险的规定执行。
		第46条 有下列情形之一的,用人单位应当向劳动者支付经济补偿: ……(五)除用人单位维持或者提高劳动合同约定条件续订劳动合同,劳动者不同意续订的情形外,依照本法第四十四条第一项规定终止固定期限劳动合同的……

续表

主要法律问题	文件名	具体条款规定
	《工会法》(2009年修订)(1992年4月3日第七届全国人民代表大会第五次会议通过,1992年4月3日中华人民共和国主席令第57号公布,根据2001年10月27日第九届全国人民代表大会常务委员会第二十四次会议《关于修改〈中华人民共和国工会法〉的决定》第一次修正,根据2009年8月27日中华人民共和国主席令第18号第十一届全国人民代表大会常务委员会第十次会议《关于修改部分法律的决定》第二次修正;发布日期:2009年8月27日;实施日期:2009年8月27日)	第18条　基层工会专职主席、副主席或者委员自任职之日起,其劳动合同期限自动延长,延长期限相当于其任职期间;非专职主席、副主席或者委员自任职之日起,其尚未履行的劳动合同期限短于任期的,劳动合同期限自动延长至任期期满。但是,任职期间个人严重过失或者达到法定退休年龄的除外。
	《关于贯彻执行〈中华人民共和国劳动法〉若干问题的意见》(文号:原劳部发〔1995〕309号;发布日期:1995年8月4日;实施日期:1995年8月4日)	34. 除劳动法第二十五条规定的情形外,劳动者在医疗期、孕期、产期和哺乳期内,劳动合同期限届满时,用人单位不得终止劳动合同。劳动合同的期限应自动延续至医疗期、孕期、产期和哺乳期期满为止。 42. 职工在接近退休年龄(按有关规定一般为五年以内)时因劳动合同到期终止劳动合同的,如果符合退休、退职条件,可以办理退休、退职手续;不符合退休、退职条件的,在终止劳动合同后按规定领取失业救济金。享受失业救济金的期限届满后仍未就业,符合社会救济条件的,可以按规定领取社会救济金,达到退休年龄时办理退休手续,领取养老保险金。

续表

主要法律问题	文件名	具体条款规定
	《企业破产法》(2006年8月27日第十届全国人民代表大会常务委员会第二十三次会议通过;发布日期:2006年8月27日;实施日期:2007年6月1日)	第109条　对破产人的特定财产享有担保权的权利人,对该特定财产享有优先受偿的权利。
		第113条　破产财产在优先清偿破产费用和共益债务后,依照下列顺序清偿: (一)破产人所欠职工的工资和医疗、伤残补助、抚恤费用,所欠的应当划入职工个人账户的基本养老保险、基本医疗保险费用,以及法律、行政法规规定应当支付给职工的补偿金; (二)破产人欠缴的除前项规定以外的社会保险费用和破产人所欠税款; (三)普通破产债权。 破产财产不足以清偿同一顺序的清偿要求的,按照比例分配。 破产企业的董事、监事和高级管理人员的工资按照该企业职工的平均工资计算。
		第132条　本法施行后,破产人在本法公布之日前所欠职工的工资和医疗、伤残补助、抚恤费用,所欠的应当划入职工个人账户的基本养老保险、基本医疗保险费用,以及法律、行政法规规定应当支付给职工的补偿金,依照本法第一百一十三条的规定清偿后不足以清偿的部分,以本法第一百零九条规定的特定财产优先于对该特定财产享有担保权的权利人受偿。
	《劳动人事争议仲裁办案规则》(2017年)(文号:人力资源和社会保障部令第33号;发布日期:2017年5月8日;实施日期:2017年7月1日)	第6条　发生争议的用人单位被吊销营业执照、责令关闭、撤销以及用人单位决定提前解散、歇业,不能承担相关责任的,依法将其出资人、开办单位或主管部门作为共同当事人。
劳动合同终止的通知	《北京市劳动合同规定》(文号:市政府令第91号;发布日期:2001年12月24日;实施日期:2002年2月1日)	第40条　劳动合同期限届满前,用人单位应当提前30日将终止或者续订劳动合同意向以书面形式通知劳动者,经协商办理终止或者续订劳动合同手续。
		第47条　用人单位违反本规定第四十条规定,终止劳动合同未提前30日通知劳动者的,以劳动者上月日平均工资为标准,每延迟1日支付劳动者1日工资的赔偿金。

续表

主要法律问题	文件名	具体条款规定
	北京市劳动和社会保障局、北京市高级人民法院《关于劳动争议案件法律适用问题研讨会会议纪要》[发文机关:北京市劳动和社会保障局(已撤销)、北京市高级人民法院;发布和生效日期:2009年8月17日]	29. 用人单位未提前三十日通知劳动者劳动合同到期终止,劳动者要求用人单位按照《劳动合同法》第八十七条规定支付赔偿金的,不予支持;劳动者要求用人单位按照《北京市劳动合同规定》第四十七条规定,每延迟一日支付一日工资赔偿金的,应予支持。
劳动合同终止的经济补偿	《劳动合同法》(2012年修正)(发文机关:全国人民代表大会常务委员会;发布日期:2012年12月28日;生效日期:2013年7月1日)	第46条　有下列情形之一的,用人单位应当向劳动者支付经济补偿: ……(五)除用人单位维持或者提高劳动合同约定条件续订劳动合同,劳动者不同意续订的情形外,依照本法第四十四条第一项规定终止固定期限劳动合同的; (六)依照本法第四十四条第四项、第五项规定终止劳动合同的……
		第47条　经济补偿按劳动者在本单位工作的年限,每满一年支付一个月工资的标准向劳动者支付。六个月以上不满一年的,按一年计算;不满六个月的,向劳动者支付半个月工资的经济补偿。 劳动者月工资高于用人单位所在直辖市、设区的市级人民政府公布的本地区上年度职工月平均工资三倍的,向其支付经济补偿的标准按职工月平均工资三倍的数额支付,向其支付经济补偿的年限最高不超过十二年。 本条所称月工资是指劳动者在劳动合同解除或者终止前十二个月的平均工资。
		第48条　用人单位违反本法规定解除或者终止劳动合同,劳动者要求继续履行劳动合同的,用人单位应当继续履行;劳动者不要求继续履行劳动合同或者劳动合同已经不能继续履行的,用人单位应当依照本法第八十七条规定支付赔偿金。
	《劳动合同法实施条例》(发文机关:国务院;发布和生效日期:2008年9月18日)	第22条　以完成一定工作任务为期限的劳动合同因任务完成而终止的,用人单位应当依照劳动合同法第四十七条的规定向劳动者支付经济补偿。
		第23条　用人单位依法终止工伤职工的劳动合同的,除依照劳动合同法第四十七条的规定支付经济补偿外,还应当依照国家有关工伤保险的规定支付一次性工伤医疗补助金和伤残就业补助金。
		第25条　用人单位违反劳动合同法的规定解除或者终止劳动合同,依照劳动合同法第八十七条的规定支付了赔偿金的,不再支付经济补偿。赔偿金的计算年限自用工之日起计算。

续表

主要法律问题	文件名	具体条款规定
	最高人民法院《关于审理劳动争议案件适用法律问题的解释（一）》（发文机关：最高人民法院；发布日期：2020 年 12 月 29 日；生效日期：2021 年 1 月 1 日）	第 46 条　劳动者非因本人原因从原用人单位被安排到新用人单位工作，原用人单位未支付经济补偿，劳动者依据劳动合同法第三十八条规定与新用人单位解除劳动合同，或者新用人单位向劳动者提出解除、终止劳动合同，在计算支付经济补偿或赔偿金的工作年限时，劳动者请求把在原用人单位的工作年限合并计算为新用人单位工作年限的，人民法院应予支持。 用人单位符合下列情形之一的，应当认定属于“劳动者非因本人原因从原用人单位被安排到新用人单位工作”： （一）劳动者仍在原工作场所、工作岗位工作，劳动合同主体由原用人单位变更为新用人单位； （二）用人单位以组织委派或任命形式对劳动者进行工作调动； （三）因用人单位合并、分立等原因导致劳动者工作调动； （四）用人单位及其关联企业与劳动者轮流订立劳动合同； （五）其他合理情形。
劳动合同终止后的附随义务（同第三节劳动合同解除后的附随义务）	《劳动合同法》（2012 年修正）（发文机关：全国人民代表大会常务委员会；发布日期：2012 年 12 月 28 日；生效日期：2013 年 7 月 1 日）	第 50 条　用人单位应当在解除或者终止劳动合同时出具解除或者终止劳动合同的证明，并在十五日内为劳动者办理档案和社会保险关系转移手续。 劳动者应当按照双方约定，办理工作交接。用人单位依照本法有关规定应当向劳动者支付经济补偿的，在办结工作交接时支付。 用人单位对已经解除或者终止的劳动合同的文本，至少保存二年备查。
	《劳动合同法实施条例》（发文机关：国务院；发布和生效日期：2008 年 9 月 18 日）	第 24 条　用人单位出具的解除、终止劳动合同的证明，应当写明劳动合同期限、解除或者终止劳动合同的日期、工作岗位、在本单位的工作年限。

续表

主要法律问题	文件名	具体条款规定
劳动合同的续订	《劳动合同法》(2012年修正)(发文机关:全国人民代表大会常务委员会;发布日期:2012年12月28日;生效日期:2013年7月1日)	第14条第1款、第2款　无固定期限劳动合同,是指用人单位与劳动者约定无确定终止时间的劳动合同。 用人单位与劳动者协商一致,可以订立无固定期限劳动合同。有下列情形之一,劳动者提出或者同意续订、订立劳动合同的,除劳动者提出订立固定期限劳动合同外,应当订立无固定期限劳动合同: (一)劳动者在该用人单位连续工作满十年的; (二)用人单位初次实行劳动合同制度或者国有企业改制重新订立劳动合同时,劳动者在该用人单位连续工作满十年且距法定退休年龄不足十年的; (三)连续订立二次固定期限劳动合同,且劳动者没有本法第三十九条和第四十条第一项、第二项规定的情形,续订劳动合同的。
	《北京市劳动合同规定》(文号:市政府令第91号;发布日期:2001年12月24日;实施日期:2002年2月1日)	第40条　劳动合同期限届满前,用人单位应当提前30日将终止或者续订劳动合同意向以书面形式通知劳动者,经协商办理终止或者续订劳动合同手续。
		第42条　劳动合同当事人协商一致,可以续订劳动合同。 续订劳动合同不得约定试用期。 劳动者在同一用人单位连续工作满10年以上,当事人双方同意续延劳动合同的,如果劳动者提出订立无固定期限劳动合同,用人单位应当与劳动者订立无固定期限劳动合同。
		第43条　劳动者患职业病或者因工负伤并被确认达到伤残等级,要求续订劳动合同的,用人单位应当续订劳动合同。
		第44条　劳动者在规定的医疗期内或者女职工在孕期、产期、哺乳期内,劳动合同期限届满时,用人单位应当将劳动合同的期限顺延至医疗期、孕期、产期、哺乳期期满为止。
		第45条　劳动合同期限届满,因用人单位的原因未办理终止劳动合同手续,劳动者与用人单位仍存在劳动关系的,视为续延劳动合同,用人单位应当与劳动者续订劳动合同。当事人就劳动合同期限协商不一致的,其续订的劳动合同期限从签字之日起不得少于1年;劳动者在用人单位连续工作满10年以上,劳动者要求续订无固定期限劳动合同的,用人单位应当与其续订无固定期限劳动合同。 用人单位经与劳动者协商一致,可以解除劳动关系,并向劳动者支付经济补偿金;劳动者要求解除劳动关系的,劳动关系即行解除,用人单位可以不支付经济补偿金。

续表

主要法律问题	文件名	具体条款规定
经济补偿金与赔偿金的计算方法（在前文劳动合同的解除和终止中已经列出相应的经济补偿金和赔偿金，但由于经济补偿金和赔偿金的计算具有共性，因此在此单独列出）	《劳动合同法》（2012年修正）（发文机关：全国人民代表大会常务委员会；发布日期：2012年12月28日；生效日期：2013年7月1日）	第47条　经济补偿按劳动者在本单位工作的年限，每满一年支付一个月工资的标准向劳动者支付。六个月以上不满一年的，按一年计算；不满六个月的，向劳动者支付半个月工资的经济补偿。 劳动者月工资高于用人单位所在直辖市、设区的市级人民政府公布的本地区上年度职工月平均工资三倍的，向其支付经济补偿的标准按职工月平均工资三倍的数额支付，向其支付经济补偿的年限最高不超过十二年。 本条所称月工资是指劳动者在劳动合同解除或者终止前十二个月的平均工资。
		第87条　用人单位违反本法规定解除或者终止劳动合同的，应当依照本法第四十七条规定的经济补偿标准的二倍向劳动者支付赔偿金。
		第97条　本法施行前已依法订立且在本法施行之日存续的劳动合同，继续履行；本法第十四条第二款第三项规定连续订立固定期限劳动合同的次数，自本法施行后续订固定期限劳动合同时开始计算。 本法施行前已建立劳动关系，尚未订立书面劳动合同的，应当自本法施行之日起一个月内订立。 本法施行之日存续的劳动合同在本法施行后解除或者终止，依照本法第四十六条规定应当支付经济补偿的，经济补偿年限自本法施行之日起计算；本法施行前按照当时有关规定，用人单位应当向劳动者支付经济补偿的，按照当时有关规定执行。
	《劳动合同法实施条例》（发文机关：国务院；发布和生效日期：2008年9月18日）	第25条　用人单位违反劳动合同法的规定解除或者终止劳动合同，依照劳动合同法第八十七条的规定支付了赔偿金的，不再支付经济补偿。赔偿金的计算年限自用工之日起计算。
		第27条　劳动合同法第四十七条规定的经济补偿的月工资按照劳动者应得工资计算，包括计时工资或者计件工资以及奖金、津贴和补贴等货币性收入。劳动者在劳动合同解除或者终止前12个月的平均工资低于当地最低工资标准的，按照当地最低工资标准计算。劳动者工作不满12个月的，按照实际工作的月数计算平均工资。

续表

主要法律问题	文件名	具体条款规定
	北京市劳动和社会保障局、北京市高级人民法院《关于劳动争议案件法律适用问题研讨会会议纪要》[发文机关:北京市劳动和社会保障局(已撤销)、北京市高级人民法院;发布和生效日期:2009年8月17日]	25.《劳动合同法》施行之日存续的劳动合同,在《劳动合同法》施行后解除或者终止,依照《劳动合同法》第四十六条的规定应当支付经济补偿的,2007年12月31日前的经济补偿依照《劳动法》及其配套规定计算,2008年1月1日后的经济补偿依照《劳动合同法》的规定计算。 经济补偿金的基数为劳动者在劳动合同解除或者终止前十二个月的平均工资,不再分段计算。《劳动合同法》第八十七条规定的赔偿金的计算方法为:以按上述规定计算出的经济补偿金为基础,再乘以2计算出赔偿金。赔偿金的计算年限自用工之日起计算。 用人单位违反《劳动合同法》的有关规定,需向劳动者每月支付二倍工资的,其加付的一倍工资不应计入经济补偿金和赔偿金的计算基数。
劳动保护和劳动条件	《劳动法》(2018年修正)(发文机关:全国人民代表大会常务委员会;发布和生效日期:2018年12月29日)	第52条　用人单位必须建立、健全劳动安全卫生制度,严格执行国家劳动安全卫生规程和标准,对劳动者进行劳动安全卫生教育,防止劳动过程中的事故,减少职业危害。
		第53条　劳动安全卫生设施必须符合国家规定的标准。 新建、改建、扩建工程的劳动安全卫生设施必须与主体工程同时设计、同时施工、同时投入生产和使用。
		第54条　用人单位必须为劳动者提供符合国家规定的劳动安全卫生条件和必要的劳动防护用品,对从事有职业危害作业的劳动者应当定期进行健康检查。
		第55条　从事特种作业的劳动者必须经过专门培训并取得特种作业资格。
		第56条　劳动者在劳动过程中必须严格遵守安全操作规程。 劳动者对用人单位管理人员违章指挥、强令冒险作业,有权拒绝执行;对危害生命安全和身体健康的行为,有权提出批评、检举和控告。
		第57条　国家建立伤亡事故和职业病统计报告和处理制度。县级以上各级人民政府劳动行政部门、有关部门和用人单位应当依法对劳动者在劳动过程中发生的伤亡事故和劳动者的职业病状况,进行统计、报告和处理。

续表

主要法律问题	文件名	具体条款规定
		第 92 条　用人单位的劳动安全设施和劳动卫生条件不符合国家规定或者未向劳动者提供必要的劳动防护用品和劳动保护设施的，由劳动行政部门或者有关部门责令改正，可以处以罚款；情节严重的，提请县级以上人民政府决定责令停产整顿；对事故隐患不采取措施，致使发生重大事故，造成劳动者生命和财产损失的，对责任人员依照刑法有关规定追究刑事责任。
		第 93 条　用人单位强令劳动者违章冒险作业，发生重大伤亡事故，造成严重后果的，对责任人员依法追究刑事责任。
	《使用有毒物品作业场所劳动保护条例》（文号：国务院令第 352 号；发布日期：2002 年 5 月 12 日；实施日期：2002 年 5 月 12 日）	全文
	《建筑施工人员个人劳动保护用品使用管理暂行规定》（文号：原建质〔2007〕255 号；发布日期：2007 年 11 月 5 日；实施日期：2007 年 11 月 5 日）	全文
	《劳动保护专项措施项目计划管理办法》（文号：原劳计字〔1992〕39 号；发布日期：1992 年 6 月 8 日；实施日期：1992 年 6 月 8 日）	全文
	《邮电女职工劳动保护规定实施细则》［发文机关：邮电部（已撤销）；发布日期：1991 年 6 月 3 日；实施日期：1991 年 7 月 1 日］	全文

续表

主要法律问题	文件名	具体条款规定
	《铁路女职工劳动保护实施细则》[发文机关:铁道部(已撤销);发布日期:1991年1月11日;实施日期:1991年3月1日]	全文
劳动保护、劳动条件和职业危害防护	《劳动合同法》(2012年修正)(发文机关:全国人民代表大会常务委员会;发布日期:2012年12月28日;生效日期:2013年7月1日)	第17条第1款　劳动合同应当具备以下条款: ……(八)劳动保护、劳动条件和职业危害防护……
	《安全生产法》(2021年修正)(2002年6月29日第九届全国人民代表大会常务委员会第二十八次会议通过,根据2009年8月27日第十一届全国人民代表大会常务委员会第十次会议《关于修改部分法律的决定》第一次修正,根据2014年8月31日第十二届全国人民代表大会常务委员会第十次会议《关于修改〈中华人民共和国安全生产法〉的决定》第二次修正,根据2021年6月10日第十三届全国人民代表大会常务委员会第二十九次会议《关于修改〈中华人民共和国安全生产法〉的决定》第三次修正;发布日期:2021年6月10日;实施日期:2021年9月1日)	第52条　生产经营单位与从业人员订立的劳动合同,应当载明有关保障从业人员劳动安全、防止职业危害的事项,以及依法为从业人员办理工伤保险的事项。 生产经营单位不得以任何形式与从业人员订立协议,免除或者减轻其对从业人员因生产安全事故伤亡依法应承担的责任。
		第53条　生产经营单位的从业人员有权了解其作业场所和工作岗位存在的危险因素、防范措施及事故应急措施,有权对本单位的安全生产工作提出建议。
		第54条　从业人员有权对本单位安全生产工作中存在的问题提出批评、检举、控告;有权拒绝违章指挥和强令冒险作业。 生产经营单位不得因从业人员对本单位安全生产工作提出批评、检举、控告或者拒绝违章指挥、强令冒险作业而降低其工资、福利等待遇或者解除与其订立的劳动合同。
		第55条　从业人员发现直接危及人身安全的紧急情况时,有权停止作业或者在采取可能的应急措施后撤离作业场所。 生产经营单位不得因从业人员在前款紧急情况下停止作业或者采取紧急撤离措施而降低其工资、福利等待遇或者解除与其订立的劳动合同。
		第56条　生产经营单位发生生产安全事故后,应当及时采取措施救治有关人员。 因生产安全事故受到损害的从业人员,除依法享有工伤保险外,依照有关民事法律尚有获得赔偿的权利的,有权提出赔偿要求。

续表

主要法律问题	文件名	具体条款规定
		第 57 条　从业人员在作业过程中，应当严格落实岗位安全责任，遵守本单位的安全生产规章制度和操作规程，服从管理，正确佩戴和使用劳动防护用品。
		第 58 条　从业人员应当接受安全生产教育和培训，掌握本职工作所需的安全生产知识，提高安全生产技能，增强事故预防和应急处理能力。
		第 59 条　从业人员发现事故隐患或者其他不安全因素，应当立即向现场安全生产管理人员或者本单位负责人报告；接到报告的人员应当及时予以处理。
		第 60 条　工会有权对建设项目的安全设施与主体工程同时设计、同时施工、同时投入生产和使用进行监督，提出意见。 工会对生产经营单位违反安全生产法律、法规，侵犯从业人员合法权益的行为，有权要求纠正；发现生产经营单位违章指挥、强令冒险作业或者发现事故隐患时，有权提出解决的建议，生产经营单位应当及时研究答复；发现危及从业人员生命安全的情况时，有权向生产经营单位建议组织从业人员撤离危险场所，生产经营单位必须立即作出处理。 工会有权依法参加事故调查，向有关部门提出处理意见，并要求追究有关人员的责任。
		第 106 条　生产经营单位与从业人员订立协议，免除或者减轻其对从业人员因生产安全事故伤亡依法应承担的责任的，该协议无效；对生产经营单位的主要负责人、个人经营的投资人处二万元以上十万元以下的罚款。
		第 107 条　生产经营单位的从业人员不落实岗位安全责任，不服从管理，违反安全生产规章制度或者操作规程的，由生产经营单位给予批评教育，依照有关规章制度给予处分；构成犯罪的，依照刑法有关规定追究刑事责任。
	《矿山安全法》（2009 年修正）（1992 年 11 月 7 日第七届全国人民代表大会常务委员会第二十八次会议通过，根据 2009 年 8 月 27 日第十一届全国人民代表大会常务委员会第十次会议《关于修改部分法律的决定》修正；发布日期：2009 年 8 月 27 日；实施日期：2009 年 8 月 27 日）	第 3 条　矿山企业必须具有保障安全生产的设施，建立、健全安全管理制度，采取有效措施改善职工劳动条件，加强矿山安全管理工作，保证安全生产。
		第 43 条　矿山建设工程的安全设施未经验收或者验收不合格擅自投入生产的，由劳动行政主管部门会同管理矿山企业的主管部门责令停止生产，并由劳动行政主管部门处以罚款；拒不停止生产的，由劳动行政主管部门提请县级以上人民政府决定由有关主管部门吊销其采矿许可证和营业执照。

续表

主要法律问题	文件名	具体条款规定
		第44条 已经投入生产的矿山企业，不具备安全生产条件而强行开采的，由劳动行政主管部门会同管理矿山企业的主管部门责令限期改进，逾期仍不具备安全生产条件的，由劳动行政主管部门提请县级以上人民政府决定责令停产整顿或者由有关主管部门吊销其采矿许可证或者营业执照。
劳动条件的标准及条件约定不明的处理	《劳动合同法》(2012年修正)(发文机关:全国人民代表大会常务委员会;发布日期:2012年12月28日;生效日期:2013年7月1日)	第18条 劳动合同对劳动报酬和劳动条件等标准约定不明确，引发争议的，用人单位与劳动者可以重新协商；协商不成的，适用集体合同规定；没有集体合同或者集体合同未规定劳动报酬的，实行同工同酬；没有集体合同或者集体合同未规定劳动条件等标准的，适用国家有关规定。
		第32条 劳动者拒绝用人单位管理人员违章指挥、强令冒险作业的，不视为违反劳动合同。 劳动者对危害生命安全和身体健康的劳动条件，有权对用人单位提出批评、检举和控告。
		第38条 用人单位有下列情形之一的，劳动者可以解除劳动合同： （一）未按照劳动合同约定提供劳动保护或者劳动条件的…… 用人单位以暴力、威胁或者非法限制人身自由的手段强迫劳动者劳动的，或者用人单位违章指挥、强令冒险作业危及劳动者人身安全的，劳动者可以立即解除劳动合同，不需事先告知用人单位。
		第55条 集体合同中劳动报酬和劳动条件等标准不得低于当地人民政府规定的最低标准；用人单位与劳动者订立的劳动合同中劳动报酬和劳动条件等标准不得低于集体合同规定的标准。
		第88条 用人单位有下列情形之一的，依法给予行政处罚；构成犯罪的，依法追究刑事责任；给劳动者造成损害的，应当承担赔偿责任： （一）以暴力、威胁或者非法限制人身自由的手段强迫劳动的； （二）违章指挥或者强令冒险作业危及劳动者人身安全的； （三）侮辱、体罚、殴打、非法搜查或者拘禁劳动者的； （四）劳动条件恶劣、环境污染严重，给劳动者身心健康造成严重损害的。

续表

主要法律问题	文件名	具体条款规定
	《劳动合同法实施条例》（发文机关：国务院；发布和生效日期：2008 年 9 月 18 日）	第 18 条　有下列情形之一的，依照劳动合同法规定的条件、程序，劳动者可以与用人单位解除固定期限劳动合同、无固定期限劳动合同或者以完成一定工作任务为期限的劳动合同： ……（四）用人单位未按照劳动合同约定提供劳动保护或者劳动条件的； ……（十二）用人单位违章指挥、强令冒险作业危及劳动者人身安全的……
职业病	《职业病防治法》（2018 年修正）（2001 年 10 月 27 日第九届全国人民代表大会常务委员会第二十四次会议通过，根据 2011 年 12 月 31 日第十一届全国人民代表大会常务委员会第二十四次会议《关于修改〈中华人民共和国职业病防治法〉的决定》第一次修正，根据 2016 年 7 月 2 日第十二届全国人民代表大会常务委员会第二十一次会议《关于修改〈中华人民共和国节约能源法〉等六部法律的决定》第二次修正，根据 2017 年 11 月 4 日第十二届全国人民代表大会常务委员会第三十次会议《关于修改〈中华人民共和国会计法〉等十一部法律的决定》第三次修正，根据 2018 年 12 月 29 日第十三届全国人民代表大会常务委员会第七次会议《关于修改〈中华人民共和国劳动法〉等七部法律的决定》第四次修正；发布日期：2018 年 12 月 29 日；实施日期：2018 年 12 月 29 日）	第 1 条至第 52 条

续表

主要法律问题	文件名	具体条款规定
女职工和未成年工特殊劳动保护	《劳动法》(2018年修正)(发文机关:全国人民代表大会常务委员会;发布和生效日期:2018年12月29日)	第58条　国家对女职工和未成年工实行特殊劳动保护。 　　未成年工是指年满十六周岁未满十八周岁的劳动者。
		第59条　禁止安排女职工从事矿山井下、国家规定的第四级体力劳动强度的劳动和其他禁忌从事的劳动。
职业培训费	《劳动合同法》(2012年修正)(发文机关:全国人民代表大会常务委员会;发布日期:2012年12月28日;生效日期:2013年7月1日)	第22条　用人单位为劳动者提供专项培训费用,对其进行专业技术培训的,可以与该劳动者订立协议,约定服务期。 　　劳动者违反服务期约定的,应当按照约定向用人单位支付违约金。违约金的数额不得超过用人单位提供的培训费用。用人单位要求劳动者支付的违约金不得超过服务期尚未履行部分所应分摊的培训费用。 　　用人单位与劳动者约定服务期的,不影响按照正常的工资调整机制提高劳动者在服务期期间的劳动报酬。
	《劳动合同法实施条例》(发文机关:国务院;发布和生效日期:2008年9月18日)	第16条　劳动合同法第二十二条第二款规定的培训费用,包括用人单位为了对劳动者进行专业技术培训而支付的有凭证的培训费用、培训期间的差旅费用以及因培训产生的用于该劳动者的其他直接费用。
		第17条　劳动合同期满,但是用人单位与劳动者依照劳动合同法第二十二条的规定约定的服务期尚未到期的,劳动合同应当续延至服务期满;双方另有约定的,从其约定。
专项技能培训	《劳动合同法》(2012年修正)(发文机关:全国人民代表大会常务委员会;发布日期:2012年12月28日;生效日期:2013年7月1日)	第22条　用人单位为劳动者提供专项培训费用,对其进行专业技术培训的,可以与该劳动者订立协议,约定服务期。 　　劳动者违反服务期约定的,应当按照约定向用人单位支付违约金。违约金的数额不得超过用人单位提供的培训费用。用人单位要求劳动者支付的违约金不得超过服务期尚未履行部分所应分摊的培训费用。 　　用人单位与劳动者约定服务期的,不影响按照正常的工资调整机制提高劳动者在服务期期间的劳动报酬。
		第25条　除本法第二十二条和第二十三条规定的情形外,用人单位不得与劳动者约定由劳动者承担违约金。

续表

主要法律问题	文件名	具体条款规定
	《劳动合同法实施条例》（发文机关：国务院；发布和生效日期：2008 年 9 月 18 日）	第 16 条　劳动合同法第二十二条第二款规定的培训费用，包括用人单位为了对劳动者进行专业技术培训而支付的有凭证的培训费用、培训期间的差旅费用以及因培训产生的用于该劳动者的其他直接费用。
		第 17 条　劳动合同期满，但是用人单位与劳动者依照劳动合同法第二十二条的规定约定的服务期尚未到期的，劳动合同应当续延至服务期满；双方另有约定的，从其约定。
商业秘密	《反不正当竞争法》（1993 年 9 月 2 日第八届全国人民代表大会常务委员会第三次会议通过，2017 年 11 月 4 日第十二届全国人民代表大会常务委员会第三十次会议修订，根据 2019 年 4 月 23 日第十三届全国人民代表大会常务委员会第十次会议《关于修改〈中华人民共和国建筑法〉等八部法律的决定》修正；发布日期：2019 年 4 月 23 日；实施日期：2019 年 4 月 23 日）	第 9 条　本条所称的商业秘密，是指不为公众所知悉、具有商业价值并经权利人采取相应保密措施的技术信息、经营信息等商业信息。
	《关于禁止侵犯商业秘密行为的若干规定》（1995 年 11 月 23 日国家工商行政管理局令第 41 号公布，1998 年 12 月 3 日国家工商行政管理局令第 86 号修订；发布日期：1998 年 12 月 3 日；实施日期：1998 年 12 月 3 日）	第 2 条　本规定所称商业秘密，是指不为公众所知悉、能为权利人带来经济利益、具有实用性并经权利人采取保密措施的技术信息和经营信息。 本规定所称不为公众所知悉，是指该信息是不能从公开渠道直接获取的。 本规定所称能为权利人带来经济利益、具有实用性，是指该信息具有确定的可应用性，能为权利人带来现实的或者潜在的经济利益或者竞争优势。 本规定所称权利人采取保密措施，包括订立保密协议，建立保密制度及采取其他合理的保密措施。 本规定所称技术信息和经营信息，包括设计、程序、产品配方、制作工艺、制作方法、管理诀窍、客户名单、货源情报、产销策略、招投标中的标底及标书内容等信息。 本规定所称权利人，是指依法对商业秘密享有所有权或者使用权的公民、法人或者其他组织。

续表

主要法律问题	文件名	具体条款规定
	《劳动法》(2018 年修正)(发文机关:全国人民代表大会常务委员会;发布和生效日期:2018 年 12 月 29 日)	第 22 条　劳动合同当事人可以在劳动合同中约定保守用人单位商业秘密的有关事项。
	《劳动合同法》(2012 年修正)(发文机关:全国人民代表大会常务委员会;发布日期:2012 年 12 月 28 日;生效日期:2013 年 7 月 1 日)	第 23 条　用人单位与劳动者可以在劳动合同中约定保守用人单位的商业秘密和与知识产权相关的保密事项。 对负有保密义务的劳动者,用人单位可以在劳动合同或者保密协议中与劳动者约定竞业限制条款,并约定在解除或者终止劳动合同后,在竞业限制期限内按月给予劳动者经济补偿。劳动者违反竞业限制约定的,应当按照约定向用人单位支付违约金。
竞业限制	《劳动合同法》(2012 年修正)(发文机关:全国人民代表大会常务委员会;发布日期:2012 年 12 月 28 日;生效日期:2013 年 7 月 1 日)	第 23 条　用人单位与劳动者可以在劳动合同中约定保守用人单位的商业秘密和与知识产权相关的保密事项。 对负有保密义务的劳动者,用人单位可以在劳动合同或者保密协议中与劳动者约定竞业限制条款,并约定在解除或者终止劳动合同后,在竞业限制期限内按月给予劳动者经济补偿。劳动者违反竞业限制约定的,应当按照约定向用人单位支付违约金。
		第 24 条　竞业限制的人员限于用人单位的高级管理人员、高级技术人员和其他负有保密义务的人员。竞业限制的范围、地域、期限由用人单位与劳动者约定,竞业限制的约定不得违反法律、法规的规定。 在解除或者终止劳动合同后,前款规定的人员到与本单位生产或者经营同类产品、从事同类业务的有竞争关系的其他用人单位,或者自己开业生产或者经营同类产品、从事同类业务的竞业限制期限,不得超过二年。
		第 25 条　除本法第二十二条和第二十三条规定的情形外,用人单位不得与劳动者约定由劳动者承担违约金。
		第 90 条　劳动者违反本法规定解除劳动合同,或者违反劳动合同中约定的保密义务或者竞业限制,给用人单位造成损失的,应当承担赔偿责任。

续表

主要法律问题	文件名	具体条款规定
	北京市高级人民法院、北京市劳动争议仲裁委员会《关于印发〈北京市高级人民法院、北京市劳动争议仲裁委员会关于劳动争议案件法律适用问题研讨会会议纪要〉的通知》（发文机关：北京市高级人民法院、北京市劳动争议仲裁委员会；发布和生效日期：2009 年 8 月 17 日）	37. 用人单位与劳动者在劳动合同或保密协议中约定了竞业限制条款，用人单位如在此后认为劳动者不必履行竞业限制约定的，应当明确告知劳动者。在用人单位告知前劳动者已按约定履行了义务，因此要求用人单位支付履行期间经济补偿的，应予支持。 38. 用人单位与劳动者在劳动合同或保密协议中约定了竞业限制条款，但未就补偿费的给付或具体给付标准进行约定，不应据此认定竞业限制条款无效，双方在劳动关系存续期间或在解除、终止劳动合同时，可以通过协商予以补救，经协商不能达成一致的，可按照双方劳动关系终止前最后一个年度劳动者工资的 20% －60% 确定补偿费数额。用人单位明确表示不支付补偿费的，竞业限制条款对劳动者不具有约束力。 　　劳动者与用人单位未约定竞业限制期限的，应由双方协商确定，经协商不能达成一致的，限制期最长不得超过两年。
	最高人民法院《关于审理劳动争议案件适用法律问题的解释（一）》（发文机关：最高人民法院；发布日期：2020 年 12 月 29 日；生效日期：2021 年 1 月 1 日）	第 36 条　当事人在劳动合同或者保密协议中约定了竞业限制，但未约定解除或者终止劳动合同后给予劳动者经济补偿，劳动者履行了竞业限制义务，要求用人单位按照劳动者在劳动合同解除或者终止前十二个月平均工资的 30% 按月支付经济补偿的，人民法院应予支持。 　　前款规定的月平均工资的 30% 低于劳动合同履行地最低工资标准的，按照劳动合同履行地最低工资标准支付。
		第 40 条　劳动者违反竞业限制约定，向用人单位支付违约金后，用人单位要求劳动者按照约定继续履行竞业限制义务的，人民法院应予支持。
非全日制用工	《劳动合同法》（2012 年修正）（发文机关：全国人民代表大会常务委员会；发布日期：2012 年 12 月 28 日；生效日期：2013 年 7 月 1 日）	第 68 条　非全日制用工，是指以小时计酬为主，劳动者在同一用人单位一般平均每日工作时间不超过四小时，每周工作时间累计不超过二十四小时的用工形式。
		第 69 条　非全日制用工双方当事人可以订立口头协议。 　　从事非全日制用工的劳动者可以与一个或者一个以上用人单位订立劳动合同；但是，后订立的劳动合同不得影响先订立的劳动合同的履行。

续表

主要法律问题	文件名	具体条款规定
		第70条　非全日制用工双方当事人不得约定试用期。
		第71条　非全日制用工双方当事人任何一方都可以随时通知对方终止用工。终止用工,用人单位不向劳动者支付经济补偿。
		第72条　非全日制用工小时计酬标准不得低于用人单位所在地人民政府规定的最低小时工资标准。 非全日制用工劳动报酬结算支付周期最长不得超过十五日。
	劳动和社会保障部《关于非全日制用工若干问题的意见》(文号:原劳社部发〔2003〕12号;发布日期:2003年5月30日;实施日期:2003年5月30日)	10. 从事非全日制工作的劳动者应当参加基本养老保险,原则上参照个体工商户的参保办法执行。对于已参加过基本养老保险和建立个人账户的人员,前后缴费年限合并计算,跨统筹地区转移的,应办理基本养老保险关系和个人账户的转移、接续手续。符合退休条件时,按国家规定计发基本养老金。 11. 从事非全日制工作的劳动者可以以个人身份参加基本医疗保险,并按照待遇水平与缴费水平相挂钩的原则,享受相应的基本医疗保险待遇。参加基本医疗保险的具体办法由各地劳动保障部门研究制定。 12. 用人单位应当按照国家有关规定为建立劳动关系的非全日制劳动者缴纳工伤保险费。从事非全日制工作的劳动者发生工伤,依法享受工伤保险待遇;被鉴定为伤残5–10级的,经劳动者与用人单位协商一致,可以一次性结算伤残待遇及有关费用。
劳务派遣	《劳动合同法》(2012年修正)(发文机关:全国人民代表大会常务委员会;发布日期:2012年12月28日;生效日期:2013年7月1日)	第57条　经营劳务派遣业务应当具备下列条件: (一)注册资本不得少于人民币二百万元; (二)有与开展业务相适应的固定的经营场所和设施; (三)有符合法律、行政法规规定的劳务派遣管理制度; (四)法律、行政法规规定的其他条件。 经营劳务派遣业务,应当向劳动行政部门依法申请行政许可;经许可的,依法办理相应的公司登记。未经许可,任何单位和个人不得经营劳务派遣业务。
		第58条　劳务派遣单位是本法所称用人单位,应当履行用人单位对劳动者的义务。劳务派遣单位与被

续表

主要法律问题	文件名	具体条款规定
		派遣劳动者订立的劳动合同,除应当载明本法第十七条规定的事项外,还应当载明被派遣劳动者的用工单位以及派遣期限、工作岗位等情况。 劳务派遣单位应当与被派遣劳动者订立二年以上的固定期限劳动合同,按月支付劳动报酬;被派遣劳动者在无工作期间,劳务派遣单位应当按照所在地人民政府规定的最低工资标准,向其按月支付报酬。
		第59条 劳务派遣单位派遣劳动者应当与接受以劳务派遣形式用工的单位(以下称用工单位)订立劳务派遣协议。劳务派遣协议应当约定派遣岗位和人员数量、派遣期限、劳动报酬和社会保险费的数额与支付方式以及违反协议的责任。 用工单位应当根据工作岗位的实际需要与劳务派遣单位确定派遣期限,不得将连续用工期限分割订立数个短期劳务派遣协议。
		第60条 劳务派遣单位应当将劳务派遣协议的内容告知被派遣劳动者。 劳务派遣单位不得克扣用工单位按照劳务派遣协议支付给被派遣劳动者的劳动报酬。 劳务派遣单位和用工单位不得向被派遣劳动者收取费用。
		第61条 劳务派遣单位跨地区派遣劳动者的,被派遣劳动者享有的劳动报酬和劳动条件,按照用工单位所在地的标准执行。
		第62条 用工单位应当履行下列义务: (一)执行国家劳动标准,提供相应的劳动条件和劳动保护; (二)告知被派遣劳动者的工作要求和劳动报酬; (三)支付加班费、绩效奖金,提供与工作岗位相关的福利待遇; (四)对在岗被派遣劳动者进行工作岗位所必需的培训; (五)连续用工的,实行正常的工资调整机制。 用工单位不得将被派遣劳动者再派遣到其他用人单位。

续表

主要法律问题	文件名	具体条款规定
		第63条第1款 被派遣劳动者享有与用工单位的劳动者同工同酬的权利。用工单位应当按照同工同酬原则,对被派遣劳动者与本单位同类岗位的劳动者实行相同的劳动报酬分配方法。用工单位无同类岗位劳动者的,参照用工单位所在地相同或者相近岗位劳动者的劳动报酬确定。
		第64条 被派遣劳动者有权在劳务派遣单位或者用工单位依法参加或者组织工会,维护自身的合法权益。
		第65条 被派遣劳动者可以依照本法第三十六条、第三十八条的规定与劳务派遣单位解除劳动合同。 被派遣劳动者有本法第三十九条和第四十条第一项、第二项规定情形的,用工单位可以将劳动者退回劳务派遣单位,劳务派遣单位依照本法有关规定,可以与劳动者解除劳动合同。
		第66条 劳动合同用工是我国的企业基本用工形式。劳务派遣用工是补充形式,只能在临时性、辅助性或者替代性的工作岗位上实施。 前款规定的临时性工作岗位是指存续时间不超过六个月的岗位;辅助性工作岗位是指为主营业务岗位提供服务的非主营业务岗位;替代性工作岗位是指用工单位的劳动者因脱产学习、休假等原因无法工作的一定期间内,可以由其他劳动者替代工作的岗位。 用工单位应当严格控制劳务派遣用工数量,不得超过其用工总量的一定比例,具体比例由国务院劳动行政部门规定。
		第67条 用人单位不得设立劳务派遣单位向本单位或者所属单位派遣劳动者。
		第92条 违反本法规定,未经许可,擅自经营劳务派遣业务的,由劳动行政部门责令停止违法行为,没收违法所得,并处违法所得一倍以上五倍以下的罚款;没有违法所得的,可以处五万元以下的罚款。 劳务派遣单位、用工单位违反本法有关劳务派遣规定的,由劳动行政部门责令限期改正;逾期不改正的,以每人五千元以上一万元以下的标准处以罚款,对劳务派遣单位,吊销其劳务派遣业务经营许可证。用工单位给被派遣劳动者造成损害的,劳务派遣单位与用工单位承担连带赔偿责任。

续表

主要法律问题	文件名	具体条款规定
	《劳动争议调解仲裁法》(文号:主席令第 80 号;发布日期:2007 年 12 月 29 日;实施日期:2008 年 5 月 1 日)	第 22 条　发生劳动争议的劳动者和用人单位为劳动争议仲裁案件的双方当事人。 劳务派遣单位或者用工单位与劳动者发生劳动争议的,劳务派遣单位和用工单位为共同当事人。
	《劳动合同法实施条例》(发文机关:国务院;发布和生效日期:2008 年 9 月 18 日)	第 28 条　用人单位或者其所属单位出资或者合伙设立的劳务派遣单位,向本单位或者所属单位派遣劳动者的,属于劳动合同法第六十七条规定的不得设立的劳务派遣单位。
		第 29 条　用工单位应当履行劳动合同法第六十二条规定的义务,维护被派遣劳动者的合法权益。
		第 30 条　劳务派遣单位不得以非全日制用工形式招用被派遣劳动者。
		第 31 条　劳务派遣单位或者被派遣劳动者依法解除、终止劳动合同的经济补偿,依照劳动合同法第四十六条、第四十七条的规定执行。
		第 32 条　劳务派遣单位违法解除或者终止被派遣劳动者的劳动合同的,依照劳动合同法第四十八条的规定执行。
		第 35 条　用工单位违反劳动合同法和本条例有关劳务派遣规定的,由劳动行政部门和其他有关主管部门责令改正;情节严重的,以每位被派遣劳动者 1000 元以上 5000 元以下的标准处以罚款;给被派遣劳动者造成损害的,劳务派遣单位和用工单位承担连带赔偿责任。
五险一金综合(本节为五险一金综合性内容,后续章节按险种分述)及违反规定的后果	《社会保险法》(2018 年修正)(2010 年 10 月 28 日第十一届全国人民代表大会常务委员会第十七次会议通过,根据 2018 年 12 月 29 日第十三届全国人民代表大会常务委员会第七次会议《关于修改〈中华人民共和国社会保险法〉的决定》修正;发布日期:2018 年 12 月 29 日;实施日期:2018 年 12 月 29 日)	第 57 条　用人单位应当自成立之日起三十日内凭营业执照、登记证书或者单位印章,向当地社会保险经办机构申请办理社会保险登记。社会保险经办机构应当自收到申请之日起十五日内予以审核,发给社会保险登记证件。 用人单位的社会保险登记事项发生变更或者用人单位依法终止的,应当自变更或者终止之日起三十日内,到社会保险经办机构办理变更或者注销社会保险登记。 市场监督管理部门、民政部门和机构编制管理机关应当及时向社会保险经办机构通报用人单位的成立、终止情况,公安机关应当及时向社会保险经办机构通报个人的出生、死亡以及户口登记、迁移、注销等情况。

续表

主要法律问题	文件名	具体条款规定
		第58条第1款　用人单位应当自用工之日起三十日内为其职工向社会保险经办机构申请办理社会保险登记。未办理社会保险登记的，由社会保险经办机构核定其应当缴纳的社会保险费。
		第59条　县级以上人民政府加强社会保险费的征收工作。 社会保险费实行统一征收，实施步骤和具体办法由国务院规定。
		第60条第1款　用人单位应当自行申报、按时足额缴纳社会保险费，非因不可抗力等法定事由不得缓缴、减免。职工应当缴纳的社会保险费由用人单位代扣代缴，用人单位应当按月将缴纳社会保险费的明细情况告知本人。
		第64条　用人单位未按时足额缴纳社会保险费的，由社会保险费征收机构责令其限期缴纳或者补足。 用人单位逾期仍未缴纳或者补足社会保险费的，社会保险费征收机构可以向银行和其他金融机构查询其存款账户；并可以申请县级以上有关行政部门作出划拨社会保险费的决定，书面通知其开户银行或者其他金融机构划拨社会保险费。用人单位账户余额少于应当缴纳的社会保险费的，社会保险费征收机构可以要求该用人单位提供担保，签订延期缴费协议。 用人单位未足额缴纳社会保险费且未提供担保的，社会保险费征收机构可以申请人民法院扣押、查封、拍卖其价值相当于应当缴纳社会保险费的财产，以拍卖所得抵缴社会保险费。
		第84条　用人单位不办理社会保险登记的，由社会保险行政部门责令限期改正；逾期不改正的，对用人单位处应缴社会保险费数额一倍以上三倍以下的罚款，对其直接负责的主管人员和其他直接责任人员处五百元以上三千元以下的罚款。
		第88条　用人单位未按时足额缴纳社会保险费的，由社会保险费征收机构责令限期缴纳或者补足，并自欠缴之日起，按日加收万分之五的滞纳金；逾期仍不缴纳的，由有关行政部门处欠缴数额一倍以上三倍以下的罚款。

续表

主要法律问题	文件名	具体条款规定
		以欺诈、伪造证明材料或者其他手段骗取社会保险待遇的，由社会保险行政部门责令退回骗取的社会保险金，处骗取金额二倍以上五倍以下的罚款。
		第94条　违反本法规定，构成犯罪的，依法追究刑事责任。
	《社会保险费征缴暂行条例》（2019年修订）（1999年1月22日中华人民共和国国务院令第259号发布，根据2019年3月24日《国务院关于修改部分行政法规的决定》修订；发布日期：2019年3月24日；实施日期：2019年3月24日）	第6条　社会保险费实行三项社会保险费集中、统一征收。社会保险费的征收机构由省、自治区、直辖市人民政府规定，可以由税务机关征收，也可以由劳动保障行政部门按照国务院规定设立的社会保险经办机构（以下简称社会保险经办机构）征收。 ［《社会保险法》（2018年修正）已明确要实行社会保险费统一征收，实施步骤和具体办法由国务院规定。］
	《住房公积金管理条例》（2019年修订）（1999年4月3日中华人民共和国国务院令第262号发布，根据2002年3月24日《国务院关于修改〈住房公积金管理条例〉的决定》第一次修订，根据2019年3月24日《国务院关于修改部分行政法规的决定》第二次修订；发布日期：2019年3月24日；实施日期：2019年3月24日）	第12条第1款　住房公积金管理委员会应当按照中国人民银行的有关规定，指定受委托办理住房公积金金融业务的商业银行（以下简称受委托银行）；住房公积金管理中心应当委托受委托银行办理住房公积金贷款、结算等金融业务和住房公积金账户的设立、缴存、归还等手续。
		第14条第1款　新设立的单位应当自设立之日起30日内到住房公积金管理中心办理住房公积金缴存登记，并自登记之日起20日内为本单位职工办理住房公积金账户设立手续。
		第19条第1款　职工个人缴存的住房公积金，由所在单位每月从其工资中代扣代缴。
		第20条第1款　单位应当按时、足额缴存住房公积金，不得逾期缴存或者少缴。
		第37条　违反本条例的规定，单位不办理住房公积金缴存登记或者不为本单位职工办理住房公积金账户设立手续的，由住房公积金管理中心责令限期办理；逾期不办理的，处1万元以上5万元以下的罚款。
		第38条　违反本条例的规定，单位逾期不缴或者少缴住房公积金的，由住房公积金管理中心责令限期缴存；逾期仍不缴存的，可以申请人民法院强制执行。

续表

主要法律问题	文件名	具体条款规定
	《工伤保险条例》(2010年修订)(2003年4月27日中华人民共和国国务院令第375号公布,根据2010年12月20日国务院《关于修改〈工伤保险条例〉的决定》修订;发布日期:2010年12月20日;实施日期:2011年1月1日)	第60条　用人单位、工伤职工或者其近亲属骗取工伤保险待遇,医疗机构、辅助器具配置机构骗取工伤保险基金支出的,由社会保险行政部门责令退还,处骗取金额2倍以上5倍以下的罚款;情节严重,构成犯罪的,依法追究刑事责任。
		第62条第1款、第2款　用人单位依照本条例规定应当参加工伤保险而未参加的,由社会保险行政部门责令限期参加,补缴应当缴纳的工伤保险费,并自欠缴之日起,按日加收万分之五的滞纳金;逾期仍不缴纳的,处欠缴数额1倍以上3倍以下的罚款。 依照本条例规定应当参加工伤保险而未参加工伤保险的用人单位职工发生工伤的,由该用人单位按照本条例规定的工伤保险待遇项目和标准支付费用。
	《失业保险条例》(文号:国务院令第258号;发布日期:1999年1月22日;实施日期:1999年1月22日)	第31条　任何单位、个人挪用失业保险基金的,追回挪用的失业保险基金;有违法所得的,没收违法所得,并入失业保险基金;构成犯罪的,依法追究刑事责任;尚不构成犯罪的,对直接负责的主管人员和其他直接责任人员依法给予行政处分。
	《社会保险基金行政监督办法》(文号:原劳动和社会保障部令第12号;发布日期:2001年5月18日;实施日期:2001年5月18日)	第14条　被监督单位有下列行为之一的,由监督机构责令改正;拒不改正的,由监督机构建议被监督单位行政主管部门对主要负责人和直接责任人给予行政处分;构成犯罪的,由司法机关依法追究刑事责任: (一)拒绝、阻挠监督人员进行监督的; (二)拒绝、拖延提供与监督事项有关资料的; (三)隐匿、伪造、变造、毁弃会计凭证、会计帐簿、会计报表以及其他与社会保险基金管理有关资料的; (四)转移、隐匿社会保险基金资产的。
五险一金的补缴	《社会保险法》(2018年修正)(2010年10月28日第十一届全国人民代表大会常务委员会第十七次会议通过,根据2018年12月29日第十三届全国人民代表大会常务委员会第七次会议《关于修改〈中华人民共和国社会保险法〉的决定》修正;发布日期:2018年12月29日;实施日期:2018年12月29日)	第86条　用人单位未按时足额缴纳社会保险费的,由社会保险费征收机构责令限期缴纳或者补足,并自欠缴之日起,按日加收万分之五的滞纳金;逾期仍不缴纳的,由有关行政部门处欠缴数额一倍以上三倍以下的罚款。

续表

主要法律问题	文件名	具体条款规定
	《关于印发〈关于贯彻实施《北京市基本养老保险规定》有关问题的具体办法〉的通知》[文号:京劳社养发〔2007〕21号;发文机关:北京市劳动和社会保障局(已撤销);发布日期:2007年2月8日;生效日期:2007年1月2日]	六、关于补缴基本养老保险费问题 (一)2005年缴费年度(含)前的基本养老保险缴费基数不再变更。 (二)在国家规定劳动年龄内的被保险人,由于用人单位原因应缴未缴基本养老保险费的,用人单位可以向劳动保障行政部门提出书面补缴申请,并提交申请补缴期间与被保险人存在劳动关系的证明,以及工资收入凭证,经确认后,可以补缴基本养老保险费。 补缴时,以被保险人相应补缴年度的缴费工资基数,分别乘以办理补缴时上一年本市职工平均工资与相应补缴年度上一年本市职工平均工资的比值,作为相应补缴年度的补缴基数,按历年规定的单位与个人缴费比例之和缴纳。被保险人以本人相应年度的缴费工资基数乘以相应补缴年度个人缴费比例补缴,差额部分全部由用人单位承担。计入个人账户的个人缴费部分与单位缴费部分,均以本人相应年度的缴费工资为基数,按历年规定的比例计入。(补缴公式见附件二) 附件二: B全补 = X1 × B1 × C0/C1 + X2 × B2 × C0/C2 + …… + Xn × Bn × C0/Cn B个人补 = X1 × b1 + X2 × b2 + …… + Xn × bn B单位补 = B全补 - B个人补 B全补为补缴基本养老保险费的全部费用; B个人补为被保险人个人承担的补缴费用; B单位补为用人单位承担的补缴费用; X1、X2、……Xn分别为相应补缴年度个人缴费工资基数; C0为办理补缴时上一年本市职工平均工资; C1、C2、……Cn分别为相应补缴年度上一年全市职工平均工资; B1、B2、……Bn分别为相应补缴年度单位与个人缴费比例之和; b1、b2、……bn分别为相应补缴年度个人缴费比例(其中,1992年10月至1993年12月为2%;1994年1月至1998年12月为5%;1999年1月至2000年12月为6%;2001年1月至2002年12月为7%;2003年1月至今为8%)。 历年应计入个人账户的比例分别为:1992年10月至1993年12月为2%;1994年1月至1998年6月为5%;1998年7月至2005年12月为11%;2006年1月至今为8%。 以上计算保留两位小数。

续表

主要法律问题	文件名	具体条款规定
五险一金的稽核	《社会保险法》(2018 年修正)(2010 年 10 月 28 日第十一届全国人民代表大会常务委员会第十七次会议通过,根据 2018 年 12 月 29 日第十三届全国人民代表大会常务委员会第七次会议《关于修改〈中华人民共和国社会保险法〉的决定》修正;发布日期:2018 年 12 月 29 日;实施日期:2018 年 12 月 29 日)	第 12 条　用人单位应当按照国家规定的本单位职工工资总额的比例缴纳基本养老保险费,记入基本养老保险统筹基金。 职工应当按照国家规定的本人工资的比例缴纳基本养老保险费,记入个人账户。 无雇工的个体工商户、未在用人单位参加基本养老保险的非全日制从业人员以及其他灵活就业人员参加基本养老保险的,应当按照国家规定缴纳基本养老保险费,分别记入基本养老保险统筹基金和个人账户。 [无雇工的个体工商户、未在用人单位参加基本养老保险的非全日制从业人员以及其他灵活就业人员参加基本社会保险的,按照国发〔2005〕38 号文件按"当地上年度在岗职工平均工资"为缴费基数,各地地方规定中也有的按照社会平均工资的几个比例档次自选。]
		第 77 条　县级以上人民政府社会保险行政部门应当加强对用人单位和个人遵守社会保险法律、法规情况的监督检查。 社会保险行政部门实施监督检查时,被检查的用人单位和个人应当如实提供与社会保险有关的资料,不得拒绝检查或者谎报、瞒报。
	《社会保险费征缴暂行条例》(2019 年修订)(1999 年 1 月 22 日中华人民共和国国务院令第 259 号发布,根据 2019 年 3 月 24 日《国务院关于修改部分行政法规的决定》修订;发布日期:2019 年 3 月 24 日;实施日期:2019 年 3 月 24 日)	第 18 条　按照省、自治区、直辖市人民政府关于社会保险费征缴机构的规定,劳动保障行政部门或者税务机关依法对单位缴费情况进行检查时,被检查的单位应当提供与缴纳社会保险费有关的用人情况、工资表、财务报表等资料,如实反映情况,不得拒绝检查,不得谎报、瞒报。劳动保障行政部门或者税务机关可以记录、录音、录像、照相和复制有关资料;但是,应当为缴费单位保密。 劳动保障行政部门、税务机关的工作人员在行使前款所列职权时,应当出示执行公务证件。
		第 19 条　劳动保障行政部门或者税务机关调查社会保险费征缴违法案件时,有关部门、单位应当给予支持、协助。
		第 20 条　社会保险经办机构受劳动保障行政部门的委托,可以进行与社会保险费征缴有关的检查、调查工作。
		第 21 条　任何组织和个人对有关社会保险费征缴的违法行为,有权举报。劳动保障行政部门或者税务机关对举报应当及时调查,按照规定处理,并为举报人保密。

续表

主要法律问题	文件名	具体条款规定
	《社会保险费征缴监督检查办法》（文号：原劳动和社会保障部令第3号；发布日期：1999年3月19日；实施日期：1999年3月19日）	第6条　社会保险费征缴监督检查应当包括以下内容： （一）缴费单位向当地社会保险经办机构办理社会保险登记、变更登记或注销登记的情况； （二）缴费单位向社会保险经办机构申报缴费的情况； （三）缴费单位缴纳社会保险费的情况； （四）缴费单位代扣代缴个人缴费的情况； （五）缴费单位向职工公布本单位缴费的情况； （六）法律、法规规定的其他内容。
		第12条　[《社会保险法》（2018年修正）第84条已经将未办理社会保险登记的法律后果修改为："由社会保险行政部门责令限期改正；逾期不改正的，对用人单位处应缴社会保险费数额一倍以上三倍以下的罚款，对其直接负责的主管人员和其他直接责任人员处五百元以上三千元以下的罚款。"自2011年7月1日起应按新法执行。]缴费单位有下列行为之一，情节严重的，对直接负责的主管人员和其他直接责任人员处以1000元以上5000元以下的罚款；情节特别严重的，对直接负责的主管人员和其他直接责任人员处以5000元以上10,000元以下的罚款： （一）未按规定办理社会保险登记的； （二）在社会保险登记事项发生变更或者缴费单位依法终止后，未按规定到社会保险经办机构办理社会保险变更登记或者社会保险注销登记的； （三）未按规定申报应当缴纳社会保险费数额的。
		第13条　[《社会保险法》（2018年修正）第86条已经将用人单位未按时足额缴纳社会保险费的法律后果修改为："由社会保险费征收机构责令限期缴纳或者补足，并自欠缴之日起，按日加收万分之五的滞纳金；逾期仍不缴纳的，由有关行政部门处欠缴数额一倍以上三倍以下的罚款。"自2011年7月1日起应按新法执行。]对缴费单位有下列行为之一的，依照条例第十三条的规定，从欠缴之日起，按日加收千分之二的滞纳金，并对直接负责的主管人员和其他直接责任人员处以5000元以上20,000元以下的罚款： （一）因伪造、变造、故意毁灭有关帐册、材料造成社会保险费迟延缴纳的； （二）因不设帐册造成社会保险费迟延缴纳的； （三）因其他违法行为造成社会保险费迟延缴纳的。

续表

主要法律问题	文件名	具体条款规定
		第14条　对缴费单位有下列行为之一的，应当给予警告，并可以处以5000元以下的罚款： （一）伪造、变造社会保险登记证的； （二）未按规定从缴费个人工资中代扣代缴社会保险费的； （三）未按规定向职工公布本单位社会保险费缴纳情况的。 对上述违法行为的行政处罚，法律、法规另有规定的，从其规定。
		第15条　对缴费单位有下列行为之一的，应当给予警告，并可以处以10,000元以下的罚款： （一）阻挠劳动保障监察人员依法行使监察职权，拒绝检查的； （二）隐瞒事实真相，谎报、瞒报，出具伪证，或者隐匿、毁灭证据的； （三）拒绝提供与缴纳社会保险费有关的用人情况、工资表、财务报表等资料的； （四）拒绝执行劳动保障行政部门下达的监督检查询问书的； （五）拒绝执行劳动保障行政部门下达的限期改正指令书的； （六）打击报复举报人员的； （七）法律、法规及规章规定的其他情况。 对上述违法行为的行政处罚，法律、法规另有规定的，从其规定。
		第16条　本办法第十二条、第十三条的罚款均由缴费单位直接负责的主管人员和其他直接责任人员个人支付，不得从单位报销。
养老保险	《社会保险法》（2018年修正）（2010年10月28日第十一届全国人民代表大会常务委员会第十七次会议通过，根据2018年12月29日第十三届全国人民代表大会常务委员会第七次会议《关于修改〈中华人民共和国社会保险法〉的决定》修正；发布日期：2018年12月29日；实施日期：2018年12月29日）	第10条　职工应当参加基本养老保险，由用人单位和职工共同缴纳基本养老保险费。 无雇工的个体工商户、未在用人单位参加基本养老保险的非全日制从业人员以及其他灵活就业人员可以参加基本养老保险，由个人缴纳基本养老保险费。 公务员和参照公务员法管理的工作人员养老保险的办法由国务院规定。

续表

主要法律问题	文件名	具体条款规定
	《社会保险费征缴暂行条例》(2019 年修订)(1999 年 1 月 22 日中华人民共和国国务院令第 259 号发布,根据 2019 年 3 月 24 日《国务院关于修改部分行政法规的决定》修订;发布日期:2019 年 3 月 24 日;实施日期:2019 年 3 月 24 日)	第 3 条第 1 款 基本养老保险费的征缴范围:国有企业、城镇集体企业、外商投资企业、城镇私营企业和其他城镇企业及其职工,实行企业化管理的事业单位及其职工。
	《北京市基本养老保险规定》(文号:北京市人民政府令第 183 号;发布日期:2006 年 12 月 14 日;实施日期:2007 年 1 月 1 日)	第 2 条第 1 款 本市行政区域内的企业和与之形成劳动关系的城镇职工,城镇个体工商户和灵活就业人员,应当按照本规定参加基本养老保险。
		第 12 条 城镇职工以本人上一年度月平均工资为缴费工资基数,按照 8% 的比例缴纳基本养老保险费,全额计入个人账户。 缴费工资基数低于本市上一年度职工月平均工资 60% 的,以本市上一年度职工月平均工资的 60% 作为缴费工资基数;超过本市上一年度职工月平均工资 300% 的部分,不计入缴费工资基数,不作为计发基本养老金的基数。
		第 13 条 企业以全部城镇职工缴费工资基数之和作为企业缴费工资基数,按照 20% 的比例缴纳基本养老保险费。企业缴纳的基本养老保险费在税前列支。
		第 14 条 城镇个体工商户和灵活就业人员以本市上一年度职工月平均工资作为缴费基数,按照 20% 的比例缴纳基本养老保险费,其中 8% 计入个人账户。
基本养老保险的转移	《社会保险法》(2018 年修正)(2010 年 10 月 28 日第十一届全国人民代表大会常务委员会第十七次会议通过,根据 2018 年 12 月 29 日第十三届全国人民代表大会常务委员会第七次会议《关于修改〈中华人民共和国社会保险法〉的决定》修正;发布日期:2018 年 12 月 29 日;实施日期:2018 年 12 月 29 日)	第 19 条 个人跨统筹地区就业的,其基本养老保险关系随本人转移,缴费年限累计计算。个人达到法定退休年龄时,基本养老金分段计算、统一支付。具体办法由国务院规定。

续表

主要法律问题	文件名	具体条款规定
基本养老保险个人账户	《社会保险法》(2018年修正)(2010年10月28日第十一届全国人民代表大会常务委员会第十七次会议通过,根据2018年12月29日第十三届全国人民代表大会常务委员会第七次会议《关于修改〈中华人民共和国社会保险法〉的决定》修正;发布日期:2018年12月29日;实施日期:2018年12月29日)	第11条第1款　基本养老保险实行社会统筹与个人账户相结合。
		第12条　……职工应当按照国家规定的本人工资的比例缴纳基本养老保险费,记入个人账户。 无雇工的个体工商户、未在用人单位参加基本养老保险的非全日制从业人员以及其他灵活就业人员参加基本养老保险的,应当按照国家规定缴纳基本养老保险费,分别记入基本养老保险统筹基金和个人账户。
		第14条　个人账户不得提前支取,记账利率不得低于银行定期存款利率,免征利息税。个人死亡的,个人账户余额可以继承。
医疗保险	《社会保险法》(2018年修正)(2010年10月28日第十一届全国人民代表大会常务委员会第十七次会议通过,根据2018年12月29日第十三届全国人民代表大会常务委员会第七次会议《关于修改〈中华人民共和国社会保险法〉的决定》修正;发布日期:2018年12月29日;实施日期:2018年12月29日)	第23条　职工应当参加职工基本医疗保险,由用人单位和职工按照国家规定共同缴纳基本医疗保险费。 无雇工的个体工商户、未在用人单位参加职工基本医疗保险的非全日制从业人员以及其他灵活就业人员可以参加职工基本医疗保险,由个人按照国家规定缴纳基本医疗保险费。
	《北京市基本医疗保险规定》(2005年修订)(文号:北京市人民政府令第158号;发文机关:北京市人民政府;发布和生效日期:2005年6月6日)	第2条第1款　本市行政区域内的城镇所有用人单位,包括企业、机关、事业单位、社会团体、民办非企业单位(以下简称用人单位)及其职工和退休人员适用本规定。
		第10条　职工按本人上一年月平均工资的2%缴纳基本医疗保险费。 职工本人上一年月平均工资低于上一年本市职工月平均工资60%的,以上一年本市职工月平均工资的60%为缴费工资基数,缴纳基本医疗保险费。 职工本人上一年月平均工资高于上一年本市职工月平均工资300%以上的部分,不作为缴费工资基数,不缴纳基本医疗保险费。 无法确定职工本人上一年月平均工资的,以上一年本市职工月平均工资为缴费工资基数,缴纳基本医疗保险费。

续表

主要法律问题	文件名	具体条款规定
		第 11 条第 1 款　本规定施行前已退休的人员不缴纳基本医疗保险费。
		第 12 条　用人单位按全部职工缴费工资基数之和的 9% 缴纳基本医疗保险费。
		第 38 条第 1 款　大额医疗费用互助资金由用人单位和个人共同缴纳。用人单位按全部职工缴费工资基数之和的 1% 缴纳，职工和退休人员个人按每月 3 元缴纳。大额医疗费用互助资金在每月缴纳基本医疗保险费时一并缴纳。
工伤保险	《社会保险法》（2018 年修正）（2010 年 10 月 28 日第十一届全国人民代表大会常务委员会第十七次会议通过，根据 2018 年 12 月 29 日第十三届全国人民代表大会常务委员会第七次会议《关于修改〈中华人民共和国社会保险法〉的决定》修正；发布日期：2018 年 12 月 29 日；实施日期：2018 年 12 月 29 日）	第 33 条　职工应当参加工伤保险，由用人单位缴纳工伤保险费，职工不缴纳工伤保险费。
		第 35 条　用人单位应当按照本单位职工工资总额，根据社会保险经办机构确定的费率缴纳工伤保险费。
	《工伤保险条例》（2010 年修订）（2003 年 4 月 27 日中华人民共和国国务院令第 375 号公布，根据 2010 年 12 月 20 日《国务院关于修改〈工伤保险条例〉的决定》修订；发布日期：2010 年 12 月 20 日；实施日期：2011 年 1 月 1 日）	第 2 条　中华人民共和国境内的企业、事业单位、社会团体、民办非企业单位、基金会、律师事务所、会计师事务所等组织和有雇工的个体工商户（以下称用人单位）应当依照本条例规定参加工伤保险，为本单位全部职工或者雇工（以下称职工）缴纳工伤保险费。 中华人民共和国境内的企业、事业单位、社会团体、民办非企业单位、基金会、律师事务所、会计师事务所等组织的职工和个体工商户的雇工，均有依照本条例的规定享受工伤保险待遇的权利。

续表

主要法律问题	文件名	具体条款规定
		第8条　工伤保险费根据以支定收、收支平衡的原则,确定费率。 国家根据不同行业的工伤风险程度确定行业的差别费率,并根据工伤保险费使用、工伤发生率等情况在每个行业内确定若干费率档次。行业差别费率及行业内费率档次由国务院社会保险行政部门制定,报国务院批准后公布施行。 统筹地区经办机构根据用人单位工伤保险费使用、工伤发生率等情况,适用所属行业内相应的费率档次确定单位缴费费率。
		第9条　国务院社会保险行政部门应当定期了解全国各统筹地区工伤保险基金收支情况,及时提出调整行业差别费率及行业内费率档次的方案,报国务院批准后公布施行。
		第10条　用人单位应当按时缴纳工伤保险费。职工个人不缴纳工伤保险费。 用人单位缴纳工伤保险费的数额为本单位职工工资总额乘以单位缴费费率之积。 对难以按照工资总额缴纳工伤保险费的行业,其缴纳工伤保险费的具体方式,由国务院社会保险行政部门规定。
		第14条　职工有下列情形之一的,应当认定为工伤: ……(四)患职业病的……
		第35条第2款　职工因工致残被鉴定为一级至四级伤残的,由用人单位和职工个人以伤残津贴为基数,缴纳基本医疗保险费。
		第64条第1款　本条例所称工资总额,是指用人单位直接支付给本单位全部职工的劳动报酬总额。

续表

主要法律问题	文件名	具体条款规定
	《职业病防治法》(2018年修正)(2001年10月27日第九届全国人民代表大会常务委员会第二十四次会议通过,根据2011年12月31日第十一届全国人民代表大会常务委员会第二十四次会议《关于修改〈中华人民共和国职业病防治法〉的决定》第一次修正,根据2016年7月2日第十二届全国人民代表大会常务委员会第二十一次会议《关于修改〈中华人民共和国节约能源法〉等六部法律的决定》第二次修正,根据2017年11月4日第十二届全国人民代表大会常务委员会第三十次会议《关于修改〈中华人民共和国会计法〉等十一部法律的决定》第三次修正,根据2018年12月29日第十三届全国人民代表大会常务委员会第七次会议《关于修改〈中华人民共和国劳动法〉等七部法律的决定》第四次修正;发布日期:2018年12月29日;实施日期:2018年12月29日)	第57条　职业病病人的诊疗、康复费用,伤残以及丧失劳动能力的职业病病人的社会保障,按照国家有关工伤社会保险的规定执行。
		第58条　职业病病人除依法享有工伤社会保险外,依照有关民事法律,尚有获得赔偿的权利的,有权向用人单位提出赔偿要求。
		第59条　劳动者被诊断患有职业病,但用人单位没有依法参加工伤社会保险的,其医疗和生活保障由最后的用人单位承担。

续表

主要法律问题	文件名	具体条款规定
失业保险	《社会保险法》(2018年修正)(2010年10月28日第十一届全国人民代表大会常务委员会第十七次会议通过,根据2018年12月29日第十三届全国人民代表大会常务委员会第七次会议《关于修改〈中华人民共和国社会保险法〉的决定》修正;发布日期:2018年12月29日;实施日期:2018年12月29日)	第44条　职工应当参加失业保险,由用人单位和职工按照国家规定共同缴纳失业保险费。
	《失业保险条例》(文号:国务院令第258号;发布日期:1999年1月22日;实施日期:1999年1月22日)	第2条　城镇企业事业单位、城镇企业事业单位职工依照本条例的规定,缴纳失业保险费。 城镇企业事业单位失业人员依照本条例的规定,享受失业保险待遇。 本条所称城镇企业,是指国有企业、城镇集体企业、外商投资企业、城镇私营企业以及其他城镇企业。
		第6条　城镇企业事业单位按照本单位工资总额的百分之二缴纳失业保险费。城镇企业事业单位职工按照本人工资的百分之一缴纳失业保险费。城镇企业事业单位招用的农民合同制工人本人不缴纳失业保险费。
	《关于规范社会保险缴费基数有关问题的通知》(文号:原劳社险中心函〔2006〕60号;发布和生效日期:2006年11月15日)	五、关于统一缴费基数问题 ……(二)参保单位缴纳基本医疗保险、失业保险、工伤保险、生育保险费的基数为职工工资总额,基本医疗保险、失业保险职工个人缴费基数为本人工资,为便于征缴可以以上一年度个人月平均工资为缴费基数。目前,一些地方整合经办资源,实行社会保险费的统一征收和统一稽核,并将各险种单位和个人的缴费基数统一为单位和个人缴纳基本养老保险费的基数,这种做法方便了参保企业和参保人员,有利于提高稽核效率。

续表

主要法律问题	文件名	具体条款规定
	《北京市失业保险规定》(2007年修订)(1999年9月14日北京市人民政府令第38号发布,根据2007年6月14日北京市人民政府令第190号修改;发布日期:2007年6月14日;实施日期:2007年6月14日)	第7条　失业保险费缴纳标准: (一)国有企业、城镇集体企业、股份制企业及各类联营企业、私营企业和事业单位,按本单位上年职工月平均工资总额的1.5%缴纳失业保险费; (二)外商投资企业和港、澳、台商投资企业按本单位中方职工上年月平均工资总额的1.5%缴纳失业保险费; (三)职工个人按本人上年月平均工资的0.5%缴纳失业保险费。职工本人月平均工资高于上一年本市职工月平均工资300%以上的部分,不作为缴纳失业保险费的基数; (四)用人单位招用的农民合同制工人本人不缴纳失业保险费。
	《重庆市失业保险条例实施办法》(2004年3月23日重庆市人民政府发布渝府发〔2004〕29号通知,实施日期:2004年1月1日)	第2条　缴费基数和缴费申报: 单位和职工以当年工资总额为缴费基数。单位申报缴费基数时,职工本人工资高于当地职工平均工资3倍的,暂按当地职工平均工资的3倍计算;职工本人工资低于当地职工平均工资60%的,暂按当地职工平均工资的60%计算。本单位全部职工的缴费工资之和构成单位缴费工资总额。单位缴费工资总额一般不得低于进入成本和费用的工资总额。地方税务机关应为失业保险经办机构提供单位进入成本和费用的工资总额情况。
生育保险	《社会保险法》(2018年修正)(2010年10月28日第十一届全国人民代表大会常务委员会第十七次会议通过,根据2018年12月29日第十三届全国人民代表大会常务委员会第七次会议《关于修改〈中华人民共和国社会保险法〉的决定》修正;发布日期:2018年12月29日;实施日期:2018年12月29日)	第53条　职工应当参加生育保险,由用人单位按照国家规定缴纳生育保险费,职工不缴纳生育保险费。

续表

主要法律问题	文件名	具体条款规定
	《企业职工生育保险试行办法》(文号:原劳部发〔1994〕504号;发布日期:1994年12月14日;实施日期:1995年1月1日)	第2条 本办法适用于城镇企业及其职工。
		第4条 生育保险根据“以支定收,收支基本平衡”的原则筹集资金,由企业按照其工资总额的一定比例向社会保险经办机构缴纳生育保险费,建立生育保险基金。 生育保险费的提取比例由当地人民政府根据计划内生育人数和生育津贴、生育医疗费等项费用确定,并可根据费用支出情况适时调整,但最高不得超过工资总额的百分之一。……
	《北京市企业职工生育保险规定》(文号:北京市人民政府令第154号;发布日期:2005年1月5日;实施日期:2005年7月1日)	第7条 生育保险费由企业按月缴纳。职工个人不缴纳生育保险费。 企业按照其缴费总基数的0.8%缴纳生育保险费。……
住房公积金	《住房公积金管理条例》(2019年修订)(1999年4月3日中华人民共和国国务院令第262号发布,根据2002年3月24日《国务院关于修改〈住房公积金管理条例〉的决定》第一次修订,根据2019年3月24日《国务院关于修改部分行政法规的决定》第二次修订;发布日期:2019年3月24日;实施日期:2019年3月24日)	第2条第2款 本条例所称住房公积金,是指国家机关、国有企业、城镇集体企业、外商投资企业、城镇私营企业及其他城镇企业、事业单位、民办非企业单位、社会团体(以下统称单位)及其在职职工缴存的长期住房储金。
		第16条 职工住房公积金的月缴存额为职工本人上一年度月平均工资乘以职工住房公积金缴存比例。 单位为职工缴存的住房公积金的月缴存额为职工本人上一年度月平均工资乘以单位住房公积金缴存比例。
		第17条 新参加工作的职工从参加工作的第二个月开始缴存住房公积金,月缴存额为职工本人当月工资乘以职工住房公积金缴存比例。 单位新调入的职工从调入单位发放工资之日起缴存住房公积金,月缴存额为职工本人当月工资乘以职工住房公积金缴存比例。
		第18条 职工和单位住房公积金的缴存比例均不得低于职工上一年度月平均工资的5%;有条件的城市,可以适当提高缴存比例。具体缴存比例由住房公积金管理委员会拟订,经本级人民政府审核后,报省、自治区、直辖市人民政府批准。
		第20条 单位应当按时、足额缴存住房公积金,不得逾期缴存或者少缴。 对缴存住房公积金确有困难的单位,经本单位职工代表大会或者工会讨论通过,并经住房公积金管理中心审核,报住房公积金管理委员会批准后,可以降低缴存比例或者缓缴;待单位经济效益好转后,再提高缴存比例或者补缴缓缴。

专题十三　保险

一、审阅文件清单

本专题相关审阅文件见表2－13－1。

表2－13－1　审阅文件清单

序号	审阅文件清单
1	保险合同清单
2	保险合同/保险单
3	保险费缴费凭证
4	机动车管理部门签发的车辆登记证明、机动车驾驶证、机动车交通事故责任强制保险合同以及其他相关保险文件
5	保险索赔文件

二、访谈清单

1. 公司是否存在应投强制保险但实际未投保的情况。

2. 公司的保险是否存在无法获得理赔的情况。

3. 请介绍投保财产基本情况(如用途、坐落地点)。

4. 请说明公司发生保险事故的情况,包括所申报的损失和提出的索赔情形及结果,包括未支付的赔偿、潜在索赔机会,已支付的索赔和已被否决的索赔(如有)。

5. 请说明是否存在其他对拟议的交易可能造成重大影响的关于保险的事宜。

三、主要法律问题

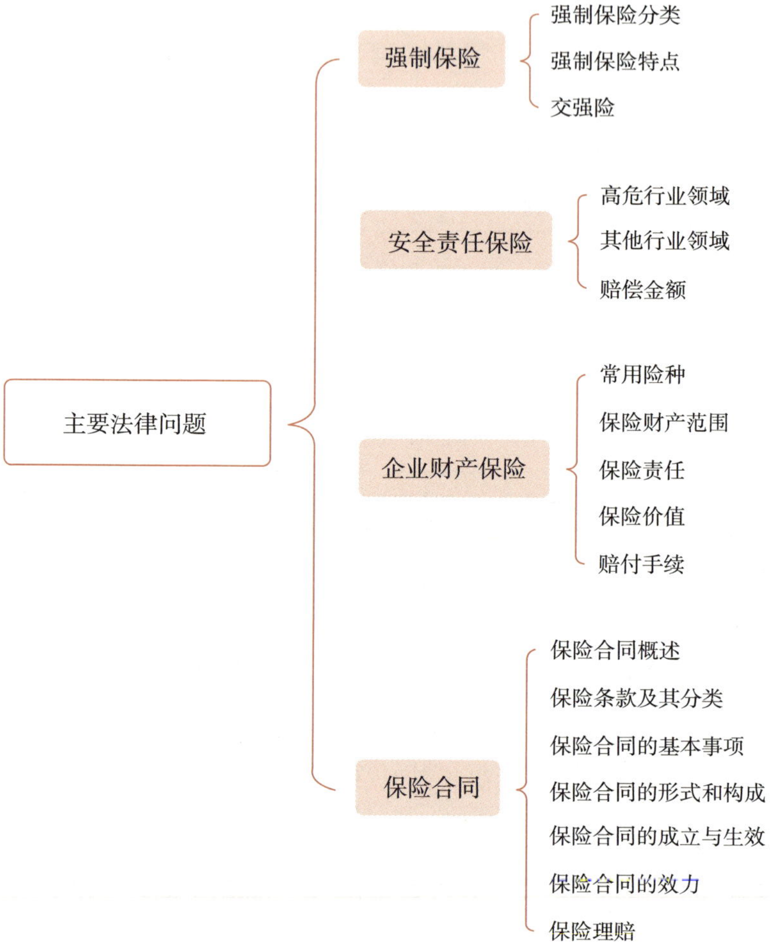

图 2-13-1 本专题思维导图

（一）公司是否需要缴纳强制保险

《保险法》第 11 条第 2 款规定，订立保险合同，应当协商一致，遵循公平原则确定各方的权利和义务。除法律、行政法规规定必须保险的外，保险合同自愿订立。

律师在尽职调查过程中，应当关注目标公司所在行业或相关资产是否涉及强制保险的情形。部分法律、行政法规针对特定行业的经营者或者某些特殊财产规定必须投保特定的险种，并通过部门规章做出细则性的规定。除法律、行政法规、部门规章之外，地方政府或地方政府部门也有可能出台地方政府规章或地方政府部门规范性文件，对特定行业或特定险种的投保做出相关规定。例如，根据《旅行社条例》(2020 年修订)第 38 条的规定，旅行社应当投保旅行社责任险。旅行社责任险的具体方案由国务院旅游行政主管部门会同国务院保险监督管理机构另行制定。国家旅游局(已撤销)、中国保险监督管理委员会(已撤销)于 2010 年 11 月 25 日颁布《旅行社责任保险管理办法》，对旅行社投保旅行社责任保险做出了详细规定。又如，根据《海洋环境保护法》《海商法》《防治船舶污染海洋环境管理条例》等法律、行政法规和我国缔结或者参加的有关国际条约，交通运输部制定了《船舶油污损害民事责任保险实施办法》(2013 年修订)，规定"在中华人民共和国管辖海域内航行的载运油类物质的船舶和 1000 总吨以上载运非油类物质的船舶，其所有人应当按照本办法的规定投保船舶油污损害民事责任保险或者取得相应的财务担保。"

律师在尽职调查过程中，建议首先结合目标公司所在行业或拥有的经营资产情况，进行详尽的法律检索，并通过与目标公司相关负责人员访谈，全面掌握目标公司所应当遵守的法定或政策性保险规定，核查目标公司是否按照法律法规或政策性文件投保，并进一步收集、审阅目标公司签订的保险合同、保费缴纳凭证、保险理赔凭证等资料。

(二)机动车交通事故责任强制保险

1. 交强险概述

根据国务院《机动车交通事故责任强制保险条例》(2019 年修订)，机动车交通事故责任强制保险，简称"交强险"，是指由保险公司对被保险机动车发生道路交通事故造成本车人员、被保险人以外的受害人的人身伤亡、财产损失，在责任限额内予以赔偿的强制性责任保险。在中华人民共和国境内道路上行驶的机动车的所有人或者管理人，应当依照《道路交通安全法》的规定投保交强险。机动车所有人、管理人未按照规定投保交强险的，由公安机关交通管理部门扣留机动车，通知机动车所有人、管理人依照规定投保，处依照规定投保最低责任限额应缴纳的保险费的 2 倍罚款。上道路行驶的机动车未放置保险标志的，公安机关交通管理部门应当扣留机动车，通知当事人提供保险标志或者补办相应手续，可以处警告或者 20 元以上 200 元以下罚款。

2. 保险期限

交强险的保险期间为1年,但有下列情形之一的,投保人可以投保短期机动车交通事故责任强制保险:

(1)境外机动车临时入境的;

(2)机动车临时上道路行驶的;

(3)机动车距规定的报废期限不足1年的;

(4)国务院保险监督管理机构规定的其他情形。

3. 保险合同的解除

投保人不得解除机动车交通事故责任强制保险合同,但有下列情形之一的除外:

(1)被保险机动车被依法注销登记的;

(2)被保险机动车办理停驶的;

(3)被保险机动车经公安机关证实丢失的。

4. 赔偿程序

被保险机动车发生道路交通事故的,由被保险人向保险公司申请赔偿保险金。保险公司应当自收到赔偿申请之日起1日内,书面告知被保险人需要向保险公司提供的与赔偿有关的证明和资料。

保险公司应当自收到被保险人提供的证明和资料之日起5日内,对是否属于保险责任作出核定,并将结果通知被保险人;对不属于保险责任的,应当书面说明理由;对属于保险责任的,在与被保险人达成赔偿保险金的协议后10日内,赔偿保险金。

(三)安全生产责任保险

在2014年12月1日生效的《安全生产法》(2014年修正)中,仅规定了"国家鼓励生产经营单位投保安全生产责任保险"。

2017年,国家安全生产监督管理总局(已撤销)、中国保险监督管理委员会(已撤销)、财政部《安全生产责任保险实施办法》(安监总办〔2017〕140号,2017年12月12日发布,2018年1月1日起实施)中规定,安全生产责任保险是指保险机构对投保的生产经营单位发生的生产安全事故造成的人员伤亡和有关经济损失等予以赔偿,并且为投保的生产经营单位提供生产安全事故预防服务的商业保险。该办法更是明确规定,煤矿、非煤矿山、危险化学品、烟花爆竹、交通运输、建筑施工、民用爆炸物品、金属冶炼、渔业生产等高危行业领域的生产经营单位应当投保安全生产责任保险。鼓励其他行业领域生产经营单位投保安全生产责任保险。各地区可针对本地区安全生产特点，明确应当投保的生产经营单位。该办法的效力层级仅仅是部门规章，却规定了强制保险的内容，与《保险法》“只有法律和行政法规才有权规定强制保险”的规定相冲突。

2021 年修正的《安全生产法》(2021 年 6 月 10 日全国人民代表大会常务委员会第三次修正，2021 年 9 月 1 日起实施)进一步作出完善，规定属于国家规定的高危行业、领域的生产经营单位，应当投保安全生产责任保险。具体范围和实施办法由国务院应急管理部门会同国务院财政部门、国务院保险监督管理机构和相关行业主管部门制定。

此外，《安全生产责任保险实施办法》还规定，各地区可针对本地区安全生产特点，明确应当投保的生产经营单位。例如，上海市应急管理局、上海银保监局于 2020 年 2 月 21 日发布了《上海市危险化学品和工贸行业领域安全生产责任保险实施办法》(沪应急行规〔2020〕3 号，2020 年 4 月 1 日生效)，广东省人民政府于 2020 年 5 月 6 日发布了《广东省安全生产责任保险实施办法》(广东省人民政府令第 274 号，2020 年 7 月 1 日生效)，等等。

相关规定

本专题相关规定见表 2－13－2。

表 2－13－2　相关规定

主要法律问题	文件名	具体条款规定
强制保险	《机动车交通事故责任强制保险条例》(2019 年修订)(发文机关：国务院；发布和生效日期：2019 年 3 月 2 日)	第 3 条　本条例所称机动车交通事故责任强制保险，是指由保险公司对被保险机动车发生道路交通事故造成本车人员、被保险人以外的受害人的人身伤亡、财产损失，在责任限额内予以赔偿的强制性责任保险。
		第 23 条第 1 款　机动车交通事故责任强制保险在全国范围内实行统一的责任限额。责任限额分为死亡伤残赔偿限额、医疗费用赔偿限额、财产损失赔偿限额以及被保险人在道路交通事故中无责任的赔偿限额。

续表

主要法律问题	文件名	具体条款规定
安全生产责任保险	《安全生产法》(2021 年修正)(发文机关:全国人民代表大会常务委员会;发布日期:2021 年 6 月 10 日;生效日期:2021 年 9 月 1 日)	第 51 条　生产经营单位必须依法参加工伤保险,为从业人员缴纳保险费。 国家鼓励生产经营单位投保安全生产责任保险;属于国家规定的高危行业、领域的生产经营单位,应当投保安全生产责任保险。具体范围和实施办法由国务院应急管理部门会同国务院财政部门、国务院保险监督管理机构和相关行业主管部门制定。
	《安全生产责任保险实施办法》(文号:原安监总办〔2017〕140 号;发布日期:2017 年 12 月 12 日;生效日期:2018 年 1 月 1 日)	第 2 条　本办法所称安全生产责任保险,是指保险机构对投保的生产经营单位发生的生产安全事故造成的人员伤亡和有关经济损失等予以赔偿,并且为投保的生产经营单位提供生产安全事故预防服务的商业保险。
		第 3 条　按照本办法请求的经济赔偿,不影响参保的生产经营单位从业人员(含劳务派遣人员,下同)依法请求工伤保险赔偿的权利。
		第 11 条　制定各行业领域安全生产责任保险基准指导费率,实行差别费率和浮动费率。建立费率动态调整机制,费率调整根据以下因素综合确定: (一)事故记录和等级:费率调整根据生产经营单位是否发生事故、事故次数和等级确定,可以根据发生人员伤亡的一般事故、较大事故、重大及以上事故次数进行调整。 (二)其他:投保生产经营单位的安全风险程度、安全生产标准化等级、隐患排查治理情况、安全生产诚信等级、是否被纳入安全生产领域联合惩戒“黑名单”、赔付率等。 各地区可以参考以上因素,根据不同行业领域实际情况进一步确定具体的费率浮动。
		第 12 条　生产经营单位投保安全生产责任保险的保障范围应当覆盖全体从业人员。
		第 17 条　各地区根据实际情况确定安全生产责任保险中涉及人员死亡的最低赔偿金额,每死亡一人按不低于 30 万元赔偿,并按本地区城镇居民上一年度人均可支配收入的变化进行调整。 对未造成人员死亡事故的赔偿保险金额度在保险合同中约定。

续表

主要法律问题	文件名	具体条款规定
企业财产保险	《保险法》(2015 年修正)(发文机关:全国人民代表大会常务委员会;发布和生效日期:2015 年 4 月 24 日)	第 13 条　投保人提出保险要求,经保险人同意承保,保险合同成立。保险人应当及时向投保人签发保险单或者其他保险凭证。 保险单或者其他保险凭证应当载明当事人双方约定的合同内容。当事人也可以约定采用其他书面形式载明合同内容。 依法成立的保险合同,自成立时生效。投保人和保险人可以对合同的效力约定附条件或者附期限。
		第 21 条　投保人、被保险人或者受益人知道保险事故发生后,应当及时通知保险人。故意或者因重大过失未及时通知,致使保险事故的性质、原因、损失程度等难以确定的,保险人对无法确定的部分,不承担赔偿或者给付保险金的责任,但保险人通过其他途径已经及时知道或者应当及时知道保险事故发生的除外。

专题十四　诉讼、仲裁及行政处罚

目标公司所涉及的诉讼、仲裁及行政处罚可能对目标公司的经营产生重大影响,直接涉及目标公司可能承担的责任,诉讼或仲裁可能对目标公司造成经济上的损失,也可能涉及声誉减损,也在很大程度上反映出目标公司股权、经营和资产方方面面的问题,比如目标公司重要资产(包括有形资产和无形资产)是否存在权属或授权纠纷、目标公司债权是否存在无法收回的风险、目标公司是否存在欠付重大债务无力履行的情形、目标公司劳动人事制度是否存在不合规或可能招致集体维权的情形,目标公司因环保、税务、安全生产等合规经营问题招致行政处罚是否将导致停工停产等严重后果,等等。建议律师在尽职调查过程中,对目标公司及其子公司、主要股东、董事、监事、高级管理人员所涉及的诉讼,仲裁及行政处罚情况进行全面调查,并在此基础上,对诉讼、仲裁及行政处罚事项进行分析,包括案件受理情况和基本案情、原告还是被告、案由、涉案或处罚金额、判决、裁决或处罚结果及执行情况等,进一步论证上述情形对目标公司股权结构、生产经营、财务状况、未来发展等可能产生的影响。比如,涉及股权的纠纷,可能影响目标公司股权权属及股权结构的稳定性,甚至影响目标公司实际控制权;涉及重要资产的诉讼,比如土地、房产、专利、商标、特许经营权等重要资产或技术的取得或正常使用是否存在重大争议或者不利风险,将会对目标公司持续经营产生重大影响。

主要调查方法包括:

第一,在尽职调查过程中,可以通过对公司的控股股东、实际控制人、董事、监事、高级管理人员、核心技术人员及法务人员访谈,确认公司、子公司以及相关自然人是否存在重大诉讼的情形。

第二,如果公司存在常年法律顾问,可以对常年法律顾问的律师进行访谈,核查其是否有为公司、子公司代理过诉讼、仲裁案件。

第三,核查公司、子公司财务报表中的营业外支出明细,是否存在违约金或诉讼、仲裁费用、行政罚款支出。

第四,如有必要,通过走访公司及子公司住所地、公司控股股东、实际控制人所在地的基层人民法院、中级人民法院以及仲裁机构,核查公司、子公司、公司控股股东、实际控制人报告期内是否存在重大诉讼或仲裁事项。

第五,通过公开渠道查询,核实公司、子公司及公司5%以上股权/股份的股东、董事、监事和高级管理人员是否涉及重大诉讼、仲裁和行政处罚的情形,公开渠道包括但不限于:中国执行信息公开网(http://zxgk. court. gov. cn)、人民法院公告网(https://rmfygg. court. gov. cn)、中国裁判文书网(http://wenshu. court. gov. cn)、国家企业信用信息公示系统(http://www. gsxt. gov. cn)、信用中国网站(http://www. creditchina. gov. cn)、各地税务部门、市场监督管理部门、安全生产监管部门、环保监管部门以及目标公司行业和业务所涉及的其他当地主管部门的网站查询、电话咨询、现场走访等。

第六,核查公司、公司5%以上股权/股份的股东、董事、监事和高级管理人员出具的关于不涉及重大诉讼、仲裁和被行政处罚的书面说明。

一、审阅文件清单

表 2－14－1

序号	审阅文件清单
1	公司及控股子公司已了结的或正在进行的尚未了结的重大诉讼、仲裁和其他任何司法程序、行政程序的案件清单。清单内容包括但不限于争议主体、争议案由、争议金额、管辖或处理机构名称、案件进展等
2	按第 1 项清单列明的内容，对于尚未了解的重大诉讼、仲裁和其他任何司法程序、行政程序的案件，提供起诉书、立案通知书、追加第三人通知书、仲裁申请书或仲裁受理通知书(包括但不限于申请撤销仲裁裁决或申请不予执行仲裁裁决的申请书)、答辩状、仲裁答辩书或已生效法律文书执行情况的说明文件，若有二审，请提供上诉状或上诉答辩状，及纠纷所涉及的主要合同、协议、报告、备忘录及内部或外聘律师就现行的纠纷提供的法律意见或判断
3	对于报告期内已结的诉讼、仲裁、行政处罚行为，提供处罚通知书(决定书)、判决书、裁决书、裁定书、缴纳罚款的收据或纠正违法违规行为，履行具有执行力的判决、裁定、仲裁裁决的说明等文件
4	与公司任何财产或业务或股权相关的，或针对公司持有股权、股份 5% 以上股东、董事、监事、高级管理人员核心技术人员的任何行政机关、司法机关的查封、冻结或其他强制执行的措施或程序的文书，包括但不限于查封、扣押、冻结通知书，协助执行通知书，执行通知书等
5	公司及其控股子公司是否有因环境保护、知识产权、产品质量、劳动安全等原因产生的行政处罚或遭受或潜在的行政程序，如有，请提供相关书面说明
6	任何涉及公司股东、董事、监事、高级管理人员或核心技术人员的已经发生的、正在进行的或已有明显迹象表明可能要发生的诉讼、仲裁或者行政处罚清单和相应文件，包括但不限于该诉讼、仲裁和行政处罚之有关文件、判决书或仲裁裁决或行政处罚决定书的最新进展，以及履行完毕相关判决、裁定、处罚的相关凭证
7	任何公司股东、董事、监事、高级管理人员是否存在不符合相关法律规定的资格或条件的说明确认及相关文件
8	已知的可能导致公司及控股子公司提出索赔或向公司及控股子公司提出索赔的协议违约信息，包括但不限于：对应的合同、律师函、违约通知函等
9	涉及公司员工且尚未处理完毕的工伤、意外、交通事故的情况说明、访谈调查笔录及证明文件(如有)
10	内部或外聘律师就可能的纠纷提供的法律意见或判断

二、访谈清单

1. 公司及其控股子公司近三年已了结的或正在进行的尚未了结的重大诉讼、仲裁和其他任何司法程序、行政程序的案件有哪些？如有，是否采取了司法查封、冻结、扣押等强制措施？

2. 公司持有公司股权、股份5%以上的股东、董事、高级管理人员、监事、技术核心人员近三年是否存在已了结的或正在进行的尚未了结的重大诉讼、仲裁和其他任何司法程序、行政程序的案件有哪些？如有，是否采取了司法查封、冻结、扣押等强制措施？

3. 公司持有公司股权、股份5%以上的股东、董事、监事、高级管理人员或核心技术人员是否存在罚款或责令停业整顿、吊销执照或资格等各类行政处罚？

4. 公司及控股子公司有无被环保、市场监督、安全生产、产品质量、技术监督、公安消防、劳动保障、反竞争、反倾销、反垄断等方面的行政处罚或案件？

5. 公司董事、监事、高级管理人员是否存在《公司法》第146条规定的情形之一？

三、主要法律问题

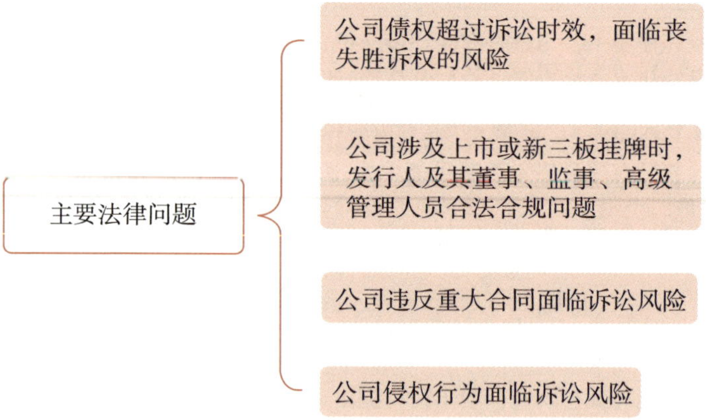

图2-14-1 本专题思维导图

（一）公司债权超过诉讼时效，面临丧失胜诉权的风险

我国《民法典》第188条针对诉讼时效作出了明确规定，权利人向人民法院

请求保护民事权利的诉讼时效期间为3年,最长诉讼时效为20年,如有特殊情况的,权利人可以向人民法院申请延长。此外,《民法典》合同编还对特别诉讼时效做出了规定,第594条规定,因国际货物买卖合同和技术进出口合同争议提起诉讼或者申请仲裁的时效期间为4年。

(二)目标公司作为发行人或挂牌主体是否存在重大违法行为

相关规定列示了公司作为发行人或挂牌主体是否存在重大违法行为的规定或要求:

(1)《证券法》(2019年修订)(主席令第37号,2019年12月28日发布)第12条规定:公司首次公开发行新股,发行人及其控股股东、实际控制人最近三年应当不存在贪污、贿赂、侵占财产、挪用财产或者破坏社会主义市场经济秩序的刑事犯罪。

(2)《首次公开发行股票并上市管理办法》(2020年修正)(2020年7月10日生效)第18条第2项规定:发行人不得有下列情形:最近36个月内违反工商、税收、土地、环保、海关以及其他法律、行政法规,受到行政处罚,且情节严重。

(3)《创业板首次公开发行股票注册管理办法(试行)》(中国证券监督管理委员会令第167号,2020年6月12日生效)第12条第3项规定:发行人不应存在涉及主要资产、核心技术、商标等的重大权属纠纷,重大偿债风险,重大担保、诉讼、仲裁等或有事项,经营环境已经或者将要发生重大变化等对持续经营有重大不利影响的事项。第13条规定,最近三年内,发行人及其控股股东、实际控制人不存在贪污、贿赂、侵占财产、挪用财产或者破坏社会主义市场经济秩序的刑事犯罪,不存在欺诈发行、重大信息披露违法或者其他涉及国家安全、公共安全、生态安全、生产安全、公众健康安全等领域的重大违法行为。

(4)《科创板上市公司证券发行注册管理办法(试行)》(中国证券监督管理委员会令第171号,2020年7月3日生效)第10条规定了不得向不特定对象发行股票的情形,包括:①上市公司及其现任董事、监事和高级管理人员最近三年受到中国证监会行政处罚,或者最近一年受到证券交易所公开谴责,或者因涉嫌犯罪正被司法机关立案侦查或者涉嫌违法违规正在被中国证监会立案调查;②上市公司及其控股股东、实际控制人最近三年存在贪污、贿赂、侵占财产、挪用财产或者破坏社会主义市场经济秩序的刑事犯罪，或者存在严重损害上市公司利益、投资者合法权益、社会公共利益的重大违法行为。该办法第 11 条规定了不得向特定对象发行股票的情形，包括：①上市公司及其现任董事、监事和高级管理人员因涉嫌犯罪正在被司法机关立案侦查或者涉嫌违法违规正被中国证监会立案调查；②控股股东、实际控制人最近三年存在严重损害上市公司利益或者投资者合法权益的重大违法行为；③上市公司最近三年存在严重损害投资者合法权益或者社会公共利益的重大违法行为。

(5)全国中小企业股份转让系统有限责任公司发布的《全国中小企业股份转让系统股票挂牌条件适用基本标准指引》明确，挂牌主体应当合法合规经营，公司及其控股股东、实际控制人、下属子公司(下属子公司是指公司的全资、控股子公司或通过其他方式纳入合并报表的公司或其他法人)须依法开展经营活动，经营行为合法、合规，不存在重大违法违规行为。第一，公司及下属子公司的重大违法违规行为，是指公司及下属子公司最近 24 个月内因违犯国家法律、行政法规、规章的行为，受到刑事处罚或适用重大违法违规情形的行政处罚：①行政处罚是指经济管理部门对涉及公司经营活动的违法违规行为给予的行政处罚。②重大违法违规情形是指，凡被行政处罚的实施机关给予没收违法所得、没收非法财物以上行政处罚的行为，属于重大违法违规情形，但处罚机关依法认定不属于的除外；被行政处罚的实施机关给予罚款的行为，除主办券商和律师能依法合理说明或处罚机关认定该行为不属于重大违法违规行为的外，都视为重大违法违规情形。③公司及下属子公司最近 24 个月内不存在涉嫌犯罪被司法机关立案侦查，尚未有明确结论意见的情形。第二，控股股东、实际控制人合法合规，是指最近 24 个月内不存在涉及以下情形的重大违法违规行为：①控股股东、实际控制人受刑事处罚。②受到与公司规范经营相关的行政处罚，且情节严重；情节严重的界定参照前述规定。③涉嫌犯罪被司法机关立案侦查，尚未有明确结论意见。

(三)公司违反重大合同面临诉讼风险

实践中常常出现目标公司基于与供应商、客户的口头沟通而改变实际履行合同的方式的情形，此时公司未严格按照合同原本约定的条款履行目标公司的相关义务，包括但不限于未按时向客户交付相应的产品、未按时向供应商支付对应的货款等，由于仅为口头沟通达成的一致并未进行任何双方的书面确认，此时目标公司存在面临被合同对方依据合同约定起诉并追究违约责任的风险，而如果是涉及合同金额较大的重大合同，一旦公司被起诉并最终承担相应责任，将对目标公司的正常业务开展和运营构成重大不利影响，且很可能影响交易的顺利进行。因此律师在尽调的过程中，不应仅依赖于网络公开查询结果和公司对诉讼、仲裁和处罚情况的回复确认，还应特别留意对公司重大合同条款约定和实际履行状况的核查，以便及时发现潜在的公司的违约可能及相应的涉诉风险，以提前提示给客户并提供相应建议。

（四）公司侵权行为面临诉讼风险

实践中常常出现目标公司在业务开展过程中可能会面临侵犯其他方权益的情况，比如侵犯其他公司发明、实用新型、外观设计专利等知识产权，互联网平台发布的文章或信息侵犯其他方的著作权或名誉权，等等。此时目标公司存在面临被侵权方依据侵权责任相关法律规定起诉并追究侵权责任的风险，而如果涉及影响较大的侵权行为，一旦公司被起诉并最终承担相应责任，将对目标公司的声誉及后续运营构成重大不利影响，且很可能影响后续交易的顺利进行。因此律师在尽调的过程中，不应仅依赖于公司对诉讼、仲裁和处罚情况的回复确认以及网络公开查询结果，还应特别留意公司合同的条款约定及履行情况（如知识产权授权合同，要确保知识产权授权协议的完整性以及在履行过程中是否有侵犯其他方知识产权的行为）的核查，以便及时发现潜在的公司的侵权可能及相应的涉诉风险，以提前提示客户并提供相应建议。

（五）行政处罚中的两年时效问题

《行政处罚法》（2021 年修订）（主席令第 70 号，2021 年 7 月 15 日生效）第 36 条规定，违法行为在 2 年内未被发现的，不再给予行政处罚；涉及公民生命健康安全、金融安全且有危害后果的，上述期限延长至 5 年。法律另有规定的除外。前款规定的期限，从违法行为发生之日起计算；违法行为有连续或者继续状态的，从行为终了之日起计算。

国务院法制办公室（已撤销）对《湖北省人民政府法制办公室〈关于如何确认违法行为连续或继续状态的请示〉的复函》（国法函〔2005〕442 号）中指出，违法行为的连续状态，是指当事人基于同一个违法故意，连续实施数个独立的行政违法行为，并触犯同一个行政处罚规定的情形。

针对目标公司历史上发生的行政违法行为，若尚未被发现并处罚的，首先建议律师关注相关行政违法行为发生时间是否超过两年；如是，仍需进一步判断相关行政违法行为是否处于“连续或者继续状态”，从而准确判断相关行政违法行为是否仍然存在面临处罚的风险。

相关规定

本专题相关规定见表2－14－2。

表2－14－2 相关规定

主要法律问题	文件名	具体条款规定
诉讼时效	《民法典》(文号：主席令第45号；发文机关：全国人民代表大会；发布日期：2020年5月28日；实施日期：2021年1月1日)	第152条 有下列情形之一的，撤销权消灭： (一)当事人自知道或者应当知道撤销事由之日起一年内、重大误解的当事人自知道或者应当知道撤销事由之日起九十日内没有行使撤销权； (二)当事人受胁迫，自胁迫行为终止之日起一年内没有行使撤销权； (三)当事人知道撤销事由后明确表示或者以自己的行为表明放弃撤销权。 当事人自民事法律行为发生之日起五年内没有行使撤销权的，撤销权消灭。
		第188条 向人民法院请求保护民事权利的诉讼时效期间为三年。法律另有规定的，依照其规定。 诉讼时效期间自权利人知道或者应当知道权利受到损害以及义务人之日起计算。法律另有规定的，依照其规定。但是，自权利受到损害之日起超过二十年的，人民法院不予保护，有特殊情况的，人民法院可以根据权利人的申请决定延长。
		第574条 债权人可以随时领取提存物。但是，债权人对债务人负有到期债务的，在债权人未履行债务或者提供担保之前，提存部门根据债务人的要求应当拒绝其领取提存物。 债权人领取提存物的权利，自提存之日起五年内不行使而消灭，提存物扣除提存费用后归国家所有。但是，债权人未履行对债务人的到期债务，或者债权人向提存部门书面表示放弃领取提存物权利的，债务人负担提存费用后有权取回提存物。
		第594条 因国际货物买卖合同和技术进出口合同争议提起诉讼或者申请仲裁的时效期间为四年。

续表

主要法律问题	文件名	具体条款规定
涉及上市或新三板挂牌时，发行人及其董事、监事、高级管理人员合法合规问题	《首次公开发行股票并上市管理办法》(2020年修正)(发布日期:2020年7月10日;实施日期:2020年7月10日;发文机关:中国证券监督管理委员会;文号:中国证券监督管理委员会令第173号;经过2015年12月30日、2018年6月6日修订,最新于2020年7月10日修订并实施)	第18条 发行人不得有下列情形: (一)最近36个月内未经法定机关核准,擅自公开或者变相公开发行过证券;或者有关违法行为虽然发生在36个月前,但目前仍处于持续状态; (二)最近36个月内违反工商、税收、土地、环保、海关以及其他法律、行政法规,受到行政处罚,且情节严重; (三)最近36个月内曾向中国证监会提出发行申请,但报送的发行申请文件有虚假记载、误导性陈述或重大遗漏;或者不符合发行条件以欺骗手段骗取发行核准;或者以不正当手段干扰中国证监会及其发行审核委员会审核工作;或者伪造、变造发行人或其董事、监事、高级管理人员的签字、盖章; (四)本次报送的发行申请文件有虚假记载、误导性陈述或者重大遗漏; (五)涉嫌犯罪被司法机关立案侦查,尚未有明确结论意见; (六)严重损害投资者合法权益和社会公共利益的其他情形。
违反重大合同面临诉讼风险	《民法典》(发布日期:2020年5月28日;实施日期:2021年1月1日;发文机关:全国人民代表大会;文号:主席令第45号)	第577条 当事人一方不履行合同义务或者履行合同义务不符合约定的,应当承担继续履行、采取补救措施或者赔偿损失等违约责任。
侵权行为面临诉讼风险	《专利法》(2020年修正)(发布日期:2020年10月17日;实施日期:2021年6月1日;发文机关:全国人大常委会;文号:中华人民共和国主席令第55号;经过1992年9月4日、2000年8月25日、2008年12月27日三次修订,最新于2020年10月17日修订,2021年6月1日实施)	第65条 未经专利权人许可,实施其专利,即侵犯其专利权,引起纠纷的,由当事人协商解决;不愿协商或者协商不成的,专利权人或者利害关系人可以向人民法院起诉,也可以请求管理专利工作的部门处理。管理专利工作的部门处理时,认定侵权行为成立的,可以责令侵权人立即停止侵权行为,当事人不服的,可以自收到处理通知之日起十五日内依照《中华人民共和国行政诉讼法》向人民法院起诉;侵权人期满不起诉又不停止侵权行为的,管理专利工作的部门可以申请人民法院强制执行。进行处理的管理专利工作的部门应当事人的请求,可以就侵犯专利权的赔偿数额进行调解;调解不成的,当事人可以依照《中华人民共和国民事诉讼法》向人民法院起诉。

专题十五 外商投资企业的特殊规定

《外商投资法》及其实施条例于2020年1月1日起正式生效，取代了我国长期以来外商投资监管的三部主要法律——《中外合资经营企业法》、《中外合作经营企业法》和《外资企业法》，使得我国外商投资监管制度和法律体系发生重大变化，成为我国促进、保护和规范外商投资的基础性法律。

我国外商投资监管制度和法律体系的完善并非一蹴而就，而是逐步实现的。律师对外商投资企业进行法律尽职调查过程中，对事实发现进行法律分析时，应当注意适用当时有效的法律法规，关注新旧法律法规的生效和失效时间，尤其是两者衔接和过渡的相关规定。

一、审阅文件清单

本专题相关审阅文件清单见表2-15-1。

表2-15-1 审阅文件清单

序号	审阅文件清单[1]
1	股东身份证明（法人股东营业执照或境外登记注册文件、股东名册、董事名册，自然人股东身份证明文件）
2	外国股东的股东名册及实际控制人身份证明
3	外商投资企业设立批复（如有）
4	外商投资企业批准证书（如有）
5	外商投资企业设立/变更备案回执（如有）
6	公司章程/合伙协议
7	合营/合作合同（如有）、投资者的其他协议文件（含协议控制系列文件，如有）
8	向登记机关申请办理变更登记、章程备案或者董事备案相关文件
9	董事委派文件
10	董事会决议
11	股权转让协议、增资协议、减资协议、资产收购协议等
12	股权变更/注册资本变更/新设外商投资企业批准文件/设立/变更备案回执
13	公司及子公司的业务资质、批准文件（如有）
14	子公司（如有）营业执照

[1]如工商档案中含有下述全部文件或部分文件，则已包含在工商档案中的文件不需要再单独提供。

二、访谈清单

（一）股东

1. 请说明目标公司外国法人股东（如有）的基本情况（包括名称、设立地、从事业务等）。

2. 请说明目标公司外国法人股东的股东及实际控制人的具体情况。

3. 如果目标公司外国法人股东的实际控制人为中国自然人，请说明是否属于设立特殊目的返程投资？是否办理37号文外汇登记？

4. 是否存在代持情况？隐名股东是否为中国自然人？

5. 请说明目标公司自然人股东（如有）是否存在取得外国居留权、在外国定居或取得外国国籍的情形。

6. 如果目标公司存在协议控制架构，请说明目标公司经营范围所涉及的行业应适用的外资市场准入政策、行业主管部门。

7. 如果目标公司股东是外商投资企业，请说明目标公司设立时出资过程。

（二）经营范围及设立、变更

1. 请详细说明目标公司经营范围，是否持有相应业务资质，并说明是否符合外商投资准入负面清单的要求；

2. 请说明目标公司设立时审批或备案的情况；

3. 请说明目标公司历次变更的审批或备案情况；

4. 请说明目标公司报送外商投资信息的情况，如初始报告、变更报告、注销报告、年度报告。

（三）投资总额和注册资本

1. 请说明公司投资总额、注册资本及实缴出资额的基本情况；

2. 请说明目标公司是否存在外债；

3. 外债额度确定方式是按照“投注差模式”还是“宏观审慎模式”。

（四）出资比例

1. 请说明目标公司外国投资者的出资比例；

2. 请说明目标公司章程、合资或合作合同(如有)对利润分配和剩余资产分配的约定;如果相关约定发生过变更,请说明。

(五)组织形式和组织机构

1. 请说明目标公司是否变更过组织形式;

2. 请说明目标公司最高权力机构;

3. 请说明目标公司董事会组成、人数、最低法定人数、董事产生方式、决策机制等情况;

4. 请说明目标公司组织机构是否根据《外商投资法》进行或准备进行变更;

5. 若应当变更而未变更,请说明目标公司计划何时根据《外商投资法》约定对组织机构进行变更;

6. 请说明目标公司对组织机构进行调整后是否修订公司章程,并依法向登记机关申请办理变更登记、章程备案或者董事备案等手续。

(六)股权变更

1. 请说明目标公司历次股权变更是否经过审批或备案;

2. 如果目标公司的境外股东是由境内公司、企业或自然人设立或控制,并且该名股东是通过并购取得目标公司股权,将目标公司由内资公司变更为外商投资企业的,请说明并购前目标公司与境外股东实际控制人是否存在关联关系。

(七)对外投资

如果目标公司投资设立子公司,请说明子公司是否符合外商投资准入负面清单的要求,是否根据《外商投资法》及其实施条例办理登记注册。

三、主要法律问题

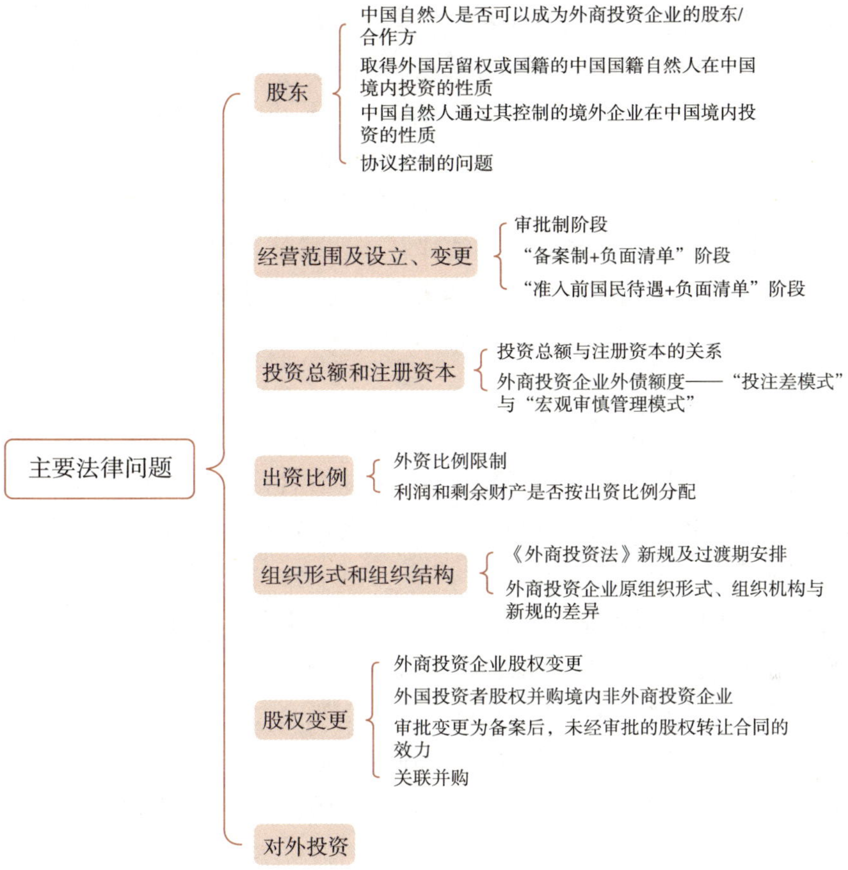

图 2－15－1　本专题思维导图

(一)股东

1. 中国自然人是否可以成为外商投资企业的股东或合作方[①]

《外商投资法》生效前，中国自然人通过新设或非外资并购的其他方式成为外商投资企业的股东存在法律障碍，中国自然人对外商投资企业增资或受让外商投资企业股权的行为是否有效这一问题存在争议；但中国自然人作为原内资

---

① 叶军、鲍治：《外资并购境内企业的法律分析》，法律出版社 2008 年版。

企业的股东，在企业因并购变更为外商投资企业后，作为变更后外商投资企业的股东不存在法律障碍。

根据我国《宪法》①、《中外合资经营企业法》②和《中外合作经营企业法》③的规定，虽然我国法律允许外国个人在中国投资，法律规定的“外国合营者”“外国合作者”不仅包括外国的企业和其他经济组织，也包括外国的自然人，但同时，《中外合资经营企业法》（已失效）和《中外合作经营企业法》（已失效）列举的与外国投资者进行合作的国内投资者只包括中国的企业或者其他经济组织，而未包括中国的自然人。虽然上述法律并未明确禁止中国自然人参与投资外商投资企业，但却被解读为“中国自然人不得成为与外国投资者进行合作的国内投资者”，后续发布的相关部门规章中均明确中国自然人不得成为外商投资企业的投资人。

原对外经济贸易部、原国家工商行政管理局《关于严格审核举办中外合资经营企业中方法人资格的通知》第 1 条规定，中方合营者必须是根据我国《民法通则》（已失效）第 36 条至第 49 条规定依法成立的“企业法人”，或是取得法人资格的其他经济组织。

《关于加强外商投资企业审批、登记、外汇及税收管理有关问题的通知》第 5 条规定“暂不允许境内中国自然人以新设或收购方式与外国的公司、企业、其他经济组织或个人成立外商投资企业”。

在过往很长一段时间的实践中，上述规定遏制了中国自然人与国外资金、先进技术、管理经验的合作，不仅不允许中国自然人与外国投资者合营设立企业，已经设立的外商投资企业也不允许出现中国自然人股东，甚至通过继承等

---

① 《宪法》（2018 年修正）（生效日期：2018 年 3 月 11 日；文号：全国人民代表大会公告第 1 号）第 18 条第 1 款：中华人民共和国允许外国的企业和其他经济组织或者个人依照中华人民共和国法律的规定在中国投资，同中国的企业或者其他经济组织进行各种形式的经济合作。

② 《中外合资经营企业法》（2016 年修正）（生效日期：2016 年 10 月 1 日；失效日期：2020 年 1 月 1 日；文号：中华人民共和国主席令第 51 号）第 1 条：中华人民共和国为了扩大国际经济合作和技术交流，允许外国公司、企业和其他经济组织或个人（以下简称外国合营者），按照平等互利的原则，经中国政府批准，在中华人民共和国境内，同中国的公司、企业或其他经济组织（以下简称中国合营者）共同举办合营企业。

③ 《中外合作经营企业法》（2017 年修正）（生效日期：2017 年 11 月 5 日；失效日期：2020 年 1 月 1 日；文号：中华人民共和国主席令第 81 号）第 1 条：为了扩大对外经济合作和技术交流，促进外国的企业和其他经济组织或者个人（以下简称外国合作者）按照平等互利的原则，同中华人民共和国的企业或者其他经济组织（以下简称中国合作者）在中国境内共同举办中外合作经营企业（以下简称合作企业），特制定本法。

方式也无法实现由中国自然人持有外商投资企业的股权。但是,某些地区如北京、上海、天津、湖北等地为了鼓励外商投资,通过地方政府规章或规范性文件放宽了对外商投资企业投资主体的限制。

在近年来的司法实践中,针对中国自然人对外商投资企业增资或受让其股权的行为,各地法院的裁判意见并不统一,但越来越多的法院认为《中外合资经营企业法》(已失效)并未明确禁止自然人投资参股外商投资企业,因此认定中国自然人对外商投资企业增资或受让其股权的行为有效。

受到上述限制,中国自然人主要通过设立个人独资企业或一人有限公司的方式参与设立外商投资企业,进而规避了禁止中国自然人作为投资者参与设立外商投资企业的规定。1999 年 8 月 30 日颁布的《个人独资企业法》允许中国自然人可以在中国境内单独设立以其个人财产对企业债务承担无限责任的企业,企业财产为投资人个人所有;2005 年 10 月 27 日修订的《公司法》也允许一人有限责任公司的设立。

而根据《关于外国投资者并购境内企业的规定》(2009 年修改),允许中国自然人可以继续作为被并购境内公司变更为外商投资企业后的中方投资者。①这意味着,通过外资并购方式导致内资企业变更为中外合资、中外合作经营企业的情况下,允许中国自然人成为股东;但在新设或者非外资并购的其他股权并购的方式下,中国自然人成为中外合资、中外合作经营企业的股东仍存在法律障碍。

综上,《外商投资法》生效前,中国自然人通过新设或非外资并购的其他方式成为外商投资企业的股东存在法律障碍,中国自然人对外商投资企业增资或受让其股权的行为是否有效这一问题存在争议;但中国自然人作为原内资企业的股东,在企业因并购变更为外商投资企业后,作为变更后外商投资企业的股东不存在法律障碍。

《外商投资法》生效后,中国自然人成为外商投资企业的股东不再存在法律障碍。《外商投资法》第 2 条取消了关于外商投资企业中方投资者的限制,《外商投资法实施条例》②第 3 条明确规定,《外商投资法》第 2 条第 2 款第 1 项、第

① 《关于外国投资者并购境内企业的规定》(2009 年修订)(生效日期:2009 年 6 月 22 日;文号:商务部令 2009 年第 6 号)第 57 条:被股权并购境内公司的中国自然人股东,经批准,可继续作为变更后所设外商投资企业的中方投资者。

② 生效日期:2020 年 1 月 1 日;文号:国务院令第 723 号。

3 项所称其他投资者,包括中国的自然人在内。中国自然人成为外商投资企业的股东不再存在法律障碍。

2. 取得外国居留权或国籍的中国国籍自然人在中国境内投资的性质

(1)取得外国居留权的中国国籍自然人

商务部 2015 年的《外国投资法》(草案征求意见稿)[以下简称《外国投资法》(2015 年征求意见稿)]第 11 条规定,“外国投资者”明确包括“不具有中国国籍的自然人”;第 160 条规定,“具有中国国籍的自然人取得外国永久居留权,有关法律、行政法规对其在中国境内投资的待遇另有规定的,从其规定”。但是,2019 年颁布的《外商投资法》并未保留上述规定。

根据国务院《关于鼓励华侨和香港澳门同胞投资的规定》[①]的规定,华侨投资设立的境内企业享受外商投资企业待遇。华侨的定义为:定居在国外的中国公民。[②]《外商投资法实施条例》沿用了“定居”的概念,进一步明确,定居在国外的中国公民在中国境内投资,参照《外商投资法》及其实施条例执行;法律、行政法规或者国务院另有规定的,从其规定。但是,此处“定居”标准尚需进一步明确。按照通常意思理解,“取得外国居留权”并不一定等同于“定居”。

另根据国家外汇管理局综合司《关于取得境外永久居留权的中国自然人作为外商投资企业外方出资者有关问题的批复》[③]明确,“中国公民取得境外永久居留权后回国投资举办企业,参照执行现行外商直接投资外汇管理法规。中国公民在取得境外永久居留权前在境内投资举办的企业,不享受外商投资企业待遇”。

根据上述规定,可以明确的是,若中国公民取得境外永久居留权并在国外定居,则其在境内投资的企业参照《外商投资法》及其实施条例执行。而对于取得境外永久居留权而并未在国外定居的中国公民,从外汇监管规定来看,中国公民取得境外永久居留权前在境内投资的企业系内资企业,非外商投资企业;中国公民取得境外永久居留权后在境内投资的企业,在外汇方面参照执行外商

---

① 国务院《关于鼓励华侨和香港澳门同胞投资的规定》(生效日期:1990 年 8 月 19 日;文号:国务院令第 64 号)第 5 条第 1 款:华侨、港澳投资者在境内投资举办拥有全部资本的企业、合资经营企业和合作经营企业(以下统称华侨、港澳同胞投资企业),除适用于本规定外,参照执行国家有关涉外经济法律、法规的规定,享受相应的外商投资企业待遇。

② 《归侨侨眷权益保护法》(2009 年修正)(生效日期:2009 年 8 月 27 日;文号:主席令第 18 号)第 2 条。

③ 生效日期:2005 年 7 月 15 日;文号:汇综复〔2005〕64 号。

直接投资外汇管理法规。

（2）取得外国国籍的自然人

《关于外国投资者并购境内企业的规定》（2009 年修订）第 55 条规定，“境内公司的自然人股东变更国籍的，不改变该公司的企业性质”。

《外国投资法》（2015 年征求意见稿）第 11 条“外国投资者”明确包括“不具有中国国籍的自然人”；第 159 条规定，“具有中国国籍的自然人取得外国国籍的，其在中国境内的投资不论发生于本法生效之前或之后，均属于外国投资，应当适用本法的相关规定，国务院另有规定的除外”。最终颁布的《外商投资法》并未保留上述规定，但第 2 条将“外国投资者”定义为“外国的自然人、企业或者其他组织”。

《国籍法》①第 3 条和第 9 条规定，我国不承认中国公民具有双重国籍，定居外国的中国公民，自愿加入或取得外国国籍的，即自动丧失中国国籍。根据上述规定及最高人民法院相关判例，②自动丧失中国国籍以“取得外国国籍”为条件，而无须同时以“定居外国”为条件。只要自愿加入或取得外国国籍，即使在我国国内有固定住所、生活和工作，也不影响外国国籍的身份认定。中国公民在取得外国国籍后，没有及时注销其中国身份证一事属于行政管理问题，不影响对其为外国人身份的确定。

据此，中国国籍自然人因取得外国国籍而自动丧失中国国籍的，应视为外国自然人，属于外国投资者，其在中国境内的投资属于外商投资。但是，对于取得外国国籍之前已经进行的投资性质是否随之变更，目前的监管规定尚不明确。

3. 中国自然人通过其控制的境外企业在中国境内投资的性质

《外国投资法》（2015 年征求意见稿）第 45 条规定，受中国投资者控制的，其在中国境内从事限制实施目录范围内的投资，在申请准入许可时，可提交书面证明材料，申请将其投资视作中国投资者的投资，即中国投资者实际控制情形下视为内资。按照这一规定，中国投资者控制的返程投资将被直接视为内资。但是，2019 年正式颁布的《外商投资法》并未保留上述规定。

随后，司法部 2019 年 11 月 1 日发布的《外商投资法实施条例》（征求意见

---

① 生效日期：1980 年 9 月 10 日；文号：全国人大常委会委员长令第 8 号。

② （2017）最高法民辖终 125 号；（2020）最高法行申 11360 号。

稿)[以下简称《外商投资法实施条例》(征求意见稿)]第35条规定,“中国的自然人、法人或者其他组织在中国境外设立的全资企业在中国境内投资的,经国务院有关主管部门审核并报国务院批准,可以不受外商投资准入负面清单规定的有关准入特别管理措施的限制”。上述规定并没有沿用“控制”的标准,也不再规定“视为内资”,而是规定“不受外商投资准入限制”。但是,2019年颁布的《外商投资法实施条例》也并未保留上述规定。《外商投资法》第2条将“外国投资者”定义为“外国的自然人、企业或者其他组织”。按照字面解释,中国自然人控制的境外企业仍应认定为外国投资者。在各个行业或领域的具体监管层面,对中国投资者返程投资和真正的外国投资者可能进行区别对待,相关问题在“协议控制的合法性”章节亦有详细分析。

境内居民(含境内机构和境内居民个人)以投融资为目的,以其合法持有的境内企业资产或权益,或者以其合法持有的境外资产或权益,在境外直接设立或间接控制的境外企业,通过该特殊目的公司进行返程投资,对境内开展的直接投资活动,即通过新设、并购等方式在境内设立外商投资企业或项目,应当按照37号文办理登记。如果涉及并购与其有关联关系的境内公司,则构成关联并购。

4. 协议控制的问题

“协议控制”也称为“VIE架构”或“合约安排”,即不通过股权方式控制境内运营实体,而是通过签订各种协议,如《独家技术咨询和服务协议》、《业务经营协议》、《期权协议》(或称《独家购买权协议》)、《股权质押协议》、《股东表决权委托协议》等一系列控制协议,实现VIE架构下的外商独资企业(WFOE)对境内运营实体的实际控制,依据美国财务会计标准委员会(FASB)制定的46号解释公告(FASB Interpretion No. 46,FIN46)条款关于“可变利益实体”的规定,通过VIE架构可以合并被控制企业的财务报表,取得境内企业的主要收入和利润,是一种常见的红筹架构模式。我国现行有效的法律法规未对协议控制做出明确规定。

《外国投资法》(2015年征求意见稿)曾尝试对协议控制做出规定。第11条从国籍、注册地的角度对外国投资者进行了定义:非中国国籍的自然人、依据其他国家或者地区法律设立的企业、其他国家或者地区政府及其所属部门或机构、国际组织属于外国投资者;该条同时规定,受外国投资者控制的境内企业,“视同外国投资者”。第15条规定,外国投资者通过合同、信托等方式控制境内企业或者持有境内企业权益,构成外国投资。第 18 条进一步明确“控制”包含“通过合同、信托等方式能够对该企业的经营、财务、人事或技术等施加决定性影响”的情形。上述规定明确将采取协议控制的境内企业纳入外商投资监管,但同时又为中国投资者返程投资开了一扇窗。《外国投资法》(2015 年征求意见稿)第 45 条规定,受中国投资者控制的,其在中国境内从事限制实施目录范围内的投资,在申请准入许可时,可提交书面证明材料,申请将其投资视作中国投资者的投资,即中国投资者实际控制情形下视为内资。按照这一规定,中国投资者控制的返程投资将被直接视为内资,自然也就不再受外资准入限制,既解决了现有协议控制架构的合法性,也意味着协议控制架构将成为历史。

但是,2019 年 3 月 15 日正式颁布的《外商投资法》删除了涉及协议控制的相关条款,而是隐晦地采取了“间接”“其他类似权益”“其他方式”等表述。该法第 2 条规定,外商投资是指,外国的自然人、企业或者其他组织(以下简称外国投资者)直接或者间接在中国境内进行的投资活动,包括“外国投资者取得中国境内企业的股份、股权、财产份额或者其他类似权益”“法律、行政法规或者国务院规定的其他方式的投资”。

随后,2019 年 11 月 1 日发布的《外商投资法实施条例》(征求意见稿)第 35 条明确规定,“中国的自然人、法人或者其他组织在中国境外设立的全资企业在中国境内投资的,经国务院有关主管部门审核并报国务院批准,可以不受外商投资准入负面清单规定的有关准入特别管理措施的限制”。上述规定基本沿袭了《外国投资法》(2015 年征求意见稿)的监管思路,但在条件上更为严苛。这一条规定的适用对象范围实际可能会非常狭窄。2019 年 12 月 26 日正式颁布的《外商投资法实施条例》最终并未保留该第 35 条。

2020 年 7 月 23 日生效的《外商投资准入特别管理措施(负面清单)》(2020 年版)(已失效)第 5 条规定,经国务院有关主管部门审核并报国务院批准,特定外商投资可以不适用《外商投资准入负面清单》中相关领域的规定。2022 年 1 月 1 日生效的《外商投资准入特别管理措施(负面清单)》(2021 年版)延续了上述规定。

由此可见,立法者尝试在协议控制监管层面作出一些突破,虽然目前还是选择暂时搁置,但监管思路逐渐明朗。随着部分外商投资禁止和限制领域的逐步放开,某些行业领域采取协议控制的必要性也将不复存在,而对于需要保留准入限制的行业领域,根据《外商投资法》第 2 条兜底条款,协议控制未来有可能通过其他单行法律、国务院制定的行政法规或规范性文件的方式明确被纳入外资准入监管，在各个行业或领域的具体监管层面也可能对中国投资者返程投资和真正的外国投资者进行区别对待。

特定行业领域对协议控制的特殊监管规定早有先例。

2009年9月28日发布的新闻出版总署(已撤销)、国家版权局、全国"扫黄打非"工作小组办公室《关于贯彻落实国务院〈"三定"规定〉和中央编办有关解释，进一步加强网络游戏前置审批和进口网络游戏审批管理的通知》规定，禁止外商以独资、合资、合作等方式在中国境内投资从事网络游戏运营服务。外商不得通过设立其他合资公司、签订相关协议或提供技术支持等间接方式实际控制和参与境内企业的网络游戏运营业务。不得通过将用户注册、账号管理、点卡消费等直接导入由外商实际控制或具有所有权的游戏联网、对战平台等方式，变相控制和参与网络游戏运营业务。虽然前述规定在实践中，律师通常可能做不同理解，但不同部门对协议控制做出单行规定的现象是存在的。

2018年11月7日发布的中共中央、国务院《关于学前教育深化改革规范发展的若干意见》第24条规定，社会资本不得通过兼并收购、受托经营、加盟连锁、利用可变利益实体、协议控制等方式控制国有资产或集体资产举办的幼儿园、非营利性幼儿园。

司法部2021年4月7日发布的《民办教育促进法实施条例》(2021年修订)[①]第5条第3款规定，在中国境内设立的外商投资企业以及外方为实际控制人的社会组织不得举办、参与举办或者实际控制实施义务教育的民办学校；举办其他类型民办学校的，应当符合国家有关外商投资的规定。第13条第4款规定，任何社会组织和个人不得通过兼并收购、协议控制等方式控制实施义务教育的民办学校、实施学前教育的非营利性民办学校。

协议控制架构主要用于搭建红筹架构进行境外融资、上市。首先，如果目标公司存在协议控制架构，除了审查协议控制系列文件之外，律师还应当关注目标公司为搭建协议控制架构而设立的境外主体及其境外历次融资情况。其次，如果目标公司曾经存在协议控制架构，则应当进一步关注协议控制架构的拆除情况。此外，律师在尽职调查中应对特定行业监管的法律法规、政策性文件对协议控制的特殊规定进行关注，必要时向行业主管部门进一步咨询确认。

---

① 生效日期：2021年9月1日；文号：国务院令第741号。

(二)经营范围及设立、变更

我国外商投资监管体系经历了“审批制——备案制+负面清单——准入前国民待遇+负面清单”的变化历程。律师在对外商投资企业的设立及变更进行尽调调查、审阅相关文件时,应当关注设立及变更发生的具体时间,依据当时有效的监管法律法规进行审查。

1.“审批制”阶段

(1)以《外商投资产业指导目录》(已失效)为核心的市场准入制度

《中外合资经营企业法》(已失效)、《中外合作经营企业法》(已失效)和《外资企业法》(已失效)(以下简称“外资三法”)确立了外商投资项目的逐案审批制,根据《外商投资产业指导目录》(已失效)进行分类监管。1995年6月20日,原国家计划委员会、经济贸易委员会及对外贸易经济合作部联合发布了《指导外商投资方向暂行规定》①,并发布了初版《外商投资产业指导目录》。《指导外商投资方向暂行规定》规定《外商投资产业指导目录》是指导审批外商投资项目的依据。自1995年起,政府不定期地修订并发布新版《外商投资产业指导目录》,分别于1997年、2002年、2004年、2007年、2011年、2015年、2017年对目录进行了7次修订。根据《外商投资产业指导目录》,外商投资项目分为鼓励、允许、限制和禁止四类。鼓励类、限制类和禁止类的外商投资项目,列入《外商投资产业指导目录》,不属于鼓励类、限制类和禁止类的外商投资项目,为允许类外商投资项目,允许类外商投资项目不列入《外商投资产业指导目录》。

国家西部大开发战略实施后,国家发改委和商务部后又发布了《中西部地区外商投资优势产业目录》(2000年6月发布第一版,后经2004年、2008年、2013年、2017年4次修订,2019年7月30日废止),规定了适用于中西部地区、东北地区及海南省的外商投资的鼓励类行业名录,属于该目录的外商投资项目,享受鼓励类外商投资项目优惠政策。

特定外商项目所处行业是否属于鼓励类、限制类或禁止类行业不仅影响到监管部门对该项目的审批及审批程序,还可能影响到外国投资者能否享受到有关税费优惠或其他奖励措施。律师在为客户提供外商投资企业设立、变更相关意见或审阅外商投资企业相关文件时,应首先根据当时有效(目前已失效)的

① 被《指导外商投资方向规定》(生效日期:2002年4月1日;文号:国务院令第346号)废止。

《外商投资产业指导目录》,区分目标公司所进行或拟进行的业务属于哪种类别。

(2)设立及变更审批

根据外资三法的早期规定,中外合资经营企业、外资企业、中外合作经营企业设立及变更的审批根据投资金额分别由外国投资管理委员会(1982年撤销)[①]、国务院对外经济贸易主管部门(商务部前身)或者国务院授权的部门和地方政府按照权限负责,[②]后续政府逐步下放审批权限。[③] 律师应当核查外商投资企业所在地省级、市级商务主管部门关于外商投资企业设立及变更审批的具体规定。

(3)项目审批

我国对外商投资项目进行项目审批。有关外商投资项目审批的规定,早在

① 《中外合资经营企业法》(1979年)(生效日期:1979年7月8日;文号:全国人大常委会令第7号)(经1990年、2001年、2006年修正,2020年1月1日失效)第3条规定,合营各方签订的合营协议、合同、章程,应报中华人民共和国外国投资管理委员会已撤销,该委员会应在3个月内决定批准或不批准。合营企业经批准后,向中华人民共和国工商行政管理总局已撤销登记,领取营业执照,开始营业。该法经1990年修订后,审批机关变更为国家对外经济贸易主管部门。

② 《外资企业法》(1986年)(生效日期:1986年4月12日;文号:主席令第39号)(经2000年修正、2016年修订,2020年1月1日失效)第6条规定,设立外资企业的申请,由国务院对外经济贸易主管部门或者国务院授权的机关审查批准。审查批准机关应当在接到申请之日起90日内决定批准或者不批准。第7条规定,设立外资企业的申请经批准后,外国投资者应当在接到批准证书之日起30日内向工商行政管理机关申请登记,领取营业执照。外资企业的营业执照签发日期,为该企业成立日期。《中外合作经营企业法》(1988年)(生效日期:1988年4月13日;文号:主席令第4号)(经2000年、2016年、2017年修正,2020年1月1日失效)第5条规定,申请设立合作企业,应当将中外合作者签订的协议、合同、章程等文件报国务院对外经济贸易主管部门或者国务院授权的部门和地方政府(以下简称审查批准机关)审查批准。审查批准机关应当自接到申请之日起45日内决定批准或者不批准。第6条规定,设立合作企业的申请经批准后,应当自接到批准证书之日起30日内向工商行政管理机关申请登记,领取营业执照。合作企业的营业执照签发日期,为该企业的成立日期。

③ 相关法规、部门规章主要包括:国务院《关于授权省、自治区直辖市、经济特区和计划单列市人民政府审批外资企业的通知》(生效日期:1988年6月9日;失效日期:2016年6月25日;文号:国发〔1988〕36号)、国务院《关于扩大内地省、自治区、计划单列市和国务院有关部门吸收外商投资审批权限的通知》(生效日期:1988年7月3日;文号:国发〔1988〕42号)、原对外贸易经济合作部《关于地方自行审批鼓励类外商投资企业报外经贸部备案有关问题的通知》(生效日期:1999年10月15日;文号:〔1999〕外经贸资发第615号)、商务部《关于依法行政做好外商投资企业审批工作的通知》(生效日期:2005年1月21日;失效日期:2020年1月1日;文号:商资函〔2005〕3号)、商务部《关于下放外商投资股份公司、企业变更、审批事项的通知》(生效日期:2008年8月11日;文号:商资函〔2008〕50号)、商务部《关于下放外商投资审批权限有关问题的通知》(生效日期:2010年6月10日;失效日期:2020年1月1日;文号:商资发〔2010〕209号)。

1983 年 9 月 20 日国务院颁布实施的《中外合资经营企业法实施条例》①第 9 条中就有所规定:由中国合营者向企业主管部门呈报拟与外国合营者设立合营企业的项目建议书和初步可行性研究报告。该建议书与初步可行性研究报告,经企业主管部门审查同意并转报审批机构批准后,合营各方才能进行以可行性研究为中心的各项工作,在此基础上商签合营企业协议、合同、章程。1995 年《中外合作经营企业法实施细则》②第 7 条规定,设立合作企业应当由中国合作者向审查批准机关报送项目建议书和可行性研究报告,并附送主管部门审查同意的文件等。

国务院 1984 年 10 月 4 日颁布国务院批转国家计划委员会《关于改进计划体制的若干暂行规定的通知》③,国家计划委员会 1987 年 5 月 25 日颁布《关于编制、审批外商投资项目可行性研究的规定》,对利用外资总额实行指导性计划,外商投资项目根据不同限额由国家计划委员会、各部和各省、自治区、直辖市按权限予以审批。

国务院 2004 年 7 月 16 日颁布的《政府核准的投资项目目录》(2004 年本)④及 2004 年 7 月 16 日颁布的《关于投资体制改革的决定》,规定政府从市场准入、资本项目管理等方面对外商投资项目进行核准,对《外商投资产业指导目录》(已失效)鼓励类、允许类和限制类分别按投资额度确定由国家发展和改革委员会或地方政府予以核准。2004 年 10 月 9 日,国家发改委颁布《外商投资项目核准暂行管理办法》⑤,对外商投资项目核准机关、权限和程序等事项做出详细规定。2010 年 5 月 4 日国家发展改革委《关于做好外商投资项目下放核准权限工作的通知》⑥进一步调整下放了外商投资项目核准权限。律师应当核查外商投资企业所在地省级、市级发改委部门关于外商投资项目核准的具体规定。

2.“备案制 + 负面清单”阶段

根据 2013 年 10 月 1 日生效的全国人大常委会《关于授权国务院在中国

① 生效日期:1983 年 9 月 20 日;经 1986 年、2001 年、2011 年、2014 年修订,2020 年 1 月 1 日失效。

② 生效日期:1995 年 9 月 4 日;经 2014 年、2017 年修订,2020 年 1 月 1 日失效。

③ 2008 年 1 月 15 日失效。

④ 经 2013 年、2014 年、2016 年修订。

⑤ 被《外商投资项目核准和备案管理办法》(2014 年 5 月 17 日发布;2014 年 6 月 17 日实施)废止。

⑥ 2016 年 1 月 1 日失效。

(上海)自由贸易试验区暂时调整有关法律规定的行政审批的决定》①,全国人大常委会授权国务院对上海自由贸易试验区内国家实施准入特别管理措施以外的外商投资暂停实施外资三法规定的行政审批,改为备案制和负面清单管理模式。上海市人民政府于2013年9月发布的《中国(上海)自由贸易试验区外商投资准入特别管理措施(负面清单)》(2013年)②明确规定,对负面清单之外的领域,将外商投资项目由核准制改为备案制(国务院规定对国内投资项目保留核准的除外),将外商投资企业合同章程审批改为备案管理。广东、天津、福建自贸区和上海自贸区扩展区域也于2014年12月28日被全国人大常委会授权实施外商投资准入前国民待遇加负面清单管理模式。③ 2015年5月8日起,国务院办公厅印发的《自由贸易试验区外商投资准入特别管理措施(负面清单)》④正式生效。

在总结自贸试验区试点经验的基础上,2016年9月3日,全国人大常委会正式作出关于修改《外资企业法》(已失效)等4部法律的决定,将不涉及国家规定实施准入特别管理措施的外商投资企业设立及变更由审批改为备案管理。2016年10月8日,商务部发布实施《外商投资企业设立及变更备案管理暂行办法》⑤,对不涉及国家规定实施准入特别管理措施的外商投资企业的设立及变更的备案制度作出具体规定。同日,国家发改委、商务部发布2016年第22号公告,明确外商投资准入特别管理措施范围按《外商投资产业指导目录》(2015年修订)(已失效)中限制类和禁止类,以及鼓励类中有股权要求、高管要求的有关规定执行。

2017年6月28日,国家发改委和商务部联合发布了《外商投资产业指导目录》(2017年修订)(已失效),对目录结构进行了调整,即在第一部分"鼓励外商投资产业目录"之后,将之前目录中鼓励类有股比要求的条目以及限制类、禁止类进行了整合,单独作为"外商投资准入特别管理措施(外商投资准入负面清单)"列出。2018年6月28日,国家发改委和商务部发布了单独的《外商投资

① 2016年10月1日失效。

② 2014年修订。

③ 全国人民代表大会常务委员会《关于授权国务院在中国(广东)自由贸易试验区、中国(天津)自由贸易试验区、中国(福建)自由贸易试验区以及中国(上海)自由贸易试验区扩展区域暂时调整有关法律规定的行政审批的决定》(生效日期:2015年3月1日;失效日期:2016年10月1日)。

④ 2017年、2018年、2019年、2020年经4次修订。

⑤ 2017年、2018年经2次修订,2020年1月1日失效。

准入特别管理措施(负面清单)》(2018年版)(已失效)[1],从而,《外商投资产业指导目录》(2017年修订)(已失效)中的外商投资准入特别管理措施(外商投资准入负面清单)被废止,鼓励外商投资产业目录继续执行。

《鼓励外商投资产业目录》(2019年版)(已失效)[2]实施后,《外商投资产业指导目录》(2017年修订)中的"鼓励外商投资产业目录"以及2017年2月17日发布的《中西部地区外商投资优势产业目录》(2017年修订)同时被废止。《鼓励外商投资产业目录》由"全国鼓励外商投资产业目录"和"中西部地区外商投资优势产业目录"两部分组成。至此,《外商投资产业指导目录》正式成为历史,被"外商投资准入特别管理措施(负面清单)+鼓励外商投资产业目录"所替代。

国家发展和改革委员会2014年5月17日发布,6月17日实施的《外商投资项目核准和备案管理办法》,对外商投资项目审批进行了备案制改革,外商投资项目管理分为核准和备案两种方式,按照总投资额度由国家发改委或地方政府核准,或者由地方政府投资主管部门备案。

3."准入前国民待遇+负面清单"阶段

2020年1月1日生效的《外商投资法》以法律形式明确了国家对外商投资实行准入前国民待遇加负面清单管理制度。外商投资准入负面清单规定禁止投资的领域,外国投资者不得投资。外商投资准入负面清单规定限制投资的领域,外国投资者进行投资应当符合负面清单规定的条件。外商投资准入负面清单以外的领域,按照内外资一致的原则实施管理。外商投资企业设立及变更无需向商务部门申请批准或备案,而是直接向市场监督管理部门登记,但应当履行外商投资信息报告义务。由于新法实施的时间较短,律师应密切关注后续对现行外资法规的清理调整、对过渡期规则的进一步细化以及其他具体配套制度和操作细则的出台。

(1)以负面清单为核心的市场准入制度

在市场准入方面,国家发改委和商务部已于2018年6月28日发布了单独的《外商投资准入特别管理措施(负面清单)》(2018年版),从具体制度层面建

① 2019年、2020年、2021年经3次修订。

② 目前最新版本是2020年12月27日发布、2021年1月27日生效的《鼓励外商投资产业目录》(2020年版)。

立了外商投资负面清单制度，而《外商投资法》以法律的形式对负面清单制度进行了确认。外国投资者在中国境内投资应符合外商投资负面清单要求，目前的外商投资负面清单是由国家发展和改革委员会、商务部于2021年12月27日颁布、2022年1月1日生效的《外商投资准入特别管理措施（负面清单）》（2021年版），自由贸易试验区内优先适用《自由贸易试验区外商投资准入特别管理措施（负面清单）》（2021年版）。除外商投资负面清单外，根据内外资一致原则，外商投资也需要符合全国统一适用的《市场准入负面清单》[①]。外国投资者拟投资负面清单内领域，但不符合负面清单规定的，有关主管部门不予办理许可、企业登记注册等相关事项；涉及固定资产投资项目核准的，不予办理相关核准事项。

在注册登记方面，《外商投资企业设立及变更备案管理暂行办法》不再执行，外商投资企业的设立或变更登记由市场监督管理部门办理，并通过企业登记系统以及国家企业信用信息公示系统报送信息。国家市场监督管理总局授权的地方市场监管部门是外商投资企业的登记机关，负责本辖区内的外商投资企业登记管理。外国投资者或者外商投资企业在负面清单以外的领域投资的，按照内外资一致原则进行登记注册。外国投资者或者外商投资企业投资负面清单内对出资比例、法定代表人（主要负责人）国籍等有限制性规定的领域，对于符合准入特别管理措施规定条件的，依法予以登记注册；行业主管部门在登记注册前已经依法核准相关涉企经营许可事项的，登记机关无须就是否符合准入特别管理措施规定条件进行重复审查。外国投资者或者外商投资企业在负面清单禁止投资的领域投资的，不予登记注册。[②]

在项目审批方面，《外商投资法实施条例》第36条规定，外商投资需要办理投资项目核准、备案的，按照国家有关规定执行。据此，在外商投资项目审批方面，仍延续原有规定，根据国家发改委《外商投资项目核准和备案管理办法》执行。

---

① 国家发展改革委、商务部于2018年12月21日发布《市场准入负面清单》（2018年版）（文号：发改经体〔2018〕1892号）标志着我国全面实施市场准入负面清单制度。负面清单包含禁止和许可两类事项。对禁止准入事项，市场主体不得进入，行政机关不予审批、核准，不得办理有关手续；对许可准入事项，包括有关资格的要求和程序、技术标准和许可要求等，由市场主体提出申请，行政机关依法依规作出是否予以准入的决定；对市场准入负面清单以外的行业、领域、业务等，各类市场主体皆可依法平等进入。市场准入负面清单直接衔接《产业结构调整指导目录》《政府核准的投资项目目录》，进行部分调整或沿用。目前的版本是2020年12月10日发布并生效的《市场准入负面清单》（2020年版）。

② 市场监管总局《关于贯彻落实〈外商投资法〉做好外商投资企业登记注册工作的通知》（生效日期：2020年1月1日；文号：国市监注〔2019〕247号）。

此外，国家制定鼓励外商投资产业目录，列明鼓励和引导外国投资者投资的特定行业、领域、地区。外国投资者、外商投资企业可以依照法律、行政法规或者国务院的规定，享受财政、税收、金融、用地等方面的优惠待遇。现行有效的鼓励外商投资产业目录是国家发展和改革委员会、商务部于2020年12月27日颁布、2021年1月27日生效的《鼓励外商投资产业目录》(2020年版)。

(2)信息报告制度

根据《外商投资法》及其实施条例的规定，国家建立外商投资信息报告制度，外国投资者应当通过企业登记系统以及企业信用信息公示系统向商务主管部门报送投资信息。商务部、国家市场监督管理总局2019年12月30日颁布《外商投资信息报告办法》，自2020年1月1日起设立或发生变更的外商投资企业，无须办理外商投资企业设立或变更备案，只需通过企业登记系统以及国家企业信用信息公示系统，以提交初始报告、变更报告、注销报告、年度报告等方式报送投资信息，具体内容及要求由商务部发布。其中：

①初始报告：外国投资者在中国境内设立外商投资企业，应于办理外商投资企业设立登记时通过企业登记系统提交初始报告。外国投资者股权并购境内非外商投资企业，应在办理被并购企业变更登记时通过企业登记系统提交初始报告。外国投资者提交初始报告，应当报送企业基本信息、投资者及其实际控制人信息、投资交易信息等信息。

②变更报告：初始报告的信息发生变更，涉及企业变更登记(备案)的，外商投资企业应于办理企业变更登记(备案)时通过企业登记系统提交变更报告。不涉及企业变更登记(备案)的，外商投资企业应于变更事项发生后20个工作日内通过企业登记系统提交变更报告。外商投资的上市公司及在全国中小企业股份转让系统挂牌的公司，可仅在外国投资者持股比例变化累计超过5%或者引起外方控股、相对控股地位发生变化时，报告投资者及其所持股份变更信息。

③注销报告：外商投资企业注销或者转为内资企业的，在办理企业注销登记或者企业变更登记后视同已提交注销报告，相关信息由市场监管部门推送至商务主管部门，外商投资企业无须另行报送。

④年度报告：外商投资企业应于每年1月1日至6月30日通过国家企业信用信息公示系统提交上一年度的年度报告。当年设立的外商投资企业，自下一年起报送年度报告。

对于外商投资企业信息报告和登记注册的关系，提交外商投资信息报告不是办理外商投资企业登记注册的必要条件，登记机关不对外商投资信息报告进行审查[①]。律师还应关注过渡期规定，不涉及国家规定实施外商投资准入特别管理措施的外商投资企业，如2019年12月31日前已在市场监管部门办理设立登记，或发生《外商投资企业设立及变更备案管理暂行办法》（已失效）第6条、第7条规定的变更事项，但尚未办理外商投资企业设立或变更备案，2020年1月31日前仍可通过外商投资综合管理系统（网址：wzzxbs. mofcom. gov. cn）办理备案。2020年1月1日起设立或发生变更的外商投资企业，无须办理外商投资企业设立或变更备案，只需根据《外商投资信息报告办法》报告投资信息。[②]

（三）投资总额和注册资本

投资总额是外商投资企业领域的特有概念，在内资企业中并不存在投资总额的概念，外商投资企业的投资总额是指按照企业章程（合同）规定的生产规模需要投入的基本建设资金和生产流动资金的总和。[③] 而外商投资企业的注册资本的概念与我们理解的公司法项下的“注册资本”的概念没有差别，是指为设立合营企业在登记管理机构登记的资本总额，应为合营各方认缴的出资额之和。[④]

“投资总额”这一特有概念主要涉及外商投资企业外债额度的确定。对于外商投资企业的外债额度管理，曾经普遍适用的是“投注差模式”，即根据投资总额与注册资本之间的差额作为外商投资企业借入外债的额度上限。2017年1月12日央行发布中国人民银行《关于全口径跨境融资宏观审慎管理有关事宜的通知》（银发〔2017〕9号），出台了全新的外债额度计算方式，即“宏观审慎管理模式”，并且规定在一年过渡期内外商投资企业、外资金融机构可在“投注差模式”和“宏观审慎管理模式”下任选一种模式以计算其外债额度。过渡期结束后，针对外商投资企业外债管理模式尚未出台新的规定。2020年1月1日起生效的《外商投资法》并未明文规定“投资总额”，“投资总额”的概念是否继续存

---

① 市场监管总局《关于贯彻落实〈外商投资法〉做好外商投资企业登记注册工作的通知》（生效日期：2020年1月1日；文号：国市监注〔2019〕247号）。

② 商务部《关于外商投资信息报告有关事项的公告》（生效日期：2020年1月1日；文号：商务部公告2019年第62号）。

③ 《中外合资经营企业法实施条例》（2019年修正）（生效日期：2019年3月2日；失效日期：2020年1月1日；文号：国务院令第709号）第17条。

④ 《中外合资经营企业法实施条例》（2019年修正）（生效日期：2019年3月2日；失效日期：2020年1月1日；文号：国务院令第709号）第18条。

在、外商投资企业外债额度管理模式继续采取“投注差模式”还是被“宏观审慎管理模式”取代,有待进一步明确。

1. 投资总额与注册资本的关系

在此前的外商投资监管体系下,并不是依据注册资本来决定投资总额,而是依据投资总额来决定注册资本;[①]同时,审批权限的划分、企业境外贷款额度确定、企业免税进口自用设备的额度确定均依赖于投资总额。在此将投资总额与注册资本的关系总结如表2-15-2所示:

表2-15-2

	投资总额	注册资本
1	300万美元以下(含300万美元)	应占投资总额的7/10
2	300万美元以上至1000万美元(含1000万美元)	应占投资总额的1/2
	其中:420万美元以下	其中:不得低于210万美元
3	1000万美元以上至3000万美元(含3000万美元)	注册资本至少应占投资总额的2/5
	其中:1250万美元以下	其中:不得低于500万美元
4	3000万美元以上	至少应占投资总额的1/3
	其中:3600万美元以下	其中:不得低于1200万美元

但是,在外国投资者通过股权并购所设外商投资企业则是以注册资本为基础决定投资总额,其计算比例要求如表2-15-3[②]所示:

表2-15-3

	注册资本	投资总额
1	注册资本在210万美元以下的	投资总额不得超过注册资本的10/7
2	210万美元以上至500万美元的	投资总额不得超过注册资本的2倍
3	500万美元以上至1200万美元	投资总额不得超过注册资本的2.5倍
4	1200万美元以上	投资总额不得超过注册资本的3倍

① 《关于中外合资经营企业注册资本与投资总额比例的暂行规定》(生效日期:1987年3月1日;文号:工商企字〔1987〕第38号)第3条。

② 《关于外国投资者并购境内企业的规定》(2009年修订)(生效日期:2009年6月22日;文号:商务部令2009年第6号)第19条。

2. 外商投资企业外债额度——“投注差模式”与“宏观审慎管理模式”

(1)投注差模式

2003 年 3 月 1 日生效的《外债管理暂行办法》第 18 条规定,外商投资企业举借的中长期外债累计发生额和短期外债余额之和应当控制在审批部门批准的项目总投资和注册资本之间的差额以内。在差额范围内,外商投资企业可自行举借外债。超出差额的,须经原审批部门重新核定项目总投资。

根据 2013 年 5 月 13 日生效的国家外汇管理局《关于发布〈外债登记管理办法〉①的通知》,外商投资企业借用的短期外债余额和中长期外债发生额之和不得超过商务主管部门批准的投资总额与其注册资本的差额即“投注差”。外保内贷项下担保人发生履约后形成的境内机构对外债务,按短期外债纳入“投注差”控制。外商投资企业实际可借用外债额度等于外方股东资本金到位比例乘以“投注差”。② 外商投资企业借用境内贷款接受境外担保的,可直接与债权人、境外担保人签订担保合同。发生境外担保人履约的,因担保履约产生的对外负债应视同短期外债(按债务人实际发生的对境外担保人的外债本金余额计算)纳入外商投资企业“投注差”或外债额度控制,并办理外债签约登记手续。因担保履约产生的外商投资企业对外负债未偿本金余额与其他外债合计超过“投注差”或外债额度的,外汇局可先为其办理外债登记手续,再按照超规模借用外债移交外汇检查部门处理。③

(2)宏观审慎管理模式

中国人民银行 2017 年 1 月 12 日发布中国人民银行《关于全口径跨境融资宏观审慎管理有关事宜的通知》,对境内机构从非居民融入本、外币资金的跨境融资采取全口径宏观审慎管理制度。企业跨境融资风险加权余额(指已提用未偿余额)上限为企业净资产的 2 倍。自 2017 年 1 月 12 日起,为外商投资企业、外资金融机构设置一年过渡期,过渡期内外商投资企业、外资金融机构可在现

---

① 2015 年 5 月 4 日修订,删除了《外债登记管理操作指引》之“一、非银行债务人办理外债签约登记”审核原则第 2 点的“(2)外商投资企业首次借用外债之前,其外方股东至少已经完成第一期资本金的缴付。”及“(3)外商投资企业借用外债时,其外方股东应当缴付的资本符合出资合同或企业章程约定的期限、比例或金额要求。”2016 年 4 月 26 日国家外汇管理局《关于进一步促进贸易投资便利化完善真实性审核的通知》(文号:汇发〔2016〕7 号发布后,与汇发〔2016〕7 号文不一致的,以汇发〔2016〕7 号文为准)。

② 《外债登记管理操作指引》之“一、非银行债务人办理外债签约登记”。

③ 《外债登记管理操作指引》之“八、境内企业办理外保内贷业务”。

行跨境融资管理模式和“宏观审慎”模式下任选一种模式适用。过渡期结束后，外资金融机构自动适用“宏观审慎”模式。外商投资企业跨境融资管理模式由中国人民银行、国家外汇管理局根据本通知总体实施情况评估后确定。

目前尚未查询到过渡期后的外商投资企业跨境融资管理规定，相关规定有待进一步出台。我们理解，即使《外商投资法》实施后，在确定外商投资企业跨境融资适用宏观审慎模式的正式规定出台之前，根据“投注差”确定外债额度的传统管理模式仍有空间。但是，对于新设外商投资企业，由于不再需要对“投资总额”申请批准，“投注差模式”可能无法适用。律师应密切关注后续出台的相关规定，并与目标公司主管外汇部门进一步沟通确认外债额度的确定方式。

（四）出资比例

1. 外资比例限制

根据《中外合资经营企业法》（2016 年修正）（已失效）①第 4 条规定，外国合营者的投资比例一般不低于 25%。《中外合作经营企业法实施细则》（2017 年修订）（已失效）②第 18 条规定，在依法取得中国法人资格的合作企业中，外国合作者的投资一般不低于合作企业注册资本的 25%。

2002 年 12 月 30 日《关于加强外商投资企业审批、登记、外汇及税收管理有关问题的通知》规定，“根据现行外商投资有关法律、法规的规定，中外合资、中外合作外商投资企业的注册资本中外国投资者的出资比例一般不低于 25%。外国投资者的出资比例低于 25% 的，除法律、行政法规另有规定外，均应按照现行设立外商投资企业的审批登记程序进行审批和登记。通过审批的，颁发加注‘外资比例低于 25%’字样的外商投资企业批准证书；取得登记的，颁发在‘企业类型’后加注‘外资比例低于 25%’字样的外商投资企业营业执照。外国投资者出资比例低于 25% 的外商投资企业，除法律、行政法规另有规定外，其投资总额项下进口自用设备、物品不享受税收减免待遇，其他税收不享受外商投资企业待遇”。

《关于外国投资者并购境内企业的规定》（2009 年修订）第 9 条规定，外国

---

① 生效日期：2016 年 10 月 1 日；失效日期：2020 年 1 月 1 日；文号：中华人民共和国主席令第 51 号。

② 生效日期：2017 年 11 月 17 日；失效日期：2020 年 1 月 1 日；文号：国务院令第 690 号。

投资者在并购后所设外商投资企业注册资本中的出资比例高于25%的，该企业享受外商投资企业待遇。外国投资者在并购后所设外商投资企业注册资本中的出资比例低于25%的，除法律和行政法规另有规定外，该企业不享受外商投资企业待遇，其举借外债按照境内非外商投资企业举借外债的有关规定办理。审批机关向其颁发加注“外资比例低于25%”字样的外商投资企业批准证书（以下简称批准证书）。登记管理机关、外汇管理机关分别向其颁发加注“外资比例低于25%”字样的外商投资企业营业执照和外汇登记证。

近年来，针对外商投资企业的特殊税收优惠政策大幅减少，2019年颁布的《外商投资法》也取消了关于外国投资者出资比例25%的相关规定，按照内外资一致原则，外商投资企业注册资本中外资比例不再适用特殊规定。

2. 利润和剩余财产是否按出资比例分配

对于利润分配，根据《中外合资经营企业法》（2016年修正）[①]第4条规定，合资各方按注册资本比例分享利润和分担风险及亏损。根据《中外合作经营企业法》（2017年修正）[②]第21条规定，中外合作者可以依照合作企业合同的约定，分配收益或者产品，承担风险和亏损。

对于剩余财产分配，《中外合资经营企业法实施条例》（2014年修订）[③]第94条规定，合营企业以其全部资产对其债务承担责任。合营企业清偿债务后的剩余财产按照合营各方的出资比例进行分配，但合营企业协议、合同、章程另有规定的除外。上述规定允许合资各方另行协商剩余财产的分配。《中外合作经营企业法》（2017年修正）[④]第2条规定，中外合作者举办合作企业，应当依照本法的规定，在合作企业合同中约定投资或者合作条件、收益或者产品的分配、风险和亏损的分担、经营管理的方式和合作企业终止时财产的归属等事项。上述规定允许合作各方按照合同约定确定剩余资产的归属。

“外资三法”对利润分配、剩余财产是否按出资比例分配的规定与《公司法》规定不完全一致。2020年1月1日生效的《外商投资法实施条例》第46条明确，现有外商投资企业的组织形式、组织机构等依法调整后，原合营、合作各方在合同中约定的股权或者权益转让办法、收益分配办法、剩余财产分配办法

---

① 2020年1月1日失效。

② 2020年1月1日失效。

③ 2020年1月1日失效。

④ 2020年1月1日失效。

等，可以继续按照约定办理。

（五）组织形式和组织机构

1.《外商投资法》新规及过渡期安排

《外商投资法》第 31 条规定，外商投资企业的组织形式、组织机构及其活动准则，适用《公司法》《合伙企业法》等法律的规定。第 42 条规定，本法施行前依照《中外合资经营企业法》（已失效）、《外资企业法》（已失效）、《中外合作经营企业法》（已失效）设立的外商投资企业，在本法施行后 5 年内可以继续保留原企业组织形式等。具体实施办法由国务院规定。

《外商投资法实施条例》第 44 条规定，自 2025 年 1 月 1 日起，对未依法调整组织形式、组织机构等并办理变更登记的现有外商投资企业，市场监督管理部门不予办理其申请的其他登记事项，并将相关情形予以公示。

市场监管总局《关于贯彻落实〈外商投资法〉做好外商投资企业登记注册工作的通知》进一步明确过渡期内外商投资企业登记的相关操作细则，规定：

（1）组织形式变更

2020 年 1 月 1 日以前依法设立的外商投资的公司、外商投资合伙企业无须办理企业组织形式变更登记。依照《中外合作经营企业法实施细则》（已失效）或者《外资企业法实施细则》（已失效）设立的不具有法人资格的外商投资企业，可以在《外商投资法》实施后 5 年内申请改制为合伙制企业，并按照《合伙企业法》和《合伙企业登记管理办法》（已失效）等法律法规规定的设立条件，向登记机关申请变更登记，并依法提交有关材料。隶属企业变更组织形式后，分支机构应当及时申请变更登记。

（2）组织机构等变更（备案）登记

2020 年 1 月 1 日以前设立的外商投资的公司，在《外商投资法》实施后 5 年内调整最高权力机构、法定代表人或者董事产生方式、议事表决机制等与《公司法》强制性规定不符事项的，应当修订公司章程，并依法向登记机关申请办理变更登记、章程备案或者董事备案等手续。

（3）未办理变更前

2020 年 1 月 1 日以前依法设立的外商投资企业，在《外商投资法》实施后 5 年内申请调整组织形式、组织机构前（时），根据调整前的组织形式、组织机构以及议事表决机制申请变更（备案）或者注销登记的，登记机关应当予以受理。

现有中外合资经营企业、中外合作经营企业申请组织形式、组织机构变更登记前，按照原有企业类型加注规则执行。

2. 外商投资企业原组织形式、组织机构与新规的差异

（1）原外资企业

根据《关于外商投资的公司审批登记管理法律适用若干问题的执行意见》（已失效）的规定，外商合资有限公司、外商独资有限公司、外商投资的股份有限公司的组织机构应当符合《公司法》和公司章程的规定。也就是说，外资企业的组织形式和组织机构与一般的境内企业的设置要求相同，新规实施后不涉及变更问题。

（2）原中外合资企业和中外合作企业

根据《中外合资经营企业法》（已失效）及其实施条例、《中外合作经营企业法》（已失效）及其实施细则设立的中外合资企业和中外合作企业，在组织形式、组织机构方面与《公司法》的要求存在重大差异，涉及《公司法》强制性规定的事项，新规实施后过渡期内应完成变更，主要涉及见表2－15－4：

表2－15－4

事项	中外合资企业	中外合作企业
最高权力机构	董事会	董事会或联合管理委员会
最高权力机构的职权范围	所有重大事项，如修改公司章程、增加或减少注册资本、企业合并、分立、解散等	所有重大事项，如修改公司章程、增加或减少注册资本、企业合并、分立、资产抵押、解散等
重大事项表决规则	需征得出席董事会会议的全体董事的一致同意	需征得出席会议的全体董事或者联合管理委员会成员的一致同意
董事人数	不少于3名董事	不少于3名董事或联合管理委员会成员
董事产生	投资方直接委派	投资方直接委派
最低法定人数	至少全体董事人数的2/3	至少全体董事或联合管理委员会成员人数的2/3
董事任期	4年	不超过3年
法定代表人	董事长	董事长或者联合管理委员会主席
监事	无规定	无规定

（六）股权变更

律师在核查外商投资企业历史沿革时，对于股权变更可能涉及两种情况：一是已经设立的外商投资企业的投资者或其股权（或合作条件）发生变更（包括股权转让、增资、减资），二是外国投资者并购境内非外商投资企业（包括收购股权、认购增资），并购后内资企业变更为外商投资企业（股权并购）；或者外国投资者以运营为目的收购境内非外商投资企业资产，导致境内资产转移至外商投资企业（资产并购）。上述两种情况曾经分别适用不同的法律规定，尤其应关注外资监管由“审批制”向“备案制”过渡阶段的法律适用以及“关联并购”等特殊问题。

1. 外商投资企业股权变更

“备案制”改革之前，外商投资企业股权变更的主要法律依据是原对外贸易经济合作部、原国家工商行政管理局 1997 年 5 月 28 日颁布的《外商投资企业投资者股权变更的若干规定》（已失效）。根据该规定，外商投资企业（中外合资经营企业、中外合作经营企业、外资企业）的投资者或其在企业的出资（包括提供合作条件）份额发生变化，包括但不限于股东之间和股东对外股权转让，注册资本变更，股权质押权人实现质权，因投资者破产、解散、被撤销、被吊销或死亡或企业合并分立导致股权变动等，应当由批准设立该企业的审批机关批准；若股权变更后外商投资企业有关情况发生变化，则应按照变更后外商投资企业的有关审批权限规定，确定有权批准的审批机关。该规定同时明确，未经审批机关批准的股权变更无效。

外商投资企业投资者股权变更必须符合中国法律、法规对投资者资格的规定和产业政策要求，即股权变更后的结果仍应当符合《外商投资产业指导目录》关于行业和股权比例的禁止或限制规定。另外，应当注意，除非外方投资者向中国投资者转让其全部股权，企业投资者股权变更不得导致外方投资者的投资比例低于企业注册资本的 25% 。

全国人大常委会 2016 年 10 月 1 日作出关于修改《外资企业法》（已失效）等 4 部法律的决定，[①]将不涉及国家规定实施准入特别管理措施的外商投资企

① 全国人民代表大会常务委员会《关于修改〈中华人民共和国外资企业法〉等四部法律的决定》（生效日期：2016 年 10 月 1 日；文号：主席令第 51 号）。

业设立及变更由审批改为备案管理，不涉及准入特别管理措施的外商投资企业的股权变更改为备案管理。商务部 2016 年 10 月 8 日发布实施《外商投资企业设立及变更备案管理暂行办法》（已失效），属于备案范围的外商投资企业，发生股权（股份）、合作权益变更的，应由外商投资企业在变更事项发生后 30 日内通过综合管理系统在线填报和提交外商投资企业变更备案申报表及相关文件，办理变更备案手续。涉及准入特别管理措施的外商投资企业的股权变更，仍应按照原有规定进行审批。

《外商投资法》于 2020 年 1 月 1 日生效后，《外商投资企业设立及变更备案管理暂行办法》不再执行，《外商投资企业投资者股权变更的若干规定》也同步废止，外商投资企业股权变更登记由市场监督管理部门办理，并通过企业登记系统以及国家企业信用信息公示系统向商务部门报送信息。

2. 外国投资者股权并购境内非外商投资企业

从我国外资监管发展历程来看，最初的“外资三法”主要规范外资绿地投资（新设外商投资企业），而并无外资并购的相关规定。2002 年 12 月 30 日，原对外贸易经济合作部、国家税务总局、原国家工商行政管理总局、国家外汇管理局发布《关于加强外商投资企业审批、登记、外汇及税收管理有关问题的通知》规定“外国投资者收购境内各种性质、类型企业的股权，该境内企业应当按照国家有关法律、法规的规定，依现行的外商投资企业审批程序，经审批机关批准后变更设立为外商投资企业，并应符合外商投资产业政策”。随后，2003 年 3 月 7 日，原对外贸易经济合作部、国家税务总局、原国家工商行政管理总局、国家外汇管理局又发布《外国投资者并购境内企业暂行规定》（已失效），对外国投资者并购境内非外商投资企业做了比较系统的规范。

2006 年 8 月 8 日，商务部、国务院国有资产监督管理委员会、国家税务总局、原国家工商行政管理总局、中国证券监督管理委员会、国家外汇管理局发布《关于外国投资者并购境内企业的规定》，（以下简称 10 号文），对 2013 年《外国投资者并购境内企业暂行规定》（已失效）做了重大修订，后经商务部 2009 年 6 月 22 日发布的《关于修改〈关于外国投资者并购境内企业的规定〉的决定》进行了些许修改。10 号文对外资并购的审批和登记进一步作出详细规定，同时明确“境内公司、企业或自然人以其在境外合法设立或控制的公司名义并购与其有关联关系的境内公司”（以下简称关联并购）、外国投资者或特殊目的公司以股权作为支付手段并购境内公司应当由商务部审批。上述监管规定对境内企业的实际控制人在境外设立特殊目的公司、将境内权益装入特殊目的公司、以红筹架构模式境外上市的操作产生了重大影响。10 号文出台后，在实践操作中，商务部实际上并未开放审批关联并购，从而衍生了规避 10 号文的种种创新操作模式，包括协议控制架构。

“备案制”改革阶段，10 号文的适用逐步发生变化。

最初，国家发改委、商务部 2016 年 10 月 8 日发布的 2016 年第 22 号公告规定，“涉及外资并购设立企业及变更的，按现行有关规定执行”，意味着外资并购不执行备案管理，10 号文继续适用。

自 2017 年起，外资并购被纳入备案制管理。2017 年 7 月 30 日，商务部发布修改后的《外商投资企业设立及变更备案管理暂行办法》（已失效）以及《关于外商投资企业设立及变更备案管理有关事项的公告》，规定“由于并购、吸收合并等方式，非外商投资企业转变为外商投资企业，属于备案范围的，办理设立备案手续；外国投资者战略投资非外商投资的上市公司，属于备案范围的，应于证券登记结算机构证券登记前或登记后 30 日内办理备案手续”，[①]这意味着外资并购也被纳入了备案制范围，即对于外国投资者并购境内非外商投资企业以及对上市公司实施战略投资，不涉及负面清单的，均适用备案管理。

但是，10 号文规定的关联并购被排除在备案管理之外。2017 年 7 月 28 日起生效的《外商投资产业指导目录》（2017 年修订）规定，“境内公司、企业或自然人以其在境外合法设立或控制的公司并购与其有关联关系的境内公司，涉及外商投资项目和企业设立及变更事项的，按现行规定办理”，这意味着关联并购涉及的外商投资项目和企业设立及变更事项的，仍继续适用 10 号文中规定的关联并购审批制度。后续发布的《外商投资准入特别管理措施（负面清单）》（2018 年版）（已失效）、《外商投资准入特别管理措施（负面清单）》（2019 年版）（已失效）均保留上述规定，即关联并购仍应按照 10 号文规定进行审批。

《外商投资法》2020 年 1 月 1 日生效后，10 号文并未废止，而由于《外商投

---

① 根据商务部《关于外商投资企业设立及变更备案管理有关事项的公告》（生效日期：2017 年 7 月 10 日；文号：商务部公告 2017 年第 37 号），“并购”指《商务部关于外国投资者并购境内企业的规定》（文号：商务部令 2009 年第 6 号）规定的外国投资者并购境内企业；“战略投资”指《外国投资者对上市公司战略投资管理办法》（商务部、证监会、税务总局、工商总局、外汇局令 2005 年第 28 号，2015 年修正）规定的外国投资者对上市公司战略投资。

资企业设立及变更备案管理暂行办法》不再执行，纳入备案制管理的外资并购也应当按照《外商投资法》及其配套规定执行。《外商投资信息报告办法》2020年1月1日生效后，外国投资者股权并购境内非外商投资企业，应在办理被并购企业变更登记时通过企业登记系统提交初始报告。

2020年7月23日生效的《外商投资准入特别管理措施（负面清单）》（2020年版）对关联并购作出了新的规定。该负面清单第6条规定，境内公司、企业或自然人以其在境外合法设立或控制的公司并购与其有关联关系的境内公司，按照外商投资、境外投资、外汇管理等有关规定办理。《外商投资准入特别管理措施（负面清单）》（2021年版）延续了上述规定。上述规定明确，关联并购将按照"外商投资"有关规定办理，是否意味着关联并购仅需要按照《外商投资法》的规定符合负面清单限制即可，而无须再由商务部审批？由于10号文并未废止，10号文关于关联并购的审批规定是否仍属于"外商投资有关规定"？上述问题从法律法规和实践操作层面均存在模糊性，律师应关注后续外资并购相关法律法规的变化和调整。

3. 审批变更为备案后，未经审批的股权转让合同的效力

备案制改革后，外商投资准入特别管理措施即负面清单以外的外商投资企业设立和变更，由行政审批制转为适用备案管理制；《外商投资法》及配套规定生效后，外商投资准入特别管理措施即负面清单以内的外商投资企业设立和变更，也不再需要审批。对于监管规定调整之前需要进行审批、监管规定调整之后无须审批的股权转让，如果在监管规定调整之前未获得审批，监管规定调整后，该未经审批的股权转让效力问题需要澄清。

2019年12月26日发布、2020年1月1日生效的最高人民法院《关于适用〈中华人民共和国外商投资法〉若干问题的解释》对此作出明确规定，针对"外国投资者即外国的自然人、企业或者其他组织因直接或者间接在中国境内进行投资而形成的相关协议，包括设立外商投资企业合同、股份转让合同、股权转让合同、财产份额或者其他类似权益转让合同、新建项目合同等协议"（以下简称投资合同），因监管规定调整引发的协议效力认定按如下规则处理：

（1）对《外商投资法》第4条所指的外商投资准入负面清单之外的领域形成的投资合同，当事人以合同未经有关行政主管部门批准、登记为由主张合同无效或者未生效的，人民法院不予支持。

（2）前款规定的投资合同签订于外商投资法施行前，但人民法院在外商投

资法施行时尚未作出生效裁判的,适用前款规定认定合同的效力。

(3)外国投资者投资外商投资准入负面清单规定禁止投资的领域,当事人主张投资合同无效的,人民法院应予支持。

(4)外国投资者投资外商投资准入负面清单规定限制投资的领域,当事人以违反限制性准入特别管理措施为由,主张投资合同无效的,人民法院应予支持。人民法院作出生效裁判前,当事人采取必要措施满足准入特别管理措施的要求,当事人主张前款规定的投资合同有效的,应予支持。

(5)在生效裁判作出前,因外商投资准入负面清单调整,外国投资者投资不再属于禁止或者限制投资的领域,当事人主张投资合同有效的,人民法院应予支持。

4. 关联并购

根据《关于外国投资者并购境内企业的规定》[①]第 2 条规定,本规定所称外国投资者并购境内企业,系指外国投资者购买境内非外商投资企业(以下简称境内公司)股东的股权或认购境内公司增资,使该境内公司变更设立为外商投资企业(以下简称股权并购);或外国投资者设立外商投资企业,并通过该企业协议购买境内企业资产且运营该资产,或外国投资者协议购买境内企业资产,并以该资产投资设立外商投资企业运营该资产(以下简称资产并购)。第 11 条规定,境内公司、企业或自然人以其在境外合法设立或控制的公司名义并购与其有关联关系的境内的公司,应报商务部审批。当事人不得以外商投资企业境内投资或其他方式规避前述要求。第 15 条规定,并购当事人应对并购各方是否存在关联关系进行说明,如果有两方属于同一个实际控制人,则当事人应向审批机关披露其实际控制人,并就并购目的和评估结果是否符合市场公允价值进行解释。当事人不得以信托、代持或其他方式规避前述要求。

根据上述规定,10 号文适用的并购行为,是指外国投资者购买境内非外商投资企业股东股权或认购公司增资,或外国投资者购买境内非外商投资企业资产并以该资产设立外商投资企业运营,或外国投资者设立外商投资企业协议购买境内非外商投资企业资产运营。

根据商务部外资司于 2008 年 12 月 18 日发布的《外商投资准入管理指引手册》(2008 年版)进一步解释,"外商投资企业"界定为"外国投资者及外商投

① 发布日期:2006 年 8 月 8 日;生效日期:2006 年 9 月 8 日;2009 年修订。

资性公司在我国境内依法设立并取得外商投资企业批准证书和营业执照的企业，不论外资比例是否达到25%”，除此之外均应认定为“非外商投资企业”；此外，已设立的外商投资企业中方向外方转让股权，不参照并购规定。不论中外方之间是否存在关联关系，也不论外方是原有股东还是新进投资者，并购的标的公司只包括内资企业，但股份公司中方转让股权的，必须已持有该部分股权1年以上。

《外商投资准入管理指引手册》(2008年版)在实践操作层面对外资准入行政许可的申报程序、材料及审批时限等作出详细规定，针对关联关系并购的审批，明确受理范围仅限于境外公司为上市公司，或经批准在境外设立且已实际运行并以利润返程投资的。

律师应首先根据10号文、《外商投资准入管理指引手册》(2008年版)的规定，仔细界定并购行为是否属于10号文监管范围、是否属于关联并购，在此基础上判断是否需要履行关联并购审批程序、是否属于商务部受理的范围。

(七)对外投资

《外商投资法》生效前，管理和规范外商投资企业境内再投资的文件是2000年7月由原对外经济贸易合作部和原国家工商行政管理局联合发布的《关于外商投资企业境内投资的暂行规定》(以下简称《境内投资暂行规定》)，商务部于2015年就该规定中涉及与注册资本登记制度改革不一致的内容进行了清理和修订。

自2020年1月1日起，根据《外商投资法实施条例》第47条，外商投资企业在中国境内投资，适用外商投资法及其实施条例的有关规定，即外商投资企业境内再投资仍然应当符合外商投资负面清单的要求；在登记注册和外商投资信息报送方面，外商投资企业在中国境内投资(含多层次投资)设立的企业，在向市场监管部门办理登记备案、报送年报信息后，相关信息由市场监管部门推送至商务主管部门，无须另行报送。但是，外商投资举办的投资性公司、创业投资企业和以投资为主要业务的合伙企业在境内投资设立的企业，其登记注册参照外商投资企业相关规定办理,应当履行外商投资信息报送义务。[①]

为了配合新的《外商投资法》,外商投资企业境内再投资的外汇监管规定也进行了调整。很长一段时间以来,非投资性外商投资企业不能直接将资本金结汇所得人民币用于境内股权投资,原则上只能将其在境内取得的合法利润及其他合法人民币收入进行境内再投资,《境内投资暂行规定》也明确规定外商投资企业只有在开始盈利后才能进行境内投资。

2019 年 10 月 23 日,国家外汇管理局发布《关于进一步促进跨境贸易投资便利化的通知》(汇发〔2019〕28 号)(以下简称 28 号文),明确取消了非投资性外商投资企业使用资本金在境内开展股权投资的限制,允许非投资性外商投资企业在不违反外商投资准入特别管理措施(负面清单)且境内所投项目真实、合规的前提下,依法以资本金进行境内股权投资。

2019 年 10 月 23 日,国家外汇管理局同步发布了《关于精简外汇账户的通知》(汇发〔2019〕29 号)(以下简称 29 号文),该通知中进一步明确了非投资性外商投资企业以原币划转或资本金结汇方式开展境内股权投资的路径。根据 29 号文的规定,境内机构接收境内主体再投资外汇资金或以外汇支付的股权转让对价的,应在注册地银行申请办理接收境内再投资基本信息登记后,再开立外汇资本金账户;境内机构计收非投资性外商投资企业(经营范围可不包含"投资"字样)的人民币形式(含直接结汇所得或结汇待支付账户内的人民币资金)的再投资资金或股权转让对价的,应当在注册地银行申请办理接收境内再投资基本信息登记并开立结汇待支付账户后,再由开展投资的企业按照实际投资规模将结汇所得人民币资金划往被投资主体或接收股权转让对价的境内主体开立的结汇待支付账户。被投资企业继续开展境内股权投资的,仍然需要按照上述原则办理。

---

① 《外商投资信息报告办法》第 29 条、《商务部公告 2019 年第 62 号——关于外商投资信息报告有关事项的公告》(文号:商务部公告 2019 年第 62 号)、市场监管总局《关于贯彻落实〈外商投资法〉做好外商投资企业登记注册工作的通知》(文号:国市监注〔2019〕247 号)。

相关规定

本专题相关规定见表2-15-5。

表2-15-5 相关规定

主要法律问题	文件名	具体条款规定
股东	《宪法》(发布日期:2018年3月11日;实施日期:2018年3月11日;发文机关:全国人民代表大会)	第18条第1款 中华人民共和国允许外国的企业和其他经济组织或者个人依照中华人民共和国法律的规定在中国投资,同中国的企业或者其他经济组织进行各种形式的经济合作。
	《关于加强外商投资企业审批、登记、外汇及税收管理有关问题的通知》[发布日期:2002年12月30日;实施日期:2003年1月1日;发文机关:对外贸易经济合作部(已撤销),国家税务总局,国家工商行政管理总局(已撤销),国家外汇管理局;文号:外经贸法发〔2002〕575号]	五、外国投资者收购境内各种性质、类型企业的股权,该境内企业应当按照国家有关法律、法规的规定,依现行的外商投资企业审批程序,经审批机关批准后变更设立为外商投资企业,并应符合外商投资产业政策。批准后,由审批机关颁发外商投资企业批准证书,工商行政管理机关颁发外商投资企业营业执照。 原境内公司中国自然人股东在原公司享有股东地位一年以上的,经批准,可继续作为变更后所设外商投资企业的中方投资者。 暂不允许境内中国自然人以新设或收购方式与外国的公司、企业、其他经济组织或个人成立外商投资企业。
	对外经济贸易部、国家工商行政管理局《关于严格审核举办中外合资经营企业中方法人资格的通知》[发布日期:1987年9月21日;实施日期:1987年9月21日;发文机关:对外经济贸易部(已撤销),国家工商行政管理局(已撤销);文号:〔87〕外经贸资四字第180号]	一、中方合营者必须是根据我国《民法通则》第三十六条至第四十九条规定依法成立的"企业法人",或是取得法人资格的其他经济组织。
	《关于外国投资者并购境内企业的规定》(发布日期:2009年6月22日;实施日期:2009年6月22日;发文机关:商务部;文号:商务部令2009年第6号)	第54条 被股权并购境内公司的中国自然人股东,经批准,可继续作为变更后所设外商投资企业的中方投资者。
		第55条 境内公司的自然人股东变更国籍的,不改变该公司的企业性质。

续表

主要法律问题	文件名	具体条款规定
	《外商投资法》(发布日期:2019年3月15日;实施日期:2020年1月1日;发文机关:全国人民代表大会;文号:中华人民共和国主席令第26号)	第2条　在中华人民共和国境内(以下简称中国境内)的外商投资,适用本法。 本法所称外商投资,是指外国的自然人、企业或者其他组织(以下称外国投资者)直接或者间接在中国境内进行的投资活动,包括下列情形: (一)外国投资者单独或者与其他投资者共同在中国境内设立外商投资企业; (二)外国投资者取得中国境内企业的股份、股权、财产份额或者其他类似权益; (三)外国投资者单独或者与其他投资者共同在中国境内投资新建项目; (四)法律、行政法规或者国务院规定的其他方式的投资。 本法所称外商投资企业,是指全部或者部分由外国投资者投资,依照中国法律在中国境内经登记注册设立的企业。
	《外商投资法实施条例》(发布日期:2019年12月26日;实施日期:2020年1月1日;发文机关:国务院;文号:国务院令第723号)	第3条　外商投资法第二条第二款第一项、第三项所称其他投资者,包括中国的自然人在内。
		第48条　香港特别行政区、澳门特别行政区投资者在内地投资,参照外商投资法和本条例执行;法律、行政法规或者国务院另有规定的,从其规定。 台湾地区投资者在大陆投资,适用《中华人民共和国台湾同胞投资保护法》(以下简称台湾同胞投资保护法)及其实施细则的规定;台湾同胞投资保护法及其实施细则未规定的事项,参照外商投资法和本条例执行。 定居在国外的中国公民在中国境内投资,参照外商投资法和本条例执行;法律、行政法规或者国务院另有规定的,从其规定。
	国务院《关于鼓励华侨和香港澳门同胞投资的规定》(发布日期:1990年8月19日;实施日期:1990年8月19日;发文机关:国务院;文号:国务院令第64号)	第5条　华侨、港澳投资者在境内投资举办拥有全部资本的企业、合资经营企业和合作经营企业(以下统称华侨、港澳同胞投资企业),除适用于本规定外,参照执行国家有关涉外经济法律、法规的规定,享受相应的外商投资企业待遇。

续表

主要法律问题	文件名	具体条款规定
	《归侨侨眷权益保护法》(发布日期:1990年9月7日;实施日期:1991年1月1日;发文机关:全国人大常委会;文号:主席令第33号;经过2000年10月31日修订,最新于2009年8月27日修订并实施)	第2条 归侨是指回国定居的华侨。华侨是指定居在国外的中国公民。侨眷是指华侨、归侨在国内的眷属。本法所称侨眷包括:华侨、归侨的配偶,父母,子女及其配偶,兄弟姐妹,祖父母、外祖父母,孙子女、外孙子女,以及同华侨、归侨有长期扶养关系的其他亲属。
	国家外汇管理局综合司《关于取得境外永久居留权的中国自然人作为外商投资企业外方出资者有关问题的批复》(发布日期:2005年7月15日;生效日期:2005年7月15日;发文机关:国家外汇管理局;文号:汇综复〔2005〕64号)	中国公民取得境外永久居留权回国投资举办企业,参照现行外商直接投资外汇管理法规。中国公民在取得境外永久居留权前在境内投资举办的企业,不享受外商投资企业待遇。
	《国籍法》(发布日期:1980年9月10日;生效日期:1980年9月10日;发文机关:全国人大常委会;文号:全国人大常委会令第8号)	第3条 中华人民共和国不承认中国公民具有双重国籍。
		第4条 定居外国的中国公民,自愿加入或取得外国国籍的,即自动丧失中国国籍。
经营范围及设立、变更	《外商投资法》(发布日期:2019年3月15日;实施日期:2020年1月1日;发文机关:全国人民代表大会;文号:主席令第26号)	第4条 国家对外商投资实行准入前国民待遇加负面清单管理制度。 前款所称准入前国民待遇,是指在投资准入阶段给予外国投资者及其投资不低于本国投资者及其投资的待遇;所称负面清单,是指国家规定在特定领域对外商投资实施的准入特别管理措施。国家对负面清单之外的外商投资,给予国民待遇。 负面清单由国务院发布或者批准发布。 中华人民共和国缔结或者参加的国际条约、协定对外国投资者准入待遇有更优惠规定的,可以按照相关规定执行。
		第28条 外商投资准入负面清单规定禁止投资的领域,外国投资者不得投资。

续表

主要法律问题	文件名	具体条款规定
		外商投资准入负面清单规定限制投资的领域,外国投资者进行投资应当符合负面清单规定的条件。 外商投资准入负面清单以外的领域,按照内外资一致的原则实施管理。
		第29条　外商投资需要办理投资项目核准、备案的,按照国家有关规定执行。
		第36条　外国投资者投资外商投资准入负面清单规定禁止投资的领域的,由有关主管部门责令停止投资活动,限期处分股份、资产或者采取其他必要措施,恢复到实施投资前的状态;有违法所得的,没收违法所得。 外国投资者的投资活动违反外商投资准入负面清单规定的限制性准入特别管理措施的,由有关主管部门责令限期改正,采取必要措施满足准入特别管理措施的要求;逾期不改正的,依照前款规定处理。 外国投资者的投资活动违反外商投资准入负面清单规定的,除依照前两款规定处理外,还应当依法承担相应的法律责任。
		第37条　外国投资者、外商投资企业违反本法规定,未按照外商投资信息报告制度的要求报送投资信息的,由商务主管部门责令限期改正;逾期不改正的,处十万元以上五十万元以下的罚款。
		第38条　对外国投资者、外商投资企业违反法律、法规的行为,由有关部门依法查处,并按照国家有关规定纳入信用信息系统。

续表

主要法律问题	文件名	具体条款规定
	市场监管总局《关于贯彻落实〈外商投资法〉做好外商投资企业登记注册工作的通知》(发布日期:2019年12月28日;实施日期:2020年1月1日;发文机关:国家市场监督管理总局;文号:国市监注〔2019〕247号)	一、规范外商投资企业登记程序 1. 规范申请程序。申请人应当通过企业登记系统申请外商投资企业登记注册。在申请外商投资企业设立或者变更登记时,投资人应当承诺是否符合《外商投资准入特别管理措施(负面清单)》(以下简称《负面清单》)要求,并根据实际情况如实勾选涉及《负面清单》的行业领域。法律、行政法规规定企业设立、变更、注销登记前须经行业主管部门许可的,还应当向登记机关提交有关批准文件。 2. 规范审查程序。登记机关对相关申请材料进行形式审查。外国投资者或者外商投资企业在《负面清单》以外的领域投资的,按照内外资一致的原则进行登记注册。外国投资者或者外商投资企业投资《负面清单》内对出资比例、法定代表人(主要负责人)国籍等有限制性规定的领域,对于符合准入特别管理措施规定条件的,依法予以登记注册;行业主管部门在登记注册前已经依法核准相关涉企经营许可事项的,登记机关无需就是否符合准入特别管理措施规定条件进行重复审查。外国投资者或者外商投资企业在《负面清单》禁止投资的领域投资的,不予登记注册。登记机关要将登记信息推送至省级共享平台(省级信用信息共享交换平台、政务信息平台、部门间数据接口等),实现与有关政府职能部门的信息互联共享。 二、落实外商投资信息报告制度 3. 配合商务部门落实外商投资信息报告制度。自2020年1月1日起,不再执行外商投资企业设立商务备案与工商登记"一口办理"。在申请外商投资企业设立、变更登记时,申请人应当填写外商投资初始报告、变更报告。提交外商投资信息报告不是办理外商投资企业登记注册的必要条件。登记机关不对外商投资信息报告进行审查。申请人提交企业登记申请后,可以继续填写外商投资信息报告信息。外国投资者或者外商投资企业应当通过国家企业信用信息公示系统报送"多报合一"年报。各地市场监管部门应当依法保护登记过程中知悉的外国投资者、外商投资企业商业秘密、投资信息。

续表

主要法律问题	文件名	具体条款规定
		4. 做好系统改造工作。各地市场监管部门要按照《外商投资信息报告办法》和《外商投资信息报告登记系统改造技术方案》(以下简称《技术方案》)要求,及时改造完善企业登记系统和国家企业信用信息公示系统。外商投资企业的初始、变更、注销报告以及年度报告信息,要通过数据中心及时汇总归集至总局。由总局向商务部推送共享范围内的外商投资信息报告信息。 三、明确外商投资企业材料规范 5. 明确外国投资者主体资格证明。在申请外商投资企业登记时,申请人向登记机关提交的外国投资者的主体资格证明或者身份证明应当经所在国家公证机关公证并经中国驻该国使(领)馆认证。如其本国与中国没有外交关系,则应当经与中国有外交关系的第三国驻该国使(领)馆认证,再由中国驻该第三国使(领)馆认证。某些国家的海外属地出具的文书,应当在该属地办妥公证,再经该国外交机构认证,最后由中国驻该国使(领)馆认证。中国与有关国家缔结或者共同参加的国际条约对认证另有规定的除外。外国自然人来华投资设立企业,提交的身份证明文件为中华人民共和国外国人永久居留身份证的,无需公证。 6. 明确港澳台投资者主体资格证明。香港特别行政区、澳门特别行政区和台湾地区投资者的主体资格证明或者身份证明应当按照专项规定或者协议,依法提供当地公证机构的公证文件。香港特别行政区、澳门特别行政区自然人投资者的身份证明为当地永久性居民身份证、特别行政区护照或者内地公安部门颁发的港澳居民居住证、内地出入境管理部门颁发的往来内地通行证;提交港澳居民居住证或者往来内地通行证的,无需公证。大陆公安部门颁发的台湾居民居住证、大陆出入境管理部门颁发的台湾居民往来大陆通行证,可作为台湾地区自然人投资者的身份证明且无需公证。香港特别行政区、澳门特别行政区自然人使用往来内地通行证、定居在国外的中国公民(华侨)使用护照申请登记注册的,可以通过全国企业登记身份管理实名验证系统进行实名验证,无需线下核实相关证件。

续表

主要法律问题	文件名	具体条款规定
		7. 明确法律文件送达。申请外商投资企业设立登记的，应当向登记机关提交外国投资者（授权人）与境内法律文件送达接受人（被授权人）签署的《法律文件送达授权委托书》（填表即可）。被授权人可以是外国投资者在境内设立的分支机构、拟设立的外商投资企业（被授权人为拟设立的企业的，企业设立后委托生效）或者其他境内有关单位或者个人。外商投资企业增加新的境外投资者的，也应当向登记机关提交上述文件。外国投资者（授权人）变更境内法律文件送达接受人（被授权人）或者被授权人名称、地址等事项发生变更的，应当及时向登记机关申请更新相关信息（填表即可）。登记机关在企业登记档案中予以记载。 四、完善外商投资企业登记事项 8. 明确注册资本（出资数额）币种表示。外商投资企业的注册资本（出资数额）可以用人民币表示，也可以用其他可自由兑换的外币表示。作为注册资本（出资数额）的外币与人民币或者外币与外币之间的折算，应按发生（缴款）当日中国人民银行公布的汇率的中间价计算，法律、行政法规或者国务院决定另有规定的，适用其规定。 9. 明确企业类型登记规则。登记机关应当根据申请，按照内资企业类型分别登记为“有限责任公司”“股份有限公司”“合伙企业”，并应当标明外商投资或者港澳台投资。现有中外合资经营企业、中外合作经营企业申请组织形式、组织机构变更登记前，按照原有企业类型加注规则执行。各地市场监管部门要根据《技术方案》要求，同步调整“多证合一”“证照分离”等改革中涉及的企业类型、证件类型等码表，并做好与有关政府职能部门的衔接。 六、实行外资授权登记管理 14. 落实外商投资企业授权登记管理体制。总局授权的地方市场监管部门是外商投资企业的登记机关，负责本辖区内的外商投资企业登记管理。符合外商投资企业授权登记条件的地方市场监管部门可以向总局申请授予外商投资企业登记管理权。总局将定期公布外资被授权市场监管部门名单。

续表

主要法律问题	文件名	具体条款规定
		本通知自2020年1月1日起实施。香港特别行政区、澳门特别行政区和台湾地区的投资者、定居在国外的中国公民(华侨)投资设立的企业,以及外商投资的投资性公司、外商投资的创业投资公司、以投资为主要业务的外商投资合伙企业境内投资设立的企业,其登记注册参照适用本通知。 各地市场监管部门要不断优化注册流程、提升服务效能;切实加强对过渡期内外商投资企业登记注册的政策指导,及时解决在实施过程中发现的新问题,并向总局报告。
	《外商投资法实施条例》(发布日期:2019年12月26日;实施日期:2020年1月1日;发文机关:国务院;文号:国务院令第723号)	第33条　负面清单规定禁止投资的领域,外国投资者不得投资。负面清单规定限制投资的领域,外国投资者进行投资应当符合负面清单规定的股权要求、高级管理人员要求等限制性准入特别管理措施。
		第34条　有关主管部门在依法履行职责过程中,对外国投资者拟投资负面清单内领域,但不符合负面清单规定的,不予办理许可、企业登记注册等相关事项;涉及固定资产投资项目核准的,不予办理相关核准事项。 有关主管部门应当对负面清单规定执行情况加强监督检查,发现外国投资者投资负面清单规定禁止投资的领域,或者外国投资者的投资活动违反负面清单规定的限制性准入特别管理措施的,依照外商投资法第三十六条的规定予以处理。
		第35条　外国投资者在依法需要取得许可的行业、领域进行投资的,除法律、行政法规另有规定外,负责实施许可的有关主管部门应当按照与内资一致的条件和程序,审核外国投资者的许可申请,不得在许可条件、申请材料、审核环节、审核时限等方面对外国投资者设置歧视性要求。 负责实施许可的有关主管部门应当通过多种方式,优化审批服务,提高审批效率。对符合相关条件和要求的许可事项,可以按照有关规定采取告知承诺的方式办理。

续表

主要法律问题	文件名	具体条款规定
		第36条　外商投资需要办理投资项目核准、备案的,按照国家有关规定执行。
		第37条　外商投资企业的登记注册,由国务院市场监督管理部门或者其授权的地方人民政府市场监督管理部门依法办理。国务院市场监督管理部门应当公布其授权的市场监督管理部门名单。 外商投资企业的注册资本可以用人民币表示,也可以用可自由兑换货币表示。
		第38条　外国投资者或者外商投资企业应当通过企业登记系统以及企业信用信息公示系统向商务主管部门报送投资信息。国务院商务主管部门、市场监督管理部门应当做好相关业务系统的对接和工作衔接,并为外国投资者或者外商投资企业报送投资信息提供指导。
		第39条　外商投资信息报告的内容、范围、频次和具体流程,由国务院商务主管部门会同国务院市场监督管理部门等有关部门按照确有必要、高效便利的原则确定并公布。商务主管部门、其他有关部门应当加强信息共享,通过部门信息共享能够获得的投资信息,不得再行要求外国投资者或者外商投资企业报送。 外国投资者或者外商投资企业报送的投资信息应当真实、准确、完整。
	《外商投资项目核准和备案管理办法》(2014年修订)(发布日期:2014年12月27日;生效日期:2014年12月27日;发文机关:国家发展和改革委员会;文号:国家发展和改革委员会令第20号)	第1条　为进一步深化外商投资管理体制改革,根据《中华人民共和国行政许可法》、《指导外商投资方向规定》、《国务院关于投资体制改革的决定》及《政府核准的投资项目目录》(以下简称《核准目录》),特制定本办法。
		第2条　本办法适用于中外合资、中外合作、外商独资、外商投资合伙、外商并购境内企业、外商投资企业增资及再投资项目等各类外商投资项目。
		第3条　外商投资项目管理分为核准和备案两种方式。

续表

主要法律问题	文件名	具体条款规定
		第 4 条　外商投资项目核准权限、范围按照国务院发布的《核准目录》执行。 本办法所称项目核准机关，是指《核准目录》中规定的具有项目核准权限的行政机关。
		第 5 条　本办法第四条范围以外的外商投资项目由地方政府投资主管部门备案。
		第 8 条　拟申请核准的外商投资项目应按国家有关要求编制项目申请报告。项目申请报告应包括以下内容： （一）项目及投资方情况； （二）资源利用和生态环境影响分析； （三）经济和社会影响分析。 外国投资者并购境内企业项目申请报告应包括并购方情况、并购安排、融资方案和被并购方情况、被并购后经营方式、范围和股权结构、所得收入的使用安排等。
		第 9 条　国家发展和改革委员会根据实际需要，编制并颁布项目申请报告通用文本、主要行业的项目申请报告示范文本、项目核准文件格式文本。 对于应当由国家发展和改革委员会核准或者审核后报国务院核准的项目，国家发展和改革委员会制定并颁布《服务指南》，列明项目核准的申报材料和所需附件、受理方式、办理流程、办理时限等内容，为项目申报单位提供指导和服务。
		第 10 条　项目申请报告应附以下文件： （一）中外投资各方的企业注册证明材料及经审计的最新企业财务报表（包括资产负债表、利润表和现金流量表）、开户银行出具的资金信用证明； （二）投资意向书，增资、并购项目的公司董事会决议； （三）城乡规划行政主管部门出具的选址意见书（仅指以划拨方式提供国有土地使用权的项目）； （四）国土资源行政主管部门出具的用地预审意见（不涉及新增用地，在已批准的建设用地范围内进行改扩建的项目，可以不进行用地预审）；

续表

主要法律问题	文件名	具体条款规定
		（五）环境保护行政主管部门出具的环境影响评价审批文件； （六）节能审查机关出具的节能审查意见； （七）以国有资产出资的，需由有关主管部门出具的确认文件； （八）根据有关法律法规的规定应当提交的其他文件。
		第 11 条　按核准权限属于国家发展和改革委员会核准的项目，由项目所在地省级发展改革部门提出初审意见后，向国家发展和改革委员会报送项目申请报告；计划单列企业集团和中央管理企业可直接向国家发展和改革委员会报送项目申请报告，并附项目所在地省级发展改革部门的意见。
		第 12 条　项目申报材料不齐全或者不符合有关要求的，项目核准机关应当在收到申报材料后 5 个工作日内一次告知项目申报单位补正。
		第 13 条　对于涉及有关行业主管部门职能的项目，项目核准机关应当商请有关行业主管部门在 7 个工作日内出具书面审查意见。有关行业主管部门逾期没有反馈书面审查意见的，视为同意。
		第 14 条　项目核准机关在受理项目申请报告之日起 4 个工作日内，对需要进行评估论证的重点问题委托有资质的咨询机构进行评估论证，接受委托的咨询机构应在规定的时间内提出评估报告。 对于可能会对公共利益造成重大影响的项目，项目核准机关在进行核准时应采取适当方式征求公众意见。对于特别重大的项目，可以实行专家评议制度。
		第 15 条　项目核准机关自受理项目核准申请之日起 20 个工作日内，完成对项目申请报告的核准。如 20 个工作日内不能做出核准决定的，由本部门负责人批准延长 10 个工作日，并将延长期限的理由告知项目申报单位。 前款规定的核准期限，委托咨询评估和进行专家评议所需的时间不计算在内。

续表

主要法律问题	文件名	具体条款规定
		第16条　对外商投资项目的核准条件是： （一）符合国家有关法律法规和《外商投资产业指导目录》、《中西部地区外商投资优势产业目录》的规定； （二）符合发展规划、产业政策及准入标准； （三）合理开发并有效利用了资源； （四）不影响国家安全和生态安全； （五）对公众利益不产生重大不利影响； （六）符合国家资本项目管理、外债管理的有关规定。
		第17条　对予以核准的项目，项目核准机关出具书面核准文件，并抄送同级行业管理、城乡规划、国土资源、环境保护、节能审查等相关部门；对不予核准的项目，应以书面说明理由，并告知项目申报单位享有依法申请行政复议或者提起行政诉讼的权利。
		第18条　拟申请备案的外商投资项目需由项目申报单位提交项目和投资方基本情况等信息，并附中外投资各方的企业注册证明材料、投资意向书及增资、并购项目的公司董事会决议等其他相关材料。
		第19条　外商投资项目备案需符合国家有关法律法规、发展规划、产业政策及准入标准，符合《外商投资产业指导目录》、《中西部地区外商投资优势产业目录》。
		第20条　对不予备案的外商投资项目，地方投资主管部门应在7个工作日内出具书面意见并说明理由。
		第21条　经核准或备案的项目如出现下列情形之一的，需向原批准机关申请变更： （一）项目地点发生变化； （二）投资方或股权发生变化； （三）项目主要建设内容发生变化； （四）有关法律法规和产业政策规定需要变更的其他情况。
		第22条　变更核准和备案的程序比照本办法前述有关规定执行。

续表

主要法律问题	文件名	具体条款规定
		第23条　经核准的项目若变更后属于备案管理范围的，应按备案程序办理；予以备案的项目若变更后属于核准管理范围的，应按核准程序办理。
	《鼓励外商投资产业目录》(2020年版)(发布日期：2020年12月27日；实施日期：2021年1月27日；发文机关：国家发展和改革委，商务部；文号：国家发展和改革委员会、商务部令第38号)	全文
	《外商投资信息报告办法》(发布日期：2019年12月30日；实施日期：2020年1月1日；发文机关：商务部，国家市场监督管理总局；文号：商务部、市场监管总局令2019年第2号)	第2条　外国投资者直接或者间接在中国境内进行投资活动，应由外国投资者或者外商投资企业根据本办法向商务主管部门报送投资信息。
		第3条　商务部负责统筹和指导全国范围内外商投资信息报告工作。 县级以上地方人民政府商务主管部门以及自由贸易试验区、国家级经济技术开发区的相关机构负责本区域内外商投资信息报告工作。
		第4条　外国投资者或者外商投资企业应当通过企业登记系统以及国家企业信用信息公示系统向商务主管部门报送投资信息。 市场监管部门应当及时将外国投资者、外商投资企业报送的上述投资信息推送至商务主管部门。 商务部建立外商投资信息报告系统，及时接收、处理市场监管部门推送的投资信息以及部门共享信息等。
		第5条　市场监管总局统筹指导全国企业登记系统、国家企业信用信息公示系统建设，保障外商投资信息报告的实施。
		第6条　各级商务主管部门和市场监管部门应当做好工作衔接。商务主管部门应当为外国投资者和外商投资企业报送投资信息提供专门指导。
		第8条　外国投资者或者外商投资企业应当按照本办法规定通过提交初始报告、变更报告、注销报告、年度报告等方式报送投资信息。

续表

主要法律问题	文件名	具体条款规定
		第 9 条　外国投资者在中国境内设立外商投资企业,应于办理外商投资企业设立登记时通过企业登记系统提交初始报告。 外国投资者股权并购境内非外商投资企业,应在办理被并购企业变更登记时通过企业登记系统提交初始报告。
		第 10 条　外国投资者提交初始报告,应当报送企业基本信息、投资者及其实际控制人信息、投资交易信息等信息。
		第 11 条　初始报告的信息发生变更,涉及企业变更登记(备案)的,外商投资企业应于办理企业变更登记(备案)时通过企业登记系统提交变更报告。 不涉及企业变更登记(备案)的,外商投资企业应于变更事项发生后 20 个工作日内通过企业登记系统提交变更报告。企业根据章程对变更事项作出决议的,以作出决议的时间为变更事项的发生时间;法律法规对变更事项的生效条件另有要求的,以满足相应要求的时间为变更事项的发生时间。 外商投资的上市公司及在全国中小企业股份转让系统挂牌的公司,可仅在外国投资者持股比例变化累计超过 5% 或者引起外方控股、相对控股地位发生变化时,报告投资者及其所持股份变更信息。
		第 12 条　外商投资企业提交变更报告,应当报送企业基本信息、投资者及其实际控制人信息、投资交易信息等信息的变更情况。
		第 13 条　外商投资企业注销或者转为内资企业的,在办理企业注销登记或者企业变更登记后视同已提交注销报告,相关信息由市场监管部门推送至商务主管部门,外商投资企业无需另行报送。
		第 14 条　外商投资企业应于每年 1 月 1 日至 6 月 30 日通过国家企业信用信息公示系统提交上一年度的年度报告。 当年设立的外商投资企业,自下一年起报送年度报告。

续表

主要法律问题	文件名	具体条款规定
		第 15 条　外商投资企业提交年度报告，应当报送企业基本信息、投资者及其实际控制人信息、企业经营和资产负债等信息，涉及外商投资准入特别管理措施的，还应当报送获得相关行业许可信息。
		第 16 条　初始报告、变更报告和年度报告等的具体内容，按照确有必要原则，结合外商投资实际情况和企业登记注册、企业信息公示的有关规定确定，由商务部以公告形式对外发布。
		第 25 条　外国投资者或者外商投资企业未按照本办法要求报送投资信息，且在商务主管部门通知后未按照本办法第十九条予以补报或更正的，由商务主管部门责令其于 20 个工作日内改正；逾期不改正的，处十万元以上三十万元以下罚款；逾期不改正且存在以下情形的，处三十万元以上五十万元以下罚款： （一）外国投资者或者外商投资企业故意逃避履行信息报告义务，或在进行信息报告时隐瞒真实情况、提供误导性或虚假信息； （二）外国投资者或者外商投资企业就所属行业、是否涉及外商投资准入特别管理措施、企业投资者及其实际控制人等重要信息报送错误； （三）外国投资者或者外商投资企业未按照本办法要求报送投资信息，并因此受到行政处罚的，两年内再次违反本办法有关要求； （四）商务主管部门认定的其他严重情形。
		第 26 条　商务主管部门在监督检查中掌握的外国投资者、外商投资企业未依法履行信息报告义务的有关情况，应当记入外商投资信息报告系统，并按照国家关于信用体系建设的有关规定完善信用监管。 外国投资者、外商投资企业因违反信息报告义务受到商务主管部门行政处罚的，商务主管部门可将相关情况在外商投资信息报告系统公示平台上予以公示，并按照国家有关规定纳入信用信息系统。 商务主管部门可与市场监管、外汇、海关、税务等有关部门共享外国投资者、外商投资企业履行信息报告义务以及受到相应行政处罚的有关情况。

续表

主要法律问题	文件名	具体条款规定
		第 27 条　外国投资者或者外商投资企业认为外商投资信息报告系统公示平台上有关信息记录不完整或者有错误的,可提供相关证明材料并向商务主管部门申请修正。经核查属实的,予以修正。 外国投资者或者外商投资企业改正违法行为、履行相关义务后 1 年内未再发生违反信息报告义务行为的,可向商务主管部门申请移除外商投资信息报告系统公示平台上有关信息记录。经核查属实的,予以移除。
		第 28 条　外商投资企业在中国境内投资(含多层次投资)设立企业的,在向市场监管部门办理登记备案、报送年报信息后,相关信息由市场监管部门推送至商务主管部门,上述企业无需另行报送。
		第 29 条　外商投资举办的投资性公司、创业投资企业和以投资为主要业务的合伙企业在境内投资设立企业的,应当参照本办法第二章的规定报送投资信息。
		第 30 条　非企业形式的外商投资,应由外国投资者参照本办法第二章的规定报送投资信息,但通过部门信息共享可以获得相关信息的除外。
		第 31 条　法律、行政法规规定企业设立、变更、注销登记前须行业主管部门许可的,外国投资者或者外商投资企业应当在申请登记注册时向市场监管部门提交有关批准文件。
		第 32 条　外国投资者在中国境内投资银行业、证券业、保险业等金融行业,适用本办法。
		第 33 条　香港特别行政区、澳门特别行政区、台湾地区投资者以及定居在国外的中国公民的投资,参照本办法报送投资信息。
		第 34 条　本办法由商务部、市场监管总局负责解释。
		第 35 条　本办法自 2020 年 1 月 1 日起实施。《外商投资企业设立及变更备案管理暂行办法》同时废止。

续表

主要法律问题	文件名	具体条款规定
	商务部《关于外商投资信息报告有关事项的公告》(发布日期:2019 年 12 月 31 日;实施日期:2020 年 1 月 1 日;发文机关:商务部;文号:商务部公告 2019 年第 62 号)	一、外国投资者直接在中国境内投资设立公司、合伙企业的,外国(地区)企业在中国境内从事生产经营活动的,外国(地区)企业在中国境内设立从事生产经营活动的常驻代表机构等,应按照《外商投资信息报告办法》的规定,通过企业登记系统在线提交初始报告、变更报告,通过国家企业信用信息公示系统在线提交年度报告。注销报告相关信息由市场监管总局向商务部共享,外国投资者或者外商投资企业无需另行报送。 外商投资举办的投资性公司、创业投资企业和以投资为主要业务的合伙企业在境内投资设立企业的,应当参照前款规定报送投资信息。 二、境内非外商投资企业变更为外商投资企业,应于办理变更登记时在线提交初始报告。 三、外商投资企业实际控制人变更、进口设备减免税信息变更、住所未变更但所在特殊经济区域变更以及外商投资的股份有限公司除发起人之外的股东基本信息变更等无需到市场监管部门办理变更登记的事项,应于变更事项发生后 20 个工作日内通过企业登记系统提交变更报告。 外国投资者或者外商投资企业提交变更报告时,只需填报变更事项,其他未发生变更的事项无需重复填报。 四、外商投资企业境内投资(含多层次投资)的企业的初始报告、变更报告、注销报告和年度报告,由市场监管总局向商务部共享,企业无需另行报送。 五、初始、变更报告存在未报、错报、漏报的,外国投资者或者外商投资企业应通过企业登记系统进行补报或更正;6 月 30 日前,年度报告存在错报、漏报的,外国投资者或者外商投资企业应通过国家企业信用信息公示系统进行补报或更正;7 月 1 日起,年度报告存在错报、漏报的,外国投资者或者外商投资企业应向商务主管部门申请,通过外商投资信息报告管理系统(网址:wzxxbg. mofcom. gov. cn)进行补报或更正;7 月 1 日起,外国投资者或者外商投资企业未按时提交年度报告的,应根据商务主管部门、市场监管部门的相关规定办理相关手续。

续表

主要法律问题	文件名	具体条款规定
		六、不涉及国家规定实施外商投资准入特别管理措施的外商投资企业，如2019年12月31日前已在市场监管部门办理设立登记，或发生《外商投资企业设立及变更备案管理暂行办法》第六条、第七条规定的变更事项，但尚未办理外商投资企业设立或变更备案，2020年1月31日前仍可通过外商投资综合管理系统（网址：wzzxbs. mofcom. gov. cn）办理备案。 2020年1月1日起设立或发生变更的外商投资企业，无需办理外商投资企业设立或变更备案，只需根据《外商投资信息报告办法》和本公告的要求报告投资信息。
投资总额和注册资本	中国人民银行《关于全口径跨境融资宏观审慎管理有关事宜的通知》（发布日期：2017年1月12日；实施日期：2017年1月12日；发文机关：中国人民银行；文号：银发〔2017〕9号）	一、本通知所称跨境融资，是指境内机构从非居民融入本、外币资金的行为。本通知适用依法在中国境内成立的法人企业（以下简称企业）和法人金融机构。本通知适用的企业仅限非金融企业，且不包括政府融资平台和房地产企业；本通知适用的金融机构指经中国人民银行、中国银行业监督管理委员会、中国证券监督管理委员会和中国保险监督管理委员会批准设立的各类法人金融机构。此外，将外国银行（港、澳、台地区银行比照适用，下同）境内分行纳入本通知适用范围，除特殊说明外，相关政策安排比照境内法人外资银行办理。 三、建立宏观审慎规则下基于微观主体资本或净资产的跨境融资约束机制，企业和金融机构均可按规定自主开展本外币跨境融资。 企业和金融机构开展跨境融资按风险加权计算余额（指已提用未偿余额，下同），风险加权余额不得超过上限，即：跨境融资风险加权余额≤跨境融资风险加权余额上限。 六、跨境融资风险加权余额上限的计算：跨境融资风险加权余额上限＝资本或净资产×跨境融资杠杆率×宏观审慎调节参数。 资本或净资产：企业按净资产计，银行类法人金融机构（包括政策性银行、商业银行、农村合作银行、城市信用合作社、农村信用合作社、外资银行）按一级资本计，非银行法人金融机构按资本（实收资本或股本＋资本公积）计，外国银行境内分行按运营资本计，以最近一期经审计的财务报告为准。

续表

主要法律问题	文件名	具体条款规定
		跨境融资杠杆率:企业为2,非银行法人金融机构为1,银行类法人金融机构和外国银行境内分行为0.8。 宏观审慎调节参数:1。
	《关于中外合资经营企业注册资本与投资总额比例的暂行规定》[发布日期:1987年3月1日;实施日期:1987年3月1日;发文机关:国家工商行政管理局(已撤销);文号:工商企字〔1987〕第38号]	第3条　中外合资经营企业的注册资本与投资总额的比例,应当遵守如下规定: (一)中外合资经营企业的投资总额在300万美元以下(含300万美元)的,其注册资本至少应占投资总额的7/10。 (二)中外合资经营企业的投资总额在300万美元以上至1000万美元(含1000万美元)的,其注册资本至少应占投资总额的1/2,其中投资总额在420万美元以下的,注册资本不得低于210万美元。 (三)中外合资经营企业的投资总额在1000万美元以上至3000万美元(含3000万美元)的,其注册资本至少应占投资总额的2/5,其中投资总额在1250万美元以下的,注册资本不得低于500万美元。 (四)中外合资经营企业的投资总额在3000万美元以上的,其注册资本至少应占投资总额的1/3,其中投资总额在3600万美元以下的,注册资本不得低于1200万美元。
	《关于外国投资者并购境内企业的规定》(发布日期:2009年6月22日;实施日期:2009年6月22日;发文机关:商务部;文号:商务部令2009年第6号)	第19条　外国投资者股权并购的,除国家另有规定外,对并购后所设外商投资企业应按照以下比例确定投资总额的上限: (一)注册资本在210万美元以下的,投资总额不得超过注册资本的10/7; (二)注册资本在210万美元以上至500万美元的,投资总额不得超过注册资本的2倍; (三)注册资本在500万美元以上至1200万美元的,投资总额不得超过注册资本的2.5倍; (四)注册资本在1200万美元以上的,投资总额不得超过注册资本的3倍。

续表

主要法律问题	文件名	具体条款规定
	《外债管理暂行办法》(发布日期:2003 年 1 月 8 日;实施日期:2003 年 3 月 1 日;发文机关:原国家发展计划委员会、财政部、国家外汇管理局;文号:国家发展计划委员会、财政部、国家外汇管理局令第 28 号)	第 18 条　外商投资企业举借的中长期外债累计发生额和短期外债余额之和应当控制在审批部门批准的项目总投资和注册资本之间的差额以内。 在差额范围内,外商投资企业可自行举借外债。超出差额的,须经原审批部门重新核定项目总投资。
	国家外汇管理局《关于发布〈外债登记管理办法〉的通知》(发布日期:2013 年 4 月 28 日;实施日期:2013 年 5 月 13 日;发文机关:国家外汇管理局;文号:汇发〔2013〕19 号;2015 年 5 月 4 日被《关于废止和修改涉及注册资本登记制度改革有关规范性文件的通知》部分修改并实施)	附件 2　《外债登记管理操作指引》 一、非银行债务人办理外债签约登记 审核原则:……2. 外商投资企业借用外债应同时符合以下条件:(1)除另有规定外,外商投资企业借用的短期外债余额和中长期外债发生额之和不得超过商务主管部门批准的投资总额与其注册资本的差额(以下简称"投注差")。外保内贷项下担保人发生履约后形成的境内机构对外债务,按短期外债纳入"投注差"控制。……(4)外商投资企业实际可借用外债额度等于外方股东资本金到位比例乘以"投注差"。 八、境内企业办理外保内贷业务 注意事项:……5. 外商投资企业借用境内贷款接受境外担保的,可直接与债权人、境外担保人签订担保合同。发生境外担保人履约的,因担保履约产生的对外负债应视同短期外债(按债务人实际发生的对境外担保人的外债本金余额计算)纳入外商投资企业"投注差"或外债额度控制,并办理外债签约登记手续。因担保履约产生的外商投资企业对外负债未偿本金余额与其他外债合计超过"投注差"或外债额度的,外汇局可先为其办理外债登记手续,再按照超规模借用外债移交外汇检查部门处理。
出资比例	《外商投资法实施条例》(发布日期:2019 年 12 月 26 日;实施日期:2020 年 1 月 1 日;发文机关:国务院;文号:国务院令第 723 号)	第 46 条　现有外商投资企业的组织形式、组织机构等依法调整后,原合营、合作各方在合同中约定的股权或者权益转让办法、收益分配办法、剩余财产分配办法等,可以继续按照约定办理。

续表

主要法律问题	文件名	具体条款规定
组织形式和组织机构	《外商投资法》(发布日期:2019年3月15日;实施日期:2020年1月1日;发文机关:全国人民代表大会;文号:主席令第26号)	第31条　外商投资企业的组织形式、组织机构及其活动准则,适用《中华人民共和国公司法》《中华人民共和国合伙企业法》等法律的规定。
		第42条　本法自2020年1月1日起施行。《中华人民共和国中外合资经营企业法》《中华人民共和国外资企业法》《中华人民共和国中外合作经营企业法》同时废止。 本法施行前依照《中华人民共和国中外合资经营企业法》《中华人民共和国外资企业法》《中华人民共和国中外合作经营企业法》设立的外商投资企业,在本法施行后五年内可以继续保留原企业组织形式等。具体实施办法由国务院规定。
	《外商投资法实施条例》(发布日期:2019年12月26日;实施日期:2020年1月1日;发文机关:国务院;文号:国务院令第723号)	第44条　外商投资法施行前依照《中华人民共和国中外合资经营企业法》《中华人民共和国外资企业法》《中华人民共和国中外合作经营企业法》设立的外商投资企业(以下称现有外商投资企业),在外商投资法施行后5年内,可以依照《中华人民共和国公司法》《中华人民共和国合伙企业法》等法律的规定调整其组织形式、组织机构等,并依法办理变更登记,也可以继续保留原企业组织形式、组织机构等。 自2025年1月1日起,对未依法调整组织形式、组织机构等并办理变更登记的现有外商投资企业,市场监督管理部门不予办理其申请的其他登记事项,并将相关情形予以公示。
	市场监管总局《关于贯彻落实〈外商投资法〉做好外商投资企业登记注册工作的通知》(发布日期:2019年12月28日;实施日期:2020年1月1日;发文机关:国家市场监督管理总局;文号:国市监注〔2019〕247号)	五、做好过渡期内外商投资企业登记工作 10.做好组织形式变更登记。2020年1月1日以前依法设立的外商投资的公司、外商投资合伙企业无须办理企业组织形式变更登记。依照《中华人民共和国中外合作经营企业法实施细则》或者《中华人民共和国外资企业法实施细则》设立的不具有法人资格的外商投资企业,可以在《外商投资法》实施后五年内申请改制为合伙制企业,并按照《中华人民共和国合伙企业法》(以下简称《合伙企业法》)《中华人民共和国合伙企业登记管理办法》等法律法规规定的设立条件,向登记机关申请变更登记,并依法提交有关材料。隶属企业变更组织形式后,分支机构应当及时申请变更登记。

续表

主要法律问题	文件名	具体条款规定
		11. 做好组织机构等变更(备案)登记。2020 年 1 月 1 日以前设立的外商投资的公司,在《外商投资法》实施后五年内调整最高权力机构、法定代表人或者董事产生方式、议事表决机制等与《中华人民共和国公司法》(以下简称《公司法》)强制性规定不符事项的,应当修订公司章程,并依法向登记机关申请办理变更登记、章程备案或者董事备案等手续。 12. 做好其他登记事项变更登记。2020 年 1 月 1 日以前依法设立的外商投资企业,在《外商投资法》实施后五年内申请调整组织形式、组织机构前(时),根据调整前的组织形式、组织机构以及议事表决机制申请变更(备案)或者注销登记的,登记机关应当予以受理。 13. 做好过渡期后的衔接工作。现有中外合资经营企业、中外合作经营企业的组织形式、组织机构等依法调整后,在合同有效期内申请股东变更登记时,除全体股东重新约定外,有关股权转让办法执行合同约定条件的,登记机关应当予以受理。自 2025 年 1 月 1 日起,外商投资企业的组织形式、组织机构等不符合《公司法》《合伙企业法》强制性规定,且未依法申请变更登记、章程备案或者董事备案的,登记机关不予办理该企业其他登记事项的变更登记或者备案等事宜,并将相关情形予以公示。
股权变更	《关于加强外商投资企业审批、登记、外汇及税收管理有关问题的通知》[发布日期:2002 年 12 月 30 日;实施日期:2003 年 1 月 1 日;发文机关:对外贸易经济合作部(已撤销),国家税务总局,国家工商行政管理总局(已撤销),国家外汇管理局;文号:外经贸法发〔2002〕575 号]	五、外国投资者收购境内各种性质、类型企业的股权,该境内企业应当按照国家有关法律、法规的规定,依现行的外商投资企业审批程序,经审批机关批准后变更设立为外商投资企业,并应符合外商投资产业政策。批准后,由审批机关颁发外商投资企业批准证书,工商行政管理机关颁发外商投资企业营业执照。 原境内公司中国自然人股东在原公司享有股东地位一年以上的,经批准,可继续作为变更后所设外商投资企业的中方投资者。 暂不允许境内中国自然人以新设或收购方式与外国的公司、企业、其他经济组织或个人成立外商投资企业。

续表

主要法律问题	文件名	具体条款规定
	《关于外国投资者并购境内企业的规定》(发布日期:2009 年 6 月 22 日;实施日期:2009 年 6 月 22 日;发文机关:商务部;文号:商务部令 2009 年第 6 号)	第 2 条　本规定所称外国投资者并购境内企业,系指外国投资者购买境内非外商投资企业(以下称"境内公司")股东的股权或认购境内公司增资,使该境内公司变更设立为外商投资企业(以下称"股权并购");或者,外国投资者设立外商投资企业,并通过该企业协议购买境内企业资产且运营该资产,或,外国投资者协议购买境内企业资产,并以该资产投资设立外商投资企业运营该资产(以下称"资产并购")。
		第 11 条　境内公司、企业或自然人以其在境外合法设立或控制的公司名义并购与其有关联关系的境内的公司,应报商务部审批。 当事人不得以外商投资企业境内投资或其他方式规避前述要求。
		第 21 条　外国投资者股权并购的,投资者应根据并购后所设外商投资企业的投资总额、企业类型及所从事的行业,依照设立外商投资企业的法律、行政法规和规章的规定,向具有相应审批权限的审批机关报送下列文件: (一)被并购境内有限责任公司股东一致同意外国投资者股权并购的决议,或被并购境内股份有限公司同意外国投资者股权并购的股东大会决议; (二)被并购境内公司依法变更设立为外商投资企业的申请书; (三)并购后所设外商投资企业的合同、章程; (四)外国投资者购买境内公司股东股权或认购境内公司增资的协议; (五)被并购境内公司上一财务年度的财务审计报告; (六)经公证和依法认证的投资者的身份证明文件或注册登记证明及资信证明文件; (七)被并购境内公司所投资企业的情况说明; (八)被并购境内公司及其所投资企业的营业执照(副本); (九)被并购境内公司职工安置计划;

续表

主要法律问题	文件名	具体条款规定
		（十）本规定第十三条、第十四条、第十五条要求报送的文件。 并购后所设外商投资企业的经营范围、规模、土地使用权的取得等，涉及其他相关政府部门许可的，有关的许可文件应一并报送。
		第 22 条　股权购买协议、境内公司增资协议应适用中国法律，并包括以下主要内容： （一）协议各方的状况，包括名称（姓名），住所，法定代表人姓名、职务、国籍等； （二）购买股权或认购增资的份额和价款； （三）协议的履行期限、履行方式； （四）协议各方的权利、义务； （五）违约责任、争议解决； （六）协议签署的时间、地点。
		第 23 条　外国投资者资产并购的，投资者应根据拟设立的外商投资企业的投资总额、企业类型及所从事的行业，依照设立外商投资企业的法律、行政法规和规章的规定，向具有相应审批权限的审批机关报送下列文件： （一）境内企业产权持有人或权力机构同意出售资产的决议； （二）外商投资企业设立申请书； （三）拟设立的外商投资企业的合同、章程； （四）拟设立的外商投资企业与境内企业签署的资产购买协议，或外国投资者与境内企业签署的资产购买协议； （五）被并购境内企业的章程、营业执照（副本）； （六）被并购境内企业通知、公告债权人的证明以及债权人是否提出异议的说明； （七）经公证和依法认证的投资者的身份证明文件或开业证明、有关资信证明文件； （八）被并购境内企业职工安置计划； （九）本规定第十三条、第十四条、第十五条要求报送的文件。 依照前款的规定购买并运营境内企业的资产，涉及其他相关政府部门许可的，有关的许可文件应一并报送。 外国投资者协议购买境内企业资产并以该资产投资设立外商投资企业的，在外商投资企业成立之前，不得以该资产开展经营活动。

续表

主要法律问题	文件名	具体条款规定
		第24条　资产购买协议应适用中国法律,并包括以下主要内容: （一）协议各方的状况,包括名称(姓名),住所,法定代表人姓名、职务、国籍等; （二）拟购买资产的清单、价格; （三）协议的履行期限、履行方式; （四）协议各方的权利、义务; （五）违约责任、争议解决; （六）协议签署的时间、地点。
		第25条　外国投资者并购境内企业设立外商投资企业,除本规定另有规定外,审批机关应自收到规定报送的全部文件之日起30日内,依法决定批准或不批准。决定批准的,由审批机关颁发批准证书。 外国投资者协议购买境内公司股东股权,审批机关决定批准的,应同时将有关批准文件分别抄送股权转让方、境内公司所在地外汇管理机关。股权转让方所在地外汇管理机关为其办理转股收汇外资外汇登记并出具相关证明,转股收汇外资外汇登记证明是证明外方已缴付的股权收购对价已到位的有效文件。
		第26条　外国投资者资产并购的,投资者应自收到批准证书之日起30日内,向登记管理机关申请办理设立登记,领取外商投资企业营业执照。 外国投资者股权并购的,被并购境内公司应依照本规定向原登记管理机关申请变更登记,领取外商投资企业营业执照。原登记管理机关没有登记管辖权的,应自收到申请文件之日起10日内转送有管辖权的登记管理机关办理,同时附送该境内公司的登记档案。被并购境内公司在申请变更登记时,应提交以下文件,并对其真实性和有效性负责: （一）变更登记申请书; （二）外国投资者购买境内公司股东股权或认购境内公司增资的协议; （三）修改后的公司章程或原章程的修正案和依法需要提交的外商投资企业合同; （四）外商投资企业批准证书;

续表

主要法律问题	文件名	具体条款规定
		（五）外国投资者的主体资格证明或者自然人身份证明； （六）修改后的董事会名单，记载新增董事姓名、住所的文件和新增董事的任职文件； （七）国家工商行政管理总局规定的其他有关文件和证件。 投资者自收到外商投资企业营业执照之日起30日内，到税务、海关、土地管理和外汇管理等有关部门办理登记手续。
		第39条　特殊目的公司系指中国境内公司或自然人为实现以其实际拥有的境内公司权益在境外上市而直接或间接控制的境外公司。 特殊目的公司为实现在境外上市，其股东以其所持公司股权，或者特殊目的公司以其增发的股份，作为支付手段，购买境内公司股东的股权或者境内公司增发的股份的，适用本节规定。 当事人以持有特殊目的公司权益的境外公司作为境外上市主体的，该境外公司应符合本节对于特殊目的公司的相关要求。
		第40条　特殊目的公司境外上市交易，应经国务院证券监督管理机构批准。 特殊目的公司境外上市所在国家或者地区应有完善的法律和监管制度，其证券监管机构已与国务院证券监督管理机构签订监管合作谅解备忘录，并保持着有效的监管合作关系。
	《外商投资准入管理指引手册》（2008年版）（发布日期：2008年12月18日；生效日期：2008年12月18日；发文机关：商务部；文号：商资服字〔2008〕530号）	五、关于并购的审批说明 （一）并购适用对象 外国投资者购买境内非外商投资企业股东股权或认购公司增资，或外国投资者购买境内非外商投资企业资产并以该资产设立外商投资企业运营；或外国投资者设立外商投资企业协议购买境内非外商投资企业资产运营。 上述外商投资企业应界定为：外国投资者及外商投资性公司在我国境内依法设立并取得外商投资企业批准证书和营业执照的企业，不论外资比例是否达到25%。 已设立的外商投资企业中方向外方转让股权，不参照并购规定。不论中外方之间是否存在

续表

主要法律问题	文件名	具体条款规定
		关联关系,也不论外方是原有股东还是新进投资者。并购的标的公司只包括内资企业。但股份公司中方转让股权的,必须以持有该部分股权1年以上。 (二)关联关系并购 境内公司、企业或自然人以其在境外合法设立或控制的公司名义并购与其有关联关系的境内公司,应报商务部审批。目前受理范围仅限于境外公司为上市公司,或经批准在境外设立且已实际运行并以利润返程投资的。
	最高人民法院《关于适用〈中华人民共和国外商投资法〉若干问题的解释》(发布日期:2019年12月26日;实施日期:2020年1月1日;发文机关:最高人民法院;文号:法释〔2019〕20号)	全文
对外投资	《外商投资法实施条例》(发布日期:2019年12月26日;实施日期:2020年1月1日;发文机关:国务院;文号:国务院令第723号)	第47条 外商投资企业在中国境内投资,适用外商投资法和本条例的有关规定。
	《外商投资信息报告办法》(发布日期:2019年12月30日;实施日期:2020年1月1日;发文机关:商务部,国家市场监督管理总局;文号:商务部、市场监管总局令2019年第2号)	第28条 外商投资企业在中国境内投资(含多层次投资)设立企业的,在向市场监管部门办理登记备案、报送年报信息后,相关信息由市场监管部门推送至商务主管部门,上述企业无需另行报送。
		第29条 外商投资举办的投资性公司、创业投资企业和以投资为主要业务的合伙企业在境内投资设立企业的,应当参照本办法第二章的规定报送投资信息。
	商务部《关于外商投资信息报告有关事项的公告》(发布日期:2019年12月31日;实施日期:2020年1月1日;发文机关:商务部;文号:商务部公告2019年第62号)	四、外商投资企业境内投资(含多层次投资)的企业的初始报告、变更报告、注销报告和年度报告,由市场监管总局向商务部共享,企业无需另行报送。

续表

主要法律问题	文件名	具体条款规定
	市场监管总局《关于贯彻落实〈外商投资法〉做好外商投资企业登记注册工作的通知》（发布日期：2019 年 12 月 28 日；实施日期：2020 年 1 月 1 日；发文机关：国家市场监督管理总局；文号：国市监注〔2019〕247 号）	本通知自 2020 年 1 月 1 日起实施。香港特别行政区、澳门特别行政区和台湾地区的投资者、定居在国外的中国公民（华侨）投资设立的企业，以及外商投资的投资性公司、外商投资的创业投资公司、以投资为主要业务的外商投资合伙企业境内投资设立的企业，其登记注册参照适用本通知。
	国家外汇管理局《关于进一步促进跨境贸易投资便利化的通知》（发布日期：2019 年 10 月 23 日；生效日期：2019 年 10 月 23 日；发文机关：国家外汇管理局；文号：汇发〔2019〕28 号）	二、取消非投资性外商投资企业资本金境内股权投资限制 在投资性外商投资企业（包括外商投资性公司、外商投资创业投资企业和外商投资股权投资企业）可依法依规以资本金开展境内股权投资的基础上，允许非投资性外商投资企业在不违反现行外商投资准入特别管理措施（负面清单）且境内所投项目真实、合规的前提下，依法以资本金进行境内股权投资。 非投资性外商投资企业以资本金原币划转开展境内股权投资的，被投资主体应按规定办理接收境内再投资登记并开立资本金账户接收资金，无需办理货币出资入账登记；非投资性外商投资企业以资本金结汇开展境内股权投资的，被投资主体应按规定办理接收境内再投资登记并开立“资本项目－结汇待支付账户”接收相应资金。
	国家外汇管理局《关于精简外汇账户的通知》（发布日期：2019 年 10 月 23 日；实施日期：2020 年 2 月 1 日；发文机关：国家外汇管理局；文号：汇发〔2019〕29 号）	附件 2　银行办理相关资本项目外汇业务操作指引 1. 开立外汇保证金账户的主体基本信息登记、变更。 4. 境内机构接收非投资性外商投资企业（经营范围可不含“投资”字样）的人民币形式（含直接结汇所得或结汇待支付账户内的人民币资金）的再投资资金或股权转让对价的，应在注册地银行申请办理接收境内再投资基本信息登记并开立结汇待支付账户后，再由开展投资的企业按实际投资规模将结汇所得人民币资金划往被投资主体或接收股权转让对价的境内主体开立的结汇待支付账户。 5. 直接投资所涉结汇待支付账户的开立、使用和关闭。

续表

主要法律问题	文件名	具体条款规定
		三、账户资金使用管理 3. 除原币划转股权投资款外，允许投资性外商投资企业（包括外商投资性公司、外商投资创业投资企业和外商投资股权投资企业），在其境内所投资项目真实、合规的前提下，按实际投资规模将结汇待支付账户中的人民币资金（或结汇所得人民币资金）直接划入被投资企业账户。非投资性外商投资企业以结汇资金开展境内股权投资的，应由被投资企业先到注册地银行办理境内再投资登记并开立相应结汇待支付账户，再由开展投资的企业按实际投资规模将结汇所得人民币资金划往被投资企业开立的结汇待支付账户。被投资企业继续开展境内股权投资的，按上述原则办理。

附录1:法律尽职调查清单范本

【　】律师事务所
关于【　】公司【　】项目
初步法律尽职调查清单

致:【　】公司(以下简称【　】或贵司)

【　】律师事务所(以下简称我们或本所)受【　】(以下简称【　】)的委托,就投资人拟【　】贵司以及所有和任何母公司、子公司及分支机构(以下合称为集团或公司)项目(以下简称【　】项目或本项目)对集团进行法律尽职调查,并拟定本《初步法律尽职调查清单》(以下简称本清单),请贵司按照本清单提供有关文件及信息。

本次尽职调查的主体包括本清单附件一所列企业或主体。请该调查范围内的所有尽职调查主体分别以各企业为单位分别依照本清单的要求提供相关资料。

除本清单中另有规定,本次尽职调查资料的基准日为【　】年【　】月【　】日(下称基准日),请贵司按照本清单更新截至基准日的资料或信息。

为顺利推进本项目,希望贵司争取于【　】年【　】月【　】日或之前收集完毕首批尽职调查材料。同时,本清单仅为初步清单,在收到贵司提供的尽职调查材料以后,我们可能尚需进一步的其他资料和信息,请贵司届时根据我们出具的补充尽职调查文件清单及时提供反馈材料。我们注意到某些要求的文件和信息①可能与集团无关,②可能根本不存在。因此,请贵司在本清单的每一项的右边一栏的相应方框中注明“提供”、“待提供”或“不适用”,并将填写完毕的本清单①与其他提供的文件一起交给我们。

为便于查阅,建议文件名标注本清单中相应的栏目编号。

如果对我们的要求有不理解的地方,请与本所下列律师联系:

【 】

【 】律师事务所

【 】年【 】月【 】日

所需提供的文件和资料清单	已提供	待提供	不适用	备注
1 公司组织结构及股权关系				
1.1 详细说明集团各成员公司的所有股东、子公司、分公司的组织结构图,并说明其各自的功能。				
1.2 集团各成员至注册地工商局调取的自成立至今的全套工商底档(盖有工商查询章)。				
1.3 集团各成员公司的所有股东的身份证明文件。				
1.4 集团各成员的组建文件,包括但不限于:公司章程、营业执照、批准证书、股东名册、董事名册、公章样式等。				
1.5 集团下属的分支机构的现行有效的政府批准文件、最新的营业执照。				
1.6 集团各成员的其他对外投资情况,包括被投资主体名称、持股情况、投资协议、被投资主体现行有效的营业执照和章程文件。				
1.7 集团各成员自成立以来历次沿革中各股东支付的投资款及股权转让款的凭证;若有验资报告,也请相应提供。				
1.8 与股东权利和公司股权有关的协议。				
1.9 请提供与员工期权激励计划、期权授予有关的文件。				
1.10 如果集团各成员股权/股份上目前设置有任何他项权利,包括但不限于质押,请提供相关法律文件。				

① 填写完成的本清单请加盖贵司公章,并请将扫描版与尽调资料一并发送至本所律师的电子邮箱。

续表

所需提供的文件和资料清单	已提供	待提供	不适用	备注
1.11 集团各成员的【 】年、【 】年及【 】年三年的所有记录簿的复印件,包括股东会、董事会、董事会下设的任何委员会和监事会的所有会议的记录、书面决议和同意。				
1.12 集团各成员的董事会成员及其简历、监事会成员名单及其简历、其他高级管理人员名单及其简历,并说明目前其各自职责。				
2 关联交易及同业竞争				
2.1 公司直接或间接拥有其50%或以上股权的企业,或直接或间接拥有公司50%或以上股权的企业,或与公司同样均被一共同的第三方直接或间接拥有50%或以上股权的企业名单。				
2.2 持有公司5%以上的股东投资的与公司处于同一行业或相关行业的企业名单。				
2.3 公司的董事、高级管理人员投资的与公司处于同一行业或相关行业的企业名单。				
2.4 其他的与公司与有利害关系的企业名单,包括公司实际控制人的直系亲属投资的与公司处于同一行业或相关行业的企业名单。				
2.5 说明公司与其股东、实际控制人、高级管理人员、上述人员的近亲属,以及上述单位/人员控制的公司之间是否存在关联交易,如有,请提供相关交易文件。				
2.6 说明公司与其股东、实际控制人,以及上述单位/人员控制的公司之间是否存在同业竞争的情形;如经营范围中存在相同或相似的业务,请说明各方目前是否均实际经营该项业务。				
3 业务及资质				
3.1 请说明公司目前所实际从事的业务范围、商业模式、业务宣传、业务开展的具体流程。				
3.2 集团业务的商业计划书。				
3.3 请公司介绍与其他的同类型公司相比,公司的主要优势和竞争力。				
3.4 集团任何成员的业务运营相关资质文件。				

续表

所需提供的文件和资料清单	已提供	待提供	不适用	备注
4 重大合同及重大债权债务				
4.1 公司【 】年、【 】年及【 】年三年综合排名在前十名的供应商名单，并提供对应合同。				
4.2 截至目前公司正在履行中的合同金额排名在前十位的支出合同及其情况汇总。				
4.3 公司【 】年、【 】年及【 】年三年综合排名在前十名的客户的名单，并提供对应合同。				
4.4 截至目前公司正在履行中的合同金额排名在前十位的收入合同及其情况汇总。				
4.5 截至基准日，债务金额前十名明细及债权人名单。				
4.6 截至基准日，债权金额前十名明细及债务人名单。				
4.7 请前往银行打印各公司的企业信用报告（打印时间需至少在基准日之后）。				
4.8 公司通过自有平台或委托其他平台对外发布的电子合同、协议或其他对公司具有约束力的合同模板（如适用）。				
4.9 公司尚未清偿完毕/正在履行中的借款协议、授信协议等融资协议。				
4.10 公司为自身债务提供抵押/质押，第三方为公司债务提供担保（包括保证/抵押/质押），目前尚未解除担保义务的担保协议、对应的相应主合同，以及抵押/质押登记文件。				
4.11 公司为其他方提供保证且目前尚未解除保证义务的保证协议及其对应的相应主合同。				
4.12 公司以财产为其他方债务提供抵押/质押且目前尚未解除担保义务的抵押/质押协议、对应的相应主合同，以及抵押/质押登记文件。				
4.13 集团任何成员在境内外设立任何合营企业、合伙企业、子公司或关联公司的所有协议或其他文件。				
4.14 集团任何成员与任何机构合并或从任何机构分立的协议和全部文件。				

续表

所需提供的文件和资料清单	已提供	待提供	不适用	备注
4.15 集团任何成员收购或出售任何重大资产的协议。				
4.16 对集团任何成员业务、经营、经营成果、财产(包括无形财产)、资产(包括有形资产)或负债有重大意义的重要协议或安排,或投资者可能认为对于评估集团成员业务和财务状况具有重大影响的重要协议或安排。				
5 不动产				
5.1 公司目前占用或使用的所有不动产的清单,包括:自有房产、土地使用权、在建工程、租赁房产,并提供所有相应的权属证书或文件。				
5.2 公司目前计划将要占用或使用的所有不动产的清单,包括:房产、土地使用权、在建工程;详细说明上述各不动产目前的权属状况,并提供所有相应的权属证书或文件。				
5.3 公司若有在建工程,请提供所有的相关文件,包括但不限于立项文件、建设用地规划许可证、建设工程规划许可证、建筑工程施工许可证、环保文件等。				
6 设备及其他有形资产				
6.1 固定资产(重大设备指:价值居设备清单前十位的或占设备总额10%以上的)的权属证明文件。				
6.2 机动车清单、车辆行驶证、特种车辆证照等资料。				
6.3 上述固定资产如存在闲置、租赁、抵押贷款情况的,请提供相应说明或文件。				
6.4 资产之上是否设定了抵押、质押或以其他形式的担保,若有,请提供担保协议、登记文件及主债务合同。				
6.5 公司及其子公司的资产是否存在被控股股东、实际控制人、其他关联方控制或占用的情况,如有请详细说明。				
7 知识产权				
7.1 商标。				

续表

所需提供的文件和资料清单	已提供	待提供	不适用	备注
7.1.1 请提供公司目前所有(包括原始取得和受让取得)及使用的全部商标清单,并提供所有的商标注册证书,正在申请注册商标的受理通知书以及正在准备申请或打算申请的商标相关材料;				
7.1.2 商标交易文件(如有),包括商标转让协议、商标使用许可协议、商标使用许可备案文件;				
7.1.3 若相关商标被认定为驰名商标,请提供相应的证明文件。				
7.2 专利。				
7.2.1 请提供公司目前所有(包括原始取得和受让取得)及使用的全部专利清单,并提供专利权证书,正在申请专利的受理通知书以及正在准备申请或打算申请的专利相关材料;				
7.2.2 专利权交易文件(如有),包括专利转让协议、专利实施许可协议、专利实施许可备案文件;				
7.2.3 正在办理或办理完毕该项专利的转让登记手续,并请提供相应的转让申请受理通知书/核准转让的证明文件;				
7.2.4 专利缴纳年费的支付凭证。				
7.3 著作权。				
7.3.1 请提供公司目前所有(包括原始取得和受让取得)及使用的全部著作权清单(包括作品著作权及软件著作权),计算机软件著作权或其他著作权的登记证书,正在申请著作权的受理通知书,以及正在准备申请或计划申请的著作权相关材料;				
7.3.2 著作权交易文件(如有),包括著作权转让协议、著作权实施许可协议、著作权实施许可登记文件。				
7.4 集团各成员使用的所有互联网域名清单,域名注册证书。				
7.5 请说明集团创始人、董事、高级管理人员个人名下是否有与集团业务相关的商标、著作权、专利、域名,如有请提供相关文件。				

续表

所需提供的文件和资料清单	已提供	待提供	不适用	备注
7.6 请说明公司是否享有或使用任何非专利技术,如有,请提供专有技术清单,并予以描述非专利技术的具体情形。				
7.7 集团各成员的所有知识产权许可协议、技术转让协议、技术服务协议、技术咨询协议、技术开发协议和其他类似协议,以及上述协议的所有批准或登记文件。				
7.8 描述集团任何成员的核心技术以及集团在知识产权方面保护该等核心技术的措施。				
8 劳动和人力资源				
8.1 集团各成员与其员工签订的聘用合同的样本(注:如不同集团公司使用不同的劳动合同样本,请一并提供所有样本;若集团均使用统一的劳动合同样本,请在此项下特别注明),以及工会协议和/或集体劳动合同。				
8.2 请填写劳动用工情况说明。				
8.3 集团各成员的高级管理人员、主要技术团队人员、核心人员名单(包括姓名、职位)及该等人员签署的目前在有效期内的劳动合同、不竞争协议、知识产权及保密协议(签署版)。				
8.4 请说明创始人、高级管理人员、集团各成员的核心人员是否与前用人单位签订保密协议及竞业禁止协议、职务发明权属协议,或其他约束协议或条款;如有,请提供该等竞业限制的文件签署版。				
8.5 集团各成员的截至基准日的所有员工的名单、花名册,说明其姓名、职务、年薪、奖金、奖励和其他报酬、最初雇用日期和雇用期限。				
8.6 集团各成员的截至基准日的缴纳社保、公积金的缴纳证明及明细(显示公司名称、缴纳员工人数、缴纳基数、缴纳比例)。				
8.7 公司成立至今辞职的高级管理人员名单,包括辞职前其所担任的职务、辞职的理由和日期,以及是否对公司负有保密或不竞争义务。				
8.8 与创始人、员工、顾问等签订的有关保密、不披露、不竞争、发明转让的协议的范本,请说明公司适用于签署上述协议的人员范围。				

续表

所需提供的文件和资料清单	已提供	待提供	不适用	备注
8.9　社会保险及住房公积金登记/开户证明文件。				
8.10　如公司与员工存在劳动纠纷的，请提供相关劳动仲裁裁决/诉讼判决/调解书；如尚未裁决/判决/调解完结的，请提供有关的仲裁申请书/起诉书、答辩书、裁定书等诉讼文件。				
9　保险				
9.1　说明与集团任何成员运营相关的保险政策。				
9.2　集团各成员运营相关的所有保险合同、保单及其一览表。				
9.3　列出公司成立至今与集团任何成员运营相关的所有出险情况、保险理赔请求及相关的理赔情况。				
9.4　说明在所有保险单下已付及待付的保险费情况。				
10　诉讼及其他争议				
10.1　说明由集团任何成员提起的、向集团任何成员及股东、董事、监事、高管人员提起的或影响集团任何成员的一切诉讼、仲裁程序、行政程序及政府调查，并随附一切有关的答辩状、来往信函、备忘录及其他相关文件。				
10.2　可能对集团任何成员有约束力或有影响的一切命令、法令、判决、仲裁裁决、和解协议、禁制令或裁定及相关的备忘录。				
10.3　说明是否有任何与集团各成员运营的业务相关的纠纷或投诉，并描述纠纷如何处理，谁承担责任以及相关费用。				
11　财务、税务信息				
11.1　请提供公司纳税情况的说明，包括截至基准日实际执行的主要税种和税率，是否依法及时、足额缴纳各项税款，以及是否曾受到税务行政处罚。				
11.2　增值税一般纳税人证书（如有）。				
11.3　与集团各成员适用的税收优惠有关的所有政府文件。				
11.4　请提供公司就各项适用税种【　】年、【　】年及【　】年的完税证明。				

续表

所需提供的文件和资料清单		已提供	待提供	不适用	备注
11.5	若集团成员历史上发生股权转让且转让方为自然人,请提供纳税申报以及缴税凭证,和/或公司向主管税务部门履行股权变动报告义务的证明。				
11.6	集团各成员自设立以来是否享受财政补贴,如有,请提供设立以来享受财政补贴的明细以及相应的政府批准文件。				
11.7	集团各成员自成立至基准日的完整财务报表及脚注,包括经过审计或未经审计的资产负债表、损益表和现金流量表。				

附件一　尽职调查范围

1.【　】公司及合并报表范围内企业情况

序号	公司名称	股东及持股比例
1		
2		

2.【　】公司直接或间接参股企业

序号	公司名称	直接或间接持股比例
1	【　】	【　】

3. 分支结构

序号	分支机构名称	负责人
1	【　】	【　】

附件二　公司参股企业的情况

公司直接或间接持股并未在合并报表范围内的参股企业（以下简称参股公司）及其对外投资的公司应提供以下文件：

1. 请提供由参股公司注册地主管市场监督管理局出具的《公司注册登记资料查询单》或《企业基本情况查询表》。

2. 参股公司最新企业法人营业执照的复印件。

3. 现行有效的参股公司章程。

4. 公司或直接持有参股公司股权的主体参股或受让参股公司股权的相关协议或文件；是否已支付协议约定的全部对价；公司直接或间接持有的参股公司股权是否质押或存在其他权利负担。

5. 公司直接或间接持有的参股公司股权是否存在争议及诉讼情况，参股公司是否涉及任何重大争议或诉讼。

6. 集团公司是否在参股公司中委派董事、监事或高级管理人员。

7. 其他有必要说明的参股公司存在的重大情况。

附录2:法律尽职调查报告范本

【　　】项目

法律尽职调查报告

【　　】年【　　】月【　　】日

第一章　前言

第二章　释义

第三章　正文

1. 基本情况
2. 历史沿革
3. 股东
4. 组织及管理机构
5. 对外投资
6. 业务资质
7. 重大债权债务
8. 重大合同
9. 关联方及关联交易
10. 重大资产及其租赁
11. 知识产权
12. 劳动人事
13. 税务
14. 保险
15. 诉讼、仲裁、行政处罚

第一章 前　言

致:【　】公司

【　】律师事务所(以下简称:本所)依法接受A公司(以下简称:投资人或贵司)的委托,就贵司拟收购B公司(以下简称:B公司或公司)项目进行审慎调查,兹向贵司提交本法律尽职调查报告(以下简称:本报告)。

本报告包括以下组成部分:(1)第一章:前言;(2)第二章:释义;(3)第三章:正文。

本报告是基于对以下文件和信息的审阅而编写:(1)公司向本所提供的文件;(2)本所从公司及其他相关人员(以下简称:公司代表)处获取的信息及文件(以下合称:信息);(3)公司提交工商局备案档案。除非明确说明,公司提供的数据和信息的截止日期为【　】年【　】月【　】日。

除非本报告中另有明确说明,本所对信息进行的审阅是以如下假设为基础:

1. 信息是准确、真实、完整的,不存在以任何方式伪造或篡改信息的情况,亦不存在有意或无意对本所隐瞒其他相关文件或信息的情况,在提供当时且直至本报告出具之日,信息均真实、准确,且在任何方面不存在任何误导问题。

2. 构成信息一部分的文件或材料上加盖或出现的所有公章/印章和签字均系真实公章/印章和签字,该等文件和材料的复印件与相关原件一致。

3. 作为信息组成部分的文件和材料上的全部签字人均经正式授权签署该等文件和材料。

4. 所有信息均为最新信息,不存在被替代或被撤销的情况,除向本所提供的修订和补充信息之外,不存在任何其他修订或补充信息。

5. 公司代表向本所口头传达的所有陈述、事实描述及其他说明均准确、真实、完整。

如上所述,本报告仅基于本所迄今为止可获得的信息编写。因此,如果在本报告出具后本所获得进一步的信息,则本报告将需要相应更新,其中的某些结论可能需要更改。

本所仅从中国(基于本报告的目的,报告中中国一词不包括香港特别行政区、澳门特别行政区和台湾地区)法律角度进行本法律尽职调查,在本报告中对有关问题进行的分析、提供的建议均依据截至本报告出具之日中国已公开发布且现行有效的法律法规作出。对于任何具体安排或协议在商业上的可行性、盈利能力或结果，或者公司的经营状况或财务状况的优劣势，本所并不发表任何意见。

本报告主要是反映法律尽职调查过程中所发现的问题和我们认为对贵司比较重要的事项，但并不是一份对本所审阅的所有文件和信息的描述总结报告。

本所作为贵司的中国法律顾问仅为贵司就本报告所述之目的出具本报告。未经本所事先书面同意，不应允许任何其他人士或实体使用本报告，亦不应将本报告用于任何其他目的。即使在本所同意的情况下向任何其他人士或实体披露本报告内容，本所就本报告的内容对该等其他人士和实体不承担任何责任。

【　】律师事务所

【　】年【　】月【　】日

第二章　释　　义

本法律尽职调查报告中，除非另有说明，下列词汇的含义为：

词汇	含义
本项目或 B 公司收购项目	贵司拟收购 B 公司的项目
贵司/投资人	A 公司
B 公司	B 公司/公司/目标公司
工商局	国家市场监督管理总局及其分支机构
本报告	【　】律师事务所于【　】年【　】月【　】日出具的关于【　】公司之法律尽职调查报告
我们/律师	【　】律师事务所及本次法律尽职调查律师
调查基准日	本报告依据的事实与文件的截止日，指【　】年【　】月【　】日
元	人民币单位

第三章 正 文

1. 基本情况

B 公司全称为【 】公司,是一家于【 】年【 】月【 】日设立并有效存续的有限责任公司,B 公司的注册资本、注册地址、经营范围、股权结构等基本情况如下:

企业名称				
统一社会信用代码				
企业类型				
注册资本				
实收资本				
注册地址				
经营范围				
成立日期				
经营期限				
工商登记股权结构[1]	姓名	认缴出资额(万元)	实缴出资额(万元)	股权比例
法定代表人				
董事				
监事				
总经理				

[1]B 公司截至目前最新的股权结构见本报告第 3.1 项的内容。

B 公司获授予中国企业法人资格,为依法存续的独立企业法人,其企业类型为有限责任公司,其合法经营的行为受中国法律的管辖和保护。

2. 历史沿革

2.1　设立

B 公司设立时的基本情况如下：

<table>
<tr><td>企业名称</td><td colspan="4"></td></tr>
<tr><td>企业类型</td><td colspan="4"></td></tr>
<tr><td>注册资本</td><td colspan="4"></td></tr>
<tr><td>实收资本</td><td colspan="4"></td></tr>
<tr><td rowspan="3">股权结构</td><td>姓名</td><td>认缴出资额（万元）</td><td>实缴出资额（万元）</td><td>股权比例</td></tr>
<tr><td>YY</td><td></td><td></td><td></td></tr>
<tr><td>ZZ</td><td></td><td></td><td></td></tr>
<tr><td>注册地址</td><td colspan="4"></td></tr>
<tr><td>经营范围</td><td colspan="4"></td></tr>
<tr><td>执行董事、经理及法定代表人</td><td colspan="4"></td></tr>
<tr><td>监事</td><td colspan="4"></td></tr>
<tr><td>成立日期</td><td colspan="4"></td></tr>
</table>

B 公司设立时，C 公司为公司股东提供【　】万元借款用于向公司出资【　】万元，但双方未签署协议；股东 YY 及 ZZ 于【　】年【　】月【　】日合计向公司投入【　】万元，办理验资后，公司于当日（【　】年【　】月【　】日）将该【　】万元汇回 C 公司。律师认为上述行为存在被认定为抽逃注册资本的风险。

2.2　【　】年【　】月第一次变更：股权转让、企业类型、经营范围、法定代表人、住所、企业名称、董事、经理、监事变更/备案

【　】年【　】月【　】日，XX、【　】（甲方）、C 公司（乙方）、YY（丙方）、ZZ（丁方）、B 公司（戊方）及【　】（投资协议己方）签订了《投资合作协议》（《投资协议》），约定：【　】。《投资协议》约定的重组事项完成后，B 公司的股权结构为：

姓名	注册资本（万元）	实缴出资（万元）	股权比例

为配合《投资协议》中股权重组的安排，【　】年【　】月【　】日，YY、ZZ 与 C 公司及【　】分别签订了《出资转让协议书》，约定【　】。

B 公司的股东会（原股东 YY 及 ZZ 组成）于【　】年【　】月【　】日作出股东会决议，同意上述股权转让并修改公司章程；同时该股东会决议，同意公司变更名称、住所、经营范围、法定代表人、变更股东并增加新股东【　】，同意免除 YY 执行董事职务、免去 ZZ 监事职务。

同日，B 公司的新股东会（新股东【　】组成）作出股东会决议，同意前述修改公司章程、变更公司名称、住所、经营范围、法定代表人、设立董事会并变更董事、监事的人选。

同日，B 公司召开董事会，同意选举 XX 为董事长、YY 为副董事长，并聘任 XX 为公司经理。

B 公司本次变更已办理工商登记备案，具体情况如下：

<table>
<tr><th rowspan="2">变更事项</th><th colspan="4">变更前</th><th colspan="3">变更后</th></tr>
<tr><th>股东名称</th><th>认缴注册资本/万元</th><th>实缴注册资本/万元</th><th>持股比例</th><th>认缴注册资本/万元</th><th>实缴注册资本/万元</th><th>持股比例</th></tr>
<tr><td rowspan="7">股权结构</td><td>YY</td><td></td><td></td><td></td><td>—</td><td>—</td><td>—</td></tr>
<tr><td>ZZ</td><td></td><td></td><td></td><td>—</td><td>—</td><td>—</td></tr>
<tr><td>C 公司</td><td>—</td><td>—</td><td>—</td><td></td><td></td><td></td></tr>
<tr><td></td><td>—</td><td>—</td><td>—</td><td></td><td></td><td></td></tr>
<tr><td rowspan="2"></td><td>—</td><td>—</td><td>—</td><td></td><td></td><td></td></tr>
<tr><td>—</td><td>—</td><td>—</td><td></td><td></td><td></td></tr>
<tr><td>总计</td><td></td><td></td><td>100%</td><td></td><td></td><td>100%</td></tr>
<tr><td rowspan="2">董事/董事会</td><td colspan="4" rowspan="2">YY（执行董事）</td><td colspan="3">XX（董事长）</td></tr>
<tr><td colspan="3">YY（副董事长）</td></tr>
<tr><td>监事</td><td colspan="3">ZZ</td><td colspan="4"></td></tr>
<tr><td>经理</td><td colspan="3">YY</td><td colspan="4">XX</td></tr>
<tr><td>企业类型</td><td colspan="3"></td><td colspan="4"></td></tr>
</table>

续表

变更事项	变更前				变更后		
	股东名称	认缴注册资本/万元	实缴注册资本/万元	持股比例	认缴注册资本/万元	实缴注册资本/万元	持股比例
经营范围							
住所							
法定代表人	YY				XX		
公司名称							

B 公司于【　】年【　】月【　】日对上述变更事项和修改公司章程事宜进行了工商变更登记/备案，并于【　】年【　】月【　】日取得了换发后的营业执照。

根据公司代表的陈述，因该等股权转让的背景为《投资协议》项下的股权重组安排，因此各方并未实际支付任何对价。

2.3 【　】年【　】月第二次变更：增资、股东变更、住所、董事、监事变更

增资、股东变更

【　】年【　】月【　】日，B 公司、XX 与甲合伙企业、乙合伙企业、丙合伙企业（后三方合称为 A 轮投资人）签订了《增资扩股协议》（以下简称 A 轮投资协议），约定 A 轮投资人合计向 B 公司投资【　】万人民币，投资后共占公司 20% 的股权；其中，【　】万元计入 B 公司的注册资本，【　】万元计入资本公积金。本次增资后，B 公司注册资本由【　】万元人民币增至【　】万元。

具体而言，甲合伙企业投资【　】万元，其中【　】万元计入 B 公司的注册资本，【　】万元计入资本公积金增资后占公司 7.5% 股权；乙合伙企业投资【　】万元，其中【　】万元计入公司注册资本，【　】万元计入资本公积金，增资后占公司 6.25% 股权；丙合伙企业投资【　】万元，其中【　】万元计入公司注册资本，【　】万元计入资本公积金，增资后占公司 6.25% 股权。

投资款分两期支付：第一期为 A 轮投资协议签署后 5 个工作日合计支付【　】万；第二期（应当在【　】年【　】月【　】日之前支付）合计支付【　】万元的前提条件为公司【　】年【　】月至【　】月的累计销售总额不低于人民币【　】万元。但是无论任何原因导致第二期款在【　】年【　】月【　】日之前未支付，A 轮投资人应将已经登记在其名下的 10% 股权零对价转让给 XX。

根据公司代表的陈述及提供的汇款单,A 轮投资人的【 】万投资款已于【 】年【 】月【 】日之前全部向公司支付到位。

B 公司全体原股东于【 】年【 】月【 】日作出股东会决议,同意新股东 A 轮投资人对公司进行增资,同意股东变更并同意修改公司章程及公司住所;

同日,B 公司全体股东(包括新股东、A 轮投资人)作出股东会决议,同意变更注册资本、增加董事、修改公司章程。

B 公司第三次变更已办理工商备案登记,变更前后的具体情况如下:

<table>
<tr><th rowspan="2">变更事项</th><th colspan="4">变更前</th><th colspan="3">变更后</th></tr>
<tr><th>股东名称</th><th>认缴注册资本/万元</th><th>实缴注册资本/万元</th><th>持股比例</th><th>认缴注册资本/万元</th><th>实缴注册资本/万元</th><th>持股比例</th></tr>
<tr><td rowspan="8">股权结构</td><td>C 公司</td><td></td><td></td><td></td><td></td><td></td><td></td></tr>
<tr><td></td><td></td><td></td><td></td><td></td><td></td><td></td></tr>
<tr><td></td><td></td><td></td><td></td><td></td><td></td><td></td></tr>
<tr><td></td><td></td><td></td><td></td><td></td><td></td><td></td></tr>
<tr><td>甲合伙企业</td><td>—</td><td></td><td>—</td><td></td><td></td><td></td></tr>
<tr><td>乙合伙企业</td><td>—</td><td></td><td>—</td><td></td><td></td><td></td></tr>
<tr><td>丙合伙企业</td><td>—</td><td></td><td>—</td><td></td><td></td><td></td></tr>
<tr><td>合计</td><td></td><td></td><td>100%</td><td></td><td></td><td>100%</td></tr>
<tr><td rowspan="5">董事</td><td colspan="2">XX</td><td colspan="2">董事长</td><td>XX</td><td colspan="2">董事长</td></tr>
<tr><td colspan="2">YY</td><td colspan="2">副董事长</td><td>YY</td><td colspan="2">副董事长</td></tr>
<tr><td colspan="2"></td><td colspan="2">董事</td><td></td><td colspan="2">董事</td></tr>
<tr><td colspan="2">—</td><td colspan="2">—</td><td></td><td colspan="2">董事</td></tr>
<tr><td colspan="2">—</td><td colspan="2">—</td><td></td><td colspan="2">董事</td></tr>
<tr><td>住所</td><td colspan="4"></td><td colspan="3"></td></tr>
</table>

B 公司于【 】年【 】月【 】日对上述变更事项完成了工商变更登记/备案,并于【 】年【 】月【 】日取得了换发后的营业执照。

2.4 问题和建议

(1)注册资本尚有【 】万元待缴纳。

B 公司目前的注册资本为【 】万元,实缴注册资本为【 】万元[受限于下述第(2)点意见],尚有【 】万元待缴纳,贵司在收购 B 公司后将面临缴纳【 】万元注册资本的义务,缴纳期限为【 】年【 】月【 】日。

(2)存在可能被认定为抽逃注册资本【 】万元的风险。

B 公司设立时,C 公司向原股东(“原股东”指设立时的股东【 】)提供【 】万元借款用于向公司出资,但未签署协议;原股东于【 】年【 】月【 】日将该【 】万汇入公司并进行验资后,公司当日(【 】年【 】月【 】日)将该【 】万元汇回 C 公司。该等行为存在被认定为抽逃注册资本的风险。

律师建议,境内第一次交割后三个月内,公司与 C 公司签署《借款协议》并约定利息,约定 C 公司或其委托的第三方向公司还款。

(3)历史上的股权转让未实际支付对价。

除【 】向【 】转让股权外,公司历史上的其他股权转让均未实际支付股权转让款,建议由原股东出具确认函,声明其与目前股东进行的股权转让所涉及的权利义务已履行完毕,双方不存在任何纠纷或权属争议,亦不会提出任何纠纷或权属争议。

3. 股东

3.1 B 公司的股权结构

截至本报告出具之日起,B 公司的真实股东及股权结构如下:

股东名称	目前实际的股权比例	工商登记的股权比例
C 公司	XX:【 】%	64.80%
	YY:【 】%	
甲合伙企业	【 】:【 】%	
乙合伙企业		
丙合伙企业		
合计	100%	100%

C 公司实际代表创始人(XX、YY 及【 】)以及天使投资人【 】持有 B 公司的股权;【 】为天使投资人;【 】、【 】及【 】为 A 轮投资人。

3.2　C公司的代持情况

C公司的注册资本为【　】万元，在市场监督管理局登记层面，目前全部由XX持有，但根据XX的陈述及提供的文件，律师了解到其他真实股东通过委托XX代持C公司的股权，间接持有B公司的权益。代持的具体情况如下：

代持人	被代持人	持有C公司的股权比例[1]	间接持有B公司的股权比例
XX	YY		
XX			

[1]为律师根据公司的被代持人实际持有B公司的股权比例反推得出。

公司向律师提供的前述代持安排的依据包括：

(1)XX、YY与【　】于【　】年【　】月【　】日的邮件往来，律师了解到【　】委托YY代持其在新公司(B公司)【　】%的股权。

(2)根据【　】、【　】、XX与C公司于【　】年【　】月【　】日签署的《代持协议》，约定【　】。

3.3　A轮投资人的特殊权利

(1)根据A轮增资协议第3条“价值调整”，各方约定【　】年度营业收入不得低于人民币【　】亿元(以下简称约定营业收入)，【　】年度净利润不低于人民币【　】万元(以下简称约定净利润)，否则投资人有权获得额外的公司股权(除非如果【　】公司于【　】年【　】月【　】日前，完成新的融资，且完成融资前的公司估值大于【　】万元人民币，则上述对赌条款则不适用)。

按照截至【　】年【　】月【　】日的财务状况，公司的营业收入为【　】，净利润为【　】元，初步判断很可能无法达到对赌条件。建议在本次交易协议中要求A轮投资人明确放弃执行该等对赌条款。

(2)根据A轮增资协议第4条“回购”条款，如果XX向第三方转让股权未经A轮投资人书面同意，或B公司在【　】年【　】月【　】日没有完成并购或者上市的，或A轮投资人支付投资款后，公司任一月度营业收入低于【　】万元人民币等事项发生，A轮投资人可以要求公司或XX回购其部分或全部股权。

(3)根据A轮增资协议第6条“公司管理”条款，B公司董事会应当由【　】名董事组成，A轮投资人有权委派一名董事。涉及A轮投资人股权比例变动，董事会人数变更、会计师事务所变更，或变更公司主要营业范围，股东会、董事会、监事会职权、人员组成方式、议事规则、表决权利；利润分配方式，债务承担方式的等事项发生,须得到 A 轮投资人的书面同意。

(4)根据 A 轮增资协议第 7 条“分配权”条款,【 】年之后,如果 B 公司的盈利弥补完公司累计亏损之后仍有盈利,并且在当年经审计后的净利润是盈利的,则当年净利润【 】% 要按持股比例用于股东分红。

(5)根据 A 轮增资协议第 8 条“股权激励”条款,B 公司应当设立员工期权池用于激励公司未来团队,期权池持有本次增资完成后公司【 】% 股权,该股权由本次增资完成前的股东无偿让渡给期权池主体。

根据 XX 的陈述,B 公司尚未设立员工持股平台,计划在本次交易后按照投资人的要求制订员工持股计划。

3.4 股东情况

上述现有股东的基本信息如下:

(1)【 】,中国国籍,身份证号码为【 】,户籍所在地为【 】。

(2)【 】,中国国籍,身份证号码为【 】,户籍所在地为【 】。

(3)C 公司:

<table>
<tr><td>企业名称</td><td colspan="4"></td></tr>
<tr><td>统一社会信用代码</td><td colspan="4"></td></tr>
<tr><td>企业类型</td><td colspan="4"></td></tr>
<tr><td>注册资本</td><td colspan="4"></td></tr>
<tr><td>实收资本</td><td colspan="4"></td></tr>
<tr><td>注册地址</td><td colspan="4"></td></tr>
<tr><td>经营范围</td><td colspan="4"></td></tr>
<tr><td>成立日期</td><td colspan="4"></td></tr>
<tr><td>经营期限</td><td colspan="4"></td></tr>
<tr><td rowspan="3">股权结构</td><td>姓名</td><td>认缴出资额/万元</td><td>实缴出资额/万元</td><td>股权比例</td></tr>
<tr><td></td><td></td><td></td><td></td></tr>
<tr><td></td><td></td><td></td><td></td></tr>
<tr><td>法定代表人</td><td colspan="4"></td></tr>
<tr><td>董事</td><td colspan="4"></td></tr>
<tr><td>监事</td><td colspan="4"></td></tr>
<tr><td>总经理</td><td colspan="4"></td></tr>
</table>

(4)【 】。

(5)XX、YY 的基本情况见本报告第 4 部分高管简历。

3.5 问题和建议

(1)其他创始人(YY、【 】)以及一名天使投资人【 】通过委托 XX 代持 C 公司股权的形式持有 B 公司的权益,建议在本次交易中要求该等人员签署加入函,确认其认可本次交易以及承诺承担交易文件项下的义务。

(2)根据 A 轮增资协议第 3 条“价值调整”,各方约定【 】年度营业收入不得低于人民币【 】亿元(以下简称约定营业收入),【 】年度净利润不低于人民币【 】万元(以下简称约定净利润),否则投资人有权获得额外的公司股权(如果【 】公司于【 】年【 】月【 】日前,完成新的融资,且完成融资前的公司估值大于【 】万元人民币,则上述对赌条款则不适用)。按照截至【 】年【 】月【 】日的财务状况,公司的营业收入为【 】,净利润为【 】元,初步判断很可能无法达到对赌条件。建议在本次交易协议中要求 A 轮投资人明确放弃执行该等对赌条款。

建议在本次交易协议中要求 A 轮投资人明确放弃 A 轮增资协议项下的所有权利并签署 A 轮增资协议的终止协议,终止协议应终止 A 轮投资人在 A 轮增资协议项下的各项优先权利。

(3)根据 A 轮增资协议第 8 条“股权激励”条款,B 公司应当设立员工期权池用于激励公司未来团队,期权池持有本次增资完成后公司【 】% 股权,该股权由本次增资完成前的股东无偿让渡给期权池主体。

建议将 A 轮投资人签署 A 轮增资协议的终止协议,且应规定该 A 轮增资协议项下的“股权激励”条款(要求增资完成后境内公司【 】% 的股权无偿让渡给期权池主体用于激励公司未来团队)不再执行。

4. 组织及管理机构

4.1 组织结构和管理制度

B 公司的 CEO 为 XX,主要负责公司的全面业务,对公司各项事务拥有管理职权。

B 公司的主要部门设置包括:

(1)技术部(负责人为 YY),下设【 】中心、【 】中心、【 】中心;

(2)销售部(负责人为【 】),下设【 】中心和【 】中心;

(3)产品运营部(负责人为【 】),下设【 】中心和【 】中心;

(4)法务部(负责人为【　】);

(5)人力资源部(负责人为【　】);

(6)行政管理部(负责人为【　】)。

B 公司的组织结构图如下:

【　】。

B 公司制定了员工管理制度,但根据公司代表的陈述,该员工管理制度尚未执行。目前,B 公司制定了《考勤管理暂行办法》等,规定了员工基本的行为准则管理规则。

4.2　股东会、董事会、监事

根据公司现行有效的公司章程以及市场监督管理局备案信息,公司的股东会、董事会、监事会组成与议事规则如下:

4.2.1　股东会

公司的股东会由全体股东组成,行使的职权与公司法规定的一般职权一致。股东按照出资比例行使表决权。股东会会议作出修改章程、增加或者减少注册资本的决议,以及公司合并、分离、解散或者变更公司形式的决议,必须经代表 2/3 以上有表决权的股东通过。

4.2.2　董事会

公司设董事会,成员为 5 人,由股东会选举产生。董事会设董事长 1 人,副董事长 1 人,由董事会选举产生。目前,董事会由 XX、YY、【　】、【　】、【　】组成。

4.2.3　监事会

B 公司不设监事会,设监事 1 人,由股东会选举产生;监事的任期每届为三年,任期届满,可连选连任。目前 B 公司的监事为【　】。

4.3　高级管理人员

根据 B 公司提供的文件,其核心团队姓名及简历情况如下:

(1)XX,【　】岁,【　】学历,【　】年【　】月至【　】年【　】月【　】大学就读【　】专业;【　】;【　】年【　】月至今创办 B 公司任 CEO。

(2)YY,【　】。

(3)【　】。

4.4　问题和建议

(1)建议本次交易中重新任命及变更公司董事、监事人选;

(2)建议由公司高级管理人员(不仅包括创始人)签署不竞争承诺函,以最大限度地保障本次交易后公司的人员及其业务相对稳定。

5. 对外投资

根据公司提供的资料并经本所律师适当核查,我们了解到公司对外并无投资任何子公司;公司下设分公司B公司【 】分公司。B公司【 】分公司的基本情况如下:

名称	
注册地址	
负责人	
公司类型	
成立日期	
经营期限	
统一社会信用代码	
经营状态	
经营范围	

6. 业务资质

根据公司代表的陈述,我们了解到,B公司主营【 】业务,其服务平台和品牌包括:【 】、【 】和【 】。

(1)【 】,主要开展【 】业务,即【 】。

(2)【 】,主要开展【 】业务,即【 】。

(3)【 】,为公司新推出的【 】业务。在【 】业务下,【 】。

此外,B公司自营【 】平台(http://www.【 】.com),截至目前公司尚未提供关于该平台的相关资料,律师无法判断该平台运营的合规性及潜在风险。根据网站公开资料显示,该平台【 】。

综合公司的业务模式以及合同关系,律师认为可以将其定位为【 】。根据刚刚出台的【 】,B公司应当办理【 】许可证,且不得从事【 】。

6.1　业务资质

截至目前,B公司持有【 】许可证,具体信息如下:

【 】。

6.2 客户及供应商

6.2.1 客户

根据公司代表的陈述,公司收入来源暨客户为【 】。

6.2.2 供应商

根据公司代表的陈述,公司的支出对象暨供应商为【 】、【 】、【 】等。

根据公司提供的文件,自公司设立之日起累计至【 】年【 】月【 】日,公司合作的重大供应商为:

序号	供应商名称	交易内容	交易额/万元	交易额占比
1				
2				
3				
4				
5				
6				
7				
8				
9				
10				

6.3 问题和建议

(1)律师建议交易文件中要求公司在境内第一次交易交割后【 】个月内停止运营【 】业务。

(2)综合公司的业务模式以及合同关系,B 公司属于【 】。根据【 】,B 公司应当办理【 】许可证,律师建议将公司提交办理【 】许可证申请作为交易交割的先决条件,以免因缺少必要的业务资质而影响业务的开展。

7. 重大债权债务

7.1 重大债权

根据公司提供的文件、公司代表的陈述及律师的适当调查,公司的主要债务人为【 】等,该等债权的产生系公司日常经营活动产生。截至【 】年【 】月【 】日,B 公司的重大债权包括:

序号	债务人名称	金额/万元	交易内容
1			
2			
3			
4			
5			
6			
7			
8			
9			
10			

7.2　重大债务

根据公司提供的重大债权债务明细及说明B公司无任何银行贷款或以任何资产用作抵押、质押。

B公司的主要债务为公司正常业务经营中对【　】的费用款项、商户及供应商货款。截至【　】年【　】月【　】日,B公司的重大债务包括:

排序	债权人名称	未还金额/万元	交易内容
1			
2			
3			
4			
5			
6			
7			
8			
9			
10			

除以上情况外，根据公司代表的说明以及公司的财务报表等文件，律师了解到：

（1）股东之一【　】自【　】年以来累计向公司提供借款，但未签署书面协议，截至【　】年【　】月【　】日仍有【　】万元未偿还完毕。根据公司代表的说明，该款项为支持公司日常经营所需的用途，利息按照平均月息【　】%计算；

（2）公司成立之初，为方便客户还款，股东使用个人银行账户代为收取【　】，目前该等账款已清理并计为公司的应收账款，截至【　】年【　】月【　】日，股东 YY 欠公司【　】万元，XX 欠公司【　】万元。

（3）或有负债。根据公司提供的重大合同，目前公司对如下债务应当承担清偿责任，为公司的或有负债：

连带保证责任：与【　】签订的《借款合同》中，约定【　】；

反担保：【　】为 B 公司与【　】公司之间的《借款合同》承担保证责任，相应地，根据公司与【　】公司签署《委托保证合同》，由公司对【　】公司提供反担保，当【　】公司担保承担《借款合同》项下对资金出借人的连带保证责任后，有权向公司追偿。

8. 重大合同

我们审阅了【　】年度、【　】年度、【　】年度公司与【　】、【　】、【　】的重大业务合同，同时抽查了部分合同的支付凭证及发票，未发现重大异常。重大合同列表及相关问题请见本报告的附件。

鉴于公司与重大供应商【　】公司未签订合同，建议双方签署《产品购销合同》，对【　】进行规定，避免潜在产品风险的发生；但若投资人决定要求 B 公司终止【　】的业务模式，改为【　】的业务模式，建议公司改为【　】。

9. 关联方及关联交易

9.1　关联方

根据公司代表的披露，B 公司的关联方包括其股东以及 E 公司。E 公司系股东 YY 与【　】于【　】年【　】月【　】日设立的公司，根据 XX 的陈述，该公司早期从事与 B 公司同样的业务，但截至目前已没有实质业务和人员。

根据公司提供的说明，除投资人委派的董事、监事外，公司的控股股东（实际控制人 XX）、董事、监事、高级管理人员及其关系密切的家庭成员未持有已披露的公司外任何其他公司/实体的股权/权益，直接或间接担任除已披露的实体的董事、监事或高级管理人员。

9.2 关联交易

根据公司提供的说明，公司与关联方之间并无发生关联交易。

9.3 问题和建议

(1)根据 C 公司与 B 公司重组的《投资协议》，该协议签署后 60 个工作日内，C 公司将其拥有的与【 】业务运营相关的所有资产无偿转让给 B 公司，包括但不限于专利、非专利技术、软件版权、域名、应用程序、合同等；股东 YY 同意将其名下的 F 公司的网站源代码无偿转让或提供给 B 公司使用。该等内部资产重组完成后，C 公司不再经营及从事【 】领域业务，B 公司将作为 XX 及 YY 名下【 】业务的唯一平台。

(2)截至目前，C 公司与 B 公司尚未签署业务/资产转移协议，相关的知识产权仍然在 C 公司名下；建议：

①将双方签署相关业务/资产转移协议(由 C 公司将其业务/资产全部零对价转移给 B 公司)，作为境内第一次交易交割的先决条件；

②将 C 公司出具确认函作为境内第一次交易交割的先决条件，确认全部资产/业务已转移完毕，以及双方不存在任何纠纷或权属争议，亦不会提出任何纠纷权属争议，并承诺不与 B 公司从事同业竞争的业务。

根据 XX 的陈述，F 公司系此前 YY 用于开展【 】业务的主体之一，其目前亦无业务、无人员，其名下仍有两项与公司业务相关的域名【 】、【 】，建议：

①F 公司将其名下的与公司业务相关的知识产权(包括但不限于域名)全部零对价转移给 B 公司作为境内第一次交易交割的先决条件；

②将 F 公司出具确认函作为第一次交易交割的先决条件，确认全部资产/业务已转移完毕，以及双方不存在任何纠纷或权属争议，亦不会提出任何纠纷权属争议，并承诺不与 B 公司从事同业竞争的业务；

③建议转移完毕后，尽快清算并注销 F 公司。

10. 重大资产及其租赁

10.1 不动产

根据 B 公司的说明，公司名下不持有任何土地使用权或房屋所有权资产。

不动产的租赁

公司现有办公场所系租赁使用，截至目前，公司签订了以下租赁协议：

(1)【 】年【 】月【 】日，B 公司与【 】公司签订《房屋租赁合同》，租赁

【　】公司所有的位于【　】的房屋,建筑面积【　】平方米,年租金总额(含税)为【　】元,每季度支付【　】元,租赁期限为【　】年【　】月【　】日至【　】年【　】月【　】日。该租赁未有相关的办理备案登记的记录。

(2)【　】。

10.2　动产

10.2.1　固定资产

根据公司提供的截至【　】年【　】月固定资产明细,公司拥有的动产包括【　】台电脑、【　】台服务器、【　】,若干办公用具,打印机和其他设备,合计净值为【　】元。

10.2.2　动产租赁

根据公司代表的陈述,公司并无租赁动产的情形。

10.3　问题和建议

公司签订的不动产租赁合同未附有办理房屋租赁备案登记,但并不影响房屋租赁合同的效力,且律师认为不构成重大事项。

11. 知识产权

11.1　域名

根据公司代表的陈述,截至目前,B 公司未申请或拥有注册域名;C 公司与 E 公司名下有公司正在使用和/或与公司业务相关的域名,但尚未提供具体的域名资料。

根据公司提供的文件以及律师在工业和信息化部 ICP/IP 地址/域名信息备案管理系统的查询,B 公司法定代表人 XX 拥有以下注册域名:

序号	网站域名	审核通过日期	ICP 备案号	网站名称
1				
2				

11.2　商标

(1)B 公司

根据公司提供的文件以及律师在中国商标网的查询,截止到目前,B 公司正在申请的商标如下:

序号	商标申请/注册号	注册商标	申请状态	申请日期	核定服务项目
1					
2					

(2)C 公司

根据 C 公司提供的文件以及律师在中国商标网的查询,截止到目前,C 公司拥有的商标如下:

序号	商标	商标注册号	有效期限	核定服务项目
1				
2				

根据 C 公司提供的文件以及律师在中国商标网的查询,截止到目前,C 公司正在申请的商标如下:

序号	商标	商标申请号	申请状态	申请日期	核定服务项目
1					
2					

11.3　软件著作权

根据 B 公司的说明和律师在中国版权保护中心网站的查询,公司目前未申请或拥有任何软件著作权。

11.4　专利

根据公司代表的说明及律师在国家知识产权局网站查询,公司并未申请或拥有任何专利。

11.5　问题与建议

鉴于 XX 名下均持有 B 公司运营所需的商标或域名,建议 XX 将其名下的所有知识产权转移给 B 公司(包括但不限于商标、域名)作为交易交割的先决条件。

12. 劳动人事

12.1　劳动合同

截至本报告基准日,公司现有员工【　】人,其中【　】人(包括试用期员工)

与公司签订了书面《劳动合同》，另外【 】人为实习生。

12.2 社会保险和住房公积金

截至本报告基准日，公司为【 】名员工缴纳了社会保险和住房金，其他未缴纳人员由于在外地办事处或部分工作，自行解决社会保险和住房公积金缴纳，另外，公司未为试用期内的员工缴纳社会保险及住房公积金。

12.3 问题和建议

（1）公司未为部分员工缴纳社会保险，且并未按员工的上年度实际工资水平为员工申报和缴纳社保保险，而是根据统一的基数予以缴纳。根据《社会保险法》的规定，用人单位应当自行申报、按时足额缴纳社会保险费，用人单位未按时足额缴纳社会保险费的，由社会保险费征收机构责令限期缴纳或者补足，并自欠缴之日起，按日加收万分之五的滞纳金；逾期仍不缴纳的，由有关行政部门处欠缴数额一倍以上三倍以下的罚款。

（2）公司未为部分员工缴纳住房公积金，根据《住房公积金管理条例》的规定，单位系员工住房公积金的申报和缴存义务主体，单位逾期不缴或者少缴住房公积金的，由住房公积金管理中心责令限期缴存；逾期仍不缴存的，可以申请人民法院强制执行。

（3）律师建议通过以下方式降低上述法律风险：由创始人承诺自行承担，因未与员工签订劳动合同及未依法律规定履行缴纳社保、公积金等义务产生的法律责任。建议未缴纳或足额缴纳社会保险与住房公积金的员工向公司出具豁免函，豁免公司的任何补缴义务。

13. 税务

13.1 适用税种和税率

根据公司说明，B 公司作为【 】，目前适用的税种和税率为：

税种	税率
企业所得税	【 】%
增值税	【 】%
城市维护建设税	【 】%
教育费附加	【 】%
地方教育附加	【 】%

13.2 税收优惠

根据公司提供的说明,B公司目前未享受其他税收优惠政策。

根据公司提供的说明,公司截至目前未收到任何政府部门要求补缴税款、罚款或其他形式的行政处罚。

14. 保险

依据B公司的说明,除公司为员工购买的基本养老、医疗、失业、工伤、生育保险外,公司没有为员工或公司资产购买其他种类的保险。

15. 诉讼、仲裁、行政处罚

根据公司提供的相关资料并经律师适当核查,【 】年【 】月【 】日【 】市场监督管理局向B公司发出【 】号《责令改正通知书》,责令公司于【 】日内改正其【 】的违法行为。根据B公司提供的相关证明文件,该违法行为已于【 】年【 】月【 】日整改完毕。

此外,经本所律师在【 】以B公司和C公司为主体查询,并未查询到上述公司正在进行中或已进行完毕的诉讼,亦未查询到上述公司作为被执行人正在执行或已经执行完毕的司法执行情况。

另外,依据上述公司的确认:

(1)无公司及其高级管理人员或关联企业卷入尚未了结或即将面临的诉讼、仲裁、行政处罚。

(2)公司、股东或高级管理人员未因履行合同、保密义务等方面而卷入任何争议或潜在争议。

(3)公司未收到任何来自第三方的与知识产权相关的索赔、权利主张。